JN305644

北海道仏教史の研究

北海道仏教史の研究

佐々木 馨 著

北海道大学図書刊行会

緒　言

㈠　研究史の概観

北海道民の信仰の軌跡を求めて

おそらく多くの人は、「北海道仏教史」なるテーマを耳にすれば、すぐさま反射的に、開拓使設置以後の近代史におけるそれを想起されるに相違ない。もちろん、それは大局的にみて誤りではない。しかし、全面的に正しいわけでもない。

なぜなら、私たちは北海道の中世寺院として一七カ寺、近世寺院として一三二カ寺の存在を知っており、しかもそれら一四九カ寺の寺院が何らかの形で、近代への橋頭《きょうとう》堡《ほ》の役割を演じたであろうことも、ほぼ察知しているからである。事実、北海道における近世末~近代初頭の人口数をみると、幕府による第一次直轄の直前の寛政一〇年（一七九八）に二万八七一一人だったのが、第二次直轄直前の嘉永六年（一八五三）には約二倍強の六万三八三四人に膨れ上がり、この六万人台の人口数は明治三年（一八七〇）まで続く。北海道総人口がようやく一〇万人台を数えるようになるのは、明治も五年を経過してのことである[1]。言うなれば、明治初年の基礎人口は、道南部を中心にした近世末年の人口そのものを前提にしていたのであり、この人口動態からも、近世と近代の一定のつながりが推測されよう。

また、一方、昭和六〇年(一九八五)に発足した「北海道・東北史研究会」を中心に北方古代および中世史研究は、実に長足の進展をみせた。それゆえ、もしもこの古代北奥羽の地域史動向を視野に入れた中世道南の和人地を中核にした先発的営みを看過ないし軽視して北海道仏教史を捉えるなら、それは北海道における中世・近世と近代との間に厳存している連続面を直視しない皮相的な見方とみなされてしまうだろう。少なくとも私たちは、本書を前近代と近代の両面から照射しなくてはならない。

『北海道宗教大鑑』によれば、一九六四年現在、北海道内における仏教の各寺派団体数は、浄土真宗の一〇〇八カ寺を筆頭に、曹洞宗が四三五カ寺、日蓮宗が三〇二カ寺、真言宗が二四九カ寺、浄土宗が一四〇カ寺、臨済宗が二六カ寺、天台宗が一七カ寺、単立が一六カ寺、時宗が一カ寺、その他が二〇カ寺の都合二二一四カ寺を数えるという(2)。

広大な北海道の大地に二二〇〇余の仏教寺院が存在しているのである。先住のアイヌ民族の人々が住むこの地に、日本人でその第一歩を印したのは、もちろん本州出身の和人である。渡道の理由はともあれ、彼らが故郷に別離し極寒の新天地北海道を終《つい》の住処《すみか》と決めるまでには、きっとさまざまな内なる葛藤が存したに相違ない。

ここに、曹洞宗開法寺の建立を希求する声を生で伝える一文がある。「根室地方ハ明治六年開法庵(曹洞宗)設立ニ至ル迄一ケ寺ナク、又一人ノ僧ナシ。故ニ同朋死スルモ葬ムルニ地ナク祭ルニ人ナク、古来幽冥ニ迷フモノ其数幾百千ナルヲ知ラサルナリ。豈啻《あにただ》是レノミナランヤ。甚シキニ至テハ、死躰ヲ海ニ投スルノ止コトヲ得サルニ及ヘリ。斯ノ如キハ、万物ノ霊タル人類ノ忍フヘキ所ナランヤ(3)」。僧侶が不在のため、葬送の際、甚だしい場合には、死体を海中に投棄することさえあった、とこの一文は伝えている。

新寺を求めてやまない願い、すなわち、人間としての同朋や肉親の霊を供養したいと念ずる心は、時間と空間を超えた人類共通の思いではなかろうか。この人間としての供養ないし信仰心の赴くところ、さきの二二〇〇余の寺院が新天地北海道に営まれていったことはもはや多言を要すまい。思うに、二二〇〇余カ寺の造営には、先人の筆舌に尽くせぬ物心両面の苦労が伴っていたであろう。したがって、本書の課題は、この二二〇〇余カ寺がどのような歴史的関わりの中で建立され、それがどのような意味を有すかを検証する点にある。表現をかえていえば、それは北海道民の寺院を中心にした信仰の足跡、心の軌跡を跡づける作業ともいえよう。

従来の三つのアプローチ

それでは、これまでこのような心情・信仰という内面の仏教史的世界は、どのように研究されてきたのだろうか。

大別して三つのアプローチがあったように思う。第一は、『北海道史』(大正七年)や『新北海道史』(昭和四四〜五六年)に代表される自治体史編纂としての検討・叙述である。第二は、各宗教団体が自宗の北海道への布教・伝道を追跡した宗派的な「布教・開教史」の編集・検証である。第三は、この自治体や宗派団体という組織を背景としない、あくまでも純粋に学問的に追究する場合である。以下、順次その主要な研究業績を回顧しつつ、若干のコメントをつけてみることにしよう。

第一の自治体史的な研究成果の代表として、『新北海道史』が挙げられる。同書の第二巻で、中世〜近世における北海道宗教史を取り上げ、中世の「社寺の由来」「神社・寺院」および近世の「神社」「寺院」「キリスト教」を概観している。

編集当時の研究状況を反映するかのように、その中世宗教史分野の内容は「沿革誌」の域を出ない。長足の進展をみせた今日の北方地域史の研究からすれば、全く隔世の感がある。その点、近世宗教史分野も事情は同様であり、松前藩の仏教政策はもとより、幕府直轄下の「蝦夷三官寺」に対する叙述も皆無である。その意味で、

『新北海道史』における前近代の仏教を含む宗教史は、極論を許されるなら、内容的に「研究以前」に等しい状況にあるといってよいだろう。同書の第三巻では明治前期、第四巻では明治中後期、第五巻では大正〜昭和前期の宗教史全般を扱っている。統計数量の分析を駆使しての叙述も採り入れられ、前近代のそれに比して、いくぶん説得力を増している。しかしながら、その視角は「宗教行政」を優先させたものであり、当該期の地域住民の生の声はほとんど聞こえてこない。「宗教行政」を重視するとはいえ、明治初年の「神仏分離」へのアプローチが手薄であるのは、いささか残念である。この近代史の叙述全体も、仏教史を含む宗教史の総体としては、今日の研究状況に照らしてみれば、やはり説得力に欠けることは否めない。

第二のアプローチは、各宗教団体による「布教・開教史」の編集・検証である。仏教史に限定していえば、例えば、浄土真宗大谷派を扱った竜山巌雄の『北海道開教記要』(4)と多屋弘の『東本願寺北海道開教史』(5)や、『曹洞宗北海道寺院誌』(6)『日蓮宗北海道大鑑』(7)などがある。宗派史としては自宗の伝播・展開を跡づけることに成功しているが、歴史の総体にはもちろん言及してはいない。

第三の学問的な研究対象として取り上げた仏教史研究として、まず挙げるべきは、星野和太郎の『北海道寺院沿革誌』(8)がある。本書は各寺院の「報告」をもとにその沿革を集約したもので、具体的な分析ないし歴史的な考察はない。しかし、通仏教的な観点からの「沿革誌」だけに、史料集の性格を持ち、今日においてもその史料的意義は『福山秘府』の「寺社部」と『新羅之記録』の宗教関係記事とともにすこぶる高いといえよう。仏教史研究そのものを直接対象とはしないものの、江戸幕府の「蝦夷三官寺」の建立とその意義をアイヌ教化の関わりで取り上げた高倉新一郎の『アイヌ政策史』(9)は、当該分野の第一級の研究であり、今日なおその位置を失わない。

また、人物を中心にすえながら、通仏教的な立場で北海道の仏教史を叙述した須藤隆仙の『日本仏教の北限』(10)もユニークな試みとして特筆される。

高倉の「蝦夷三官寺」研究を継承しつつ、北海道の近世・近代神道史を宗教政策として扱ったのが、田中秀和の『幕末維新期における宗教と地域社会』(11)である。田中のこの研究は将来の「北海道宗教史」をも構想できる視点だけに、その夭折は惜しまれる。

以上、北海道仏教史の研究状況を三つのアプローチとして、概略的に整理し、若干のコメントを付してみた。その三つはそれぞれ、研究史的に一定の意義を有していることは言うまでもないが、かといって、その一篇一篇が「北海道仏教史」を歴史的に扱い、客観的にして総体的な叙述の域に達しているかといえば、もちろんそうではない。歴史学の対象としての「北海道仏教史」研究は、すぐれて今後の課題といえよう。よって、本書は次のような視角から「北海道仏教史」にアプローチしてみたい。

(二) 本書の視角と構成

本書の五つの視角と内容構成

従来の北海道仏教史の研究は、一言にしていえば、トータルな歴史的アプローチに甚だ欠如している。よって本書は次の五つの視点から北海道仏教の歴史的展開を追究する。第一は北海道と東北地方を「北方地域」と捉える広域的視点。第二は中央権力ないし中央教団が推し進めた宗勢拡張としての寺院造立と地域形成がどう関わっていたかという「開教＝開拓」の視点。そこには当然、先住のアイヌ民族との宗教的確執がある。第三は、仏教史を基調にしつつも、神道・キリスト教・新宗教などの動向にも目配りする比較宗教史の視点。第四は、仏教寺院の直接的な担い手である民衆が、どう生きたかをみる民衆的視点。そして最後の第五は、「木を見て森を見ない」ような従前の偏頗を克服すべく、中世から現代までを見通した通観的な視点である。

本書は三部構成からなり、時系列的に第一部では中世仏教の伝播、第二部では近世仏教の成立と展開、第三部では近現代仏教の展開を跡づける。次にその構成を通観し、構成紹介に代えたいと思う。

「中世仏教の伝播」と銘打った第一部は、第一章で北海道と東北地域を概観した上で、第二章において鎌倉幕府の宗教政策と「夷島」観を究明し、中世仏教の伝播の歴史的考察の前提とする。それを受けて、第三章では蠣崎氏が道南和人地において、先住のアイヌ民族とどう関わりながら覇を唱えていったかを追跡しつつ、第四章において夷島における中世仏教の伝播状況を中世和人地とその東端の銭亀沢および西端の乙部の宗教動向も探りながら究明する。

「近世仏教の成立と展開」を扱う第二部では、まず第一章において松前藩に関する制度史的分析を加え、近世仏教の歴史的背景とする。その上で第二章において松前藩の仏教対策、本末制と檀家制を庶民との関わりの中で究明する。次いで、第三章では幕末期における蝦夷三官寺の造立およびアイヌ民族と和人との宗教接触の動態に言及する。そして第四章において、近世後期の仏教世界を松前(福山)城下寺院の「封建寺院」から「民衆寺院」への変容および寺院の開教=開拓の論理の視点で究明する。第五章では、松前藩における本末制と檀家制の実態を復原する。最後に第六章でアイヌ民族と境を接する東在の銭亀沢と西在の乙部などの近世宗教の展開を考察する。

第三部は北海道仏教の近代および現代的展開を追跡したものである。第一章では、明治期における函館の仏教界を神仏分離政策・北海道開拓・教部省の施策およびキリスト教などの動向を視野に入れながら考察する。第二章では、高龍寺(函館)を実例にして、都市寺院の成立を検証する。第三章では、大正~昭和戦中期における「体制宗教」としての寺院や「自宗教」化する新宗教および「異宗教」化するキリスト教を追跡し、併せて戦時下における宗教界の動態を探る。第四章においては、道南の農漁村が明治~昭和戦中期の近代の時代をどう迎え、どう過ごしたかを追跡する。最後の第五章は、GHQの宗教政策と北海道の宗教界との関わりを分析しながら、北海道の仏教界がどのように戦後復興を遂げていったのかを、神道ならびにキリスト教との対比の中で考察しつつ、新宗教の動向にも目配りをしながら、現代人の宗教意識を探る。そして、「結言」において北海道仏教の歴史的特質を摘記する。

(1) 「統計人口」(『新北海道史』第九巻史料三、所収)
(2) 藤本義雄編『北海道宗教大鑑』(広報、一九六四年)
(3) 星野和太郎『北海道寺院沿革誌』(時習館、一八九四年)
(4) 竜山巌雄『北海道開教記要』(弘文社、一九一五年)
(5) 多屋弘『東本願寺北海道開教史』(真宗大谷派本願寺札幌別院、一九五〇年)
(6) 『曹洞宗北海道寺院誌』(曹洞宗寺院誌編集準備委員会、一九九二年)
(7) 『日蓮宗北海道大鑑』(日蓮宗北海道大鑑刊行会、一九八七年)
(8) 『北海道寺院沿革誌』(〈3〉に同じ)
(9) 高倉新一郎『アイヌ政策史』(日本評論新社、一九四二年)
(10) 須藤隆仙『日本仏教の北限』(教学研究会、一九六六年)
(11) 田中秀和『幕末維新期における宗教と地域社会』(清文堂、一九九七年)

北海道仏教史の研究——目　次

緒　言

第一部　中世仏教の伝播

第三部　近現代仏教の展開

第一部　中世仏教の伝播

第一章　中世仏教の歴史的前提

――古代北奥羽と夷島――

第一節　「蝦夷」の語義の変容

古代国家と地域呼称

北海道は、古代～中世において何と呼ばれ、そこにはいかなる人々が居住し、どのような生活を展開していたのであろうか。まず、古代律令国家の六国史《りっこくし》のひとつである『日本書紀』の次の一文に注目してみよう。

武内宿禰《すくね》東国より還《かえ》りまゐきて奏《まう》言さく、「東夷中、日高見国有り。其の国人男女並に椎結《かみをあげ》、身を文《もとろ》げて、人と為《な》り勇悍《いさみたけ》し。是を総《す》べて蝦夷《えみし》と曰ふ。亦土地《くに》沃壌《こ》えて曠《ひろ》し。撃《う》ちて取るべし」(1)。

これは、いわゆる古代神話に名だたる「日本武尊」の東征の前兆を示す武内宿禰の奏言である。その意味で、史実としての信憑性に若干の問題があるが、それでも『日本書紀』の編集時たる八世紀における律令国家の北方観を表明していると理解してもそう大過はないだろう。

とすれば、この一文から次の点が読みとれよう。一つは、今日の北海道を含む北方地域が、律令国家の初期の頃、「日高見国」と呼ばれていたことである。そして同時に、「日高見国」と「国」呼称されている事実から推して、古代律令国家にとって「日高見国」は相対的に自立していた存在であったことを示している点である。

二つ目として、この地の人々は「蝦夷」と呼ばれ、男女ともに入れ墨の風俗があり、荒々しい勇武の存在として認識されていた点である。そして三つ目に、この地域は広大で豊穣なため征服するに価する地であると、中央から認識されていた点である。

『日本書紀』は同じく、阿倍比羅夫の北征を伝える記事の中で、北方地域を次のようにも表記している。


是の月に、阿倍臣〈名を闕《もら》せり〉を遣《つかわ》して、船師一百八十艘を率て、蝦夷国《えみしのくに》を討つ。(2)

三月に、阿倍臣〈名を闕せり〉を遣して、船師二百艘を率て、粛慎国《みしはせのくに》を伐たしむ。(3)


すなわち、『日本書紀』はさきの「日高見国」のほかに、北方地域を表記する呼称として、「蝦夷国」と「粛慎国」を用いていたのである。北方地域を指して、このように「日高見国」「蝦夷国」「粛慎国」という具合に、多様な呼称を施していること自体、中央の側からの北方認識が一定しないことを示す。併せて北方地域そのものも、「国」呼称が象徴的に物語るように、中央の国家権力に対して相対的立場をとっていたのである。

言うなれば、八世紀の段階においては、広大で肥沃な「蝦夷」の居住する北方地域は、「日高見国」とも「蝦夷国」とも、あるいは「粛慎国」とも呼称される相対的に自立する地域として、古代日本の歴史舞台に登場していたのである。

それでは、この呼称が以後、どのように変遷して今日の「北海道」となったのであろうか。

『日本書紀』を継ぐ『続日本紀』においては、北方地域を「賊地」(4)と表記するようになり、『日本書紀』に散見した「国」呼称は消失する。一一世紀に入ると、「胡地」(5)とか「狄地」(6)の呼称も登場し、地域呼称も「国」呼称から「地」呼称に変化したことが知れる。しかもその変化は、相対的自立を意味した「国」呼称から、「胡地」「狄地」に典型的に示されるように、中国の中華思想――東夷・西戎・南蛮・北狄――に裏づけされた蔑視意識を伴った「地」呼称への変化であった。

このことから九～一一世紀の時代に、北方地域が「国」呼称から「地」呼称へ、相対的自立の地から蔑如・征服の地へと、大きな転換を遂げたことを知ることができよう。

では、この「国」呼称→「地」呼称は、次にどのように変化したのであろうか。次の一文に注目してみよう。

泰衡被囲数千軍兵、為遁一旦命害、隠如鼠、退似鶂、差夷狄島。(7)

鎌倉幕府軍の数千人の軍兵に追われた平泉の藤原泰衡が、命を逃れんがため北走した地としての「夷狄島」呼称の登場である。泰衡の敗走を伝える鎌倉幕府の正史『吾妻鏡』には、「夷狄島」と表記されていることが確認される。『吾妻鏡』にはこのほかに、「去比、佐々木左衛門尉広綱使者相具所参上之東寺凶賊已下、強盗海賊之類五十余人事、今日有沙汰、可被遣奥州之由、被仰下云々。是為放夷嶋(8)」とあるように、「夷嶋」の呼称もみえ、これ以後、鎌倉期においては、この「夷嶋」呼称が一般化してくる。ここに私たちは鎌倉期に強盗海賊を配流する場としての「夷嶋」の登場によって、北方地域の呼称も「国」呼称→「地」呼称から「島」呼称に変容したことを知る。

鎌倉時代に定着した北海道地域＝「夷嶋」という「島」呼称を基調にして、南北朝・室町期には「蝦夷カ千島」「エソカ島」も登場するが、「島」呼称という点では中世は一貫している。その意味で、北方地域名の変遷の上でも、鎌倉期は古代と一線を画する特異な時代であったといえよう。が、この「島」呼称も、豊臣政権期の「日のもと」＝北海道という呼称を過渡期として、近世に大きく変容する。すなわち、「蝦夷地へ之舟段々支度可仕と存候」、「秋味舟何艘蝦夷地へ下申候哉(9)」というように、北海道＝「蝦夷地」の呼称が江戸時代に定着するのである。この「蝦夷地」呼称が、明治二年(一八六九)に松浦武四郎の建言に基づき「北海道」と改称するまで、江戸期を通じて使用されたことは言うまでもない。

以上のように、今日の北海道に至るまでの北方地域の呼称も、『日本書紀』の「日高見国」「蝦夷国」「粛慎国」に始まり、「胡地」「狄地」→「夷嶋」→「蝦夷地」というように、その呼称観念自体が「国」→「地」→「島」→「地」と変化しながら、転変していたことを知るのである。

古代国家と民族呼称

地域呼称が時代とともに変化すれば、そこに居住する人々の呼称も、地域と居住民の一体性から考えて、当然変化する。律令国家の正史である『日本書紀』『続日本紀』『日本後紀』『続日本後紀』『日本文徳天皇実録』『日本三代実録』という六国史の中で、北越や東北地方に居住する民を「夷」「毛人」「蝦夷」「狄」と表記し、「エミシ」あるいは「エビス」と呼ぶことが一般的であった。この「夷」とか「狄」の表記自体、律令国家が古代中国の「東夷・西戎・南蛮・北狄」なる四辺の異民族に対する中華思想に学んだものであることは言うまでもない。日本古代にあっては、「西戎・南蛮」の表記は定着しなかったものの、「東夷・北狄」なる表記は蕃族を指す語として使用され続けることとなった。

古代律令国家のエミシ観念も、大化改新を境にして両義に大別される。改新以前にあっては、エミシはおおむね「毛人」「夷」と表記され、その意味内容は「まつろわぬ人」「あらぶる者」という、中央の律令国家に対しての「不服従民」を指し、一定の地域民を指すものではなかった。ところが、改新以後になると、表記も「蝦夷」の文字が当てられるようになり、しかもその民は、主として北越・道奥《みちのく》地方に住む人を指すというように、その居住地域は限定されるに至った。

言うなれば、東北北部の民を「蝦夷」文字で表記し、ほかの地域と一線を画したのである。この「蝦夷」文字が定着するにつれ、エミシ観念も「不服従民」から少しずつ変容し、その呼称も「エビス」と呼ばれるようになった。[10]

例えば、「なまめかしう心深げに聞えつづけ給ふ事どもは、奥のえびすも思ひ知りぬべし[11]」、「いみじき夷といふとも、見奉らば、かならず涙おちぬべき御ありさまや[12]」というように、一一世紀以降の王朝文学の作品群には、

「エビス」呼称が一般化してくるのである。

このように、エミシ観念はその表記方法ともども、大化改新を境にして転換したのであるが、「まつろわぬ」「あらぶる」民であった頃のエミシの実体はどうであったろうか。

これを知る上で、次の阿倍比羅夫の北征を伝える『日本書紀』の史料は有益である。

(a)夏四月に、阿倍臣〈名を闕せり〉船師一百八十艘を率て、蝦夷を伐つ。齶田《あきた》・渟代《ぬしろ》、二郡の蝦夷、望《おせ》り怖《お》ぢて降《したが》はむと乞ふ(中略)仍《よ》りて(齶田の)恩荷に授くるに、小乙上を以てして渟代・津軽、二郡の郡領に定む、遂に有間浜に、渡嶋の蝦夷等を召し聚《つど》へて、大きに饗《あへ》たまひて帰す。[13]

(b)是の月に、阿倍臣〈名を闕せり〉を遣して、船師一百八十艘を率て、蝦夷国を討つ。阿倍臣、飽田《あきた》・渟代、二郡の蝦夷二百四十一人、其の虜三十一人、津軽郡の蝦夷一百十二人、其の虜四人、胆振鉏《いふりさえ》の蝦夷二十人を一所に簡《えら》び集めて、大きに饗たまひ禄賜ふ。[14]

(c)三月に、阿倍臣〈名を闕せり〉を遣して、船師二百艘を率て、粛慎国を伐たしむ。阿部臣、陸奥の蝦夷を以て、己が船に乗せて、大河の側に到る。是に、渡嶋の蝦夷一千余、海の畔に屯聚《いはつど》みて、河に向ひて営《いほり》す。営の中の二人、進みて急に叫びて曰はく、「粛慎の船師多に来りて、我等を殺さむとするが故に、願ふ、河を済《わた》りて仕官《つか》へまつらむと欲《おも》ふ」といふ。[15]

右の三つの史料を総合して、おおよそ次の点が指摘できよう。

史料(a)では、阿倍臣は斉明天皇四年の北征で、「齶田・渟代」(秋田・能代)の蝦夷を降伏させ、「渟代・津軽二郡」の郡領を定めている。ここにいう「津軽」とは、能代以北の日本海沿岸部を指しており、したがって、「有間浜」で大饗を行った「渡嶋蝦夷」とは、少なくとも秋田・能代・津軽以外の蝦夷を指すと考えられる。確かに、これまでも、この「渡嶋蝦夷」については、北海道本島内に求める説(喜田貞吉・児玉作左衛門)と本州説(高橋富雄・津田左右吉)とに分かれており、にわかに断定はできない。[16]

が、しかし、史料(c)の「渡嶋蝦夷」が言った「河を済りて仕官へまつらむ」の文言、およびこの史料の「粛慎国」が北海道を指すことに思いをいたすなら、「渡嶋蝦夷」とは、やはり北海道本島の蝦夷を指すと解してよいだろう。

史料(b)で、阿倍臣が討った「飽田・渟代」(秋田・能代)および「津軽郡」は、地域概念としては「蝦夷国」に属していたのに対し、同じく北方地域とはいえ、北海道は史料(c)の文脈から判明するように、「粛慎国」に属していた。

また、右の三史料が物語るように、古代エミシは「渡嶋蝦夷」「津軽蝦夷」のように、地域名を冠して呼称されていた。

総じていえば、「まつろわぬ」「あらぶる」民であった古代エミシは、「粛慎国」(今日の北海道)に居住する「渡嶋蝦夷」や「蝦夷国」(今日の北奥羽地方)に住する「津軽蝦夷」などと、北方地域の中に広範囲にわたって存在していた。

渡島蝦夷《エミシ》

エミシ関係の記事も、阿倍臣の北征以後、しばらく史書をにぎわすことなく推移するが、七世紀の最末期から再び史書に登場する。その関連史料を次に少し年代順に紹介しよう。

(a)(持統天皇十年三月十二日)越の渡嶋の「蝦夷」伊奈理武志と「粛慎」の志良守叡草に錦の袍袴などを下賜。(17)

(b)(養老二年八月十四日)出羽と渡嶋蝦夷八十七人が朝廷に馬千疋を貢ぐ。(18)

(c)(養老四年正月二十三日)渡嶋津軽の津の司六人を靺鞨国に派遣しその風俗を観察させた。(19)

(d)(宝亀十一年五月十一日)三月二十二日、伊治公呰麻呂の蜂起あり。渡嶋蝦夷は早くから丹心(忠誠心)を顕し来朝貢献している。昨今、帰服した蝦夷(帰俘)が反乱しているので出羽国としてもその渡嶋蝦夷への対応を配慮せよ、との勅があった。[20]

(e)(延暦二十一年六月二十四日)渡嶋の狄が来朝する時は、「雑皮」を貢ぐのが例だが、王臣諸家は競って「好皮」を買い、残った悪物を納めるので、長いこと禁止してきたが、出羽国司はこれらを守らない。今後、私に「狄土」の物を交易してはならぬ、という太政官からの符が出された。[21]

(f)(弘仁元年十月二十七日)渡嶋狄二百余人が陸奥の気仙郡に来着、当国の所管外なので帰そうとしたところ、寒節につき海路も越し難く来春までの留住を願ったので許可した、という報告が陸奥国からあった。[22]

(g)(貞観十七年十一月十六日)渡嶋の荒狄が反逆し、水軍八十艘で秋田・飽海両郡の百姓二十一人を殺略したので、牧宰に平定させた旨、出羽国から報告があった。[23]

(h)(元慶二年七月十日)三月二十九日、出羽国秋田で元慶の乱あり。この乱に際し、出羽国府は、津軽蝦夷の去就の判断に迷う。(同九月五日)その間、津軽・渡嶋・俘囚は出羽方に味方する意を固め、元慶の乱の夷を伐つことを申し出る。[24]

(i)(寛平五年閏五月十五日)渡嶋狄と奥地の俘囚とが戦端を開く情勢となり、出羽国は城塞を固めた。[25]

以上のように、渡島エミシが史書に登場するのは、持統天皇一〇年(六九六)から寛平五年(八九三)の期間である。これは、とりもなおさず、この期が律令国家による東北エミシ政策が集中的・積極的に推し進められたことを示している。右の一連の史料群から、次のような「渡嶋蝦夷」の特質を指摘できよう。

第一に史料(b)と(d)および(h)から推して、「渡嶋蝦夷」はどうやら出羽国の管轄下にあったようであり、それゆえ、史料(g)や(i)のように、出羽国を場とする「渡嶋蝦夷」と出羽国百姓との抗争や「奥地の俘囚」との戦闘が起こることもあった。

第二に、史料(b)および(d)にみるように、「渡嶋蝦夷」は早くから朝廷に対して「丹心」すなわち忠誠の心をもって臨んでいた点である。そして第三にいえることは、史料(e)にみるように、「渡嶋蝦夷」の対朝廷への献上品は、獣皮であり、その獣皮類をめぐって、私的な交易が行われていた点である。こうした特質を持つ「渡嶋蝦夷」であるが、ここでも看過してならないことは、「渡島蝦夷」は多くの場合、津軽蝦夷とともに登場しており、その意味で、両者は律令国家から一体的な地域集団として捉えられていたことである。

一方では「渡嶋蝦夷」としての個性的な属性を有するとはいえ、中央権力側からは一定の地域集団として捉えられる「渡嶋蝦夷」と津軽蝦夷であった。

さきの七〜九世紀にわたる律令国家による東北エミシ政策を通して、渡島・津軽蝦夷への支配・服従化の波は否応なしに押し寄せる。その支配の波が、やがて一一世紀に及ぶと、王朝貴族の北方への関心を覚醒させるに至り、前掲のような文学作品の中に、「奥のえびす」「いみじき夷」というように、「エミシ」から「エビス」への呼称変化となって顕現する。この「エビス」呼称が、津軽蝦夷・渡島蝦夷の総称であることは言うまでもない。ここに、両者は全く同一の地域集団として捉えられることになった。

このエビスとしての現地における地域的一体性は、実は日常の生活の日々に営まれていた。ほかでもなく、それは北海道南部から東北地方北部に共通して分布する続縄文文化に連なる擦文文化(八〜一三世紀)なる生活文化である。

言うなれば、道南〜東北北部に居住する民は、少なくとも一一世紀の頃、「エビス」と呼ばれ、ともに「擦文文化」たる同一の文化圏に属しつつ人的・物的な交わりをしていたのである。

律令国家に「まつろわぬ」民の「エミシ」として歴史に登場した北方民は、一一世紀には王朝貴族によって「エビス」と呼ばれ、一定の地域集団として捉えられるに至った。この「エビス」が次の段階において、異民族の呼称たる「エゾ」と呼ばれることは周知のとおりである。とすれば、「エビス」呼称とは、「エミシ」→「エビス」→「エゾ」と変遷する北方民族呼称の歴史の上で、まさに過渡的な呼称といえよう。

蝦夷《エゾ》呼称の登場

「エゾ」なる言葉が登場するのは、一一世紀末～一二世紀初期の成立とされる『今昔物語集』においてである。同集は、永承六年(一〇五一)～康平五年(一〇六二)のいわゆる「前九年の役」を伝える「陸奥国安倍頼時行胡国空返語」の中で、次のように表記している。

今昔、陸奥ノ国ニ頼時ト云フ兵有ケリ。其ノ国ノ奥ニ夷ト云フ者有テ、公ニ随ヒ不レ奉シテ戦ヒ可レ奉シト云テ、陸奥ノ守源ノ頼義ノ朝臣責ムトシケル程ニ、頼時其ノ夷ト同心ノ聞エ有テ、頼義ノ朝臣頼時ヲ責ムトシケレバ、頼時ガ云ク、古ヨリ于今至マテ公ノ責ヲ蒙ル者其ノ員有ト云ヘドモ、未ダ公ニ勝奉ル者一人モ无《な》シ(中略)此ク責ヲノミ蒙レバ敢テ可レ遁キ方无シ。而ルニ此ノ奥ノ方ヨリ海ノ北ニ幽ニ被二見渡一ル地有ナリ(中略)我レヲ難レ去ク思ハム人ノ限ヲ相具シテ彼ニ渡リ住ナムト云テ、先ヅ大キナル船一ツヲ調ヘテ、其レニ乗テ行ケル。[26](後略)

これによれば、朝廷方の源頼義と交戦した安倍頼時の拠る陸奥国の奥には「夷」がおり、この「夷」と頼時は同心しており、この戦に敗走した頼時は「此ノ奥ノ方ヨリ海ノ北」に見える地に渡ったという。この渡った地について、『今昔物語集』はさらに続けて次のように伝えている。

左右遥ナル葦原ニテ有ケル。大キナル河ノ湊ヲ見付テ、其ノ湊ニ差入ニケリ(中略)葦原ノ遥ニ高キニ船ヲ差隠シテ、響ク様ニ為ル方ヲ葦ノ迫《はさま》ヨリ見レバ、胡国ノ人ヲ絵ニ書タル姿シタル者ノ様(中略)然レバ胡国ト云フ所ハ唐ヨリモ遥ノ北ト聞ツルニ、陸奥ノ奥ニ有ル夷ノ地ニ差合タルニヤ有ラムト。[27]

頼時が船で渡った所には、葦が繁茂しており、「胡国」人の風姿をした人々が居住していたのである。『今昔物語集』の収めるこの説話を総合していえる位置関係は、安倍頼時の拠る陸奥国→この陸奥国の奥＝「夷」→「夷」と差し合う「胡国」となる。

このように、『今昔物語集』に登場する「夷」なる言葉は、一方で、「こさふかは曇りもそするみちのくの　えそにはみせし秋のよの月」（西行上人）とか「思ひこそちしまの奥を隔てねと　えそかよはさぬつほのいしふみ」（法橋顕昭）と、「北辺の異民族」を指す歌枕として、和歌の世界に登場もしてくる。ここに至って、「エミシ」「エビス」の呼称が、「エゾ」と変化し、それは陸奥の「奥」すなわち東北北部～北海道とそこの居住民を指すものとなったのであり、この呼称変化は同時に、「エミシ」（まつろわぬ人々）から「エゾ」（北辺の異民族）への認識変化を伴うものであった。なお、「エゾ」なる呼称のそもそもの使用は、金田一京助によれば、前九年・後三年の両役などの東北北辺の戦乱を機に、そこで使用されていた「エンジュ」（樺太アイヌ語で「人」を意味する）に求められるという[28]。しかし、この語源については諸説があって一定しない。

第二節　北奥羽の覇者と蝦夷島

安倍氏・清原氏と蝦夷

「エゾ」呼称が登場した頃の東北地方および北海道南部の実態はどうであったろうか。それをうかがう上で安倍氏の出自を伝える『陸奥話記』の次の一文は貴重である。

六箇郡の司安倍頼良という者あり。是同忠良の子也。父祖忠頼東夷の酋長たり、威風大いに振り、村落皆服す。六郡に横行し、人民を劫略し、子孫もっとも滋蔓す。漸く衣川の外[29]に出ず。賦貢を輸《いた》さず、徭役を勤めることなく代々驕奢し、誰れ人も敢えてこれを制すこと能わず。（原漢文）

前九年の役（一〇五一～六二）の一方の主人公である安倍頼良（のちに頼時と改名）の父祖忠頼は、「東夷の酋長」であり、奥六郡[30]の郡司であった。言うなれば、一一世紀中葉の頃、安倍氏は奥六郡の現地支配者として、王朝国家の課す徴税を輸すこともなく、驕奢にこの地域に蟠踞していたのである。

奥六郡は、八〜九世紀の頃、坂上田村麻呂将軍のエミシ征討に象徴されるように、古代律令国家の支配が及ぶ北限の地に相当し、征服されたエミシ(俘囚)が居住する地でもあり、その意味で、律令国家にとっては、エミシ対策の前線基地ともいえる地域であった。

したがって、安倍氏は一〇世紀の忠頼の代より、律令国家から奥六郡の郡司として任用され、エミシの朝貢を仲介する現地執行官をもって自他ともに任じていたのである。この安倍氏は、一方で奥六郡の郡司という国家直属の地方官でありながら、もう一方では前引の「東夷の酋長」が端的に示すように、エミシ社会におけるリーダーでもあり、その属性はすぐれて両面性を併せ持つ存在であった。

奥六郡の西部に所在するのが、山北三郡[31]であり、ここを支配していたのが、「出羽山北の俘囚主」(『陸奥話記』)とされる清原氏であった。言うなれば、清原氏は奥六郡の「東夷の酋長」を名乗る安倍氏と並んで、「出羽山北」においてエミシの血を引くリーダーとしてこの地域に君臨していたのである。

一〇〜一一世紀の東北北部は、こうしてみれば、奥六郡と山北三郡を対エミシ政策の前線基地とする中央支配の北限の地であると同時に、安倍・清原両氏の「東夷の酋長」「出羽山北の俘囚主」が物語るように、エミシ社会と隣接する地でもあった。エミシの占住する地を「蝦夷村」といい、この地と渡島との日常的な交流が最も頻繁であったことは言うまでもない。さきに『今昔物語集』でみた安倍頼時が拠る「陸奥ノ国」とは奥六郡を指し、「其ノ国ノ奥ニ夷ト云フ者有」の「其ノ国ノ奥」とは紛れもなくこの「蝦夷村」を指している。

してみれば、一〇〜一一世紀の道南渡島《おしま》地方は、「蝦夷村」と一衣帯水の地にあって、奥六郡の安倍氏さらには山北三郡の清原氏と、エミシ社会の一員として交流し合っていたとみてよいだろう[32]。

平泉藤原氏と蝦夷

一方、前九年の役で安倍貞任に与《くみ》して討たれた亘理経清の子藤原清衡が、後三年の役(一〇八三〜八七)に際し、

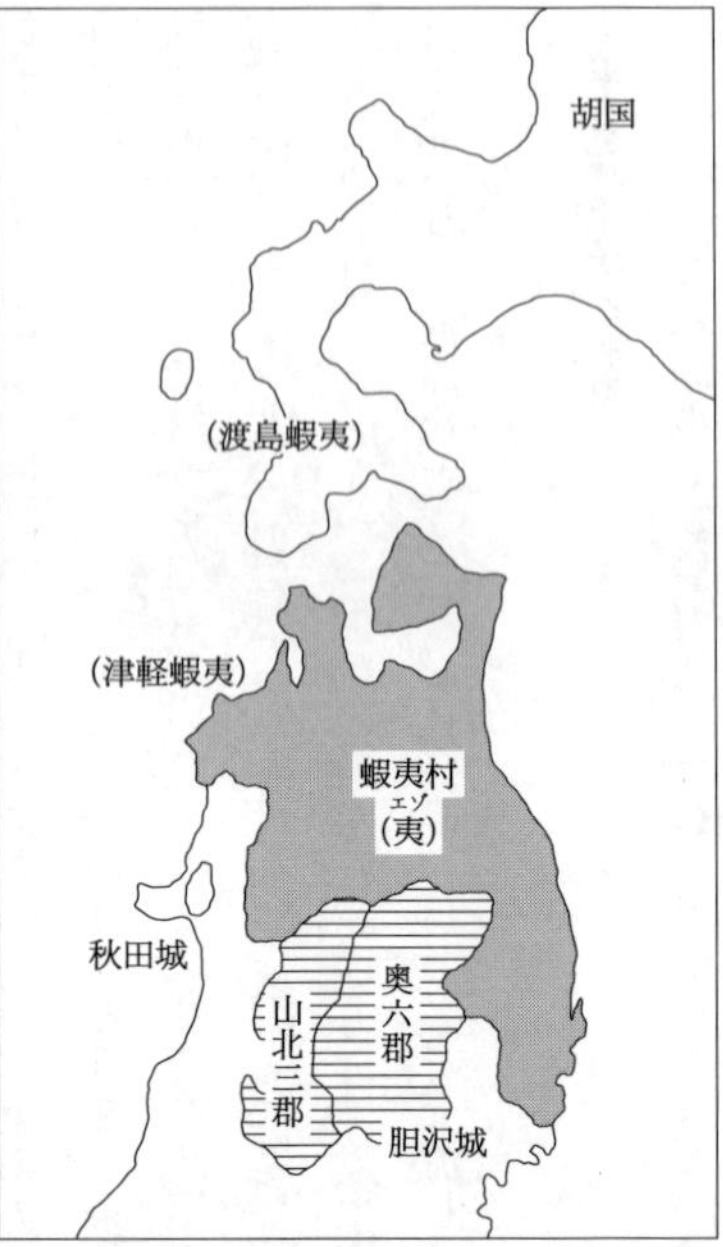

図1　10〜11世紀の東北北部

源義家に加勢して清原氏を滅ぼしたのを機に、奥六郡と山北三郡を統一的に支配するに至った。その清衡が、自らの政治拠点を磐井郡の平泉と決めて移ったのは、嘉保年間（一〇九四〜九六）の頃である。

平泉に拠った藤原氏は、一二世紀中葉頃までには、さきの安倍・清原氏の領有した奥六郡・山北三郡はもちろんのこと、さらにその奥の地に新たな郡を建てるに及び、その支配版図をより一段と拡張していった。すなわち、平泉藤原氏は津軽四郡[33]および糠部・閉伊・久慈・鹿角・比内郡などを建置したのである。これは行政的にいえば、第一に平泉藤原氏が王朝国家の任を受け、現地支配者として、安倍・清原氏以上に大きな権限を付与されたことを意味し、したがって、第二に、建郡されたことをもって、津軽四郡以下の地は、もはや蝦夷地（蝦夷村）ではなくなり、「王土王民」の地になったことを意味する。

それゆえ、平泉藤原氏の代に及んで、東北北部の大半は蝦夷地ではなくなり、一二世紀の頃の厳密な意味での蝦夷地は、津軽地方の北端部と北海道・千島の地に限定されることとなった。一二世紀以降、「蝦夷」ないし「夷」といえば、異民族観念を標榜しつつ、地域的には津軽地方の北端〜北海道を指し、民族的には異民族としてのアイヌを指すことになる。

少なくとも中央の王朝国家の捉えた東北北部に対する認識ないし「蝦夷」観はそうであった。では、平泉藤原氏の日常的・現実的意識はどうであったろうか。天治三年（一一二六）の、いわゆる「中尊寺供養願文」にそれを徴してみよう。

（前略）弟子は東夷の遠酋なり。弟子いやしくも祖考の余業をうけ、俘囚の上頭に謬居す。出羽陸奥の土俗、風草に従うごとく、粛慎挹婁の海蛮、陽葵に向かうがごとし。垂拱寧息すること三十余年、しかる間、時に歳貢の勤をうけ、職業失うことなく、羽毛歯革の贄、参期違いなし。（後略、原漢文）[34]

この史料が如実に物語るように、願文を奉じた藤原清衡には、さきの安倍氏の「東夷の酋長」および「六箇郡の司」、そして清原氏の「出羽山北の俘囚主」という伝統的な血脈意識が、「東夷の遠酋」と認識されて明確に継承され、あまつさえ、自らの支配的立場を「俘囚の上頭」と位置づけていた。そしてこの「東夷の遠酋」「俘囚の上頭」と裏づけられた藤原氏は、出羽・陸奥の両国は言うに及ばず、粛慎挹婁の海蛮＝蝦夷（北海道の蝦夷）までも、羽毛歯革の贄を年ごとに貢がせるものとして捉えていたのである。

この願文は確かに、清衡の意を体して、都の右京大夫敦光が起草した朝廷向けの一文であるから、そこには多少の文飾なり誇張なりが存在しないとはいい切れない。だがしかし、続縄文文化に連続する擦文文化の分布状況が北海道南部と津軽地方北部に共通していること、加えて、その擦文文化の終末期が一二〜一三世紀であり[35]、その後、道南地域に本州の文化が流入しているという考古学上の知見などを併せ考えれば、この願文が草された一二世紀には、やはり津軽海峡を挟んだ名もなき海蛮＝北海道の蝦夷と北奥羽の夷との間に、一定の交易活動が展開しており、そうした現実を踏まえた形で、海蛮からの歳貢が平泉藤原氏のもとに呈上されたと解してよいだろう[36]。

九世紀末〜一〇世紀の北奥羽に発生した蝦夷・俘囚の反乱を通して、彼ら蝦夷民族は「蝦夷身分」として奥六郡・山北三郡の奥地（蝦夷村）に押しやられていったが、彼らはそれゆえに、民族的一体感のもと、道南の蝦夷と、より日常的な交流を持ったに相違ない。言うなれば、この交流は、被支配者としての蝦夷同士の、ささやかにして現実的な生活としての交流であったのである。

一方、「俘囚の上頭」として蝦夷を支配する側の平泉藤原氏は、確かに制度的な支配版図は、「清衡六郡を管領するの最初、これ(中尊寺)を草創す。まず白河関より外ケ浜に至るまで[37]」の一文を引くまでもなく、その北限は津軽外ケ浜であった。しかし、この一点をもって直ちに、願文にみられる海蛮の「歳貢の勤をうけ、職業失うことなく、羽毛歯革の贄、参期違いな」きことを絵空事の一事象として葬り去ることは、やはり速断であろう。何となれば、蝦夷の支配者=「俘囚の上頭」たる藤原氏は、さきにみた北奥羽の夷と道南の蝦夷との間に日常的に展開される交流を、自らも「俘囚」の一員であるという自覚に立ちながら察知していたろうと推察されるからである。その蝦夷間に繰り広げられる自主的な交流の事実を、あえて海蛮の、「歳貢の勤」として、さも恒常的な貢職のように、清衡は自己の権勢を誇示しつつ奏上したのではなかろうか。「中尊寺供養願文」の一文は、そう語っているように思われてならない。平泉藤原氏の歴史的評価には、どこまでもこのような朝廷に対する制度史的側面と、自らも「俘囚の上頭」とする血脈意識に支えられた現実的・伝統的側面の二面性がつきまとうのである。

ともあれ、さきの『今昔物語集』でみた胡国(北海道)行きを決断したものの、あえなく帰還した「六箇郡の司」=安倍頼時と、この海蛮と北奥羽蝦夷との交流を察知し、その海蛮に「歳貢」までも課そうとした平泉藤原氏との間には、その蝦夷観において、隔世の感を認めないわけにはいかない。年月の経過とともに、北海道認識は深まっていくのを実感する。

このように「俘囚の上頭」と自他ともに許し、海蛮と北奥羽の蝦夷の別を超えて民族的一体感のもと、蝦夷社会にその身を置いた平泉藤原氏なればこそ、頼朝の奥州征伐の折、大軍の兵に包囲された泰衡が「一旦の命害を遁れんがため、隠れること鼠の如く、退くこと鯢《げい》に似たり、夷狄島をさして糠部郡に赴[38]」こうとしたのではあるまいか。この泰衡の島渡りの決意の背景には、恒常的ではないにせよ、清衡以来の海蛮に対する歳貢賦課を通して感得した歴史的な民族的一体感があったことを想定すれば、泰衡の渡島は安倍頼時以上に、現実味を帯びてくる。平泉藤原氏の念頭に去来する蝦夷地とは、単に人生の境涯の終着地ではなく、むしろ、同じ蝦夷の血が流れる民の生活する場としての蝦夷地であった。

このように、平泉藤原氏の段階に及んで、行政的には、「蝦夷地」は津軽北端〜北海道・千島を指し、そこに居住する民は異民族たるアイヌを指すことになったが、その一方で、平泉藤原氏自身、「俘囚の上頭」としてその「蝦夷地」に、そしてまた、その「蝦夷」(アイヌ)に対して民族的一体感をもって接することになった。では、古代北奥羽の宗教世界は、国家権力とどう関わり、どのような展開を示したのであろうか。次に節を改めて眺めてみよう。

第三節　古代北奥羽の宗教世界

坂上田村麻呂の蝦夷征討

古代北奥羽の宗教を考える上で、坂上田村麻呂の蝦夷征討は重要な意味を持つ。この田村麻呂の征討事業には、数多くの伝説が付与されていることは、人のよく知るところである。

享保一六年(一七三一)の『津軽一統志』によれば、近世までに造立された神社の総計は五九社であり、そのうちの約半数の二九社が、古代、しかも、坂上田村麻呂の征討に何らかの形で関わっていることが、表1から判明する。

一方、寺院の方は、表2が示すように、享保一六年の時点で、津軽の寺院は一三四カ寺を数え、そのうち、古代のものはわずか六カ寺にすぎない。しかし、神社の造立数の約五分の一の数は、当地への宗教伝播の一傾向を示していて興味深い。

その中にあって、注目すべき点がある。それは表1の3の「大聖不動明王」の開基とも伝えられる「円智上

表1 『津軽一統志』にみる神社

	寺院名	創立年(者)	別当(宗派名)	備考
1	岩木山三所大権現	延暦15年(796)	百沢寺(真言宗)	坂上田村麻呂の奉祭
2	八幡太神宮	不詳	最勝院(真言宗)	この付近は坂上田村麻呂の陣所
3	大聖不動明王	円智上人，阿遮羅山を開基	国上寺(真言宗)	付近に田村麻呂建立の森山毘沙門堂あり
4	聖観音	不詳	久渡寺(真言宗)	僧円智の創立とも伝える
5	深沙大権現	大同2年(807) 坂上田村麻呂	猿賀山長命院 神宮寺(天台宗)	
6	熊野三所大所大権現	不詳	飛竜山長命院(天台宗)	元亀4年(1573)の建立ともいう
7	八幡太神宮	〃	那智山袋宮寺(天台宗)	〃
8	八幡太神宮(浪岡)	延暦12年(793) 坂上田村麻呂	神職	退転前の別当は如意山妙宝院
9	加茂大明神(浪岡)	〃	〃	
10	横内妙見堂(青森)	延暦11年(792) 坂上田村麻呂	孫九郎	
11	藤崎毘沙門天	延暦12年 坂上田村麻呂		
12	森山毘沙門堂	〃		
13	熊野本宮大権現	大同2年 坂上田村麻呂		
14	山王大権現	〃		
15	今淵八幡太神宮	〃		
16	浪岡牛頭天王	〃		
17	外ガ浜十二所権現	〃		
18	田舎館大日如来堂	大同2年 坂上田村麻呂	修験　大蔵院	
19	広船千手観音堂	〃	修験　広住院	本尊は恵心作と伝える
20	桜庭千手観音堂	不詳	斎藤大和守	本尊は弘法大師作と伝える。堂は田村麻呂の建立とも伝える
21	桜庭地主八幡宮	大同2年 坂上田村麻呂		
22	深浦間口観音堂	〃	修験　善光院	本尊は聖徳太子作と伝える
23	深浦薬師堂	〃		本尊は智証大師作と伝える
24	赤石毘沙門堂	〃	神職	
25	藤崎熊野大権現	不詳 坂上田村麻呂	修験　常福院	「往古真言宗寺院退転シテ今号ニ新城館ー」
26	乳井毘沙門堂	承暦2年(1078)	福王寺	坂上田村麻呂の創建で承暦2年の再興とも伝える
27	日照田薬師如来堂	〃		本尊は行基菩薩作と伝える
28	十腰内観世音	不詳	百沢寺(真言宗)	岩木山三所大権現を参考
29	十腰内大石大明神	〃	〃	〃

表2 『津軽一統志』にみる寺院

	寺院名	宗派名	創立年	備　　考
1	百沢寺	真言宗	不詳	真言五山寺，初め十腰内村にあり
2	国上寺	〃	不詳。僧円智の創立とも	真言五山寺
3	久渡寺	〃	不詳。僧円智の創立	真言五山寺，初め小沢村にあり
4	大円寺	真言宗別行派	不詳	初め大浦種里村にあり
5	神宮寺	〃	大同2年(807)	天正15年(1587)に真言宗に改宗，元和期旧に復す
6	東福院	天台宗	不詳	退廃後，袋宮寺として再興

人」なる人物である。『津軽一統志』は、円智上人に関わる寺社をことごとく真言宗として捉えているが、その一方で、かなりの史料的錯乱もみられる。この錯乱も次の点に注目すれば、一定の解決が得られる。[39] すなわち、「大聖不動明王」を伝える「此山(古懸山)往昔円智上人唐僧開基阿遮羅俗呼而為阿婆羅古へ置三千房(後略)」と、表1の5の「深沙大権現」を伝える、

当国者中《はル》二日本良一ニ之間、往-古移二比叡山一而置二三千坊一。所謂阿-遮-羅千坊十三獄千坊者南部迄有ト云神-宮-寺阿遮羅千坊之也云。延暦年中、田村麻呂請二東夷征伐之勅一而、卒二五万八千之宮-兵一征二凶徒一之時、戦不レ利。依レ之所レ仰二仏神之威力一、則有二感応一。此御神現二夜舟形一護二衛将軍麻呂一。是当社。

とを総合すると、円智上人の建立した寺院は真言宗ではなく、天台宗であったのである。

円智上人の開基と伝える阿遮羅の三千坊のことを、右の一文は天台宗の根本道場である比叡山との関わりで捉え、しかも、その深沙大権現を坂上田村麻呂に関連づけている。

平安前期、この北奥羽の「蝦夷村」の宗教世界を彩っていたのは、田村麻呂を媒体に、蝦夷平定事業に血道をあげる桓武天皇と、官僧としてそれに応えようとする最澄の三者が織りなす、天台仏教ではなかったか。

推測に推測を重ねていえば、古代東国の宗教界は天台宗一色に塗りつぶされるほどであり、その教勢は坂上田村麻呂と相乗することにより、日に日に不動のものとなっていった。

天台宗に彩られた宗教界

事実、天台宗は地方における仏教行政官たる講師および仏事・法会《ほうえ》をつとめる読師の補任許可を、最澄没後の承和二年(八三五)に得ており、それは真言宗より二年も先んじてのことであった。

天台宗はこの上げ潮ムードに乗ってか、地方布教の拠点ともいうべき天台別院を、嘉祥三年(八五〇)に上野聖隆寺(40)、元慶五年(八八一)に信濃国伊那郡観音寺、陸奥国安積郡弘隆寺(41)という具合に設置した。天台別院の東国建立が、同宗の東国布教の拡大を意味することは言うまでもないが、いま一つ注目すべきことがある。それは『天台座主記』(42)が伝える歴代天台座主の出身地のことである。九世紀に限定してみると、七人中五人(初代の義真、二代の円澄、三代の円仁、四代の安慧、七代の猷憲)は、東国出身かその関係者であるという点である。天台座主のポストの大半を東国出身者で占めた意味は、決して小さくない。この異常とも思える東国仏教徒と天台宗の関係を、現地において支えていたのが、ほかならぬ「東国化主《けしゅ》の道忠禅師という者あり。これこの大唐鑑真和上の持戒第一の弟子なり。伝法利生を常に自ら事となす」と伝えられる道忠禅師であった。鑑真の高足とされる道忠禅師の東国化導《けどう》には、上野の教興・道応・真静、下野の広智・基徳・鸞鏡・徳念の七人が従い、道忠なきあとも、それを相承したという(43)。

こうしてみれば、前述の東国天台別院の建立や東国出身者による天台座主の独占という東国と天台宗との密接な関係は、ひとえに八世紀末葉の道忠禅師による東国弘通《ぐつう》を下敷きにしていることが推察される。道忠こそが、最澄・坂上田村麻呂に次ぐ古代東国に天台宗の宗教土壌を作り出した人物であった。

一方、古代東国の政治の世界に眼を転じ、新野直吉に従えば、蝦夷管領津軽安藤氏の祖である「東夷の酋長」「六箇郡の司」の安倍氏は、政治的拠点の十三湊《とさみなと》に諸宗を網羅集合させた津軽山王坊という宗教施設を営んだが、それは宗派的には天台宗系であったという(44)。また、安倍氏と同様に「東夷の遠酋」あるいは「俘囚の上頭」というように夷社会の統轄者を自称する平泉藤原氏も、高橋富雄の「中尊寺というのは、東北の諸政治、諸文化、もろもろのいのりとねがいとを一まとめにし、法華経の功徳によって、その中央に地上仏国土を実現するところの此上浄土という性質のものになってくる。法華経を根本所依とする。浄土教ではない」[45]という指摘に徴すれば、その拠るべき基本的な宗教はやはり天台法華円宗であった。しかも加えて、ともに天台宗を基調とする津軽安藤氏の山王坊と平泉藤原氏の中尊寺の建造物には、建築学的にも一定の関わりが推定されるという[46]。

また、下野都賀郡出身の第三代天台座主円仁の入定伝説を蔵し、かつ円仁の高弟安恵の開創とも伝えられる出羽山寺もまた紛れもない天台宗寺院である。平泉藤原氏が中尊寺を営んでいた一二世紀初頭、この山寺＝立石寺には、「僧入阿が同法五人と共に精進加行して、法華経一部八巻を如法に書写し、(慈覚)大師の護持を仰い[47]」だ旨の碑文を刻んだという。

さらにいま一つ看過してならないのは、『私聚百因縁集』が慈覚大師円仁の事績として伝える、

> ただ山上洛下畿内近国のみならず、他導はるか東夷の栖をすぎ、利生とおく北狄の境に及ぶ。いわゆる出羽立石寺、奥州松島寺なり。[48]

という一文である。これによれば、円仁は出羽立石寺のみならず、奥州松島寺にも伝道していたことになる。こうしてみれば、古代東国の仏教界は、八世紀に最澄・坂上田村麻呂の蒔いた天台宗の種が、道忠禅師を媒体とし、九世紀の慈覚大師や道忠の高弟を通して、東国天台別院をはじめ津軽山王坊・平泉中尊寺・出羽立石寺そして奥州松島寺という天台宗の大きな花をつけていった、といっても大過ないだろう。

それは見方をかえていえば、弘法大師空海の教線が西国方面に伸張していったのに対する東国＝天台宗という仏教信仰圏の成立を予測させるに十分な歴史的営みであった。

（1）『日本書紀』景行天皇二十七年二月十二日条

(2) 同右、斉明天皇五年三月
(3) 同右、斉明天皇六年三月
(4)『続日本紀』天平九年四月十四日条
(5)『本朝続文粋』巻元、治暦元年
(6)『朝野群載』巻第十一、康平七年三月二十九日条
(7)『吾妻鏡』文治五年九月三日条
(8) 同右、建保四年六月十四日条
(9)『近藤家文書』(北海道開拓記念館蔵)
(10) 高橋富雄『蝦夷』(吉川弘文館、一九六三年)
(11)『堤中納言物語』
(12)『夜半の寝覚』
(13)『日本書紀』斉明天皇四年四月
(14) 同右、斉明天皇五年三月
(15) 同右、斉明天皇六年三月
(16) 海保嶺夫『中世の蝦夷地』(吉川弘文館、一九八七年)
(17)『日本書紀』持統天皇十年三月十二日条
(18)『続日本紀』養老二年八月十四日条
(19) 同右、養老四年正月二十三日条
(20) 同右、宝亀十一年五月十一日条
(21)『類聚三代格』延暦二十一年六月二十四日条
(22)『日本後紀』弘仁元年十月二十七日条
(23)『日本三代実録』貞観十七年十一月十六日条
(24) 同右、元慶二年七月十日条
(25)『日本紀略』寛平五年閏五月十五日条
(26)『今昔物語集』「陸奥国安倍頼時行胡国空返語」
(27) 同右

(28) 金田一京助『アイヌの研究』(内外書房、一九二五年)
(29)『陸奥話記』(『群書類従』第二十輯)
(30) いまの岩手県の一部で、胆沢・江刺・和賀・稗貫・斯波・岩手郡を指す
(31) いまの秋田県の一部で、雄勝・平鹿・山本郡を指す
(32) 小林清治・大石直正編『中世奥羽の世界』(東京大学出版会、一九七八年)
(33) いまの青森県と秋田県の一部で、平賀・山辺・鼻和・田舎郡を指す
(34)「中尊寺供養願文」(岩手県教育委員会編『奥州平泉文書』一九六〇年、所収)
(35) 高杉博章「本州における擦文文化の様相」(『考古風土記』二号、一九七七年)
(36) 遠藤巌「中世国家の東夷成敗権について」(『松前藩と松前』九号、一九七六年)
(37)『吾妻鏡』文治五年九月十七日条
(38) 同右、文治五年九月三日条
(39)『津軽一統志』(『新編青森県叢書』一、歴史図書社、一九六九年)
(40)『日本文徳天皇実録』嘉祥三年四月廿九日条
(41)『日本三代実録』元慶五年十月十七日条および同年十一月九日条
(42)『天台座主記』(『群書類従』第四輯)
(43)『叡山大師伝』(『伝教大師全集』第五、比叡山図書刊行所、一九二七年)
(44) 新野直吉「津軽山王坊の調査概報」(『秋大史学』二九号、一九八三年)
(45) 高橋富雄「『吾妻鏡』と平泉」(高橋富雄編『東北古代史の研究』吉川弘文館、一九八六年、所収)
(46) 坂田泉「津軽山王坊における日吉神社の建築」(同右、所収)
(47) 勝野隆信「慈覚大師入定説考」(塩入良道・木内堯央編『伝教大師と天台宗』吉川弘文館、一九八五年、所収)
(48)『私聚百因縁集』(『古典文庫』

第二章　鎌倉幕府と夷島

第一節　鎌倉幕府の宗教政策

奥羽合戦と夷島

奥州平定に先立つ文治二年(一一八六)四月、平泉の藤原泰衡に「御館は奥六郡主、予は東海道惣官なり」(1)の立場を表明していた源頼朝であったが、この兄頼朝との不仲に苦しむ義経を庇護してやまなかったのは平泉の藤原秀衡であった。頼朝の日ごとに増す義経の追捕要求に押される形で、泰衡は父秀衡の思いをよそに、義経をついに衣川の館に襲い、自害へと追い込んでしまう。義経、時に三一歳。が、義経の死をもって、頼朝の奥州征伐は終わりをみなかった。平泉の藤原氏の意に反して、その征伐はますますもって本格化するところとなった。

文治五年(一一八九)七月、頼朝自ら率いる大手軍、千葉・八田らの東海道軍、比企・宇佐美らの北陸道方面軍の都合二八万余と、陸奥・出羽両国よりなる一七万騎との、いわゆる奥羽合戦の戦端が開かれた。七月二九日に白河関を越えた頼朝軍は、八月一二日には多賀国府に到着。そして東海道軍と合流した頼朝軍が泰衡の本陣平泉に入ったのは、その一〇日後の二二日であった。

あまりにも急速な追撃に狼狽した泰衡が窮余の一策として選んだ道は、「夷狄島」への渡島であった。『吾妻鏡』によれば、泰衡は糠部郡に赴き、数千の部下を率いて、郎従河田次郎の本拠比内郡贄柵に頼ろうとしたが、不運にもここで河田の手により殺害されたという。ちなみに、北海道側の史料である『新羅之記録』によれば、この時、糠部・津軽方面より多くの人々が「北国」(北海道)を目指して逃げ渡ったという。

こうして、頼朝は奥州平定後の文治六年(一一九〇)の春に及ぶや、平泉藤原氏の「奥州羽州地下管領」権を継承する形で、奥羽両国をその支配下に収めることに成功した。既述したように、平泉藤原氏は「俘囚の上頭」として、海蛮(北海道の蝦夷)にもかなり近い立場をとっていたが、現実的な支配領域となれば、それは津軽外ケ浜を北限とするものであった。その意味で、頼朝は奥羽地方に対して、平泉藤原氏の現実的な支配領域をそのまま軍事的に継承したことになる。では、その頼朝をめぐる初期幕政における蝦夷観はいかなるものであったろうか。それに先立って、鎌倉幕府の宗教政策を概観しておきたい(2)。

「武家的体制宗教」の形成

王権の定義について、上野千鶴子は文化人類学的見地から「象徴的な〈外部〉の独占(monopoly)のことである(3)」と明快に述べている。それは実体的な独占であると同時に儀礼的な独占でもあるという。これに従えば、鎌倉幕府の王権化の営みとは、儀礼的独占に属する宗教的祭祀権をいかに独占したかを問うことにほかならない。

源頼朝は開府後、直ちに種々の宗教儀礼の整備に着手する。例えば、正月朔旦の鶴岡八幡宮への奉幣、正月八日の営中での心経会、正月中の伊豆・箱根への二所詣、八月一五日の鶴岡八幡宮の放生会などであり、これらは幕政の全時代にわたって年中行事的に挙行され続けた典型的な宗教儀礼である。主要な宗教儀礼の場は、多くの場合、鶴岡八幡宮であった。

宗教儀礼の挙行にあたっては、一定の御家人が「鎌倉殿」に随従した。そこに、幕府ならではの鶴岡八幡宮を媒体にした将軍と一般御家人との精神的合一をうかがい知る。幕府にとって、鶴岡八幡宮はまさしく「宗教センター」であったのである。

この鶴岡八幡宮を宗教センターとして、幕府が信受してやまなかった「神祇信仰」を成文化したのが、ほかでもなく『貞永式目』五一カ条であった。幕府はこの制定を通して、国家権力の担い手にふさわしい宗教的祭祀権を創出し、自ら天皇王権を相対化し、武家王権たらんとしたのである。

では、宗教センターとしての鶴岡八幡宮を中心に、具体的にどのような宗教政策を推進したのであろうか。それを考える手掛かりとして、幕府に護持した八幡宮出仕の祈禱僧のありようを、『吾妻鏡』より抽出・整理したのが表3「鎌倉幕府と祈禱僧」である。頼朝から時頼までの間で大半を占めた祈禱は「仏事法会・供養」であり、それに病気平癒・天変祈禱が続く。その祈禱僧の出身地に着目すると、次の三点が指摘されよう。

㈠　東国在住僧と京下りの僧との二頭立てに始まった祈禱護持も、年を追うごとに京下り僧が主導的になること。

㈡　その京下り僧の過半は、鶴岡八幡宮の別当職に補任されていること。

㈢　京下りの僧のいま一つの過半の多くを臨済禅僧が占め、ことに臨済僧の栄西・行勇の勤仕が顕著なこと。年代とともに進む京下りの僧の東下が、「公家的体制宗教」の換骨奪胎であり、その意味で天皇王権の相対化であると同時に武家王権の創出であることは、言うを要しない(4)。

右の三点のうち、㈡と㈢は幕府の宗教世界ないし鶴岡八幡宮のありようを考える上で重要である。まず、㈡の鶴岡八幡宮の別当職補任について。この出自別の宗派傾向を表3の〈鶴岡八幡宮別当の系譜〉にうかがうと、鎌倉時代を通して、寺門派が一〇人、東寺が七人を占め、山門派が皆無であることは大いに注目される。これは、山門派を排除した非山門派と東寺による意図的独占と考えられ、別当職補任には真言密教の色彩が濃厚であることをうかがわせる。

表3　鎌倉幕府と祈禱僧

a　祈禱内容

	祈禱内容	頼朝時代	義時時代	泰時時代	時頼時代	計
祇候	勤行の代行	1				12
	駄餉の献上	1				
	他所より東下	4				
	僧職補任	6				
仏事法会・供養	亡父母供養	4	1			155
	鶴岡法草・般若経供養	9	8		3	
	寺院落慶	5	7	2	2	
	心経会	3				
	後白河院追善	4				
	仏事供養一般	3	38	15	20	
	頼朝追善		7	1		
	義時追善		8	2		
	政子追善			6	1	
	実頼追善			1		
	泰時追善				2	
	後鳥羽院追善				2	
	時頼追善				1	
安産祈禱		3			8	11
病気平癒	平癒祈禱	2	1	8	16	33
	歯　痛	1				
	鶴岡泥塔供養		1	1	2	
	歳　厄		1			
天変祈禱				15	4	19
		46	72	51	61	230

b　祈禱回数

	出身地別の祈禱回数	
	京下り僧	東国在住僧
頼朝時代	円暁 9　行慈 7　公顕 2　定豪 2　全成 1　聖弘 1　（6人）	義慶房 5　重慶 5　恵眼房 4　良暹 3　覚淵 2　行実 2　法音尼，定兼，禅睿，円浄房，有尋＝各1　（11人）
義時時代	行勇23　栄西17　定豪12　行慈 4　観基 4　定暁 3　定雅，頼暁，尊暁，印尊＝各2　公胤，遍曜，聖尊，慈淵，明禅，親慶＝各1　（16人）	隆宣15　重慶，忠快＝各3　道禅 2　（4人）
泰時時代	定豪 7　行勇 5　定親 4　隆弁 3　行慈，頼兼，良信＝各2　承快，快雅＝各1　（9人）	道禅 4　求仏房 2　忠快 1　（3人）
時頼時代	隆弁49　良基，道隆＝各5　良信 4　成源 3　頼兼 2　定親，円意，信助，厳恵，導家＝各1　（11人）	道禅 3　朗誉，公朝＝各1　（3人）
	鶴岡八幡宮別当の系譜	
寺門派	円暁，尊暁，定暁，公暁，慶幸，隆弁，道瑜，導珍，房海，顕弁　（10人）	
東寺	定豪，定雅，定親，頼助，政助，信忠，有助　（7人）	

表４　鎌倉幕府と禅僧関係年表

年月日	西暦	祈禱内容	導師	年月日	西暦	祈禱内容	導師
建久10. 4.23	1199	頼朝の百カ日	行勇	建暦 3. 4.17	1213	実朝の塔婆供養	行勇
正治元. 9.26	〃	営中の不動尊供養	栄西	建保元. 12.29	1213	実朝の円覚経書写供養	〃
正治 2. 1.13	1200	頼朝の１周忌	〃	建保 2. 6. 3	1214	祈雨	栄西
〃 7.15	〃	寿福寺十六羅漢供養	〃	〃 7.27	〃	大倉大慈寺供養	〃
建仁元. 3.14	1201	永福寺多宝塔供養	〃	〃 10.15	〃	大慈寺舎利会	〃
建仁 3.10.25	1203	実朝に法華経を授く	行勇	建保 3. 1.25	1215	実朝の文殊供養	行勇
建仁 4. 2.21	1204	政子，逆修を行う	栄西	〃 11.25	〃	営中の仏事	〃
元久元. 5.16	1204	政子，寿福寺に祖父母供養	〃	建保 4. 1.28	1216	実朝の持仏堂供養	〃
				建保 5. 5.25	1217	実朝，文殊供養を修す	〃
〃 6. 1	〃	愛染明王像供養	行勇	建保 6.12. 2	1218	大倉新御堂に薬師像の安置	〃
〃 12.18	〃	七観音絵像供養	栄西				
元久 2. 5.25	1205	営中の五字文殊像供養	〃	建保 7. 1.27	1219	実朝の妻，出家	〃
承元 3.12.13	1209	法華堂の仏事	行勇	承久 3. 1.27	1221	政子，実朝３回忌を修す	〃
承元 4. 7. 8	1210	頼家の妻，出家	〃				
〃 9.25	〃	五字文殊像供養	栄西	貞応 3. 6.13	1224	義時の妻，出家	〃
〃 11.25	〃	実朝，文殊供養	行勇	〃 7.11	〃	義時の47日供養	〃
建暦元. 6.18	1211	政子，如意輪供養	〃	〃 7.23	〃	義時の35日供養	〃
〃 10.19	〃	実朝，宋本一切経供養	栄西	嘉禄 2. 3.27	1226	如法経十種供養	〃
〃 12.25	〃	実朝の文殊供養	〃	〃 7.11	〃	政子の１周忌仏事	〃
建暦 2. 6.22	1212	実朝の聖徳太子聖霊会	行勇	嘉禄 3. 7.11	1227	政子の３年忌仏事	〃
建暦 3. 4. 8	1213	実朝の仏生会	〃	〃 12.13	〃	泰時，妻の堂を建つ	〃

さて、前述の㈢の義時時代に顕著になる幕閣と臨済禅僧との交流について一言したい。この交流の具体相を『吾妻鏡』に拠って年表化したのが表４である。栄西と行勇を導師にした建久一〇年（一一九九）の頼朝の百カ日法要に始まり、嘉禄三年（一二二七）、泰時の妻の堂の建立供養に至るまでの、おびただしい祈禱の数々が確認される。この幕閣と臨済禅との法的交わりは、鶴岡八幡宮別当職の補任と同じく、幕府の宗教世界を考える上で重大なように思われる。

以上の考察により、幕府の宗教世界が公家社会とは似て非なるものであることは、ほぼ明らかになった。幕府の真言密教系との結びつきをより明確にするために、次に幕府と山門派（延暦寺）および寺門派（園城《おんじょう》寺）の宗教史的関係について考えてみたい。

まず最初に、幕府と公家社会の「王法仏法相依」の要《かなめ》に位置する山門派との関係は、『吾妻鏡』によれば、対平家・対義経・対佐々木一族の処遇問題を回転軸に、まさに一触即発の危機状態の中に推移していることが読みとれる。幕府のこの反山門派の立場が基調となっていることは否定できない。

基本的には反山門の立場を辞さない幕府の宗教姿勢。その山門派と対極に位置する寺門派と幕府の関係は如何。『吾妻鏡』によれば、幕府と寺門派との契合は、まがうことなく、山門派との敵対関係の対極として結ばれたものであり、それは政策的に山門派を排さんとして得た、まさに二極分化の和合であった。「源家と当寺（園城寺）、因縁和合し、風雨感会するものか。しかれば則ち、当寺の興隆、当家（源氏）の扶持に任すべし、当家の安穏、当寺の祈念に依るべし[5]」とは、その蜜月の関係を物語る一文である。こうした幕府と寺門派との和合を考慮するなら、鶴岡八幡宮別当職が東寺と寺門派の真言密教系によって独占され、山門派が排除されたことも首肯されよう。

こうしてみれば、幕府の宗教世界とは、東寺系と寺門派の真言密教僧侶による鶴岡八幡宮別当職の独占と、栄西・行勇らによる臨済禅の祈禱勤仕の事実を総和した「禅密主義」を基調とする「武家的体制宗教」であると規定してよいだろう。

こうした「禅密主義」が幕府の宗教世界を貫流していたからこそ、幕末の徳治年間（一三〇六〜〇八）、公文所において「真言宗者攘災秘術也、其護持大功也、律宗者戒行如法ナル方ニ可崇敬也、禅宗者坐禅工夫為出離大要也、而ルニ天台宗者講請用許也、論義学匠非為護持、非為出離、総以無用也[6]」と捉えられていたのである。幕府の内部に天台宗を「無用の宗」とし、山門を不要とする考えが支配的であったことを右の一文は証明している。幕府の「武家的体制宗教」の基調はやはり、山門派を排した「禅密主義」にあったことは間違いない。

実は、幕府の「武家的体制宗教」を担っていたのは、臨済禅と真言密教を中心とした仏教ばかりではなかった。陰陽道も幕府の種々の祈禱部門を担っていたことを看過してはならない。『吾妻鏡』をもとに、陰陽師の祈禱形態と祈禱師名を表化したのが表５である。

義時・政子の時代に本格的な陰陽道の時代を迎え、泰時時代にその極致に至る。祈禱形態の約三分の一は「自

表5　鎌倉幕府の陰陽師名とその祈禱数

	頼朝時代	義時時代	泰時時代	時頼時代
陰陽師名	昌長（住吉） 頼経（大中臣）	親職42　泰貞30　国道19 知輔16　宣賢14　重宗12 忠業 9　晴賢 9　信賢 7 晴幸 6　文元 3　晴吉 4 忠尚 2　維範，晴茂，有道，道寛，家秀，晴職，国職＝各1	晴賢89　泰貞46　親職45 国継27　宣賢25　文元23 維範22　忠尚20　晴幸19 重宗17　晴茂15　資俊14 国道13　広資12　晴職 9 定昌 6　道継 6　晴貞 5 その他41人	晴茂45　晴賢31　国継17 泰貞15　広資15　以平15 晴宗15　文元15　宣賢13 晴憲12　泰房11　晴秀10 晴長 9　職宗 4　業昌 4 晴貞 4　資俊 4　維範 3 その他27人
人数	2人	20人	59人	45人
祈禱陰陽師総の数	晴賢129　泰貞91　親職87　晴茂61　宣賢52　国継44　文元41　国道32　重宗29　広資27 維範26　晴幸25　忠尚22　資俊18　知輔16　晴憲12　泰房11　晴職10　晴秀10 ※以上の19人は祈禱回数10回以上の者，陰陽師総数126人			

然異変・怪異」の祈禱が占め、それに「病気平癒・安産祈禱」「日時勘申」「建築・地相の勘文」「随従」「方違」と続く。祈禱形態のうち、主要なものは、「泰山府君祭」「天地災変祭」「属星祭」であった。また、鎌倉時代を通じて、一二六人もの陰陽師が幕府に勤仕し、そのうち祈禱回数の多かったのは、安倍晴賢・泰貞・親職らである。ちなみに、幕府の一二六人の陰陽師はすべて安倍氏であった[7]。こうしたおびただしい陰陽師の祈禱をみる時、陰陽道は単なる方術の基層文化などではなく、仏教や神祇信仰と並列される表層文化の役割を果たしていたといえる。その意味で、幕府の「武家的体制宗教」は、神・仏・陰陽道の三位一体として機能していたとみなして大過ない。陰陽道の東下が武家王権の形成に与って力あったことは言うまでもない。

第二節　鎌倉幕府の「武家的体制宗教」と東国地域

立石寺と松島寺の中世的改宗

ここに、幕府が正慶元年（一三三二）に発給した「関東下知状」がある。それには、こう記されている。

　関東

立石寺院主別当両職　金剛杵田等を注記し、領掌せしむべきの由、仰せによって下知くだんのごとし。

正慶元年十一月廿四日　左馬権頭　在判
相模守　在判

立石寺識乗坊

これによれば、幕府は正慶元年、立石寺識乗坊なる僧侶に、院主・別当の両職とそれに伴う金剛・杵田等の所領の領掌を命じたことになる。立石寺はこれによって、史料的にも、幕府の宗教世界の中に組み込まれていたことが証明される。しかもその一方で、立石寺の寺伝たる『山寺攬勝志』は、

北条時頼微行しここを過ぐ。台徒の盛りをねたみて、命じて禅宗に改め、宝珠山阿所川院立石禅寺と称す。寺原の華表を立て、本山の総門となす。

と伝えている。北条時頼が身をやつして諸国を行脚した折、たまたま立石寺に立ち寄ったが、この立石寺はその当時、天台宗寺院としてあまりにも隆盛していたのをねたんで、時頼はそれを至上命令的に禅宗へと改宗させた、というのである。

この『山寺攬勝志』と前述の「関東下知状」を総合して、立石寺(山寺)が少なくとも、執権時頼の世に、天台宗から臨済宗へと改宗し、鎌倉末期の正慶元年には幕府の関東祈禱所として正式に認知・登録されていたことがいえる。前章において、寺伝の碑文および『私聚百因縁集』によって、古代には天台宗寺院と確定されていた出羽山寺＝立石寺が、中世の執権時頼の世に、まさに中世的改宗を遂げたのである。

古代天台宗寺院の立石寺が、時頼の世に臨済禅へと改宗した意義は、測り知れず大きい。この立石寺と同じく、『私聚百因縁集』には円仁の開創と伝えられる天台宗寺院の奥州松島寺は、どうであろうか。

松島寺の寺伝『天台記』によると、宝治二年(一二四八)四月一四日、松島寺で山王七社大権現の祭礼が執行されていた。出家して東国修行のついでにこの地にたどり着いた時頼が、祭礼の舞楽を見物することとなったが、

興にのったあまり、大声をあげてしまった。これを衆徒の普賢堂闍円が怒り、ほかの衆徒も同調したため、時頼はあやうく殺されそうになった。

そこを祭礼に免じて命だけは免れ、時頼が岩洞に休息していたところ、禅僧の法身なる僧と出会い、しばし問答することとなった。その対話の中で、時頼は法身の「天台ノ秘事、勤行ニ難タシ」、「禅家ノ法祖広ニタレリ」の声を聞くに及び、帰国したのち、三浦小次郎義成を遣わして寺を焼き払い、正元元年(一二五九)に、その法身を松島延福寺＝松島寺の住職にしたという。ここに、松島寺もまた、執権時頼の廻国修行の折、天台宗から臨済禅に改宗されたことが確認できよう。

入間田宣夫によれば、松島寺の雑掌景観が幕府に提出した訴状に、

右当寺(松島延福寺)は、去建長年中、最明寺入道(時頼)外護の檀那たり。将軍家の御祈願寺となりて以降、皇帝万年の道場、当国第一の禅院なり。したがって、僧侶一志、長日の御祈禱退転なし。

とみえる(8)。年代の若干の異同はあるものの、これによって執権時頼の事績として、松島寺が天台宗から臨済禅に改宗したことが裏づけられる。前述の立石寺と同様、この松島寺もまた時頼の治世下、将軍家の祈願寺となり、幕府の「武家的体制仏教」の一翼に位置づけられたことは、ほぼ間違いない。

いま一つ東国地域と時頼の廻国行脚との関わりを挙げるなら、『秋田県史』の伝える象潟干満寺がある。干満寺もまた時頼の治世下に、一定の所領寄進と殺生禁断に指定されるなど、臨済禅の寺院としての隆盛の礎を与えられている。

津軽山王坊の改宗

幕府と津軽地方とを宗教的にきり結ぶのは、ほかならぬ津軽山王坊である。これも古代にあっては安倍氏のもと、天台宗に属す宗教施設であり、安倍氏を嗣いだ安藤氏の世においても、ある時期までは、天台宗寺院であっ

た。しかし、ある時期を画して、立石寺や松島寺と同様に、中世的な改宗を遂げることになる。

それでは、津軽山王坊はいつ、どのような改宗をしたのであろうか。これを考える直接的史料はいまのところ存在しないが、間接的なものとして、次の『日蓮聖人遺文』が参考になるので引用してみよう。

(a)真言師だにも調伏するならば、弥《いよい》よ此国軍にまくべし(中略)ゑぞは死生不知のもの、安藤五郎は因果の道理を弁《わきま》へて堂塔多く造りし善人也。いかにとして頸をばゑぞにとられぬるぞ。(9)

(b)文永五年(一二六八)の比《ころ》、東には俘囚をこり、西には蒙古よりせめつかひ(責使)つきぬ。日蓮案云、仏法不信なり。定て調伏をこなわれんずらん、調伏は又真言宗にてぞあらんずらん。(10)

この二つの史料は、日蓮の思想形成の上でいうと、まさに日蓮的な他宗批判の集約たる「四箇格言」という、「念仏無間、禅天魔、真言亡国、律国賊」の中の、真言亡国を語る真言宗批判の一齣《ひとこま》であることに、まず注意したい。

つまり、日蓮は蒙古国書の到来を機に、それまでの真言宗寄りの立場を一八〇度転回させて、幕府の祈禱部門を担当する真言宗に、露骨なまでの徹底批判を行うようになるのである。

(a)と(b)の二史料を、このような日蓮の真言宗および幕府の宗教政策への批判文として読むなら、おおよそ次の二点がいえるだろう。

一つは、史料(b)より、文永五年に、西の蒙古襲来に匹敵する「エゾの反乱」が東に起こったこと。二つは、史料(a)より、真言宗が蒙古襲来時に祈禱するならば、日本国の敗北は免れえず、現に堂塔を多く営んだ津軽安藤五郎が文永五年の「エゾの反乱」で殺害されたのは、その安藤五郎が真言宗に帰依していたからであるということ。

ここで、やや推測をたくましくすれば、「将軍専制」期の頃の安藤氏は「奥州夷」の名のもと、単に幕府の流刑執行人にほかならず、したがって、自ら蝦夷の血のかよう「蝦夷身分」の一員としての意識が濃厚であった。しかし、「執権政治」期に「蝦夷管領」「東夷ノ堅メ」「夷嶋ノ押」の職掌を冠されたのを機に、しだいに日常的な蝦夷同士の交わりから遊離するに至り、それが結果的にエゾによる殺害へと発展したのではあるまいか。

思うに、前引の史料にいう安藤五郎が「因果の道理を弁へて」作った堂塔とは、天台宗の津軽山王坊を指している。善人安藤五郎が「いかにとして頸をばゑぞにとられぬるぞ」という反語表現は、前段の文章から考え、安藤五郎の真言宗帰依を前提にしなければ出てこない表現形態であり、それゆえ、安藤五郎の周辺に改宗の存した確率は高い。

こうしてみれば、津軽山王坊は文永五年をそう遠くさかのぼらない時期に、古代の天台宗から真言宗へと改宗したとみなしてそう大過ないだろう。

幕府がこの文永五年の「エゾの反乱」ののちに起こった安藤氏の嫡庶争いである奥州騒乱に対しても、最大の関心を払い、「宗教センター」の鶴岡八幡宮の社頭で懸命の「真言密教の祈禱をこらした」(11)のは、実は北奥羽地域が幕府の「得宗専制領」として、政治的・経済的に組み込まれていたからである(12)。

こうした背景を考慮すれば、なお一層、文永五年前後に、「蝦夷管領」の津軽安藤氏が拠る山王坊が、天台宗から真言宗へと改宗した可能性は大きくなる。

「禅密主義」による改宗の意味

これまで立石寺や松島寺が臨済禅に改宗された事実は、前述の入間田を中心に指摘されてきていたが、その理由と意味合いは、不問に付されてきたように思う。

しかし、立石寺・松島寺・干満寺さらには山王坊などの東国寺院の改宗が、国家権力の担い手たる幕府の「宗教的祭祀権」の現実行使の結果であることをほぼ確認しえた。

それは幕府の「宗教的祭祀権」の創出と相俟って構築された「禅密主義」を基調とする「武家的体制仏教」の東国への扶植といってもよい。その扶植は、執権時頼の廻国布教の形を通して行われることが多かった。立石

寺・松島寺そして干満寺はその例である。(13)

しかし、津軽山王坊は「禅密主義」の一半たる真言密教の重用を反映して、真言宗へと改宗を遂げたが、この改宗には、時頼の廻国布教が直接的に関わらない。が、かといって、津軽地方に時頼の廻国伝道が無縁かというと、そうではない。『津軽一統志』が伝える時頼の愛妾の悲哀情話たる「唐糸伝説」が、津軽地方には現存している。

津軽を越えた蝦夷島にまで、時頼の廻国布教のことが、形を変えて伝播している(後述)。その意味で、時頼の廻国布教の伝播圏は広く、その意義は大きい。

最後に、幕府と東国地域は、幕府の宗教世界たる「禅密主義」を基調とする「武家的体制仏教」の扶植・伝道を通して、不可分に結びついていたこと、東国地域とは幕府をして宗教的にも、もう一つの国家たらしめ、「二つの中世国家」論の宗教土壌を提供する場でもあった。

第三節　鎌倉幕府の夷島観

幕政初期と夷島

鎌倉幕府の蝦夷認識の大前提は、『吾妻鏡』などに頻出する「五畿七道」をもって行政範囲とするという行政区画観に存する点であり、その北限は平泉藤原氏も原則的にそうであったように、前引したごとく「清衡管領六郡之最初草創之(中尊寺)、先自白河関、至于外浜」(14)と、津軽外ケ浜をもって限っていた。

この「五畿七道」を行政的境界とするという伝統的にして固定的な観念と表裏する認識として、次のような経済的な収奪範囲の価値観も存した。

陸奥国郡郷所当の事、准布を止めらるるの例を以て、沙汰人・百姓ら、私に本色の備えを忘れ、銭貨所済を好む間、年貢・絹布年を追いて不法なるの条、ただ自由の企にあらず、既に公損の基なり。今より以後、白河関以東は、銭の流布を停止せしむべきなり。[15]

この陸奥国における貨幣流通の禁止令と、「出羽陸奥のほか、東国の御牧は止めらるるべき事」という出羽・陸奥の両国の牧の保存令がそれである。[16]

つまり、北奥羽地域は「五畿七道」観を前提にしながらも、貨幣流通を認められないのに加え、牧の保存を特別に指定される地域として、幕府からは認知されていたのである。幕府にとって、出羽・陸奥両国は、「当国検注之間、所々の地頭の門田を倒さるるべきの事、もっとも驚き聞こし食す。出羽陸奥においては、夷の地たるによって、たびたび新制にも除きおはんぬ」[17]というように、「夷」の地であることを理由に特別視される地域でもあった。

こうした京都文化に対する後進性を裏返しにするかのような中華意識を出羽・陸奥の両国に向ける幕府にとってみれば、「五畿七道」の境界の外にある蝦夷島を、行政的にしろ経済的にしろ、それを支配の直接的対象とすることは、この初期幕政においては存在しなかった。

この期の幕府の蝦夷島に対する認識は、それゆえ、「(微妙《めみょう》)申して云はく、去ぬる建久年中、父右兵衛尉為成、人の讒《そしり》により官人のため禁獄さる。しかうして西獄の囚人等を以て、奥州夷に給さんがため、これを放ち遣わされ、将軍家雑色請け取り下向しおはんぬ。為成その中にあり」[18]、「十四日丙申、去ぬるころ、佐々木左衛門尉広綱使者あいともに参上する所の東寺の凶賊以下強盗海賊の類五十余人の事、今日沙汰あり。奥州に遣わさるべきの由、仰せ下さるると云々。これ夷嶋に放たんがため、去四月廿八日広嗣に給う」[19]というように、「奥州夷」を介して、罪人を追放する場にほかならなかった。この「奥州夷」なる者が津軽安藤氏であることは、「安藤ト云ハ、義時カ代ニ夷嶋ノ押トシテ、安藤カ二男ヲ津軽ニ置ケル。彼等カ末葉也」[20]に徴して間違いない。

ここに、幕府は蝦夷島を犯罪人を放つ島としての流刑地と捉えていたことを知るのである。この段階においては、幕府が軍事・警察的立場に立って、蝦夷島に対する軍事的支配の第一歩を踏み出したとしても、いまなお支配そのものに至っていない。

それよりはむしろ、幕府の北方認識の実態は、次の二史料の中に映し出される一種特異なものではなかったか。

陸奥国津軽の海辺、大魚流寄す。その形ひとえに死人のごとし。先日由比の海水赤色の毒、もしこの魚死せるゆえか、したがって同じ頃、奥州の海浦の波濤、赤くて紅のごとし、この事すなわち古老に尋ねらるの所、先規不快の由これを申す。(21)

「夷の地」たる出羽・陸奥地方は、津軽の海辺に大魚が流れ着いたり、海水が紅に染まったりするなど、幕府にとって、不吉を招く不気味で不穏な地域であった。してみれば、陸奥国をさらに越えた蝦夷島に、幕府がその政治的・経済的支配を思いめぐらすなど、もはや心理的にも及びえないことであったとしなければならない。また一方、陸奥地方は、

永福寺の堂修理の事。(中略)当寺は、右大将軍(頼朝)文治五年伊予守義顕(義経)を討ち取り、また奥州に入りて藤原泰衡を征伐し、鎌倉に帰せし給うの後、陸奥出羽両国を知行せしむべきの由、勅裁を蒙らる。これ泰衡の管領跡たるによってなり。しかるに今、関東(北条時頼)長久の遠慮を廻らし給うの余り、怨霊をなだめんと欲す。義顕といい、泰衡といい、さしたる朝敵にあらず、ただ私の宿意をもって誅亡するの故なり。(22)

というように、源義経と藤原泰衡が不運の最期を遂げた地として、この北条時頼の治世に及んでもなお、理不尽な理由なき死ゆえに、怨霊たちこめる所と想念されていたのである。幕府が神経質ともいえるほど、平泉中尊寺の伽藍《がらん》興隆を、「故右幕下(頼朝)の御時、本願基衡の例に任せ、沙汰すべきの旨、御置文を残さる」(23)と、頼朝の置文に従って懈怠なく経営したのも、裏を返せば、初期幕府にとって、陸奥地方は手厚い供養を施さねばならぬ禁忌すべき地であったからである。

頼朝の陸奥平泉に対する供養の心は、怨霊を鎮魂する心にほかならない。陸奥地方に対する将軍専制政治期たる初期幕府の北方認識は、それゆえ、禁忌感に基づく鎮魂供養を修さざるをえない地域であったといえよう。とすれば、そのさらに遥遠《ようえん》なる蝦夷島に対して、領有の思いを寄せることなど、心理的にも考えられないことであった。

以上は、あくまでも公権力を担う幕府の北方認識である。しかし一方では在地において、前引したように、のちの「蝦夷管領」の津軽安藤氏が「奥州夷」として、先代の安倍氏の「東夷の酋長」「六箇郡の司」という血脈を嗣ぎながら、津軽海峡を挟んで北海道南部と北奥羽地域に共通分布する擦文文化圏に身を置きながら、日常的に一定の交易を営んでいたことも見落としてはならない。

すなわち、幕府の北方認識とは別に、道南と北奥羽地域の蝦夷が、ともに「蝦夷身分」であるという民族的一体感のもと、さきにみた「中尊寺供養願文」の中の出羽・陸奥の両国のみならず蝦夷島の蝦夷(海蛮)までもが、かつて平泉藤原氏に対して贄を歳貢したような交流が、「奥州夷」の津軽安藤氏の周辺には日常的に展開していたのである。

私たちは、北方認識における幕府と在地奥州夷との間の大いなる差異に対しても、注目する必要がある。では、幕政史上は執権政治期にあたる幕政中期と蝦夷島との史的関わりはどうであったろうか。

幕政中期と蝦夷島

「奥州夷」の津軽安藤氏が幕政前期において、犯罪人の追放・流刑執行者としての職務を遂行していくことは、彼が徐々に幕府の制度的職制の中にそうした職務者として組み込まれていくことを意味する。すなわち、津軽安藤氏は従前の「奥州夷」としての「東夷の酋長」ないしは「奥六郡の司」という「蝦夷社会」の中に長年培ってきた民族的一体意識の払拭を余儀なくされ、この幕政中期においては、次のように一定の職権者として位置づけられることになる。

武家其濫吹《らんすい》を鎮護せんために、安藤太と云う者を蝦夷管領とす。[24]

安藤五郎ト云者、東夷ノ堅メニ義時ガ代官トシテ津軽ニ置タリケル。[25]

安藤ト云ハ、義時カ代ニ夷嶋ノ押トシテ、安藤カ二男ヲ津軽ニ置ケル。彼等カ末葉也。[26]

右の三書には微妙な差異が認められるが、総じていえることは、従前の罪人の追放・流刑執行を任としてきた「奥州夷」の津軽安藤氏が、北条義時の世に、その代官として「蝦夷管領」「東夷ノ堅メ」「夷嶋ノ押」の職権を付与され、幕府の北方対策の要として補任されたということである。

ところで、「安藤氏」の表記の仕方であるが、右引用の『諏訪大明神絵詞』と『保暦間記』は、「安藤」とするものの、『異本伯耆巻』では、「安藤」と「安東」を混用していて定まらない。が、ほかの文書・記録類では、鎌倉時代のものは「安藤」、室町時代以降のものは「安東」と表記することが多いので、本書でもこれに従うこととする。諸系図がほぼ共通して伝えることは、津軽安藤氏の始祖がかの安倍頼良(のちに頼時と改名)であるということである。

この安倍氏を嗣ぐ安藤氏は、初め津軽田舎郡の藤崎に拠っていたが、鎌倉中期の寛喜～宝治年間(一二二九～四九)、十三湊の十三氏(藤原氏の一族)を破って、その十三湊を根拠にすべく移ったとされる。[27]とすれば、安藤氏が「蝦夷管領」「東夷ノ堅メ」「夷嶋ノ押」として、北条義時(一一六三～一二二四)の代官に補任されたのは、十三湊移住以前の藤崎時代であったことになる。

このように、当初藤崎に拠り、のちに十三湊に移動した安藤氏であったが、その支配版図は津軽鼻和郡の諸郷・西ケ浜(現、西津軽郡)および十三湊を中心とする津軽半島のほぼ全域、それに下北半島と現在の上北郡・三戸郡の一部という地域に及んでいた。ここで看過できないことは、この地域が北条氏所領であるということである。安藤氏は北条氏の代官として、政所―地頭代(給主)という北条氏の支配方式の図式の中で、地頭代として任

命されたのである。[28] 安藤氏の拠った十三湊は、貞応二年(一二二三)の『廻船式目』に、

三津(伊勢の安濃津、博多の宇津、和泉の境津)

七湊(越前の三国、加賀の本吉、能登の輪島、越中の岩瀬、越後の今町、出羽の秋田、奥州の津軽十三の湊)[29]

という具合に、「三津七湊」のひとつとして数えられる日本海海運の重要な港であった。

嘉元四年(一三〇六)九月二四日、この安藤氏の十三湊を基地とする関東御免津軽船二〇艘の一艘が、鮭以下を積んで越前国三国湊の佐幾良《さきら》に停泊していたところ、三カ浦(佐幾良・加持羅・阿久多宇)の預所代《あづかりどころだい》であった左衛門次郎らによって襲われるという事件が起こった。[30] この一件は、安藤氏が十三湊を拠点に、日本海沿岸諸港といかに活発な交易活動を行っていたかを示すものとして注目される。

一四世紀頃の作とされる『十三往来』の中の「滄海漫々トシテ夷船京船群集シテ艫先ヲ並調舳湊ニ市ヲ成ス」[31] という、「夷船」「京船」が十三湊に群集して、その界隈が市をなすまでににぎわったという一文もまた、同じく日本海海運の隆盛を伝えるものである。

このように、鎌倉時代の中期、安藤氏は津軽・糠部および蝦夷島支配の政治的拠点としてのみならず、日本海沿岸諸港と蝦夷島との交易港としての十三湊をも捉え、「海の覇者」としての面目を施していたのである。

蝦夷島と安藤氏の拠る十三湊との物流もさることながら、人的交流も盛んに行われていたことを伝える次の『諏訪大明神絵詞』に注意してみよう。

(前略)蝦夷が千島といへるは、我国の東北に当て大海の中央にあり。日の本・唐子・渡党、此三類各三百三十三の島に群居せり。今一島は渡党に混す。其内に宇曾利鶴子洲と万当宇満伊丈と云小島どもあり。此種類は多く奥州津軽外の浜に往来交易す。夷一把と云は六千人也。相聚る時は百千把に及べり。日の本・唐子の二類は、其地外国に連て、形体夜叉のごとく変化無窮なり。人倫禽獣魚肉等を食として、五穀の農耕を知ず。九訳を重ねとも語話を通じ難し。渡党和国の人に相類せり。但鬢《びん》多くして遍身に毛生せり。言葉俚野なりと

云ども大半は相通ず。(32)（後略）

さきの十三湊や津軽外ヶ浜には、「夷船」だけでなく、「宇曾利鶴子洲」（ウソリケシ＝函館）や「万当宇満伊丈」（松前）の住人が数多く交易のため往来していたのである。また、蝦夷島（北海道）には、「日の本」「唐子」「渡党」の三種類が居住し、そのうち「日の本」と「唐子」はその地が外国に連なる所で、形は夜叉のようで、食事も魚鳥獣の肉を常食とし農業も知らず、言葉も通じない。それに対し、「渡党」は和国の人に相似し、ただ鬢が多く全身に毛が生え、言語は粗雑だが大半は通じる、といっている。

こうした記述からすると、どうやら「渡党」とは、道南の住人を指し、この「渡党」には『新羅之記録』が伝えるように、奥州平泉の泰衡の残党や、「狄の嶋」に追放された海賊・強盗などの流刑者の末裔が含まれていると思われる。鎌倉時代の道南には、このように「夷」（アイヌ）のほか、平安末期以後の武士の残党の子孫や蝦夷島との交易に従事する東北北部の渡来和人などが混住していたのである。

幕政後期と蝦夷島

安藤氏のみならず幕府の蝦夷認識をも大きく転換させた文永五年（一二六八）の蝦夷反乱が勃発してから約半世紀の歳月が流れた幕末に近い元応元年（一三一九）～元亨二年（一三二二）の頃、幕府における訴訟関係者のひとりが『沙汰未練書』なる訴訟解説書を作製し、その中に次のような「武家ノ沙汰」としての条文を記した。

一、六波羅トハ、洛中警固并西国成敗御事也
一、鎮西九国成敗事、管領、頭人、奉行、如六波羅在之
一、東夷成敗事、於関東有其沙汰、東夷者蝦子事也
以上、如此等御成敗、武家ノ沙汰ト云(33)

六波羅探題の洛中警固ならびに西国成敗のこと、鎮西探題の鎮西九国成敗のことと並んで、東夷成敗のことが

「武家ノ沙汰」として挙げられている。ここで注目すべきは、「東夷とは蝦子のことなり」と注記している点である。これは、幕府の蝦夷＝アイヌ民族に対する支配宣言にほかならない。その意味で、この『沙汰未練書』の条文は、中世国家と蝦夷との関係を初めて条文化したものとして注目される。

幕府がこのような形で蝦夷支配を本格化する背景には、既述のような、蝦夷支配の初期→中期という段階が存在したと思われるが、ここでいう「東夷」とは紛れもなく、文永五年に反乱を企てた道南～北奥羽地域の蝦夷を指すことは間違いない。だとすれば、幕府は『沙汰未練書』が作製された一三一九～二二年に至り、蝦夷島を単なる犯罪者の追放・流刑の場としてだけではなく、国家に対する反乱をも辞さない異民族たる蝦夷の集住する地として捉えていたことは明白である。

その反乱分子の蝦夷に対しては、「蝦夷管領」の津軽安藤氏を介さず、幕府が直接的に指揮発動する準備もあることを「東夷成敗事、於関東有其沙汰」と表明したのである。この画期的な表明がなされたのは、実は「（文保二年）蝦夷すでに静謐の間、法験のいたり、ことに感悦候[34]」という一文が示すように、文保二年（一三一八）の蝦夷反乱という、文永五年の反乱に次ぐ第二の蝦夷反乱の中でのことであった。

このように、幕府が「東夷」を道南～北奥羽の蝦夷＝異民族（アイヌ民族）と規定し、その軍事的対応を決断した直後にも、「元亨正中の頃より、嘉暦年中に至るまで、東夷蜂起して、奥州騒乱する事ありき[35]」と、元亨～嘉暦（一三二一～二九）の間に、蝦夷は反乱を繰り返したのである。

ただ、ここで注意しなければならないのは、東夷の蜂起が引き金となって奥州が騒乱したということである。

この事情を『保暦間記』は、「元亨二年ノ春奥州ニ安藤五郎三郎同又太郎ト云者アリ。彼等ガ先祖安藤五郎ト云者、東夷ノ堅メニ義時ガ代官トシテ津軽ニ置タリケルガ末也。此両人相論スル事アリ（中略）彼等ガ方人ノ夷等合戦ヲス[36]」と書き留めている。つまり、「東夷ノ堅メ」たる津軽安藤氏の一族において、五郎三郎（季久）と又太郎（季長）とが相論する羽目に陥り、ついには各々、「夷」＝蝦夷を方人につけて合戦に及んだというのである。相論の確かな原因は、この記事だけでは不明としなければならないが、前引の『諏訪大明神絵詞』の「東夷蜂起して、奥州騒乱する事ありき」に絡めて考えれば、おそらく、「東夷ノ堅メ」としての東夷＝蝦夷に対する認識の対立が原因になっていたのではなかろうか。

ただし、『異本伯耆巻』だけは、嫡庶係争の原因を「所領ノ事ヲ論スル子細アリ」と語っている。だが、この『異本伯耆巻』には東夷の参戦記事はなく、その意味では、季長と季久との真の対立原因を不鮮明にしたまま「所領ノ事ヲ論スル子細アリ」と処理したのではないか。

してみれば、この所領争いの根底に横たわっていたのは、やはり、『諏訪大明神絵詞』にみるように、嫡庶の蝦夷認識の齟齬《そご》に端を発して起こった東夷の蜂起ではなかったろうか。その対立の行きつくところ、嫡庶はともに、己れの言い分を主張し合い、果ては内管領の長崎高資に提訴するに及び、ことは中央政界をも巻き込むに至ったのである。

こうした津軽安藤家の嫡庶争い＝奥州騒乱には、数千の「夷賊」＝蝦夷が入り乱れて戦った。この異常事態の報告を受けた幕府は、すぐさま、「(正中元年五月十九日)蝦夷降伏のため、太守の御亭において、開白、五壇護摩を修され、一七ケ日(中略)蝦夷降伏の御祈のため、正月十二日より、社頭において精誠いたすべきの由、殿中よりこれを仰せらる[37]」というように、「太守の御亭」すなわち北条高時邸や鶴岡八幡宮において、幕府の宗教政策の基調である「禅密主義」(既述)に則り、蒙古襲来と見まがうほどの真言密教の修法を蝦夷降伏に向けたのである。

東夷の蜂起を引き金として起こり、長崎高資への提訴事件とも絡んで展開した津軽安藤氏の内紛に対して、懸命の祈禱を凝らす幕府であったが、ついに、ある政治的判断を下す日がきた。「蝦夷蜂起の事により、安藤又太郎を改められ、五郎三郎をもって、代官職に補しおはんぬ[38]」と。

正中二年(一三二五)のことである。これまで嫡流として、「東夷ノ堅メ」「夷嶋ノ押」あるいは「蝦夷管領」の任に就いてきた安藤又太郎(季長)が、東夷＝蝦夷なる異民族(アイヌ)の「堅メ」「押え」の職務を解任されたのである。

　思えば、安藤氏は幕府から「奥州夷」として流刑の執行を命ぜられ、文永五年の蝦夷反乱前後には、幕府の至上命令のもと、自らの「夷」意識を払拭し、もってひたすら蝦夷に対する防波堤＝北方の守りの役割を果たしてきた。それがいま、文保二年前後以来の第二の蝦夷反乱によって、嫡流の季長は蝦夷の「堅メ」「押え」としての任を改替され、庶家の季久にとって代わられたのである。

　こうして北方守護の人事更迭を終えた幕府であったが、それでも現地の津軽ではなお嫡流と庶家の反目がくすぶり続け、一応の決着をみたのは嘉暦三年（一三二八）、幕政の最末期のことであった。しかし、その時は幕府自身も、蒙古襲来を機に加速度的に進行した御家人体制の崩壊の前に滅亡を余儀なくされる時期に及んでいたのである。

（1）『吾妻鏡』文治二年四月廿四日条
（2）佐々木馨「顕密仏教と王権」（『岩波講座　天皇と王権を考える』四、二〇〇二年、所収）
（3）網野善彦・上野千鶴子・宮田登『日本王権論』（春秋社、一九八八年）
（4）佐々木馨『中世国家の宗教構造』（吉川弘文館、一九八八年）、同『中世仏教と鎌倉幕府』（吉川弘文館、一九九七年）
（5）『吾妻鏡』元暦元年十一月二十三日条
（6）『渓山嵐拾葉集』縁起（『大正新脩大蔵経』七六巻、五頁）
（7）佐々木馨「鎌倉幕府と陰陽道」（佐伯有清編『日本古代中世の政治と宗教』吉川弘文館、二〇〇二年、所収）
（8）入間田宣夫「中世の松島寺」（『宮城の研究』三、清文堂、一九六六年）
（9）「種々御振舞御書」（立正大学日蓮教学研究所編『昭和定本　日蓮聖人遺文』第二巻、一九五三年、九七九～九八〇頁）
（10）「三三蔵祈雨事」（同右、一〇六六頁）
（11）『鶴岡社務記録』（鶴岡社務所蔵）
（12）「東北地方における北条氏の所領」（『日本文化研究所報告』別巻第七集、一九七〇年）
（13）佐々木馨『執権時頼と廻国伝説』（吉川弘文館、一九九七年）
（14）『吾妻鏡』文治五年九月十七日条

(15)『鎌倉幕府法』追加法九九条(原漢文)
(16)同右、五一九条
(17)『吾妻鏡』文治五年十月二十四日条(原漢文)
(18)『都玉記』(『大日本史料』四ノ三)
(19)『吾妻鏡』建保四年六月十四日条(原漢文)
(20)『異本伯耆巻』(『続群書類従』第二十輯上)
(21)『吾妻鏡』宝治元年五月廿九日条(原漢文)
(22)同右、宝治二年二月五日条(原漢文)
(23)同右、承元四年五月二十五日条(原漢文)
(24)『諏訪大明神絵詞』(『続群書類従』第三輯下)
(25)『保暦間記』(『群書類従』第二十六輯)
(26)『異本伯耆巻』((20)に同じ)
(27)宮崎道生『青森県の歴史』(山川出版社、一九七〇年)
(28)小林清治・大石直正編『中世奥羽の世界』(東京大学出版会、一九七八年)
(29)『廻船式目』(『青森県史』第一巻、所収)
(30)「大乗院文書」(福井県郷土史懇談会編『小浜・敦賀・三国湊史料』一九五九年、所収)
(31)『十三往来』(『青森県史』第一巻、所収)
(32)『諏訪大明神絵詞』((24)に同じ)
(33)『沙汰未練書』(『中世法制史料集』第二巻、岩波書店、一九五七年)
(34)「金沢文庫文書」北条高時書状(『神奈川県史』資料編二、二二二八号)
(35)『諏訪大明神絵詞』((24)に同じ)
(36)『保暦間記』((25)に同じ)
(37)『鶴岡社務記録』((11)に同じ)
(38)『北条九代記』(『続群書類従』第二十九輯上)

第三章　蠣崎政権の成立前後

第一節　安東氏の渡道と北奥羽地域への宗教伝播

「日之本将軍」安東康季

津軽十三湊を拠点にして、津軽・下北半島から秋田の男鹿半島にまで及ぶ版図を有する安東氏は、政争を首尾よくくぐり抜けながら、鎌倉期以来の日本海海運の支配権をより一層拡げつつ、南北朝の争乱を渡り切った。まさしく、この安東氏には、北奥羽地方から蝦夷島に至る北方地域の現実的覇者としての姿がそこにあった。次の一文はこの当時における北辺の覇者安東氏の、政治的のみならず経済的力量のほどを、最も端的に示している。

(応永三十年)馬二十四、鳥五千羽、鵞眼二万匹、海虎皮三十枚、昆布五百把到来了。太刀一腰、鎧五領、香合、盆、金襴一端これを遣わし候なり。

卯月七日

安藤陸奥守殿(1)

安藤陸奥守なる人物が、応永三〇年(一四二三)四月七日、時の室町幕府の将軍足利義量に対して、馬・鳥・鵞眼二万匹(銭五〇〇貫文)、海虎(らっこ)の皮、昆布などを献上したのである。その返礼として、将軍から太刀、鎧などが遣わされたのであるが、安東氏側の献上品目には支配領域の経済的特性が色濃く反映されていて興味深い。

それでは、この献上者の「安藤陸奥守」とはいかなる人物だろうか。「羽賀《はが》寺縁起」の次の一文に注目してみよう。

本浄山羽賀寺は、元正天皇の御宇霊亀二年丙辰行基菩薩の草建なり(中略)また三十余年を経て、永享七年乙卯三月廿七日、堂舎火え、歎きて余りある。同八年四月、本堂を再建す。しかるに奥州十三湊日之本将軍、壇越となり莫大の賃銭を奉加《ほうが》し造りおはんぬ。のち文安四年十一月十八日、本尊遷座せしむるなり。(2)

「安藤陸奥守」とは、羽賀寺の再建のために、永享七年(一四三五)、巨額の財を施入し、文安四年(一四四七)にその任を終えた人物であり、「奥州十三湊日之本将軍」と称された人物である。「羽賀寺縁起」はこの「奥州十三湊日之本将軍」なる人物を、「奥州十三湊日之本将軍安倍康季」と命名していることからして、「安藤陸奥守」とは安東康季であることは、ほぼ間違いない。

南北朝争乱の当時、北奥羽~蝦夷島に覇を唱えていた北辺の王とは、まさにこの安東康季にほかならなかった。しかし、この安東氏にも、想像を絶する一大攻勢が仕掛けられる日があった。糠部郡南部にじわじわと勢力を扶植してきた南部氏による攻撃がそれである。ここに安東氏は渡道を余儀なくされる。

安東氏の分裂

安東氏の渡道の前夜、その一族は絶大な権威を誇った安東康季に象徴されるように、一族間に一糸の乱れもなかったのであろうか。実はそうではない。既述のように、鎌倉末期の一族間の相続問題に起因する内紛はその後も尾を引き、応永年間（一三九四〜一四二八）に至ると、鎌倉時代の「蝦夷管領」安藤氏は、兄の盛季から弟の鹿季が「陸奥国卒土浜より出で、出羽国秋田の湊を領」[3]して別家を興し、湊を拠点に秋田県北部に勢力を拡張して湊安東氏と称した。

同じく盛季の弟、安東四郎道貞も分家して潮潟《しおがた》安東氏と称すに至り、ここに安東氏は、盛季系の下国《しものくに》安東氏と鹿季系の湊安東氏および道貞系の潮潟安東氏の三家に分派することになったのである。そのうち、嫡流の下国安東氏が、鎌倉時代の「蝦夷管領」に代わって、室町時代には歴代「安東太郎」と称し、「日ノ本将軍」を号した（図2「安東氏系図」を参照）。

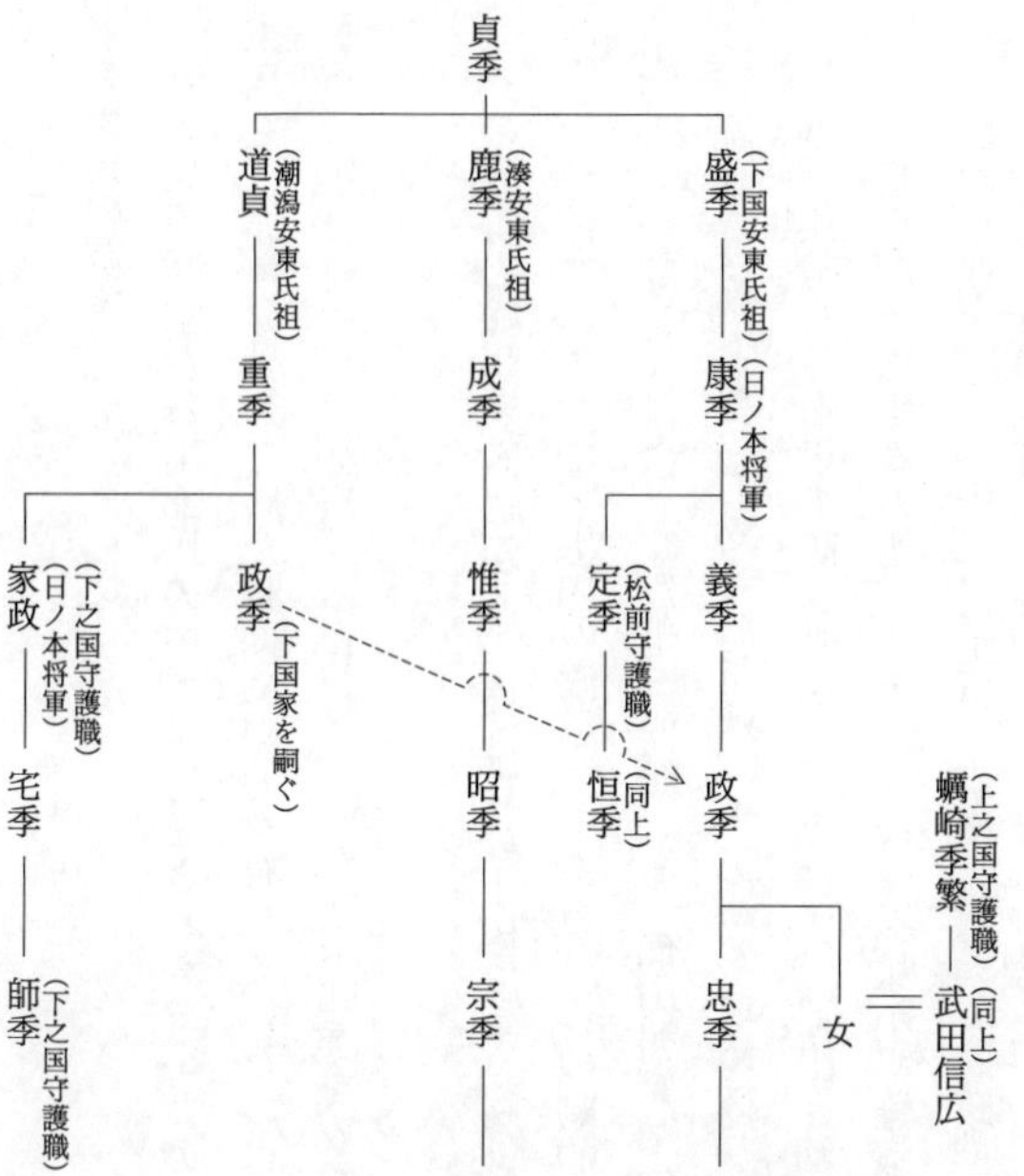

図2　安東氏系図
『秋田家系図』，『新羅之記録』，『松前下国氏大系図』などより。

安東氏の渡道

安東氏の宿敵たる南部氏の中で全盛をきわめていたのは、八戸の根城南部氏であったが、一五世紀に入り、安東氏も三派に分裂していた時期に勢力を有していたのは三戸南部氏であった。その三戸南部氏の南部守行が、応永一八年(一四一一)、秋田に出兵し、湊の安東鹿季を攻撃、次いで嫡流の津軽十三湊に拠る下国安東氏へと及ぶことになった。

その守行の嫡男義政に至り、南部氏の下国安東氏攻略はついに極をきわめることとなった。時に嘉吉三年(一四四三)。世にいう、「安東氏の渡島」である。この劇的な安東氏の敗走場面を、北海道史の上で、北海道側の「記紀」と評される史書『新羅之記録』と『福山秘府』は、次のように伝えている。

(南部)義政出張して嘉吉二年秋、十三湊を攻め破りて津軽を乗取り、(安東)盛季没落して左右に館籠ると雖も、無勢たるを以て防ぎ戦ふこと克はず、追出されて小泊の柴館に去る。同嘉吉三年十二月十日狄の嶋にに渡らんと欲するの処、冬天たれば順風吹かず難儀に及べり。(後略)(4)

松前年代記曰、冬十二月十日、南部大膳大夫義政、囲下国安東太盛季所守十三館、盛季敗績奔走于小泊、義政追之甚急矣、盛季進退殆窮焉。于時修験道明者、大砕肝胆祈風于天地、忽然東風起、盛季躍解纜、布帆、無恙到于松前。(後略)(5)

両書ともに、南部義政に追い立てられた安東盛季が、まさに、背水の陣で命からがら、蝦夷島に敗走し、嘉吉三年一二月一〇日、松前に到着したと伝えているが、その一方で『福山秘府』の編者松前広長は、さきの記事の末尾において、「南部義政は嘉吉元年七月十二日に死亡しており、その当時、在世しておらず、『新羅之記録』『松前年代記』ともに妄説である」と批判しているのである。

また『松前年代記』は安東盛季の没年を文安元年(一四四四)とし、盛季の渡道については一応矛盾はないが、義政については矛盾を犯している。『秋田家系図』では、盛季の死を応永二一年（一四一四）とし、『南部系譜略紀』も義政の死を嘉吉元年（一四四一）に求めている。

このように、盛季と義政の没年時が系図によってまちまちであり、盛季の嘉吉三年の松前渡来説は史実としてかなり難しい。かといって、盛季の応永二一年説を伝える『秋田家系図』が全面的に信頼できるかといえば、そうではない。なぜなら、この『秋田家系図』は安東氏の敗走記事に一言も触れていないという独特の系図的な偏りがあるからである。

では、下国安東氏が南部氏に追われて渡島したのは、嘉吉三年でなければ、いつなのであろうか。これを推定できる史料として、足利政権の幕閣に連なっていた醍醐寺座主満済の日記である『満済准后日記』の永享四年（一四三二）十月二十一日条が注目される。

今日於小松谷被仰条々事。一、奥ノ下国与南部弓矢事ニ付テ、下国弓矢ニ取負、ヱソカ島へ没落云々。仍和睦事連々申間、先度被仰遣候処、南部不承引申也。重可被仰遣条可為何様哉、各意見可申入旨畠山・山名・赤松ニ可相尋云々。仍三人ニ相尋処、畠山重可申入云々。山名・赤松ハ重可被仰遣条、尤宜存云々。(6)

すなわち、下国安東氏が南部氏との交戦の末、敗れて「ヱソカ島」へ逃れ、幕府に和睦を依頼してきたので、幕府が調停に乗り出したが、南部氏は承知しなかった。そこで、畠山・山名・赤松氏の有力大名に意見を求めたところ、重ねて調停すべきと決まった、というのである。

永享四年の室町幕府の将軍は足利義教である。この将軍義教は下国安東氏の和睦調停の求めに応じ、これを擁護する立場をとった。これは、南部氏が鎌倉府（関東公方）足利持氏と結んでいた当時の政治的状況を背景にしたもので、これに対抗するために将軍義教は南部氏と抗戦する下国安東氏を擁護したのである。その意味で、安東氏の渡道一件は、すぐれて中央権勢と連動した注目すべき事件であった。

潤色で彩られた『新羅之記録』『福山秘府』や各種の系図類よりは、安東氏の渡道時期については、信憑性の高いこの『満済准后日記』の伝える永享四年説の方がより説得的であるように考えられる。

『新羅之記録』等が説く盛季の嘉吉三年渡来説が史実から遠いとすれば、永享四年に南部氏との抗争の末、渡島した人物は誰か。それは、ほかでもなく、前に引いた応永三〇年（一四二三）、将軍足利義量に鵞眼銭二万匹ほかの莫大な献上品を送り、あまつさえ、永享八年（一四三六）に若狭国羽賀寺の再建に貢献した盛季の嫡男康季、「奥州十三湊日之本将軍安倍康季」である。この安東康季こそが渡島の際の中心人物であり、その時期は羽賀寺再建を併せ考えると永享四年の蓋然性が高い。

迂余曲折はあったが、下国安東氏の「日ノ本将軍」としての蝦夷島在島期間は、結局のところ、安東康季の永享四年の渡島から政季の康正二年（一四五六）の離島までの約二四年間であったということになる。[7]

北奥羽地域への宗教伝播

いわゆる鎌倉新仏教の誕生をみた鎌倉時代は、まさに「宗教の時代」にふさわしく、その宗派の教線は宗祖―門弟を通して地方へと伝播していく。「みちのく」世界にもその伝播の波が、この鎌倉期に押し寄せていた。例えば、浄土宗の場合、法然の高弟《こうてい》、石垣金光上人による「みちのく」布教はこう伝えられている。

> 石垣の金光房は、上人称美の言を思うに浄土の法門閫奥《こうおう》にいたれることしりぬべし。嘉禄三年（一二二七）上人の門弟を国々へつかはされし時、陸奥国に下向。ついにかしこにて入滅。[8]

浄土宗は、法然の「みちのく」伝道の命を受けて、金光上人が嘉禄三年に布教したのである。同様に、浄土真宗にあっても、親鸞の門弟のうち、東国出身者である如信・無為子・唯信・是信・本願らが「みちのく」に弘通《ぐつう》したり、寺院を造営したりしていた。[9]

曹洞宗もやはり鎌倉中期には、玉泉寺の了然法明が羽黒山方面に教化していたといわれる。さらに時宗にあっては、宗祖一遍智真が、弘安三年（一二八〇）、「賦算《ふさん》遊行」の一環として、祖父河野通信の墳墓を詣ずべく、「みちのく」江刺郡にまで旅の足を伸ばしている[10]。

鎌倉新仏教のこのような活発な「みちのく」伝道は、日蓮宗にも検証できる。日蓮の一門弟の日持《にちじ》による北辺布教である。『北海道寺院沿革誌』によれば、日持は「みちのく」布教ののち渡道し、「末タ法ヲ付スベキ器ナキヲ以テ、自ラ宗祖日蓮大士及諸尊ノ木像ヲ作リ、一字一石ト共ニ土中ニ埋」めたという。このあと、海外布教へと旅立ったと伝えられる日持の旧蹟を守るため、函館石崎の帰依者＝「渡党」たちは正安元年（一二九九）、一寺を創建して「経石庵」と称したという[11]。これによれば、日持は「みちのく」はもとより、道南地域にまで、日蓮宗という「日本」仏教を伝播したことになる。

北奥羽宗教界を彩る中世的寺社

第一章においては、『津軽一統志』に拠りながら、北奥羽津軽の古代・中世における寺社群を表化した。その上で、古代における当該地域は、坂上田村麻呂を開基とする神社が大半を占め、併せて僧円智に例をみるように、天台宗が布教した地域であることを確認した。

本章ではそれを受けて、『新撰陸奥国誌』に拠りながら、弘前地域に限定した寺社世界の中世的な展開相を眺めてみることにしよう。

今日の「禅林三十三カ寺」や「新寺町」が政治的に形成されたのは近世期のことであり、その意味で、今日の寺社群がそのまま中世的なありようを伝えるとは限らない。むしろ今日のたたずまいは、中世的なものを近世的に改編した姿であるとみなすべきであろう。

したがって、その中世的な原形をしのぶためにも、建立当初の所在地をまず確認した上で、それがいつ弘前に移転したかに留意しつつ表化したのが、次に掲げる表6「弘前の中世寺院」である。また、『明治一統誌　神社縁録』に拠りながら、祭神を検証しつつ表化したのが表7「弘前の中世神社」である。

表6　弘前の中世寺院

名称	宗派	本寺	開基年	開基	開山	建立地	現在地	備考
最勝院	真言宗					八幡村（岩木町）	銅屋町	弘前八幡宮の別当。寺伝では，天文元年(1532)僧弘信が堀越に建立した金剛山光明寺に始まるという。天正年間(1573～92)猿賀山神宮寺(尾上町)の別当
円明寺	浄土真宗	東本願寺	明応8年(1499)		念西坊	油川（青森市）	新寺町	念西坊の俗名は下間右近佐宗時。慶長11年(1606)に城下寺町を経て，現在地
法立寺	日蓮宗	京都本満寺	天文2年(1533)		日尋	賀田村（岩木町）	同上	堀越を経て，慶長11年に城下寺町そして正保年間(1644～48)に現在地へ
本行寺	同上	京都本圀寺	天正8年(1580)		日健	堀越村（弘前市）	同上	慶長11年城下寺町を経て，正保年間に現在地へ
貞昌寺	浄土宗	岩城専称寺	永禄年間(1558～70)	津軽為信の生母	岌禎	大光寺（平賀町）	同上	同上。寺号は為信の生母の法号桂屋貞昌大禅尼にちなむ
西福寺	同上	貞昌寺	慶長(1596～1615)以前	不詳	不詳	堀越村（弘前市）	同上	城下寺町を経て，慶長年間に貞昌寺内に引き移る
西光寺	同上	同上	建仁年間(1201～04)	金光上人		中野（浪岡町）	同上	当初，浪岡城主北畠氏の保護，のち津軽為信が再興し寺町を経て現在地
徳増寺	同上	同上				三世寺村（弘前市）	同上	承応2年(1653)，貞昌寺6世無角上人が改めて，現在地に開基
天徳寺	同上	同上	弘治年間(1555～58)		光蓮社良心	田舎館村		慶長年間，城下寺町に移転
真教寺	浄土真宗	東本願寺	天文19年(1550)	浄理		坪見（岩木町）	同上	大浦→堀越→城下寺町を経て，慶安4年(1651)現在地へ
専徳寺	同上	同上	天文元年(1532)	誓円		町田（岩木町）	同上	慶安年間(1648～52)に城下寺町に移り，のち現在地へ
法源寺	同上	真教寺	文明13年(1481)	敬了		油川（青森市）	同上	天正10年(1582)，浪岡に移り，大浦を経て慶長年間(1596～1615)に城下寺町に移転，のち現在地へ
長勝寺	曹洞宗	金沢宗徳寺	大永6年(1526)	大浦盛信		種里村（鰺ケ沢町）	西茂森町	大浦盛信が亡父光信の菩提寺として創建。賀田村(岩木町)→堀越→慶長15年(1610)，現在地へ。寺内に「嘉元の梵鐘」あり

隣松寺	曹洞宗	長勝寺	不詳	花厳春光	真願	賀田村（岩木町）	西茂森町	慶長年間，現在地に移る
陽光院	同上	隣松寺	不詳		梁悦	桜庭村（弘前市）	同上	同上
宝泉院	同上	同上	不詳		雲鶴	鬼沢村（弘前市）	同上	同上
長徳寺	同上	同上	天正11年（1583）	高杉某	関応泉也	高杉村（弘前市）	同上	同上
清安寺	同上	長勝寺	天正年間（1573～92）	津軽為信の室の清安	密田		同上	長勝寺3世密田和尚の隠居庵
宝積院	同上	隣松寺	元亀年間（1570～73）		中別所玄蕃	中別所村（弘前市）	同上	慶長年間，現在地に移転
海蔵寺	同上	長勝寺	明応年間（1492～1501）	大浦盛信	江山智永	種里村（鰺ケ沢町）	同上	堀越→大浦坪見を経て，慶長年間，現在地に移る
泉光院	同上	藤先寺	慶長7年（1602）		察庵	大光寺（平賀町）	同上	慶長17年，現在地に移転。察庵は藤先寺2世
梅林寺	同上	長勝寺	慶長以前	盛岡源三郎（中興）	格翁舜逸（中興）	湯口村（相馬村）	同上	慶長年間，現在地に移転
満蔵寺	同上	耕春院	弘長年間（1261～64）	平時頼	常陸阿闍梨	藤先村（藤崎町）	同上	藤崎町の護国寺の遺跡。護国寺は，堂教院→霊台寺→護国寺と名を改め，臨済宗から改宗して曹洞宗の満蔵寺となった。長勝寺の「嘉元の梵鐘」も，もと護国寺にあった
高徳寺	同上	隣松寺	天正年間	新岡但馬	春香（隣松寺4世）	新岡村（弘前市）	同上	新岡氏滅亡後，退廃。慶長年間に現在地に移る
嶺松院	同上	耕春院	天正10年（1582）	蒔苗氏	龍外能鑑	蒔苗村（弘前市）	同上	慶長年間，現在地に移転
勝岳院	同上	同上	天正年間			床舞村（森田村）	同上	同上
寿昌院	同上	長勝寺	不詳			賀田村（岩木町）	同上	新里村を経て，元和元年(1615)現在地に移転

名称	宗派	本寺	開基年	開基	開山	建立地	現在地	備考
鳳松院	曹洞宗	耕春院	慶長以前		金庵喜	種里村（鰺ケ沢町）	西茂森町	慶長年間，現在地に移転
京徳寺	同上	長勝寺	享禄3年（1530）	北畠具永	松澗梵栄	五本松（浪岡町）	同上	北畠氏の滅後，慶長年間に現在地に移る
宗徳寺（耕春院）	同上	金沢宗徳寺	天正年間	武田守信	明室禅哲	堀越村（弘前市）	同上	武田守信は津軽為信の実父。旧名は耕春院。明治5年（1872）の焼失後，京徳寺に仮隅
安盛寺	同上	耕春院	慶長以前			深浦村（深浦町）	同上	慶長年間，現在地に移転
永泉寺	同上	同上	文禄2年（1593）		中山正種	新屋村（平賀町）	同上	同上
藤先寺	同上		天正年間	津軽為信の子と室	忠岳	藤先村（藤崎町）	同上	同上
正光寺	同上	長勝寺	文禄元年（1592）		然宗	猿賀村（尾上町）	同上	同上
盛雲院	同上	耕春院	元亀年間	乳井氏	善種	乳井村（弘前市）	同上	同上
月峰院	同上	長勝寺				沖館（平賀町）	同上	同上
寿昌院	同上	耕春院	慶長以前			賀田村（岩木町）	同上	新里村を経て，慶長年間に現在地
恵林寺	同上	常源寺	永禄年間		体岩（常源寺2世）	小比内村（弘前市）	同上	慶長年間，常源寺内に移転
天津院	同上		天正年間	大浦政信	津梁	和徳村（弘前市）	同上	同上
誓願寺	浄土宗	岩城専称寺	慶長元年（1596）	津軽為信	岌禎	大光寺（平賀町）	新町	津軽為信が貞昌寺を建立した時，岌禎の隠居所にしたのに始まる。慶長15年，現在地へ
専求院	同上	誓願寺	文禄年間（1592〜96）	津軽為信	念夢	同上	同上	慶長年間，現在地に移転
久渡寺	真言宗	最勝院	不詳		円智	坂本村（弘前市）		慈覚大師の聖観音を安置していた

表7　弘前の中世神社

名　称	開　山	開山年	祭　神	備　考
岩木山神社	坂上田村麻呂	延暦年間(782〜806)	顕国玉神・多都比姫命・坂上刈田麻呂命	
弘前八幡宮	大浦光信の中興	不詳	誉田別尊・息長足姫命	もと賀田村(岩木町)，あるいは八幡村(岩木町)に鎮座。大浦城の鬼門守護神として再興
熊野奥照神社	坂上田村麻呂	大同2年(807)	伊弉那岐命・伊弉那美尊	
弘前神明宮	もと，松神村(鯵ケ沢町)	不詳	天照大神	慶長7年(1602)，為信の時に大浦に移し，のち弘前に移転
和徳稲荷神社	坂上田村麻呂	延暦年間	倉稲魂命・猿田彦大神・大宮能売神	
胸肩神社	同上	同上	市杵島比売命・田心比売命	
鬼神社	同上	同上	伊邪那岐命・伊邪那美命	
巌鬼山神社	同上	大同5年(810)	大山祇神	
龍田神社	同上	延暦年間	天御柱命・国御柱命	相馬村紙漉沢に所在。現在，上皇宮という
羽黒神社	同上	大同3年(808)	倉稲魂命	岩木町に所在

『明治一統誌 神社縁録』による。

在地領主による寺社建立

右の弘前を実例にした一覧表が示すように、中世も後期に入ると、地内に定着化した土豪層による寺社の建立がいよいよ顕著となる。表6の「弘前の中世寺院」にしばし注目してみると、大浦盛信が亡父光信の菩提寺として、種里村(鯵ケ沢町)に創建した長勝寺や海蔵寺をはじめとする曹洞宗寺院が陸続と地内に造立されていく。

代表的なものを列挙してみると、北畠具永が五本松に建立した京徳寺、武田守信が堀越村(弘前市)に営んだ宗徳寺、津軽為信の子息と室による藤先村(藤崎町)の藤先寺、乳井村(弘前市)に乳井氏が造営した盛雲院などがある。

弘前の中世寺院の中で、この曹洞宗寺院に次いで多いのが、貞昌寺を中心とする浄土宗であり、その数は七カ寺に及ぶ。この浄土宗寺院も曹洞宗寺院と同じく、やはり在地土豪の定住化の中で営まれたものが多い。現に、その初め、大光寺(平賀町)に岌禎《きゅうてい》を開山として建立された貞昌寺は、大浦為信の生母の法号である「桂屋貞昌大禅尼」にちなんでいた。

その中にあって、唯一、特異なのが、中野(浪岡町)に造営され、浪岡城主北畠氏の外護を得た西光寺である。西光寺は、前述した『法然上人行状絵図』巻四十八に、「石垣の金光房は(中略)、嘉禄三年(一二二七)上人の門弟を国々へつかわされし時、陸奥国に下向。ついにかしこにて入滅」とあるように、法然の高弟金光上人が奥州地方に念仏門を伝道する中で、建立されたものである。その意味で、浄土宗七カ寺の中では、少し性格を異にするものとして注意される。

この浄土宗に次ぐのが浄土真宗の寺院で、都合四カ寺である。油川(青森市)に建立された円明寺と法源寺、坪見(岩木町)の真教寺および町田(岩木町)の専徳寺である。四カ寺の浄土真宗寺院は、浄土宗の西光寺と、布教伝道の僧(開山)が建立背景になっているという点では類似しているが、その建立背景には巨大にしてかなり組織的な教団が存在していたという点で、大きく異なる。その浄土真宗寺院の造営について、近年の研究をもとに、少し紹介してみることにしよう(12)。

実は、この四カ寺が単独で津軽地域に布教したのではなく、その背後には、蓮如率いる本願寺教団があったのである。文明三年(一四七一)越前国吉崎御坊を建立した蓮如は弟子を蝦夷・北奥羽地域に派遣して、組織的な教団拡張を図った。この北辺布教の中心となったのが、ほかでもなく、九州出身の俗名菊池武弘(出家名弘賢)であった。蓮如のもとで出家した弘賢は、文明三年、法門弘通という至上命令を受け、奥羽・夷地へと向かい、明応八年(一四九九)、「夷地松前上国」に「浄願寺」を建立。この「夷浄願寺」を拠点にして、津軽地域の四カ寺も造営していったのである。

油川に明応八年、念西坊宗時によって建立された円明寺は、蓮如の命に基づきながらも、「夷浄願寺」のネットワークの中で布教伝道を展開した。その点、同じく油川に建立された法源寺も同列であり、蓮如の直弟子敬了が「夷浄願寺」で「仏教之真如を熟得」したのち、文明一三年の開基に及んだのであった。

この一五世紀末葉の油川は、「日ノ本将軍」安東氏の従前の拠点十三湊に代わって、奥大道の終着点であると同時に、蝦夷渡航の拠点ともなった、まさに北方の一大港湾都市であった。この交流と交通の要衝の地油川に、円明寺と法源寺が、蓮如による本願寺教団の北方布教の一環として造営されたのである。

戦国都市大浦の郊外の町田と坪見に、各々造立された専徳寺と真教寺も「夷浄願寺」と深く関わりながら、蓮如本願寺教団の教線拡大の中に位置づけられていた。

天文元年（一五三二）、誓円を開基として営まれた専徳寺であるが、その誓円とは「夷浄願寺」を開いた弘賢の弟であり、兄弟ともに師蓮如の命を受け、北方世界に弘通した同朋でもあった。『専徳寺由緒書』の次の一文は、その辺の事情を余すところなく伝えている。「原子村居住仕、浄願寺建立仕、其後、秋田久保田表江右浄願寺引移建立仕、兄弟共同所ニ罷有候処、享禄元子年（一五二八）、御召ニ寄、誓円儀、御当国鼻和郡大浦御城辺一丁田村江住居」と。

一方の天文一九年に坪見に営まれた真教寺も、『証如上人日記』によると、「夷浄願寺」や出羽専称寺、男鹿西善寺とともに奥羽の「斎相伴衆寺院」であった。真教寺の開基の浄理は、甲斐武田の家臣安田与右衛門武貞の弟と伝え、出家して本願寺の蓮如・証如に仕える中で、北方伝道の命を受けて、坪見に一宇を建立したのであった。前述の円明寺と法源寺の拠る油川が当時の港湾都市であったと同時に、専徳寺と真教寺のたたずむ大浦も、糠部南部氏による津軽支配の拠点の政治都市であった。政都大浦には、浄土真宗以外にも、教団の拡勢が図られていた。天文二年、京都本満寺の日尋《にちじん》が開いた賀田村の日蓮宗寺院の法立寺がそれである。法立寺の造立事情を『新撰陸奥国誌』はこう伝える。「当寺開基日尋は八代の本山開祖日秀から法孫なり本満寺の衆徒なり。故有て擯せられ其罪を補として松前に蟄し法華寺立後当郡に来り天文二癸巳年鼻和吉田村（中略）に一宇を立、法立寺と云」。神秘のヴェールに包まれることの多い法立寺であるが、日尋が京都の本寺から一時追放されたのち、北方弘通の一環として、法立寺の建立がなった、と寺伝では伝える。

一方、表7の「弘前の中世神社」に眼を転ずると、そこには坂上田村麻呂を開山とする諸社がある。ここで確認すべきことは、その来歴の古さや伝承の真偽ではない。それよりはむしろ、各社に祀られている祭神が何であり、この神を勧請したことによって地内の人々の宗教意識がどのようになったかを問うことが重要である。地内の人々が、この日本的な神々を祀ることによって、「日本人」としての共通認識・アイデンティティを形成していったことは推測にかたくない。

第二節　中世のアイヌ社会

中世アイヌの系譜とその実体

既述したように、古代において生成した「エミシ」観念は、一般に、「エミシ」＝「まつろわぬ民」に端を発し、それが一一世紀の王朝国家期、すなわち安倍・清原あるいは平泉藤原氏などの頃に顕著となった「エビス」なる過渡的呼称を経たのち、「エゾ」＝「アイヌ」という、民族的差別感を併せ持った民族的呼称名の成立という具合に変遷する。この「エゾ」＝「アイヌ」の等式的呼称は、一二世紀の頃に成立したとされ、その居住範囲は、東北北端〜北海道の地と限定される。したがって、一二世紀の鎌倉時代にあっては、「エゾ」とは「アイヌ」を指し、今日の北海道は「蝦夷島」と呼ばれていたのである。

「エゾ」＝「アイヌ」が成立する以前の文化を、考古学的には「擦文文化」の時代と呼び、その期間は、ほぼ八〜一三世紀とされる。この日本考古学上においても、続縄文時代に接続する特異な、すぐれて古代東北的にして北海道的なこの擦文文化は、その遺跡の分布状況が東北北端〜北海道南部に集中していた。こうした分布状況から推して、擦文文化の直接的な担い手は、「エビス」すなわち「エゾ」＝「アイヌ」の前身であったのであり、それゆえ、擦文文化はアイヌ文化の祖型であるといわれる。

東北北部の土師器文化の影響を受けて八世紀頃に成立し、一三世紀頃まで存続したこの擦文文化の特徴点は、土器製法では土師器製法を継いだ擦痕のある土器製法、住居様式では従来の円型竪穴に代わる竈《かまど》を伴う隅丸型の竪穴住居、金属製品や陶磁器の流入では太刀・蕨手刀（武器・装飾品）、鉄鏃・鉄鎌・鉄斧（生産用具）、須恵器・珠洲焼などの活用法において特異であった。

こうした特徴点から、擦文文化がいかに東北北部社会との交流・交換の上に生成・展開したかが読みとれよう。擦文文化は、オオムギ・アワ・ソバ・ヒエなどの出土品から、一部、農耕を伴っていたと考えられているが、主たる経済的基盤は、鮭・鱒漁を中心にした漁撈・狩猟の採集経済であった。擦文人の生活を直接的に復元するのは困難に近いが、おそらく次の『宇治拾遺物語』はその一端をうかがう一助となるに相違ない。それは、ほかでもなく、前引もした前九年の役に「胡国」（今日の北海道）に敗走した安倍頼時一行が見聞した「胡国」観の一節である。

（胡人とて絵にかきたる姿したるもの）河のはたにあつまりたちて、きゝもしらぬことをさへづりあひて河にはらはらとうち入て渡けるほどに、千騎計やあらんとぞみえわたる（中略）卅日ばかりのぼりつるに、一ところも瀬もなかりしに川なれば、かれこれわたる瀬なりけれと見て、人過てのちにさしよてみれば、おなじやうにそこゐもしらぬふちにてなんありける。[13]

これによれば、「胡人」すなわち擦文人は、川のほとりを生活の拠点にし、しかも「千騎ばかり」の群れをなして行動をしていたと、安倍頼時たちは実見していたことになる。「アイヌ」（エゾ）の前身たる擦文文化人が、一定の集団をなして生活していたことは、『諏訪大明神絵詞』の次の一文にもみることができる。

日の本・唐子・渡党、此三類各三百三十三の島に群居せり。今二島は渡党に混す。其内に宇曾利鶴子洲と万当宇満伊丈と云小島どもあり。此種類は多く奥州津軽外の浜に往来交易す。夷一把と云は六千人也。相聚る時は百千把に及べり。

このように一把＝六千人が単位で行動し、多い時にはその百倍、千倍と伝えるほどの集団を形成していたのである。こうした集団が近世のアイヌ社会におけるコタンコロクルと呼ばれるコタンの先駆形態であろう。

八～一三世紀の擦文文化を担った擦文人は、鎌倉時代の頃、「エゾ」（アイヌ）と呼ばれるに至り、その居住地も東北北端から北海道（蝦夷島）と限定されることになった。この中世アイヌの生活実態を探ることは、右の集団性を除くと、拠るべき史料もなくほとんど困難である。それゆえ、中世アイヌ社会と近世のそれとの間に、決定的な社会変動がないことを前提にした上で、近世の一部の文献から類推するしか道はない。次に、そのアプローチにより、中世アイヌ社会の生活様式を少しくうかがってみよう。すなわち、アイヌはその日常生活において、

器物の多きを雅なりと、日本の行器、耳盥《みみだらい》、湯桶、盃台の類、都て金蒔絵の付たるを悦ぶなり。(14)

宝物とてそれぞれ秘蔵の物有（中略）其物は本邦の古き器物・鍔・目貫・小柄の類なり。蒔絵物は古きものとりわけ秘蔵せり。（『北海随筆』）

古鍔又はほり物等代々持伝て秘蔵仕候も有之候。(15)

というように、アイヌ民族は和人との交換・交易でもたらされた刀剣類や漆器類を宝物として珍重していた。それと同時に、そうした本州からの移入品を、「土人と土人との交易は、太刀及び小道具、矢筒の類をもって交易なすなり」（『蝦夷草紙』）と、アイヌ同士の交換手段・代価商品としても活用していたのである。

このことは、さきの擦文文化期において漁撈・採集経済の段階にあった擦文人（アイヌの前身）が、鎌倉期以降の中世に入り、本州社会との交易に全面的に依存するまでに変質していったことを示している。言葉をかえていえば、擦文文化からアイヌ文化への移行において、アイヌ民族は自ら十分な生産力や社会的結合を遂げないまま、本州の商品交換経済の中に組み込まれていったのである。

一方、中世アイヌ社会の特徴点を列挙すると、生産用具では鉄製のマレック・鎌・ナタ・マキリ、狩猟用具では毒矢などの使用が一般化し、住居もチセという地上の家屋で、炉にかけられた鉄鍋で食物を煮炊きし、イタンキという木製品の椀を用いての食生活であった。

衣類はアイヌ独自の織物といわれるアツシ織の衣装や本州からの移入品の木綿に独自の模様を付したものなどを着していた。日常の調度品には前引した本州から移入された行器や耳盥などが用いられていた。(16)

アイヌ民族の集団性は、本州との交易関係を持ちつつ、自ら一定の共同体社会を形成していった。その共同体(コタン)の長は、一族の族長(ウタラパケ)であると同時に、本州との諸交易においては、その共同体の代表者として、直接交易に従事していた。(17)

思えば、アイヌ民族が擦文文化を祖型にしながら、中央権力によって「エゾ」と呼称され、異民族の烙印を押されたのは、鎌倉時代の一二、一三世紀に始まる。この時期、東北北部から北海道を領していたのは、かの「蝦夷管領」「東夷ノ堅メ」「夷嶋ノ押」として自他ともに任じていた津軽安藤氏である。

してみれば、自らも「エミシ」「エビス」の血を引く安藤氏は、擦文文化からアイヌ文化へと大きく変容する現実を眼のあたりにして、どのように思念したであろうか。そこには、おそらく、「ゑぞは死生不知のもの、安藤五郎は因果の道理を弁へて堂塔多く造りし善人也。いかにとして頸をばゑぞにとられぬるぞ」(18)に示されるような、エゾ(アイヌ)社会の形成とそれに対峙せざるをえなくなっていく和人社会との矛盾・葛藤の思いが交錯していたに違いない。

そのように屈折した複雑な思いの中で、津軽安藤氏は鎌倉末期の幕権とも絡む嫡庶係争を引き起こし、さらには応永年間(一三九四～一四二八)の、下国安東氏・湊安東氏・潮潟安東氏という安東氏一族の三家への分裂へと向かうのである。

一五世紀中期に渡島半島を舞台にして繰り広げられたコシャマインを指導者とするアイヌ民族と和人との一大

民族戦争は、まさにこうした一二、一三世紀以降のアイヌ社会が各種の階級闘争を経過したのちに到達したひとつの中世的アイヌ社会の歴史的帰結であった。

第三節　蠣崎政権と道南の諸豪族

道南の一二の館と領主

「エゾ」＝アイヌと和人の渡党が先住する蝦夷島に、本州の諸豪族が波状的に渡島するようになるのは、かの下国安東康季が南部氏との政争の末に敗走した永享四年(一四三二)を一大契機としてである。この和人たる渡党と永享四年前後に渡島し、この地に跋扈《ばっこ》していた豪族たちの数は、

　長禄元年五月十四日夷狄蜂起し来って、志濃里《しのり》の館主小林太郎左衛門尉良景、箱館の河野加賀守政通を攻め撃つ。其後中野の佐藤三郎左衛門尉季則、脇本の南条治部少季継、穏内《おんない》郡の館主蒋土《こもっち》甲斐守季直、覃部《およべ》の今泉刑部少季友、松前の守護下国山城守定季、相原周防守政胤、禰保田《ねぼた》の近藤四郎右衛門尉季常、原口の岡部六郎左衛門尉季澄、比石《ひいし》の館主畠山の末孫厚谷右近将監重政所々の重鎮を攻め落とす。然りと雖も下之国の守護茂別八郎式部大輔家政、上之国の花沢の館主蠣崎修理大夫季繁、堅固に城を守り居す。[19]

というように、都合一二人に及び、各々に館《たて》を構えていた。その館主の出自について、次に概略を眺めることにしよう。

志苔《しのり》(志濃里)館《だて》の小林良景は、『蝦夷実地検考録』によれば、「良景ハ渡党にて本国ハ上野也とぞ。良景の祖父次郎重弘より是国に渡りて住り」[20]と、祖父の重弘の時に、上野国(現、群馬県)から渡島した渡党の孫であると伝える。しかし、小林氏の『履歴書』では、「初代良景太郎左衛門、清和源氏ニ出、往時太郎左衛門尉良景海ヲ渡

リ来テ松前ノ東部宇賀ノ浦志濃里ニ塁ヲ築テ居レリ」と、清和源氏に出自する良景の時代に渡島したとし、この点、『蝦夷実地検考録』と相違するが、下国安東氏の永享四年の敗走渡島とは無縁であることでは共通している。

箱館の河野政通と相原周防守政胤は、『新羅之記録』によれば、「(伊駒政季朝臣は)糠部の八戸にて名を改め、安東太政季と号し、田名部を知行し家督を継ぐ。而して蠣崎武田若狭守信広朝臣、相原周防政胤、河野加賀右衛門尉越智政通、計略を以て同三年(享徳三年)八月二十八日大畑より出船して狄の嶋に渡るなり」と、享徳三年(一四五四)に南部大畑より、下国安東政季・武田信広らとともに渡島したという。しかし、河野政通の拠る箱館について、『蝦夷実地検考録』は、文安二年(一四四五)における亀田郷からの移城とし、『蝦夷島奇観』は政通の父である加賀国出身の加賀左衛門が享禄年間(一五二八〜三二)に渡島して、「ウスケシ山址に塁を築」いたのに始まるとしていて、築城者とその時期が一定しない。

茂別館の下国家政は、『安倍姓下国氏系譜』によれば、さきの下国安東政季の弟で、享徳三年に一緒に渡島したことになる。

中野館の佐藤季則は、『松前藩士佐藤新井田由緒書』によると、父の季行の時、武田信広を慕って若狭から南部に移ったのち、宝徳二年(一四五〇)、父子ともに渡島し、「知内村・脇本村・小田西村三か村支配仰付られ、脇本村館主」となったという。

脇本館の南条季継は、『南条家譜』によれば、兄の中務大輔は豊臣家に属したが、東奥羽から「蝦夷ノ矢越ニ航シ脇本ニ一家ヲ創シ、後木古内ニ住」したという。

大館の下国定季については、『松前下国氏大系図』では、「日ノ本将軍」下国安東康季の子としているものの、『新羅之記録』ではその山城守定季を「松前守護職」に任じていながら、康季—義季と継承した下国安東氏の嫡流は、その義季が享徳二年(一四五三)に南部氏に攻め落とされたので、「下国の惣領家断絶」してしまったとしている。決して、義季の弟定季に嗣がれたとは一言も触れておらず、その点、「松前守護職」の要職にありながら、定季の出自の真相は前記の『松前下国氏大系図』が存在しながらも、不明なことが多いのが事実である。爾保田の近藤季常は、『近藤家系譜』によると、若狭出身で、嘉吉元年（一四四一）に松前に渡り爾保田に居住したという。

比石館の厚谷重政は、『厚谷家録』によると、足利→大和と転住したのち、嘉吉元年、陸奥田名部から比石（上ノ国石崎）に渡ったという。

花沢館の蠣崎季繁は、『新羅之記録』によれば、「生国は若州にして屋形武田伊豆守信繁朝臣の近親の者なり、然るに季繁其過有りて若州を立ち去り、商船に乗り、当国に来りて安日《あべ》政季朝臣の聟と為り、蠣崎修理大夫と号し、上ノ国に住す。信広朝臣を副へ置く所は河南花沢の居館なり」というように、若狭出身で渡島後、下国安東政季の女婿となり、花沢館では武田信広を副としたという。

ちなみに、武田信広は『新羅之記録』によれば、若狭の武田国信の子で、関東足利に下ったのち、奥州田名部に至り、蠣崎を知行し、享徳三年、下国安東政季らと大畑から渡島したという。しかし、南部側の記録では、南部氏の庶流横田行長の末裔の蠣崎蔵人が田名部蠣崎村を領有したのち、康正二年（一四五六）に南部政経との抗争で渡島し、それが松前氏の祖となった(21)とし、松前家側の記録と全く符合しない。

領主たちの支配版図

永享四年（一四三二）の「日ノ本将軍」たる下国安東康季の渡島を機に、道南は一二館の館主による競合の時代に突入したが、その後、若狭羽賀寺の再建につとめたこの下国康季も、文安三年（一四四六）に没し、さらにその息男義季も享徳二年（一四五三）、南部氏に攻め落とされたことにより、嫡流下国安東氏は事実上、断絶した。

この一大危機を救ったのが、前引した潮潟安東氏の政季であり、この政季は「安東太政季」と号して、享徳三年（一四五四）渡島し、道南の館主の頂点に立った。しかるに、安東政季は、康正二年（一四五六）、湊安東氏の堯季に迎えられることとなり、秋田男鹿島に渡ることとなった。

安東政季は、蝦夷島を去るにあたり、次のような支配方式を定め置いた。

狄の嶋、古へ安東家の領地たりし事は、津軽を知行し十三之湊に在城して、海上を隔つと雖も近国たるに依て、此島を領せしむるなり。政季朝臣、秋田の小鹿(男鹿)嶋に越えし節、下之国は舎弟茂別八郎式部大輔家政に預け、河野加賀守右衛門尉越知政通を副へ置かる。松前は同名山城守定季に預け、相原周防守政胤を副へ置かる。上ノ国は蠣崎武田若狭守信広に預け、政季の婿蠣崎修理大夫季繁を副へ置き、夷賊の襲来を護らしむ。(22)(後略)

すなわち、安東政季は一二館の館主間の支配版図を「守護職」補任の方式で、「下之国」「松前」および「上之国」守護職の三ブロックに編成し直したのである。政季はそれぞれ、「下之国之守護」に弟の下国家政、「松前之守護」に下国定季、「上之国之守護」に蠣崎季繁(原文では武田信広とあるが蠣崎季繁が史実)を補任し、その守護職を補佐する者として、それぞれ、「下之国」に河野政通、「松前」に相原政胤、「上ノ国」に武田信広が配置されたのである。

この三守護職体制による蝦夷支配は、地域編成別にみると、「下之国」は茂別館を中核として志苔(志濃里)・箱館・中野館の三館、「松前」は大館を拠点にして、脇本・穏内・覃部館の三館、「上ノ国」は花沢館に拠りながら、禰保田・原口・比石館の三館という具合に、三ブロックに区画しながら、一二館連合による蝦夷支配方式をとったのである。

この蝦夷支配方式は、換言するなら、秋田に拠る「日ノ本将軍・蝦夷管領」の安東氏が三守護職および各領主を地域分割しつつ行った支配方式で、それは「日ノ本将軍」―「守護職」―「館主」のタテに連なる階層による蝦夷支配ともいえる。

安東氏はこうした支配方式を編成し、「夷賊の襲来」＝アイヌ民族との矛盾衝突に対処しようとしたが、この衝突は意外にも早く現実のものとなった。世にいう、コシャマインの蜂起がそれである。

第四節　コシャマインの蜂起

コシャマインの蜂起とその背景

このコシャマインの蜂起は、移住和人と先住民たるアイヌ民族との空前の一大民族戦争であったが、それについて史書はこう記している。

中比《なかころ》内海の宇須岸夷賊に攻め破られし事。志濃里《しのり》の鍛冶屋村に家数百有り、康正二年春乙孩《おつかい》来て鍛冶に靡刀《まきり》を打たしめし処、乙孩と鍛冶と靡刀の善悪価を論じて、鍛冶靡刀を取り乙孩を突き殺す。之に依て夷狄悉く蜂起して、康正二年夏より大永五年春に迪るまで、東西数十日程の中に住する所の村々里々を破り、者某《シャモ》を殺す事、元は志濃里の鍛冶屋村に起るなり。活き残りし人皆松前と天河《あまのがわ》とに集住す。（中略）長禄元年五月十四日夷狄蜂起し来って、志濃里の館主小林太郎左衛門尉良景、箱館の河野加賀守政通を攻め撃つ。其後中野の佐藤三郎左衛門尉季則、脇本の南条治部少季継、穏内郡の館主蔣土《こもっち》甲斐守季直、覃部の今泉刑部少季友、松前の守護下国山城守定季、相原周防守政胤、禰保田の近藤四郎右衛門尉季常、原口の岡部六郎左衛門尉季澄、比石の館主畠山の末孫厚谷右近将監重政所々の重鎮を攻め落とす。然りと雖も下之国の守護茂別八郎式部大輔家政、上之国の花沢の館主蠣崎修理大夫季繁、堅固に城を守り居す。其時上之国の守護信広惣大将として、狄の酋長胡奢魔允《コシャマイン》父子二人を射殺し、侑多利《ウタリ》数多を斬殺す。之に依て山賊悉く敗北す。[23]

康正二年（一四五六）から大永五年（一五二五）に至る約七〇年もの間、東部を中心にしたアイヌ民族による移住和人への襲撃が繰り広げられた。その発端が康正二年、志苔（志濃里）の鍛冶屋村を舞台にして起こった鍛冶職人と乙孩(アイヌ語で少年・青年の意)との靡刀をめぐる「善悪・価格」にあった。志苔に端を発したアイヌ民族と移住和人との衝突は、その乙孩と鍛冶職人との対立をはるかに超え、民族戦争の色彩を帯びていった。それは史料が物語るように、長禄元年(一四五七)五月一四日の胡奢魔允《コシャマイン》の率いる「道南十二館」の攻撃に象徴される。首長コシャマインの指揮するアイヌ民族の蜂起は、この「道南十二館」のうち、志苔・箱館・中野・脇本・穏内・覃部・大館・禰保田・原口・比石の一〇館を攻め落とし、辛うじて残ったのは茂別館と花沢館の二館のみであった。

これほどまでにすさまじいアイヌと移住和人との民族的正面衝突は、いったい何によるのであろうか。一般には、「乙孩と鍛冶と靡刀の善悪価」に注目して、アイヌと和人との商取り引き上の問題、さらにこれを踏まえたアイヌへの差別と抑圧の強化とか和人によるアイヌ民族の漁業権の侵害などを、その衝突原因に挙げることが多い。これらも現象的には主たる対立原因としてもちろん正しいが、より規定的な原因は、この民族戦争が先住民族のアイヌによる、「日ノ本将軍・蝦夷管領」安東氏―「三守護職」―「諸館主」への襲撃であることに着眼するなら、移住和人とアイヌ民族との間に惹起した支配と交易関係の諸矛盾こそが、決定的な衝突要因であるといえよう。

平安末~鎌倉初頭に展開した北奥羽と道南地域の相互の自主的交易とは打って変わった、言うなれば移住和人ないしは館主主導の一方的な交易の帰着するところ、そこに先住民族を本州交易圏に巻き込み、支配と差別に彩られた抑圧的関係が生ずることは火を見るよりも明らかである。「日ノ本将軍・蝦夷管領」安東氏が南部氏との抗争の末、夷島に敗走し、夷島の中に、移住和人の階層たる「日ノ本将軍・蝦夷管領」―「守護職」―「諸館主」の支配編成方式をもとにアイヌ民族に対したこと、それ自体が民族的衝突の象徴であった。安東氏をはじめとする諸館主たちの日本海海運による経済的交易矛盾がいち早く露呈したのは志苔・箱館であった。これは、平安末以来の「エビス」間における北奥羽と道南との交易のありようからして至極当然の帰結といえよう。

長禄元年の最大規模の民族戦は、前引のように、武田信広が惣大将となり、「狄の酋長胡奢魔允父子二人を射殺し、侑多利数多を斬殺」したことで、一応の終結をみるのである。

武田信広と新館の築営

この戦功を果たした武田信広のその後は如何であろうか。これについても史書は、こう伝えている。

其後式部大輔中野の路を経て山越に上之国に来り、若狭守修理大夫に会ひ、献酬の礼有り。式部大輔家政は刀（一文字）を信広に授け勇功を賞せらる。又修理大夫は喬刀《たち》（後来国）を信広に授く。此時信広朝臣は若州より差し来りし助包の太刀を式部大輔に進ずるなり。修理大夫継子無し。故に政季朝臣の息女を得て子と為し信広に嫁せしめ、川北天河《あまのがわ》の洲崎の館に居へて家督と仰ぐ[24]。

コシャマインの蜂起に大いなる勇功を立てた武田信広は、「下之国守護」の茂別館主下国家政と「上之国守護」の花沢館主蠣崎季繁から各々太刀を授けられ、あまつさえ、蠣崎季繁に継嗣がないため、その後継として天河洲崎館に拠って家督を嗣ぐこととなった。言うなれば、武田信広は、和人勢力の統一事業の第一歩を、洲崎館の築営の中に踏み出したのである。

実は、この信広が義父季繁の花沢館を離れ、築営したのはこの洲崎館だけではなかった。「勝山の地域は、第三世勝廣公の頃まで住居あり」に徴するように、勝山館も新築したのである。それゆえ、信広は洲崎館および勝山館の二館を拠点にしながら、「上之国守護職」を嗣ぎ、和人勢力の統一へと踏み出したといえよう。その信広が一大事業の志半ばにして没したのは、明応三年（一四九四）、六四歳だった。

第五節　蠣崎政権の成立

武田信広から蠣崎光広へ

信広の跡を嗣いだのはその長子光広であり、この第二世光広の代から蠣崎姓となった。が、光広の代も前代を引きつぎ、すこぶる激動の時代の幕開けとなった。すなわち、諸館主の没落が相次ぎ、アイヌの蜂起が波状的に繰り返されたのである。

まず光広が家督を嗣いだ二年後に、次のような事件が起きた。

下国山城守定季逝去の後、息男山城守恒季家督を継ぎし処、行跡甚だ荒くして無罪の者其数多く誅伐せらるるに依て、諸士等此旨を檜山に注進するの間、討手を下し遣し、明応五年十一月二十六日山城守を生害せしむ。故に其後松前の守護職を相原周防守の息男彦三郎季胤に預け賜ひ、村上三河守政儀を副へ置かるるなり。(25)

明応五年(一四九六)一一月、「松前守護職」下国定季を嗣いだ息男恒季の行状が悪しく、その旨を宗家の檜山安東氏に報じたところ、安東氏は討手を派遣し、恒季を自害に追い込み、その結果、「松前守護職」は相原季胤(政胤の子)―村上政儀体制に変わったのである。

この下国定季―恒季父子の系譜的位置そのものが、『秋田家系図』や『松前家譜類』では不明とするのに対して、『松前下国氏大系図』では安東盛季以来の嫡流と位置づけ、『松前累系』では、恒季の生害を、蠣崎光広が「下国山城守恒季ヵ家臣ト計」ったものとするなど、謎に包まれた部分が多い。それでも、統一政権を志向する光広が、「松前守護職」の下剋上を画する相原季胤と合従して、「日ノ本将軍」安東氏に近いとされる下国定季―恒季を排除したのは、戦国期の時代として首肯される。

不運にも誅された恒季は、「山城守恒季の霊、巫に託して曰く、我神と為れりと。故に祠を建てて荒神と崇むるなり」(26)と、その二年後の明応七年(一四九八)、知内に荒神堂として崇められることとなった。

越えて永正九年(一五一二)の四月一六日、「宇須岸・志濃里・与倉前の三館夷賊に攻め落とされる。而して河野加賀守政通の息男弥二郎右衛門尉季通、小林太郎左衛門尉良景の子弥太郎良定、小林二郎左衛門尉政景の子小二郎季景、皆生害せしむるなり(27)」と伝えるように、康正二年(一四五六)に次ぐ大規模なアイヌ民族の蜂起が起こった。それにより箱館・志苔・与倉前の三館に拠る河野・小林氏の両館主の子が戦死したのである。康正二年とこの永正九年のアイヌ民族の攻撃によって、河野・小林両氏は父子を失うことになり、決定的な打撃を受けたことは言うまでもない。

この永正九年のアイヌ民族蜂起が箱館や志苔の館を破滅させたということは、これまで難攻不落を誇ってきた「下之国守護職」の拠る茂別館にも多大な影響を与えたことを意味する。詳細は後述するが、永正九年のアイヌ民族蜂起により、「下之国守護職」としてこれまで知内～ウスケシに版図を有していた茂別館主の支配権は消滅することとなったのである。

永正一〇年六月二七日、またもアイヌ民族の蜂起が発生した。松前家側の『新羅之記録』は「夷狄発向し来りて松前の大館を攻め落し、守護相原彦三郎季胤又村上三河守政儀生害せしむるなり」と、この蜂起で「松前守護職」の相原季胤とその補佐役の村上政儀が滅亡したのを、あくまでも「夷狄発向」としている。

この時、大館が落城し、阿吽《あうん》寺が炎上し、法幢《ほうどう》寺が断絶したという(28)、世にいう「大館合戦」も、実は、『松前累系』などでは、「大館ニ於テ光広ノ兵ト戦フ。守護人相原彦三郎季胤、村上三河守政儀戦負テ自害ス」と、その合戦要因は光広の行為にあるとしている。

この光広陰謀説の真偽はにわかに決定しがたいが、永正九～一〇年の光広治世下において「下之国」「松前」「上之国」の三守護体制のうち、「下之国」と「松前」の守護職が消失したのは確実なことである。ここに至って、道南和人勢力の統一を画する蠣崎氏に全く有利な政治状況が訪れたことは論を俟たない。

光広の大館移住

「大館合戦」の翌永正一一年(一五一四)三月一三日、光広は長男義広(良広)とともに「上之国を攻め、小船百八十余艘を乗り列ね来りて相原季胤の松前の大館に移住[29]」した。機敏な光広は、この上ノ国から大館への移住を、秋田檜山の安東氏に、「此旨を両度檜山に注進す[30]」と二度にわたって報告している。この報告の真意が、自ら就いた「松前守護職」に対する公認と、自ら安東氏の代官を任じ、蝦夷島における実質的な現地支配者たることの承認にあったことは、見やすい道理である。

度重なる報告を受けた檜山の安東尋季も、ついに「狄の嶋を良広に預け賜ひ、宜しく国内を守護すべきの由判形を賜ひ畢《おは》んぬ[31]」と、光広の長男義広に蝦夷島における安東氏の代官としての領有を認めた。言葉をかえていえば、これまで「上之国守護職」という限定された支配版図の領有者にすぎなかった蠣崎氏が、この段に及んで、安東氏の代官として公認され、名実ともに蝦夷島における現地支配者になることに成功したのである。

蝦夷島全島の支配をゆだねられた蠣崎氏は、その具体的な施策の第一歩として、「諸州より来る商船旅人をして年俸を出さしめ、過半を檜山に上る[32]」というように、商船や旅人からの「年俸」(役金)を徴収し、その半分を秋田檜山の安東氏に上納する一種の徴税権の行使を実施した。この施策に蝦夷島の現地支配者として君臨しようとする蠣崎氏の並々ならぬ意欲を感取することは、そう困難なことではない。

永正一一年の大館移住と商船旅人への徴税権の行使を梃子《てこ》に、安東氏の代官蠣崎氏はいよいよ蝦夷島の現地支配者として君臨していく。その最も現実的な典型例が、旧館主の家臣としての被官化である。

すなわち、旧館主の厚谷氏(比石)・岡部氏(原口)・近藤氏(禰保田)は永正一一年以前に家臣化し[33]、今泉氏(覃部)は永正一二年[34]、佐藤氏(中野)は永正元年、小林氏(志苔)は永正一一年、蒋土氏(穏内)や南条氏(脇本)も永正年間には蠣崎氏の家臣として列した。茂別の下国氏もこの例外ではないが(後述)、その中にあって、志苔の小林氏が三代良治の時、永正一一年「其居ヲ松前ニ移」した際、「先祖ノ墳墓ト共ニ宇賀ノ浦ノ如光山法華寺ヲ遷シテ松前馬形ノ台ニ建[35]」てたことは、ほかの館主の被官化にも共通する菩提寺を伴う大館移住として注目される。

このように、蠣崎氏は光広—義広の世に、蝦夷島における唯一の統一的和人政権としての基盤を着実に整備していった。しかし、この統一を推し進める蠣崎氏の前に、いまなお立ちはだかる先住民族の根強い抵抗があった。

アイヌの蠣崎氏攻撃

康正二年(一四五六)のコシャマインの蜂起から永正一〇年(一五一三)までのアイヌ民族の蜂起は、和人館主と東部アイヌ民族との対立抗争をその特質としていたが、蠣崎氏の大館移住以後は、その矛先が大館や上ノ国という蠣崎政権そのものに向けられることになる。その意味で、永正一一年以後は、アイヌ民族と蠣崎政権との全面対決の様相を呈するに至る。

とはいえ、軍事的にいまだ整備途中にある蠣崎政権が、先住のアイヌ民族と真正面から対抗することは不可能なことであり、それゆえ奇策を弄する手段に出ざるをえなかった。

大館移住後、最初のアイヌ民族の襲撃があったのは、永正一二年(一五一五)のことである。

(永正)十二年夷の賊徒蜂起す。六月廿二日光広朝臣計略を以て居宅の宮殿と台所の内戸数間を外《はず》し、縄を以て索ぎ置き、夷賊の酋長庶野《ショヤ》訇峙《コウジ》兄弟並に侑多利《ウタリ》を招き入れ、一日酒を行ひ、彼等をして酔興に入らしめ、宝物を出して之を見せ、宝物を弄ぶ隙を窺ひ、此間数多の女共をして砧《きぬた》を擣《う》たしめ、其音に紛れて物具を鎧《よろ》ひて後、家内の戸を索ぐ縄を切り推僵《おしたお》し、数人俄に客殿に乱れ入る。光広朝臣太刀を取り、夷の酋長二人を斬殺す。[36]

つまり、光広はショヤコウジ兄弟をはじめとするアイヌ民族を、酒宴を利用しながら巧妙な計らいにより殺害したのである。この際に埋葬したアイヌの死骸を「夷塚」と呼び、第四世季広《すえひろ》の代まで、アイヌと戦う時に、この「夷塚」で鬨《とき》の声を挙げて出陣したといい、この時、光広が使った太刀は、蠣崎季繁が父武田信広に授けた「来国俊」と号すもので、それ以後、同家の重宝となったという。[37]

第二のアイヌ民族の襲撃は、義広の世、享禄元年(一五二八)五月二三日に発生した。風雨をついたこの襲撃も義広の用意周到の手鑓《てやり》により難なく一蹴されたが、翌二年三月二六日の蜂起は凄惨をきわめた。

狄発向して上之国和喜の館を攻めんと欲す。折節良広朝臣館籠り、隠謀を将《おこな》ひ和睦して数多の償を引き畀《あた》ふ。酋長多《タ》那崳《ナサカシ》と云ふ狄、館の坂中平地の所にて償の物を請取り、乞《きっ》と館の方を向き上げ悼悏《いさみよろこ》ぶ処を矢倉より射る。此間百余間有り。其矢狄の胸板に中《あた》る。酋長の射殺されしを見て数百の侑多利《ウタリ》あはて騒ぎ逃げ散る。之を見て館内より打出でて、太刀を抜き連ねて追ひ行く。其比《そのころ》漸く谷口の雪消え、洪水漲るに依て、狄皆天河《あまのがわ》を渡り越えんと欲して了簡無く河上指して逃げ行くを菱池に追込み、悉く討殺すなり。(38)

上ノ国の「和喜の館」＝大館に対する「脇館」と考えられる勝山館を舞台に展開したこの戦も、父光広と同じく、権謀術数に長《た》けた義広の計らいにより、西部の首長タナサカシはもとより数百人に及ぶアイヌが、天ノ川を渡り切ることなく菱池で討殺されたのである。

この二年後の享禄四年(一五三一)五月二五日の夜、四番目の襲撃が大館に拠る義広を襲った。この時も義広の巧みな弓の秘術により難を逃れた。越えて、天文五年(一五三六)六月二三日、光広―義広の蠣崎政権にとっての最後のアイヌ襲撃が起こった。

多離困那《タリコナ》と云ふ狄と和睦し得意と成り、一日酒を行ひ、来国俊の喬刀を以て渠《かの》夫婦を一太刀宛に討つ。多離困那は左肩より右腰迄打落し、妻奴《メノコシ》は一の胴を切放つ(中略)彼の狄は多《タ》那崳《ナサカシ》の聟たれば、度々妻奴に勧められ、数年計略を廻らし、動《やや》もすれば舅の敵良広朝臣を殺さんと欲するの条、渠夫婦を討って以後国内東西安全なり。(39)

つまり、さきの享禄二年に殺害された西部首長タナサカシの跡を嗣ぐタリコナの報復戦が仕掛けられたのであるが、この時もいつもながらの「和睦」→「酒宴」の妙計によって首長タリコナ夫妻を逆襲したのである。これを機に、アイヌ民族の襲撃も「東西安全なり」に端的に示されるように、一応の鎮静を得ることとなった。

大館移住後にみられたアイヌ民族の攻撃を、武力による奇策と奇計によって一掃してきた光広―義広の蠣崎政権であったが、天文五年のタリコナによる襲撃を最後に、その対応策が武力から協調へと転換する。これは、自らの権力基盤を構築する上で、蠣崎政権にとっても必要不可欠の方向転換であった。この転換が図られたのは、義広の跡を嗣いだ第四世季広の世である。

初期和人地の成立

季広は、天文一五年(一五四六)春、出羽国河北郡深浦森山の館主の飛騨季定が秋田檜山の安東氏に謀反を起こした際、安東尋広の求めに応じて厚谷季政らの「士卒八十四人」[40]を従えて、船を列ね小泊に渡り、三月五日森山に着き、飛騨季定の拠る森山館を陥落させた[41]。この答礼としてであろうか、天文一九年六月二三日、秋田檜山の安東舜季《きよすえ》(尋季の子)が「此国を見んと欲し渡来し給ふ」と、蝦夷島に渡った。世にいう「東公の嶋渡り」である[42]。

天文五年のアイヌ蜂起を最後に一応の平静を保つ島内情勢、天文一五年の秋田森山への軍役奉公たる出陣とその答礼たる「東公の嶋渡り」。こうした史的背景に支えられて季広が決断したのが、ほかでもなく、天文二〇年(一五五一)の「夷狄之商船往還之法度」である。

勢田内の波志多尤《ハシタイン》を召寄せ上之国天河の郡内に居へ置きて西夷の尹《いん》と為し、亦志利内《しりうち》の知蔣多尤《チコモタイン》を以て東夷の尹と為し、夷狄之商船往還之法度を定む。故に諸国より来れる商賈をして年俸を出さしめ、其内を配分して両酋長に賚《たま》ふ。之を夷役《えぞえき》と謂ふ。而る後西より来る狄の商船は必ず天河の沖にて帆を下げ休んで一礼を為して往還し、東より来る夷の商船は必ず志利内の沖にて帆を下げ休んで一礼を為して往還する事、偏《ひとえ》に季広朝臣を慫敬《しょうけい》せしむる処なり[43]。

つまるところ、瀬田内の首長ハシタインを「西夷」の「尹」に、知内の首長のチコモタインを「東夷」の「尹」と定め、この両首長に諸国商人から徴収した税の一部を「夷役」として与えることにしたのである。

季広に敬意を払い、知内および天河で一礼を尽くしたというこの「夷狄之商船往還之法度」は蠣崎政権とアイヌ民族との史的関わりの上で重大な意味が存在する。

一つは、和人とアイヌとの間のこの法度が蝦夷地交易の収益の一部をアイヌ民族に「夷役」として与えることに示されるように、蠣崎政権が譲歩しながら、協調的に施行されたことである。これは結果的にみれば、蝦夷地交易の安全性の確保につながり、ひいては蠣崎政権の経済的基盤の整備となる。もう一つは、西は上ノ国、東は知内を境にして、アイヌ民族との間で土地領有の分割を行い、蠣崎氏の拠る大館を中心に和人専住地たる「和人地」(中世的和人地)が確定されたことである。

図3　和人地の範囲

このように、一定の譲歩と協調を旨に結ばれた「法度」であったが、これを契機に、蠣崎政権は「和人地」を核に自らの権力基盤の確立に向かうことになる。一方のアイヌ民族は、「夷役」付与により経済的保証を与えられたかにみえるが、実はこの「夷役」付与自体、先住民族たるアイヌ民族に対する経済的干渉であり、その意味で、この「法度」はアイヌ民族と和人における中世的到着点であると同時に、新たな近世的な出発点であった。

ともあれ、この「法度」の成立により、蠣崎政権は対アイヌ民族との関係において、蝦夷島における和人の権力体として、本格的に始動することになった。しかしその翌年、「上之国城代南条越中守広継の内儀隠謀を企つ」[44]という蠣崎氏の内部に内紛が持ち上がった。これは、上ノ国の城代南条広継の妻（蠣崎季広の長女）が、女性であるために家督を相続できないことから、季広の長男舜広と次男元広を毒殺しようとした事件で、結果的には、旧館主（脇本館主季継の嫡孫＝南条広継）を抑え、逆にその危機感のもと、蠣崎宗家・当主の権力を強化することになった。

第六節　下之国守護職と茂別館

安東氏と下国家政

既述したように、津軽十三湊の「日ノ本将軍」安東氏が、南部氏との抗争の末、蝦夷島に逃れたのは、永享四年（一四三二）、盛季の子康季の時である。

その四年後の永享八年（一四三六）、この康季は巨大な財力を背景にして、若狭の羽賀寺を修造し、文安三年（一四四六）、蝦夷島より旧津軽に攻め渡ったものの、あえなく、根城にて病死。康季の子義季は、父の遺志を継ぎ、南部氏と対峙するも、享徳二年（一四五三）、鼻和郡大浦郷狼倉館に自害。ここに盛季以来の下国安東氏（「蝦夷管領」・「日ノ本将軍」家）の惣領家が一旦断絶するに至った。

その断絶を救い下国安東氏の宗家を嗣いだのが、潮潟四郎重季の息男、すなわち十三湊の下国安東盛季の舎弟の安東四郎道貞の孫にあたる安東政季である。嘉吉二年（一四四二）の十三湊滅亡の時に南部軍に生け捕られていた政季は、糠部八戸で安東政季と改名した。この安東政季は、実は茂別館主の下国家政の実兄にあたる。

享徳三年（一四五四）、安東政季は武田信広・相原政胤・河野政通らを従え、南部大畑より、蝦夷島に渡海した。この二年後の康正二年（一四五六）、安東政季は、安東堯季の招きにより、秋田男鹿島に赴くことになり、その際、前引したように「下之国は舎弟茂別八郎式部大輔家政に預け、河野加賀守右衛門尉越知政通を副へ置かる。松前は同名山城守定季に預け、相原周防守政胤を副へ置かる。上ノ国は蠣崎武田若狭守信広に預け、政季の婿蠣崎修理大夫季繁を副へ置」[45]いた。

ここに「日ノ本将軍」安東政季を頂点とする蝦夷島における三守護体制、すなわち「下之国守護職」（下国家政）、「松前守護職」（下国定季）、「上之国守護職」（蠣崎季繁）という三ブロック支配方式がスタートしたのである。

潮潟安東氏の道貞―重季―家政に連なるこの安東政季の弟、下国家政とは、どんな人物であろうか。

家政　下国安東八郎式部大輔と称す。茂別矢不来ノ館に居住す。享徳三年八月廿八日兄政季と家政と狄之島に押渡り、茂別矢不来ノ館に居住。しかる後、蠣崎・若狭・相原周防等と同心して此嶋を守る。明応四年六月七日卒。[46]

これによれば、「日ノ本将軍」安東政季は弟の下国家政とともに、享徳三年に渡海して「茂別矢不来」に居住したといい、したがって、安東政季は康正二年に秋田男鹿島に赴くまでの二年間、「茂別矢不来」にいたことになる。さきの享徳二年に一旦断絶した下国安東氏の宗家を嗣いだ安東政季が、弟の下国家政とともに「茂別矢不来」に住したとすれば、「日ノ本将軍」家の安東氏と「茂別矢不来」ないしは下国氏の血脈的つながりはすこぶる強いといわなければならない。

そもそも、永享四年の安東康季の渡道の事実は確定できても、その渡道後の所在地については不明である。とするなら、ひとつの有力な可能性として、その「日ノ本将軍」安東康季の居住地を「茂別矢不来」と考えることもそう荒唐無稽ではあるまい。なぜなら、享徳三年、その安東康季の家たる「下国安東氏」（「日ノ本将軍」家）の断絶を食い止めて後継者となった安東政季の弟の下国家政とともに渡海し、定住した先が「茂別矢不来」だったからである。「下国安東氏」の惣領家を嗣いだ政季が、その祖先の安東康季の旧跡地に居を構えることは、「下国安東氏」を嗣いだ者として、ごく自然のことであろう。

こうしてみるなら、永享四年、南部氏との抗争ののち、敗走した安東康季と「道明法師天を仰ぎ地に俯し、肝胆を砕くに、忽《たちま》ち天の加護有り巽風吹いて出船す(中略)彼の道明法師、鋳像の観世音大菩薩を負ひ奉り伴に列《つら》なれり」(47)と祈禱に余念のなかった道明法師たちが、まず着岸し居を定めたのは、「茂別矢不来」であり、伝来した観世音大菩薩を安置したのが山王院＝原「阿吽寺」ではなかったか。

『福山秘府』が伝える「海渡山王院阿吽寺、本寺なき也。永正十年癸酉、当時建立なり(中略)一説に嘉吉三年冬十二月山王院当国に来たる」(48)という寺伝の「山王院当国に来たる」とは、永享四年に「茂別矢不来」に至った状況を踏まえたものではなかろうか。

思うに当初、「茂別矢不来」の山王院＝原「阿吽寺」が安東氏の祈禱寺の役割を果たし、永正五年(一五〇八)の下国師季《もろすえ》の松前移住後の永正一〇年に至って松前に現「阿吽寺」が建立されたのではあるまいか(後述)。「茂別矢不来」に山王院＝原「阿吽寺」が、安東康季や道明法師らによって招来されたのにちなんで、「道明風」なる伝説がいまに言い伝えられている(49)。

この山王院＝原「阿吽寺」なる仮説を裏づけるひとつの注目すべき伝承碑が存在する。

これは、文化一四年(一八一七)に、慈眼寺の沙門孝順が堂宇の修築に際して刻んだものであるが、そもそもその所在地に関して、こう伝えられている。

本村南隅に方《あた》り寺小路と称する所あり、これ盛季並に道明法師の津軽より持来りし安倍家の観音像を祀りし慈眼寺のありし遺趾、今荒廃に帰りたるも伽藍の跡とも見るべきは前庭に両株の一位樹あり、古老の言によればその所方十五六間の礎石に区画せられありたりと、如意観音像を安置せる観音堂は観音の沢と称する地にありき。今の村社矢不来天満宮の境内たり(現在、茂別館跡に建立の矢不来天満宮は観音沢よりここに移せしものなり)。その後に一基の古墳あり、碑に享保十六年辛亥春二月奥州羽黒山台峯木食律之沙門是空願主とあり、此地に永善坊道明法師の墓ありといえり(50)。

そして伝承碑には、次のように刻まれている。

抑《そもそも》当山に安置し奉る本尊如意輪観音自在菩薩の由来を尋ぬるに、人皇七十代、後冷泉院御宇天喜五年奥羽品厩川（厨川か）次郎太夫安倍貞任、鳴海弥三郎、安倍宗任陣中の守本尊にして尊敬浅からざりしが時なる哉や、八幡太郎義家公の為に貞任は討れ宗任は降参し数度の合戦を経て出羽の国に住せしが其苗裔三百余年の後、下国安東太郎盛季に伝り喜吉（嘉吉か）三年此尊像を守護して修験永善坊道明と共に船に打乗りて此国に至らん事を欲す折しも、十二月十日暴風雪を乱し送波天を浸すれとも念彼観音力波浪不能の誓い空しからずして海上恙《つつが》なく東在茂辺地村に着岸し爰《ここ》に志ばらく年を送りける。是下国氏代々の始祖也。夫《それ》より上の国下の国の両所に岩をかまえ夷賊を平均し、終に世治まりて後松前に至り一宇を建立して福聚山慈眼寺と言う。（後略）

松前福聚山慈眼寺　沙　門　孝　順
右案文吟味役　木　原　半兵衛
下役　竜崎八郎右衛門

要するに、安倍貞任以来、伝持されてきた如意輪観音自在菩薩像は、安東太郎盛季の渡島の際に守護の本尊として招来させ、茂辺地村に着岸するに至った。この茂辺地村にしばらく滞在したのち、松前に移り、福聚山慈眼寺と号したというのである。

こうしてみれば、山王院＝原「阿吽寺」の原風景は、その観音菩薩を祀っていた慈眼寺趾ということになり、茂辺地村の慈眼寺が松前に移転し、松前慈眼寺となったということになる。

実は、この松前の慈眼寺（真言宗）は、松前に移転後、海渡山阿吽寺の中に合併されているのであり、その点からいっても、茂辺地村の山王院ないしは慈眼寺＝松前の原「阿吽寺」という仮説は成り立つと考えられる。

ちなみに、『北海道寺院沿革誌』に拠り、その阿吽寺と慈眼寺の関係を示せば、次のようになる。

海渡山阿吽寺
沿　革
　本寺中、合併寺院二アリ、万福寺、慈眼寺是ナリ。
万福寺　元和二年創立。本尊、薬師如来。開山、万禅（後略）
慈眼寺　文亀二年創立。本尊、如意輪観世音。開山、道明（後略）(51)

コシャマインの蜂起と茂別館

　ところで、既述したように、康正二年（一四五六）、志苔鍛冶屋村の鍛冶が靡刀《まきり》の善悪について注文主のアイヌ乙孩《おつかい》と争い、これを殺害したのが原因で、東部のアイヌが蜂起し、さらにこれを受けて、翌長禄元年（一四五七）には、首長コシャマインに率いられたアイヌが、志苔館主小林良景、箱館の河野政通らを攻撃したのを皮切りに、いわゆる「道南十二館」を一斉に襲うコシャマインの蜂起が勃発した。

　このコシャマインの指揮する大襲撃の中、「然りと雖も下之国の守護茂別八郎式部大輔家政、上之国の花沢の館主蠣崎修理大夫季繁、堅固に城を守り居す(52)」と、下国家政の拠る茂別館と蠣崎季繁の花沢館の二つの館だけが、落ちずに何とか持ちこたえたという。言うなれば、「日ノ本将軍」安東政季が康正二年に秋田男鹿島に赴く際に配置した蝦夷島支配方式たる「下之国守護職」（下国家政―河野政通）、「松前守護職」（安東定季―相原政胤）、「上之国守護職」（蠣崎季繁―武田信広）の「三守護職体制」のうち、「下之国」と「上之国」の二守護職が辛うじて難を逃れたのである。このコシャマインの襲撃に、かの武田信広が惣大将として数多くの武功を残したことはよく知られているところであるが、これに引きかえ、従来あまり重視されていないのが次の一文である。これは、「下之国守護職」家政の政治的立場を知る上で、すこぶる重大であるように思われる。

　その一文とは、コシャマインの蜂起後の事後処理を内容とするものである。

其後式部大輔中野の路を経て山越に上之国に来り、若狭守修理大夫に会ひ、献酬の礼有り。式部大輔家政は刀（一文字）を信広に授け勇功を賞せらる。又修理大夫は喬刀《たち》（来国俊）を信広に授く。此時信広朝臣は若州より差し来りし助包の太刀を式部大輔に進ずるなり。(53)

これによれば、下国家政と蠣崎季繁および武田信広の三者の間に「献酬の礼」が交わされ、下国家政と蠣崎季繁から信広に太刀が授けられ、下国家政に対しては信広から故郷若狭の太刀が進ぜられたのである。「式部大輔家政は刀（一文字）を信広に授け勇功を賞せらる」、「此時信広朝臣は若州より差し来りし助包の太刀を式部大輔に進ずるなり」という「太刀」をめぐる献報酬には、何かしら、「日ノ本将軍」安東政季が秋田男鹿島に赴いたあとの蝦夷島の現地支配を委任された下国家政と武田信広との眼に見えぬ微妙な心操が看取される。思うに、この「献酬の礼」を執り行う下国家政の厳粛なる態度には、兄の「日ノ本将軍」安東政季に後事を委任された安東氏としての嫡流意識に裏打ちされた「下之国守護職」下国家政の格式ないしは誇りが観察される。そこには下国家政の「日ノ本将軍」政季の実弟としての嫡流意識と並々ならぬ政治的自覚が張りつめていたように思われる。信広の「勇功を賞せらる」下国家政、信広の「進じ」た若州からの太刀を受け取る下国家政には、そうした嫡流意識と政治的自覚が醸成する一種の堂々たる風格が看取されてならない。

下国師季の祈願文

この「日ノ本将軍」安東政季の弟、「下之国守護職」であり茂別館主である下国家政のあと、下国氏にまたも画期的な出来事が持ち上がった。それは「下之国守護職」二代目の下国師季の時である。その出来事とは何か。それに先立って、下国師季なる人物について確認しておこう。

師季とは「下国安東八郎、後に茂別式部大輔と称す。初め茂別矢不来に居す。永禄五年壬戌夏六月、夷賊起こり、その館を攻む。師季敗続して松前に逃来す」(54)というように、茂別矢不来に居住していたが、永禄五年（一五六二）、アイヌ民族による「茂別矢不来」館攻撃を受けて松前に逃来した人物である。ここに検討すべきことは、この『安倍姓下国氏系譜』の伝えるアイヌ民族の襲来年である。蠣崎光広―義広の治世下におけるアイヌ蜂起は、永正五年（一五〇八）〜天文五年（一五三六）に集中しており、しかも天文二〇年には「夷狄之商船往還之法度」が蠣崎季広とアイヌとの間に一種の協調和平策として成立していたのである。したがって『安倍姓下国氏系譜』のいう「永禄五年」とは、当該期の和人とアイヌ関係史に徴してみた場合、時期的に全く不合理であり、「永正五年」の誤認であると考えられる。[55]

とすれば、下国師季は永正五年のアイヌ民族の蜂起によって、「茂別矢不来」から松前に居を移すことを余儀なくされたと考えられる。この際、師季が茂辺地の慈眼寺＝原「阿吽寺」を伴ったに相違ない。なぜなら、この当時、館主の松前移住に際して、その菩提寺などの宗教施設も移動することは、例えば、永正一一年（一五一四）、志苔の小林氏が「先祖ノ墳墓ト共ニ宇賀ノ浦ノ如光山法華寺ヲ遷シテ松前馬形ノ台ニ建」[56]てた例に徴しても、ごく一般的なことであったからである。このように、下国師季は永正五年に菩提寺を伴って松前へ移住したが、これは一面、蠣崎政権への家臣団編入を意味するものであり、安東氏の嫡流としては、はなはだ屈辱的なことでもあった。この屈辱がいかに甚大であるかを推し測る、ある画期的な重大事を師季は茂辺地において断行していた。次の「願文」に注目されたい。

奉　籠

熊野那智山願書之事

右意趣者、奥州下国弓矢仁達本意、如本津軽外浜・宇楚里鶴子・遍地悉安堵仕候者、重而寄進可申処実也。怨敵退散、武運長久、息災延命、子孫繁昌、殿中安穏、心中所願皆令満足、奉祈申所之願書之状如件。

応仁弐年《つちのへね》二月廿八日

安東下野守師季（花押）[57]

これは明らかに下国師季が、「日ノ本将軍」安東氏の旧領の「津軽外浜」と「下之国守護職」の東半分の「宇楚里鶴子」（ウソリケシ、箱館）地域の支配権の回復を熊野那智大社に祈願したものである。応仁二年（一四六八）という年代は、長禄元年（一四五七）がコシャマインの蜂起の年であり、永正五年（一五〇八）がアイヌ民族の本格的蜂起の始期の年であることに思いをいたすなら、アイヌにとっても、和人側にとっても、束の間の小康状態を保っていた時期に相当する。

してみれば、下国師季はたまゆらの和平に身を置き、祖父である家政の兄の、「日ノ本将軍」安東政季との往時の関係（安東氏の嫡流意識）を想い起こし、かつ自らの「下之国守護職」としての政治的自覚を改めて再認識しながら、この熊野那智大社への所領回復の祈願文を認《したた》めたに相違ない。この願文にはさきの家政の「献酬の礼」と同様、下国師季の「嫡流意識」と「下之国守護職」としての政治的自覚のほどが余すところなく吐露されている。この師季の「嫡流意識」と「下之国守護職」も、永正五年の松前移住を契機に消失に向かう。その意味で、師季の松前行きは、屈辱そのものであった。あまつさえ、子息重季の不徳に苦しみ、松前を逃れ、同六年瀬棚に没した（後述）。

主君なきあとの「茂別矢不来」館が決定的に崩壊するのは、「永正九年四月十六日、宇須岸・志濃里・与倉前の三館夷賊に攻め落とされる」[58]にみるように、永正九年（一五一二）のことである。一方、永正一〇年のアイヌ民族の蜂起では、後述するように寺社の多くが灰燼に帰した。その際、茂辺地から移した原「阿吽寺」もあえなく焼失したという。言うなれば、下国家の精神的象徴の建造物も、この年に消えたのである。しかし、阿吽寺そのものは、「海渡山王院阿吽寺、本寺なき也。永正十年癸酉、当時建立なり」[59]と伝えるように年内に、「松前の阿吽寺」として装いも新たに建立された。それは寺院名こそ下国家名称を継承したものの、永快を開山とする蠣崎政権の祈禱寺の誕生を意味するものであった。

（１）『後鑑』（原漢文）
（２）「羽賀寺縁起」（牧野信之助編『越前若狭古文書選』三秀舎、一九三三年、所収）
（３）『秋田家系図』・『寛政系図』（続群書類従完成会編『新訂寛政重修諸家譜』一九六五年、所収）
（４）『新羅之記録』（『新北海道史』七、所収、原漢文）
（５）『福山秘府』（『新撰北海道史』五、所収）
（６）『満済准后日記』永享四年十月二十一日条（『続群書類従』補遺一下）
（７）古田良一「津軽十三湊の研究」（『東北大学文学部研究年報』七号、一九五六年）
（８）『法然上人行状絵図』巻四十八（『法然上人全集』第一巻、法然上人伝刊行会、一九五二年）
（９）『親鸞聖人門弟交名牒』（茨城県下妻市光明寺本）
（10）家永三郎・赤松俊秀・圭室諦成編『日本仏教史』第三巻（法蔵館、一九六七年）
（11）星野和太郎『北海道寺院沿革誌』（時習館、一八九四年）
（12）誉田慶信『中世奥羽の民衆と宗教』（吉川弘文館、二〇〇二年）
（13）『宇治拾遺物語』巻十五
（14）『蝦夷草紙』（『北門叢書』一、北光書房、一九六五年）
（15）『蝦夷談筆記』（『日本庶民生活史料集成』四、三一書房、一九六九年）
（16）榎森進『アイヌの歴史』（三省堂、一九八七年）
（17）高倉新一郎『アイヌ政策史』（日本評論新社、一九四二年）
（18）「種々御振舞御書」（立正大学日蓮教学研究所編『昭和定本 日蓮聖人遺文』第二巻、一九五三年、九八〇頁）
（19）『新羅之記録』（（４）に同じ）
（20）『履歴書』（『中島家文書』函館市、中島良信氏蔵）
（21）『南部史要』（熊谷印刷、一九七二年）
（22）『新羅之記録』（（４）に同じ）
（23）同右
（24）『松前志』（『北門叢書』二、北光書房、一九四二年）
（25）『新羅之記録』（（４）に同じ）

(26)　同右
(27)　同右
(28)　『福山秘府』（(5)に同じ）
(29)　『新羅之記録』（(4)に同じ）
(30)　同右
(31)　同右
(32)　同右
(33)　春日敏彦「松前藩成立期に関する一考察」（『松前藩と松前』一九号、一九八二年）
(34)　『家譜』（松前町史編纂室蔵）
(35)　『履歴書』（(20)に同じ）
(36)　『新羅之記録』（(4)に同じ）
(37)　同右
(38)　同右
(39)　同右
(40)　『厚谷家録』（北海道大学附属図書館北方史料室蔵）
(41)　『新羅之記録』（(4)に同じ）
(42)　同右
(43)　同右
(44)　同右
(45)　同右
(46)　『安倍姓下国氏系譜』（北海道立図書館蔵マイクロフィルム）
(47)　『新羅之記録』（(4)に同じ）
(48)　『福山秘府』（(5)に同じ）
(49)　『上磯町歴史散歩』（上磯地方史研究会、一九八六年）
(50)　『茂別郷土誌』（上磯町役場蔵）
(51)　『北海道寺院沿革誌』（(11)に同じ）

(52)『新羅之記録』(４)に同じ
(53)同右
(54)『安倍姓下国氏系譜』(46)に同じ
(55)海保嶺夫『中世の蝦夷地』(吉川弘文館、一九八七年)
(56)『履歴書』(20)に同じ
(57)「熊野那智山願書之事」(「米良文書」、岩手県教育委員会編『岩手県中世文書』三、一九六八年、所収)
(58)『新羅之記録』(４)に同じ
(59)『福山秘府』(５)に同じ

第四章　中世仏教の伝播と展開

第一節　安藤氏と仏教

鎌倉幕府の「禅密主義」と夷島

鎌倉幕府の宗教界が、既述した臨済禅と真言密教を重用する「禅密主義」政策をとるようになると、それがやがて北方地域にも、一種の宗教指導ないしは宗教的祭祀権の行使として現実に施されるに至る。その意味で、幕政の中後期は、幕府内に形成された「禅密主義」が、北方地域に直接扶植されていく時期で、北方地域がいよいよ古代と訣別して中世的な装いを開始する時期でもあった。当時、道南と北奥羽との自由な交流が活発に行われていたことを考えれば、幕府のその宗教施策が何らかの形で蝦夷島に及んでも不思議ではない。

ここに注目すべき『地蔵菩薩霊験記』が伝える「建長寺ノ地蔵夷嶋へ遊化ノ事」なる仏教説話がある。これこそが、幕府と蝦夷島との宗教史的関係をうかがえる史料である。少し冗長になるが、次に引用してみることにしよう。

往日《そのかみ》、鎌倉ニ安藤五郎トテ武芸ニ名ヲ得タル人アリケリ。公命《くめい》ニヨリ夷嶋ニ発向シ、容易《たやすく》夷敵ヲ亡、其貢ヲソナエサセケレバ、日ノ本将軍トソ申ケル（中略）爰《ここ》ニ彼ノ五郎、年来《としごろ》地蔵ヲ信ジ、長三尺ノ地蔵ヲ造立シ安置シ奉リ、誦経礼拝ヲコタラズ。信心底ニトホリテ、双《ならぶ》人更ニナカリケル。或時、件ノ夷ドモ年貢上納ニ来リケルヲ、安藤五郎召寄テ、結縁ノ為ニトテ、御戸ヲ開テ、地蔵菩薩ヲ拝シ奉レトテ見セラレケレバ、夷ドモ悉《ことごと》ク参リ見テ申ケルハ、「アノヤウナル人、我国ニモアリ（中略）コレヲ、カシラハケノ小天道」トゾ云合ケル。五郎聞テ、サテハ無仏世界ノ度脱ヲナサシメ玉ハントテ、夷狄ノ中ニ交テ行玉フニコソトゾ覚フ。サラバ其人カサ子テ見ヘ玉ハヾ、「ツレダチテマイルベシ」ト云ケレバ、夷ドモ頭ヲフリテ、カナイガタキ事ニテ侍ル（中略）五郎重テ申スハ、「人数ヲモヨホシ、イカニモシテツレテ参レ、三年ノ年貢ヲ御免アルベキヨシ」申付タリケレバ、畏《かしこみ》タリトテ下向シケル。次ノ年四月中旬ニ、夷ドモ大勢ニテ、小天道ヲトラヘタリトテ、五郎ガ館ノ庭ニ、ナミ立（中略）五郎、実《まこと》シクハナケレドモ、生身ノ地蔵尊ヲ拝奉ランコトハ、不思議ニアリガタキ御事ト思ヒ立出、見ケレバ、ゲニモサルメカシクヲホヘテ、篠小竹ト云フ物ヲアミテ、ツヨクマキコメテ、昆布ト云フ海草ヲ持テツナニウチカラミ巻ツメタリ（中略）底ニハ錫杖一ツゾアリケリ。夷、大キニアキレテ（中略）「頭ハゲノ小天道ニゲタリ」トテ、大音上テドヨメキケリ（中略）五郎、錫杖ヲ頂キ、是コソアリガタキシルシナレ、今モ爰ニマシマスラメド、凡夫ノ眼ニ見ヘズ、誠ナルカナ、令二顚到衆宗生一雖レ近而不レ見ト、如来ノ金《こん》口《く》面《まのあ》タリト、歓喜ノ涙ヲゾ流シケリ（中略）其比《そのころ》、建長寺ノ本尊ハ三千一躰ノ地蔵ニテアリシガ、中尊ノ持タマヘル錫杖ヲ盗人ノ奪タリトテ沙汰シケリ。五郎、此錫杖ヲ一宇ノ草堂ヲモ建立シテ、本尊ニイタスベク思ヘドモ、建長寺ヘゾ持参シテシレバ、住僧請取、是ヲ見ルニ、本ノ錫杖ナリ。（後略）(1)

主題的にいえば、信仰心の厚い「日ノ本将軍」＝安藤五郎（「蝦夷管領」）と彼のもとに貢いでくる夷島のエゾとの地蔵菩薩をめぐる話である。日頃信心してやまない地蔵を安藤五郎が夷島のエゾに見せたところ、彼らは「アノヤウナル人、我国ニモアリ」、それを「カシラハケノ小天道」と呼んでいるという。このことを聞いた五郎は、それは無仏世界の衆生を救済するために、地蔵が夷狄に交じっているのだと考え、ぜひとも連れて来るように命ずる。一旦は断ったエゾたちであるが、三年間の年貢免除を条件とした辞しがたい命であるので、しぶしぶ了解して連れて来ることを約した。そして、ついに次の年の四月中旬、約束の「小天道」を連れてやってきた。見ると、それは錫杖を持ち、篠小竹で編み上げ昆布を巻きつけた生身《しょうしん》の地蔵であった。有難さのあまり、五郎は歓喜の涙を流したという。この地蔵は、もともと建長寺に安置されている三千一体の地蔵であった。

この仏教説話には、津軽の唐糸御前のように、北条時頼の廻国というストーリーはないが、時頼の建立になる建長寺に祀る地蔵信仰という点に注目すれば、広義的には、時頼廻国伝説の形を変えた一形態である。変形であるにせよ、かかる伝説が存在するということ自体が、幕府の「禅密主義」なる仏教政策が蝦夷島にまで及ぼうとしていたことを、この説話は物語っていると解することができよう(2)。

渡道以前の安藤氏は、このように「蝦夷管領」の職権のもと、幕府の代官として、夷島と宗教的にも深く関わっていたのである。

安東氏と阿吽寺

さきにみた前九年の役の際、敗走して渡道した安倍頼時の説話的渡道(3)や、藤原泰衡の残党および鎌倉初期の強盗・海賊の一群とされる「渡党(4)」の渡道を別とすれば、一族単位で集団的に渡海したのは既述のごとく安東康季が最初であり、その意味でまさしく本格的な和人渡道の嚆矢《こうし》であった。

が、その渡海は難渋をきわめた。それは道明法師なる祈禱僧の懇祈に負うところ大であった。その渡海の様子を、『新羅之記録』は次のように語っている。

道明法師天を仰ぎ地に俯し、肝胆を砕くに、忽ち天の加護有り巽風吹いて出船す。跡より軍兵追い来れども船洋沖に浮ぶに依て力及ばず引き退く。盛季虎尾を踏むの難を遁れて渡海す。彼の道明法師、鋳像の観世音大菩薩を負ひ奉り伴に列なれり。軍陣の中に怖畏し彼の観音の力を念ぜば衆怨悉く退散するの誓約顕れて、此島の岸に著す。是偏に永善坊道明法師の懇祈を致すの謂なり。此観世音大菩薩の尊像は今に永善坊に在す。(5)

その渡海は想像を絶する難渋であった。それだけに、随従した真言宗阿吽寺の住僧永善坊道明は、安東氏に伝来する如意輪観音を奉持して、祈禱に肝胆を砕いた。その験力が顕れたのであろうか、順風を得て、辛うじて荒波を乗り切ることに成功した。

康季と行動をともにしたのは、実はその永善坊ひとりではなかった。「山王坊永善坊万願寺実相坊等亦来于松前」(6)にみるように、永善坊道明のほかに真言修験者の山王坊・万願寺そして実相坊も従っていたのである。そのうちの山王坊もまた、阿吽寺の本尊である不動尊を持して、荒ぶる波を和らげたという。実にドラマチックな情景であった。

この敗走シーンにみるように、安東氏はその渡道前夜において、その拠るべき津軽山王坊十三宗寺を、古代天台宗から、幕府の「禅密主義」政策を容れる形で、真言宗へと改宗させていた。安東氏はその真言密教僧である永善坊・山王坊らの祈禱に助けられつつ、身命を賭して渡道したのである。

その上陸地は、既述したように茂別(茂辺地)であった。安東氏はここに「蝦夷管領」としての自覚のもと、茂別館を築くとともに、真言宗の山王院＝原「阿吽寺」を建立した。

この原「阿吽寺」ともいうべき茂辺地の阿吽寺がたたずむ近隣には、三七万余枚に及ぶ北宋銭を蔵していた小林良景の志苔館があったこと(『函館志海苔古銭』(市立函館博物館))、また『庭訓往来』にいう「宇賀の昆布・夷の鮭」を産する河野政通の箱館が存在したことを考えれば、志苔—箱館—茂辺地は漁獲物を豊富に産する天恵の地であり、その主たる生産者である蝦夷＝アイヌとの間に相当活発な交易も展開されていたと思われる。

言うなれば、往時の津軽十三湊における渡島蝦夷＝アイヌとの交易が、時と場を移して、ここ茂辺地において繰り広げられていたのである。その折、茂辺地の原「阿吽寺」の密教僧たちは、主君家政のため、その経済的基盤たる海の幸の豊漁を祈禱に寄せて念じていたに相違ない。そしてまた、さきの文永五年（一二六八）の蜂起のように、交易相手の蝦夷＝アイヌとの取引がこじれて民族的対立が巻き起こらないように、加持祈禱を一心に修したに違いない。何となれば、安東氏の蝦夷島への渡来ひとつだけでも、先住民のアイヌ民族にとっては、己れの自主・自立的な生産基盤の蚕食を意味する一方的な進出であったからである。いわんや、和人が主導権を掌握した不平等な交易活動が顔をのぞかせた場合においてをやである。

下国家政をはじめ下国定季・武田信広らの和人武将が最も危惧してやまなかったアイヌ民族との対立が、安東氏の渡道後、一四〜二五年にして、ついに現実のものとなってしまった。世にいうコシャマインの蜂起がそれである。安東氏をはじめ和人集団は等しく先住のアイヌ民族との軋轢に苦悩した。

そもそもアイヌ民族と和人との対立の種子は、文永五年（一二六八）の蝦夷反乱を別とすれば、本格的な階級社会の形成をみずに擦文期社会にとどまっていたアイヌ社会が、一挙に封建社会の一員たる「蝦夷管領」安東氏＝和人の進出を受けた時に、もうすでに蒔かれていた。前にもみたように、その交易関係が対等のものから、領主ないしは和人主導のものへと変貌する段階に及んでは、民族間の正面衝突はもはや時間の問題となっていた。

コシャマインの蜂起は、その意味でまさしく本格的な民族対立の最初の衝突であった。その結果は如何。豈《あ》に図らんや、戦勝の女神は和人軍に微笑んだのである。大乱を首尾よく平定した和人軍の惣大将信広は、その武功により、蠣崎氏の養子に取り立てられ、「上之国守護職」を継承するとともに、秋田檜山の安東家から蝦夷支配者としての正統性を承認されることとなった。だが、この戦勝が諸館の陥落はもとより、大きな代償の上に承認されたものであることを忘れてはならない。

例えば、宇須岸の随岸寺の松前大館への移転がその一つである。随岸寺はもともと、さきの渡道者河野政通をも含むいわゆる「渡党」たちが、つとに営んだ寺院であった。その随岸寺が、コシャマインとの交戦で後退を余儀なくされ、大館に移転したのである。同寺はのちの文明一八年（一四八六）、大館火災に遭い焼亡し、いまに伝わらない。

『愚意三心雑言集』が「此島二百余年以前は、東西四十里の間に、民家軒をならべしかば、寺社多くありしを、長禄、永正の乱に廃絶して、十が一つ残りしなり」(7)と伝えるように、コシャマインの蜂起は、実に凄惨をきわめた大戦乱であった。

してみれば、随岸寺と同様に、茂別館にあって、民族戦争の最前線に立ち、ある時には懸命な戦勝祈願をし、またある時には戦没者の供養にあたっていたと想定される茂辺地の阿吽寺（慈眼寺）も、少なからず痛手を蒙ったに相違ない。既述したように、その茂辺地の阿吽寺が松前に移転したのは、下国師季のとき、永正五年のことである。松前移転後の永正一〇年（一五一三）、アイヌ民族の蜂起たる「大館合戦」の際に、移転してきた下国家の菩提寺の阿吽寺も燃えてしまった(8)。茂辺地の「下之国守護職」たる下国家政の菩提寺＝阿吽寺（慈眼寺）が松前に移転すること自体、大きな出来事である。それが焼失したのである。下国家にとっては二重の精神的ショックであったに違いない。

茂辺地の阿吽寺が松前に移転して、焼失するまでの永正五年から一〇年までの間、同寺は「日ノ本将軍」安東家の嫡流を自認する下国家の人々（重季と直季）を懸命に支えたに相違ない。推測をたくましくすれば、阿吽寺が真言密教の祈禱寺でもあるだけに、蠣崎政権にとってはまさに垂涎の対象であった。してみれば、永正五年の下国家の松前移転も当初から阿吽寺を射程に入れた家臣編入であったかも知れない。永正一〇年の「大館合戦」に焼失した阿吽寺に代わる新生の阿吽寺も茂辺地にあった時と同じように、アイヌ民族との民族的抗争の際には、降伏と戦勝祈願の修法を行じたことであろう。

北海道仏教史上、「蝦夷管領」安東氏の営んだ茂別館の原「阿吽寺」がその嚆矢であるとすれば、それに次ぐのが日蓮宗の日持の渡道であろう。その神秘に包まれた足跡を節を改めて検証してみよう。

第二節　日持の渡道伝説

日蓮（一二二二〜八二）の六門弟のひとりの日持（一二五〇〜？）は駿河松野の出身で、師日蓮の七回忌に師の像を池上本門寺に安置し、一三回忌を修した翌永仁四年（一二九六）、海外布教を志して奥州から蝦夷地に渡ったとされる。(9)渡道後、日持は函館石崎で土人を教化しつつ、経文を書いた経石を埋めたり、道南の椴法華で豊漁祈願する一方、銭亀沢黒石岬の岩屋に題目を刻み、松前に法華寺を営んだあと大陸に渡り、満州方面にまで布教したという。(10)

今日、日持渡道を史実とみるか単なる伝説とするかをめぐって両論が併存し、定かではない。なにせ、両論を決定づけるに十分な客観的な史料がないのである。若干の遺物があっても、それは後世に仮託して作られたものであることが多く、信憑性にいま一つ欠ける。それゆえ、日持渡道を史実とするか伝説とするかの際、安易な感情論を注入してはならない。直接的な史料がないのであるから、冷静な傍証を積み重ねるしかその解決の道はないのである。

まず第一に、渡道の際の交通問題についてみてみよう。日持の渡道に先立つ弘安三年（一二八〇）、南は九州に至るまで賦算遊行した時宗の開祖一遍智真（一二三九〜八九）が、祖父河野通信の墳墓を詣ずべく奥州江刺郡に下行している。(11)しかし、この遊行僧の一遍は、蝦夷社会の江刺郡以北に巡錫の道をとることはなかった。だが、この一遍の布教状況の一事をもって、日持の渡道が交通的に不可能だったとするのは甚だ早計である。

なぜなら、既述したように、平安後期の頃、平泉と蝦夷地の交流がみられ、津軽の地においても安倍氏＝安藤氏の祖が山王坊十三宗寺の礎を築き、鎌倉中後期に及んでは、鎌倉武士団が東北北部に本格的な移住を展開していたからである。また、津軽海峡を挟む津軽と夷島との交通は、さきの『今昔物語集』にみる安倍頼時の渡道を例とするように、存在していたし、鎌倉期に至っては、罪人の追放・流刑という形での渡道もあった。この罪人の一群が「渡党」（『諏訪大明神絵詞』）を形成し、箱館に随岸寺や松前に馬形野観音堂を造立もしていたのである。加えて、十三湊を拠点とする「蝦夷管領」安藤氏は、北海道の蝦夷とも日常的に交易をしていた。

こうした背景から考える時、日持の渡道は交通的にいとも容易であったとみてよいだろう。したがって、日持が渡道したとされる永仁四年（一二九六）が、かの修験者、永善坊道明の切なる祈願によって安東康季が命からがら渡海した永享四年（一四三二）を約一五〇年もさかのぼる時期のことであるという点のみにとらわれてはいけない。その安東氏渡道を伝える『福山秘府』は、あまりにも劇的な一文だからである。

次に考慮すべき問題は、日持渡道の仏教史的背景ともいうべき永仁四年の頃の北方地域における仏教受容の状況である。個別に具体例を少し挙げると、浄土宗の場合、石垣金光が正治年間（一一九九～一二〇一）に宮城県栗原郡に往生寺を開いたのを皮切りに、以後、鎮西派の名越流が北方地域に布教を展開していた。浄土真宗にあっても、既述したように、親鸞（一一七三～一二六二）の門弟の如信・無為子・唯信・是信・唯仏・本願が出身地の東北地方に弘通したり、寺院を造営したりしていた。[12] 曹洞宗もやはり、鎌倉中期には、玉泉寺の了然法明が羽黒山方面に教化していたといわれる。[13]

こうした各宗派の北方布教は、いずれも北上市辺りをその北限にしていたが、前述の交通状況からして、日持がこの北限をさらに北進させて渡道する背景は、これまた十分に存在していたとみてよいだろう。

次いで考えなければならないのは、日持自身が属する日蓮宗教団の内部の問題である。日持が渡道したとされる永仁四年の翌年には、角田市に日義尼の手になる妙立寺が建立されている。日持が一時は兄事した日興との不仲関係も、日持を旅に追いやる教団上の背景として無視できない。事実、この日興の拠る富士門流は、日目・日尊などを通して、常に日持と競合する布教伝道を推進していたのである。

以上のように、当時の交通史・仏教史および教団史的背景から推して、日持渡道に可能性のみならず必然性も十分にありえたと推定して、そう大過はないだろう。

最後に検討しなければならないのは、日持の津軽から蝦夷地への渡海を、「蝦夷管領」の任にあった安藤氏が許容したかどうかである。つまり、鎌倉幕府が標榜する「禅密主義」を重視しつつ、反天台宗の仏教政策をとる幕府の命を受ける十三湊の安藤氏が、幕府の宗教政策の批判者日蓮の門弟日持の布教伝道を見逃したのであろうかという点である。(14)

安藤氏自体、幕府の仏教政策に即応しつつ、臨済禅と真言密教の重用政策たる「禅密主義」を現実に展開する一方、天台宗に傾斜するライバル南部氏と宗教的にも対峙していたことは、十三湊はもとより茂別における真言宗の阿吽寺の造立に徴しても明白であろう。

そうしてみれば、天台系の僧兵＝山僧という烙印を押されてきた日蓮の一党をそうやすやすと受け入れたとは考えがたい。日持の渡道にとって、鎌倉幕府と「蝦夷管領」安藤氏を結ぶ制度的パイプは、何とも堅固な、政治・宗教の壁であった。日持が通常の手続によって、その厚き壁を突き破り渡道することは、かなり難しい。渡道できたとすれば、それは安藤氏が日持を罪人視して、ほかの犯罪者同様に、夷島に追放した場合のことである。さもなければ、その頃、天台宗に大きく傾斜していた南部＝恐山地域から海峡を秘密裡に渡るしか道はない。

仮に罪人の処遇のもと、日持が渡道したとすれば、彼を迎え入れたのは、異民族＝アイヌではなく、おそらく前にみた「渡党」なる一群であったろう。なぜならば、この時期は前述のように、文永五年(一二六八)の蝦夷の蜂起という安藤氏とアイヌが民族的対立をした直後であったからである。しかし、この「渡党」たちが随岸寺や馬形野観音堂の造営にはあたったものの、日持と直接的に法交したという形跡を伝えてはいない。

このように、日持渡道を史実とみた場合、ほぼ確認できる足跡は、せいぜい罪人処遇としてか、または人目を避けての蝦夷地入りまでである。日持の師日蓮は「俘囚」あるいは「夷嶋」について語ることはあったが、それを布教対象にしたことは一度もなかった。

日持の北への旅立ちは、師日蓮の夷島観をはるかに超えた、日興との不仲・対立の中、幕府の「禅密主義」政策という厚い壁に直面しながらの苦悩に満ちたものであった。そこには、決して順風満帆ではない、孤独と疎外に泣く日持の姿があったと思われる。

ともあれ、鎌倉時代に至り、蝦夷地の仏教的営みは、幕府の公権力を背景にした「禅密主義」政策との関わりの中で、地蔵菩薩の仏教説話と、日持という一僧侶の海外布教という伝説でその歴史の扉が開く。この鎌倉時代の事象を前史に、北海道仏教史が本格的に中世の時代を迎えるのは、蠣崎政権下においてである。

第三節　蠣崎政権と寺社造営

武田信広と法源寺

コシャマインの蜂起を鎮定したとはいえ、武田信広を盟主とする上ノ国の蠣崎政権は、依然、東部のアイヌ民族の挙動に警戒の眼を注がなければならなかった。安東氏や下国家政と同じく真言密教の世界に多くを頼む信広は、後述する毘沙門堂を営んだ真言僧の秀延阿闍梨《あじゃり》を開山として、文正元年（一四六六）、上国寺の堂宇を上ノ国に造営した。

この上国寺は、一〇代の了徹の頃、浄土宗に改宗しているが、それ以前は真言宗に属していた（『北海道寺院沿革誌』）。この点にも、信広の周辺がいかに真言修験に大きな期待を寄せていたかがうかがえよう。この上国寺は、茂辺地における「下之国守護職」の菩提寺であり祈願所でもあった阿吽寺が、大館に移転される永正五年（一五〇八）までの期間、蠣崎政権の祈願所となっていたと考えられる。

上国寺の造立後の文明元年(一四六九)、アイヌ民族の経略に懊悩する信広を、内面から救う新たな一条の光明が燦然と照り輝くこととなった。

　松前山法源寺(中略)曹洞宗。本寺三春龍穏院。古号国寺。延徳二年建立(中略)当山縁起曰、当寺開基伝心随芳若州竹田郡人也。武田信広聞在于夷島、遥渡海路来于於古斯利《おくしり》、結草庵、号松前山法源寺。于時文明元年己丑夏六月五日也。(『福山秘府』)

『福山秘府』が伝えるように、文明元年、同郷の武田信広が夷島にあることを伝え聞いた禅僧随芳が、若狭から海路を渡り奥尻島に到来したのである。そして、師資相承の上では、瑩山《けいざん》—明峰素哲の法脈に属す若狭正明寺の住僧の随芳が、奥尻に草庵を結び、ここに法源寺の寺基を定めたのである。それから二〇年後の延徳二年(一四九〇)、奥尻の法源寺は大館に移され、以後、信広と二世光広の菩提寺となった。

鎌倉時代より「蝦夷管領」の任にあった安東氏は、康正二年(一四五六)、安東政季が秋田男鹿島に入部したあとも、孤立化したとはいえ、政季の弟の下国家政が中心になって、茂辺地の阿吽寺(慈眼寺)において安東氏の先祖供養を営んでいた。それに対し、信広は、祈願所の上国寺を除けば、一族の祖霊を追善供養する頼むべき菩提寺を持していなかったのである。その意味でも、若狭の禅僧随芳を別当にして法源寺という曹洞宗寺院を造立しえたことは、信広にとって、一族の霊的自立のみならず政治的自覚の熟成という点でも画期をなすものであった。この法源寺も、信広と随芳という単に同郷の因縁のみで建立されたのではもちろんなく、曹洞宗の始祖道元(一二〇〇~五三)以後の瑩山・峨山を中核とした総持寺の地方発展の結果として営まれたものであることは言うを俟たない。

蠣崎光広と浄願寺・永善坊

明応三年(一四九四)、父信広の死により光広が家督を相続した。が、その二年後、「松前守護職」=大館主の下

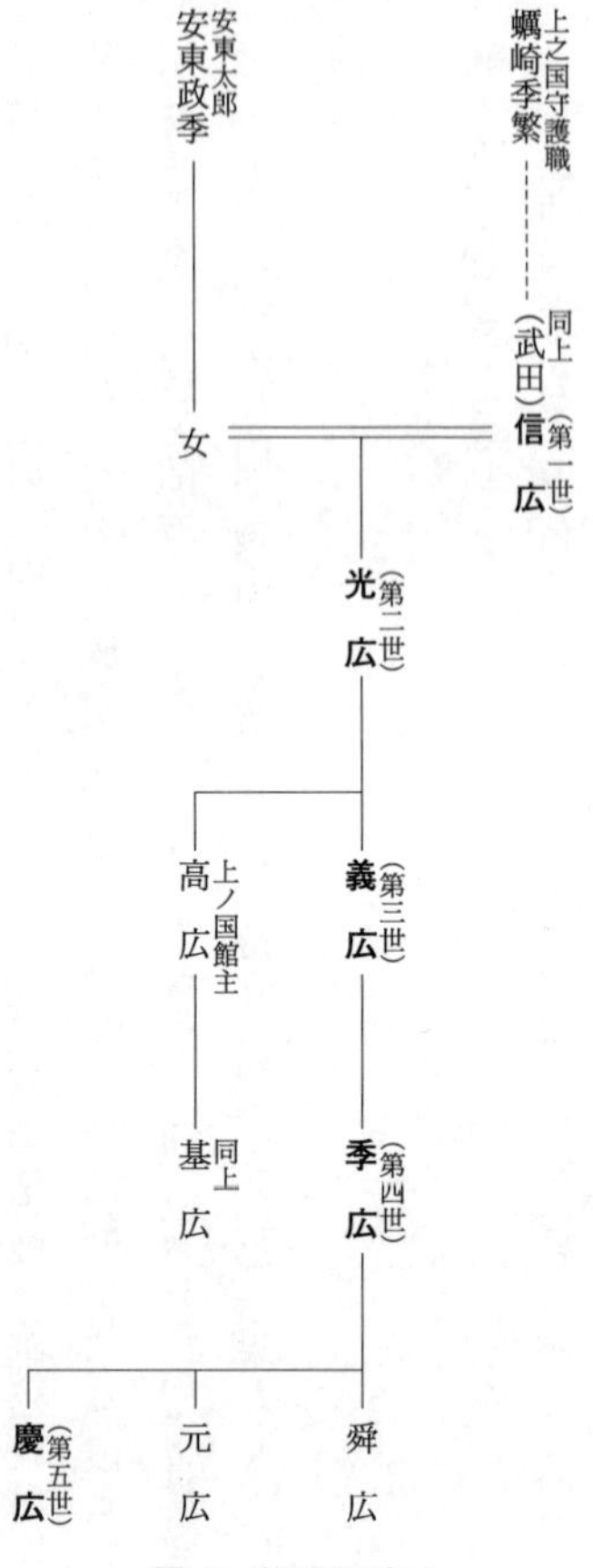

図4　蠣崎氏系図
『新羅之記録』,『松前家系図』より。

国恒季がその非行を檜山安東氏に注進され、ついには殺戮されるという血なまぐさい事件が起こった。代わって、相原秀胤がその守護職の任に就いた。こうした不穏な雰囲気が光広の周辺を覆っていた明応八年(一四九九)、上ノ国に鎌倉新仏教の一派である浄土真宗が初めて伝通され、浄願寺の建立をみた。[15]肥後の名族菊池氏に出自を持つ武弘＝弘賢が、本願寺の蓮如の命を受け、北辺にその法門を弘法《ぐほう》すべく渡道して来たのである。その浄願寺の第二代を嗣いだ弘賢の子了明の時に寺号を正式に付与されたが、三代了専に至り、アイヌ民族の攻撃に耐えられず、永正末年の頃には秋田土崎に引きあげてしまった。とはいえ、夷地の浄願寺の造立背景には、檜山安東氏の拠る秋田や青森の日本海沿岸に浄土真宗寺院が数多く営まれていることから考えて、光広政権の巨大な後楯である檜山安東氏と蓮如の率いる本願寺教団との間には宗教的ないし教団的ネットワークが存していた点を看過してはならない。[16]言うなれば、光広と檜山安東氏および本願寺教団との間には、「蝦夷管領」の安東氏―蠣崎政権という政治的な関係はもとより広義の文化交流もまた、その底部に脈打っていたのである。このように、政治・宗教の両面において安東氏の傘下にあった光広政権は、安東康季―政季以来の真言宗重視の立場を発展的に継承する形で、文亀二年(一五〇二)、大沢に永善坊(明和三年(一七六六)に慈眼寺と改号)を造営した。[17]

おそらく、さきに山王坊・万願寺・実相坊とともに茂辺地の阿吽寺経営にあたっていた永善坊が、光広の要請を受けて大沢に進出したのであろう。この時期は前述したごとく、阿吽寺も大館に移転したか、あるいはその直前の時期であった。してみれば、阿吽寺の大館移転は、茂別館主の下国家政にとっては、津軽安東氏以来の菩提寺＝阿吽寺の完全なる分散以外の何ものでもなかった。その一方で光広は、下国家政が志向するいつ絶えるやも知れない弱い血流意識をはるかに超越する高次の政治・宗教の世界を構想していた。言葉をかえていえば、光広は家政の血統・同族意識を先取りした形で、檜山安東氏の真言宗重視の宗教政策を継承していたのである。それは光広政権が、阿吽寺を橋頭堡として家政を政治・宗教的に押し退けていったといってもよい。光広の心奥には、安東康季―政季が構築した政教一如の世界観が微塵も変更・修正されることなく活きていた。

蠣崎光広の寺院の移転

このように下国家政を半ば骨抜きにした政策を推し進めていた光広の前に、またまた想像を絶するアイヌ民族の大攻撃が巻き起こった。永正九年(一五一二)のことである。その中で、東部の宇須岸、志苔などの商業的性格を帯びていた館はまたも攻め落とされ、翌一〇年には、迎え討つ和人との間に、世にいう「大館合戦」が繰り広げられた。この交戦で「松前守護職」の相原季胤は刃に倒れ、その政治的空白を埋めるべく、光広はいよいよ政治の拠点を上ノ国から大館へと移すこととなった。大館に居を構えた光広は、檜山安東氏から諸国商船への課税権を得るとともに、「宜しく国内を守護すべき」ことを職掌とする「松前守護職」の地位を獲得したのである。(18)

一方、アイヌ民族の襲撃は政治の拠点たる館を打ち破っただけでなく、多くの社寺も破滅させ、併せて数多くの祝人・僧侶の命をも奪った。(19)この時、阿吽寺は炎上し、法幢寺も断絶したというから、少なくもこの永正一〇年以前には阿吽寺も茂辺地から移り、法幢寺もすでに建立されていたことになる。政教一如の立場をとる光広は、大館移転に際し、当然のごとく、寺院も移転させた。この時期に至って、「下之国守護職」＝下国家政が固執しようとする茂辺地の阿吽寺を核とした真言密教系の信仰圏は、その阿吽寺の大館移転および永善坊の造営を通して、もはや完全に形骸化され、分断されたといわざるをえない。加えて、下国家政の腹心たる小林良景・佐藤季則も、光広の大館移転に従順し、家政のもとから遠く離れていった。このように、アイヌ民族の攻撃を契機に檜山安東氏から「松前守護職」という正統な地位を保証され、併せて寺院移転もなし遂げた光広は、いつ再来するやも知れぬアイヌ民族の襲撃に備えて、験力十分な真言修験を膝下に配すべく、さきに大沢の地にあった永善坊を、永正一四年（一五一七）、徳山に移転させた(20)。上ノ国の浄願寺がアイヌ民族の攻撃に抗しきれず秋田に引きあげたあとにあって、光広が依拠する仏教の世界は、父信広の代に建立をみた菩提寺の法源寺と炎焼の傷あとを残す真言宗の阿吽寺およびそれを補って立つ永善坊という寺々の中に求められていた。

日蓮宗二カ寺の造営

光広の家督を相続した義広の治世になっても、さきの東部に代わる西部を主体勢力とする小規模なアイヌ民族の攻撃は波状的に繰り返されたが、天文五年（一五三六）の「タリコナの襲撃」を最後に一応の終息をみた。その意味で、義広の代は前代に比べて、やや平穏な時期に属していた。こうした静けさの中に政権の地盤を固めつつあった永正一六年（一五一九）、鎌倉時代の日持に次ぐ日蓮宗のある布教僧が渡道した。京都本満寺の法雲院日奝《にっちょう》である。日奝は帰洛後、本満寺の外護者近衛尚通に昆布五〇束と夷莚一枚を進じたという(21)。本満寺とは、近衛道嗣の子息とされる日秀を開山とする寺院である。同寺の塔頭玉持院の久遠院日尋《にちじん》も、その後、日奝に遅れて渡海し、大永元年（一五二一）ないし享禄二年（一五二九）に松前徳山と上ノ国に法華寺を建立した(22)。

さきの本願寺教団と同じく、京都本満寺の地方進出の波も蝦夷地にまで及んだのである。法華寺二宇を造営したこの日尋は、寺伝によれば、既述の日持の海外布教の偉蹟を追慕して渡道・弘通したのだという(23)。

蠣崎義広の阿吽寺の再興と専念寺の創建

大永七年(一五二七)、さきの「大館合戦」で炎焼していた大館の阿吽寺を、義広は再興して、正式に蠣崎政権の祈願所とした。義広は上ノ国の祈願所＝上国寺の宗教機能を、大館の阿吽寺に担わせたのである。その中興開山は光広の二男高広＝永快阿闍梨であった[24]。阿吽寺は、もともと安東康季―政季によりその菩提寺として茂辺地に造営されたのに始まる。前述したごとく、永正五年(一五〇八)、下国師季のとき松前に移転し、同一〇年の「大館合戦」の際、焼失した。それが、義広の手で同年、蠣崎家の一族の永快を別当にして、正式に祈願所として義広政権の中に新生されたのである。このことは、義広が下国家政・師季一族の霊の世界を継承したというよりは、阿吽寺の宗教機能を換骨奪胎したとみなすべきである。義広は、さきの文亀二年(一五〇二)に造立をみた阿吽寺の末寺の永善坊と一体化しつつ、ますます真言密教系の信仰圏を充実・拡大していった。

義広の代は、対アイヌ民族との関係でいえば、比較的平穏な時期に属していた。そうした状況のもと、さきの上ノ国の浄願寺に代わる浄土真宗寺院も造立されることとなった。専念寺の造立である。それは、天文二年(一五三三)[25]とも、天文五年の頃[26]ともいわれる。寺伝によれば、開基は本願寺実如の法脈を嗣ぐ真徳であったが、専念寺第二世は蠣崎季広の四男真勝だという[27]。この専念寺の建立も、本願寺の地方発展という中央の教団動向に支えられたものであることは論を俟たない[28]。それにつけても、阿吽寺の永快といい、この専念寺の真勝といい、血脈的には蠣崎政権の中枢に位置する館主の子息が寺の別当に任ぜられている。そこに、蠣崎政権の伝統的な政教一如の構図を垣間見ることは、そう困難なことでない。

法幢寺の再興

このように蠣崎季広は、四男の真勝を専念寺の第二世住職として送り込むなど宗教界とも密接に交流していたが、その一方で、出羽地方に争乱が勃発するや、檜山安東氏との政治関係をなお一層深めるべく、いち早く参陣もした。天文一五年(一五四六)のことである。機をみるに敏な季広はまた後述のように、中世的な和人地を創出するとともに、「夷狄之商船往還之法度」を設定するなどして、信広以来の蠣崎政権を不動なものにしていった。こうした新たなものを創り出すには、アイヌ民族側の一定の理解が必要である。その点、季広はアイヌに「翫好《がんこう》の宝物」を与える一方、懇切を尽くしたので、深く恭敬された稀有な武将でもあった。まさに、戦国大名としての資質を十分に併せ持った中世武将であったといわなければならない。

このように戦国大名としての政治秩序の形成に意を注いだ季広であったが、出羽に出兵した天文一五年には、さきの永正一〇年(一五一三)にアイヌ民族との衝突＝「大館合戦」によって破滅していた曹洞宗の法幢寺を再建した。それればかりか、同寺を父義広の菩提所とし、以後、蠣崎氏の菩提寺として定めた(29)。その中興開山は、遠祖信広の生国たる若州の宗源であった。この季広の代にあっても、若狭との文化的交流は何ら絶えることなく連綿と続いていたのである。季広以前は、既述したごとく、信広の代に営まれた法源寺が蠣崎氏の菩提寺となっていた。してみれば、季広によってその菩提寺が、法源寺→法幢寺へと変更させられたことになる。法源寺と法幢寺はともに曹洞宗寺院であり、季広の曹洞禅理解という点で測れば、同列であろう。なのに、菩提寺を変更した理由は何であろうか。一つに法源寺の開基たる随芳の遷化《せんげ》後、随心→玄峰へと嗣がれたが、それは看坊としてであり、したがって、随芳以後、法源寺は住持人不在の寺院となっていたという事実がある(30)。これが菩提寺変更の法脈的理由である。果たして、それだけであろうか。

信広以来の蠣崎政権を継承するという点では、季広も前代の光広・義広と同一である。しかし、季広が天文二〇年(一五五一)に「夷狄之商船往還之法度(31)」を設定して、アイヌ民族との戦争状態に終止符をうち、西は上ノ国、東は知内を境に和人地を創出した政策や本格的に家臣団の編成を推進した政治的立場に徴すれば、この季広には、前代と一線を画すべき戦国大名としての政治的自覚・姿勢が観察されるのである。加えて、戦国期にあって政治の世界の秩序を裏面から維持・補完するのは、一般に国法触頭《ふれがしら》に任ぜられる寺院であった。こうしてみれば、戦国大名として熟した自覚を持つに至った季広が、そうした国法触頭にふさわしい寺院を自らの価値判断で選定するのも、そう唐突でもなかろう。これが菩提寺変更の政治的理由である。すなわち、正式な住持を持てずに看坊の寺院と化していた法源寺は、戦国大名＝季広一族の心霊を託すにはあまりにも弱体化しており、それに代わって法幢寺が国法触頭の任を帯びつつ、蠣崎氏の菩提寺として選び置かれたのである。その法幢寺も、さきの法源寺と同じく、瑩山―峨山を中心に推し進められた総持寺の地方発展という教団史的背景をもって、造立されたことは言うまでもない。

このように、季広を信仰の面から支えていたのは、菩提寺＝氏寺として新生した法幢寺とそれに準ずる法源寺、祈願所たる真言宗の阿吽寺―永善坊、日蓮宗の法華寺および浄土真宗の専念寺などの寺々であった。季広の代に至り、和人地が創出されたとはいえ、アイヌ民族の再襲の危険性が根絶したわけでもなかった。仏教寺院は対民族的な防波堤として機能するのみならず、和人の心的結合をも高揚させる役割を担うものであることを考慮すれば、季広がその寺院建立を勧奨しこそすれ、制限・規制することは到底ありえないことであった。こうした政治・思想状況のもと、季広は永禄五年(一五六二）、阿吽寺の末寺として最勝院を、同八年に同じく万願寺を徳山に建立した。後者の万願寺は、おそらく、さきの安東康季の渡海に随従した津軽阿吽寺の住僧(万願寺)と直接間接に関係する真言宗寺院であろう。真言密教寺院がこのように季広の手により陸続と営まれたことは、とりもなおさず、時の蠣崎政権が加持祈禱を事とする修験の験力・加護に大きく傾斜していたことを意味している。ここに季広もまた、安東氏以来の真言宗を重視する宗教的施策を継承していたといわなければならない。

浄土宗の伝播

超宗派的立場で寛大な仏教理解を示す季広の代には、浄土宗も流入した。永禄一〇年(一五六七)あるいは天正一二年(一五八四)の造立ともいわれる正行寺、天正三年(一五七五)に造営をみた光善寺がそれである。両寺とも法脈的には、浄土宗鎮西派の名越流――口称念仏によりながらも諸行往生を説く――に属したが、季広はこの両寺に対しても他寺院と同様、宗教的違和感を抱くことなく受け入れた。正行寺の開山は岌西《きゅうさい》であるが、その建立には季広の助力はもちろんのこと、淡路屋の丹下なる商人資本も投入され、同寺には丹下の伯父にちなんだ仏師春日が製した阿弥陀如来も安置されたという(33)。正行寺が、このように、松前と京畿間を往来する商人層や、その流通経済圏を背景に造立されたということは、既存の他寺院の沿革に比しても、すこぶる特異であるといえよう。その意味で、隔地間交易をその経済的基盤とする蠣崎政権をある面では象徴もしている正行寺の建立であった。

一方の光善寺は、沙門順誉を開山とするが、当初は高山寺と号し、それが光善寺と改号したのはのちの慶長七年（一六〇二）のことである(34)。特定宗派を弾圧することもなく寛大に受容した季広であるが、寺院の保護という点では、政治の物差しにより濃淡の差を示した。光善寺と正行寺は同一宗派に属すとはいえ、光善寺は正行寺に比して、その庇護は少なく、その意味ではさきの法華寺も同列であった。それに引きかえ、息男真勝を送り込んでいた専念寺に対する季広の庇護はことのほか厚く、早くも文禄元年（一五九二）、脇寺西教寺を造立するほどの寺勢を誇っていた(35)。

以上のごとく、季広は一方では家臣団を編成したり、和人地を画定するなど、戦国大名としての政治世界の充実につとめ、他方では真言寺院の増設を図ったり、浄土宗を受容したりしながら、国法触頭の任を担わすべく法幢寺を再建もした。こうしてみれば、季広の治世は、松前における仏教的世界のあるべき秩序を創出し、来るべき近世における松前藩の宗教政策の基調を方向づけた時期であるといえよう。

最後に寺伝の明らかな蝦夷地の中世寺院を一覧表にすると、表８のようになる。

表８　蝦夷地における中世寺院

寺院名	宗派名	建立年	開基名	本寺	備考
海渡山阿吽寺	真言宗	安東康季（または盛季）永享４（または嘉吉３）	山王坊	清浄心院	茂辺地→大館へと移転（永正５年）
随岸寺	不詳	「渡党」か？長禄３以前	嘉峯	不詳	宇須岸→大館へと移転，文明18年に焼失
華徳山上国寺	浄土宗	武田信広文正元	秀延	智恩院	建立時は真言宗，のち浄土宗に改宗
松前山法源寺	曹洞宗	武田信広文明元	随芳	秋田山龍穏院	奥尻島→徳山に移転，信広・光広の菩提寺
浄願寺	浄土真宗	蠣崎光広明応８	弘賢	東本願寺	上ノ国に建立ののち，秋田に移る
永善坊	真言宗	蠣崎光広文亀２	不詳	阿吽寺	大沢に建立。永正14年に徳山に移転。寿養寺と号す。明和３年に慈眼寺と改号し，曹洞宗に属す
成翁山法華寺	日蓮宗	蠣崎義広大永元（または享禄２）	日尋	京都本満寺	松前に所在。日持伝説を伝え残す。石崎の妙応寺にもあり
法華寺	日蓮宗	蠣崎義広大永元（または享禄２）	日尋	京都本満寺	上ノ国に所在，のち廃寺
西立山専念寺	浄土真宗	蠣崎義広天文５（または天文２）	真徳	東本願寺	
大洞山法幢寺	曹洞宗	蠣崎季広の中興天文15	宗源	秋田円通寺	永正10年以前の建立。義広以後の蠣崎氏の菩提寺となる
最勝院	真言宗	蠣崎季広永禄５	不詳	阿吽寺	
万願寺	真言宗	蠣崎季広永禄８	不詳	阿吽寺	
護念山正行寺	浄土宗	蠣崎季広永禄10（または天正12）	岌西	智恩院	丹下なる商人資本により建立
高徳山光善寺	浄土宗	蠣崎季広天正３	順誉	智恩院	初め高山寺と号す
興法山西教寺	浄土真宗	蠣崎季広文禄２	教西	専念寺	
後生塚	日蓮宗	永仁４以後	日持	静岡蓮永寺	石崎妙応寺の前身
長徳庵	曹洞宗	元和５以前	真覚	不詳	乙部長徳寺の前身

第四節　中世の堂社

渡党と観音堂

蝦夷地において堂社の先駆けをなしたのは、馬形野観音堂である。それは日の本・唐子とは種族を異にする、源頼朝・実朝などにより追討・敗走された民、強盗・海賊あるいは安東康季(または盛季)の渡道に随従した一群をも包括する武的集団たる「渡党」[36]によって営まれた堂である。文安〜宝徳期(一四四四〜五二)、つまり康季の渡海直後のことであった[37]。この「渡党」は、その一方で、既述したごとく宇須岸の随岸寺も造立していた。そもそも、阿弥陀仏の脇侍たる観音菩薩に対する信仰は、古代より巡礼の形をとって熊野信仰と結びつき、広く衆生を自在に救済するとされていた。こうした救済自在な馬形野の観音菩薩に、「渡党」たちは郷国を遠く離れて不安な心情を告白し、素朴ながらも信仰の火を灯したのである。この観音堂は、のちの正徳四年(一七一四)に「馬形明神」と改称されるが、少なくもそれ以前までは、あくまでも観音信仰の場として武士を中心とする人々の尊信を集めていたであろう。

堂社や寺院に対して現世安穏や救済を希求する心的営みは、ひとりこの「渡党」のみに限られたものではない。中世はまさに宗教の時代である。その一般的思潮を背景に、例えば、津軽においても、馬形野観音堂が造営される以前の応永一八年(一四一一)、安東盛季の長子教季が、天台密教系に属する深沙権現社を修造していた[38]。こうした地域の別を問わない普遍的ともいえる神仏=堂社への期待感は、蠣崎政権の遠祖武田信広の心情にも例外なく顕現していたのである。

武田信広の毘沙門天と八幡信仰

長禄元年(一四五七)のコシャマインの蜂起を鎮定し、蠣崎家を正統に相続し、もって道南諸館主のリーダーの地位を占めた信広は、まず、その政治の拠点上ノ国に、毘沙門堂を建立した。寛正三年(一四六二)のことである。夜叉・羅刹の統領として帝釈天に属し、北方の守護神＝王城の鎮護神とされるこの毘沙門天＝多聞天こそは、その神格からして、信広の武的経略を推進する上で恰好な神であった。信広による上ノ国の毘沙門堂の勧請の経緯を、史書はこう伝えている。「上ノ国の沿岸に漂着した藻中の毘沙門像が、夜々海上で光を発して止まない。この意外な霊験を尊んだ信広は祈願所上国寺の円増院秀延阿闍梨を別当にして、天河の洲崎館の北に毘沙門堂を建立した[39]」と。つまり、コシャマインの蜂起の平定に士気あがる信広は、当時、茂辺地にあって安東氏の菩提寺ともなっていた真言宗阿吽寺と同一の宗教機能を果たす上国寺の修験者秀延を取り立てて、毘沙門堂を造営したのである。信広はこの毘沙門堂の造立のほか、既述したごとく、文明元年(一四六九)に、随芳を開山に菩提寺＝法源寺も営んでいたが、文明三年には若宮明神社を、同五年には館神八幡宮の造作も図った。明神社とは、春日明神・鹿島明神に例をみるごとく、神祇の別称でもある。伊勢信仰・神明社が蝦夷地に勧請されるのは近世以後のことであることを考慮すれば、信広が造立した若宮明神社は一般的な国土の守護神という神観念に基づいて営まれたものであろう。それに対して館神八幡宮は、その名が示すごとく、政治の拠点洲崎館の守護神として祭祀されたものである。一般的にいえば、八幡宮は遠く宇佐八幡―石清水八幡の淵源を踏まえた源頼朝と鶴岡八幡宮との心的結合を背景にして成立したのち、広く武人の間に武神として信仰されてきたものである。加えて、信広自身、その系譜を清和源氏に求めてもいた。こうしてみれば、武人信広が館神八幡宮を建立したことは、いとも自然の勢いであったといわなければならない。

一方、「往昔之由緒、造営之年号等不分明[40]」とする医王山薬師堂も、信広をとりまく政治的・宗教的環境から推して、信広がその造立主体であったと解してよいだろう。いくら武将信広といえども、この娑婆に身を置く有限者である。浄瑠璃世界に住して一二の大願により病魔を除き、衆生の現世利益を司る薬師如来の絶対的な慈悲に信広がその身をゆだねるのも、中世期にあっては自然の摂理であった。

光広の寺社移転と熊野信仰

一方、光広が父信広の家督を相続した直後の明応五年(一四九六)、大館主の下国恒季が非行の科で誅された。光広はその二年後の明応七年(一四九八)、屍を野に曝《さら》したこの下国恒季の霊を知内に祀り、荒神と号した。荒神小社の造立である。(41) この造立には、かの菅原道真の怨霊を慰撫すべく天満宮が建立されたのと同一の宗教意識が働いていたことであろう。越えて永正一〇年(一五一三)には、アイヌ民族の襲撃を受けて「松前守護職」の相原秀胤が戦死した。この非常事態に対して、光広は対アイヌ民族の攻撃回避もさることながら、むしろ相原秀胤なきあとの政治的空白を埋めるべく、政治の拠点を従来の上ノ国から大館へと移転させた。

その際、寺社はどうなったのであろうか。半ば日常的にアイヌ民族との民族的衝突を余儀なくされる時の封建権力にしてみれば、仏神の験力を秘めたその加護に大きな期待を寄せることは当然である。一方の加護の提供者=仏神の司祭たる宗教者の側も、その期待に応えながら、反対給付として政治の庇護を求めていくことも当然であった。してみれば、政治的空白が生じた永正一〇年の光広をとりまく政教一如の現実が赴くところは、政界の移行と一体となった寺社の大館移転であった。

明応七年(一四九八)に政敵の下国恒季の霊をなだめた光広を首班とする蠣崎政権は、明応八年と文亀二年(一五〇二)に、各々上ノ国に浄土真宗の浄願寺と大沢の地に真言宗の永善坊を営んだ。また永正九年(一五一二)には、相原三郎を中心にして、松前博知石に熊野権現社も造立した。熊野信仰の受容である。天台密教系の山岳宗教であるこの熊野信仰は、教義的にいえば、密教思想と陰陽道との融合の上に成り立ち、諸願成就・延命長寿・後生安穏という多面的な救済観を標榜するものであった。平安中期以降の観音信仰や浄土思想の興隆を背景にして、それはいよいよ全国化し、鎌倉期に及んでは御師の活発な布教伝道と相俟ってなお一層、その信仰圏を拡大していった。

では、このような伝統的な熊野信仰が突如として永正九年、光広政権下に伝播したのであろうか。もちろん、そうではない。既述したように、応仁二年(一四六八)、茂別館主の下国家政の孫たる安東師季が、熊野権現社を造立こそしなかったものの、熊野那智大社に旧領津軽外浜・宇楚里鶴子の回復を祈願していた。[42] 言うなれば、時の蠣崎政権の周辺には永正九年以前から、熊野信仰が部分的に受容されていたのである。例えば、この頃は秋田地方などにおいても、小野寺・浅利氏等の地方土豪の熊野堂建立に例をみるように、熊野信仰が厚く信奉されていた。[43] してみれば、こうした熊野信仰圏が御師の活動を通して北上し、その裾野を拡大する形で、松前博知石における永正九年の熊野権現社の造立となったことは、ごく自然である。多面的な祈願対象を持つ熊野社に対する信仰熱は、夷島においても、永正九年を機にいよいよ高揚していった。のちの季広が夷地より求めた絶品の鷲尾を、永禄元年(一五五八)、紀州熊野権現宮に奉納したこと、[44] また季広の子息正弘が天正六年(一五七八)に、あるいは慶広の子盛広が天正一五年に熊野に参詣したことなどは、[45] その証左である。

弁財天堂・八幡宮そして総社大明神

このように光広は永正九年(一五一二)、全国的にして伝統的な信仰体である熊野信仰を博知石に受容したが、それにとどまりはしなかった。永正一二年には、菩提寺＝法源寺の随芳を別当に徳山の坤之島に弁財天堂を造営したのである。[46] 弁財天はもともと河神であるが、例えば、東北地方にあっては、真言密教の修験の側から金華山信仰の中に採り入れられて、海上安全・大漁祈願の守護神として祭祀されるなど、福徳実現を主とする財宝の神＝弁財天と位置づけられていた。[47] 海上の安全はもとより漁業をその経済的基盤とする光広を中核とする蠣崎政権にしてみれば、この弁財天を勧請することは、至極自然の勢いであったといえよう。

弁財天堂を造立した光広は、なおもその翌年、徳山館内に八幡宮も建立した。(48)光広はさきに父信広が上ノ国に館神八幡宮を営んだのと同一の論理で、政治の場＝大館にふさわしい武人の守護神・氏神としての八幡宮をいままた新たに徳山の地に勧請したのである。その際、光広は八幡宮の境内の東に新羅大明神小社、西に諏訪大明神小社を配したという。一方、『福山秘府』が「此社往古ヨリ在。此国所謂旗戈ノ神是ナリ」とする総社大明神も、信広が八幡宮と若宮明神をセットにして造立した先例や、光広の大館移城・寺社移転という政治的・宗教的状況に徴すれば、八幡宮とともに光広の代に造作されたと解して大過ないだろう。光広の世に、総社大明神も八幡宮と同じく武神として祀られたのである。

義広と山王・羽黒信仰

光広の跡を嗣いだ義広の代になっても、アイヌ民族の攻撃は依然、西部を中心に波状的に繰り返されていた。既述したごとく、法華寺や専念寺が建立され、上ノ国の祈願所たる上国寺とは別に、茂辺地にあった阿吽寺が大館の地に祈願所として再興されたのもこの義広の治下のことである。そうした中、大永三年（一五二三）、徳山の地蔵山麓に中世堂社としての山王権現社が創建された。(49)そもそも山王権現に対する信仰は、最澄が比叡山延暦寺を開創した際にその鎮守神として祀ったことに始まる。いわば、天台系修験のひとつとして始まったこの信仰も、山王一実神道の普及とともに、鎌倉期以後、多くの人心をとらえ、例えば、秋田地方などでは、円仁大師信仰と結びついて信奉されていった。(50)こうした宗教事情からすれば、この松前の山王権現社も、東北地方における比叡山文化が北上した結果として、造立されたといえよう。それから一五年ほどした天文七年（一五三八）、徳山の北山に勝軍地蔵堂が祀られた。それはアイヌのタナケシを討った折、再興された阿吽寺の快盛法印を別当にして、戦勝祈願のために造営されたものだという。(51)以後、この地蔵堂は「火難出でんと欲すれば、今に此山必ず鳴動す」として、回禄＝火災を鎮める堂社として尊信されていった。そもそも、勝軍地蔵の縁起は、修験の祖、役行者《えんのぎょうじゃ》が愛宕山に登る途中に感得したとも、あるいは清水寺の延鎮が北方の経営者、坂上田村麻呂のために修法したものとも伝えられる。(52)そうしてみれば、徳山の勝軍地蔵堂は、義広が戦勝祈願を目的にして受容・勧請した点からいって、後者の北辺に伝承する縁起を継承して営まれたと理解してよいだろう。したがって、地蔵の名を冠すとはいえ、それは無仏時代の衆生を済度する地蔵菩薩、あるいはその変容たる子育・子安地蔵とは一線を画すもので、いわば、武士主導型武神として勧請されたのである。

義広は、天文九年(一五四〇)、菅公祠＝天満天神社も造立した。一般に、天満天神の神格には、菅原道真の最期にちなんだ御霊信仰の面と学問・書道の神という両面がある。既述した光広の世に営まれた知内の荒神小社は前者の系列であろうし、この菅公祠、天満天神社は後者に属すだろう。義広は天満天神社に中世武将としての学問的雰囲気を感得したのである。また、天満天神社を造営したその翌年、徳山湯殿沢に羽黒権現社も創建した。(53)この羽黒権現は、出羽三山のひとつである羽黒山を核に教勢を拡張した修験道であり、この羽黒信仰は中世期、東北地方に広く流布していた。(54)こうした宗教史的背景を持つ文化伝播の波が、天文一〇年、松前の地にも及び、徳山湯殿沢の羽黒権現社の建立となったのである。ちなみにいえば、中世期の羽黒信仰は、宗派的には真言系に属していた。

季広と愛宕山権現社

戦国武将として和人地の創定をはじめ諸施策に敏腕を振るい、中世蠣崎政権を不動なものに導いた季広は、天文一七年(一五四八)、徳山の西山に愛宕山権現社を造立した。その際、別当には、従父兄弟にあたる阿吽寺快祐法印を任じた。(55)愛宕権現は一般に、勝軍地蔵を本地仏とし、鎮火の神として勧請されることが多い。(56)そうしてみれば、松前の場合も、さきの勝軍地蔵の垂迹《すいじゃく》神として愛宕山権現社が造営されたと解してよいだろう。季広にあっては、この愛宕山権現社と永禄八年(一五六五)に造営をみた真言系の不動堂以外に堂社が建立された形跡はない。前述したごとく、季広は、法幢寺を新たに蠣崎氏の菩提寺として取り立て、あまつさえ、最勝院・万願寺などの真言宗寺院や浄土宗寺院の建立に理解を示した篤信家であるだけに、余計、奇妙でさえある。が、それは、季広が寺院に比して堂社信仰を軽視したからではあるまい。季広の頃までに、東北地方を伝播経路とした、中世的な堂社信仰圏がほぼ移入し尽くされていたせいではなかろうか。現に天文一八年(一五四九)、季広は上ノ国の毘沙門堂を修造し、永禄元年(一五五八)には既述したごとく、熊野権現宮に鷲尾を奉納しているし、天正六年(一五七八)には息男正弘が熊野参詣を企てている。このように季広は愛宕山権現社と不動堂の造立以外には新たな堂社を勧請しなかったものの、既存の堂社や熊野権現社に対して深い信仰心を燃焼させていたのである。

表9　蝦夷地における中世堂社

堂社名	建立年	司祭者	備考・所在地
馬形野観音堂	文安～宝徳の頃	？→禰宜対馬	渡党の造営松前
毘沙門堂	武田信広寛正3	秀延→小滝長門掾	上ノ国
若宮明神社	武田信広文明3	不詳	上ノ国
館神八幡宮	武田信広文明5	？→小滝長門掾	上ノ国
医王山薬師堂	武田信広の代か	？→小滝長門掾	上ノ国
荒神小社	蠣崎光広明応7	不詳	下国恒季の霊を祀る，知内
熊野権現社	蠣崎光広永正9	？→禰宜宮本	相原三郎の造営，松前
弁財天堂	蠣崎光広永正12	法源寺随芳→阿吽寺	松前
八幡宮	蠣崎光広永正13	？→白鳥隼人佐	松前
総社大明神	蠣崎光広の代か	阿吽寺	松前
山王権現社	蠣崎義広大永3	阿吽寺	松前
勝軍地蔵堂	蠣崎義広天文7	地蔵院	松前
天満天神社	蠣崎義広天文9	実相坊	松前
羽黒権現社	蠣崎義広天文10	養蔵院	松前
愛宕山権現社	蠣崎季広天文17	阿吽寺快祐→禰宜宮本	松前
不動堂	蠣崎季広永禄8	不詳	松前
脇沢山神社	小林氏永享11以前		銭亀沢
岡山八幡宮	工藤氏慶長6		乙部八幡神社の前身

さらにいえば、季広は元亀二年（一五七一）、遠祖信広に始まる上ノ国の館神八幡宮を再建供養し、天正一〇年（一五八二）には妙広も同宮を再興している。これは、とりもなおさず、堂社信仰を軽視したどころか、季広の代に及んでも、既存する始祖伝来の八幡信仰を連綿と継承的に信奉していたことを示している。まさに、季広を首班とする中世蠣崎政権は、神仏が習合する神秘的な宗教世界の中に活きていたのである。

ちなみに、松前慶広《よしひろ》以前の中世堂社を一覧表化すると、表9のようになる。

以上、蠣崎政権を中心に「上之国守護職」「松前守護職」「下之国守護職」にまつわる宗教世界を概観した。それでは「下之国守護職」の東端と「上之国守護職」の西端においては、どのような信仰世界が展開したのであろうか。まず、小林氏の拠る志苔館周辺の宗教世界からうかがってみることにしよう。

第五節　小林氏の信仰と志苔館

「渡党」と志苔館

「道南十二館」のうち、志苔館の築造は、安東康季の永享四年（一四三二）の渡道以前、すなわち、安東氏が本拠地の津軽十三湊において「日ノ本将軍」として、鎌倉時代以来の「蝦夷管領」の系譜に基づき、蝦夷島統治をしていたその一環として捉えることも可能であると思われる。[57]近年の安東氏研究の成果を考慮して、ここでは、志苔館は一四世紀の後半、十三湊の「日ノ本将軍」安東氏の蝦夷島支配の前進ともいうべき直営港湾基地として築造されたと考えてみたい。

では、十三湊の安東氏の指揮・支持を受けながら、志苔で館を築いたのは誰であろうか。

右大将頼朝卿進発して奥州の泰衡を追討し御ひし節、糠部津軽より人多く此国に逃げ渡って居住す（中略）今奥狄の地に彼の末孫狄と為りて之に在りと云々。亦実朝将軍之代、強盗海賊の従類数十人搦め捕り、奥州外ケ浜に下し遣り、狄の嶋に追放せらる。渡党と云ふはかれ等が末なり。(58)

すなわち、鎌倉幕府の治世下、「エゾ島」＝北海道に、平泉藤原泰衡の残党や強盗・海賊の従類が逃走したり追放されていた。当時、その末裔は「渡党」と呼ばれていた。さきの『今昔物語集』の安倍頼時の渡島を引き合いに出すまでもなく、道南から北奥羽地域に展開した擦文文化(八〜一三世紀)の時代には、頻繁な人的ないし物的交流があった。その意味で、この古代末期における渡島者は、原「渡党」といえなくもなく、かかる「渡党」の人々の渡島は年を追うごとに微増したと思われる。

一方、志苔館の館主となる小林氏について、史書は、「良景ハ渡党にて本国ハ上野也とぞ。良景の祖父次郎重弘より是国に渡りて住り」(59)と伝える。小林氏も、良景の祖父重弘の代に上野国(現、群馬県)から渡島してきた「渡党」であったというのである。

してみれば、志苔館の築造の謎は鎌倉幕府以来の「渡党」と十三湊の安東氏の蝦夷島支配との関わりの中に、秘められているといえよう。つまり、「渡党」に系譜を持つ小林氏が、一四世紀末の重弘の時代、津軽十三湊の、「日ノ本将軍」安東氏の指揮・支持のもと、和人初の館として、「道南十二館」の嚆矢たる「志苔館」の第一期(一四世紀末)築造に踏み切ったのではあるまいか。小林氏は、昆布交易を中心に相当な財を築き、一方の津軽の「日ノ本将軍」安東氏も、和人初の対アイヌ政策の前進基地ともなるこの志苔に、重大な決心をもって臨んだ結果が、志苔館の築造である。

小林氏は、良景の祖父重弘の世に、そうした「渡党」の一員として、安東氏との盟約のもと、その支援を受けながら、生活の場であり、かつ軍事の拠点でもある中世城館＝志苔館を港湾基地の一角として築いたのではなかろうか。

この頃、津軽十三湊の「日ノ本将軍」は安東康季である。康季は、応永三〇年(一四二三)に将軍足利義量に莫大な品々を献上し、あまつさえ、羽賀寺の再建に力を尽くした人物である。そして永享四年（一四三二）、「日ノ本将軍」として初めて渡道した人物でもある。こうしてみれば、「海の領主」として東アジア世界に覇も唱えるこの安東康季が、アイヌと「渡党」が混住している志苔地域に前進港湾基地として志苔館を築造したことも首肯されよう。

この年代推定を物的に裏づけるものが、志苔館の発掘調査である。

結論を先取りしていえば、その遺構発掘調査の結果、志苔館は、一四世紀末期に構築され、それが一五世紀から一六世紀と変遷していったことが確認されるという。

一方、発掘調査により出土した遺物は、陶磁器類・金属製品・石製品・木製品・自然礫などであり、それぞれの遺物の時代規定などについても、一四世紀末期の第一期の築造期に適合するという。そして、当時の志苔館のたたずまいはこうであったと推定される。

（前略）構築当初の館跡は、西側に外柵を設け、その中央に門があり、薬研型の二重濠が掘られ、そこに橋が架かり入口へ通ずる構造であった。

また、郭内の四方には土塁が築かれ、郭外の北および南側にも濠が巡っていて、郭内には七尺基本単位の建物跡、柵列、小屋、便益施設、井戸等が設置されていた。(60)

この志苔館跡の中世城郭としての軍事的特性について、近年こう説明されている。

この志苔館は、極めて防衛的に発達した縄張を持つ。とりわけ、一期（十四世紀末期〜十五世紀初頭を指す）二期（十五世紀中期〜後半を指す）の虎口の作り方は極めて発達した形式を示している（中略）。これは長禄頃は、東部方面のアイヌ民族の勢いが強く、早いうちに陥落したと思われる戸井館を除くと、いわばアイヌ民族との境目にあるという特別な危機感が、こうした強固な虎口構造をもたらした理由かもしれない。また特に築城の最新技術を投入した背景は、小林氏の出自、つまり本州内の勢力とのつながりや、経済基盤など総合的に考えていかなければならないだろう(61)。

志苔館が東部アイヌとの境目に位置していることと、築城の背景には本州内の勢力とのつながりが想定されるというこの指摘は、さきの津軽安東氏と小林氏との関わりを補強するものとして、有益である。

ともあれ、一四世紀末期、「渡党」に出自する小林氏は、自らの生活の場でもあり、軍事的な防衛の場でもある志苔館を築造した。この第一期築造にあたり、港湾と館の繁栄と安泰を祈願して莫大な古銭が埋納された。「志海苔古銭」がそれである。

「志海苔古銭」をめぐって

この古銭は、昭和四三年(一九六八)七月一六日、道道函館・戸井・尾札部線(現、国道二七八号線)の拡張工事中に発見されたもので、発見場所は、函館市志海苔《しのり》町二四七番地であった。この場所は、志海苔川の左岸河口近くにあり、志苔館の土塁の西端から約一〇〇メートルの至近距離にある。

銭を埋納した三個の大甕は、海岸線とほぼ平行に、それぞれ五メートルほどの間隔で並んでいたという。発見の順序に従って、西から東に第一・二・三号と名づけられた。第一・二号の甕は、赤褐色を呈し、越前古窯の産、第三号は紬灰色を呈し、能登珠洲窯の産であった。

大甕三体には、都合三七万四四三六枚という大量の古銭が納められていた。もちろん、これは全国最大の出土量である。銭種も多く、最古銭は前漢の「四銖半両」であり、最新銭は明代の「洪武通宝」であった。

この古銭発見の驚きも束の間、多くの関心は、いつ、誰が、何の目的で、こんなに大量の古銭を埋納したのか、という問題に移っていった。

まず、埋納時期について。その有力な決め手のひとつは、大甕三体の生産年代である。そもそも、越前古窯の生産時代は古代末から桃山時代、珠洲窯のそれは古代末から室町時代中期とされることから、第一・二号の越前

表 10　志海苔出土銭一覧表

№.	銭貨名	国名	初鋳年	1・2 号甕	3 号甕	№.	銭貨名	国名	初鋳年	1・2 号甕	3 号甕
1	四銖半両	前漢	B.C.175	7		49	清寧通宝	遼	1055	1	
2	貨　泉	新	A.D. 14	6		50	咸雍通宝	〃	1065	1	1
3	五　銖	後漢	24	35	4	51	大康通宝	〃	1075	2	
4	開元通宝	唐	621	25,381	5,435	52	建炎通宝	南宋	1127	71	17
5	乾元重宝	〃	758	1,142	280	53	紹興元宝	〃	1131	122	27
6	通正元宝	前蜀	916	6	2	54	紹興通宝	〃	1131	11	5
7	天漢元宝	〃	917	15	2	55	隆興元宝	〃	1163		1
8	光天元宝	〃	918	15	2	56	乾道元宝	〃	1165	2	
9	乾徳元宝	〃	919	67	12	57	淳熙元宝	〃	1174	1,937	429
10	咸康元宝	〃	925	18	1	58	紹熙元宝	〃	1190	640	134
11	漢通元宝	後漢	948	11	4	59	慶元通宝	〃	1195	779	159
12	周通元宝	後周	955	73	14	60	嘉泰通宝	〃	1201	451	98
13	大唐通宝	南唐	944	326	67	61	開禧通宝	〃	1205	290	66
14	唐国通宝	〃	959	1	1	62	嘉定通宝	〃	1208	1,440	295
15	宋通元宝	北宋	960	1,055	233	63	大宋元宝	〃	1225	70	14
16	太平通宝	〃	976	2,898	614	64	紹定通宝	〃	1228	519	95
17	淳化元宝	〃	990	2,693	565	65	端平元宝	〃	1234	39	10
18	至道元宝	〃	995	4,881	970	66	嘉熙通宝	〃	1237	130	31
19	咸平元宝	〃	998	5,296	1,104	67	淳祐元宝	〃	1241	440	90
20	景徳元宝	〃	1004	6,719	1,420	68	皇宋元宝	〃	1253	236	49
21	祥符元宝	〃	1009	7,647	1,675	69	開慶通宝	〃	1259	17	3
22	祥符通宝	〃	1009	4,455	929	70	景定元宝	〃	1260	401	74
23	天禧通宝	〃	1017	6,513	1,430	71	咸淳元宝	〃	1265	480	103
24	天聖元宝	〃	1023	14,690	3,234	72	天盛元宝	西夏	1158	3	
25	明道元宝	〃	1032	1,489	324	73	正隆元宝	金	1157	373	106
26	景祐元宝	〃	1034	4,416	968	74	大定通宝	〃	1178	19	3
27	皇宋通宝	〃	1038	38,757	8,274	75	至大通宝	元	1310	94	16
28	慶暦重宝	〃	1045	1		76	至正通宝	〃	1350	3	
29	至和元宝	〃	1054	3,622	830	77	大中通宝	明	1361	1	
30	至和通宝	〃	1054	1,138	278	78	洪武通宝	〃	1368	7	
31	嘉祐元宝	〃	1056	3,686	792	79	東国通宝	高麗	1097	5	2
32	嘉祐通宝	〃	1056	7,190	1,539	80	東国重宝	〃	1097	1	1
33	治平元宝	〃	1064	5,770	1,232	81	海東通宝	〃	1097	14	4
34	治平通宝	〃	1064	948	206	82	海東重宝	〃	1097	1	
35	熙寧元宝	〃	1068	28,694	6,203	83	三韓通宝	〃	1097	1	
36	熙寧重宝	〃	1071	8	4	84	三韓重宝	〃	1097	2	
37	元豊通宝	〃	1078	35,401	7,608	85	大平興宝	安南	970	2	1
38	元祐通宝	〃	1086	37,759	6,145	86	天福鎮宝	〃	984	16	3
39	紹聖元宝	〃	1094	12,246	2,671	87	和同開珎	日本	708	1	
40	紹聖通宝	〃	1094	2		88	万年通宝	〃	760	1	
41	元符通宝	〃	1098	4,713	1,008	89	神功開宝	〃	765	4	
42	聖宋元宝	〃	1101	11,759	2,574	90	隆平永宝	〃	796	2	
43	崇寧通宝	〃	1102	3		91	富寿神宝	〃	818	2	2
44	崇寧重宝	〃	1102	2		92	承和昌宝	〃	835	1	
45	大観通宝	〃	1107	3,418	812	93	貞観永宝	〃	870	1	
46	政和通宝	〃	1111	12,459	2,747	94	延喜通宝	〃	907	1	
47	宣和元宝	〃	1119		1		判読不能			10,223	2,678
48	宣和通宝	〃	1119	1,161	251		合計枚数			307,449	66,987

「志海苔古銭一覧」(『函館市志海苔古銭——北海道中世備蓄古銭の報告書』市立函館博物館，1973年)による。

古窯、第三号の珠洲窯の生産年代は、ほぼ室町時代前期から中期と、大筋で認められている。

いま一つの決め手は、言うまでもなく最新銭の初鋳年である。最新銭は初鋳年が一三六八年の「洪武通宝」である。したがって、この「志海苔古銭」の埋納時期は、洪武通宝の初鋳年の一三六八年以後、明銭とくに「永楽通宝」(一四〇八年初鋳)が北日本一帯に多量に流通する以前に入手され、埋納されたことになる。(62)

この甕の生産年代と最新古銭の初鋳年代から、「志海苔古銭」の埋納年代は、一四世紀後半と時期が限定されることとなった。とすれば、一四世紀後半というこの埋納年代は、さきに志苔館跡から館の第一期築造年代と確認した時期とほぼ合致する。ここに志苔館の築城と「志海苔古銭」の埋納は、ある人物によって同時期に営まれた、と推理することは、そう大きな誤りではないだろう。

それでは、誰がこの館と古銭を、となれば、これまでの推測による限り、答えは、津軽「日ノ本将軍」安東氏の支援に拠った「渡党」の小林重弘の可能性が強い。三七万余枚の古銭埋納も、志苔館主の小林氏が結ぶ十三湊の「海の領主」安東氏の経済力を考慮するなら、それほど無理な数量ではないだろう。

志苔館の館主小林重弘は、三七万余枚に及ぶ大量の古銭を、何を目的にして埋納したのであろうか。これについては、昭和四三年の古銭発見以来、さまざまな考えが提示されて今日に至っている。(63)

これまでの諸説のうち、コシャマインの蜂起に関わる軍資金説は、さきの館と古銭の埋納年代から考えて、妥当性を欠く。今日、最も有力な説のひとつは、小林氏と安東氏の関係を考慮した商業資本の蓄積説ともいうべき経済史的見解である。(64)

その一方、近年、目新しい注目すべき見解も提示され始めた。その一つは、埋葬習俗としての「六道銭」に着目する宗教的な埋納銭説である。(65)もう一つは、一括埋納銭に精神的意図を求めた地鎮儀式としての宗教的埋納である。(66)

諸説紛々としている今日、にわかに一定の見解を示すのは慎むべきではあるが、先住民としてのアイヌと境を接する志苔館の立地条件と、安東氏と小林氏の経済力から考えて、「渡党」初の中世城館の志苔館と交易の港湾基地の安泰・繁栄を祈った地鎮供養説が最も蓋然性が高いように思われる。それを可能にしたのは、言うまでもなく、安東氏―小林氏の商業的財力であろう。

このように、一説として、志苔館と古銭は、一四世紀後半、小林氏によって築城され、埋納されたと仮説してみた。しかし、この第一期創建の志苔館は、コシャマインの蜂起によって一時陥落し、のち再建（第二期築造）されるのである。

志苔の鉄

コシャマインの蜂起の戦端が康正二年（一四五六）、志苔（志濃里）で開かれたことは、重大である。その当時、「志濃里の鍛冶屋村に家数百」もあり、その鍛冶屋村にアイヌの乙孩が来て、鍛冶に靡刀を打たせ、その靡刀の「善悪価」をめぐって抗争が始まった(67)。とすれば、この鉄をめぐる対立がコシャマインの蜂起の直接的な引き金になったことになる。

靡刀の「善悪」と価格について乙孩と鍛冶とが対立したということは、アイヌの乙孩が鉄に対して一定の知識・評価能力を持っていることを意味している。先住民のアイヌにとって、鉄とは何であったのか、また「志濃里の鍛冶屋村に家数百有り」とは、どんな意味があるのか。これはあまりにも謎に包まれた問題であるが、中世の志苔にとっては、すこぶる重大な問題である。

古代の製鋼法には、直接製鋼法と間接製鋼法の二つがあり、この製鋼法の製鉄遺跡として、昭和六二年（一九八七）から六三年の調査により、青森県鰺ケ沢町の「杢沢《もくさわ》遺跡」が発見されたという(68)。そこから、製鉄炉跡三四基、鍛冶場跡三基などの鉄生産関連施設のほかに、工人たちの竪穴住居跡も検出され、それは一〇世紀後半から一一世紀初頭のものであった。ここでは、鋼が生産され、鍛冶も行われていたのであるが、鉄器の出土点数はごく少量である。とすれば、この製鉄遺跡では、鉄器製造は行われず、半製品の棒状や鍛造素材までの生産工程にとどまっていたのかも知れない。

いずれにせよ、この北奥羽地域で、一〇世紀から一一世紀に大量の鉄生産が行われたことは、中世蝦夷島の鉄事情にも相当な影響を与えたことは間違いない。

蝦夷島南部から北奥羽地域は、八世紀から一三世紀の時代、「擦文文化」という同一の文化圏に属していたことを考慮すれば、杢沢で鉄製造が行われていた一〇世紀から一一世紀には、その鉄をも含めた経済・文化交流が展開していたことになる。それゆえ文化系譜上でいえば、中世アイヌは、その母体たる擦文文化の時代に、鉄製造に何らかの形で、関係を持っていたとみてよい。

「擦文文化からアイヌ文化への転換は、外部から蝦夷地に持ち込まれた鉄鍋などの鉄製品によるところが大きい。その一事例として、十二世紀の南部の鉄製造を想定」できるという指摘がある。(69) 中世アイヌがその先祖の段階の擦文時代に鉄製造に関わり、一定の技術を習得していたことは、十分考えられることである。その意味で、次の問題提起は、北海道の中世ないしは志苔の鉄を考える上でも非常に刺激的であり、有益である。

(前略)北海道に渡った和人たちも同様に、蝦夷人から鉄の生産と再生産の技術を奪い、鉄は製品のみを与える政策をとろうとしたのではなかろうか。コシャマインの蜂起はその軋轢として始まった、という推測も可能であろう。擦文期にすでに鍛冶技術を持っていた蝦夷人からそれを取りあげることは、短期間には行えなかったとしても、鉄や鋼の生産技術を通じて他民族を支配し従属させようとする政策がとられたとしたら、近世アイヌの姿から遡って中世アイヌを探ろうとする視角は、その間の「政治」が欠落しているという点でも、間違いを犯すことになる。(70)

鉄をめぐる問題は、支配と被支配のまさに「政治」問題の大きな分岐点であるとするなら、乙孩と鍛冶工との靡刀をめぐる「善悪」「価格」の抗争とは、まさにその象徴的な対立構図ではないか。推測をたくましくするなら、乙孩は先祖が擦文時代に習得していた伝説の鍛冶技術を拠り所にして、和人「渡党」の鍛冶工と、歴史的な鉄をめぐって政治的駆け引きを演じたのである。

「志濃里の鍛冶屋村に家数百有り」の中の鍛冶工には、あるいは、先祖伝来の鍛冶技術をもとに鉄を打つ中世アイヌが一部含まれていたのかも知れない。中世の時代は、先住民のアイヌが、まだまだ民族的マジョリティ(民族的優越)を誇っていた時代である。

志苔館の再建

長禄元年(一四五七)のコシャマインの蜂起で、そのアイヌの民族的マジョリティの前に、志苔館は陥落した。この戦いに先立つ一五世紀前半、アイヌと居住空間として最も隣接する戸井館も崩壊していた。戸井館はその埋蔵銭から判断して、応永一六年(一四〇九)からコシャマインの蜂起までの間に、その館主の岡部季澄によって、アイヌ民族と接する最東端に築造されていた。[71] 和人の最前線基地として設けられたこの戸井館もアイヌとの抗争に耐えきれず、長禄元年以前のある時期に陥落していたのである。その結果、志苔館がアイヌと直接的に接することになり、その前線的機能を要請されたものの、長禄元年のコシャマインの蜂起で陥落した。しかし、志苔館は、さきの発掘調査によれば、一五世紀中〜後期の頃、第二期の修造が行われていたという。[72] したがって、長禄元年から永正九年(一五一二)までの約五〇年の間に再建されたことは間違いない。

この半世紀に志苔館は、昆布の浜を守る館として、一方で志苔館の支城の「与倉前館」を、他方で「弥右衛門川館」を築造したと想定される。小林氏は、志苔館から中野館間の地域連合の立場をとりながら自らの経済的基盤を作りあげていったのである。

しかし、永正九年には、またも康正二年(一四五六)に次ぐ大規模なアイヌの蜂起が起こり、それにより箱館(宇須岸)・志苔館・与倉前館の三館に拠る河野・小林両氏の子が戦死したのである。康正二年とこの永正九年のアイヌの攻撃によって、河野・小林両氏は父子を失うことになり、決定的な打撃を受けたことは言うまでもない。

翌永正一〇年六月二七日、またもアイヌの蜂起が発生した。「夷狄発向し来りて松前の大館を攻め落し、守護相原彦三郎季胤又村上三河守政儀生害せしむるなり(73)」と、この蜂起で「松前守護職」の相原季胤とその補佐役の村上政儀が敗北した。

安東氏の代官蠣崎氏は、永正一一年の大館移住と商船旅人への徴税権の行使を梃子に、いよいよ蝦夷島の現地支配者として君臨していく。その最も現実的な典型例が、旧館主を家臣とする「被官化」である。

志苔の小林氏も当然、大館に移住した。それは三代良治の時の永正一一年である。その際、「先祖ノ墳墓ト共ニ宇賀ノ浦ノ如光山法華寺ヲ遷シテ松前馬形ノ台ニ建(74)」てたという。

以上、小林氏の志苔館をめぐり、その築造と埋蔵古銭を中心に眺めてきた。それでは、アイヌ民族と最も身近に接する小林氏はどのような信仰生活を展開していたのであろうか。次に、その手掛かりとして、「貞治《じょうじ》の碑」と「脇沢山神の鰐口」および「日持の後生塚」に注目したい。

「貞治の碑」と念仏門徒

「貞治の碑」は、もともと、「宝暦二年(一七五二)壬申八月箱館大町の榊と云へる者の宅の後の崖下に井を掘るとき土中より出たり(75)」というように、銭亀沢ではなく、箱館に所在していた。かといって、この「貞治の碑」が銭亀沢と無縁だとはならない。志苔館と箱館・茂別館という当時の中世における緊密的にして複合的な城館のありようからして、この「貞治の碑」は、小林氏の拠る銭亀沢の中世宗教世界を考える上でも、有益な遺物である。

「貞治の碑」面には、「仏体を双べ鐫《ほ》り、其碑の下に各男女の人物を二人刻」み、そして次のような碑文を印してあった。「貞治六年丁未二月日　旦那道阿慈父悲母同尼公(76)」と。

この碑文中の「道阿」なる人物をどのように理解すべきであろうか。碑面の「仏体」が安慰《アン イ》摂取印《ショウジュイン》の「阿弥陀仏」であり、その下の二人の男女は礼拝合掌の図として刻まれていることから判断して、この「道阿」の阿号は、浄土系統ないし念仏系の阿号とみるのが正しい。[77]

とすれば、南北朝期の貞治六年(一三六七)の頃、中世夷島には、上ノ国および松前に拠る蠣崎政権の受容する信仰世界に先立ち、さきの鎌倉時代の日持が伝えた日蓮宗に次ぐ第二の信仰として、浄土・念仏系が入っていたことになる。実は、この浄土・念仏系の地方布教は、嘉禄三年(一二二七)の頃には、石垣の金光上人によって陸奥国にまで伸びていた。金光上人が「ついにかしこにて入滅のあひだ、かの行状、ひろく世にきこへざるによりてくはしくこれをしるさず」[78]と、陸奥国で死亡したため、夷島への布教とはならなかったのである。

「貞治の碑」が伝える中世夷島における浄土・念仏系信仰の伝道を文字史料として証明するのが、ほかでもなく、僧良鎮の手になる『融通念仏縁起』である。

良鎮はこの縁起を日本全国に及ぼすべく、正和三年(一三一四)の頃から製作を始めたという。[79]この良鎮本のひとつに、次のような永徳二年(一三八二)の年記を持つ知恩院本がある。

永徳二年勧進沙門良鎮謹言、此絵百余本勧進興行之志は、大願ひとりならさるあひた、日本国ゑそか嶋いわうか嶋までも、其州の大小によりて、聖の機根にしたがひて、一国一本二本或は多本、此絵をつはかして、家ものこさす人をもらさす勧進申さむとなり。[80]

永徳二年の段階で、夷島＝「ゑそか嶋」も、「融通念仏宗」という浄土・念仏系の信仰布教の対象圏に入ったのである。

そもそも、古代末期の良忍は、京都鞍馬寺の阿弥陀仏の示現によって、念仏帳の勧進を行い、毘沙門天がこれに結縁・守護することを誓う形で、融通念仏の弘通を始めたと伝えられる。[81]この良忍の弘通の願いは、良忍一個人をもって終わらず、これに賛同する信者が、鎌倉時代に入るとしだいに増え出した。『法華経』を中心とした『如法経』を諸国の霊場や寺院に埋納しようとする「六十六部聖」という宗教者群がそれである。[82]この「六十六部聖」の活動は、一五世紀後半から一六世紀にかけて活発化する。「六十六部聖」の活動によって、良忍の開基伝説が全国化していくことは、いとも見やすい道理である。さきの良鎮の『融通念仏縁起』の全国普及とこの「六十六部聖」の全国伝道の波に乗って、融通念仏宗はもとより、その開祖良忍の名もやがて伝説化していく。

良忍個人の生没年は、確かに古代に属すが、かといって、この一事をもって、直ちに良忍の伝道が古代末期の夷島にまで及んだ、とみるのは早計であろう。中世夷島の念仏宗の伝播は、流入ルートを中心にみるなら、こう推定される。まず第一に、鎌倉時代の嘉禄三年(一二二七)における、金光上人の陸奥国までの伝道下向である。この一派の夷島への北上は、当時の交易・交通状況からして、常に可能であった。次に、融通念仏宗の良忍伝説を北上化する「六十六部聖」の伝播である。ここに金光上人の一派の渡島の可能性と「六十六部聖」の伝播が結びつく時、「貞治の碑」の「旦那道阿」なる人物を、念仏系の「阿号」を持った信者、と推定する図式が成立する。

この「貞治の碑」の造営された約一五年後、永徳二年(一三八二)の年記を持つ知恩院本の良鎮の手になる『融通念仏縁起』が作製されることとなった。この中に、融通念仏宗を中世夷島までも布教する思いが込められている。

この『融通念仏縁起』の記事内容を通して、金光上人以来の念仏宗と良忍の融通念仏宗の北上という、ひとつの可能性が裏づけられる。それと同時に、「貞治の碑」の造営主体が「阿号」を持つ念仏信仰者であることも、ほぼ文字史料によって補強できることとなった。

脇沢山神の鰐口

この『融通念仏縁起』が作られてから、約半世紀を経た永享一一年(一四三九)、夷島の中に、宗教史的にみてある一大事が持ち上がった。「奉寄進夷嶋脇沢山神御宝前　永享十一年三月日　施主平氏盛阿弥敬白」と刻まれた鰐口が、脇沢山神社に奉納されたのである。のちの安政四年(一八五七)、『蝦夷実地検考録』の著者市川十郎は、この鰐口の寸法を「径三分五厘」と伝えている。

施主の平氏盛阿弥なる人物が、「夷嶋の脇沢山神の御宝前に寄進し奉る」と、永享一一年に鰐口を寄進した脇沢山神社とは、いったいどこを指すのであろうか。いまにわかに、中世の永享一一年時点におけるその場所を特定することは、難しい。

少し時代は下がるが、弘化二年(一八四五)に松浦武四郎が書き留めている「宮の沢」が、おそらくこの中世の山神社のあった「脇沢」を指すものと考えられる。

石崎村(中略)是より山道を銭亀沢村ニは峠迄八丁廿間。其より村入口迄二十七丁川有。幅十間のよし。又渓道を行ニは宮の沢少しの沢目也。大転太浜也。昆布小屋多し。越而、沢口此処銭亀沢村境に杭有る也(中略)越而、古川尻村。[84]

中世の「脇沢」=「宮の沢」とは、石崎村と古川尻村のほぼ中間に位置し、その立地条件は、山にほど近い所に造立されていた。そして、その沢伝いは文字どおり沢目になっており、そこには、近世の頃、昆布小屋が建てられる所でもあった。

松浦武四郎がこの地内を探査した弘化二年の頃には、中世の脇沢山神社のたたずまいは、その面影すらなかった。その中世の雰囲気をかすかに言い伝えているのは、「宮の沢」という「宮」にちなんだ地名だけであった。

鰐口を永享一一年、脇沢山神の御宝前に寄進したということは、この脇沢山神社なる神社が、少なくとも、永享一一年以前に造営されていたことになる。では、この脇沢山神社を、誰が何の目的で造立したのであろうか。また、鰐口をこの山神社に寄進した施主の「平氏盛阿弥」とは、どんな人物であろうか。

まず、後者の「平氏盛阿弥」について。この施主の「平氏盛阿弥」を同時代の史料から説き明かすことは、今日ではもはや困難である。後世の伝承史料ではあるが、次の三つは大いに注目される。

一つは、寛政三年（一七九一）の菅江真澄『えぞのてぶり』の一文である。

北に、加地屋村ありけるは、むかしよきかなたくみのありたりしをかたりつたへ、又世に、ゐぞ後藤といひ、しま后藤といふ彫ものは、こゝより造り出したる処とも、又こがねほるものの栖たる里ともいふ人あり。(85)

真澄は、コシャマイン蜂起の発端となった鍛冶屋村に伝わる伝承の「かなたくみ」＝「金工」を、室町幕府の八代将軍足利義政に仕えた後藤祐乗（一四四〇～一五一二）との関わりで、その作品を「ゐぞ後藤、しま后藤」と記している。

二つ目は、これをより具体的に敷衍した、松前広長が総社明神社に関する記事として記した次の一節である。

古今の俗に旗才神というはこれ也（中略）今これを考えるに、則ち、応永中、銀匠の徒、足利の不治を避けて、此国に来たる者多し。疑うに、かの徒この小社を造立するか。今いう夷後藤の祖これなり。(86)

これによれば、松前の明神社を造立したのは、応永年間（一三九四～一四二八）に、中央の政情不安定をさけるため、夷島に渡来した「銀匠の徒」の「夷後藤」の祖であるとしている。ここで、注目すべきは、応永年間に、この時期、京畿地方に栄えた「金工」の後藤氏なる職能者の徒が、中世の夷島に流入した点である。

三つ目は、さきの鰐口の「奉寄進……施主平氏盛阿弥敬白」の銘文を引いて語った『北海道寺院沿革誌』の一節である。

盛阿弥ハ刀鍛冶ニシテ石崎ニ住セリ。今ニ鍛冶場ノ跡アリト云フ。永享十一年ハ紀元二千百年ニシテ（中略）当時、此地既ニ神社アリ、職工アリシヲ見レハ、当時在住ノ戸口モ僅少ナラサルハ疑フヘクモアラス。(87)

さきの『えぞのてぶり』とこの『北海道寺院沿革誌』では、かなりの時間差もあるが、ともに伝承史料でありながら、そこには一定の伝承傾向がある。それは、一方で「かなたくみ」＝「金工」であり、他方で「刀鍛冶」であるという、職能者を鰐口の施主に求めていることである。しかし、施主の盛阿弥は「刀鍛冶ニシテ石崎ニ住セリ」という施主像が結ばれていたのも事実であるが、かといって、これが中世の永享一一年をすべて言い当てているとは限らない。

しかし、既述した「志海苔古銭」の納められていた珠洲焼の甕の工人について、「経塚などの作善事業を推進した遊行聖（修験者）が、その媒体者像として浮かびあがってくる」(88)という指摘に思いをいたすなら、さきの「金工」といい、「刀鍛冶」といい、足利義政の東山文化を中心的に支えた時宗系の職能集団たる「同朋衆」のことが思い浮かんでくる。

鰐口の施主の「盛阿弥」とは、あるいは中央の「同朋衆」に出自する「金工」ないしは「刀鍛冶」であったかも知れない。

ここで施主の「盛阿弥」について、確実にいえることは、宗派は浄土宗か、融通念仏宗か、時宗であるかは断定できないが、広義的にいうなら、「念仏系」であるという一点である。しかも、それはさきの「貞治の碑」と同じく、「平氏盛阿弥」も念仏系の信仰に余念のない「阿号」を名乗る職能者であった。

脇沢山神社は誰が何の目的で

鰐口の施主像を、このように、限られた伝承史料によって推定してみたが、さらに、推測の翼を拡げて、いま一つの課題の、脇沢山神社は、誰によって、何を目的にして造営されたかを考えてみることにしよう。

さきに志苔館をめぐって、コシャマインの蜂起以前の一四世紀後半、戸井館に代わって、「安東氏の直営港湾基地」として、「渡党」の小林氏によって造営された中世城館であると指摘した。

このように規定すると、脇沢山神社の造営主体と目的の一定の解答も、ほぼみえてくる。脇沢山神社の造営者は誰か。それは、端的にいって、戸井館に代わって中世アイヌとの民族的東境に志苔館を築造した「渡党」の小林氏である。推測をたくましくすれば、小林氏は、脇沢の地、すなわち、志苔館の東端に位置するこの石崎の脇沢の地に志苔館の安泰と「渡党」の平安を祈願する「館神」として、脇沢山神社を造立したのではなかろうか。

この志苔館の「館神」としての脇沢山神社に念仏系信仰者でもある「金工」もしくは「刀鍛冶」の「平氏盛阿弥」が、コシャマインの蜂起の少し前の永享一一年(一四三九)、「金工・刀鍛冶」の順調なる生業を祈って、鰐口の奉納・寄進となったのではなかろうか。志苔館主の小林氏、およびその城館の内外の居住者である和人の「渡党」にとって、脇沢山神社は、一つに「館神」であり、二つに「太刀」の生業守護神であった。まさしく、脇沢山神社は、志苔館における「太刀」＝「館」の守り神であったのだ。

日持の「後生塚」は小林氏の氏寺

一方、既述した日蓮宗僧の日持渡道と志苔館主の小林氏との宗教史的関わりについては、どうであろうか。鎌倉時代の永仁四年(一二九六)に渡道した日持は、志苔・石崎をはじめ道南の各地に教化したのち、「末夕法ヲ付スベキ器ナキヲ以テ、自ラ宗祖日蓮大士及諸尊ノ木像ヲ作リ、一字一石ト共ニ土中ニ埋」[89]め、海外へ赴いたと伝えられる。

海外布教のために旅立ったこの日持の旧蹟を守るため、石崎の帰依者＝「渡党」の人々は、正安元年(一二九九)、一宇を創建して「経石庵」と称したという[90]。この「経石庵」は、のち「後生塚」とも呼ばれるようになった。戸井館が陥落し、館主が原口方面に移住したのち、東部アイヌと接する石崎地域に集合する「渡党」や、戸井館に代わって東部における和人勢力を結集して志苔館を築城した「渡党」の小林氏などは、おそらく、この日持なきあとの「後生塚」に、和人としての信仰の念を寄せたに相違ない。

さらに一歩進めていえば、この「後生塚」は、脇沢山神社が志苔館の「館神」＝「太刀神」と機能していたのと同じく、ある一定の宗教的機能を、志苔館の中において果たしていたものと考えられる。志苔館における「後生塚」の宗教的機能ないし位置とは、何か。

思うに、戸井館がアイヌ民族との抗争によって、一四世紀中期の頃、崩落し、それに代わって、志苔館が一四世紀後期までに築城され、志苔館の最東部の石崎地区が、和人「渡党」と中世アイヌの民族的境界になったことを想定すれば、「後生塚」は和人「渡党」の系譜を持つ館主小林氏にとって、対アイヌ民族の、一種の「鬼門除」となったのではあるまいか。

この日持の遺跡である「後生塚」が志苔館の東部アイヌに対する「鬼門除」の宗教機能を果たしたことは、まさに、脇沢山神社が志苔館の「館神」として位置づけられ、機能していたことと対応する。それでは、「後生塚」＝志苔館の「鬼門除」という宗教的な位置づけを裏づける宗教的根拠は何かあるのだろうか。

しいていえば、アイヌ民族の、和人とは決定的に違う「死霊」観でなかろうか。ここに、のちの近世のアイヌ民族の「死霊」観を伝える文献史料がある。アイヌ民族は、長い現代までの歴史の中で、「言語」や「教育」の領域で、和人としての立場を余儀なくされてきた。だが、こと宗教観については、キリスト教のアイヌ民族への伝道・布教などが近代に入って行われたのにもかかわらず、辛うじて民族的伝統を保持し続けてきた唯一の領域である。

このことを考えれば、近世の宗教観を援用して、中世の「死霊」観をうかがうのも、それほど無謀なことではないだろう。それは、坂倉源次郎の『北海随筆』(元文四年(一七三九))の次の一節である。

医業なきゆへ疱瘡、麻疹、時疫《じえき》(流行病)にて死亡の者多き故、病を怖れ、死を忌事甚しく、病者あれば、父子兄弟と雖も捨置て山中へ入り、死して後帰る。死者の取置は、新敷きアツシを著せ、新敷きむしろに包み、山中へ送り、秘蔵せし物ども不残ともに埋て、家は焼すて、又改め作りて居せり。故に壮年なれ共死の用意は予め心掛置と也。死者の妻はかぶり物をして、面をあらはさざる事凡三年、又再び嫁せず、惣て女の心貞実にして、嫉妬の念なく、夫に従ふ道甚だ以て慎み有り。(91)

アイヌ民族は、極端に病気を恐れ、死を極度に忌み嫌った。肉親といえども、病を得れば、山中に運び、死してのちも、山中に送る。死者の出た家は焼き捨て、改めて作りかえる。これもやはり、「死を忌事甚し」きゆえであろう。

実は天明八年(一七八八)の古川古松軒の『東遊雑記』にも、右の『北海随筆』とほぼ同趣のことを伝えている。[92]アイヌ民族は肉親の「死霊」に対してすら、極度な忌避感情を持っていた。してみれば、和人の「死霊」に対しては、なお一層忌み嫌ったと考えるのがごく自然ではなかろうか。「後生塚」がアイヌ民族に対して、志苔館における一種の「鬼門除」として機能していたというのは、まさにこのようなアイヌの死生観を前提にしての仮説である。

一方、この「後生塚」がアイヌ民族に対する「鬼門除」であったという宗教史的位置づけは、視点をかえていえば、もう一つ別の宗教史的な意味も持っていたとも考えられる。すなわち「後生塚」が志苔館において、和人「渡党」の中でどのような位置を占めていたかという問題である。

これについて、「後生塚」が和人「渡党」の共同墓地ないしは小林氏の氏寺であるという仮説を提示してみたい。この仮説を傍証するものは、果たして何かあるのだろうか。

これには、ほぼ二つの根拠を紹介したい。

一つは、蠣崎光広による旧館主の家臣としての被官化の施策の中における一齣である。つまり、旧館主は永正一一年(一五一四)前後に、松前大館に移住するが、その際、志苔館の小林氏も移住した。

小林氏の『履歴書』によれば、三代良治の永正一一年、「其居ヲ松前ニ移」した際、既述のように「先祖ノ墳墓ト共ニ宇賀ノ浦ノ如光山法華寺ヲ遷シテ松前馬形ノ台ニ建」てたという。[93]「宇賀ノ浦ノ如光山法華寺」とは、「宇賀」から判断して、石崎の「後生塚」に相違ない。志苔館の小林氏は、蠣崎政権の被官として松前に移住する際、菩提寺として、この「後生塚」を移したのである。

「後生塚」が小林氏の氏寺(菩提寺)ないし「渡党」の共同墓地という仮説を裏づけるもう一つの傍証とは、『北海道寺院沿革誌』の一文である。

松前家臣小林三左衛門源良景曾テ其所領石崎志苔地方ヲ巡廻セシニ「土中吾名ヲ呼フ声アリ」又霊夢アリ。依テ地ヲ掘ルニ、日蓮大士ノ像ヲ得タリ。是レ開基日持尊者ノ埋ムル所記名アリ。良景福山ニ携へ帰リ、邸内ニ安ンス。然ルニ、其後屢々《しばしば》霊験アリ。依テ法華寺ニ移ス。良景檀越トナリ伽藍ヲ成就ス。(94)

江戸時代に入って、小林氏が石崎・志苔地方を巡廻した時に、「土中吾名ヲ呼ブ声アリ」というのは、まさしく、中世の先祖以来の小林氏と「後生塚」との筆舌を超えた相当な因縁がなければ、起こりえない仏霊現象である。

小林氏の『履歴書』と『北海道寺院沿革誌』の伝承史料間に、史料的な錯綜がないでもない。このことを差し引いても、「後生塚」と小林氏との間には「後生塚」を「氏寺」化するほどの、宗教史的な必然性があったのである。これは近世になって、にわかに起こるものでなく、永正一一年の「後生塚」を伴う松前移住はもちろんのこと、それ以前の、志苔館主時代の深いつながりが、小林氏と「後生塚」との間にあって初めて生ずるものであろう。小林氏が志苔館の築城以後、歴代にわたって「後生塚」に寄せた仏教的な廻向心が、その背後に厳然として存在していたと考えられる。

こうしてみれば、石崎地区は、志苔館の「館神」としての脇沢山神社を擁し、いままた、小林氏の氏寺であるとともに、「渡党」の共同墓地、さらにはアイヌ民族に対する「鬼門除」としての「後生塚」を擁している。

総括的にいうなら、中世の志苔館にとって、石崎地区は文字どおり「宗教ゾーン」であったのである。それでは、志苔館の「宗教ゾーン」たる石崎地区をはじめ、銭亀沢地区全体は、小林氏の松前移住後、中世の宗教世界をどう彩っていったのであろうか。おそらく、「宗教ゾーン」として一方の中核を担った「後生塚」は、小林氏なきあと、「渡党」の一部の人たちに語りつがれ、共同墓地的な役割を果たしていたのではなかろうか。

小林氏がこの「後生塚」本体を松前に移し、跡地としての「後生塚」が石崎地区に残されていた頃、日持の遺蹟を追慕したかの日尋が渡島してきた。

一方、石崎地区を「宗教ゾーン」たらしめたもう一つの「館神」としての脇沢山神社のその後はどうであろうか。鰐口を寄進した念仏系の遊行聖などは、毘沙門天とともに観音を信仰していたことを考えると(95)、脇沢山神社は、小林氏の松前移住後、一つに「観音堂」として再生されたのではあるまいか。なぜなら、近世において、

観音堂　志野里　造立年号不相知。古来ヨリ此処ニ有之由。観音堂　銭亀沢(96)。

というように、志苔と銭亀沢に二つの観音堂が造営されていたからである。銭亀沢の先人たちは、その中世、海難の除去に功徳があるとされる『法華経』二十五の「観世音菩薩普門品」に基づく、観音堂を造立していたのである。

「館神」としての脇沢山神社は、中世から近世にかけて、もう一つの神格の変化をしたと想定される。それは、石崎と志苔に、中世と近世のある交において、武神としての八幡神社が創建されたことである。志苔館主の小林氏が松前に移住したあと、残った「渡党」の有志は、このように脇沢山神社を一方では観音堂として、また一方では八幡社として発展的に改神し、自らの宗教世界を構築し、やがて訪れる近世の時代を待ち望んでいたのである。

第六節　下之国守護職と長徳寺・乙部八幡神社

乙部の開村と工藤氏

和人政権としての蠣崎政権が直接的に統治可能な範囲は、西は上ノ国、東は知内をもって限られる中世的な「和人地」であった。それゆえ、上ノ国の北に位置する乙部は、中世にあって、アイヌ民族が専住する地域であった。それが、和人の移住によって、徐々に集落形成が進み、真に「和人地」化するのは近世に入ってからで

ある。その過程を考える上で、乙部八幡神社と工藤氏との関係が重要である。これを考える際、次のほぼ通説化された「宇田遠江守師長」の開村伝承の検討が不可欠である。少し冗長になるが、次に引用してみることにする。

八幡神社の起原は乙部村の起原なり。記録の存する所によれば、往昔、本州南部地方より上杉謙信の家臣宇田遠江守師長、河中島の戦より落延び、従者近藤市兵衛、其弟五郎兵衛及福原利右ヱ門の三名を引率し、小船に乗り渡島に来りたり。

折しも、風雨激浪の為め、九死に一生を得て、奥尻島に着したるが、人家なく、東方を望むに、高山連るを見て、之蝦夷地の大陸ならんと勇を鼓し、更に順風に乗じ出帆、久遠郡太田崎に着したり。

然るに、此処にも人家を見る能はず、糧食尽るに至り、救を求め、海岸に沿ひて西方に下る。時恰《あたか》も、暗夜にして、更に人烟を見ず。下る程に、乙部村姫川岸に至りたるに、西南方に当る山(岡山)の中央に一点の光輝の発するを認め、之人家のあるならんと歓びて、近づき見るに、不思議哉、光輝は灯火にあらず、一本の老月桂樹の木瘤より一種の光輝の発するものと判明し、一同落胆す。

茲《ここ》に、師長は神に祈願し、神宣(みくじ)を以て、人家所在の方向を得、西南指して探査したるに、果せる哉、土人の住家を発見したり。之今の瀬茂内なり。四人は蘇生の思ひをなし、土人に請ふも言語通ぜず、漸く手真似によりて、意思を通じ、食を求めて餓死より救はるゝを得たり。

師長、神徳の尊さに感激し、身は武士なりしにより、八幡大神を、右光輝を発したる月桂樹の根の下に塚を建てゝ祭り、遂に、此地に住するに至れり。

之抑《そもそも》、本社の創始にして、之より和人次々、住すに至る。後に人家、増加するに及び慶長六年に社殿を作り、岡山八幡宮と称して創立を見るにいたる。

それより逐年、氏子増加すると雖も、乙部の村は、飲料水に乏しき所なれば、先に光輝の発せし所より湧く天祐神助の清水は、八幡様の水として今尚、村民を潤せり。[97]

この伝承によれば、乙部の夜明けは、上杉謙信の家臣である宇田遠江守師長とその従者三人の来住に始まる。それは、川中島の合戦（一五五三〜六四）後のことである。落武者として、苦渋の都落ちの果てにたどり着いた乙部での、光輝を発する老月桂樹との出会い、アイヌによる餓死寸前の食料提供、いずれも乙部における開闢を告げる伝承にふさわしい光景である。武者の師長は、その神徳に感謝して、武神の「八幡大神」を勧請した。師長ら四人の来住に開村を迎えた乙部は、人口の集住を待って、慶長六年（一六〇一）、乙部八幡神社の前身である「岡山八幡宮」を創立したという。

乙部八幡神社の開基にこのように関わった宇田師長の末裔は、社伝によれば、五代豊則の時に、「宇田天皇・後宇田天皇」の御名を恐懼《きょうく》して、「宇田」姓を改めて、京都吉田からきた婿の姓をとって、「工藤」に改姓したという。

この宇田師長による乙部八幡神社の創建事情といい、「宇田」姓の「工藤」姓への改姓経緯といい、実に整えられた伝承である。その伝承があまりにも整備されたため、逆に、「宇田天皇」は「宇多天皇」であることの誤認が目立つことになる。しかし、これまで乙部においては、この宇田遠江守師長による乙部八幡神社の創建および開村が、最も多く信を集めてきた伝承であり、それはほとんど史実化されてきた。

実は、乙部の開村をめぐって、少し趣きを異にするもう一つの伝承がある。それは「乙部村祀官工藤氏書上」である。

元祖　工藤孫三郎
右孫三郎儀、秋田之浪士、此地へ渡海、天文十一年八月十日、坂之上之稲荷社再建立之時、初而社守ニ相頼申候由。元来修験開基ニハ無御座候。右之通リ唐津内町之住小山重兵衛と申候百姓之帳面ニも相ミへ申候由御座候。
修験之祖

大蔵院弘徳、文殊院智正、三定院貞保、禅学院修徳
祠官　工藤岩宮太夫
領主より初而神職ニ被成下候孫三郎之後故ニ家名も工藤と相改申候。岩宮儀、故ありて乙部村へ退身、同村工藤播磨始祖にて御座候由。吉田殿の裁許状は持参仕候哉、相ミへ不申候。(98)

これは「乙部村祀官工藤氏書上」の名称が物語るように、工藤氏自身が調査して報告したものだけに、さきの「宇田伝承」よりは、数段、史料的価値が高いと考えられる。文中の「小山重兵衛と申候百姓之帳面ニも相ミへ申候」と、第三者の史料的裏づけもとっていることと考え合わせると、この史料は工藤氏の来歴ないし乙部の開村を考える上で、信頼できる最古のものといえよう。

この乙部の古層を伝える「工藤氏書上」は、工藤氏の元祖とその周辺について、どう伝えているのだろうか。具体的に、列記してみることにしよう。

(一)　工藤氏の元祖は、秋田の浪士の孫三郎という人物である。

(二)　その孫三郎は、天文一一年(一五四二)、「坂之上之稲荷社」(乙部八幡神社の前身。「宇田伝承」では「岡山八幡宮」と称している)の再建に際し、その社守になった。したがって、孫三郎は修験の開基などではない。このことは小山重兵衛の帳面にもみえている。

(三)　修験の祖は、大蔵院弘徳、文殊院智正、三定院貞保と続いており、孫三郎はそれにはつながらない。

(四)　孫三郎の子孫の「岩宮太夫」の時に、藩主から神職を仰せつかり、この時、家名も「工藤」と名乗った。この岩宮は事情があって再び乙部村に退き、「工藤播磨」の始祖となった。

(五)　「工藤播磨」に関する京都吉田家の裁許状はみえない。

こうしてみれば、工藤家の元祖の孫三郎は、天文一一年以前に秋田から乙部に移住していることが、改めて判明する。その当時すでに乙部には、八幡神社の前身たる「坂之上之稲荷社」が勧請されていたということを考え

ると、乙部には、天文一一年以前から、名称は不詳であるが、一定の和人が住みつき、「坂之上之稲荷社」を営んでいたということになる。

さきの潤飾度の高い「宇田伝承」と比べて、工藤氏の改姓の点でも、この「工藤氏書上」の方が、より自然で違和感がないように考えられる。乙部八幡神社の創建と乙部の開村の担い手は、工藤氏である点では一致しているものの、その工藤氏の起源をめぐっては、「宇田伝承」と「工藤氏書上」の両論があり、ここでは、後者の方がより説得的であることだけを述べるにとどめたい。

下之国守護職と長徳寺

中世の乙部を考える上で、さきの乙部八幡神社とともに見落としてならないのは、長徳寺の創建事情である。ここには意外にも、もう一つの乙部の開村秘話が潜んでいるように思われる。まずは何よりも、次の長徳寺の由緒記事に注目したい。

長徳寺由緒

元和五乙未年、旧松前藩下国金左衛門、亡父ノ為、当村字八幡山ノ下ニ創立、延享二乙丑年允許ヲ得テ長徳寺ト号、明和二乙酉年現今ノ地ニ移転ス。(99)

これによれば、長徳寺は元和五年(一六一九)、松前藩士の下国金左衛門が、亡父のために創立したことが確認される。では、藩士の下国金左衛門とその父とはどんな人物なのであろうか。

実は、この父子には、茂別館主の下国家政、かの安東家の嫡流を嗣ぐ「下之国守護職」のことが絡んでいるのである。既述したように、下国家政は、兄の安東政季とともに享徳三年(一四五四)に渡海して「茂別矢不来」に居住、安東政季が康正二年(一四五六)に秋田男鹿島に赴くまでの二年間、「茂別矢不来」にいた。さきの享徳二年に一旦断絶した下国安東氏の宗家を嗣いだ安東政季が、弟の下国家政とともに「茂別矢不来」に住したとすれば、

「日ノ本将軍」家の安東氏と「茂別矢不来」ないしは下国氏の血脈的つながりはすこぶる強いといえよう。

下国師季、瀬棚に移住

この「日ノ本将軍」安東政季の弟であり、「下之国守護職」の茂別館主下国家政が、明応四年(一四九五)没した。この「下之国守護職」を継承したのは、家政の子の宅季ではなく、孫の師季であった。それは宅季が「未だ家を継がずして卒す」というように、夭折したためであった(100)。

では、「下之国守護職」を嗣いだ師季とはどんな人物であろうか。改めて、いま一度確認してみよう。

師季　下国安東八郎、後に茂別式部大輔と称す。初め茂別矢不来に居す。永禄五年壬戌夏六月、夷賊起こり、その館を攻む。師季敗続して松前に逃来し、薙髪して清観と更む。その子式部重季、不徳を立《お》こすなり。よって師季、松前を遁れ避け、西部世太奈伊《せたない》に住し、ついに彼の地に卒す。永禄六年癸亥九月廿四日、法名「月高露影」(101)。

師季の人物像を探る前に、右の『安倍姓下国氏系譜』の記事の中で、一点、批正すべきことがある。それは、「永禄五年(一五六二)壬戌夏六月、夷賊起こり、その館を攻む」という、アイヌ民族の襲来年である。すなわち、前述したように、当該期の和人とアイヌの関係史に徴してみた場合、系譜記事のいう「永禄五年」は時期的に全く不合理であり、「永正五年」(一五〇八)の誤認であると考えられる。

つまり、下国師季は永正五年のアイヌ民族の蜂起によって、「茂別矢不来」から松前に居を移したが、一方、「茂別矢不来」館が決定的に崩壊するのは、「永正九年四月十六日、宇須岸・志濃里・与倉前の三館夷賊に攻め落とされる」(102)にみるように永正九年のことである。

したがって、「下之国守護職」の任にある下国師季にとって、長禄元年(一四五七)のコシャマインの蜂起では難攻不落を誇った茂別館が、永正五年に大打撃を受け、自ら松前に赴くことは不本意であったに違いない。

松前に移住した師季は、さきの系譜記事が如実に物語るように、出家して名を清観と改めるが、子息の重季が不徳を起こしたため、松前を逃れて「世太奈伊」(瀬棚)に移住し、ここで没したという。

重季の起こしたため、「不徳」が具体的にいかなるものかは不明である。しかし、安東氏の嫡流意識を継承する師季であることを想定して、推測をたくましくすれば、師季が松前を逃れて、あえて先住のアイヌ民族の集住する西部の瀬棚に移住したひとつの背景には、蠣崎光広との確執があったのかも知れない。

「下之国守護職」系譜に立つ師季が、瀬棚に移り住んだという歴史的事実は、仏教史的にみても、大きな意味を持っている。

長徳寺と下国氏

さきに長徳寺の開創は、「元和五乙未年、旧松前藩下国金左衛門、亡父ノ為、当村字八幡山ノ下ニ創立」したのに始まることを指摘しておいた。その長徳寺の開基の下国金左衛門を、いよいよ語る時がきた。その亡父のために長徳寺を創立した下国金左衛門とは、いかなる人物であろうか。その亡父とは、系譜的に、下国氏にどうつながるのであろうか。

下国金左衛門は、紛れもなく、師季の二男直季の末裔として、盛季→高季と連続する人物であり、その意味で、「下之国守護職」の一族に連なる人物である。下国金左衛門(季昭)が元和五年(一六一九)、長徳寺を建立したのは、亡父のためと伝えられるが、その亡父高季とは、どのような人物だろうか。

高季　秋田左京中と称し、氏は蠣崎、のち、下国をもって氏となす。その実、盛季の子にあらず。他子を養い、秋田左衛門正季の遺跡を継がやしむるが故に、もと氏は秋田なり。(103)

これによれば、高季は盛季の実子ではなく、秋田氏に出自する人物であったことになる。

下国金左衛門(季昭)はこの高季の菩提を弔うために、長徳寺を建立したが、その事情はこう伝えられる。

当寺は元来、茂草村長徳庵ト号シテ、其草創年暦不分明ナリ。而シテ後、福寿山養寺二世真覚和尚開山ナリ。元和五己未ノ年茂草村ヨリ乙部村江引越シ、長徳寺ト改。開基ハ下国金左衛門、実ハ佐藤加茂佐衛門季平ノ三男・養子也。妻ハ高季ノ娘、元和五年開基トナル。ノチ、寛文三卯年逝去ス。(104)

前にみたように、師季は松前を逃れて瀬棚に移住していた。この伝承によれば、師季のあとの直季か盛季のいずれかの時に、城下を離れた茂草村に長徳庵を結んでいたことになる。そして、下国金左衛門は高季の娘婿として、亡父高季のために、元和五年、茂草村の長徳庵を乙部に移し、長徳寺と号したという。高季も盛季の実子ではなく、季昭(下国金左衛門)も高季の実子ではない。しかし、養子縁組を通しながら、下国家政・師季以来の「下之国守護職」の一族意識を継承している。

図5の「下国氏系図」にみるように、師季の直系は、重季→由季→慶季と続き、松前藩の中で、歴代家老職を輩出する名門として隆盛を誇った。その一方で、師季の二男直季の流れを汲むのが、ほかでもなく、養子縁組を通したとはいえ、直季→盛季→高季→季昭(下国金左衛門)の一門である。

この直季の一門は、重季の一門に比べて、決して名族とはいえない。しかし、師季が晩年、松前を逃れて瀬棚に移住したという、反骨の精神は二男直季に受けつがれ、それが茂草村の長徳庵となり、ひいては乙部長徳寺となったのである。

何はともあれ、下国金左衛門が義父高季の菩提を弔って建立した長徳寺は、「日ノ本将軍」安東氏の嫡子たる茂別館主の「下之国守護」＝下国家政の系譜の上に営まれた寺院であった。

中世蝦夷宗教の特色

蝦夷地の中世仏教世界は、古代北奥羽の仏教世界に規定される一方、鎌倉幕府の宗教世界である「禅密主義」

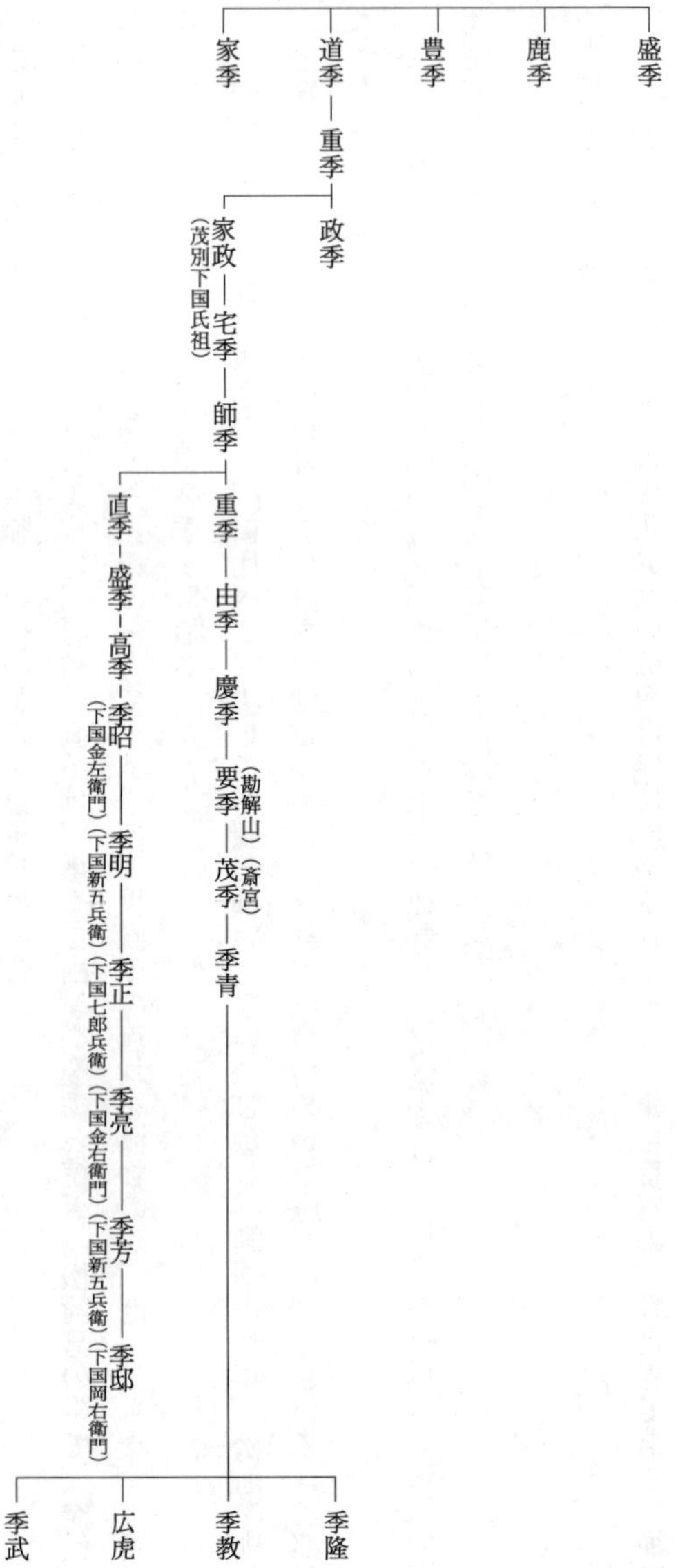

図５　下国氏系図
『安倍姓下国氏系譜』（北海道立図書館蔵）より。

の影響を受けて、その幕が開く。しかし、本格的な仏教伝播を迎える室町期においても、津軽から政治主導的に移入された祈願所＝阿吽寺を除けば、本州の諸地域のように、士庶が単独に所持する持庵＝持仏堂・氏寺や惣村・民衆が共有する惣堂などは歴史的に持っていない。そうした歴史的特殊性のゆえに、蝦夷地は中央における鎌倉新仏教の地方発展の対象として位置づけられていた。その流入の構図はいずれの宗派も中央教団の地方布教策を背景とするものであった。その点、修験・堂社信仰圏は総体的にみて、東北地方である程度、醸成されたものが津軽を経由して招来されてきていた。よって、中世蝦夷地の宗教文化は第一に、中央教団の直輸入たる仏教文化と東北地方から伝播した修験・堂社信仰の文化とが神仏習合の態《てい》で交わるところに芽ばえ始めた、領主主導の文化であったと規定してよいだろう。

一方、和人の渡道を契機にして、先住民族たるアイヌ民族との衝突を余儀なくされた封建権力は、必然的に寺院や堂社に対して戦勝祈願・加持祈禱の役割を期待してやまなかった。その中心的な任を担ったのは、茂別に拠る安東氏の菩提寺を改編的に奪取・継承した真言宗の阿吽寺であった。仏教寺院にあって、この阿吽寺と同一機能を果たしていたのは、蠣崎政権の菩提寺＝国法触頭の性格を帯びた曹洞宗の法幢寺および小林氏の「後生塚」であった。したがって、中世蝦夷宗教の第二の特色は、阿吽寺なる密教系修験が各堂社を統轄し、国法触頭たる法幢寺が領内の寺院を掌握した図式に求められ、その点では、本州諸地域の宗教世界とほぼ軌を一にしているといえる。

蝦夷地の仏教界を宗派的にみれば、平安仏教では真言宗が、鎌倉新仏教では曹洞宗・浄土真宗・日蓮宗そして浄土宗が弘通された。一方の堂社信仰においては、熊野・勝軍地蔵・山王信仰などの天台密教系が、羽黒・愛宕信仰などの真言系を量的に若干、上まわっていた。が、堂社を統轄していたのはおおむね真言宗の阿吽寺であり、その点、堂社に対する信仰は没宗派的に行われていたといえよう。したがって、中世蝦夷宗教の第三の特色として、堂社のみならず寺院に対する信仰のありようも、ともに和人の心的結合を深めることにその力点が置かれていたため、没宗派・超教理的になされていた点に求められる。中世蝦夷宗教の世界が、神仏の対立はもとより、諸宗派の弾圧・軋轢なき円滑な弘法の軌跡を持ちえたのは、実にこうした背景が存すればこそであった。

さらにいえば、中世夷島の宗教世界は、蠣崎政権を中心にしながらも、その東と西に展開する小林氏と下国氏の信仰事情を通して彩られていたことも看過できない。

（1）『地蔵菩薩霊験記』（『古典文庫』）
（2）佐々木馨『執権時頼と廻国伝説』（吉川弘文館、一九九七年）
（3）『今昔物語集』

（4）『諏訪大明神絵詞』（『続群書類従』第三輯下）
（5）『新羅之記録』（『新撰北海道史』七、所収）
（6）『福山秘府』（『新撰北海道史』五、所収）
（7）『愚意三心雑言集』（松前町史編纂室蔵）
（8）和田本『福山秘府』（市立函館図書館蔵）
（9）佐々木馨「日持伝の史的考察」（日本海地域史研究会編『日本海地域史研究』第七輯、文献出版、一九八五年、所収）
（10）高橋智遍『日持上人研究』（師子王学会出版部、一九七五年）
（11）家永三郎・赤松俊秀・圭室諦成編『日本仏教史』Ⅱ中世篇（法蔵館、一九六七年）
（12）『親鸞聖人門弟交名牒』（茨城県下妻市光明寺本）
（13）豊田武編『東北の歴史』上巻（吉川弘文館、一九六七年）
（14）佐々木馨『日蓮と「立正安国論」』（評論社、一九七九年）
（15）『秋田県史』古代中世編
（16）誉田慶信『中世奥羽の民衆と宗教』（吉川弘文館、二〇〇二年）
（17）和田本『福山秘府』（（8）に同じ）
（18）『新羅之記録』（（5）に同じ）
（19）『松前家記』（『松前町史』史料編一、所収）、和田本『福山秘府』（（8）に同じ）
（20）和田本『福山秘府』（（8）に同じ）
（21）『尚通公記』永正十六年四月七日条（『陽明叢書』）
（22）和田本『福山秘府』（（8）に同じ）
（23）星野和太郎『北海道寺院沿革誌』（時習館、一八九四年）
（24）『松前年代記』（北海道立文書館蔵）
（25）『宝暦十一年御巡見使応答申合書』（『松前町史』史料編一、所収）
（26）和田本『福山秘府』（（8）に同じ）
（27）『北海道寺院沿革誌』（（23）に同じ）
（28）『中世奥羽の民衆と宗教』（（16）に同じ）
（29）和田本『福山秘府』（（8）に同じ）

(30) 木村清韶「『福山秘府』における大洞山法幢寺」(『松前藩と松前』一七号、一九八一年)
(31) 和田本『福山秘府』(8)に同じ)、『新羅之記録』(5)に同じ)
(32) 『福山秘府』(6)に同じ)
(33) 『新羅之記録』(5)に同じ)
(34) 『福山秘府』(6)に同じ)
(35) 同右
(36) 『諏訪大明神絵詞』(4)に同じ)
(37) 『福山秘府』(6)に同じ)
(38) 『津軽一統志』(『新編青森県叢書』一、歴史図書社、一九六九年)
(39) 『新羅之記録』(5)に同じ)
(40) 『福山秘府』(6)に同じ)
(41) 『福山秘府』(6)に同じ)、『新羅之記録』(5)に同じ)
(42) 「熊野那智山願書之事」(「米良文書」、岩手県教育委員会編『岩手県中世文書』三、一九六八年、所収)
(43) 『秋田県史』古代中世編
(44) 『福山秘府』(6)に同じ)
(45) 『新羅之記録』(5)に同じ)
(46) 和田本『福山秘府』(8)に同じ)、『新羅之記録』(5)に同じ)
(47) 小野寺正人「金華山信仰の展開」(月光善弘編『東北霊山と修験道』名著出版、一九七三年、所収)
(48) 和田本『福山秘府』(8)に同じ)、『松前年代記』(24)に同じ)
(49) 和田本『福山秘府』(8)に同じ)
(50) 戸川安章編『出羽三山と東北修験の研究』(名著出版、一九七五年)
(51) 『新羅之記録』(5)に同じ)
(52) 佐和隆研編『密教辞典』(法蔵館、一九六八年)
(53) 和田本『福山秘府』(8)に同じ)
(54) 『出羽三山と東北修験の研究』(50)に同じ)
(55) 『新羅之記録』(5)に同じ)

(56)『密教辞典』(（52）に同じ)
(57)吉岡康暢『日本海域の土器・陶器』(六興出版、一九八九年)
(58)『新羅之記録』(（５）に同じ)
(59)『蝦夷実地検考録』(『函館市史』史料編一、所収)
(60)『史跡　志苔館跡――昭和五八～六十年度　環境整備事業に伴う発掘調査報告書』(函館市教育委員会、一九八五年)
(61)八巻孝夫「北海道の館」(『中世城郭研究』五号、一九九一年)
(62)『日本海域の土器・陶器』(（57）に同じ)、吉岡康暢「珠洲焼から越前焼へ」(網野善彦編『日本海と北国文化』小学館、一九九〇年、所収)、森田知忠「志苔館の四〇万枚の古銭」(菊池徹夫・福田豊彦編『よみがえる中世』四、平凡社、一九八九年、所収)
(63)白山友正「志海苔古銭の流通史的研究補訂」(『函館大学商学論究』八、一九七三年)
(64)『日本海域の土器・陶器』(（57）に同じ)、「志苔館の四〇万枚の古銭」(（62）に同じ)
(65)鈴木公雄「出土銭貨からみた中世後期の銭貨流通」(網野善彦・石井進・萩原三雄編『「中世」から「近世」へ』名著出版、一九九六年、所収)
(66)橋口定吉「埋納銭の呪力」(峰岸純夫・池上裕子編『新視点日本の歴史』四、新人物往来社、一九九三年、所収)、工藤清泰「私は緑の銭(じえんこ)が好き」(『市史ひろさき』五号、一九九六年)
(67)『新羅之記録』(（５）に同じ)
(68)岡田康博「古代末の津軽」(『季刊考古学』五七号、一九九六年)
(69)福田豊彦「鉄を中心にみた北方世界」(網野善彦・石井進編『蝦夷の世界と北方交易』新人物往来社、一九九五年、所収)
(70)同右
(71)千代肇「中世の戸井館址調査報告」(『北海道考古学』五、一九六九年)、『松風夷談』(北海道大学附属図書館北方資料室蔵)
(72)『史跡　志苔館跡』(（60）に同じ)
(73)『新羅之記録』(（５）に同じ)
(74)『履歴書』(『中島家文書』函館市、中島良信氏蔵)
(75)『蝦夷島奇観』(雄峰社、一九八二年)
(76)同右
(77)須藤隆仙『北海道仏教史の諸研究』(一九六二年)

(78)『法然上人行状絵図』巻四十八(『法然上人全集』第一巻、法然上人伝刊行会、一九五二年)
(79)田代尚光『増訂融通念仏縁起之研究』(名著出版、一九六五年)
(80)『融通念仏縁起』(知恩院本)
(81)「大原良忍上人　融通念仏を弘むる事」(『古今著聞集』巻二)
(82)湯之上隆「六十六部聖の成立と展開」(『九州史学』一一一号、一九七五年)
(83)社殿や仏堂の軒下につるす金属製の法具
(84)『初航蝦夷日誌』(吉川弘文館、一九七〇年)
(85)『えぞのてぶり　続』(『菅江真澄全集』二、未来社、一九七一年)
(86)『福山秘府』(6)に同じの「年暦部」
(87)『北海道寺院沿革誌』(23)に同じ
(88)「珠洲焼から越前焼へ」(62)に同じ
(89)『北海道寺院沿革誌』(23)に同じ
(90)同右
(91)『北海随筆』(『北門叢書』二、北光書房、一九四三年)
(92)『東遊雑記』(『北門叢書』二、北光書房、一九四三年)
(93)『履歴書』(74)に同じ
(94)『北海道寺院沿革誌』(23)に同じ
(95)橋本章彦「毘沙門天と念仏」(『仏教史学研究』三三の一、一九九〇年)
(96)『福山秘府』(6)に同じの「諸社年譜並境内堂社部」
(97)乙部八幡神社所蔵文書
(98)「乙部村祀官工藤氏書上」(『神道大系　北海道』神道大系編纂会、一九八三年、所収)
(99)『明治十二年調社寺明細帳』(北海道立文書館蔵)
(100)『安倍姓下国氏系譜』(北海道立図書館蔵マイクロフィルム)
(101)同右
(102)『新羅之記録』(5)に同じ
(103)『安倍姓下国氏系譜』(100)に同じ

(104)『明治十二年調社寺明細帳』(〈99〉に同じ)

第二部　近世仏教の成立と展開

第一章　近世仏教の歴史的背景

――松前藩の成立――

第一節　蠣崎氏から松前氏へ

豊臣政権と蠣崎氏

中央政界は天正一三年(一五八五)、織田信長の跡を嗣いだ豊臣秀吉が関白に就任する頃から、同一五年の「伴天連追放令」、翌年の「刀狩令」に例をみるように、急速に全国的な天下統一へと向かっていき、蠣崎氏とて、こうした全国的動向に無関心ではいられなくなる。

蠣崎氏にとって、いまや、檜山の安東氏との中世的な委任統治の関係に終止符を打ち、中央の豊臣政権と何らかの政治的つながりを持つことが、緊急の課題となった。

現に、天正一八年(一五九〇)、後北条氏を討滅した秀吉は、この年、東北諸大名の仕置に着手し、

出羽奥州迄そさうニハせらる間敷候、たとへ亡所ニ成候ても苦しからず候間、其意を得べく候、山のおく、海ハろかいのつゝき候迄念を入るべき事専一に候。(1)

と、徹底した奥羽総検地を強行した。

その間、奥羽地方の諸豪族は、天正一八年に南部信直が小田原平定に参陣して本領安堵の朱印状を得るとか(2)、同じく天正一八年に、津軽の大浦為信が氏を津軽氏と改めるため「津軽安堵」の朱印状を得るなどして(3)、秀吉政権に直結していった。

こうした中央直結の営みは、檜山の安東氏にも例外なく現れ、それまで、檜山(能代)と湊(秋田)の両家を愛季《ちかすえ》の世に合体し、居城も男鹿半島の脇本に移し、中央の信長や秀吉に接近していった。

天正一五年(一五八七)にその愛季が死亡したため一頓坐するかにみえたが、嗣子《しし》の実季《さねすえ》は湊安東氏の反乱たる天正一七年二月の「湊合戦」を辛うじて乗り切り、翌一八年三月、小田原に参陣して秀吉へ謁見、忠誠を誓うこととなった(4)。

かつての「蝦夷管領」安東氏がこのように、中央権力に収斂されていくいま、蠣崎氏のみが手をこまねいているわけにはいかない。

事実、第五世蠣崎慶広《よしひろ》は、領主安東実季に配慮しながらも、聚楽第の秀吉に謁することに成功したのは、天正一八年一二月二九日のことである(5)。この時、慶広は従五位下に叙され民部大輔に任ぜられた。ここに蠣崎氏は事実上、檜山安東氏と委任統治の関係を断ち切ったことになる。

翌一九年(一五九一)、南部に九戸政実の乱が起こるや、豊臣の大軍が寄せて来ている九戸の地に、慶広自ら兵士・アイヌを率いて参陣するなど、自己を抜かりなく中央政界にもアピールしていった(6)。

こうして、中央権力にも接近していった慶広の最大の見せ場は、文禄元年(一五九二)の朝鮮侵略の際の「肥前名護屋」本営への参陣であろう。文禄二年正月のことである。

この慶広の参陣に対して、秀吉はこう評したという。

高麗国を攻め随へんと欲し在陣せしむる処、思ひも寄らず狄の千島の屋形、遼遠の路を凌ぎ来るの儀、誠に以て神妙なり。高麗を手裏に入れらるることを更に疑ひ無し(7)。

この時、慶広は秀吉から志摩守に任ぜられた。同時に、江州に馬飼所として三〇〇〇石の領地を賜ったが、これを辞し、蝦夷島支配を承認する朱印状の交付を願った[8]。

その結果、給されたのが、次の文禄二年正月五日の、「国政の朱印状」である。

　於松前従諸方来船頭商人等、対夷人同地下人非分儀不可申懸。
　並船役之事、自前々、如有来可取之。
　自然此旨於相背族在之者、急度可言上、速可被加御誅罰者也。
　　文禄二年正月五日　朱印
　　　蠣崎志摩守トノへ[9]

これは夷人（アイヌ）に対する非法行為の禁止と、船役徴収の公認を内容とするものであった。蠣崎氏は、この朱印状の取得を通して、ほかの東北地方の諸大名と同じく、中央権力の中に軍役奉公の一員として組み込まれる一方、蝦夷島の唯一の支配者としても正式に公認されたことになったのである。

三月二八日、慶広が松前に帰ると、父季広は慶広の前に「畏まり、頭を低れ手を合はせ」て、

　若州以下北国中は其聞を知らると雖も上洛の本望を遂げず、猶ほ河北檜山の屋形を主君と仰ぐ[10]。貴殿今や日本国の大将軍太閤秀吉公の直忠臣と成る。是家運弥増々長久、子孫繁栄の基なり。幸甚〳〵。

と、喜悦満面に喜んで、一礼したという。

その後、慶広は東西のアイヌを松前城下に集め、朱印状をアイヌ語で読み聞かせた上で、

　此上猶夷敵対して、志摩守の下知に違背し、諸国より往来の者某《シャモ》に対し夷狄猛悪の儀有るに於いては[11]、速やかに其旨趣を言上せしむべし、関白殿数十万の人勢を差遣はし悉く夷狄を追伐せらるべきなり。

と言い聞かせた。

この朱印状を読み聞かせる慶広は、もはや、かつての檜山安東氏から蝦夷島の統治を委任された「上之国守

護」でもなければ「松前守護」でもなく、秀吉を核とする国家権力の直臣としての慶広であった。

ここに、蠣崎氏も、この慶広の世に及んで初めて、安東氏という戦国大名の一被官から、秀吉政権という国家権力の一翼に連なるに至り、晴れて近世大名の道を切り拓いたのである。

家康の黒印状と松前藩の成立

秀吉が慶長三年（一五九八）に没したあと、慶広の政治的交渉の中心が、家康になることは当然である。慶長四年、慶広は大坂城西の丸において家康に拝謁し、累世の系譜と蝦夷地図を呈上した。

またこの時、氏を蠣崎から松前に改めた。その四年後の慶長八年（一六〇三）春、慶広の長子盛広が征夷大将軍宣下のために家康の上洛に供奉《ぐぶ》し(12)、この冬、慶広も江戸に参勤し、一一月には在府料として月俸一〇〇人扶持を給された。

そしてその翌年の正月二七日、松前氏はついに家康から国政の黒印状を受けることとなった。

　定

一、自諸国松前へ出入之者共、志摩守不相断而、夷仁与直ニ商売仕候儀、可為曲事事。

一、志摩守ニ無断而令渡海、売買仕候者、急度可致言上事。

　附、夷之儀者、何方へ往行候共、可致夷次第事。

一、対夷仁非分申懸者、堅停止事。

右条々若於違背之輩者、可処厳科者也。仍如件。

慶長九年正月廿七日　黒印

松前志摩守とのへ(13)

第一条の「諸国より松前へ出入りの者ども、志摩守に相断らずして、夷仁と直に商売仕まつりそうろう儀、曲事たるべきこと」は、「志摩守に相断らずして」が全く新たに追加された文言である。

また、第二条の「志摩守に断りなくて渡海せしめ、売買仕まつりそうろうは、きっと言上致すべき事」にも、やはり「志摩守に断りなく」の文言がみえる。

この、家康の黒印状が形式的には、さきの秀吉の朱印状の「船役徴収権」と「アイヌに対する非法行為の禁止」の二本柱を踏襲したものになっているが、その中の「志摩守不相断」および「志摩守ニ無断」が端的に示すように、黒印状においては、松前慶広の蝦夷地交易独占権が明白に規定されている。

それとともに、「附」として、「夷の儀は、何方へ往行そうろうとも、夷次第致すべき事」なる一文は、秀吉の朱印状にはなかったものであり、この点も看過できない。つまり、この一文は、幕府がアイヌ民族の行動様式についても、意思表示したものとして注目されるのである。

こうしてみれば、家康の黒印状は、第一に松前氏の蝦夷地交易独占権をより明確化した点で、第二に幕府が松前藩を介して蝦夷地（アイヌ民族）との関係についても初めて言及した点で、さきの秀吉の朱印状とは一線を画すべき歴史的意義を持っていたといえよう[14]。

慶広の世に、氏も蠣崎から松前と改まり、併せて家康から画期的な黒印状を得た松前氏は、ここに日本最北端の「松前藩」として、近世大名の地位を確立させたのである。

これよりさきの永正一一年（一五一四）三月、蠣崎義広が父光広とともに上ノ国から大館に移転して居を定めていたのは徳山館であったが、慶長五年（一六〇〇）、慶広が大坂から帰藩すると直ちに、海岸部に突出した福山の台地に築城を開始し、六年後の慶長一一年に完成し、それを「福山館」と名づけた。

この福山館の完成・移転とともに、寺町をはじめ、旧大館街も海岸部に面した福山（松前）城下に移動した。元和五年（一六一九）の頃である[15]。

第二節　松前藩の基本構図

松前藩の特徴

松前藩の成立に際して下付された家康の黒印状は、形式的には大名松前氏に対する将軍家康の御恩の表現であり、その意味では、本州諸藩の大名の「御朱印」と何ら変わらない。しかし、将軍によって保証される大名の自らの藩に対する知行の権利（大名知行権）という点では、大いに異なるものがあった。

それは端的にいって、本州諸藩の大名知行権は、将軍から保証された封土たる土地に対する支配権であったのに対し、松前藩の場合は、アイヌ交易の独占権と出入り商船に対する徴税・課税権という蝦夷地交易の独占権であった。

これに付随する松前藩の特徴点を挙げるなら、次の三点を指摘できよう。

一つは、松前藩は、「志摩守所領の儀は、一体田畑年貢等これ無く、諸運上幷船荷物口銭等取立候儀収納に御座候」[16]というように、当時はまだ農業を生業とするに至らず、したがって、幕藩体制の中にあって、唯一、田畑年貢を課すことのない藩であったのである。

二つ目は、右の「諸運上幷船荷物口銭等取立候」を収納するという一文が物語るように、あくまでも藩の経済基盤の根幹は、対アイヌ交易の独占的経営にあった。その意味で、松前藩はその当初から、アイヌ民族の支配と収奪を前提にして成立する藩であったのである。

そして三つ目は、松前藩が和人地と蝦夷地という地域区分策を施行した点である。その和人地には、本州諸藩から和人が移住し、零細ながらも漁業の直接生産者として生活していた。

以上のように、アイヌ交易独占権を自らの大名知行権とする特異な松前藩は、幕藩体制の社会にあって、将軍からその家格をどのように格づけされていたのであろうか。

一般に、近世大名とは、石高一万石以上の領主で、将軍に直接奉公の義務を持つ者をいい、一万石以下の領主を「旗本・御家人」ないしは「地頭・給人」と呼んでいた。

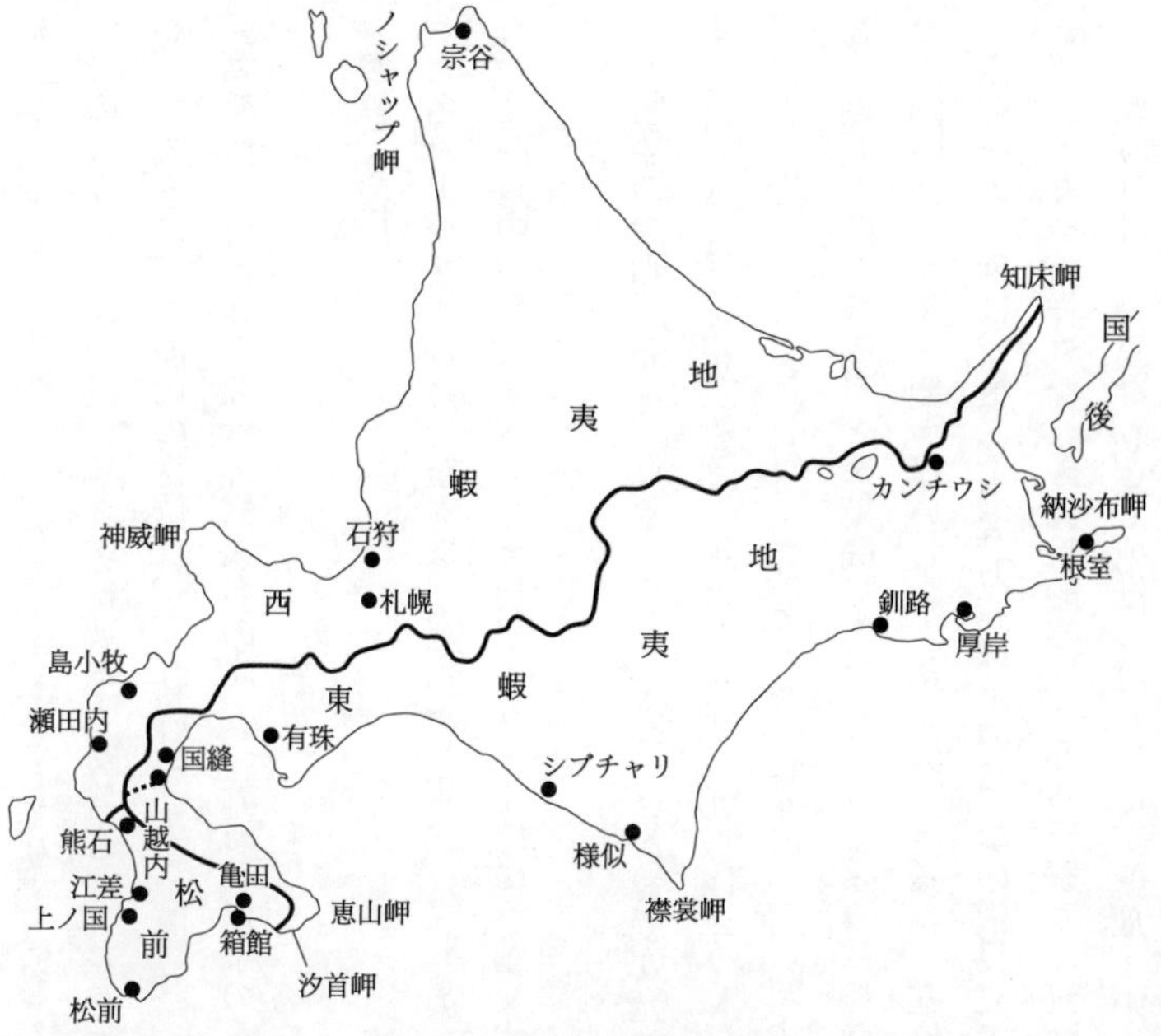

図6　東西蝦夷地の境界

近世大名松前氏の場合、「在所松前、知行高御座無し」(『福山秘府』)と、農業に立脚しない藩主ゆえに、その大名の資格たる「一万石以上」の基準に抵触することになる。松前氏の家格は、結論的にいえばこうである。

藩政初期には「賓客待遇」として、一万石以上の家に準ずる待遇を受けていたが、その後、幼主が続き、参勤交代を怠ったりしたため、五代将軍綱吉の頃から、「交代寄合」に格下げになった[17]。「交代寄合」とは、知行高でいえば、一万石未満の旗本クラスであるが、参勤交代の義務を有し、その意味で、大名扱いの家格をいう。その後、享保年間に至り、松前氏の家格や格づけも整備されるに至り、享保四年(一七一九)には、「志摩守矩広《のりひろ》父子万石の列に準ずべき旨命ぜらる[18]」というように、「万石並」と正式に一万石格の大名として処遇されることになった。

このように、松前氏は「賓客待遇」→「交代寄合」を経て、ようやく享保期に至り、「万石並」となったのである。ちなみに、松前氏の官位は、「若狭守」か「志摩守」もしくは「伊豆守」で、「従五位下」であった。そして、参勤交代の時の詰の間は外様大名の席で、五万石以下の小大名の列する「柳の間」であった。

参勤交代

大名および交代寄合の旗本は、寛永一二年（一六三五）の「武家諸法度」で、「大名・小名在江戸交替相定所也。毎歳夏四月中参勤致すべし」と規定され、江戸に参勤交代することが義務づけられていた。松前藩の場合はどうであったろうか。

松前藩の参勤間隔は、寛永一三年（一六三六）から慶安元年（一六四八）の時期は「三年一覲」、慶安二年から延宝六年（一六七八）は「六年一覲」、延宝七年から元禄四年（一六九一）は再び「三年一覲」、元禄一二年（一六九九）以後は「六年一覲」となっていた。またその参勤時期は、一〇～一一月に参府し、翌年の二～三月に暇としていたので、在府期間も四～五カ月と短期間であった。[19]このように松前藩の場合、参勤交代の義務は忠実に遂行されていたが、その間隔は「三年一覲」ないし「六年一覲」と長く、在府期間も短かった。

松前藩の行列は、槍二本（五万石以上の格式）の道具立であり、供揃いも一七〇人程度を要した。その参勤は、まず長者丸や貞祥丸などの御手船で松前から三厩《みんまや》まで渡海するのであるが、津軽海峡は、

> 此渡りは八九里なれども風儀の渡りにて、龍飛・中の汐・白髪（白神）とて三流の潮筋あり、滝のことくにて、風ゆるき時は乗切りかたし。順風を得て乗出れども沖にて風ゆるむ時は潮に流されて南部の沖え漂流する事度々なり。[20]

と、かなりの難所であった。三厩で行列を組み、松前街道（「外か浜道」・「上磯街道」ともいう）を経て、南部

領・伊達領・宇都宮領を経由して江戸に入る。その距離、海路一三里、陸路二一〇余里といわれ、それに要した日数は、二五〜四〇日であった。

この参勤交代に要する費用も莫大であり、例えば、貞享四年（一六八七）の経費は一二〇〇両ほどであったが、これは年々増加の傾向をたどった[21]。そのため藩では、経費捻出に苦慮し、場所請負人などの有力商人や両浜組合（近江商人）、株仲間などに御用金を課したりした。

和人地と蝦夷地

既述したように、蠣崎季広の世に定められた「夷狄之商舶往還之法度」には、和人の居住する地を、西は上ノ国（天河）、東は知内を境に限って「和人地」と限定していた。

この中世的な和人地が近世においてもひとつの原型をなし、時間の経過とともに若干の差異はあるものの、おおむね寛文期（一六六一〜七三）には、西は熊石の関内《せきない》、東は石崎に至る地を「和人地」としていた。

そして、「西は熊石、東は亀田、両所に関所ありて、是より外は蝦夷地とす。此所にて往来を改む、故なくて蝦夷地へ往来を禁ず」[22]というように、その和人地の両端には各々、西の熊石番所、東の亀田番所が設置されて「関所」の業務を行い、蝦夷地への自由な出入りを禁じていたのである。

時代も天明期（一七八一〜八九）に入る頃には、東部の石崎以東にも和人が進出するに至り、小安〜野田追間にいわゆる「箱館六カ場所」が形成され、小安などは事実上、和人の集落となっていた。

とはいっても、法制上は、その小安も蝦夷地としての「箱館六カ場所」のひとつであり、依然として和人地の範囲は、西は熊石、東は石崎を限ることに変わりはなかった。

また、和人地以北の蝦夷地は、西北部を「西蝦夷地」または「上蝦夷地」、東南部を「東蝦夷地」または「下蝦夷地」と称した。

このような、蝦夷地と和人地との区分を行ったのは、アイヌ民族と和人との交易をめぐる衝突を回避するためとも考えられるが、より根源的には、一般和人の増加に伴って、大名知行権本来の蝦夷地交易の独占権が破綻することを危惧したことが最大の理由と考えられる[23]。

以上のように日本最北の松前藩は本州諸藩と相違する特異な藩であったが、そこではどのような仏教世界が展開したのであろうか。章を改めて検証していこう。

（1）『浅野家文書』天正十八年八月十二日付（『大日本古文書』家わけ第二）
（2）『南部史要』（熊谷印刷、一九七二年）
（3）青森県文化財保護協会編『津軽歴代記類』（『みちのく双書』七〜八、青森県、一九五六年）
（4）『奥羽永慶軍記』巻十八（『史籍集覧』二）
（5）『福山秘府』（『新撰北海道史』五、所収）
（6）『南部史要』（（2）に同じ）
（7）『新羅之記録』（『新北海道史』七、所収）
（8）同右
（9）『福山秘府』（（5）に同じ）
（10）『新羅之記録』（（7）に同じ）
（11）同右
（12）『福山秘府』（（5）に同じ）
（13）『松前年々記』（『松前町史』史料編一、所収）
（14）榎森進『北海道近世史の研究』（北海道出版企画センター、一九八二年）
（15）『福山秘府』（（5）に同じ）
（16）『蝦夷地一件』（『新北海道史』七、所収）
（17）坂倉源次郎『北海随筆』（『北門叢書』二、北光書房、一九四三年）
（18）『徳川実紀』享保四年正月十五日条（『新訂増補国史大系』吉川弘文館、一九二九年）

(19) 榎森進「幕藩体制の成立と松前」(『松前町史』通説編第一巻上、所収)
(20) 『北海随筆』(17)に同じ
(21) 『福山秘府』(5)に同じ
(22) 『北海随筆』(17)に同じ
(23) 『北海道近世史の研究』(14)に同じ

第二章　近世前期の松前藩と仏教

第一節　松前藩の仏教政策

寺町の造成と寺社奉行

一般的にいえば、近世期の寺院は租税の免除や土地寄進を通して、幕藩権力から一定の経済的保護を受けつつも、その反面では、鎖国制を標榜するその体制の保持のために絶対的な服属を強要されていた。それと同時に、近世寺院は檀家制に拠りながら、封建社会の末端支配層としても位置づけられていた。そのため、庶民の教化という寺院本来の機能を喪失し、教学的にも停滞の時代を迎えるに及んだことは、言うまでもない。そもそも、幕府が諸宗・諸寺院に対して、本末契約や新寺の建立禁止を通してその統制に乗り出したのは、慶長〜元和期(一五九六〜一六二四)のことである。が、その時期の統制は全宗派・全寺院を対象とするのではなく個別的なものであった。

松前藩は慶長一一年(一六〇六)、これまで拠ってきた大館徳山城に代わる福山館の完成をみるや、元和五年(一六一九)には、寺町も大館から海岸部に面して立つその福山(松前)城下に移転させた。松前藩は、この時期、総力

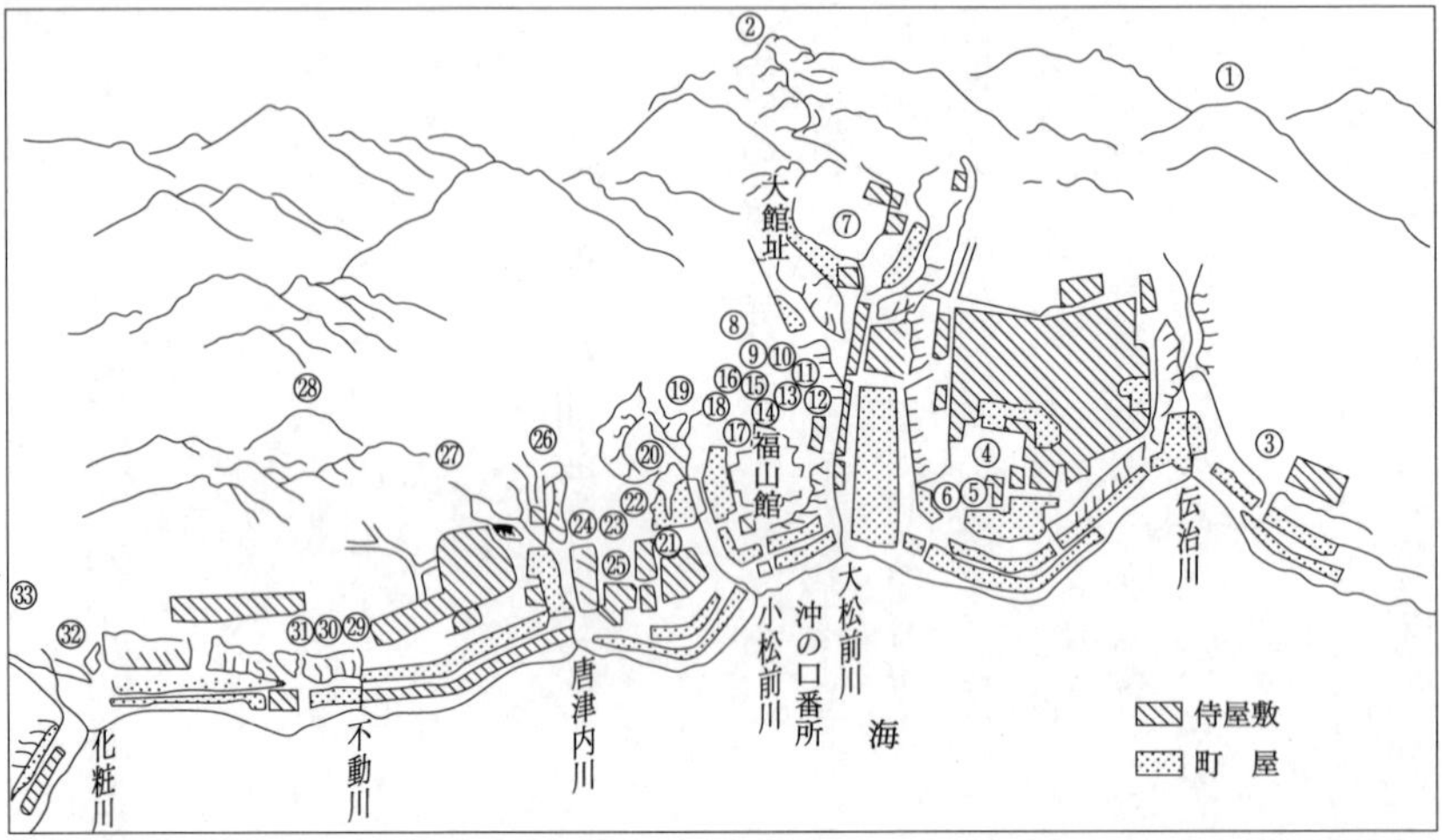

①七面堂　②地蔵堂　③広峯堂　④正行寺　⑤法華寺　⑥馬形社　⑦神明宮　⑧宗円寺　⑨妙蓮社　⑩慈眼寺　⑪八幡宮　⑫阿吽寺　⑬万福寺　⑭寿養寺　⑮法源寺　⑯法幢寺　⑰龍雲院　⑱光善寺　⑲羽黒社　⑳経堂寺　㉑稲荷社　㉒欣求院　㉓専念寺　㉔西教寺　㉕浄応寺　㉖稲荷社　㉗白山祠　㉘愛宕神祠　㉙不動堂　㉚恵比須社　㉛熊野宮　㉜浅間社　㉝無縁堂

図7　松前城下の寺社配置略図

「文化三年松前市中地図」(国立史料館蔵)，榎森進「近世北海道の都市」(『講座 日本の封建都市』3，文一総合出版，1981年，所収)の図版により作成。

を結集して、近世城下町の再建・整備につとめていたのである。雪解けの春四月の寺町はこう活写されていた。「寺町通の賑ひは、実に花の都なる智恩院の御忌参といふともおとるまじ[1]」と。景観を誇るこの寺町の原型は、慶長〜元和期に形づくられていたのである。この寺町の新たなる造営は、図7の「松前城下の寺社配置略図」にみる寺院の立地状況から推して、単に城下町の整備のためのみになされたのではない。それは中世期と同様、寺社に「鬼門除」を期待するという、すぐれて軍事的な目的をもって営まれたものであった。城下寺院は城下町の軍事的防禦をも担う形で創出されたのである。

こうして、蝦夷地交易に至便な福山城を築いた松前藩は、それと併行して、西は熊石、東は石崎を境に東西の両在を把握し、「夷之儀」は「夷次第」とは名ばかりに、いよいよ蝦夷地に対しても支配所持家臣の商場経営＝商場《あきないば》知行《ちぎょう》制を展開させていった。

松前藩が城下町—寺町を行政的・宗教的に再

編・整備しながら、商場知行制によってその経済的基盤を固めていた頃、宗教の世界においても、寺院としての「近世」が徐々に準備されていた。すなわち、中世期以来の古寺である光善寺が改号したり、同じく祈禱寺たる真言宗の名刹阿吽寺が実相院・観音寺・万福寺などの末寺を陸続と造立し始めていたのである。(2)

このとき松前藩が、近世の夜明けを迎えたとはいえ、封建支配層をはじめ庶民一般の宗教に依拠する心的営為は、やはり中世期のそれと一向に変わることはなかった。藩主慶広の息男が、慶長一七年(一六一二)に、中世期と同じように、高野山に参詣していたし、寛永元年(一六二四)、蔓延してやまない疫病をみては、正行寺の本尊阿弥陀如来像にその息災を心から念じもしていたのである。(3)

一方、松前藩の礎石を築いた藩主慶広の家督を相続した公広《きみひろ》の治世に及んで、近江商人が渡来したり、砂金場の積極的な開発が実施された。こうした経済的背景を受けて、寛永七年(一六三〇)には沖の口奉行が設置されたばかりでなく、亀田奉行や上ノ国の「官府」なども創置され、松前藩の体制固めがより一段と進行した。それと併せて、寺社・城下町の業務のみならず、和人地・蝦夷地を統轄する機構として、寺社奉行を置いた。それは、幕府が各藩に寺社奉行の設置を命じた寛永一二年(一六三五)の前後のことである。このように、公広の代は、政治・経済・宗教の領域にわたって、藩としての体制がより整備されていった時期であった。

寺社奉行が創設されたということは、政治権力によって寺社という宗教世界に対する保護と統制が本格的に始動したことを意味している。好むと好まざるとにかかわらず、すべての寺社は完全に封建権力の末端に位置づけられることになったのである。公広の治世の寛永～慶安期(一六二四～五二)はこのように、幕府が全国に寺社奉行の創置を命じた時期にあたっていた。幕府は、この寺社奉行を梃子に、この時期、寺院間の封建的秩序たる本末制の法制化も実施している。が、この制度が、松前藩はもちろんのこと、他藩においても現実のものとなるには、以後、多少の時間を要した。それでも幕府は、寛永八年(一六三一)、新寺の建立を禁止する法令を発布した。(4)そうした幕府による禁令発布の中にあっても、公広は、寛永一六年(一六三九)に、仏学の師沢庵《たくあん》と法交を結ぶなど、(5)

仏教に対して深い理解を示すとともに、慶長一八年(一六一三)に造立をみていた有珠の善光寺如来堂に対して、寛永一五年、鰐口の寄進もしていた。(6)

こうした仏教に大きく傾斜する藩主公広を頂点に仰ぐ松前藩が、幕府の新寺建立の禁をよそに、曹洞宗の法源寺に亀田の高龍寺、浄土真宗の専念寺に浄応寺、浄土宗の正行寺に法界寺というごとく、中世期以来の古刹に末寺建立を許容したのも、無理からぬことであった。幕命にもかかわらず、このように新寺が誕生した点からして、この期にあっては、幕府の宗教行政がいまなお、松前藩の中には十分に浸透していたとは言いがたい。それでも、他藩と同様、松前藩においても、慶広と公広の治世を機に、大局的には幕府の至上的な宗教対策の基調に沿いつつ、寺町の形成・寺社奉行の設置を行うなど、城下の寺院を封建寺院化していったことは間違いない。

本末制の形成

元和三年(一六一七)の段階で、個別的にではあるが、本末制を法文化していた幕府は、その一五年後の寛永九年(一六三二)、諸宗本山に本末帳の書き上げを厳命し、本山を通して全国の寺院を、その支配体制の中に組み入れようと画した。(7)この直接の対象は既存寺院であるが、かといって、今後新たに建立される寺院がその対象外となることは、もちろん許されない。

幕府は、いかなる寺院をも各宗派ごとに本末関係をとり結ぶことを制度的に義務づけようとしたのである。だが、制度としての本末関係はともかく、それを真に成立させるには、この寛永九年の法令でも十分ではなかった。そのため幕府は、寛文五年(一六六五)には、諸宗・諸寺院に対して画一的な統制たる「諸宗寺院法度」を発布するとともに宗旨人別帳の作製を強力に命じた。「寺院法度」の厳命は、もちろん松前藩の中にも「新地者御禁制ニて候、庵等の義先前の通、子細承、届願の通可致」(8)というように、浸透してきた。元和〜寛永期(一六一五〜四四)以来の幕府の懸案たる新寺の建立禁止・本末制の形成という宗教行政が、この寛文五年を機に、初めて制度的に結実したのである。従前の個別的統制に代わるこの画期的な統制が、制度的にも、あるいは実態的にも全国的に貫徹したのは、一般に、元禄五年(一六九二)とされる。しかし現実において、新寺の建立が制止され、本末制の成立をみるのは各藩の行政・宗教事情もあって、まちまちであった。例えば、秋田藩の場合、それが現実化したのは元禄五年を越えた享保年間(一七一六～三六)のことであった(9)。

松前藩の場合、後述するごとく、新寺建立の制禁は他藩と事情を異にするため、その制止策もついぞ実を結ぶことはなかった。しかし、本末関係の締結という点では、各寺院ごとに早晩の差が存するとはいえ、比較的順調に推し進められた。その皮切りは、日蓮宗寺院の江差妙応院においてである。一般に画一的な仏教統制が全国化したとされる元禄五年の三年後、江差の妙応院は京都本満寺の直末寺と化し、成翁寺と号したのである(10)。これを初見にし、浄土宗の正行寺も元禄一四年(一七〇一)に松前藩の仲介によって、京都知恩院と本末関係を結んだ。

一方、つとに蠣崎氏の菩提寺として領内寺院の重鎮として位置してきた曹洞宗法幢寺の場合はどうであろうか。曹洞宗において、関三刹たる総寧寺・龍穏寺および大中寺を大僧録として、その配下に録所を創設したのは、寛永七年(一六三〇)のことであった(11)。その際、全国五〇カ所に、国録＝録所を置き、延宝九年(一六八一)にも全国に一四七カ所の録所を設けた。こうした段階的な録所の設置状況から推して、松前藩の法幢寺は、寛永七年または延宝九年かのいずれかの時点で、藩内の国録＝国法触頭に任ぜられたものと推定される。松前の政治と仏教との結節体として、中世期の蠣崎季広以来、種々の面で機能してきた法幢寺が、いまここに松前藩の国法触頭として制度的に位置づけられたのである。

このように、遅くとも延宝九年には領内の触頭の任を帯びた法幢寺に対して、藩は元禄一〇年(一六九七)、十三仏と釣鐘を寄進して体制的な手厚い保護を加えた(12)。この触頭たる法幢寺が本末関係を結んだのは、それからやのちの正徳元年(一七一一)のことであった。すなわち、法幢寺第一二世の太郭が使僧二人を秋田円通寺に遣わし、正式に嗣法・法脈を相続したのである。法幢寺は触頭と化した三〇年後に正式な本末関係をとり結んだのであった。

こうしてみれば、幕府が画一的な寺院統制に乗り出し、本末制の成立を施策していた寛永〜元禄年間（一六二四〜一七〇四）は、松前藩においても、江差妙応院や正行寺の本末化、あるいは法幢寺の触頭就任・本末化に象徴されるように、近世の仏教界の秩序が急速に整備された時期であった。この期に創出された寺院秩序を基調にして、享保八年（一七二三）には、曹洞宗の名刹法源寺も三春龍穏院と本末関係を結んでいる。[13]

こうした宗教の世界に封建的なタテの関係を措定するという秩序形成の波は、何もひとり寺院間にのみ及んだのではなかった。実は、山岳信仰の領域にも波及していたのである。山岳宗教＝修験者の活躍は中世期以来、各種の堂社の経営などの中に観察されるところであった。その統轄を、松前藩はかの真言寺院たる阿吽寺に託していた。[14] 享保三年（一七一八）のことである。ここに阿吽寺は、藩の祈禱寺としてはもちろんのこと、修験信仰の世界においても、その統轄体として体制の中に確実に組織化された。この組織化は、近世の神官のことごとくが修験者にその系譜を持つだけに、その史的意味も大きかった。それは、松前藩が阿吽寺を介して神道界をも同時に体制化できたからである。かくて、寛永〜元禄期に寺院間の封建的秩序を創出しようと画した松前藩は、享保期の段階には、法幢寺を仏教界の核に、阿吽寺を修験道・神道界の中枢にという形で、完全に体制の中に組み入れたのである。まさにその営為は、寺社という宗教の封建化にほかならなかった。

封建寺院と政治権力

前述のように、矩広《のりひろ》を中心とする松前藩は寺社の封建化を推進する一方で、それを梃子にして、領内全体の社会秩序の形成・維持にも意を用いた。すなわち、領内に流入する一般の旅行者に対して、「旅者ハ如先水揚り帳江可記置候、自他国々之者男女ニかきらす不審成躰於有之者、遂穿鑿町奉行江聞届沖口改出可申候」[15] というように、その渡海を寺社奉行と沖の口奉行で厳しく規制した。その際、旅者が己れの属する檀那寺の発給する寺判

＝通行手形を所持しているか否かを検閲されたことは言うまでもない。松前藩にあっても自由な通交は許されていなかったのである。こうした往来に対する制限が加えられたのは、何も旅行者だけではなかった。各地を行脚する渡海僧にも、「諸国経廻の行脚躰の僧者勿論（中略）他国の僧一切ニ留置申間鋪候、法縁の者尋来無拠暫差置申度類者（中略）日限の義者三十日ニ不可過」[16]というごとく、往来規制が加えられていた。よんどころない事情があったにせよ、渡海僧の逗留期間は三〇日以内に限定されていたのである。

このように、矩広を盟主とする松前藩は、寺社の封建化とともに旅者や渡海僧の出入国規制を通して、領内の社会秩序を整備・維持していったが、城下寺院に対して、統制のみを行うのでなく、保護の手を下していた。松前藩は寺院に対して、統制と保護の両面をもって対応していた。例えば、矩広自ら、「光善寺へ御出被成候。始テ御招請ニ付鳥目千疋、大布二巻、御樽肴被下候」[17]というごとく、光善寺に赴いて、金子千疋・大布・酒肴などを下賜したのである。元禄三年（一六九〇）のことである。こうした寺院への藩主の直接参詣は、開藩以来、初めてのことであった。矩広はその二年後には、正行寺にも出向き、光善寺と同じく、金子千疋・白布一疋・酒を給したり、越えて元禄一二年には法華寺へも出座し、種々の経済的保護を加えた。[18]

矩広の寺院に対する庇護はそれだけではない。元禄一〇年に福山城中に仏殿の造立をしているし、同一五年には飢餓者に対する粥の施行を経堂寺において実施もしたのである。[19]

こうしてみれば、矩広の治世は、城下寺院の本末関係・触頭制の確立および渡海僧の通交制限という寺院統制を推進しながら、他方では、諸寺への経済的保護をも実施し、政教一如のうるわしき封建的関係を生み出した時期であったといえよう。ちなみにいえば、松前氏の菩提寺法幢寺の住職柏巌《はくがん》峯樹が、お家騒動に絡み、西在の熊石に流罪の上、斬殺された、世にいう「門昌庵《もんしょうあん》事件」が起こったのも、この矩広の代のことであった。

一方、矩広の治世には、宗教の外なる世界では、新たな動きが起こり始めていた。藩初以来の経済基盤たる商場知行制の諸矛盾が、対アイヌ民族問題と絡み顕在化したのである。寛文九年（一六六九）のシャクシャインの蜂起がそれである。この蜂起を幕府の援軍のもと、辛うじて鎮圧したものの、これを機に砂金・鷹の減少は言うに及ばず、アイヌ民族との交易も不振に陥った。それを克服すべく打ち出したのが、当時の鰊漁業の盛況を背景にした問屋層の株仲間化を軸にする、いわゆる「松前三湊体制」の整備であった。これを契機に城下松前を核にして、東西の箱館・江差も、一漁村から港町へと大きく変貌することとなった。

松前・箱館そして江差という松前三湊体制の成立は、商人層の進出＝商人場所請負制を前提とするだけに、その結果として、これまで商場を直接経営してきた支配所持家臣団に寄生的な封建官僚の道をとらせることとなった。この家臣団の支配者としての政治的・精神的変質、さらには商人場所請負制の誕生という社会変動が、さきの本末関係・触頭の成立に象徴される宗教界における秩序形成と軌を一にして、矩広の治世下に惹起したことは注目に価する。松前三湊体制が引き金となって起こった社会変動が、寺院の領域にも、その影を落とさないはずがないからである。すなわち、江差や箱館を中心にした東西の両在が経済的に発展すれば、それはそのまま人口の移住となって顕現する。人口の移動があれば、あるいは寺請《てらうけ》制度の円滑な遂行のためにも、あるいは追善供養のためにも、必ずや寺院の造営がそこに必要となってくることは、見やすい道理である。

近世前期に建立された寺院

人口の自然増加や新田開発により、新しい村落が形成されることは、確かに他藩にもみられた。だが、新たな開拓を、和人地・蝦夷地の別を問わず、あくまでも推進しなければならない松前藩の地理的・歴史的特殊性を考える時、新村の開拓の必要性およびその数量において、他藩と松前藩を同日に語ることはできない。

したがって、他藩において元禄～享保年間（一六八八～一七三六）の頃に、新寺建立の禁が現実化したにもかかわらず、松前藩にはそうした図式的な法令は十全にその法効力を発揮することはなかった。

事実、松前藩の寺院に対しては、次のような特例が幕府・中央教団の側から容認されていた。「御領内法幢寺儀、録役相勤候間、三出世成就ノ仁御撰可被成候処、渡海ノ地、殊ニ御領内寺院多無之、人器御撰相滞候ニ付、法幢住職ノ儀、自今三出世未満候共、御帰依ノ仁へ御申付被成」[20]、すなわち、松前藩は地理的に「渡海の地」であるのに加えて、寺院も僅少であるから、法幢寺の住職になる僧は、「上座」・「長老」・「和尚」という三出世を遂げなくとも許可されていた。これは直接的には曹洞宗の関三刹が、松前法幢寺の住職就任に際して認めた特例であるが、こうした松前藩＝渡海の地なる地理的理由から、松前藩の寺院建立を、禁令にもかかわらず許容するという特例は、おそらく、幕閣の中にも暗黙の了解事項として存していたに違いない。そして同時に松前藩側や城下寺院もまた、当然そう自認していたに相違ない。そうでなければ、表11にみるような多量の新寺が造営されるはずがないのである。

では、幕府による寛永〜寛文年間(一六二四〜七三)の一連の新寺建立の厳禁をよそに、松前藩にはどれほどの新寺が営まれたのであろうか。寛政一一年(一七九九)以前＝幕府の蝦夷地直轄以前に限って、統計的にみてみよう[21]。表11の「近世前期に建立された寺院」が端的に示すように、寛政一一年＝近世前期において、松前城下および東西の両在に、真言宗寺院が四カ寺、黄檗《おうばく》宗寺院が一カ寺、曹洞宗寺院が二〇カ寺、浄土宗寺院が二三カ寺、浄土真宗寺院が一二カ寺、日蓮宗寺院が三カ寺、都合六三カ寺が末寺として新たに建立されたのである。この一点をみても、幕府の寛永〜寛文年間における新寺建立の禁止令が、いかに松前藩の前には力なく、形骸化しているかが判明しよう。それはまさに、江戸幕藩体制の中にあって、他藩には検証しえない松前藩独特の宗教動向といわなければならない。

寺院分布と村別家数

では、キリシタンの撲滅(後述)と民衆の仏事供養を目的に建立された右の六三カ寺もの末寺は、村の中でどのような形で存在していたのであろうか。末寺寺院と村別家数および人口数を通して、その相関関係を次に観察し

表11　近世前期に建立された寺院

宗派名	寺院名（建立年）	本寺	所在地	備考
真言宗（4カ寺）	実相院（慶長7）	阿吽寺	松前	
	観音寺（元和元）	〃	西在・泊	
	万福寺（元和2）	〃	松前	
	地蔵院（元和7）	〃	〃	
曹洞宗（20カ寺）	泉龍院（元和8）	法幢寺	西在・江良	
	龍雲院（寛永3）	〃	松前	公広夫人の開基，法幢寺3世良天の開山
	宗円寺（寛永7）	〃	〃	
	長徳庵（寛永7）	寿養寺	西在・乙部	延享2年以前は江差豊部内にあり
	正覚院（寛永8）	法幢寺	西在・江差	元禄2年以前は松前にあり
	高龍寺（寛永10）	法源寺	東在・亀田	法源寺7世雪翁の開基
	大泉寺（寛文7）	〃	東在・泉沢	享保8年以前は松前にあり
	開山堂（未詳）	〃	松前	
	門昌庵（延宝6）	法幢寺	西在・熊石	
	清涼庵（貞享元）	法源寺	西在・清部	
	宝樹庵（享保16）	高龍寺	東在・茂辺地	
	海蔵庵（享保17）	龍雲院	東在・荒谷	
	観音庵（元文元）	高龍寺	東在・上磯	
	大悲庵（延享2）	〃	東在・市之渡	
	寂照庵（宝暦2）	正覚院	西在・伏木戸	
	澄源庵（宝暦9）	〃	西在・五勝手	
	西光庵（宝暦10）	〃	西在・安野呂	厚沢部のうち
	光明庵（明和4）	高龍寺	東在・大野	
	清心庵（安永8）	正覚院	西在・土橋	厚沢部のうち
	円明庵（安永8）	〃	西在・目名	
浄土宗（23カ寺）	金剛寺（寛永元）	光善寺	西在・九艘川	江差のうち
	法界寺（寛永7）	正行寺	東在・福島	
	浄国寺（寛永20）	光善寺	西在・上ノ国	寛永20年以前は真言宗阿吽寺の支配
	称名寺（正保元）	〃	東在・亀田	元禄3年に移転
	欣求院（慶安元）	〃	松前	
	求道庵（明暦2）	称名寺	東在・石崎	
	阿弥陀堂（明暦年中）	正行寺	西在・江差	のち阿弥陀寺と号す

浄土宗(23カ寺)	西念寺　（寛文7）	正行寺	西在・乙部	のち大蓮寺と合寺して法然寺と号す
	光念庵　（貞享2）	〃	東在・吉岡	のち海福寺と号す
	無量寺　（元禄元）	光善寺	西在・相沼内	
	観音堂　（元禄元）	〃	西在・江差	
	勢至堂　（元禄6）	正行寺	西在・熊石	
	禅林寺　（元禄15）	称名寺	東在・上磯	
	龍宝寺　（享保3）	正行寺	西在・突符	
	英岳庵　（享保6）	称名寺	東在・富川	
	阿弥陀庵（享保7）	〃	東在・谷好	三屋のうち
	無量庵　（享保7）	〃	東在・神山	
	大蓮寺　（享保9）	光善寺	西在・乙部	のち西念寺と合寺して法然寺と号す
	本誓寺　（延享3）	阿弥陀寺	西在・蚊柱	
	明光庵　（不詳）	〃	西在・石崎	
	無縁堂　（延享3～4）	光善寺	松前立石野	光善寺17世円郭の開基，総寺院持
	光明寺　（宝暦10）	浄国寺	西在・木之子	
	妙蓮社　（明和6）	光善寺	松前	貞了院の遺室
浄土真宗(12カ寺)	浄応寺　（寛永7）	専念寺	松前	
	順正寺　（寛文8）	〃	西在・江差	のち江差別院と号す
	浄玄寺　（元禄3）	〃	東在・箱館	木古内→泉沢→箱館と移転，箱館東本願寺別院と号す
	順正寺庵（宝永5）	順正寺	西在・江差	
	東光寺　（享保元）	専念寺	東在・上磯	
	妙選寺　（享保3）	〃	西在・熊石	
	専称寺　（享保6）	〃	東在・吉岡	
	専得寺　（宝暦11）	〃	西在・乙部	
	円通寺　（宝暦11）	順正寺	西在・土橋	厚沢部のうち
	清浄寺　（明和3）	専念寺	西在・上ノ国	
	法香寺　（明和7）	〃	東在・石崎	
	能化庵　（寛政元）	東本願寺	東在・小安	
日蓮宗(3カ寺)	妙応院　（寛文11）	京都本満寺	西在・江差	元禄8年，成翁寺と号す
	感応院　（元禄元）	松前法華寺	西在・江良	
	実行寺　（元禄12）	〃	東在・箱館	
黄檗宗	経堂寺　（宝永元）	正宗寺	松前	
総　計	63カ寺			

表12　寛文9年における城下および東西両在の村別家数と寺院分布

城　下	家数	600〜700	寺院数	21
	阿吽寺，法源寺，寿養寺，法華寺，専念寺，法幢寺，最勝院，万願寺，正行寺，光善寺，西教寺(以上は中世寺院)，実相坊，万福寺，地蔵院，龍雲院，宗円寺，正覚寺，大泉寺，開山堂，欣求院，浄応寺			
〈西在〉	家数	1,022	寺院数	8
江　良		70	泉龍院	
上ノ国		140〜150	浄国寺	
江　差		から家有	長徳庵，金剛寺，阿弥陀堂，順正寺	
泊		60	観音寺	
乙　部		50	西念寺	
〈東在〉	家数	624	寺院数	4
福　島		120	法界寺	
亀　田		200余	高龍寺，称名寺	
石　崎		10	求道庵	

てみよう。

表12が示すように、寛文九年（一六六九）には、城下の家数六〇〇〜七〇〇戸に対して寺院が二一カ寺も存すのであるが、西在にあっては、家数一〇二二戸に対して寺院が八カ寺と少なく、東在の場合もその点は同様で、家数六二四戸に対して寺院は四カ寺しか存在しなかった。それを寺院の密度として測れば、城下寺院は三三戸に一寺、西在は一二八戸、東在は一五六戸に一寺という計算になる。それでも、東在の求道庵が家数一〇戸の石崎村に造立されたのを特例として、平均化すれば、東西の両在においては、家数約一三〇戸の集落を単位として一寺院が営まれていたことは指摘できよう。

一方、享保〜寛延期（一七一六〜五一）を画期に松前三湊体制の成立をみたのちの寺院分布を示す天明六年（一七八六）の表13に眼を転ずると、城下の家数が一五一九戸と増加している点もさることながら、西在にあっては江差の経済的発展を背景にして、家数も寛文九年の約二倍半に相当する二六三〇戸と大きく膨張し、寺院数もそれに呼応して約四倍にあたる三一寺が建立されている点は注目される。一方の東在においても、寛文九年に比較して、家数にして約二倍の一二六〇戸、寺院の数に至っては約五倍の二一カ寺が建立されている。また、一寺当たりの戸数把握＝寺院密度で

表13　天明6年における城下および東西両在の村別家数・人口と寺院分布

城　下	家　数	1,519	人口数	6,385	寺院数	23
	阿吽寺，法源寺，寿養寺，法華寺，専念寺，法幢寺，最勝院，万願寺，正行寺，光善寺，西教寺(以上は中世寺院)，実相坊，万福寺，地蔵院，龍雲院，宗円寺，開山堂，欣求院，浄応寺，立石野無縁堂，妙蓮社，浄応寺，経堂寺					
〈西在〉	家　数	2,630	人口数	9,910	寺院数	31
清　部		40余		140余	清涼庵	
江　良		100余		180余	泉龍院，感応院	
石　崎		60余		180弱	明光庵	
木之子		60余		120余	光明寺	
上ノ国		210余		370余	浄国寺，清浄寺	
五勝手		100余		350余	澄源庵	
江　差		1,000余		3,500余	金剛寺，阿弥陀堂，順正寺，正覚院，観音堂，順正寺庵，法華寺	
泊		190余		200余	観音寺	
伏木戸		30弱		100余	寂照庵	
厚沢部		230弱		900余	西光庵，清心庵，円明庵，円通寺	
乙　部		250余		820余	長徳庵，西念寺，大蓮寺，専得寺	
突　符		20余		80弱	龍宝寺	
蚊　柱		60余		200弱	本誓寺	
相沼内		100弱		210余	無量寺	
熊　石		180余		600余	門昌庵，勢至堂，妙選寺	
〈東在〉	家　数	1,260	人口数	9,940	寺院数	21
荒　谷		20弱		20余	海蔵庵	
吉　岡		50弱		260弱	光念庵，専称寺	
福　島		80弱		340弱	法界寺	
泉　沢		50余		250余	大泉寺	
茂辺地		60余		300余	宝樹庵	
富　川		30余		140余	英岳庵	
三　屋		50弱		250余	阿弥陀庵	
上　磯		170余		740余	観音庵，禅林寺，東光寺	
大　野		60弱		250弱	光明庵	
市之渡		60弱		280余	大悲庵	
神　山		50弱		270余	無量庵	
亀　田		30余		140余	高龍寺，称名寺	
箱　館		450弱		2,500余	浄玄寺，実行院	
石　崎		60弱		300弱	求道庵，法香寺	
小　安		40弱		160余	能化庵	

いえば、天明六年の場合、城下寺院が六六戸、東西の両在寺院が一〇〇戸前後となる。してみれば、各寺はこうした家数と庶民の動向を掌握しながら、互いに共存していたのであろうと推定される。ただ両在の寺院の共存の仕方は、城下寺院の末寺であるがゆえに、後述するごとく、具体的な寺務に至るまで本寺たる城下寺院の管轄に規制されることが多かった。つまり、両在の末寺・庵には、城下寺院の門弟が派遣されるのが常であったのである。

ともあれ、表13から、享保～寛延期の両在の経済的発展―村落形成を背景にして、急速に末寺・庵が造立され、併せて、幕命の新寺建立の禁にもかかわらず、松前藩では一貫して新寺が営まれ続けていたことが指摘できよう。本州の諸藩には看取できない松前藩ならではの仏教行政であり、寺院動向であるといわなければならない。

第二節　本末関係と檀家制

松前藩の本末関係

寺院間の封建的な本末関係のありようは、一般に、大別して二様に分類される。一つは中央の巨大な教団との関係であり、いま一つは地方内部の狭義の関係である。前者については、松前藩の場合、前述したごとく、妙応院・正行寺・法幢寺などのように、幕命に沿いつつ、元禄～正徳年間(一六八八～一七一六)に中央教団との間で本末化が行われていた。それに対して後者の関係は、一地方における新寺の建立の結果、発生するものであるから、前者以上により日常的にして現実的な意味を持つ。この地方的な本末関係は、おおむね、城下の本寺の住持とその門弟という師弟関係に拠ることが多く、その意味では、末寺数の量がそのまま、城下本寺の寺勢を示す有力なバロメーターとなる。

それでは、松前藩の城下寺院は、本寺としてどれほどの教勢を示していたのであろうか。寛政一一年（一七九九）以前に限って、その本末関係をうかがってみることにしよう。

表14が如実に示すごとく、真言宗では藩の祈禱寺たる阿吽寺が末寺を独占的に所有しており、曹洞宗にあっても、藩の菩提寺・触頭である法幢寺とその末寺の正覚院に末寺が集中している。また中世期以来の古刹法源寺とその末寺の高龍寺も多くの末寺を所有している。浄土宗においては、光善寺とその末寺の称名寺、および正行寺が圧倒的な教勢を示している。浄土真宗の専念寺も同様である。してみれば、阿吽寺・法幢寺・法源寺・光善寺・正行寺および専念寺は、中世以来の伝統的な寺院であり、加えて封建権力の庇護を陰に陽に受けてきた名刹であったことを考慮すれば、近世前期＝寛政一一年以前においては、少なくとも、城下の中世寺院がそのまま近世前期の仏教界をリードしていたと解しなければならない。だが、その一方においては、箱館の高龍寺や亀田の称名寺および江差の正覚院のごとく、城下寺院の末寺とはいえ、松前三湊体制の確立を背景にして、それぞれ箱館・亀田・江差の地域において、独自に末寺を有するまでに教線を拡張していた点は、見逃してはならない。こうした末寺の自立化現象は、松前藩全体の今後の政治・経済の動向を反映させながら、以後、より顕著になるのであるが、これについては後述するところである。ともあれ、近世前期には、封建権力を後楯にした城下の古刹が、多くの末寺を有し、そこに一人程度の門弟を送り込みながら、末寺経営にあたっていたのである。

表14　近世前期の本末関係

宗派	本寺	末寺数
真言宗	阿吽寺	6（中世寺院3）
曹洞宗	法幢寺	6
	法源寺	4
	高龍寺	4
	正覚院	5
	寿養寺	1
	龍雲院	1
浄土宗	光善寺	9
	正行寺	6
	称名寺	5
	阿弥陀寺	2
	上国寺	1
浄土真宗	専念寺	10（中世寺院1）
	順正寺	2
	東本願寺	1
日蓮宗	松前法華寺	2
	京都本満寺	1

檀家制と庶民

幕藩体制にとって、鎖国制はその存命に直結するすこぶる重大な外交・政治的課題であり、幕藩権力がそのために国内的施策として実施したのが、ほかでもなくキリシタンの撲滅策であった。このキリシタン排除策を推進する直接的な担い手は、他藩もそうであるように、松前藩においても、寺社奉行であり、寺院であった。すべての領民は、その所属する寺院＝檀那寺を持ち、その檀那寺が発給する非キリシタンの証明である寺請証文・手形を所持することを義務づけられていたのである。

この上からの寺請制度の成立によって、仏教は制度的には日本国の国教と化すことになった。その功罪はともかく、こうした寺院・仏教の封建化と表裏一体になった寺請・檀家制が整備されてくるのは、既述したごとく、寛文年間（一六六一〜七三）のことである。

この制度の運営は、一般には「切支丹宗門改の節名主五人組為相談能々入念相改候事、附、宗門之請帳幷証文年々差出可申候」[22]というごとく、庶民の連帯組織たる五人組を媒介にして、毎年七月と一二月の二度にわたって、寺社奉行あるいは宗門改方―寺院によって執り行われ、宗派ごとの宗旨人別帳の作製が行われるのが常であった。しかし、五人組制の整備をみない近世前期の松前藩にあっては、寺請制の実施は寺社奉行―城下の諸寺院にゆだねられていた。それに加えて、年二度の宗門改および人別帳作製も、松前藩の場合、さきの新寺建立の禁が特例として黙認されていたのと同じく、春から夏にかけては商い時であり、人も集まらないことを理由に、秋に一度だけ実施すればよいという特例が容認されていた。

松前藩が他藩と違いこうした特例を持つとはいえ、庶民はことごとく体制的な寺請制・檀家制を通して、確実に寺社奉行―檀那寺に心霊をも掌握されていったことだけは揺るぎない事実である。

松前藩下の庶民は好むと好まざるとにかかわらず、キリシタンでない証をたてるためにも、「毎月仏神幷親類江之致精神或者宮寺江参」[23]というごとく、仏神に対する信仰心を持たなければならなかった。封建権力がそう強要していたのである。一方、仏教に改宗したキリシタンにあっては、その子供でさえ男女を問わず、「ころひ候以後之子共ハ男女ともに類族之内江書付可被申事」と、「類族」の名で檀那寺に強制的に緊縛されるのであった。

つまり、キリシタンであったという一回生起的な事実はその本人一代では終わらず、子孫の代にまで「類族」という形でその烙印は残されていったのである。それはおろか、「類族」であるがゆえに「類族之者果候死骸等塩詰」にされるとともに、他国に赴くことも厳しく規制されたのである[24]。

このように松前藩下のすべての民＝檀家は、宗旨人別帳により、その檀那寺と密接不離に結びつけられたのであるが、それでも、寛文五年(一六六五)の「諸宗寺院法度」においては、「檀越之輩、雖為何寺可任其心、従僧侶方不可相争[25]」というごとく、檀家側が檀那寺を選択する時、その自由選択を原則的には一応認められていた。とはいうものの、この自由も所詮、檀家と檀那寺を対キリシタン政策のために、結合させるところに芽ばえた、いわば政治権力が苦肉の策として政策的に創り出した擬制的な自由でしかなかった。したがって、松前藩においても現実には、後出の『法源寺過去帳』が端的に示すように、同族戸が同じ檀那寺に属すことが一般であった。

ともあれ、寺請制度という宗教的操作を梃子にして創出された檀家制のもと、檀那寺とその檀家が、あるいは祖先供養・葬礼・法会行事、あるいは寺の建立・修理などを通して、この上なく深く結びついていったことは事実である。檀家は寺に対して経済的寄与＝財施《ざいせ》をなす反対給付として、寺院側も檀家訪問という形で宗教的サービス＝法施を行いながら檀家制を維持・経営していったのである。

こうしてみてくると、支配装置たる藩権力―寺院にとっては、キリシタン禁制・人口動向の掌握のためにも、また諸仏事儀式を遂行するためにも、一定の集落をなす村には必然的に最低一寺は必要となってくるのである。このような背景から、松前藩においても、既掲の表12および13でみたごとく、小村落の中に末寺や小庵が必要視されて造営されていったのである。

そこでも確認したように、一集落に末寺が建立されても、それがそのまま末寺の檀家把握にはならなかった。なぜなら、その末寺は寺務のことごとくを城下本寺の統轄の中に掌握されていたからである。城下寺院＝本寺が自寺の門弟を派遣して、あくまでも遠隔操作的に末寺経営を行っていたのである。

寺院の檀家数

では、松前藩の城下寺院は果たして、どれほどの檀家を所有していたのであろうか。それを解明する手掛かりとなるのは、言うまでもなく、諸寺の過去帳と墓碑である。しかし、遺憾なことに、松前藩の城下寺院のすべてが、それを今日に伝えているわけではない。現存するのは、城下一七～二三寺のうち、法源寺と寿養寺のみであり、したがって、今日、城下寺院の檀家数の全容をしのぶことはもはや不可能としなければならない。それでも、一定の檀家傾向を探ることは可能であるから、次にその辺を『法源寺過去帳』に検証してみよう。

表15と表16は、『法源寺過去帳』をもとに同寺の城下の檀家数と東西の両在におけるそれを、慶長八年(一六〇三)～寛政一一年(一七九九)＝近世前期に限って、三期にわたって集計化したものである。表15によれば、第一期の慶長八年～元禄一二年(一六九九)における城下の檀家数は武士・百姓合わせて一二九戸であるが、元禄一三年～寛延三年(一七五〇)の第二期には商家六戸も合わせて二一七戸と、約二倍近くに増加している。宝暦元年(一七五一)～寛政一一年の第三期に及んでは商家も二六戸と増え、武士八六、百姓二〇二と、都合三一四戸の檀家数を所持している。このように、法源寺の城下檀家数は一二九戸→二一七戸→三一四戸と、年を追うごとに増加の一途をたどるのである。その階層的な内訳をみれば、城下の曹洞宗寺院とはいえ、法源寺の場合、三期にわたって、百姓の占める割合が武家の二～三倍である。

それでいて、一方の武家の場合も三二戸→六五戸→八六戸という具合に、微増ではあれ、法源寺の檀家に属す者が増えていった。

こうしてみれば、松前藩が曹洞宗の法幢寺を触頭・菩提寺にしていたものの、同宗の法源寺は武家の専属にはならず、その檀家所有のあり方は、武士・百姓・商家を含んでおり、その意味で、非階層的であったと推断される。商人層の進出を背景にして、それをも檀家化していった事実が何よりの証左である。地域別にみると、第一

表15 『法源寺過去帳』にみる城下の檀家数

	〈慶長8～元禄12〉		〈元禄13～寛延3〉			〈宝暦元～寛政11〉		
城下	武士	百姓	武士	百姓	商人	武士	百姓	商人
博知石		21	1	21		3	23	1
唐津内		10	6	14	1	5	14	1
湯殿沢		6		21		1	21	1
蔵町		6		5		1	4	2
中川原		5	1	8		1	6	2
川原		5	3	7			17	
枝ヶ崎		4	1	2			2	
西館		4	2	8			11	
泊川		3		8			14	
中町		3		5			5	
東町		2		9			6	
新町		2	1	3			3	
袋町		1		1			1	
炭焼沢		1		4			10	
小松前		1		2			4	
馬形		1	1	4			25	
唐津内沢		1		6			10	
大松前							3	
神明							4	
生符							5	
惣社堂							2	
寅向							5	
横町							2	
芝居町							3	
不詳	32	21	49	18	5	75	2	19
合計	32	97	65	146	6	86	202	26

期～第二期においては、博知石町と唐津内町とが圧倒的に多いが、第三期に至っては、馬形町や川原町および泊川町の百姓も数多く檀家化していった。こうした地域的な檀家分布の状況は、より直接的には町そのものの経済的な盛衰に規制されたようだが、一定の地域に檀家が集中して存在していたことは、同時に、同族戸を中心にした檀家化が営まれていたことも明示しているといえよう。

次いで、表16の東西の両在における檀家分布に眼を転ずると、やはり、第一期～第三期と推移するごとに、両在全体として、八五戸→一二六戸→一六五戸と、檀家数は増加し続けている。内訳的には、第一期においては、

表16『法源寺過去帳』にみる東西両在の檀家数

〈西在〉	〈A〉	〈B〉	〈C〉	〈東在〉	〈A〉	〈B〉	〈C〉
江良	35	40	42	及部	7	2	10
清部	21	28	29	知内	1	2	1
江差	4	2	2	亀田	2	3	1
相沼内	3	3	1	荒谷		4	7
根部田	2	3	2	福島		2	
塩吹	2			泉沢		3	3
熊石	2	2		大沢		1	7
札前	1	2	3	根森			3
雨垂石	1	2	3	白符			7
木ノ子	1	5	3	吉岡		2	1
羽根差	1			大野		1	3
伏木戸	1	1	1	湯の川		2	
蚊柱	1	2	2	箱館		1	2
茂草		3	4	戸切地			2
原口		1	5	茂辺地			3
上ノ国		2	1	富川		1	2
乙部		3	4	三谷			2
大茂内		3	4	七重			3
				小安			2
小計	75	102	106	小計	10	24	59
				合計	85	126	165

〈A〉は慶長8～元禄12,〈B〉は元禄13～寛延3,〈C〉は宝暦元～寛政11の期間を示す。

西在が七五戸であるのに対して、東在は一〇戸と少なく、第二期には、西在が一〇二戸、東在が二四戸、第三期には、西在が一〇六戸、東在が五九戸というごとく、第三期に至り、東在の地にも徐々に檀家化する百姓が増えてきてはいるが、それでもこの期には、全体として西在の方が多い。そうした檀家分布の状況にあって、西在の江良と清部村に檀家が集中している点はひときわ眼をひこう。そのうち、江良には法源寺の直接経営が及んでいたが、清部村には、法源寺の末寺＝清涼庵が貞享元年(一六八四)に建立されていた。つまり、法源寺はこの清涼庵に門弟を派しつつ、清部村の檀家の維持につとめていたのである。また、法源寺は東在の亀田と泉沢村にそれぞれ、高龍寺・大泉寺なる末寺を営んでいたのであるが、この地域は天明六年(一七八六)の段階で、亀田が三〇余、箱館が四五〇弱という家数を擁した所であるから、おそらく、高龍寺はさきの末寺建立の自立化現象を反映させて、泉沢村をも包括する独自の檀家経営を推進していたものと想定される。亀田における法源寺の檀家数が二戸→三戸→一戸と僅少なのに加え、減少していることがそれを傍証している。前掲の表13にみたごとく、泉沢村は天明六年に五〇戸余を擁していたが、この泉沢村に、法源寺が三戸しか檀家数を持っていないことも、高龍寺が地理的事情を背景にして、大泉寺と共存的あるいは包括的な檀家経営を行っていたことを裏づけている。

　ともあれ、『法源寺過去帳』を分析する限りでは、法源寺は、第一期に城下および両在の総檀家数＝二一四戸、第二期に三四三戸、第三期に四七九戸程度を所持し経営していたのである。こうした檀家把握を遺蹟的に裏打ちするのが、ほかでもなく、追善供養の産物たる墓碑の造立である。

表17　近世前期の法源寺の墓碑

年代	墓碑の素材						墓碑の形態									墓碑の階層					墓碑数
	閃緑岩	玄武岩	安山岩	砂岩	花崗岩	凝灰岩	五輪塔	板塔婆	笠塔婆	唐破風	自然石	卵塔	笠付角	角柱	厚手	僧侶	百姓	商人	武士	不明	
寛永						3		1	1			1				1				2	3
正保						1	1													1	1
慶安						2			2										1	1	2
寛文					1	6			3	1		1			2	1				6	7
延宝						3			3								1			2	3
貞享						1								1						1	1
元禄						3			1	1					1				1	2	3
正徳					2							1			1	1			1		2
享保				1	8	9			4			3	1	1	9	2	1		5	10	18
元文					2	1								1	2				3		3
寛保						4	1							1	3				4	1	5
延享					1										1					1	1
寛延						5									5			1	3	1	5
宝暦			1		7	8				1	1				14	1	4		9	2	16
明和			4	2	6	3			2				2	3	8		2	2	9	2	15
安永			3	3	10	6	2		1			1		3	15		5	1	5	11	22
天明		1	4	5	7	8						2		6	17	2	9		11	3	25
寛政	1			4	23	12		1		1	1			9	28		14	1	15	10	40
計	1	1	13	15	67	75	4	2	17	4	2	9	3	25	106	8	36	5	67	56	172

墓碑の造立

　では、近世前期に造営された法源寺の墓碑はどれほどであろうか。統計化して示せば表17のようになる。これによると、寛永三年（一六二六）を初出に、都合一七二基もの墓碑が各階層により造立されていたことになる。(26)

　この一七二基の墓碑のうち、僧侶の八基を除いて、その檀家数を試算すれば、一六四戸となる。近世前期における法源寺の墓碑は、実は右の一七二基のみではない。このほかに俗名は確定できないものの、墓碑年代の推定によって、檀家として確認されうるものが六一戸存する。加えて、俗名と墓碑年代とがともに不明なのが、江戸時代を通じて三七四基も存する。この三七四基のうち、仮に一〇〇基を近世前期のものと解すれば、法源寺の城下檀家数は、おおよそ二七〇戸前後となる。この二七〇戸の檀家数と、『法源寺過去帳』から割り出した既掲の表15にみる宝暦元年～寛政一一年の三一四戸とを勘案する時、法源寺の城下檀家数は、二七〇～三一四戸であったと結論して大過ないだろう。ちなみにいえば、安永六年(一七七七)頃の城下家数は一四三四戸(27)であるから、法源寺は城下の約五分の一を檀家化していたことになる。

したがって、残る一一〇〇戸余りが、城下一七カ寺のうち、この法源寺と檀家を持たない祈禱寺たる阿吽寺・万福寺を除く一四カ寺の檀那寺によって檀家化されていたことになる。それを単純平均すれば、一寺当たりの檀家数は約八〇戸前後になるが、寿養寺の場合、現存する過去帳および墓碑から試算すれば、近世前期の城下檀家数は一〇〇～一五〇戸ほどであった。こうしてみれば、法源寺以外の城下寺院は、多少の増減はあれ、八〇～一〇〇戸程度の檀家を所持していたと推定されるのである。

ところで、前掲の表17から判明するごとく、近世前期にあっては、宝暦期(一七五一～六四)を境にして、徐々に墓碑の造営が一般化し、その形態も厚手板石墓碑が約六割を占めるとともに、墓碑素材には凝灰岩と花崗岩が多く使用されていた。凝灰岩はおおむね越前石であることを考慮すれば、その凝灰岩の搬入を通して、松前藩と北陸地方との間に、ある一定の近世的流通圏が存したことが予想される。

ともあれ、松前藩においても、法源寺や寿養寺の過去帳および墓碑に徴するごとく、着実に檀那寺と全階層とが結合する檀家・寺請制が日常の生活の中に活きていたことは紛れもない歴史的事実である。

第三節　藩権力と寺院および庶民

藩の寺院保護

既述したごとく、藩主矩広の治世下の元禄年間を境にして、法幢寺の触頭化および阿吽寺の修験者の統轄化をはじめ、諸寺の本末関係の締結などにより、城下の宗教界秩序を構築し、併せて諸寺への経済的保護によって、政教一如の関係を作りあげていた松前藩であった。矩広によるこの政治と宗教との不離密接な構図を受けて、藩政の中枢に登場したのは、江戸松前家に出自を持つ第一一世邦広《くにひろ》であった。邦広は襲封《しゅうほう》直後に諸士に対して血印を誓約させるなど、家臣団の結束を図る一方、藩財政を再建すべく沖の口支配体制を強化した。藩政中興の祖と評される所以も実にここに存する。

政治・経済の世界に敏腕を振るったこの邦広は、さきの矩広と同様、仏教にも深い理解を示していた。すなわち、菩提寺たる法幢寺の住持の遷化に際し、前例を破ってまでもその葬礼費用として金三両を給したのである。(28) 時に享保一四年(一七二九)のことである。こうした藩と法幢寺との結びつきは、ほかのいかなる城下寺院にも看取できない松前氏の菩提寺・国法触頭ならではの和合であった。それだけではない。邦広は宝暦一三年(一七六三)には、さきの元禄六年(一六九三)に奉加した総持寺・洞川庵への材木寄進を踏襲する形で、材木に代わるものとして、金子一〇〇両を法幢寺の本山である総持寺に寄付したのである。(29) この法幢寺の肩代わりとしての財施もまた、やはり、藩と法幢寺との仏法を介しての強い絆が存すればこそ可能な業であった。(30)

法幢寺がこのように藩権力のこの上ない手厚い政治的・経済的保護を蒙っていた頃、松前氏とは中世期以来、血脈・法脈の両面において堅く結ばれていた、いわば第二の菩提寺ともいえる浄土真宗の専念寺と藩との関係はどうであろうか。(31)

専念寺は、あるとき、法幢寺と藩権力との深まりいく結合に反感を覚えてか、あるいは藩に直結する血脈を過大に誇示してか、「今般天子祖師の影、権現様御牌等安置致候ニ付、境内下馬札、東西南三か所へ相達申度旨申達候」(32) と、強烈に主張したことがある。宝暦四年(一七五四)のことである。寺内には教主釈迦・宗祖親鸞の御影および家康の牌を安置しているという論理を楯にとって、藩側の境内への馬の乗り入れを断固として拒否したのである。

これは、専念寺の果敢な聖域論の主張以外の何ものでもない。王法＝政治権力が、仏法を完全にその支配下に置いていた近世仏教の歴史に徴しても、この専念寺の聖域論の主張は、ひときわ異彩を放っているといわざるをえない。が、しかし、さきの矩広の治世に構築をみた寺院秩序を発展的に継承する中興の祖邦広の前には、この主張も所詮、瞬時の主張でしかなかった。王法によって排除されてしまったのである。

それでも、この稀有な騒動の四年後には、藩側と専念寺との和解も手伝ってか、「専念寺内々奉願ノ夷錦(中略)御使以可被下置」[33]と、専念寺に夷錦が下賜されるに至った。専念寺は形の上では政治権力に屈服しながらも、実として、その保護を仰ぐ道を選択し、権力の傘の中に収まっていったのである。こうして、遅くとも、宝暦一〇年(一七六〇)の頃までには、中世期の昔日のごとく、藩権力が専念寺―京都本願寺との法交に仲立ちを買って出るほどに、その結びつきを深めていた[34]。そして、明和七年(一七七〇)には、京都西本願寺が松前に末寺の設立を幕府に出願しても、この東本願寺に属する専念寺は、松前藩と堅く結びついて、「領内門徒の儀は往古より本願寺一派」であることを楯にして、断固拒絶したのである[35]。

専念寺がかかる藩側の財施のみならず政治的加護をも蒙った以上、その反対給付として、法施を行うのは当時の檀家制のありように照らせば、至極当然のことである。案の定、専念寺は明和二年(一七六五)、「当年慶広院殿様御遠忌相当候ニ付、御引上御法事(中略)執行仕度奉存候」[36]と、初代藩主慶広の遠忌を丁重に願い出て執行した。ここに至って、邦広を中核とする藩権力と専念寺とは、かつての血脈・法脈の絆によって結ばれていた佳《よ》き昔日の関係に完全に復することになったのである。

この邦広の代にあって、宗教的サービスたる法施を梃子に藩権力に近く歩み寄るのは、何も専念寺のみではなかった。法幢寺の末寺である龍雲院なども、檀家制の構図を巧みに活用して、寺勢を拡張していった寺院のひとつである。すなわち、龍雲院の場合、さきの公広の令閨《れいけい》を祀っていることを唯一の根拠にして、宝歴一一年（一七六一）、本堂の建立の寄付を藩側に要求していたのである。

一方、元禄一五年（一七〇二）の頃、理由は不明であるが、法源寺は国法触頭の法幢寺によって閉門を命ぜられ、公的な寺院機能を停止させられていた。しかし、その法源寺も宝暦八年（一七五八）には、松前氏の始祖および二代の菩提を弔っていることを論拠に、藩との公的関係をとり結ぶに至っている。(37)

このように、邦広の代には、城下の中世期以来の古刹が、その差こそあれ、檀家制を拠り所にして、着々と藩権力に接近し、その経済的・政治的保護を求めていった。城下寺院が藩権力に歩み寄れば寄るだけ、藩側の用意する寺院の秩序化なる施策の中に組み込まれていくことは、火を見るよりも明らかである。

寺院の経済的基盤

このように矩広・邦広の治世を機に、城下の諸寺院は、一方では統制を通して体制化されながら、他方では政治的・経済的保護を受けていた。その経済的援助も含めて、近世寺院の経済的基盤は具体的にどうであったろうか。一般的にいえば、全国の寺院教団は戦国期を境にして、戦国大名によってその荘園領主的性格を否定されるに及び、結果的には、織豊政権の検地政策により決定的な打撃を受けて、その寺領荘園をことごとく失うに至った。江戸幕府の開府後、寺院は改めて、幕府から朱印地を、大名から黒印地・除地を寄進されたが、その寺領も総石高にして六〇万石余であり、近世民間寺院の数が九～一〇万も存したことを考えれば、それがいかに僅少であったかが判明しよう。(38)このように、幕藩国家から寺領・寺禄を下賜される近世寺院はごく少数であり、大半の寺院は檀家からの布施物によってその財政を賄うのが実情であった。

松前藩にあっては、あの狭隘な寺町の中に一七～二三カ寺もの城下寺院が密集していることも手伝い、各寺院が一定の寺領を藩権力に期待することはできなかった。確かに、表18のような藩からの財施を、邦広の代に奉加

表18　近世前期における寺院の財施

寺名＼年代	宝暦8年以前	享保年間
光善寺	鳥目1,000疋，大布2巻，樽肴(元禄3年)	
正行寺	金子1,000疋，白布1疋，樽，掛物(元禄5年)	
法華寺	鳥目1,000疋，綿2把，掛物，樽(元禄12年)	
阿吽寺	洗米19俵(享保8年以前)	洗米40俵(享保8年以後)
法幢寺	渡米45俵(享保15年以前)	渡米55俵(享保15年以後)
専念寺	夷錦，山丹巻物2丈(宝暦8年)	

されてはいた。しかし、光善寺・正行寺・法華寺そして専念寺に対する財施は、あくまでも一時的なものであり、それが寺院の恒常的収入となることはなかった。それでも、藩は城下の全寺院に対して、「寺社江年中祈禱ニ入候酒壱か月宛仕切可相渡候[39]」と、領内の鎮護を目的にした公的祈禱に入用な品としての酒をはじめ、蠟燭・木綿・紙などを給していた。言うなれば、藩側は封建支配の一翼を担う上で必要不可欠な品物を、各寺院に現物支給の形で与えていたのである。しかし、この現物支給が諸寺院の財源と化すものでないことは、言うまでもない。

その中にあって、この近世前期に藩から一定の寺禄を下賜される寺院があった。それは、藩の国法触頭であり松前氏の菩提寺でもある法幢寺と、修験者の統轄を一任されていた藩の祈願所たる阿吽寺である。

法幢寺の寺禄は、享保一五年(一七三〇)の頃、「只今迄年中ノ渡米《わたしまい》四十五俵ニ有之候処、当年ヨリ十一俵足シ、前後五十五俵ノ積リニ向後共ニ可被遣[40]」が端的に説示するごとく、「渡米」という名称で給される玄米であった。表18にもみるごとく、享保一五年以前までは四五俵であったのを、この年から五五俵に加増されたのである。一方の阿吽寺の寺禄は、享保八年(一七二三)までは「洗米《せんまい》」の名で下賜される一九俵のこれまた玄米であった。しかし、「唯今ハ漸々十九俵程も相渡申事ニ候。然バ、左様ニテハ誰住職相勤候テモ、寺内相続難仕候[41]」と経済的逼迫を理由に、享保八年の時点で四〇俵の増米を要求し、それが認められていた。

このように、藩から一定の恒常的な寺禄を支給されていたのは、一七～二三の城下寺院のうち、わずか法幢寺と阿吽寺の二寺のみであった。大半の寺院は寺禄を持たず、藩に期待できるのはただ祈禱に必要な諸物資と藩主が参詣した折の臨時的な財施だけであった。ここに至っては、法幢寺と阿吽寺を除く城下諸寺の経済的基盤の脆弱さはもはや自明であろう。

諸寺院がその脆弱さを克服する道は、檀家からの布施物以外に残されていなかった。既述したごとく、例えば、法源寺は宝暦～寛政期（一七五一～一八〇一）の頃、城下に二七〇～三一四戸、東西の両在に一六五戸の、都合四三五～四七九戸の檀家を所有していたのであるから、その布施によって寺院財政を賄っていたのである。檀家を基盤とする寺院にあって、この法源寺は城下家数の約五分の一を檀家化するなど、比較的恵まれていた方である。ほかの寺院の場合は、城下檀家数もおそらく八〇～一〇〇戸前後であったことを思えば、その財政は極めて不安定であったといわなければならない。

では、近世前期の段階で檀家の奉加する布施物はいかほどであったろうか。享保九年（一七二四）の時点では、庶民の場合、「導師江の布施鳥目弐百文ニかきるへし」(42)というごとく、銭二〇〇文と規定されていた。ちなみに、米の相場は天明三年（一七八三）で、「直段之義者壱升ニ付銭百文」(43)であったから、庶民の布施は、米二升＝銭二〇〇文であったということになる。また、藩側が把握した宝暦四年（一七五四）における城下寺院は一七カ寺で、その僧侶数は五八人であった(44)。単純平均すれば、城下の一カ寺当たりの僧侶数は約三人であるが、法幢寺と阿吽寺を除く各寺は三人前後の生活と寺院の維持・経営の費用を、もっぱら檀家の布施物に求めながら、近世前期の社会に封建寺院として活きていたのである。

藩権力と社家

中世期以来の修験者＝社守は、寺院と同じく、松前藩下においても、社家《しゃけ》・神官として寺社奉行に統轄されていた。すなわち、藩権力は八幡社を例にするごとく、京都吉田家の許状を獲得した八幡社の社家＝白鳥家を正式の神職として位置づけたのである(45)。と同時に藩側は、神官全体の統制のために、神官の代表者を「社頭職」に任命した。その任に就いたのは八幡社と神明社であった。時に元禄五年(一六九二)、藩主矩広が寺院の秩序化を図っていた頃のことである。社頭職の地位・役割は、寺院における触頭に相当するので、八幡社と神明社は寺院側の法幢寺と同じ立場を占めていたことになる。とはいっても、社頭職を担う八幡社と神明社との社格はその当初において同一ではなく、八幡社の方が神明社の上位にあった。両社が同格の地位を得るようになるのは、寛延元年(一七四八)以後のことである。こうして両社が対等の立場で、月番または年番交代制をとりながら、社頭職の任を全うしていったが、その一方で、馬形社の佐々木家がそれを補佐する体制をとっていた。八幡社および神明社の両白鳥家と馬形社の佐々木家の三家が、神社・社人統制の軸になって、中央の吉田家と直結しつつ、両在に自社の子弟を送り込む形で在々の末社をも統轄していたのである。

このような形で、神社も寺院と同じく、矩広が推進した宗教世界の秩序化の政策の中に、まさしく封建神社として創出されていたことは注目される。神社の経済的基盤も、一定の社領―社禄を下賜されるわけでもなく、その意味では寺院とおおむね同列であった。神官は藩側に神社の創建・改修時の経済的援助を期待できたものの、それは恒常的なものではなかった。したがって、自社の経営には寺院の檀家制に相当する氏子制からの寄付金や自ら主催した芝居や相撲等の興行収入などに依拠せざるをえなかったのである。

神社と庶民

一方、神社は寺院のごとく体制的な檀家制を基盤にしておらず、したがって、庶民とは、例えば、諸神の勧請・神楽の興行・神爾札《しんじふだ》の配布・悪疫祓の際の祓札の配布・例大祭などを通して交わるのが一般であった。神社は庶民のささやかな現世利益の期待に応えながら、政治・仏教とは異なる領域で自由に庶民と深く溶け合っていたのである。それを証するひとつの手掛かりとして、庶民による諸神の勧請がある。近世前期に限ってそれを示せば、表19のようになる。

表19 『福山秘府』にみる近世前期の堂社

所在地	堂　社　名（造立年）	家臣給地	寛文9年家　数	宝暦8年家　数	寺　院　数
城　下	馬形野観音堂，熊野権現社，弁財天堂，八幡宮，総社大明神，山王権現社，勝軍地蔵堂，天満天神社，羽黒権現社，愛宕山権現社，不動堂（以上は中世堂社），稲荷大明神小社（慶長17），新羅大明神小社（寛永20），天照大神宮（承応元），浅間観音堂（万治元），白山権現小社（寛文５），諏訪大明神小社（寛文６），得火栖明神小社（宝永元）		600〜700	1,193（宝暦10年の数）	17〜23（中世寺院11）
〈西在〉					
根部田	浅間観音堂（？）		15	16〜17	なし
札　前	恵美須宮（元禄９）		20	15	なし
赤　神	天神社（正徳元）		18	17〜18	なし
雨重石	観音堂（？）		6	20余	なし
のしの下	不動堂（？）		10	7〜8	なし
清　部	八幡宮，不動堂（元禄４），恵美須宮（？），地蔵堂（正徳元）		70	30余	1
江　良	八幡宮（延宝７），観音堂（正徳５）		70	70余	2
原　口	恵美須宮（正徳元）		14	8〜9	なし
石　崎	八幡宮（？），観音堂（？），荒神社（？），権現社（宝永３）	給地	23	20	1
塩　吹	観音堂（宝永６）		15	7	なし
下ノ子（滝沢）	観音堂（正徳元），稲荷社（寛文５）	元給地	20	23〜24	なし
上ノ国	毘沙門堂，館神八幡宮，薬師堂，若宮明神社（以上は中世堂社），神明社（寛永３），観音堂（元禄３），観音堂（正徳２），弁財天社（正徳４）		140〜150	120	1
北	観音堂（？）	給地		14〜15	なし
五勝手	地蔵堂（？），稲荷社（元禄６），薬師堂（元禄７），庚申堂（正徳４），神明社（正徳５），恵美須堂（？）		10	60余	なし

所在地	堂　社　名（造立年）	家臣給地	寛文9年家数	宝暦8年家数	寺院数
江　差	弁財天社(慶長20)，山神社(寛文4)，観音堂(寛文5)，姥神社(元禄8)，恵美須宮(宝永3)，於輪堂(?)		から家有	600余	7
豊部内	観音堂(寛文5)，浜之宮(?)			江差に含まる	なし
泊	八幡宮(?)，観音堂(寛永元)，恵美須宮(?)	給地	60	40	1
大　山	小山権現社(寛文5)		10	12〜13	なし
田　沢	恵美須宮(?)，観音堂(正徳4)	元給地	40	20	なし
伏木戸	弁財天社(?)，神明社(?)		から家　9	3〜4	1
厚沢部	恵美須宮(寛永9)，稲荷社(?)				なし
目　名	稲荷社(?)				
五輪沢	恵美須宮(天和3)			3〜4	なし
乙　部	薬師堂(明暦3)，八幡宮(?)，観音堂(?)，大日堂(正徳4)，稲荷社(?)，明神社(?)	給地	50	30余	2
小茂内	観音堂(寛文5)，神明社(寛文5)	給地	10	20余	なし
大茂内	八幡宮(?)，観音堂，稲荷社，恵美須宮(?)	元給地	14	30余	なし
突　符	八幡宮(?)，弁財天社，恵美須宮(?)		14		1
蚊　柱	観音堂(寛文5)，恵美須宮(寛文5)，諏訪明神社(宝永元)		30	30余	1
相沼内	八幡宮，観音堂，恵美須宮，権現社，観音堂，愛宕社(正徳元)，稲荷社(正徳5)		40	30余	1
熊　石	観音堂(寛文5)，明神社(元禄元)，大日堂(宝永3)，恵美須宮(宝永3)，稲荷社(正徳4)		80	30余	3
ホロムイ	雷神社(宝永2)，恵美須宮(宝永4)				
〈東在〉					
及　部	天神社(宝永2)	給地	10	13〜14	なし
大　沢	山神社(?)		20	20余	なし
礼　髭	八幡宮，観音堂(?)	元給地	20	20	なし
吉　岡	八幡宮，観音堂，恵美須宮(?)		50	20余	2

宮　歌	八幡宮(明暦元)	給地		20	30余	なし
白　符	大日堂，荒神社(？)	給地		20	20余	なし
福　島	神明社，八幡宮(慶安2)，観音堂，十羅女堂(？)，毘沙門堂(延宝5)，羽黒社(延宝7)，稲荷社(天和2)			120	60余	1
知　内	荒神小社(中世期)，雷荒神小社(元和4)，薬師堂，観音堂，明神小社，山神社(？)			30	50余	
木古内	観音堂，稲荷社，恵美須宮(？)	給地		4〜5	17〜18	1
札　苅	観音堂(？)			4〜5	13〜14	なし
泉　沢	毘沙門堂，観音堂，稲荷社，山神社(？)				30	なし
三ツ石	観音堂(？)			3	20	なし
当　別	観音堂(？)				26〜28	なし
茂辺地	天神社，観音堂，地蔵堂，稲荷社，山神社，荒神社，恵美須宮(？)	給地		10	25〜26	1
富　川	観音堂，姥神社(？)	給地			13〜14	1
三　屋	観音堂(寛文5)				27〜28	1
戸切地	観音堂，雷神堂，恵美須宮(？)	元給地		20		
有　川	神明社(？)				70 }	3
亀　田	八幡宮(？)			200余	23〜24	1
箱　館	神明社，八幡宮(宝永5)，弁財天社(宝永6)，観音堂，薬師堂(？)		から家有		56	2
湯　川	薬師堂(？)			8	13〜14	なし
志濃里	観音堂(？)					なし
銭亀沢	観音堂(？)				20	なし
〈蝦夷地〉						
有　珠	如来堂(慶長18)，観音堂(？)					
志古津	弁財天小社(万治元)					

表20　堂社の類型とその数

堂社名	城下	西在	東在	計	堂社名	城下	西在	東在	計	堂社名	城下	西在	東在	計
観音堂	1	19	16	37	弁財天社	1	4	1	7	姥神社	0	1	1	2
恵美須堂	1	15	4	20	薬師堂	0	3	3	6	庚申堂	0	1	0	1
八幡宮	1	9	6	16	山神社	0	1	4	5	浜之宮	0	1	0	1
稲荷社	1	8	4	13	地蔵堂	1	2	1	4	於輪堂	0	1	0	1
権現社	5	4	1	10	天神社	1	1	2	4	十羅女堂	0	0	1	1
明神社	4	4	1	9	荒神社	0	1	3	4	大日堂（如来堂）	0	1	1	3
神明社	1	4	3	8	毘沙門堂	0	1	2	3					
不動堂	1	4	0	5	雷神社	0	1	2	3					

権現社に熊野・山王・羽黒・愛宕・白山権現社，明神社に総社・新羅・諏訪明神，神明社に天照大神宮を含む。観音堂・弁財天社・大日堂の「計」欄に蝦夷地の同該社を含む。

この表にみるごとく、神社は庶民の発意のもと、たとえ寺院が存在しない戸数一〇戸の小集落の地にも勧請されていたのである。その意味で、庶民にとって神社は寺院以上に、生活そのものの中に必要不可欠な存在であったといえる。庶民が営んだ諸社は近世前期＝安永年間（一七七二～八一）の段階で表19が示すごとく、城下に一八社、西在に八六社、東在に五六社、蝦夷地に三社の、都合一六三社に上っていた。この数は近世前期に造立された寺院数六三ヵ寺に比較して、実に二倍余である。この一点からも、神社がいかに庶民にとって身近なものであり、生活の中に共存していたかが察せられよう。その神社を類型化したのが表20である。それによると、勧請した祭神では、現世安穏の祈願対象たる観音堂が圧倒的に多く、その造立率は東西の両在において堂社の二四パーセントにも達している。次いで諸産業の発展を祈念して建立された恵美須堂および武運長久の信仰を集めた八幡宮が多く勧請されていた。概して、松前藩においても、息災延命や諸産業の発展向上を祈った諸神が数多く祭祀されていたといえよう。ただその中にあって、観音堂、恵美須堂とともに祭神の三本の柱を形成している八幡宮が、武士信仰の核であるにもかかわらず、前掲表19にみるごとく、家臣団の両在における給地あるいは元給地に高い建立率を示していない点が眼をひく。その率は三割程度なのである。[46]八幡社を重視したという伝説を持つ松前藩としては何とも奇異な一現象ではある。この八幡宮の意外にも低い建立率から、松前藩の家臣団の精神構造が純然たる武士意識というよりは半武半商的なそれに近かったことを想定するのは穿《うが》ち過ぎであろうか。

いくら諸社が庶民の生活の中に融合していても、封建権力の側からは、それを封建神社として制度的に位置づけられざるをえなかった。

阿吽寺と社家

元禄五年(一六九二)、八幡社と神明社が社人統制のために社頭職に任ぜられていたが、その二六年後の享保三年(一七一八)に及んで、藩は修験者一般を阿吽寺の支配下に属させたのである。これは、修験者＝社人の統制を、八幡社・神明社＝神社側と寺院側の阿吽寺の両面から行ったというよりは、阿吽寺が八幡社・神明社をも含めた全神社勢力の上に君臨して、神道界を統制化するに至ったことを意味している。享保三年に至って、封建的序列が全宗教の中に措定され、寺院が神社の上部に位置することとなったのである。

この序列化が確定したのちの一日《あるひ》、祭礼の不成就日をめぐって、阿吽寺と社家とが相互に意見を異にし対立したことがあった。が、その係争に対して、寺社奉行は、社家側の意見の不統一を理由にして、阿吽寺の方に軍配をあげた。(47) 寛延元年(一七四八)のことである。この阿吽寺の勝利により、社家側は諸祭礼の興行上の主導権は言うに及ばず、「散銭・洗米等ハ阿吽寺ヨリ夫々ニ配分可有之」(48) というように、経済的なそれすらも阿吽寺に奪取されることとなった。

元禄四年(一六九一)以後、経済的な理由により、祭礼は隔年ごとに行われたのみならず、明和九年(一七七二)に及んでは、不景気を理由に五年に一度となった。しかし七社・弁天社などの祭礼は、一般の庶民も多く参加する一大宗教行事であった。それだけに、こうした重大な祭礼行事の行方を決定する主導権争いに、阿吽寺＝寺院が勝利したことは、それ以後の松前藩における神仏関係のありように大きな影を落とすことになった。

寺院と神社のこうした係争・矛盾は、何も松前藩のみに発生したのではない。水戸・岡山・会津藩などでは、すでに寛文年間(一六六一～七三)の段階で、近世的な神仏分離・廃仏毀釈ともいえる寺院整理を実施していた。まさに、松前藩とは対極的な宗教行政を展開していたのである。ことに岡山藩では、寺請証文を中止し、「神道請」にするなど、寺請制度そのものに対する抜本的改革を行っていた[49]。

実は、松前藩においても、岡山藩と同様、寺請制の矛盾を指摘する声が神社の側からあがってはいた。すなわち、「八幡社司白鳥和泉、寺社奉行へ以書付願出候ハ、先規ヨリ唯今迄宗門御改ノ節、社家共宗門書小使迄ノ宛ニ相認候所、今度奉願候ハ、吉田表ニテ司官モ相済候事故、向後寺社御奉行御改ニ被仰付被下度旨願出候[50]」と、社家側は宗門改を「吉田表ニテ司官モ相済」んだことを理由に、寺院によるそれを改革するよう要求してきたのである。しかし、寺社奉行の返答は「只今迄右ノ通ニテ相済候事故[51]」と、従来の慣行どおりとされ、寺請制における神官の宗門改の免除はついに成功をみなかった。この寺請制の変革要求は、さきの不成就日をめぐる神仏論争から数えて、一〇年後の宝暦八年（一七五八）のことである。やや推測をたくましくすれば、阿吽寺があの論争に勝利したことが、このたびの社家側の寺請制の変革を拒否したある種の伏線になっていたに相違ない。

寺請制のあり方・寺判の作製の仕方をめぐって、宝暦六年（一七五六）、「総寺院寺判、今年ヨリ年々ニ為取申度、諸士百姓一円に願達[52]」と、諸士と百姓が連名で、寺院が発給する諸証明たる寺判を使用の都度ではなく、年単位にもらい受けたい旨を寺社奉行に願い出たことがある。いわば、寺判発給の簡略化を士庶が要求したのである。これについては、藩側は即座にその要求を容れた。しかし、さきの神官の宗門改の免除願といい、この寺判の簡略化要求といい、ともに広義の寺請制に対する矛盾を指摘する声である。その声が宝暦年間（一七五一～六四）に集中してあがってきたことは注視しなければならない。元禄～享保期（一六八八～一七三六）に構築した松前藩における宗教界の封建的な秩序関係にも、いよいよ亀裂が生じだしたことを予想させて十分だからである。

案の定、幕領期の文化四年（一八〇七）に至り、社家側は寺請の際の宗門改の免除はもちろんのこと、その家族は寺葬のままに扱うとしながらも、任官の神官自身は神道葬祭によることを、代償金を寺院側に支払ってまでも要求し、そして勝ち取ったのである。つまり、社家側は神社の統轄体である阿吽寺の末寺たる万福寺・慈眼寺に金一〇〇疋＝一貫文を差し出すことによって、神官の神道葬祭制の実現を勝ち取ったのである。(53)

このように、宝暦年間にその矛盾を露呈し始めた寺請制は、文化期の幕府の直轄化を契機にした神官の自立化現象を蒙って、ますます変容を余儀なくされる。寺院側が寺請制を通して変容を遂げる時、その一方の神道の世界も、神道葬祭制の実現をバネにしながら、幕末の尊王論、ひいては維新期の神仏分離へと、独自の歴史の翼を拡げて飛翔していく。

庶民の仏事供養と寺院

キリシタン禁制の目的から体制的に創出された檀家制の中にあって、寺院と庶民とを結ぶ役割を果たしたのは、葬祭と祈禱の儀式であった。逆からいえば、幕藩国家は檀家制によって、葬送儀礼を規則化したのであり、その結果、庶民は否応なく、法要に関わる諸儀式の祭祀者と化していったのである。だが、その反面においては、当時の封建的身分秩序ゆえに、庶民は在世の政治・経済的な生活領域において、支配を余儀なくされていた。その中にあって、平等の自由な境地を満喫できる唯一の場は、来世への通行手形ともいえる過去帳の中のみであった。つまり、政治的に創出された檀家制ではあったが、その檀家制は同時に、庶民に魂の自由を提供する場としても機能していたのである。さきにみた庶民＝百姓層の墓碑の造立が、その何よりの証左である。確かに、檀家制は原則的には庶民に魂の自由の場を提供していた。しかし、現実においてはその自由を与える諸葬祭に対してまでも、さまざまな規制が加えられていたことも事実である。庶民が無条件に追善供養することは認められていなかったのである。

松前藩において、この規制は、矩広を襲封した邦広の治世の頃から一般化した。それは、享保期の倹約令の発布を軸とした財政再建策を背景にして出てきたのであった。例えば、庶民の諸法事に対して、「香物共ニ一汁三菜不可過、茶菓子可為無用」と細かに指示するばかりでなく、法事の営み方についても「随分近き親類一両輩ハ格別、其余ハ堅可為無用事」[54]と厳しく制限するのであった。倹約の徹底化を図ろうとした享保九年（一七二四）のことである。

こうした庶民の諸法事を規制しながらも、それでも藩側は、寛保元年（一七四一）の津波で溺死者が出た際には、立石野の無縁堂において施餓鬼修行を行うなど[55]、寺院とは依然、密接に結びついていた。

だが、邦広の跡を嗣いだ資広《すけひろ》の頃から、庶民一般は言うに及ばず、その寺院に対しても徐々に規制が開始されていく。この寺院規制の動きは、おそらく、当時の問屋商人層の町方行政への進出と無関係ではあるまい。その頃、近江商人や江戸の商人層が寺社奉行―町吟味役―町年寄―町名主―町代という行政機構に直接的に参画し始めていたのである。現実肯定を志向してやまない彼ら商人層の価値観は、寄生的にして非生産的な寺院のあり方に、陰に陽に反映されたに相違ない。現に、湯殿沢の黄檗宗寺院＝経堂《きょうどう》寺が楽屋を提供して操り人形を興行しようとした宝暦一〇年（一七六〇）、「近頃以道場ニオイテ右躰興行仕候儀、定テ魚数モ取入、寺院ノ穢ト申儀、脇々寺院ニテ向後例ニモ引候テハ不可然」[56]と、寺院の戒律を遵守する持律的なあり方と今後の悪例防止を目的に、その興行を厳しく禁止するとともに、経堂寺住僧を蟄居に処している。こうした過去に例をみない具体的な寺院統制は、町人層の町方行政進出を背景にした資広の寺院観に拠ってなされたものと考えられる。このように、経堂寺が操り人形の興行の場と化したということは、逆説的にいえば、それだけ寺院が庶民の憩い・遊興の場としても機能し始めたと同時に、庶民にとって寺院が身近な存在となり始めていたことを意味していよう。ここに、封建支配の末端を担うはずの封建寺院が庶民と融合する形で、徐々に変容していく態を察知するのは、そう困難なことではない。

藩の寺院規制

資広を襲封した九代藩主道広の治世に及ぶや、藩の内外はにわかに激動の様相を呈し始めていた。安永六年（一七七七）には、松前の鰊漁も不振に陥り、蝦夷地への追鰊に出向く者も多くなったところに、天明の大飢饉が追い打ちをかけ、とりわけ、西在の江差では鰊の不漁も手伝って、人口の伸び率もしだいに鈍化するに至ったのである。こうした藩の基幹産業たる漁業の停滞は、ついに西在の漁民層を武装へと駆り立て、寛政二年（一七九〇）には漁民一揆の勃発となって現れた。藩は予期だにしないこの一揆騒動を収拾すべく、福山城下の総寺院にその説得を依頼し、辛うじて動揺を和らげる始末であった[57]。

道広の世には、このような内政矛盾の露呈に加え、対外的にも、ロシアの南下策に象徴されるような異常事態が惹起した。こうした難局の折、交易相手から漁場の一労務者へとその地位を低下させられていったアイヌ民族が、国後《クナシリ》・目梨《メナシ》地方において、再び蜂起を企てたのである[58]。寛政元年（一七八九）のことである。このように、道広の代の天明〜寛政期（一七八一〜一八〇一）は、松前藩にとってまさしく内憂外患の時期であった。しかし、このような難局に直面したにもかかわらず、藩側は従前の場所請負制をなお一層推し進め、ますます、政治権力と商人資本との癒着の度を強めるのであった。加えて、当の藩主道広は現実の諸矛盾を直視するどころか、ただただ放縦・遊興の境に酔うのみであった。

このような藩側の無為無策の政治的対応が、仏教の世界にも影を落とさないという保証はどこにもなかった。これまで檀家・寺請制を通して、封建支配層に服属させてきた寺院そのものに対しても、さきの宝暦期以上に、正面から規制を加えるに至ったのである。いまや、封建寺院であるがゆえの一方的な保護政策は大幅に後退し、規制の面のみが前面に押し出されてきたのである。

すなわち、原則的とはいえ、檀家―庶民が現世において求めうる唯一の魂の保証たる仏事・葬祭についても、寺院側の儀式作法のあり方を、次のように規制・統制し始めたのである。僧侶が法座において談義する際は「軽き釈書之文儀を解説して雑言」してならないし、檀家との交わりも「貴賤ニ不寄」親切にし、僧侶の法義は「世事の利養を離れ訴論ニ及」んではならないなどと。[59] これはまさに微に入り細を穿った寺院・僧侶への干渉と言うほかない。時に、明和五年（一七六八）のことである。こうした藩の寺院規制が表面化すればするだけ、寺院は支配の末端を担っているという封建寺院としての意識を稀薄化させるとともに、被支配者としての認識を深める。ひいては、自寺の社会的立場を庶民のそれと同一であるとの感を強めていく。つまり、寺院と庶民の心情的一体感が生じてくるのである。

藩権力によって、僧侶が「出家の行跡近来不宜」ことや「寺内ニ女尼差置」[60]くその非を一々に糾弾されるに及んでは、寺院と庶民の一体感は加速度的に強まっていく。藩権力にとって、寺院内の腐敗化は、確かに許容されてはならぬものであった。藩側は、寺院をあくまでも封建支配の具＝封建寺院として位置づけようとしていたからである。

しかし、現実においては、そうした藩の寺院観をよそに、寺院は規制を受けるのと比例して、いよいよ庶民の世界に傾斜していくのであった。いまや、寺院も元禄〜享保期のような封建者としての自覚を持った封建寺院ではなくなろうとしている。

藩権力と寺院との精神的離反が、安永八年（一七七九）、ついに現実のものとなった。法華寺の僧日暁が、さきの寛文五年（一六六五）の「諸宗寺院法度」において厳禁されていた檀家との争論の禁止条項を破り、幕府に公訴したのである。[61] これは、檀家との争論禁止という松前藩のみならず幕藩体制全体の金科玉条に対する正面きっての挑戦でもあった。日暁自身が捕らえられ、死に処されたことは言うまでもない。この未曾有の一件が、松前藩における政治権力の寺院観やその封建的関係の上に重大な影響を及ぼしたことは推測にかたくない。寺院は封建寺院として、藩権力の思惑どおりに機能しなくなってきたことを、この法華寺の公訴事件は示していた。

（1）『松前歳時記草稿』（『新北海道史』七、所収）

(2)『福山秘府』(『新撰北海道史』五、所収)
(3)『新羅之記録』(『新北海道史』七、所収)
(4)藤井学「江戸幕府の宗教統制」(『岩波講座　日本歴史』一三、一九六七年、所収)
(5)『福山秘府』((2)に同じ)
(6)松浦武四郎『東蝦夷日誌』(時事通信社、一九六二年)
(7)中井真孝「浄土宗の本末関係」・竹貫元勝「本末関係の形成について」(『近世仏教』一四号、一九八〇年)
(8)『松前福山諸掟』(『松前町史』史料編一、所収)
(9)『秋田県史』第二巻
(10)『福山秘府』((2)に同じ)
(11)『総持寺誌』(総持寺史編さん委員会、一九六五年)
(12)『松前年々記』(『松前町史』史料編一、所収)
(13)『福山秘府』((2)に同じ)
(14)同右
(15)『松前福山諸掟』((8)に同じ)
(16)同右
(17)『福山秘府』((2)に同じ)
(18)同右
(19)同右
(20)同右
(21)同右および星野和太郎『北海道寺院沿革誌』(時習館、一八九四年)
(22)『松前福山諸掟』((8)に同じ)
(23)同右
(24)同右
(25)同右
(26)松前町史宗教部門の研究の一環として、昭和五二年(一九七七)に、法源寺および寿養寺の墓碑調査が行われた。以下の記述はその資料に拠る

(27)『松前志』(『北門叢書』二、北光書房、一九四三年)
(28)『福山秘府』((2)に同じ)
(29)同右
(30)佐々木馨「松前仏教の近世的展開」(『松前藩と松前』一八号、一九八一年)
(31)福島憲俊「明治以前の北海道における浄土真宗」(『松前藩と松前』一八号、一九八一年)
(32)『福山秘府』((2)に同じ)
(33)同右
(34)同右
(35)『本願寺史』第二巻(西本願寺宗務所、一九六一年)
(36)『福山秘府』((2)に同じ)
(37)同右
(38)竹田聴州「近世社会と仏教」(『岩波講座　日本歴史』九、一九七五年、所収)
(39)『松前福山諸掟』((8)に同じ)
(40)『福山秘府』((2)に同じ)
(41)同右
(42)『松前福山諸掟』((8)に同じ)
(43)同右
(44)『福山秘府』((2)に同じ)
(45)『八幡社録』(松前町史編纂室蔵)
(46)榎森進他編『北海道の古都松前』(松前町、一九七三年)
(47)『福山秘府』((2)に同じ)
(48)同右
(49)圭室文雄「幕藩制下の仏教」(中村元・笠原一男・金岡秀友編『アジア仏教史』日本編Ⅶ、佼成出版社、一九七三年、所収)
(50)『福山秘府』((2)に同じ)
(51)同右

(52)　同右
(53)　『白鳥氏日記』（市立函館図書館蔵）
(54)　『松前福山諸掟』（(8)に同じ）
(55)　『福山秘府』（(2)に同じ）
(56)　同右
(57)　『福山旧事記』（市立函館図書館蔵）
(58)　『寛政蝦夷乱取調日記』（『日本庶民生活史料集成』四、三一書房、一九六九年）
(59)　『松前福山諸掟』（(8)に同じ）
(60)　同右
(61)　和田本『福山秘府』（市立函館図書館蔵）

第三章　幕府の蝦夷地直轄と蝦夷三官寺

「みちのく」像の光と影

北方の歴史は、「蝦夷征討」の名のもと、征服と植民に始まる。そこに、北方民の矛盾に満ちた「耐える」「迎える」「伝える」の情念が働く。その情念は私たちに、二つの歴史的軌跡を残した。一つは、「日高見国」→「夷地」→「夷島」→「蝦夷地」と変遷する地域呼称の軌跡である。いま一つは、「エミシ」→「エビス」→「エゾ」と変容する民族呼称の軌跡である。この軌跡は、一方では「みちのく」像の北進化の歴史であるとともに、「エミシ」意識の克服を通し日本人としてのアイデンティティの形成の歴史である。他方では、最北の民に対する「エミシ」意識の転嫁であり、中世アイヌの創出でもあった(1)。

本章では、その「みちのく」像が映し出す光と影の部分を、江戸幕府による文化元年(一八〇四)の「蝦夷三官寺」――有珠の善光寺(浄土宗)、様似の等澍院(天台宗)、厚岸の国泰寺(臨済宗)――の造立の中に検証し、もって仏教伝播と地域形成との関わりを考えてみることにしたい。

第一節　三官寺造立の歴史的背景と目的

蝦夷地開拓論

近世の蝦夷地開拓論は、工藤平助が田沼政権期に『赤蝦夷風説考』を幕府財政再建策として草したことに本格化する。天明年間(一七八一〜八九)のことである。これを受けて、北は樺太《カラフト》、東は得撫島《ウルップ》に至る調査隊が派遣される。が、この調査も田沼意次の失脚で中断した。しかし、この調査派遣の意義は大きい。

田沼後の松平定信が、松前藩委任を前提とした、青森三厩周辺に「北国郡代」の設置を構想したからである。これは田沼に比して、一歩後退した構想であったが、蝦夷地開拓論が継承された点で注目される。実は、この構想も、寛政五年(一七九三)の定信の失脚で霧消する。

寛政八年(一七九六)のプロヴィデンス号の噴火湾測量を機に、蝦夷地問題が時をおかず活発化した。近藤重蔵による蝦夷地幕領化の建言、幕府や松前御用掛の戸田氏教による蝦夷地調査などと、歴史は大きく動き出す(2)。寛政一〇年には、松平忠明を「蝦夷地御用」、翌一一年には、石川忠房と羽太正養を「蝦夷地御取締御用」に任命し、東蝦夷の仮上知に踏み切る。その三年後の享和二年(一八〇二)、東蝦夷地を永上知したのを受け、文化元年(一八〇四)、ついに蝦夷三官寺が造立されることとなった。有珠の善光寺、様似の等澍院、厚岸の国泰寺がそれである。

ちなみに、幕府が蝦夷地全島を上地させ、いわゆる第一次幕府直轄時代に入るのは、文化四年(一八〇七)のことであり、以後、文政四年(一八二一)、松前藩に蝦夷地が還付されるまで直轄時代は続く(一八〇七〜二一)。こうした一連の蝦夷地開拓論にあって、看過してはならないことがある。それはその開拓論には常に対立見解が背後に横たわっていたことである。すなわち、蝦夷地御用掛ないし箱館奉行という幕府の出先機関が、アイヌ民族の改俗と撫育を主張する「積極的な開拓」を唱えたのに対し、将軍や勘定方は巨額の財政出費を理由に「消極的な開拓」にまわったのである。この相対立する蝦夷地開拓への思惑が、「アイヌ改宗」の問題にも、いつも陰に陽に影を落とした。

三官寺の造立目的

文化元年（一八〇四）、箱館奉行の戸川安倫と羽太正養の連名で、墓守の庵室程度の寺院建立を寺社奉行に申請した。「新寺建立の禁」に抵触するとはいえ、伊豆波浮湊の墓守と墓地造営を先例に仰ぐ建立申請であった。寺社奉行もこの蝦夷地直轄を受けた三官寺の建立申請は、蝦夷地が国内とも違う土地柄であり、外国に境を接する異域であることから、万が一の不測のことにも考慮し、容認の運びとなった。

さきの蝦夷地開拓をめぐる対立を乗り越えた形で、幕閣および箱館奉行が思い描いた「蝦夷三官寺の建立目的」とは、こうである。

> 素ゟ私共存念も、右寺院（三官寺）之儀者、御役人を初都而此方ゟ参居候者共死亡之節取置之多め、二ツニ者往々邪宗門等之糺之為を第一之主意と心得罷在候間、蝦夷人共之葬埋を改させ候訳ニ者無御座、彼等ハ矢張往古ゟ之仕来を其儘勝手次第ニ為致差置、若彼等本邦葬埋之風を慕ひ相願候者も御座候ハバ、是又制止メ候訳ニ者無御座、其意ニ任せ候心得ニ罷在候。[3]

この『休明光記附録一件物』の一文の前半は、三官寺の目的が蝦夷地に赴く役人と出稼人の和人を対象とした「供養」およびキリスト教の排除にあることを述べた部分である。これが表面的な三官寺建立の二大目的であることは多言を要しない。後半は旧来のアイヌ教化をめぐる対立意見を考慮した部分であり、ここでは一応、アイヌの葬埋はアイヌ側の意向に任すという「夷は夷次第」の方針をとっている。この限りでは、三官寺の建立はあくまでも、和人の供養と対キリシタン対策にあった。後半の「蝦夷人共之葬埋を改させ候訳ニ者無御座」という幕閣の基本方針がその後いかに現地においてアイヌの改宗問題と化すかは、時と場の問題である。

ともあれ、三官寺の主たる任務は和人側の供養とキリスト教の排除に求められ、その歴史を文化元年に刻み始めた。次に和人の供養の様子を厚岸国泰寺にうかがってみることにしよう。

和人の供養

そこで、国泰寺の住職日記である『日鑑記』の中に確認できる死亡者数を時期的に跡づけたのが表21である。「夷人」＝アイヌを除く詰合《つめあい》(幕府や藩から蝦夷地警備を命ぜられて「場所」に配置された武士)から「不明・その他」までを和人とすると、その数は前期幕領期〜後期幕領期のトータル数で「詰合」が二四人、「会所・番人・稼方」が七一人、「船員」が二四人、「子供・妻・母など」が一六人、「不明・その他」が八人、都合一四三人を数える。国泰寺が創建された文化元年(一八〇四)から幕末の慶応三年(一八六七)までの六三年間に、単純平均で約二・二六人が一年間で死亡していたことになる。

国泰寺は、この死者供養をキリスト教の排除と並ぶ二大目的としていたのであり、当然、同寺において、異域の地に斃《たお》れた和人の葬祭供養が丁重に執り行われた。実は、和人を対象とした法要は、この葬祭に限るものではなかった。国泰寺では、年忌法要も行われていたし、定例の年中行事としての盂蘭盆会も七月一五日に行われていた。つまり、本州と同様の仏事行事が異域に赴いた和人のために執行されていたのである。

こうした営みを続ける国泰寺から、ある日、一通の「願書」が松前奉行の服部伊賀守のもとに届けられた。文化一三年(一八一六)一一月のことである。

文化二丑年格別之御仁恵を以アツケシ場所国泰寺御取立候処、近頃病死変死有之候而も間々極内ニ而取仕舞候哉ニ相聞候。左様ニ成行候テ者寺房御取立之御趣ニも相触、恐多奉存候。以来御本国之通来辰年、松前御奉行所江宗旨証文相納可申候間、同寺持場所江罷越候支配人・通詞・帳役人・番人・稼方、不限何宗、祈願所菩提所と相極、場所之人別国所書、不漏様会所ニ而取調帳面ニ相認、毎年七月迄ニ同寺江差出、将又人々分限ニ応じ二季之付届差出可申（中略）但し夷人ニても変死者勿論病死いたし候共其趣可申出候事。[4]

国泰寺は寺院としての経済的安定を配慮したためであろうか、「病死変死者」のためにも丁重な法要を施すべく、「本国之通」の宗旨証文を、宗派を超えて作成することを申し出たのである。この申し出は、本国との二重の宗旨証文となることから、採沢されなかったものの、国泰寺から「本国之通」りの宗旨証文の作成要求が提出

表21 『日鑑記』にみる死亡者数

前期幕領期

	詰合	会所・番人・稼方	船員	子供・妻・母など	不明・その他	夷人
文化14年(1817)	0	2	1	0	0	3
文政元年(1818)	0	2	0	0	0	11
文政2年(1819)	2	2	1	0	1	0
文政3年(1820)	0	0	4	0	0	9
文政4年(1821)	1	0	1	0	0	0
合　　計	3	6	7	0	1	23

後期藩政期

	詰合	会所・番人・稼方	船員	子供・妻・母など	不明・その他	夷人
文政13年(1830)	0	1	4	1	0	1
天保2年(1831)	0	2	0	0	0	0
天保3年(1832)	2	2	2	0	0	3
天保4年(1833)	5	1	3	1	0	0
天保5年(1834)	0	4	0	0	0	0
天保6年(1835)	0	3	1	0	0	0
天保7年(1836)	0	1	0	2	0	3
天保8年(1837)	0	1	0	0	0	0
天保9年(1838)	0	0	1	1	0	3
天保10年(1839)	0	3	0	1	0	0
天保11年(1840)	0	1	3	0	0	0
天保12年(1841)	1	0	1	0	0	0
天保13年(1842)	0	4	0	0	0	0
天保14年(1843)	2	1	0	0	0	3
天保15年(1844)	1	7	0	0	1	0
弘化2年(1845)	0	2	0	4	0	0
嘉永7年(1854)	0	1	0	0	0	0
合　　計	11	34	15	10	1	13

後期幕領期

	詰合	会所・番人・稼方	船員	子供・妻・母など	不明・その他	夷人
安政2年(1855)	2	3	0	0	0	0
安政3年(1856)	0	4	0	0	0	2
安政4年(1857)	1	4	0	0	0	0
安政5年(1858)	0	3	0	0	0	0
安政6年(1859)	0	2	0	0	0	0
万延元年(1860)	2	1	0	1	0	0
文久元年(1861)	0	4	1	2	0	0
文久2年(1862)	2	6	0	3	4	0
文久3年(1863)	3	4	1	0	2	0
合　　計	10	31	2	6	6	2

された意義は大きい。そこに、和人対象の仏事供養を本国並みに執行しようとする国泰寺の姿勢がみてとれる。

国泰寺にとって、この和人供養とキリスト教の排除に派生する、もう一つの宗教課題があった。異国船の退散祈禱の執行である。国泰寺では、その外圧が急を告げる天保二年(一八三一)九月一三日、自前の「護国殿」を建設している。(5)文字どおりの「護国殿」において、北方防備を兼ねた祈禱法要が繰り広げられた。『日鑑記』には、文化一三年(一八一六)～安政三年(一八五六)の期間に一一件の異国船の蝦夷地接近のことが記されている。国泰寺をはじめとする三官寺には、鎖国体制下、外敵打ち払いのための鎮護国家寺院としての任務も課されていたのである。

このように、蝦夷三官寺は和人の先祖供養とキリスト教の排除という二大目的のみならず、それに付随する夷狄打ち払いのような任務も、その時々によって負わざるをえなくなる。その意味で、前引した『休明光記』の三官寺の二大目的の後半にみられた「蝦夷人共之葬埋を改させ候訳ニ者無御座」という三官寺によるアイヌ改宗の問題も、幕閣の建前だけでは終わらず、それが現実化することも、当然想定される。本章の課題であるこのアイヌ改宗について、いよいよ語る時がきた。

第二節　日本人によるアイヌ改宗の実態

従前のアイヌ教化観

民族的な宗教問題をはらむ「蝦夷三官寺」の造立に関して、高倉新一郎は大著『アイヌ政策史』の中で、次のように自説を述べている。すなわち、前期幕府直轄期の寺院設立目的は、「内地人の埋葬と将来の宗門取締りにあり、蝦夷の埋葬等に関しては願出づるものがあれば勿論拒まないが、従来の風習を変へようとするものではない」(6)と。高倉は『休明光記附録一件物』を史料的根拠にこう説示している。しかし、一方では、「住職の内には往々蝦夷を教化し信仰に導いたものがあった」ともいう。高倉のこのアイヌ布教に関する部分は、甚だ歯切れが悪く、逡巡しているようである。だが、後期幕府直轄期の「教化」について、「他民族には改宗と言ふことはない」ことを前提とし、「蝦夷の宗教は極原始的なそれにしか過ぎなかったが、幕府は是に対して殆んど積極的な干渉を試みず、前期直轄時代と同じく唯国禁たる切支丹宗門を厳禁したに止る」と明言している。こうしてみれば、どうやら高倉は仏教によるアイヌ教化ないし改宗説をとらないようである。これを受ける形で、田中秀和も『休明光記附録一件物』の三官寺建立の基本方針に即して、三官寺を「祈禱と葬送の寺」と規定した。(7)また、佐藤宥紹・高橋訓子も、国泰寺と限ってであるが、「夷人教化が進展していたことは考えにくい」(8)と捉えている。

このように従前の研究では、アイヌ改宗についてはおおむね否定的見解が支配的であった。それは思うに、史料的にも、またその視点においても、部分をもって全体を律したことに結果している点がないでもない。本章が三官寺以外にも目配りする所以でもある。果たして、幕府ないし蝦夷三官寺は、高倉のように「殆んど積極的な干渉を試み」なかったのであろうか。

三官寺のアイヌ教化観

三官寺のうち、史料的にも恵まれている国泰寺からみてみよう。同寺のアイヌ教化観の一端として、さきに表21「『日鑑記』にみる死亡者数」を掲げた。それによると、前期幕領期には二三人、後期藩政期には一三人、後期幕領期には二人の夷人の死亡者が確認された。その数は当然、廻向《えこう》を伴うものであり、ここにさきの『休明光記』の「蝦夷人共之葬埋を改させ候訳ニ者無御座」の史料解釈が絡んでくる。

前期幕領期に突出して「夷人」供養が多いのは、この幕府直轄の直前の寛政元年(一七八九)に、国泰寺の近隣においてアイヌが一斉蜂起し、松前藩足軽一人を含む七一人の和人を殺害する国後・目梨の戦いが勃発したことに関係していると考えられる。ロシアとの交流が活発なこの地域におけるこの戦いを受けて建立された国泰寺にあってみれば、より緊迫した思いでアイヌの教化にあたり、それは改宗をも念頭に置いたものであったに相違ない。その改宗の使命感が、前期幕領期の二三人の「夷人」供養に現れているのではないか。

これ以後、「夷人」供養は増加することなく、逆に激減していくが、国泰寺にあってはアイヌ改宗を前提にした教化が基本的なアイヌ教化観であったと考えられる。次の「国泰寺掟書」と「夷人申渡」が何よりその制度的な意向表明である。「国泰寺掟書」には、こう規定されている。

一、天下泰平国家安全之勤行怠慢あるへからさること
一、蝦夷をして本邦之姿に帰化せしむること
一、毎々ニより死亡之民をして未来とくたつせしむること
一、隣邦之外夷渡来したるとも国のあさけりなからしむる事(9)

仏教寺院たる国泰寺にあって、「蝦夷をして本邦之姿に帰化」させる時、仏教による教導以外に何の手立てがあるのだろうか。第三条の「死亡之民をして未来」に解脱させるという仏教的救済は、何も和人のみを対象としていたわけではない。前引の「本国之通」りの宗旨証文を願い出た一文の末尾にも「夷人ニても変死者勿論病死いたし候共其趣可申出事」とされていたことを考慮する時、アイヌ民族も当然、その救済対象となっていたとみなすべきではなかろうか。この「掟書」を基調にしつつ、国泰寺では弘化二年(一八四五)に「惣夷人共へ」とする「申渡」を行っている。全六条のうち、二条と三条ではこう申し渡している。

一、天下御制禁切支丹邪宗門等ニ不帰依様望相守可申事
一、向後益正者勿論時々寺へ致参詣無懈怠可致信心事

後者には幕末においても、国泰寺のアイヌ改宗を基調としたアイヌ教化の姿勢が脈々と一貫して説かれている。国泰寺に限らず、「蝦夷をして本邦之姿に帰化せしむること」を実現すべく、三官寺が共通して執行した重要

な儀式に、徳川家康の命日である四月一七日の「東照宮祥月」がある。この儀式がアイヌ改宗に直接的な影響を与えないにしても、日本化の媒体になったことは推測にかたくない。アイヌ民族の真意はともかく、少なくとも日本人はそう捉えていた。その「東照宮祥月」の宗教的意味について、等澍院三世の慧統が次のような心懐を吐露している。同寺の本寺である寛永寺に宛てた文化一一年（一八一四）一二月の「伺書」の一節においてである。

（前略）東照宮御神号宮様御染筆被下置候様奉願上候。出格之御憐愍《れんびん》を以右之通御聞済被仰付下置候ハバ、依御神徳異国怨敵退散、国家安全・蝦夷地繁盛・仏法流通之基本共相成可申旨乍恐奉存候。[10]

「東照宮祥月」の執行によって、異国の怨敵退散と蝦夷地の繁盛および仏法流通の基盤も整えられると、等澍院は述べているのである。こうした「東照宮祥月」は幕府直轄の官寺である国泰寺と善光寺においても、同一趣旨の理解のもとで執り行われていた。[11] 等澍院においてアイヌの改宗を含む教化がどのように行われていたかをうかがい知ることは、史料の残存状態上、今日の段階では不可能に近い。

三官寺の地理的位置でいえば、国泰寺が最もロシアとの境を接する蝦夷地東端にあり、最も西端にあって和人地と接するのが有珠善光寺であった。その意味で、様似の等澍院はその中間地に位置していた。この立地関係とアイヌ教化とが相互に関連し合うことは、見やすい道理である。

推測をたくましくすれば、蝦夷地東端の国泰寺は前期幕領期においてはアイヌ民族に対する全体的な改宗を試みつつも、それ以後は前掲の「夷人」供養にみるように、部分的な改宗へと移行していった。この国泰寺におけるアイヌ改宗の全体的改宗から部分的改宗への変容の歴史的意味については、後述する。

その点、アイヌ改宗を終始一貫してかなり徹底的に推し進めたのが、和人地に隣接する有珠の善光寺であった。

善光寺のアイヌ教化観

まず高倉が依拠もし、幕府のアイヌ教化の基本的立場をうかがい知る史料的根拠を確認してみよう。

蝦夷人共之葬埋を改させ候訳ニ者無御座、彼等ハ矢張往古ゟ之仕来を其儘勝手次第ニ為致差置、若彼等本邦葬埋之風を慕ひ相願候者も御座候ハバ、是又制止メ候訳ニ者無御座、其意ニ任せ候。[12]

史料の深層部分はともかく、表層をみる限り、「本邦葬埋之風」への同化はアイヌ側の任意であった。高倉はこれを根拠として、仏教によるアイヌ教化は積極的に展開されなかったと捉えた。

右の『休明光記附録一件物』にみられる「若彼等本邦葬埋之風を慕ひ相願候者も御座候ハバ」という付帯部分は、時代状況によって、あるいは地域差によって半強制的な意味合いを持つものに変動しうる部分でもある。幕府の表面的な教化観のみをもって、仏教によるアイヌ教化策を忖度することは、逆に慎まなければならない。

三官寺のうち、最も「和人地」に近い有珠善光寺においては、仏教によるアイヌ教化が最も先鋭的に実践されていた。同寺の三代弁瑞《べんずい》は「念仏上人」と呼ばれ、日本人のみならずアイヌからも信を集めていたといわれる。弁瑞はアイヌへの念仏布教を目的にした次のような「子引歌」を作製している。

念仏上人《ネンホテカモイ》　子引歌《ボボウンニシケイナ》

南無阿弥陀仏　蝦夷地大臼山善光寺三代前大本願弁瑞上人　念仏(花押)
これや人々　おしえを聞よ　早ひかおそひか
一度は死ぬよ　死がいやなら　念仏まうせ
まうす人なら　いつ何時に　かゝるからだの
しにたるとても　蟬のぬけがら　棄るが如く
月も日もゆく　死せざる国へ　往て生れて
心のまゝよ　妻や子供が　可愛ならば
共に念仏　申がよいぞ　此世はかならず
厄難うけず　後の世はまた　浄土に生れ

和人も夷人も　　　　下もとのも　　　　　　一つの蓮の
台にすみて　　　　ながく楽しみ　　　　死ぬ事ぞなし
念よりはみな人ごとにひゞ〳〵にわすれずまうせ
南無阿みだ仏と。阿弥陀仏と常にとなふる人はみな世のさいはひ来るなりけり。南無阿弥陀仏ねがふこゝろ
ぞみそなはせ。
南無阿弥陀仏〳〵。(13)

善光寺では、かなり積極的なアイヌ布教が行われていた。その様子を、『善光寺日次記』の中に具体的にうか
がってみよう。『日次記』の元治元年(一八六四)三月九日には、こう記されていた。

九日晴天　百万遍御修行、当所アブタ不残永住まて参詣、四ツ時相済、参詣の面々当所土人に御札名号不残
に遣ス　凡大札当所百五十枚余　五対名号　壱人ニ壱枚ツヽ、四百余　アブタ大札百五十枚斗　小札六百枚余
(後略)(14)

つまり、この日の善光寺が執り行う百万遍に、有珠とアブタ両場所の永住和人を含む人々が参詣した。参詣が済むと、和人参詣者のみならず有珠のアイヌにまで、「名号札《みょうごうふだ》」が配られ、その札は、大札と小札の二種類あって、小札を名号札として配っていたのである。『善光寺日次記』は三月九日条を、このように記したあと、その余白に、名号札の実例を次のように認めた。

我此名号一経其身
南無阿弥陀仏一百万遍功徳成就処
衆病悉除身心安楽

この名号札を、アイヌを含む関係者のすべてに配布した事実をどう理解すればよいだろうか。私はその状況か

ら、遠く同じ念仏門の一遍が、信濃の善光寺を詣でたあと熊野権現に至り、そこで往生の確信を「南無阿弥陀仏決定往生六十万人」と書いた念仏の札を人々に配ったことを彷彿させられる。念仏の札を往生極楽の通行手形として配る「賦算」の伝統を、時空を超えて有珠善光寺に見出すのである。

善光寺側は、この伝統的な「賦算」修行を、アイヌの人々を前にして、どのような思いで執り行ったのであろうか。

既述したように、アイヌは日本人とは全く異質の宗教観ないし来世観を持っている。アイヌに対して、善光寺の住僧は何を考えて「名号札」を手渡したのであろうか。やや推測をたくましくすれば、この賦算には、アイヌ側の意向を完全に無視した、いわば半強制的で一方的な教化＝「改宗」をも視野に入れた思惑すら蔵されていたのではなかろうか。少なくとも、高倉がいう幕府・三官寺が「殆んど積極的な干渉を試み」なかったとする所説は、多少の変更が必要となるのではなかろうか。

『善光寺日次記』は、元治二年（一八六五）一月二〇日、アブタ・ウス両場所に、次のような「廻章」をまわしたとも伝えている。

廻　章

東照大権現二百五十回御神忌取越　明後廿一日別時御修行被致候条　有信之輩参詣有之候段存候（中略）両場所夷人共御勧誡并被致施行候間　五ツ時迄一同召出候、段可取斗候。以上。

善光寺　住僧

ウス アブタ　支配人

この廻章が家康の二五〇回の「神忌」法要を伝えるものであることは、一目瞭然である。ここで注目すべきは、善光寺とウス・アブタの両場所支配人名で、両場所のアイヌ（ここでは夷人と表記）を強制的に「召出」し、「勧誡」と「施行」を行っているという事実である。そこにもアイヌ側が民族として独自の伝統的な神観念を有していることを知ろうとする配慮など微塵もない。こうした一方的な宗教行為が、「名号札」を賦算した善光寺によって執り行われたことの意味は、重く大きい。

やはり、三官寺のなかで和人地に至近な有珠善光寺は、仏教による積極的なアイヌ教化を実践していたのである。それは、アイヌに対する宗教干渉以外の何ものでもない。それは、アイヌの伝統的な神観念を無視した、時としてアイヌに改宗をも要求しかねない宗教干渉であった。

この善光寺の民族的な改宗ともいえる蛮行について、当時の蝦夷地探検家の松浦武四郎は、次のように伝えている。

文化四(丁卯)年五月俄羅斯《ヲロシャ》乱の時には、処々仏幡を立て、土人に地を守らしめ、身は炮火に死すとも、外夷の耻《はずかしめ》を受事なかれと教撫し、一紙の垂訓を作り、是と一枚起証に夷語を附梓《つけてし》にのせ、又後世の枝折《しおり》といえる書を著して施し、又或時は大なる数珠にて夷民に百万遍をくらしめし等も、其法筵に連る五百人余、是此地念仏の始め也。(『蝦夷日誌』上)

松浦は善光寺でのアイヌ改宗を「此地念仏の始」と捉えつつ、浄土宗祖の法然の「一枚起証」文に見立てた念仏門への帰依の様子を、このように克明に観察し記録したのである。

松浦の伝える一文は、有珠善光寺を含めた三官寺が建立された文化元年(一八〇四)閏一月一六日から四年目のものである。前引の名号札の賦算が元治元年(一八六四)であったことを併せ考えると、善光寺では徹頭徹尾、有珠とアブタ場所のアイヌに対する全体的改宗を行っていたといえるのではなかろうか。

松前藩主のアイヌ教化観

善光寺側のアイヌ教化がこのように展開していた頃、それを支持し期待する人がいた。それはほかでもなく、松前藩主である。文政五年(一八二二)閏一月一六日に有珠場所で山火事が発生したため、善光寺は山越内に緊急避難し、さらに鷲之木村に転居していた。この現状を踏まえた上で、善光寺のアイヌ教化をどうすべきかを、藩主としての立場で述べたのが次の一節である。時に文政一三年（一八三〇）。少し冗長となるが引用してみたい。

志摩守領分東蝦夷地ウス場所去ル午年山焼地変ニ付、善光寺儀同所ニ住居難仕、ヤムクシナイ阿弥陀堂ニ罷有、既ニ九ケ年程ニ相成候得共鎮火不仕（中略）蝦夷地入口六か場所之内鷲之木与申村江転地之儀願上（中略）鷲之木村之儀者全蝦夷地ニ無御座候間、右場所江転地ニ相成候而者蝦夷地江程遠ニ罷成、教化等茂行届兼可申哉ニ奉存候ニ付、当時仮住居仕候ヤムクシナイ場所者蝦夷地入口ニ茂御座候間、（中略）ウス場所ゟ弐拾里余奥蝦夷地善光寺持場之内シラヲイ与申処（中略）江転地ニ相成候而茂差支之儀無御座候。(15)

松前藩主は、和人地と接する蝦夷地の入口の「ヤムクシナイ」（山越内）と鷲之木では善光寺の本来の任務である「教化等茂行届兼」ねるので、蝦夷地の「シラヲイ」（白老）方面に善光寺の転地先を求めるべきだと捉えている。別言すれば、藩主は善光寺が和人地に接する地域内のアイヌを浄土宗に改宗させていたことを認識した上で、それをさらに奥地の白老において展開するよう強要したのである。

揺れ動く幕閣と城下寺院のアイヌ教化観

アイヌ民族の教化について、このように三官寺は多少の程度の差こそあれ、一様に改宗を前提にした教化を進めていた。その一方で、幕閣は既述したように、その当初、アイヌ教化の推進派を尻目に「蝦夷人共之葬埋を改させ候訳ニ者無御座」という不干渉主義で臨んでいた。しかし、三官寺・松前領主という蝦夷地に臨場感を持つ立場からの現地情報を得てか、幕閣と連絡を密にする国泰寺の本寺から、次のような「達書」が届けられるようになる。

金地ゟ之達書ハ是迄之通（中略）新地三か寺限御建立夷人茂次第教化ニ及候様、格別之御報意之訣御承知之通ニ候間（中略）弘法専要企重此事。(16)

幕閣においても、夷人＝アイヌへの教化活動を支持していることを、本寺の金地院から国泰寺に報じられたのである。幕閣がいつの時点で、消極的教化観から積極的教化観に変じたかは不明であるが、変容したことだけは事実である。

一方、幕府の蝦夷地直轄を契機に、城下寺院も蝦夷三官寺の建立に呼応しつつ、蝦夷地にいよいよ末庵を造立するに至る。

西蝦夷地之内江拙僧共自力を以庵室一宇宛取結弘法作善相営、天下泰平、国土安穏之祈願専ら相勤、且者御法度之切支丹宗門等勿論相改、常々夷人ニ至迄勧善懲悪之教諭仕度奉存候（中略）檀家之者江茂夫々申諭田畑開発者不及申、樹木植立等ニ至迄丹誠為致度、又者山道嶮岨之場所柄ニ者石像等茂安置為致、左候得者有信之者共自与屯致し末々村落ニ茂相成候半々、自然御開発之趣意ニ茂相叶。[17]

これは、松前城下の法源寺と龍雲院が、江差の正覚院に呼びかけて、連名で箱館奉行所へ提出した歎願書の一節である。時に安政四年（一八五七）。

城下寺院はこの中で、「夷人ニ至迄勧善懲悪之教諭」を行うと語っている。この場合、三官寺と同一レベルでのアイヌ改宗とはいかない。「教化」でもなく「改宗」でもない「教諭」の二文字がよくその辺の事情を表現している。この歎願書はその一方で城下寺院のすこぶる独自の論理が表出されたものでもある。すなわち、この歎願書は庵室の造立＝村落形成という、まさに開教＝開拓の論理を前面に押し出した開拓計画案でもある。言葉をかえていえば、城下寺院は仏教による地域開発を遂行しようとしたのである。すでに自明のごとく、この開教＝開拓をいち早く実践したのが三官寺であった。三官寺はもとより城下寺院もまた開教＝開拓の名のもと、アイヌ民族の心すら改め奪おうとした。

第三節　開教＝開拓と対峙するアイヌ

こうして、アイヌ民族は幕府の蝦夷地直轄を機に、三官寺・松前藩主・幕閣・城下寺院という日本人の側から、その自らの伝統的な宗教世界をうかがわれ、「教諭」から「改宗」の程度差はあれ、自らの内なる世界をえぐり出されることとなった。なかでも、三官寺の有珠善光寺は全面的な改宗をアイヌ民族に迫った。和人地に接する同寺ゆえに、その改宗は徹底していた。ロシアとの直接交流が日常的な厚岸の国泰寺においては、前掲の「夷人」供養にみるように、年代とともにその数は減少していった。これはアイヌ民族側が自らの伝統的宗教を自覚的に捉え始め、その結果、民族としての宗教的な抵抗を示した現れではなかろうか。ロシアに接する国泰寺は、前期幕領期と同様の「全面的改宗」を強要することにより、アイヌ民族がロシア化することを懸念して、その「全面的改宗」を「部分的改宗」へと転換したものと考えられる。

アイヌ民族は、幕府の蝦夷地直轄を機に、その歴史上初めて、「改宗」の現実に直面した。三官寺はアイヌ民族の心の中に、土足で強引に入り込もうとした。民族の伝統的な宗教の内奥に「改宗」という名のもとで、日本人としての三官寺は、仏教を普遍的な宗教と捉え、それをアイヌ民族に植えつけ「改宗」に成功したと捉えた。少なくとも、三官寺側では、そう判断していた。

アイヌ民族には、言うまでもなく固有の伝統的な世界観がある。日本人とは全く相違する宗教を保持している。

エゾ人多くは病なし。たま〳〵病者あれば家に捨置て外に避く。医薬なかれば病弥《いよいよ》重り、必ず死に至る。依てやまひを恐るゝ事甚しく、疱瘡《ほうそう》といふもの昔はなかりしが、近頃はたま〳〵に有。是も捨避て養生を加へず、必ず死す。疫病も右の如く、是等はあしき風俗なるべし。死を恐るる事甚しといへども、死するまうけは常に忘れず、蒲《がま》にて織たる莚をかゝげ、山にも海にも身にかへて是を持。是蝦夷人の死骸を包む棺、衣裏の替り也と云。人死すれば其家をも調度をも皆焼捨てゝ新たに造りて住むと云。(18)

また、アイヌの宇宙観はこうも説かれている。「アイヌの宇宙観は、アイヌ・モシリ(人間の世界)、カムイ・モシリ(神々の世界)、ポクナ・モシリ(下方の世界)の三つの世界観で構成されている。また、来世・他界観にあっても、人は死後に必ず「神」になり、カムイ・モシリ(神々の世界)の住人となる。人はその死後も、この世と同じ生活をしており、違うのは「この世」と「あの世」が相互に裏返しの世界であるという一点である(19)」と。

このように、アイヌは日本人と全く相違する世界観を保持している。そのアイヌ民族を真に日本的な宗教に改宗できたのであろうか。アイヌ民族は自らの伝統的宗教を日本人側のそうした蛮行の前に根絶させたのであろうか。答えは否である。三官寺は権力を背後にそれを非合法的に敢行した。そしてアイヌを改宗できたと、その時点で自己判断したに相違ない。日本人がアイヌ民族を「文字・言語」を通して日本人化＝臣民化したと同じように、心をも奪い改宗させたとするのは全くの誤認である。アイヌ民族としての心を奪うことはできなかった。近代以降のアイヌ民族の苦難の歴史がそれを証明している。(20)

(1)　佐々木馨「「みちのく」像の成立と展開」(『日本思想史学』三〇号、一九九八年)
(2)　菊池勇夫『幕藩体制と蝦夷地』(雄山閣出版、一九八四年)、藤田覚「蝦夷地第一次直轄の政治過程」(田中健夫編『日本前近代の国家と対外関係』吉川弘文館、一九八七年、所収)
(3)　『休明光記附録一件物』巻一(『新撰北海道史』五、所収)
(4)　『日鑑記』文化十四年十一月十六日条(『新厚岸町史』資料編一、所収)
(5)　同右、天保二年九月十三日条
(6)　高倉新一郎『アイヌ政策史』(日本評論新社、一九四二年)
(7)　田中秀和『幕末維新期における宗教と地域社会』(清文堂、一九九七年)

(8) 佐藤有紹・高橋訓子「蝦夷三寺の設置と教化の方向」(『釧路市郷土博物館紀要』九輯、一九八二年)
(9) 「国泰寺掟書」(『釧路叢書』一二、一九七一年、所収)
(10) 『等澍院文書』文化十年十二月二十三日条(様似等澍院蔵)
(11) 『善光寺日次記』元治二年一月二十日条(有珠善光寺蔵)
(12) 『休明光記附録一件物』巻一((3)に同じ)
(13) 松浦武四郎『東蝦夷日誌』(時事通信社、一九六二年)
(14) 『善光寺日次記』元治元年三月九日条((11)に同じ)
(15) 『松前藩江戸日記』(『松前町史』史料編一、所収)
(16) 「国泰寺公私臨時記録坤」嘉永五年八月十六日条(有珠善光寺蔵)
(17) 『法源寺公宗用記録』(『松前町史』史料編一、所収)
(18) 古川古松軒『東遊雑記』(平凡社、一九六四年)
(19) 山田孝子『アイヌの世界観』(講談社選書メチエ、一九九四年)
(20) 佐々木馨『アイヌと「日本」』(山川出版社、二〇〇一年)

第四章　近世後期の松前藩と仏教

第一節　幕府の蝦夷地直轄と寺院

幕府直轄と城下寺院

松前藩は第九代章広が襲封すると、またまたラックスマンの根室来航に象徴されるロシアの南下策という外交問題に遭遇した。この事態を受けて幕府は文化四年（一八〇七）、全蝦夷地を直轄化するに及び、藩主章広は陸奥国伊達郡梁川《やながわ》の地に移封されるに至った。こうした中で、幕府は松前（福山）城下の寺院をよそに、既述したように、文化元年（一八〇四）には、有珠の善光寺、様似の等澍院そして厚岸の国泰寺という蝦夷三官寺の造立に例をみるような、独自の宗教施策を展開させた。蝦夷地の宗教界にも、幕府権力を背景にした新しい宗風が吹き込まれてきたのである。

このように、蝦夷地が外交のみならず宗教の世界においても新たな局面を迎えようとしていた頃、藩権力はさきの宝暦～安永期（一七五一～八一）の寺院規制を踏襲するかのように、「近来不身持の僧も有之哉ニ相聞如何の事ニ候、遠国の義ニて本山等の制度もゆるく猥ニ成行候て者等閑ニ難成」(1)と、またもや寺院に対して監視の眼を注いだ。城下寺院は地理的に僻遠の地であるがゆえに、その秩序も弛緩しやすいと厳しく警告したのである。そして次のように説諭もしたのであった。

仏道者慈悲を本とし己を治め人を教ひ可申義諸宗一事たるべし、然処談義説法等者勧化の事ニ成、教道疎略に相聞たとへ仏説諸経を講談致といへとも、其身不如法にして在家の信仰於有之者、其利空鋪仏祖の本意ニ有之間鋪候。(2)

つまり、藩側は、不如法の僧侶が住する寺院に対して、本来のあるべき姿を教示し、もってそれに回帰すべきことを強要したのである。これは、幕藩体制がその当初以来創出してきた支配者としての封建寺院のあり方を、自らも自己反省しつつ、直接的に批判したものにほかならない。まさに、封建権力側の自家撞着した寺院観の吐露と言うべきである。ここに至っては、もはや、寺院も支配者層の一翼を担う体制的立場を藩権力によって解消されようとしていたといっても過言ではない。

かかる藩権力と城下寺院との関係に立つ時、「制戒作行の義者、僧侶第一の義ニ可有之処、近年寺院の内ニ茂甚以風儀不宜猥か間鋪事等茂有之」(3)と、藩側が寺院・僧侶のありようを厳に批判し規制するのは、いとも自然の赴くところであった。事実、この時期にあっては、寺院自体、「博奕賭之勝負」を行う遊興の場とも化すほどに俗化していた。(4)このように、幕府による蝦夷三官寺の建立あるいは封建寺院から民衆寺院へと変容しつつあった城下寺院のあり方を考慮する時、文化七年(一八一〇)に幕府が城下の祈願所たる阿吽寺を封印したことも、決して唐突な出来事ではなかった。藩の祈禱所＝阿吽寺の住職礼源が、天神の像を偽って東照宮の像に仕立てた廉《かど》により死罪を執行されたのである。(5)中世期の安東氏・蠣崎氏はもちろんのこと、藩政に及んでは祈禱寺や修験者の統轄体として、法幢寺とともに藩内の宗教界に重きをなしてきた阿吽寺が、いま幕府権力によって封印・弾圧されたのである。これは阿吽寺一寺のみならず、城下寺院の全体にとっても、まさに青天の霹靂《へきれき》といえる事件であった。これを契機にして、藩権力と城下寺院との間にも、埋めがたい大きな断層が生じていくだろうことは、推測にかたくない。このように、幕府の蝦夷地直轄の波紋は、松前藩と城下寺院の政教関係にも及んでいたのである。

一方、文政四年(一八二一)の復領後、松前藩は、これまでの商場知行制から擬制的な蔵米《くらまい》知行制へと移行すると同時に、家臣団を海岸部から北面の高台へと移転させるなどの藩体制の再編成を図った。しかし、藩主が章広から良広・昌広へと代替わりしようとも、庶民の盆踊りは巫山雲雨の会を催しかねないとの理由から厳禁するなど、庶民や寺院の規制の手綱を強めこそすれ、緩めはしなかった。(6)

では、このように幕藩権力によるさまざまの規制を余儀なくされていたこの近世後期=寛政一一年(一七九九)以後の城下寺院の内部はどのようになっていたのであろうか。次にその寺院規模・構成を少しくのぞいてみよう。

寺院の規模

先述したごとく、松前藩は他藩に比べてみれば、藩の歴史的・地理的特殊性ゆえに、新寺建立については寛大な施策をとっていたが、それでいて、寺院内の僧侶数を無条件に容認していたわけではない。各寺に対して質素節倹を要求しながら、僧侶の員数についても一定の枠を設定していたのである。幕末も近い文久二年(一八六二)の頃、法幢寺・阿吽寺・法源寺・正行寺・光善寺・法華寺そして専念寺の中世期以来の古刹七カ寺については、住持以外の随身を五人以内、他寺については三人以内と定めていた。(7)では、この員数割りが果たして現実に遵守されていたのであろうか。法源寺の場合、常住の随身僧侶は確かに規定どおり五人ではあったが、そのほかに諸国行脚中の僧が二人、「清部村同寺末庵差遣置」いた僧一人、同じく「末庵泉沢村大泉寺江差遣置」いた僧一人という具合に、非常住の僧が四人もいた。(8)したがって、常住僧については藩が定めた定員どおりとなっていたものの、非常住の僧はそのまま定員外の僧侶であった。この非常住の僧たちが、城下寺院の末寺たる在の末寺・庵に派遣されて、その寺務にあたっていたのである。

藩の国法触頭・菩提寺である法幢寺についてみれば、常住僧は七人、諸国行脚中の者が三人、両在の末庵に差し遣わされていた僧が三人と、都合一三人を数え、常住定員においても定員を二人、全体にしては八人もオーバーする僧侶を抱えていた。このように定員を超えて僧侶を常住あるいは非常住させるのは、法幢寺にもみられ、法幢寺の末寺龍雲院も同様であった。同院には、三人の定員のところに五人の常住僧がいた上に、諸国をまわる行脚僧が七人もいたのである。

このように、藩側の定員制限という大前提は存したものの、現実の寺院経営は、半ばそれを形骸化する形で行われていたのである。とはいえ、制度的には寺院内の規模に一定の枠を定めた藩であるから、城下寺院の庶民化という現実の動きとは別に、藩主の御目見についても各寺に対して封建的な序列を規定していた。藩側が行った寺格の封建的な格づけがそれである。

入城御目見の際の序列は、中世以来の旧寺という尺度から、法幢寺と阿吽寺は七畳目、法源寺は三畳目と別格扱いになり、ほかの正行寺・法華寺・寿養寺・龍雲院は二畳目であり、万福寺・慈眼寺・欣求《ごんぐ》院・無縁堂という近世期に建立をみた新寺は一畳目となっていた(9)。言うなれば、封建社会ゆえ、寺院間の中にも権力が設定した寺格なる公式的な物差しが存したのであり、それがそのまま寺院間のタテの序列関係にもなって機能していたのである。現実においては、城下寺院は庶民の世界に大きく傾斜していたが、制度的には、封建寺院の枠の中に存在していたのである。制度としての封建寺院はこの近世後期においても存続し続けていたが、その当時の城下寺院の経済を支える檀家数はどうであったろうか。

寺院の檀家数

この期も既述した前期と同じく、檀家数を算定する上で手掛かりとなるのは、やはり過去帳と墓碑である。その両者がともに現存するのは法源寺と寿養寺である。まず法源寺の過去帳を統計化して、その城下および東西の両在の檀家数を算出してみよう。

既述したごとく、近世前期の末年、寛政一一年(一七九九)における法源寺の城下檀家数は二七〇〜三一四戸であり、それに東在の五九戸、西在の一〇六戸を加えて、総檀家数は四三五〜四七九戸であった。しかし、寛政一二年(一八〇〇)〜慶応三年(一八六七)=近世後期に至ってはどうであろうか。表22および表23にみるごとく、城下檀家が六一二戸、西在が八四戸、東在が七九戸、都合七七五戸と、前期の約一倍半にあたる檀家数を有していたのである。加えて、表22が示すごとく、城下のうち馬形・神明・唐津内沢町に多くの檀徒を有し始めるとともに、商人層を二二七戸も獲得したことは注目に価する。こうした新たな動きは、当時の城下住民の地域的居住傾向と職業分化の進行を背景にして生じたものであろう。それに引きかえ、表23にみるごとく、東西の両在の檀家数は一六三戸というように、近世前期の末年の一六五戸に比べて、二戸減少し、増加はしていない。両在の檀家数は後期に及んでも、ほぼ横ばい状態であったのである。これは何を物語っているのであろうか。それを立証するために統計化したのが、次の表24である。(10)

これによると、城下に隣接する江良・大沢・原口の三カ村に一番多く檀家を保持していたのは法源寺である。この一点からも、法源寺の末寺を介さない直接的な檀家把握の態が察せられよう。それに泉龍院・光善寺・専念

表22　『法源寺過去帳』にみる城下の檀家数
（寛政12〜慶応3年）

城下	武士	庶民	商人
馬形	31	35	42
神明	21	16	14
唐津内沢	11	9	6
湯殿沢	5	11	7
唐津内	5	9	15
西館	6	6	8
伝治沢	2	8	3
蔵町	1	5	12
川原	7	9	13
寅向	6	10	3
泊川	6	10	9
博知石	4	10	7
大松前		3	10
小松前	3	3	9
中川原		2	9
東上		3	7
枝ケ崎	1	1	5
上野	4	5	3
惣社堂	1	5	3
横町		2	2
袋町	2	3	2
東中			3
東新			1
東下		1	2
中町		1	1
生符	5	7	4
荒町	9	1	
古館	5	4	3
炭焼沢			11
愛宕	10		1
一貫坊	16		1
不詳	43	2	11
合計	204	181	227

寺・正行寺・法華寺・龍雲院・寿養寺などが続いている。

表23でみたごとく、法源寺の近世後期の両在の檀家数のうち、江良は二二戸、大沢は一三戸、原口は七戸であったが、それに明治五年(一八七二)の表24を重ねてみてはどうだろうか。大沢が一三戸から一一戸と減少はしても、江良と原口村は増えず、同数であったのである。法源寺のこの三カ村に例をみる限り、近世後期と明治初年の檀家獲得率は、ほぼ横ばい状態であったのである。こうした檀家所有の傾向が現れたのは、両在の末寺の直接経営を推進してきた法源寺でさえ、両在の遠隔地における檀家獲得を断念し、それよりはむしろ、城下に近隣する右の三カ村のような檀家の保持に専念するようになったためであろう。そのため、法源寺の近世後期における両在の檀家数が増加せず、横ばい状態になったものと解される。それだけではなく、表24の法幢寺の末寺たる泉龍院が江良・原口村の二カ村に三八戸の檀家を有していたことが説示するごとく、近世末年には、城下寺院の末寺が徐々に自立化していたためである。さきの近世前期における箱館高龍寺のような自立化現象が、いま城下の隣接地にも顕現し始めていたのである(後述)。

このように、法源寺が近世後期に及んでも両在の檀家数の増加をみなかったのは、自寺の檀家経営の変更とほかの末寺の独立化のためであった。

表23　『法源寺過去帳』にみる東西両在の檀家数
(寛政12〜慶応3年)

西　在	庶民	東　在	庶民
清　部	32	及　部	15
江　良	22	荒　谷	14
白　符	8	大　沢	13
札　前	7	根　森	10
原　口	7	福　島	4
江　差	3	知　内	2
茂　草	2	吉　岡	2
石　崎	2	札　髭	2
乙　部	1	箱　館	11
		泉　沢	1
		有　川	1
		当　別	1
		大　野	1
		湯の川	1
		赤　川	1
合　計			163

表24　江良・大沢・原口にみる城下寺院の檀家数
(明治5年)

寺院名＼村名	江良	大沢	原口	計
法源寺	22	11	7	40
泉龍院	36	0	2	38
光善寺	8	24	6	38
専念寺	21	5	4	30
正行寺	10	18	1	29
法華寺	24	0	5	29
龍雲院	3	18	6	27
寿養寺	18	2	0	20
慈眼寺	7	1	0	8
法幢寺	0	0	2	2
万福寺	1	0	0	1
計	150	79	33	262

ともあれ、法源寺はその過去帳でみる限り、近世後期、城下に六一二戸、両在に一六三戸、都合七七五戸の檀家を有していた。この概数を確認するためにも、あるいは近世後期の墓碑の造立動向をうかがうためにも、次に墓碑の語る世界を観察してみよう。それを集約的に示したのが表25である。

表25　近世後期の法源寺の墓碑

年代	墓碑の素材					墓碑の形態						墓碑の階層					墓碑数
	閃緑岩	安山岩	砂岩	凝灰岩	花崗岩	自然石	卵塔	笠付角	角柱	厚手	不明	僧侶	百姓	商人	武士	不明	
寛政			1	1						2			1	1			2
享和		1	4	5	8			1	1	16			3	1	11	3	18
文化		2	13	37	25		1		19	57		1	25	14	26	11	77
文政		3	12	28	31		2	1	19	52		2	20	10	24	18	74
天保	1	5	4	38	74	1	2		41	78		2	22	25	43	30	122
弘化			2	6	16				3	21		1	3	7	7	6	24
嘉永		3	7	24	39	1	1	1	27	43		1	12	24	24	12	73
安政		3	4	15	31				30	22	1		2	22	20	9	53
万延				1	1				1	1					1	1	2
文久		3		12	14		1		14	13	1	1	2	16	6	4	29
元治	1		1	5	8				5	10			3	7	2	3	15
慶応			1	7	5			1	5	7			2	6	4	1	13
計	2	20	49	179	252	2	7	4	165	322	2	8	95	133	168	98	502

墓碑の普及

表25が示すごとく、過去帳とも照合する法源寺の近世後期における墓碑は、五〇二基である。それから僧侶分の八基を除いて檀家数を算出すれば、三一八戸となる。五〇二基のほかに、俗名は不明で墓碑年代が判明する墓碑も存し、それから導き出せる檀家数が一五一戸である。加えて、俗名も墓碑年代もともに不明なのが江戸時代を通じて三七四基ある。仮に、この三七四基のうち、近世後期分を二〇〇基とみなせば、法源寺の城下檀家数は六六九戸となる。この墓碑による数字とさきの過去帳による六一二戸とを対比してみる時、法源寺の城下檀家数は約六〇〇前後と推断できるのである。ちなみに、天保四年(一八三三)の城下家数は二二九八戸[11]であるから、法源寺は城下の約四分の一を檀徒にしていたことになる。既述したごとく、前期においても城下の約五分の一を檀家に組み入れていたことを考えれば、法源寺の檀家占有率は、すこぶる高いといわなければならない。

このように、法源寺の城下檀家数を約六〇〇戸とすれば、残りの約一七〇〇戸弱の戸数はいかに檀家化したのであろうか。寿養寺に現存する過去帳と墓碑に基づいて、その城下檀家数を算定すれば、ほぼ一四〇〜二〇〇戸となる。[12] 城下寺院一七カ寺のうち、右の法源寺と祈禱寺の阿吽寺・万福寺を除く一四カ寺の檀那寺が、約一七〇〇戸の城下檀家を分割していたわけである。それを単純平均すれば約一二〇余戸となり、その意味で、寿養寺の檀家数は平均的な数字といえよう。要するに、城下の檀家を基盤とする檀那寺は、法源寺の約六〇〇戸を筆頭に、おおむね一二〇余戸前後の檀家を保持しながら自寺の経営にあたっていたのである。

一方、表25にみるごとく、墓碑の造立もしだいに普及してきたのであるが、その中にあって、近世前期に比べて、当時の社会的な身分分化を背景に、商人層の墓碑造立が活発となったのが眼をひく。それだけ、法源寺の檀家に占める商人層の比率が高まったことを示すのである。墓碑の形態でいえば、前期と同じく、厚手板石墓碑と角柱墓碑が圧倒的に多く、判明する墓碑五〇二基の約九六パーセントを占めている。卵塔墓碑は近世期全体を通して、僧侶の墓碑であることは言うまでもない。近世前期には凝灰岩を素材にするものが一番多かったが、この後期に及んでは、花崗岩を利用することが多くなった。それでも、凝灰岩も依然使用され続け、両者の占有率はなんと八六パーセントにも上っていた。

墓碑の造立が、当時の死亡状況という社会事情を背景にして営まれるのは当然のことである。だが、過去帳と墓碑を対比してみる時、武士層の場合はその子の死に際しても造碑がみられたのに対し、百姓・商人層はそうではない。家長の死を機にして初めて墓碑を営むのが常であった。魂の平等とはいえ、そこには経済的な格差が色濃く反映されていたのである。

仏事供養にみる庶民と家臣

幕府による蝦夷地直轄を機に、城下寺院に対する規制がより強化されてきたことは、さきに少しく述べたところである。それを受けるかのように、復領後の松前藩は寺院内の風紀是正はもとより、僧侶の葬儀・供養の営み方についても「仏道大悲之本願ニおゐてハ葬式施物の多少ニ拘る義有へからす」とか「質直の少銭も菩提の布施たるへし」[13]などと、施物量よりも仏道の大悲を優先するよう、強圧的に教導するのであった。こうした僧侶に対する藩の規制が、葬礼の簡略化を目的にして推し進められたことは言うまでもない。当時、藩側の葬礼に対する認識は「外をかさり候もの者内証苦鋪及困窮候義、其もの一己之損失ニ無之、奢者一国衰微之基」[14]というように、豪奢な葬礼による一人の損失は、一国の衰微に通ずるという深刻にして危機的なものを含んでいた。

この節倹を旨とする藩側の葬礼観の赴くところ、否応なく、年忌・時斎・葬礼についても「御目見町人共ニ而僧三四人ニ相限、其余者右ニ准し僧壱両人相招」[15]と制限を加えるに至る。ちなみにいえば、この当時の町人を含めた庶民の施物は、既述したごとく、銭二〇〇文＝米二升が相場となっていた。

このように、僧侶の仏事の営み方や庶民層の導師の数に至るまで厳しく規制を加えた藩権力であるが、家臣団についてはどうであろうか。結論的にいえば、家臣の葬礼をこと細かに規制した史料は何ひとつ見当たらない。その限りでは、家臣の場合、その経済的事情や信心のありように任されていたといえよう。では、家臣団の布施物や仏事供養の実態は具体的にどうであったろうか。

梁川移封の文化六年(一八〇九)の頃、和田氏があくまでも個人的に奉加した菩提寺の光善寺への廻向料は、銀二朱＝銭二〇〇〇文であった。それは実に庶民層の一〇倍に相当する額である。その際、藩主章広名義で菩提寺＝法幢寺へも寄付しているが、それは米八七俵半に相当する金七両と廻向料一両の都合八両であった。そのほか、光善寺に寄付金二両、廻向料金二〇〇疋、法源寺・龍雲院・妙蓮社・法華寺に茶湯料として銀二朱、阿吽寺に初穂金として金一〇〇疋、八幡宮・神明社に同じく銀二朱を差し出している。

また、和田氏は復領後の文政一〇年(一八二七)、祖母の五〇回忌の折、導師を一〇人も請じ、その布施物は都合二両二歩二朱に上っていた。同年、かつて公私にわたり法交した梁川の興国寺に対して、廻向料として金一両

の奉加もしている。(16)

こうしてみれば、藩主はともかくも、家臣にあっても廻向料にして庶民の一〇倍、導師の数にして二倍半〜一〇倍に相当する仏事を営んでいたことになる。また、和田氏は定期的な年斎・時斎には必ず、「仏供米・蠟燭」を菩提寺の光善寺に供えるなど、厚い信心をなしていたが、ほかの一般家臣も、おそらくこれと大同小異の仏事供養を営んでいたに相違ない。

このように、量の多少の違いがあるにせよ、菩提寺の場合は藩主をはじめ家臣・庶民層という檀家の布施物によって、一方の阿吽寺や万福寺などの祈禱寺や諸社の場合は祈禱料によってその経済を賄っていた。それ以外に、近世後期には藩側から、どのような寄付料＝財施があったのであろうか。それを統計化したのが表26である。

藩の財施

既述したごとく、阿吽寺は近世前期の享保年間(一七一六〜三六)、藩から「洗米」として米四〇俵を給されていたが、その量は表26が示すように、文化〜文政期(一八〇四〜三〇)に至っても増加していない。文化四年(一八〇七)と文政六年(一八二三)を比較してどうだろうか。菩提寺の中で、法華寺・法源寺・寿養寺をはじめとする諸寺院は軒並み、米としての財施の減少をみている。その中にあって、増加をみたのは、ただ法幢寺と光善寺の二寺のみである。さきの和田氏の菩提寺が光善寺であったこと、あるいは徳川家の菩提寺が浄土宗に属していたことなどから類推して、ややもすれば、松前藩にあっても、浄土宗寺院であるがゆえに、光善寺が国法触頭・松前氏の菩提寺たる法幢寺とともに破格的な経済的厚遇を得ていたのかも知れない。

ともあれ、城下寺院は制度的には封建寺院であるがゆえに、藩から一定の米および金子の財施を受けていた。総玄米数は文化四年で一八五俵、文政六年で一七六俵であった。表26における財施の増加・減少傾向をみると、どうやら文化〜文政期の頃には、寺院の財施も固定化した感が強い。

表26　近世後期における寺院の財施

寺名＼年代	文化4年	文政6年
光善寺	米20俵，僧侶1人につき銭65貫文	玄米25俵，金7両
正行寺		
法華寺	米15俵，僧侶1人につき銭65貫文	米7俵，金1両2分
阿吽寺	米30俵，僧侶1人につき銭65貫文	玄米40俵，金12両
法幢寺	米50俵，僧侶1人につき銭65貫文	玄米80俵，金80両(香料とも)
専念寺	米15俵，僧侶1人につき銭65貫文	
法源寺	米15俵，僧侶1人につき銭65貫文	玄米5俵
寿養寺	米10俵，僧侶1人につき銭65貫文	玄米3俵
龍雲院	同上	同上
経堂寺	米5俵，僧侶1人につき銭65貫文	同上
宗円寺	米3俵，僧侶1人につき銭65貫文	玄米3俵，金1両2分
万福寺	米2俵，僧侶1人につき銭65貫文	
慈眼寺	同上	
欣求院	同上	玄米3俵
西教寺	同上	
浄応寺	同上	
無縁寺	同上	鳥目500貫文
妙蓮社		玄米4俵
蝦夷三官寺	1カ寺につき，米100俵，金48両	1カ寺につき米1俵
門昌庵		米10俵，金14両(油代とも)，ただし嘉永2年より

ところで、寺院と神社の財施量を比較してみると、確かに個別的にも全体的にも寺院の方が多い。だが、これをもって直ちに、寺院の経済的基盤が神社のそれに比して、安定していると短絡させるのは早計である。寺院内の僧侶数と神社の神官数を考慮する時、その平均支給率は、神社の方が単数な点だけ、生活そのものは安定していたとみるべきであろう。

試みに、文化四年に米一五俵を下賜されていた法源寺の場合、この支給米だけで食生活は満たされていたろうか。その当時、法源寺には既述したように、住職を含め六人の僧侶が常住していた。一人が一日に三合を食したとすれば、年間の必要米量は約二・七俵であり、寺全体としては一六俵余が生きていく上で必要であったことになる。この文化四年の段階ですら、約一俵が不足しているのであるから、わずか五俵しか下賜をみない文政六年においては言わずもがな、である。ここに、この法源寺をはじめとする諸寺院が「法源寺・寿養寺・龍雲院ら明年の分御寄附米前備奉願上」[17]というように、目白押しに寄付米を前備歎願する理由が出てくる。

ところで、米の生産をみない松前藩にあっては、諸家臣をはじめ寺社に給する米はすべて藩が買い上げた領主蔵米の中から支給された。天保年間（一八三〇～四四）においてその領主蔵米は約一万俵であり[18]、この中から寺社の寄付米として、文化四年、寺院に一八五俵、神社に五五俵の都合二四〇俵が、文政六年、寺院に一八七俵、神社に四五俵の都合二三二俵がという具合に、二三〇～二四〇俵前後が支給されていた。その量は、領主蔵米の約二・五パーセント程度に相当するものであった。

このように、藩から下賜される財施も、支給米でみる限り、それは各寺の食生活すら十分に満たすものではなかった。近世前期と同様に、祈禱に入用な紙や酒・木綿・蠟燭が給されても、これまた寺院経済を支えるものにはならなかった。勢い檀那寺がその檀家の布施物に大きく依存せざるをえない必然性も、実にその辺に存したとしなければならない。

幕府の再直轄と寺院

第一二代藩主の崇広《たかひろ》が昌広を襲封した嘉永年間（一八四八～五四）は、またまた北辺防備問題が再燃化した時期であった。福山城が完成した翌安政二年（一八五五）、幕府は東部木古内以東、西部乙部以北を再び直轄とし、崇広を陸奥国伊達郡梁川・出羽国東根《ひがしね》に移封した。三万石の城持ち大名に処せられた崇広は、それ以後、一方では幕府の寺社奉行や海陸軍総奉行などを歴任し、また一方では、時の老中阿部正弘と行動をともにしながら、文字どおり、幕閣の中心部分に列していった。しかしその反面、幕府の再直轄化の波は城下寺院の世界にも陰に陽に及び、さまざまな影を落としていった。安政三年（一八五六）の幕府権力を背景にした江戸報恩寺の西蝦夷地への進出、翌年の蝦夷三官寺のひとつである有珠善光寺の西蝦夷地・箱館在への教線拡張[19]などはその証左にほかならない。こうした幕権に支えられた新寺院が寺勢を伸張していた頃、城下の浄土真宗のみならず全寺院を驚愕させる動きが顕現した。西本願寺僧侶の堀川乗経《じょうきょう》が亀田川の工事に着手したのである。時に安政六年（一八五九）。これまで、懸命に西本願寺の蝦夷地進出を阻止し続けてきた専念寺を中心とする東本願寺派を核にした城下の浄土真宗体制が、ここに、にべもなくその独占体制を打ち破られた。この西本願寺の進出は、幕権を拠り所にして活発な動きを示していただけに、専念寺などの真宗寺院は言うに及ばず、城下の全寺院側にも測り知れない大きな衝撃を与えたに相違ない。

その幕府の蝦夷地再直轄―西本願寺の進出が与えた影響は、実は、ひとり城下寺院に対してだけではなかった。藩内の領民にも多大な影響を与えていたのである。安政六年、東在の百姓が大沢村に、西在の百姓が根部田村に結集して、松前藩への返地を力強く要求したのである(20)。その際、城下寺院がこの大寄合の結節点になったことは、言うまでもない。ここに至っては、かつての封建支配の一斑を担う封建寺院の顔を城下寺院に求めることは、もはや不可能である。幕権を梃子にした新寺院や新宗派が宗教活動を展開すればするだけ、それに比例して城下寺院は封建寺院としての意識・認識を稀薄にし、庶民の側へと大きく傾斜していく。

このように城下寺院は観念の上では、ますます庶民化していくのであるが、制度的には封建寺院としての存在を免れられない。そこにジレンマに悩む城下寺院の姿があった。それでなくても、前述したごとく、藩側からの財施には限界があったのであり、城下寺院は自寺の財政維持・生活の保持のため、どうしても社会の諸要請に呼応した機能を果たさなければならなかった。

菩提寺と祈禱寺

松前藩においても、檀家制を拠り所にする菩提寺と、檀家制を基盤とはせず攘災招福などの現世利益を祈願する祈禱寺との両様の寺院が存していた。後者の代表は言うまでもなく、藩の祈禱所たる阿吽寺であり、それ以外はことごとく菩提寺である。祈禱寺たる阿吽寺は、藩主の参府の折には「七社弁阿吽寺海上御安全・御道中御武運長久之御祈禱修行被仰付[21]」というように、神社とともに交通・武運を祈願したり、その帰藩に際しては、「殿様御帰国御門入、寅卯之方吉之趣阿吽寺申出候[22]」と、方違《かたたが》えしないように占いをつとめたりしていた。しかし、阿吽寺の役割は何も藩主個人の祈禱だけに限られたものではない。藩全体の基幹産業たる漁業の豊漁を、「秋味御祈禱御礼配札[23]」「鯡豊漁御祈禱[24]」というごとく、加持祈禱することも重大な責務であった。また、風雲急を告げる世情下にあっては、古代仏教よろしく「鎮護国家秘法修行[25]」を勤仕することもまた、藩の祈禱寺として果さなければならない寺務であった。

松前藩において公的な祈禱業務を行ったのはもちろんこの阿吽寺や諸社ではあったが、前述したごとく、城下寺院は一定の寺領を有しておらず、加えて藩側の財施も僅少であった。そうした現実を踏まえて、自寺の経済的基盤を固めるためにも、祈禱や現世利益の祈願に活路を見出そうとする寺々があった。「龍雲院龍神堂ニおゐて魚漁円満・船々安全之ため、海施餓鬼供養として大般若修行仕候[26]」が如実に示すように、菩提寺とはいえ、龍雲院は阿吽寺と同様に、豊漁祈願を修行する祈禱寺的な性格も帯びた寺のひとつであった。この種の寺として、そのほか法華寺があった。同寺は「鬼子母神[27]」の信仰で多くの人心を集めており、「妙見宮祭礼[28]」および延享五年(一七四八)に建立されていた七面山[29]の祭礼を興行して庶民の現世利益を祈願していた。このように、龍雲院や法華寺などは菩提寺ではあるが、それとともに阿吽寺に次ぐ第二の祈禱寺ともいえる寺院であった。

一方、檀家制を基盤とする菩提寺であるが、その任務は、総じて、檀家を異端邪説から区別しながら葬礼・諸仏事を通して檀家に魂の保証を与えることにあった。その菩提寺が所持した城下檀家数はすでにみたように、近世後期において、法源寺の場合は約六〇〇戸前後、他寺は一二〇戸程度であった。では、城下の菩提寺は自寺の檀家の仏事供養のみに終始していたのであろうか。そうではない。例えば、浄土宗の正行寺は文政一三年(一八三〇)、「切支丹類族[30]」の者の葬儀を営んでいたし、光善寺の末寺の欣求院も万延元年(一八六〇)、「例年之通り来廿五日ゟ廿九日迄溺死供養[31]」と不慮に溺死した人々の供養を行っていた。つまり、浄土宗の正行寺と欣求院は一定の檀家制とは無縁のキリシタン類族や溺死者の葬礼をも執り行っていたのである。無縁仏に近い人々の霊を、このように来世成仏を旨とする浄土宗寺院が祀ったということは、城下寺院間に関するある種の宗教機能の分担が存在していたことを予測させる。城下寺院が宗教分担を通して共存を図ったからこそ、あの狭隘な城下・寺町に一七〜二三カ寺もの寺院が存立できたのではなかろうか。こうした寺務分担は、檀家との争論が厳禁されていた当時、藩側の行政指導というよりはむしろ、各寺院間の連帯的なヨコの関係の中から生まれたものと解される。城下寺院の世界に、建前的で封建的なタテの関係よりも、共存を目的とした血のかよったヨコの関係の方を優先させようとする価値観が強く働いていたのである。

このように近世後期、城下寺院は寺務を分担しながら共存を図ったが、また一方では、城下の賄宿の絶対量が不足してか、寺院が「旅宿」＝宿坊の任を果たすことも多くみられた。法華寺(32)をはじめ、法源寺・龍雲院(33)・欣求院・経堂寺(34)などはその例である。宿所の不足という社会的事情もさることながら、寺院を宿坊として提供することは、逼迫してやまない寺院の財政補塡にも直結することである。その意味で、寺院の宿坊化という営為は、寺院の経済的基盤の充実を画したものとして特筆しなければならない。

第二節　寺院世界の変容と庶民

寺院の庶民化

松前藩における城下寺院は、右の宿坊的性格をも兼ね備えていたことにもうかがえるように、一般的な菩提寺と祈禱寺の類型の枠を超えたところにも自寺の宗教活動を展開していた。こうした寺院の諸機能の分化現象は、幕末期にはより一段と顕著になっていく。

既述したごとく、近世前期の宝暦一〇年（一七六〇）、黄檗宗の経堂寺が操り人形の興行の場を提供しようとして厳しく処分されたことがあった。この一件にもかかわらず、寺院が戒律を犯してまでも遊芸を介して庶民と結びつく傾向は、文政～天保期（一八一八～四四）を境にして、とみに活発になっていった。文政一一年（一八二八）、藩側は「妙蓮社幷宗円寺江三町之女は勿論遊に不参候様可致[35]」という禁令を出す始末であった。妙蓮社と宗円寺は、その頃、庶民の間において誰言うとなく、遊興の地として暗黙裡に了解されていたのであろう。この禁令が発布されてから四年後の天保三年（一八三二）に至っては、「寺院ニ而諸振舞等ニ付酌付芸者相招候様相聞得、甚以不宜候[36]」と、寺院内にまで酌取芸者が忍び入るまでになっていた。

藩権力にとって風紀の紊乱以外の何ものでもない事象が、禁令をよそに、このように、日常的に発生していたのである。これはとりもなおさず、寺院が庶民の交遊・遊興の場と化し、庶民の生活と完全に溶け合っていたことを示すものである。そこに、本来の封建支配の一翼を担う封建寺院としての面影を求めることは、もはや困難であろう。寺院が遊芸を媒介にして庶民と結びつけば、それだけ精神的にも一体化していくことは自明の理である。

幕末も押し迫った文久元年（一八六一）、法源寺の檀家＝庶民が出火の火元になった。途方に暮れるその檀家を前にして、檀那寺の法源寺は「拙寺駈込深慎罷在申候間、何卒格別之以御憐愍慈悲之御沙汰[37]」と、自寺への駈け込みを寛大に許容した上で、寺社奉行の慈悲ある沙汰を、本人になり代わって歎願したのである。悩める庶民を救済するまでに寺院が庶民に向けて心の扉を開いていたのである。同時に、寺院の救済の門を叩くまでに庶民は寺院と心的に深く交わり合っていたのである。

こうした寺院と庶民とが心をひとつにして、難局を何とか乗り切ろうとした事象は、「不調法之儀」＝藩側の規範に抵触した際にも、数多く見出される。その抵触がことさら重大事である時には、数カ寺が連署して庶民の救済を訴えるのであった[38]。

このような一連の動きは、寺院がさきの遊芸の場とともに、庶民の救済の場ともなって、機能していたことを意味する。寺院のかかる庶民化は、幕府の蝦夷地再直轄に反対した百姓の返地要求の中にも現れた。その辺の経緯を史料はこう伝えている。

阿吽寺・法幢寺・光善寺へ人数相集何角相談致候様子、御城門近辺ニ而左様之儀甚以不宜、弥《いよいよ》以右様之儀有之候哉趣御尋ニ付、三か寺呼上け役僧江聞合候処、右様之筋一向無之。(39)

すなわち、幕府の再直轄に反対する庶民たちは、阿吽寺・法幢寺・光善寺に集会し何やら相談したのである。その報を耳にした幕府権力がそれを黙認するわけはなく、当然検察に乗り出した。しかしその取り調べに対して、三寺はともに「否」と答えた。安政六年(一八五九)のことである。このような庶民の寺院への集合に端を発した権力の寺院検察という事態の発生は、何を意味するのであろうか。第一に、寺院が庶民の集いの場となっていたことを示し、それがゆえに、第二に、法幢寺・阿吽寺という松前藩の菩提寺・国法触頭および祈禱寺が庶民と結託した不穏分子のひとつとして、幕府から敵対視され始めたことを示す。右の三カ寺は、制度的にはいまなお支配機構の末端に連なるべき存在であるにもかかわらず、いま想像を絶する幕藩国家の政治の枠組から大きく逸脱する行為をあえてしたのである。藩権力の眼には、少なくとも、そう映った。その逸脱行為は封建権力からの政治的離反以外の何ものでもない。この離反が、よしんば、寺院の自発的営みでないにせよ、かつての法幢寺・阿吽寺という特権的寺院の周辺にさえも、いまや庶民が気軽に寄り合える寺風が漂っていたことは間違いない。

こうしてみると、城下寺院と庶民は幕府の再直轄化という藩政史上の一大転換を機にして、交遊・救済あるいは集合を媒体にして、強く結びついていったといわなければならない。その結合は、とりもなおさず、城下寺院が封建寺院の殻を打ち破って、庶民の寺院として新生する営みでもあった。

寺院の借入金・借入地

松前藩における城下寺院のうち菩提寺となっていた寺院でも、天保年間(一八三〇〜四四)の頃には、城内人口も漁民や日雇・奉公人という下層民が増加していたことを勘案すれば、[40]その布施物の単価も銭二〇〇文＝米二升と低廉であるだけに、極めて不安定であったろう。だからこそ、菩提寺でありながら、諸祭礼や祈禱の領域にも進出したり、宿坊的機能も果たさざるをえなかったのである。阿吽寺のような純粋な祈禱寺にあっては、一定の檀家をその経済的基盤にしなかっただけに、より不安定であった。あまつさえ、その主たる財源である祈禱料でさえ、ほかの菩提寺の祈禱寺化の波を受けざるをえない実情においてはなおさらのことである。そして何よりも、阿吽寺の場合、藩の公的祈禱を専業とするがゆえに、藩全体の財政事情に常に左右されざるをえなかった。

かくて、菩提寺と祈禱寺の別を問わず、城下寺院の多くは天保期以後になると、財政事情が悪化し、金子《きんす》の拝借を藩側に申請することが日常茶飯事化していった。例えば、阿吽寺は天保五年(一八三四)、「大師之千年忌付登山可致様(中略)道中入用金五拾両拝借被仰付度」[41]というように、弘法大師の千年忌の登山にあたって、五〇両の借入を願い出たのである。しかも、その返済方法は、年ごとの藩からの下賜金＝一三両から年賦で償還するという厳しいありさまであった。このほか、文久二年(一八六二)にも七〇両の貸付を申請していることを考慮すれば、[42]やはり、阿吽寺は檀家を有しないだけに、その財政事情はかなり窮していたといわざるをえない。

かかる寺院の財政逼迫は何も阿吽寺のみに現れた現象ではなく、浄土真宗の専念寺も同様であった。専念寺にあっては、万延元年(一八六〇)、上京費用として二〇〇両も拝借していた。[43]藩の国法触頭であり松前氏の菩提寺でもある法幢寺でさえ、文久二年(一八六二)、三〇〇両も拝借していたのである。[44]法幢寺の檀家実数を今日、史料的に把握することは不可能であるが、それでも、藩主の菩提寺であることを考えれば、上級家臣の多くを中心に、当時の平均たる一二〇戸程度の檀家を持っていたに相違ない。また、さきにみたごとく、文政六年(一八二三)段階で玄米八〇俵と金子八〇両という他寺を圧倒する財施を得ていたのであるから、その財政も他寺院の比ではないであろう。
それにもかかわらず、三〇〇両の拝借をしている。なぜであろうか。その辺の事情をうかがうためにも、次の一文をみてみよう。

覚
法座大間
一　大法蓋《ほうがい》　壱箇
代金　百三拾両也
右者当子八月　宗祖六百大遠ニ付雛形絵図面之通、大法蓋被致献納、右代料従是令納庫候。猶又及破損等ニ候節共永代於貴家被致再興度所願之趣　大禅師江及奏聞候段奇特之儀ニ被為聞召候。依之向後宗門繁栄子孫長久之慶於当山ニ被為立御祈念候もの也。
嘉永五年子六月廿日
役僧
大本山　印
松前城下
竹屋長右衛門殿
竹屋長七殿
竹屋夘左衛門殿(45)

嘉永五年(一八五二)、永平寺の開山道元禅師の六百遠忌に、法幢寺の檀家たる竹屋一族が一三〇両相当の大法蓋を奉納し、併せて破損時にはその修理をも、永平寺側から委託されたものである。さきの宝暦一三年(一七六三)の総持寺洞川庵の修復時には、材木代金として金子一〇〇両を奉加していた松前藩である。それがこの嘉永五年ではどうであろうか。法幢寺の檀家が個人的に一三〇両も捻出しているではないか。当時、藩財政が困窮の度を深めているとはいえ、法幢寺が藩の触頭・菩提寺であることを考えれば、この嘉永五年の藩側の無対応は、これまでの藩―法幢寺の関係に照らして、想像だにできないことである。いかに藩権力と法幢寺との経済的・政治的な結びつきに埋めがたい亀裂が生じ、冷却化しているかがしのばれよう。

いくら法幢寺であろうが、藩からの財施を除けば、その財政を賄うのは檀家の布施物しか道がない。しかし、檀家といえどもその布施量にも限界があることは言うまでもない。こうしてみれば、文久二年（一八六二）の三〇〇両という法幢寺個人の借入金は、おそらく、陰に陽に嘉永五年の大法蓋の献納が尾を引いた結果としてなされたものではなかろうか。常時、限りある檀家にのみ喜捨を求めることはできなかったのである。

このように経済的に逼迫していた城下寺院であるにもかかわらず、藩側は藩主崇広の江戸参府を名目に、法幢寺・阿吽寺に二〇両、法華寺・光善寺に一五両、法源寺に一〇両という具合に、一六カ寺に都合一〇〇両の冥加金を献上させた(46)。幕末の慶応元年（一八六五）のことである。これは逆からいえば、財政的に決して豊かでない寺院にさえ、かかる献金を求めざるをえないほどまでに、藩財政も困窮化していたということになる。寺院側としては、すでにみたように、心情的には封建寺院というよりは庶民寺院としての性格を濃くし始めていた時期であった。が、城下寺院として制度的に存立する以上は、その献金ももちろん拒否はできなかった。城下寺院はすこぶる細い糸ではあったが、藩主・松前藩とは形式的な献金の形をとりながらも、いまなお結び合う部分を持ち合わせていたのである。

が、しかし、対幕府権力との関係ではそうでなかった。幕府の城下寺院をみる眼は異様なまでに冷たかった。寺院側もそのことはすでに自覚していたが、かかる冷え切った関係を現実に実証することが万延元年（一八六〇）に起こった。すなわち、法幢寺が藤倉右近なる家臣からあらかじめ内諾を得た上でその畑地を正式に拝借したい旨、町奉行＝幕府側に申し出たのである(47)。

しかし、町奉行は内諾があるにもかかわらず、その地所が「御用地」であることを理由に、法幢寺の借地をにべもなく拒絶したのである。さきの安政四年(一八五七)には、蝦夷三官寺のひとつである有珠善光寺に対して、西蝦夷地への小寺・庵室の建立を許可もしていた幕府権力ではあったが、松前藩の触頭・菩提寺の法幢寺の借地要請には、ついぞ耳を傾けようとはしなかった。幕府が蝦夷地を再直轄し、藩主が遠く梁川・東根の地を給されているにすぎないいま、松前城下の寺院にとって、幕府のためのみに封建寺院として積極的な宗教活動を展開しようなどとは、できない相談であった。さらに進めていえば、城下寺院は、その権力が幕府であれ藩であれ、すべて権力と名のつくものから解放され、庶民の世界に一歩でも二歩でも足を踏み入れようと思念していた。庶民もまたそう期待していた。

近世後期に建立された寺院

寛永年間(一六二四〜四四)の幕府による「新寺建立禁止令」にもかかわらず、近世前期の蝦夷地には六三カ寺もの末寺が造立されていた。後期においてはどうであろうか。安政二年(一八五五)に蝦夷地を再直轄化した幕府は新寺の建立禁令はおろか、その翌年、自ら江戸報恩寺に西蝦夷地への掛所《かけしょ》建立を許容し、併せて直営の官寺、有珠善光寺にも西蝦夷地と箱館在に小寺・庵室の建立を許可していた。この一点からも、蝦夷地における新寺の建立は寛永の幕命をよそに、依然として推進され続けていたことが察せられよう。

では、具体的にどの程度の新寺が、寛政一二年(一八〇〇)以後の近世後期に造営されたのであろうか。統計的に示せば、表27のようになる。

これによると、宗派的には、曹洞宗寺院が二二カ寺、浄土真宗寺院が一九カ寺、浄土宗寺院が一七カ寺、日蓮宗寺院が七カ寺、天台宗寺院が三カ寺、真言宗寺院が一カ寺という具合に、都合六九カ寺が建立されたことになる。これを地域別にみると、城下が一カ寺、東在が一三カ寺、西在が三カ寺、箱館六カ場所が六カ寺、蝦夷地が四六カ寺となる。蝦夷地の四六カ寺の内訳は、後志が二四カ寺、石狩が八カ寺、胆振が五カ寺、天塩が四カ寺、

表27　近世後期に建立された寺院

宗派名	寺院名	(建立年)	本寺	所在地
曹洞宗(22カ寺)	龍宮庵	(寛政12)	高龍寺	渡島茅部郡臼尻村(箱館六カ場所)
	国泰寺	(文化元)		釧路厚岸郡厚岸(蝦夷三官寺の一)
	広徳寺	(文化7)	高龍寺	東在・上磯村
	宝琳庵	(文化12)	〃	東在・七飯村
	地蔵庵	(安政2)	法幢寺	後志瀬棚村
	願翁寺	(安政3)	正覚院	後志島古丹村
	全修寺	(安政4)	高龍寺	後志岩内郡岩内
	千走寺	(安政4)	法幢寺	後志島牧郡千走寺村
	龍徳寺	(安政5)	高龍寺	後志小樽
	龍昌寺	(安政5)	〃	後志歌棄郡有戸村
	禅源寺	(万延元)	法源寺	後志古平郡新地町
	広福寺	(万延元)	寿養寺	後志久遠村
	利益庵	(万延元)	正覚院	西在・小黒部村
	龍沢寺	(文久元)	高龍寺	石狩厚田郡古沢村
	徳源寺	(文久2)	法源寺	後志忍路郡塩谷村
	曹源寺	(文久2)	〃	石狩石狩郡弁天町
	正眼寺	(文久2)	正覚院	石狩厚田郡別狩村
	永全寺	(文久2)	龍雲院	後志余市郡琴平町
	法輪寺	(文久3)	〃	後志古宇郡泊村
	龍淵寺	(慶応元)	未詳	天塩増毛郡永寿町
	無量庵	(慶応3)	法幢寺	松前
	正法寺	(慶応3)	未詳	後志高島郡稲穂町
浄土宗(17カ寺)	善光寺	(文化元)	増上寺	胆振有珠村(蝦夷三官寺の一)
	豊国寺	(文化11)	称名寺	渡島尻岸内(箱館六カ場所)
	霊鷲庵	(文政3)	〃	渡島茅部郡鷲木村(箱館六カ場所)
	一行院	(文政3)	善光寺	東在・峠下村
	帰厚庵	(安政2)	称名寺	後志岩内郡橘町
	宝隆寺	(安政4)	善光寺	後志余市郡梅川町
	円融寺	(安政5)	〃	胆振山越内村
	法性寺	(安政6)	〃	石狩石狩郡横町
	護国寺	(安政6)	〃	宗谷郡北見村
	大心寺	(万延元)	〃	石狩浜益郡茂生村
	法隆寺	(文久元)	〃	後志余市郡沢町
	満冏寺	(文久2)	〃	胆振室蘭港町
	法界寺	(文久3)	〃	後志寿都郡新栄町
	長昌寺	(文久3)	〃	後志小樽郡熊碓村

宗派名	寺院名（建立年）	本寺	所在地
浄土宗（17カ寺）	念仏堂（慶応2）	善光寺	東在・亀田村
	善導寺（慶応2）	〃	胆振長万部村
	豊国寺（慶応3）	〃	天塩苫前村
浄土真宗（19カ寺）	東流寺（文化元）	浄玄寺	渡島落部村（箱館六カ場所）
	大郷寺（文化2）	〃	東在・亀田本郷村
	定規寺（文化4）	〃	渡島砂原村（箱館六カ場所）
	昌源寺（文政3）	専念寺	東在・札刈村
	潤澄寺（安政5）	〃	天塩増毛郡永寿町
	薗林寺（安政5）	浄玄寺	後志瀬棚郡梅花部村
	正信寺（安政5）	〃	日高浦河村
	能入寺（安政5）	〃	日高幌泉村
	大乗寺（安政5）	〃	後志久遠郡上古丹村
	能量寺（安政5）	〃	石狩郡石狩親舟町
	正受寺（安政5）	〃	西在・蚊柱村
	智恵光寺（安政6）	東本願寺	後志岩内郡岩内橘町
	宝皇寺（安政6）	〃	東在・桔梗村
	量徳寺（安政6）	不詳	後志小樽郡入舟町
	最尊寺（万延元）	智恵光寺	後志礒谷郡島古丹村
	皆遵寺（万延元）	〃	胆振有珠郡紋鼈村
	常照寺（慶応3）	東本願寺	石狩厚田郡別狩村
	箱館本願寺別院（安政3）	西本願寺	東在・箱館
	小樽本願寺別院（安政5）	〃	後志小樽港開運町
日蓮宗（7カ寺）	十如庵（文政3）	江差法華寺	西在・突符村
	法亀寺（嘉永2）	実行寺	東在・亀田大野村
	一妙寺（安政4）	〃	渡島茅部郡森村（箱館六カ場所）
	金龍寺（安政6）	〃	石狩郡石狩新町
	妙隆寺（安政6）	金龍寺	後志小樽港堺町
	妙隆寺（慶応元）	実行寺	東在・上磯久根別村
	妙隆庵（慶応元）	〃	東在・上磯村
真言宗	金宝院（万延元）	三宝院	天塩苫前郡白志泊村
天台宗（3カ寺）	等澍院（文化元）	輪王寺	日高様似村（蝦夷三官寺の一）
	天祐寺（嘉永年間）	延暦寺	東在・箱館
	清光院（文久元）	〃	東在・箱館
総計	69カ寺		

星野和太郎『北海道寺院沿革誌』（時習館，1894年）より作成。

表28　歌棄・磯谷場所にみる出稼ぎ・永住人口

	永住人		出稼人		合　計	
	人数	軒数	人数	軒数	人数	軒数
安政3			1,145	229	1,145	229
〃　4			1,301	252	1,301	252
〃　5	792	146	542	118	1,334	264
〃　6	793	146	439	98	1,232	244
万延元	797	146	466	106	1,263	252
文久元	811	146	535	114	1,346	260
〃　2	769	146	659	127	1,428	273
〃　3	795	146	758	140	1,553	286
元治元	825	146	849	156	1,674	302
慶応元	1,558	272	160	40	1,718	312
〃　2	1,558	272	160	40	1,718	312

田島佳也「近世末期「場所」請負制下における漁民の存在形態」(『社会経済史学』46の3，1989年)による。

日高が三カ寺、釧路・北見が各一カ寺となっている。

　このように、近世後期に及んで、東在や箱館六カ場所そして蝦夷地へと寺勢が徐々に拡張されていったのである。言葉をかえていえば、近世前期の城下と西在を中心にした寺院分布が崩れ、しだいにその外縁部に拡がっていったのである。とりわけ、四六カ寺もの新寺建立をみた蝦夷地の過半は、後志方面に集中していた。寺院の持つ機能からいって、新寺の造営はその当該期の人口・家族の動向に左右される。

　案の定、安政三年（一八五六）以後になると、歌棄・磯谷場所＝後志方面には、漁場で漁撈や水産加工に従事する漁民がとみに増加してくる。その動向を示すと表28のようになる。

　表28が端的に示すごとく、安政四年（一八五七）までは出稼人家族を中心にした漁場経営が行われていたが、同五年を境にして、その地に永住する家族が一四六軒も現れ始めるのである。それ以後、元治元年（一八六四）までは、その一四六軒の家族が文字どおり、永住して移動することはない。それどころか、慶応年間（一八六五〜六八）に入ると、永住する家族が一四六軒から二七二軒へと増加し、その人数も一五五八人にも上ったのである。こうした漁民の移動・永住化を前提にして、さきの後志方面に二四カ寺もの新寺が営まれたことは、もはや自明であろう。雪深い後志には曹洞宗寺院一二カ寺、浄土真宗寺院六カ寺、浄土宗寺院五カ寺、そして日蓮宗寺院一カ寺が新たに営まれ、そこには各々本寺から派遣された僧侶が止住し、故郷を遠く離れた漁民家族の祖霊供養を力強くつとめていたのである。

本末関係の変容

さて、一般に近世の民間寺院は先祖供養を目的にしつつも、形態的には、「氏寺・持仏堂」から寺院化、あるいは「惣村の惣堂」から寺院化という形で成立する[48]。これは既存の仏教施設を下敷き・母体にして、一定の寺院が誕生する図式である。しかし、そのような寺院の前史を持たない蝦夷地の場合は、そうした本州的図式に拠らず、既述したごとく、あくまでも中世期以来の城下の古刹が核になって、末寺を造立していった。少なくとも近世前期まではそうであった。

では、かかる新寺建立の傾向は、近世後期にもそのまま存続したであろうか。表29が示すごとく、近世後期に建立された六九カ寺のうち、曹洞宗では、松前城下の法源寺や法幢寺という中世期以来の古刹よりも、法源寺の末寺たる箱館の高龍寺の方が、多くの末寺を有するに至っている。同様に、浄土真宗の城下寺院専念寺の末寺である浄玄寺＝箱館東本願寺別院の方が、本寺よりも末寺を数多く造営している。こうした城下寺院の末寺の本寺化は日蓮宗にも顕現し、箱館実行寺が松前法華寺をその末寺数において圧倒的に凌駕したのである。ましてや、幕府権力を背景に持つ浄土宗の有珠善光寺が松前の称名寺をしのぐことは、言わずもがなである。

このように、松前城下寺院の末寺の箱館を中心にした諸寺院が、城下のそれよりも、量的にも多くの末寺造立を推し進めていくことなどは、近世前期には想像だにできないことであった。だが、それが幕末を迎えたいま、現実のものとなっている。この異変ともいえる変化は、何を背景に起こったのであろうか。この新たな変化を裏づける根拠は、実は、寺院建立の許可の中に求めることができるのである。すなわち、城下寺院の法源寺が「西蝦夷地之内江庵室建立仕度旨、以箱館御奉行所江願上候所、追而御沙汰ニ可相成之由、夫迄御預リニ相成候[49]」と、西蝦夷地に庵室を建立

表29　近世後期の本末関係

宗　派	本　寺	末寺数
曹洞宗	高龍寺	7
	法幢寺	3
	法源寺	3
	正覚院	3
	龍雲院	2
	寿養寺	1
浄土宗	善光寺	13
	称名寺	3
浄土真宗	浄玄寺	9
	専念寺	2
	智恵光寺	2
日蓮宗	実行寺	5
	松前法華寺	1

しようとしたが、その可否は保留されたまま、徒《いたず》らに日を費やすだけであった。安政六年（一八五九）のことである。

それに対して、法源寺の末寺＝箱館高龍寺の場合はこうである。「西蝦夷地之内、ヲタスツ・イワナイ・ヲタルナイ右三ケ場所江、末庵一宇宛取建之儀奉願上候処、願之通被仰付(50)」というように、箱館奉行所の許可がいとも簡単に下りたのである。してみれば、寺院建立の許可とそれに基づく寺勢の拡張には、陰に陽に行政の力が働いていたということになる。箱館の高龍寺には、法源寺が望むべくもない箱館奉行所という頼もしき理解者がその背後にいたのである。この点については次章で詳述する。

幕府による蝦夷地の再直轄の中にあって、幕府─箱館奉行所を結ぶ太いパイプは、箱館の諸寺院や有珠善光寺の新寺造立には深い理解を示しても、松前城下の諸寺院に注ぐ眼は意外にも冷たかったと言うほかない。こうしてみる時、城下寺院が封建寺院としての面から庶民のそれへと一八〇度の変容を遂げるのも、無理からぬことであった。行政の中心軸が松前から箱館へと移動するのと、寺勢の版図が松前から箱館へと消長するのが、見事に符合するのには瞠目せざるをえない。

寺院建立の論理

蝦夷地における近世の民間寺院の建立は、その前期には松前城下の寺院を基軸に、その後期には箱館周辺を中心に、と変容したものの、人心を抜きにしては寺院造営を営むことができないという点では全期に共通していた。つまり、寺勢の拡大とはいえ、そこには必ず、庶民の厚い先祖を供養する心＝信仰心の芽ばえが前提として存在していたのである。

檀家之者年々出稼ニ罷越、又者越年永住仕候者も数多有之、於彼地病死仕候而茂時々届向等遠路之事故不任心底、自与父兄之祭祀等茂疎遠ニ相成。(51)

という一文が、何よりもそのことを証明している。ある庶民が出稼ぎ先において没した際でも、その霊の眠れる地は遠隔ゆえに親族の祭祀も疎遠になりかねない、そのためにも小寺の造営がぜひとも必要である、とこの一文は語っている。こうした庶民の素朴な供養・信仰心が下敷きになって新寺が建立されていく。さきの後志方面の漁民たちも、おそらく、かかる信仰観に立って、新寺の建立を要求していったに相違ない。

この一庶民の先祖供養心が寺院建立の直接的な背景・要因になっていることは、松前城下であろうと、箱館の諸寺院であろうと、変わりはない。が、幕府の蝦夷地再直轄を機に、教線の劣勢を覆うべくもない城下寺院が新寺を建立しようとすれば、その際、幕府権力をして納得せしむるに十分な理由が必要であった。少なくとも、城下寺院はそう認識し、そして、ある寺院建立の論理を生み出した。その論理とは如何。曰く、

西蝦夷地之内江拙僧共自力を以庵室一宇宛取結弘法作善相営、天下泰平、国土安穏之祈願専ら相勤、且者御法度之切支丹宗門等勿論相改、常々夷人ニ至迄勧善懲悪之教諭仕度奉存候（中略）檀家之者江茂夫々申諭田畑開発者不及申、樹木植立等ニ至迄丹誠為致度、又者山道嶮岨之場所柄ニ者石像等茂安置為致、左候得者有信之者共自与屯致し末々村落ニ茂相成候半々、自然御開発之趣意ニ茂相叶。[52]

と。これは、幕末も近い安政四年（一八五七）の頃、松前城下の法源寺と龍雲院および江差の正覚院が、寺院間の封建的なタテ関係の枠を超えて、連名で提出した箱館奉行所への懸命な歎願の中に、いみじくも吐露した寺院建立の論理である。この一文の前半部分にいう天下泰平や勧善懲悪の教諭に益するという庵室の建立論理はさして驚くに価しない。なぜなら、この種の論理は、実はさきの文化元年（一八〇四）の幕府による蝦夷三官寺（有珠善光寺・様似等澍院・厚岸国泰寺）の建立の際にも、蝦夷地の邪宗門の糺明と教化活動の中にすでに盛り込まれていた論理だからである。

ところが、後半部分はどうであろうか。庵室・寺院の造立は、「樹木の植立」「石像の安置」を通して、「田畑の開発」にも直結し、ひいては「有信の者どもおのずと屯致し末々村落にも相成」ると表明しているではないか。

「有信の者どもおのずと屯致し」にいう「屯」とは、人々が集まることであるから、その意味で、近代のかの「屯田」に一脈通ずるものであることは、改めて多言を要すまい。してみれば、城下寺院が考案した寺院建立の論理とは、端的にいえばこうである。寺院の建立は自然や国土の開発はもちろんのこと、近代の「屯田」にも連なるところの村落形成に直結する営為にほかならない、というものである。この論理は、日本近世仏教史にも例をみない、すぐれて北海道的な論理として特筆しなければならない。

この論理がのちの近代北海道における開拓ないし開拓精神の先駆けとしての位置・機能を担っていると解しても大過ないだろう。思うに、松前城下の寺院が仏教的に活きる知恵として案出し主張したこの寺院建立＝自然・国土開発、村落形成という論理が、思想史的な前提土壌になったればこそ、近代の開発精神も着実に社会化し、開拓事業も順調に進行をみたのではあるまいか。その意味で、松前城下の諸寺院はひとり近世北海道仏教界のみで終始することなく、やがて訪れる近代思想史の領域の重大な母体ともなっていたと言うべきであろう(53)。

幕末も近い安政四年(一八五七)に、城下寺院が吐露した「寺院建立の論理」が、近代北海道開拓の一側面あるいは前史を担うという予測が、あながち誤測でもないことを、次に少しく傍証してみよう。

その有益な史料が、ほかでもなく松浦武四郎の詳細な観察記録であると同時に精密な地誌ともなっている『蝦夷日誌』と『竹四郎廻浦日記』である。これらに散見する宗教施設を抽出してみると、表30のようになる。

この表は、東西の蝦夷地における「場所」ごとにいかなる宗教施設が営まれていたかを示したものである。これによれば、各場所には必ず豊漁と航行安全を祈願した弁天社が勧請されていること、および年を追うごとに、弁天社のほかに稲荷社・地蔵堂などが増設されて宗教施設の充実がなされていたことが判明する(54)。このような近世末期に営まれた場所における宗教施設が、やがて訪れる近代の開拓の一定の地ならしを果したことを推測することは、そう困難なことではない。言葉をかえていえば、弁天社・稲荷社という近世における神社の創建が、とりもなおさず、近代の宗教的開拓を準備していたのであり、ここに近世と近代の連続面を見出すことができる

表30 「場所」における宗教施設

東蝦夷地	弘化2年(1845) 『初航蝦夷日誌』	安政3年(1856) 『竹四郎廻浦日記』	文久3年(1863) 『東蝦夷日誌』
ヤムクシナイ	諏訪社，稲荷，弁天	諏訪社，阿弥陀堂，稲荷	諏訪，稲荷，阿弥陀庵
ヲシャマンベ	弁天社	観音堂，稲荷社	観音，稲荷
アブタ	弁天社	稲荷社	稲荷，蛭子社
ウス	弁天社，善光寺，金毘羅，観音堂	弁天，蛭子，善光寺	弁天，蛭子，善光寺
モロラン	弁天社	地蔵堂，稲荷，大黒，蛭子	弁天社
シラヲヒ	弁天社	弁天，阿弥陀堂	弁天，阿弥陀堂，塩釜社
ユウフツ	鎮守社，地蔵堂，弁天社	弁天社(地蔵堂を合殿)	不動堂，稲荷，弁天社
サル	弁天社	義経大明神，弁天，天満，金毘羅，蛭子	(同上)
ニイカップ	弁天社	鎮守の社	弁天社
シヅナイ	弁天社	金毘羅，稲荷，弁天	金毘羅，稲荷，弁天
ミツイシ	弁天社，稲荷社		弁天社
ウラカハ	弁天社	弁天社	弁天，稲荷
シャマニ	等澍院，鎮守社，観音堂，弁天社	等澍院，鎮守社，船玉明神，観音稲荷	等澍院，観音堂，稲荷，船玉明神
ホロイヅミ	弁天社	住吉社，稲荷	住吉社，稲荷，弁天社
ビロウ	弁天社	観音堂，稲荷社	観音堂，稲荷社
シラヌカ	弁天社	観音堂，岩船明神，三十番神，稲荷	(同上)
クスリ	弁天社，稲荷	弁天，稲荷，阿閑社	弁天，稲荷，阿閑社
アッケシ	国泰寺，弁天社	国泰寺，神明社，稲荷，八大竜王，弁天	
子モロ	弁天社	稲荷，金毘羅社合殿	
西蝦夷地	**弘化2年(1845) 『再航蝦夷日誌』**	**安政3年(1856) 『竹四郎廻浦日記』**	**文久3年(1863) 『西蝦夷日誌』**
クトウ	弁天社	弁天，稲荷社	弁天，稲荷社
フトロ	稲荷，戎社，弁天社	稲荷，弁天，地蔵堂	稲荷，弁天，地蔵堂
セタナイ	弁天社	弁天，稲荷	弁天，稲荷
シマコマキ	弁天社	弁天，苅場権現，稲荷，竜神社	(同上)
スッツ	弁天社	弁天，稲荷	弁天，稲荷
ウタシツ	弁天社	弁天，稲荷	弁天，稲荷
イソヤ	弁天社	弁天，稲荷	弁天，稲荷
イワナイ	弁天社	弁天社	弁天社
フルウ	弁天社	弁天社	弁天社
シャコタン	弁天社	弁天社	弁天社
ビクニ	弁天社	弁天社	弁天社
フルビラ	弁天社	弁天社	弁天社
ヨイチ	弁天社	弁天社	弁天社
ヲショロ	弁天社，稲荷	弁天，稲荷社	弁天，稲荷，戎社
タカシマ	弁天社	弁天，稲荷	稲荷社
ヲタルナイ	弁天社	弁天社，地蔵堂	弁天社，地蔵堂
石カリ	弁天社，妙亀法鮫大明神	弁天，稲荷，妙亀法鮫，竜神社	弁天，妙亀法鮫大明神
アツタ	弁天社		弁天，稲荷
ハママシケ	弁天社		弁天，稲荷，地蔵堂
マシケ	弁天社		弁天社
ルヽモップ	弁天社，稲荷社	弁天，稲荷，伊勢の社	弁天，稲荷，伊勢社
トママイ	弁天社	弁天社	弁天社
テシホ	弁天社	弁天社	
リイシリ	弁天社		
ソウヤ	弁天，稲荷社	弁天，稲荷	
シヲナイ	弁天社		
モンベツ	弁天社	弁天	
シャリ	弁天社	船玉社，稲荷，観音堂	
アハシリ		船玉社，稲荷	

といっても過言ではないだろう。

さらに、城下寺院の打ち出したさきの「寺院建立の論理」が決して空論ではないことを傍証する、いま一つの史料的根拠を示すと、こうなる。

乍恐以書附奉願上候

私義御当処弁天町通リ金龍庵拝借地ニおゐて永住大工渡世仕度奉存候間、何卒格別之以御憐愍《れんびん》願之通被仰付被下置度、此段奉願候。已上。

大工職　伝蔵

申八月

石狩御用所(55)

これは万延元年(一八六〇)における「石狩場所」の宗教動態を告げる史料である。つまるところ、金龍庵(金龍寺の前身)なる日蓮宗の寺院の拝借地に、伝蔵という大工が永住したい旨を願い出ている様子を、この史料は余すところなく伝えている。言うなれば、石狩の地域に、「場所」という近世的営為が母体となって、来るべき近代を生み落とそうと準備をしていたのである。さきの表30にみた弁天社・稲荷社と同様に、この石狩金龍庵もまた、近代における石狩金龍寺を確実に胚胎していたのであり、ここにも、宗教における近世と近代の連続面を観察できる。

(1)『松前福山諸掟』(『松前町史』史料編一、所収)
(2)同右
(3)同右
(4)同右
(5)『松府旧事記』(松前町史編纂室蔵)

（6）『松前歳時記草稿』（『新北海道史』七、所収）
（7）『法源寺公宗用記録』（『松前町史』史料編一、所収）
（8）『番日記』（『松前町史』史料編二、所収）
（9）『町年寄日記抜書』（『松前町史』史料編二、所収）
（10）明治五年『青森県管轄福山所管第十三区戸籍』（松前町史編纂室蔵）
（11）『町年寄詰所日記』（『松前町史』史料編二、所収）
（12）昭和五二年（一九七七）に実施された松前町史宗教部門の法源寺および寿養寺の墓碑調査とその資料に拠る
（13）『松前福山諸掟』（（1）に同じ）
（14）同右
（15）同右
（16）『和田家諸用記録』（『松前町史』史料編二、所収）
（17）『町年寄日記抜書』（（9）に同じ）
（18）榎森進「幕末における松前藩の大坂蔵屋敷をめぐる諸問題」（『函大商学論究』一七の二、一九八二年）
（19）『維新史料綱要』（東京大学史料編纂所、一九四三年）
（20）『御触書控帳』（『松前町史』史料編一、所収）
（21）『番日記』（（8）に同じ）
（22）同右
（23）『町年寄日記抜書』（（9）に同じ）
（24）『番日記』（（8）に同じ）
（25）同右
（26）『町年寄日記抜書』（（9）に同じ）
（27）『法源寺公宗用記録』（（7）に同じ）
（28）『番日記』（（8）に同じ）
（29）『宝暦十一年御巡見使応答申合書』（『松前町史』史料編一、所収）
（30）『番日記』（（8）に同じ）
（31）同右

(32)『町年寄詰所日記写』(『松前町史』史料編二、所収)
(33)『町年寄日記抜書』(9)に同じ
(34)『番日記』(8)に同じ
(35)『町年寄日記抜書』(9)に同じ
(36)同右
(37)『法源寺公宗用記録』(7)に同じ
(38)同右
(39)『町年寄詰所日記写』(32)に同じ
(40)榎森進「近世北海道の都市」(『講座　日本の封建都市』三、文一総合出版、一九八一年、所収)
(41)『町年寄日記抜書』(9)に同じ
(42)『番日記』(8)に同じ
(43)同右
(44)同右
(45)『永平寺文書』(大本山永平寺蔵)
(46)『法源寺公宗用記録』(7)に同じ
(47)『番日記』(8)に同じ
(48)竹田聴洲「近世社会と仏教」(『岩波講座　日本歴史』九、一九七五年、所収)
(49)『法源寺公宗用記録』(7)に同じ
(50)同右
(51)同右
(52)同右
(53)佐々木馨「松前仏教の近世的展開」(『松前藩と松前』一八号、一九八一年)
(54)文久三年の『東西蝦夷日誌』は安政三年の『竹四郎廻浦日記』の再編ゆえ、両書に散見する宗教施設は同一である
(55)『新札幌市史』第六巻史料編一

第五章　松前藩における本末制と檀家制の実態

第一節　法源寺と高龍寺の本末関係

檀家転住

松前藩制のもとでも、基本的には本州諸藩と同一の仏教政策が遂行されたことは、前章までに既述したとおりである。ここでは、そのうちの本末関係を中心にして、本寺の法源寺と高龍寺の関わり、および檀家との関係を具体的史料に即してうかがってみることにしよう。

まず、本末関係を考える上で最も根本的な檀家との関係についてみると、そこには綿密な檀家支配ないし把握が展開していたことが確認される。例えば、次にみるのは、城下博知石町の檀家が商売で箱館に引っ越すので、万が一、逗留中に死亡した節には取り置きを依頼するという檀家転住の引き継ぎである。

右者（博知石町の家族四人）代々禅宗ニ而、拙寺旦那ニ紛無御座候、今船商売向勝手ニ付、其地に引越度旨願出候ニ付、任其意差遣候条、逗留中病死之節者、御取置可被下候。為後念送状仍如件。

法源寺

弘化二巳年(一八四五)十一月
箱館　高　龍　寺　様(1)
城下　法　源　寺　印

これとは逆に、高龍寺の檀家が松前城下に出向いた折に、死去の節に法源寺対応を依頼することもある。次の嘉永六年(一八五三)の一文がその証左である。

此度拙寺旦中山之上町百姓富次郎事、其表へ出張ニ罷越付候間、若死去等有之候節ハ、何分可然様御取斗可被下候。此段偏ニ奉願上候。以上。

高　龍　寺　役所

(嘉永六年)七月廿七日
法源寺様
御役衆様(2)

こうした檀家の転住は、菩提寺を変えずにそのままにした場合であるが、菩提寺替を含めた転住の場合も当然ある。次の一文にみる「離旦」転住がそれである。

箱館大工町　徳次郎倅勘次郎事
右者是迠《まで》貴寺旦那之処、同人茂家稼ニ付、今般離旦送り状持参ニ而罷越候間、自今当寺宗帳江致加入候条、相違無御座候。為後念離旦受状、仍而如件。

安政二卯年(一八五五)
四月十二日帳入
箱館高龍寺(3)

これは明らかに、高龍寺の檀家が城下に転住し、法源寺檀家となり、宗旨人別帳も法源寺に加入することを確認し合った「離旦」転住である。

さきの転住と同様、これとは逆に、法源寺の檀家が高龍寺檀家となることもある。次の一文はその証左である。

馬形東上飛騨屋故惣右衛門
同妻

右者是迄当寺檀那之処、今般箱館表江当分之内、出稼ニ罷越候間、万一病気致候節者、於貴寺御執行可有候。
為後日宗旨送り状、仍而如件。

福山
法源寺役寮

(安政二年)二月廿二日

箱館
高龍寺様(4)

このように、法源寺と高龍寺は本末関係のもと、檀家をめぐって、その転住と菩提寺替＝離檀を日常的に実施しながら、檀家の動向を把握していた。ここに両寺が幕藩国家時代における末端支配機構として檀家とともに歴史のひとつの歯車として活きていたことを知るのである。

高龍寺をめぐるタテとヨコの関係

次に、注目すべき本末関係は、本寺と末寺の緊密なタテの関わりである。次の一節は、高龍寺が本寺に法用に出向き、帰寺した旨を寺社奉行所に届け出たものである。

乍恐以書付奉願上候
箱館高龍寺

右之者法用相済、帰寺為仕義存候、随而病気ニ付道中馬壱疋自分払御添触被仰付度、此段奉願上候。以上。

住持　興禅

法源寺　印

寺社御奉行所(5)

高龍寺一七世住職の興禅が病気のため、松前からの帰路、馬を自分払いで利用したい旨を願い出た稀有な史料でもある。

高龍寺は末寺として、本寺の法源寺に「法用」のたびに出張し、諸事の連絡を密にしていたことがしのばれる。この種の届出は、さきの檀家間の転住と離旦届と並んで、基本的にして日常的なものであった。

寺院間の本末関係は、何も本寺と末寺の直線的な関わりだけとは限らない。さきの法源寺と高龍寺との一対一のタテ関係も当然生ずるし、そこには末寺同士のヨコの関係も出てくる。次の一文はその例である。

以書付御届奉申上候

拙寺組合箱館高龍寺儀、今般従江府三田大中寺依御召被致出府候ニ付、留守中鑑寺之儀者、拙寺ニ而此相勤、公宗檀三用之儀、聊差支無御座候。依而此段御届奉申上候。以上。

泉沢村

大泉寺印

未三月

法源寺

御役寮(6)

これによれば、高龍寺が江戸大中寺より召し出されて、出府したので、その留守中の「公宗檀」、すなわち、対松前藩への対応や曹洞宗上の寺務そして対檀家との連絡の「三用」は、高龍寺と兄弟関係にある泉沢の大泉寺が行うことを法源寺に届けていたことが判明する。この届出から、関三刹の大中寺―法源寺―高龍寺・大泉寺という、重層的なタテ関係と、高龍寺と大泉寺の「組合」としての兄弟ないし「組合」のヨコ関係が読みとれる。そこに、近世寺院における封建的関わりを感知することは、そう困難なことではない。
本末関係の日常的な事象で最も肝要で最も可視的なのは、住職の死亡およびその後住の任命に関する事柄である。

乍恐以書付御請申上候
拙僧儀、昨年五月廿九日万松山哲鱗隠居様御遷化ニ付、八月五日、於高龍寺会中而已、内茶湯致度旨及相競住其意、尤病気故焼香ニ而登山不仕候。此段以書附御請奉申上候。以上。

高龍寺　隠居
興　禅
代義園印

未三月(安政六年)
法源寺
御役寮(7)

これは、高龍寺一六世の哲鱗が安政五年(一八五八)五月二九日に遷化した旨を後住の興禅が本寺の法源寺に報告したものである。興禅自身、この時、病気のため直接出向けないことを述べていることから判断して、本来であれば、後住ないしその周辺が直接、登山して届け出るべきものであった。
先住の遷化を受けての後住の任命も、本寺の権限として最も重大な事柄であった。その様子を、次の一文からうかがってみることにしよう。

箱館高龍寺同所御奉行所江初而継目御礼之写

拙寺先住の病気ニ付、隠居仕候。後住之儀者、依先例本寺松前法源寺ゟ拙僧江被申候。右ニ付、御奉行所江初而御礼申上度奉存候。何卒右願之通、被仰付被下置候様、奉願上候。以上。

箱館
高龍寺　印

安政四年巳閏五月九日

箱館
御奉行所

一右者当奉行所為心得、写置度旨被申聞候ニ付、高龍寺ゟ案文取寄右之通、写差出候事。(8)

ここでいう病気がちで隠居している先住とは、高龍寺一七世興禅を指す。その後住として、「先例に依りて松前法源寺より拙僧へ申され」た拙僧とは、ほかでもなく一八世の国下海雲である。してみれば、この一文は海雲が、「先例」を受けて、本寺の法源寺の任命により、一八世に就任したことを箱館奉行所へ報告したという意味でも、貴重な史料といえよう。

近世の本末制において末寺は本寺に対して、実に瑣末なことまで、一部始終にわたって報告しなければならなかった。そのことを次の史料で確認してみよう。

以書附御届申上候

拙寺従来用候寺号印之儀、年来相立、鼠喰闕字以多し候ニ附、今般相改替印仕候間、仍而此段印鑑を以御届奉申上候。以上。

箱館
高龍寺　印

文久四年子三月廿日

御本山
法源寺
御役寮(9)

高龍寺で長年、使用してきた「寺号印」が鼠に食われて、欠字が多いので改印する旨を届け出た一文である。寺号印は機関の実務上、重大なことは言うまでもないが、その改印を本寺に届け出ることは、すぐれて近世の本末関係といわなければならない。

寺号印の届出を、もしも本末制における小事とするなら、その対照的な大事は、松前藩制下の寺院世界において、末庵の取建計画とその実行の許可ないし報告ではなかろうか。

高龍寺は法源寺を本寺としながらも、既述した城下寺院の開拓論理を摂取し、膝元の箱館奉行所を強力な後楯として大々的に末庵取建を計画・実践しようとしていた。次の一文は、その貴重な状況証拠である。

以書付御届申上候

拙寺義、去巳年九月中西蝦夷地之内、ヲタスツ・イワナイ・ヲタルナイ右三ケ場所江、末庵一宇宛取建之儀奉願上候処、願之通被仰付、昨年七月中箱館御奉行所内野守殿於御白洲被仰渡御座候間、此段御届申上候。以上。

箱館
高　龍　寺

未三月
松前
法源寺
御役寮(10)

これによれば、高龍寺は安政三年（一八五六）九月にヲタスツ・イワナイ・ヲタルナイの三場所の末庵取建の計画書を提出し、同五年七月に、箱館奉行所から許可されたことになる。この許可の公認を、同六年三月に本寺の法源寺に届け出しているのである。

こうしてみれば、高龍寺の末庵取建計画は、本寺の法源寺との関係とは違う次元で許認可され、その結果のみを本寺に報告しているにすぎないといえよう。近世本末制において、北海道のこの種の「開拓＝開教」実践は、本州諸藩にはみられない全く特異なものであり、その点、本寺への開拓の届け出義務などは、前例のない事例であった。

それにしても高龍寺は本末制の中にあって、末庵取建の計画およびその結果を本寺に報告したものの、その計画を本寺とともに共同に扱うことはなく、全く別個に、膝下の箱館奉行所に接近しながら独自に推進していたことは注目される。まさに高龍寺独自の開拓＝開教のエネルギーの蓄積・発散である。

高龍寺と大泉寺の法交

さきに高龍寺と大泉寺は、共通の本寺である法源寺を中心に、末寺同士として緊密なヨコの関係にあったことを指摘した。ここでは、その具体的なヨコの関係を眺めてみることにしよう。

まず次の史料に注目したい。

印

右者当寺古印形ニ御座候。

今般、高龍寺十一世禅海和尚遷化之後、相持候。此方より相尋吟味致候処、内看寺鳴海幷ニ檀頭中ゟ何卒内分ニ而相為済候様ニ、再三之頼ニ候故、無拠内済致候。尤高龍寺旦頭柴田作吉殿、当寺旦頭山本佐治衛立会之上、焼却仕候。右之印形者文化三寅年まで、拙寺ニて相持ひ候。其後高龍寺ニ有之候間、其手元問会せ、外之分印請等相出候とも、此方ニて一矢かまへ無之候。後之住職之衆、相心得之ため、校割帳ニ印置候。以上。

当山十世

倍　見　代記

文化十二乙亥年

四月十八日(11)

この文化一二年(一八一五)の史料は、大泉寺の古印形をめぐる話であり、それには三つの段階があることが確認できる。第一は、この古印形が「文化三寅年まで、拙寺(大泉寺)ニて相持ひ候」ていた点である。次いでその後、高龍寺の所有となり、一一世禅海の遷化まで使用されていた(第二段階)。そして、禅海の死後、再び大泉寺の所有としたが、両寺の檀頭の立ち会いのもと、焼却したということ(第三段階)。

この事実をどう解釈すべきであろうか。やはり、何よりも、高龍寺と大泉寺が同じ一つの寺印を相互に共有し合う間柄であったことをこの古印譚は伝えているとみなければならない。さきに確認したように、高龍寺の江戸出張中の「公宗檀」の三用を、大泉寺は落度なくつとめ果たせたのも、寺印を共有できる関係があったればこそであろう。

実は、高龍寺一三世の遷化を契機に、大泉寺と高龍寺には、次のような内規ができていた。

文化十三年子七月三日、高龍寺十三世万禅和尚遷化、其節者、本山方丈御出府ニ付、拙僧相頼連内葬焼香致候。謝儀として金弐百疋被相送候。以後高龍寺和尚相頼候節、是を以、ひつきとし相心得可為候。向者大寺当寺者分兄寺ニ候間、能々心得後々ニ至迠、是をひつき可被成候。(12)

文化一三年(一八一六)七月三日に高龍寺一三世万禅が遷化した折、本寺法源寺の住職が出府のため、大泉寺が代わって内葬焼香をつとめた。その時の謝金は「金弐百疋」であったので、これを今後の先例として引きつぐ。

高龍寺はいまは「大寺」であるが、大泉寺とは同じ法源寺の末寺の間柄であり、大泉寺の方が末寺としては「分兄寺」である。この文章はそう伝えている。

当寺の近世社会の本末制において、大泉寺がいみじくも吐露した「分兄寺」は、実にその来歴に則った、言いえて妙な三文字である。本末関係の中で「分兄寺」であった大泉寺は、高龍寺との兄弟関係の中で、いま一つ注目すべきことを生み出した。大泉寺の地蔵庵の造立問題である。(13)

大泉寺は元和元年(一六一五)、奥尻に法源寺四世盤室芳龍によって再建され、万治三年(一六六〇)、松前城下の蔵町に移転したのち、宝永四年(一七〇七)、泉沢村に引っ越した。その間、開山芳龍を二代日外が嗣ぎ、開基龍室慈天に引きつがれた。

慈天が享保一五年(一七三〇)に入寂したあと、哲道が大泉寺二世となり、唯山という僧を鑑司にしたものの、元文元年(一七三六)の火災で大泉寺はことごとく焼失した。これを機に、大泉寺三世に就いたのが高龍寺本光であった。

この三世の時、哲道に随従する唯山は日頃から師哲道の「隠居所」を造立したいと念じていた。たまたま、木古内村の沢部に浄土真宗専念寺の「阿弥堂」の古跡があったので、村方と檀家の者に相談したところ、「死去人等有之候節ハ、菩提所江遠方寺」ゆえ、ぜひ「隠居所」を「建立致度等」申したこともあり、延享元年(一七四四)、本寺法源寺の許可を得て、庵寺を建立した。そして、開基の慈天首座が持参していた地蔵尊をそこに安置し、庵号を「地蔵庵」と号した。

ここに誕生した地蔵庵は、約一〇〇年後の天保九年(一八三八)六月、幕府の巡見の折、その来歴を問われることになった。当時、案内役をつとめた役僧の寛仲が、大泉寺持の「延命地蔵尊」と申し上げたところ、巡見使は焼香を済ませ、その結果、

右之通永々大泉寺持与相成、向後巡見之節者、退休仕度奉願上候。且又後住之儀者、拙僧嗣法之弟子光道長

老江被仰付可被下候。

というように、「地蔵庵」は幕府—松前藩の公認となり、今後、巡見使の退休所となったのみならず、後任の任命まで配慮されたという。

この「地蔵庵」の公認については、次のように大泉寺の旦方惣代の奥印まで付されていた。

右大泉寺御願被申上候通、旦方納得仕茂、故障無御座候間、願之通被仰付可被下候ハバ、難有奉存候。以上。

旦方惣代
伝五郎

以上のように、大泉寺の地蔵庵の誕生は、高龍寺より三世として派遣された本光の世のことでもあり、その因縁浅からぬものを感ずる。

翻っていえば、高龍寺に対して「分兄寺」を自認する大泉寺も、寛保二年（一七四二）、本光の第三世住職の就任をひとつの契機に、ただ単に、大泉寺が「分兄寺」と自認することも許されがたくなったといえよう。

ともあれ、大泉寺の地蔵庵が高龍寺がらみで造立され、それに幕府—松前藩の巡見使が関与していた点は注目される。実は、この地蔵庵の一件は、明治期に入り、木古内村の地域問題にも発展することをここで予告しておきたい。

高龍寺の末寺造立

ロシアの南下策を受けて、江戸幕府の北方防備もにわかに現実味を帯びてきた。それゆえ、幕府は寛政一一年（一七九九）、ついに東蝦夷地の直轄に乗り出し、従来のアイヌ交易の商人場所請負制を廃して直捌《じかさばき》制に転換した。その幕府が東蝦夷地の有珠場所に善光寺（浄土宗）、様似場所に等澍院（天台宗）、厚岸場所に国泰寺（臨済宗）の、いわゆる「蝦夷三官寺」を造立したのは、文化元年（一八〇四）のことであった。

邪宗門（キリスト教）の防止と蝦夷地に赴いた和人の死者供養を直接の目的にして三カ寺が建立された三年後の文化四年、幕府は蝦夷地全島を直轄にした。この蝦夷地直轄の現実的な施策を企画・推進するのが箱館奉行所であることは、多言を要しない。

箱館奉行所は、東蝦夷地の幕府直轄化と同時に、箱館近隣の「箱館六カ場所」（小安・戸井・茅部・尾札部・尻岸内・野田追）の「村並」化を推し進めていった。これを機に下海岸〜噴火湾一帯の地域が急速に和人地化していったことは、ごく当然である。

高龍寺の末寺造立を『北海道寺院沿革誌』に拠ってみると、最初に末寺として造営されたのは、享保一六年（一七三一）、九世住職万頑《まんがん》（卍願）を開基にした上磯茂辺地村の宝樹庵（現、曹渓寺）であった。第二は延享二年（一七四五）、六世住職寂道を開基にした市之渡村の大悲庵（現、円通寺）である。第三は明和四年（一七六七）、七世住職唱道を開基に建立された大野村の光明庵（現、光明寺）である。第四は文化七年（一八一〇）、一一世住職禅海による上磯村の観音庵（現、広徳寺）である。

この高龍寺の末寺として宝樹庵を皮切りに造立された四カ寺は、地理的にいえば、当時の箱館と同様、「東在」の一集落であり、その意味で当初から和人地化が進んでいた地域に営まれた寺院であった。

さきに指摘した幕府の蝦夷地直轄と連動した箱館奉行所による「箱館六カ場所」の「村並」化は、高龍寺をはじめとする当時の箱館四大寺院である浄土宗の称名寺や日蓮宗の実行寺そして浄土真宗の浄玄寺の末寺造立を後押しすることとなった。

この六カ場所の村並化の波に乗って、高龍寺の教線拡張はこの地域はもとより、和人地・蝦夷地の別を越えて、堰を切ったように展開していく。その様子を次に眺めてみることにしよう。

高龍寺が「箱館六カ場所」へ進出し最初に建立したのは、尾札部場所に属した臼尻村の龍宮庵（現、覚王寺）であった。時に寛政一二年（一八〇〇）、開基は一一世住職禅海であった。禅海はこの一〇年後の文化七年（一八一〇）、上磯村に広徳寺を造立している。

禅海が遷化した文化一二年(一八一五)、高龍寺は僧祖雲を開基に七飯村に宝琳庵(現、宝琳寺)を造営している。

以上、幕府の直轄の前後に、高龍寺による末寺造立を、享保一六年の宝樹庵から文化一二年の宝琳庵に至るまでの六カ寺についてみてきたが、これは立地的には等しく、早期に和人地化の進行した地域内に建立された末寺群であった。

近世末期には、箱館近隣の六カ場所を含む和人地において、高龍寺以下の箱館の有力寺院が、松前城下の名刹とは一味違う、箱館奉行所という中央権力を背景に果敢に末寺造立を通して、自らの寺勢拡張につとめたのである。

幕府による文化年間(一八〇四～一八)の蝦夷地直轄は、ロシア南下策が一時的に収束したのを受けて、再び松前藩制へと移ったものの、ペリーの浦賀来航と開国要求が急を告げる安政年間(一八五四～六〇)に至って、再び幕府直轄の時代を迎える。

高龍寺の末寺造立は、この幕府の蝦夷地再直轄を背景に、また新たな展開をみせる。一八世国下海雲の時代である。

まず第一は安政四年(一八五七)の西蝦夷地岩内の全修寺であり、第二は同五年の小樽の龍徳寺であり、第三は同年の歌棄郡有戸村の龍昌寺、そして第四は文久元年(一八六一)の石狩の龍沢寺の造立である。

海雲によるこの四カ寺の末寺造立は[14]、いずれも西蝦夷地への教線発展として営まれたものである。これは視点をかえていえば、松前城下寺院の西蝦夷地への教線拡張と競合する営みであり、ここに箱館奉行所という巨大な幕府権力を背景にした新興高龍寺の独自の拡張論理が潜んでいるように思える。

ともあれ、高龍寺は近世において、享保一六年(一七三一)の宝樹庵以後、文久元年(一八六一)の龍沢寺に至るまで、都合一〇カ寺の末寺を造営したことになる。この寺勢拡張は蝦夷地開拓と表裏の関係にあることは、論を俟たない。

第二節　大本山永平寺と高龍寺

六百大遠忌への浄納

高龍寺は江戸時代、総本山の永平寺とどのような関わりを結んでいたのであろうか。ここでは、その具体的な足跡を探ってみることにしよう。

嘉永三年(一八五〇)、大本山永平寺は監院名で越前から、宗祖道元の六百大遠忌についての触達を全国の曹洞宗寺院に発した。蝦夷地には、国法触頭の法幢寺に次のように達された。

来る秋　宗祖六百大遠忌ニ付、為報恩且又当　大禅師御事者、格別之御間柄ニ付(中略)諸般被預御世話度、及其節ニ差支無之様、兼而其筋ニ被達置、来ル七月中ニ上山候様、可申進旨被仰出候条、及書達候。以上。

永平寺
監院

亥三月

松前　法幢寺方丈(15)

六百大遠忌事業についての浄納依頼である。宗祖道元大禅師あっての全国の曹洞宗寺院であり、その報恩の思いは同宗寺院の間に等しく感受された。もちろん、高龍寺の思いも変わることはなかった。

それでは、この全国的な大事業に対して、高龍寺はどんな形で、どれだけ勧化したであろうか。「嘉永五年高祖六百大遠忌ニ付、御造営勧化全請取帳」によると、「法堂蓮蓋料」として、「箱館吉祥講中」名義で次のように、三口上納した。

（不明）　　　箱館吉祥講中
（不明）　　亥正月廿五日来ル
一金五両也
　　　　　子八月上納

文字磨滅により不明なのは残念至極であるが、少なくとも、金額にして「金五両」以上であることは間違いない。しかし、この「法堂蓮蓋料」だけではなかった。「法堂燭台料」として、「箱館高龍寺」名で、「金五百疋」を直納していた。さらに、「法堂唐獅子料」として「金五拾両」を上納することを決しており、そのうち、「金弐拾両」を嘉永三年正月二五日付で納入済みとなっていた。実は、この「唐獅子料」として上納された「金五拾両」をもって実際に永平寺に安置されたのは、唐獅子ではなく、「高祖大師六百大遠忌、法器類寄附之覚」によれば、「白獅子　壱対　松前　高龍寺」とみるように、「白獅子」であった。「唐獅子」が結果的に「白獅子」に変化したにせよ、その法器類購入費として「金五拾両」が浄納されたことは間違いない。

さらに、注目すべきことのひとつは、「金壱両也　子八月上納　同寺（箱館高龍寺）旦中　直納」から判明するように、檀家からの直接上納もあった点である。これは、開港を直前に控えた都市箱館の有力商人層を檀家に持つ高龍寺の底力を示す寄付行為であるとみてよいだろう。(16)

さらに、いま一つ注目すべきことがある。

一昆布弐百把　　　　箱館　高龍寺
　右　子六月廿九日来納
一同百弐拾把　　　同　　吉祥講中(17)

と、北海の海産物の「昆布」が高龍寺と同寺吉祥講中により現物上納されていたことである。

思えば、南北朝期の『庭訓往来』の中に、夷島の名品として、「夷鮭《えぞさけ》」と並んで、「宇賀ノ昆布」が挙げられ、都の人々の間にも知れわたっていたことは周知のとおりである。してみれば、高龍寺は永平寺に対しても、京畿地域で珍重されている「夷島特産品」としての昆布を上納していたとみることができよう。

文化二〜四年の法交

永平寺と高龍寺が本末関係の中で、緊密な結びつきをしたのは、ひとり臨時の遠忌事業だけではない。日常的な法用をめぐっても活発な法交が展開されていた。その様子を、文化二〜四年の両寺の書翰往復の中にのぞいてみることにしよう。(18) 一一世華重禅海の時代のことである。

文化二年（一八〇五）五月、禅海の法弟万禎具寿が「転衣」のため、永平寺に上山するに際し、禅海はそのお礼を込めて北海の特産「昆布」と「わらび」を三国留めで船送した。その経緯を禅海は「本山　監院　大和尚」宛でこう認《したた》めている。

（前略）此度拙寺法弟万禎、座免更衣祝香ニ差登候也、宜敷御取斗奉希候、当時有合古《こ》ん婦《ぶ》わらび大禅師江奉浄納候間、宜敷御献上奉希候。問屋ヨリ之三国迠指遣置候間、延引之段真爾御用捨奉希候。

禅海はその中で、弟子万禎の「更衣」（転衣）への謝礼を述べるとともに、船便に託した昆布とわらびについて、到着が日延べすることを容赦下さいと心配りしている。

この同じ書状の中で、禅海は続けてこうも述べている。

愚侶義ハ、尾州ノ雲州和尚法類之人ニ而、只今ハ当国住居候也。先年者御遠忌ニ出頭仕候（中略）其節御頼申上候額義、京ニ而、見事ニ出来朝夕尊拝申上候事、無上ニ奉存候。

と、自らが尾張国の出自であることと、先年上山した折に紹介を依頼した「額」について、京都で見事に修理を終え、朝な夕なに尊拝していることも申し送っている。この文面には大本山永平寺と深く結び合う末寺高龍寺の心遣いが感じられる。

こうした禅海の心づけに対して、永平寺監院から次のような返礼が高龍寺に届いた。文化二年六月一二日のことである。

（前略）陳者《のぶれば》、国産之昆布幷蕨両品被成贈献候、此節三国沾着之由、妻ニ遂披露之処、遠境被届置候段、尚又拙納ヨリ宜敷致期可申述之旨。（後略）

遠境からの贈献に対しての謝礼である。さらに、文化四年（一八〇七）五月一三日付で、禅海は、次のような消息を認めている。

（前略）誠当春ハ大禅師茂御交替被為成候段、一派宗門之光輝、不過之奉存候（中略）昆布之儀、御待御座候も、是者例歳其年内ニ皆済店方ヨリ登リ荷物ニ相成、当時ハ筍《たけのこ》無御座候。然共、少々持合御座候付、三箇仕り候間、乍憚宜敷御取斗、御披露可申候。

箱館高龍寺　禅　海　九拝

五月十三日

御本山　典座大和尚

これは飲食などを司る典座寮に宛てたものである。おそらく永平寺内でも評判を呼んでいる昆布に加えて、筍などの所望もあったのであろうか、手持ちのものを三個送り届けると述べている。

この文面には、寺院間の本寺と末寺を超えた家庭的な温情が感じられる。このような相互に心が通い合う人間関係を反映するかのように、禅海はこの消息の中で追伸としてこう筆を続けた。「二白、例之通、大禅師之御手筆一枚成共拝領致度」と、大禅師の交代の時には、いつも新禅師に依頼したのであろうか、「例之通」りと前置きして、直筆の書一枚を依頼した。このさりげない依頼の中にも、高龍寺と永平寺の密接な関わりを覚える。

禅海のこの消息と昆布の発送を受けて、永平寺から次の礼状が、七月二一日付で寄せられた。

(前略)国産之昆布被遣候、典座寮ヨリ相達、別当禅師前、遂披露候之処、遠路渡海之処、満悦被思召候。猶可然挨拶申入候様被仰付、雖不礼此安陀衣壱肩、可進旨仰付御達申候、御落掌可被有之候、右酬答、旁如此不宜。

これによれば、永平寺は昆布の謝礼もさることながら、その返礼として、「安陀衣」一肩を禅海に贈ったのである。

開山一代図と『正法眼蔵』の所望

文化四年(一八〇七)、禅海は看過できない重大な申し出を永平寺にしている。(19)

此度御願申上候事、是者、先之大禅師之時分茂御役方迠御願上候。御開山御一代之図法侍画等四幅ニ而一宗門之為ニ御出来被為成候由、先年願入候処、御本山ヨリ御挨拶ニ者此方も今ニ手すきも不得事ニ而出来兼候と御申来候、其後彼是拙寺も当国御用地ニ付不能心儘、誠ニ此度御便り之事共申上候。

この文面が如実に物語るように、禅海は永平寺開山道元大禅師の「一代図」を先代大禅師の時以来、譲渡依頼していた。禅海は本山山門に懸けられているその古画類を強く所望していたのである。もしもその譲渡が叶わないのなら、その古画は幕府の直轄になった蝦夷地において、和人や夷人(アイヌ民族)の教化の上でも意義があるので、本山山門の図画を再現できる画師を箱館に派遣してもらいたいとまでいっている。このとめることのできない渇望を、生の声に徴すとこうである。

御本山山門ニ図画御絵相調平日懸リ罷在ノ由及承候、(中略)何卒是迠之山門之古画を拙寺□□被下置候ハバ、重々難有仕合奉存候。且亦当国嶋中不残御用地相成候事、誠ニ以　御開山光明蔵、衆衆夷人共迠、大因縁を相詰不少事ニ奉存候、幾重ニも此儀相調候様、御取斗御下ケ奉希候、右之段相叶不申候ハバ山門□□有之候

御伝書画之通、本山出入之画師為写御下候様奉願上候。

禅海は同書の中で、それともう一つ、当時、出版された『正法眼蔵』を、法恩金一両の送付をもって入手したいと次のように申し出ている。

御開板之正法眼蔵、金子壱両ニ而拝得与申事、此度法恩金壱両呈上仕候間、何卒飛脚ニ而細屋庄兵衛方へ早卒書御出被下候得者、夏中相届申候条。[20]（後略）

こうした一連の禅海の依頼・申し出に対して、永平寺はどう回答したのであろうか。まず、開山の「一代図」等については、具体的にどの作品なのかわからないし、先代への依頼書面は不明なので、要望に応えられないと次のように回答してきた。

御開山御一代之図法伝画、其外山門ニ遣リ候御伝書画等之事、被仰聞候得共、如何之品ニ候哉。尤、先御代ニ茂御願込之由、御紙面得而難相分候条、何共挨拶申兼候。

一方の『正法眼蔵』の申し込みについては、次のように、現在、在庫がないので後日、送り届けるとのことであった。

開板正法眼蔵拝請有之度由被仰聞、早ニ速相届進度候得共、当時出払出来合無候間、追々相届可申候。

そして、かねてから禅海の申し出のあった大禅師の直筆書の贈呈についての返答は、こうであった。

大禅師御手筆之儀、一枚成共拝受被致度、是又被仰聞候処、当時少々御不快ニ而、眼（ママ）ニ与願込之御認物も重リ居候。是儀も、其内ニ相送り可申候、此ヨリ酬答旁如此。

大禅師は目下のところ、体調も宜しくないだけでなく、認め物も山積しており、後日にお願いしたい、とのことであった。

このように、禅海の申し出は必ずしも満度に達成されたわけではなかったものの、そのような、ある時は難題とも思えることでも、気軽に申し送れる人的な関わりが高龍寺と大本山永平寺の間に形成されていたことは、特筆される。ここに、近世における高龍寺と大本山永平寺との親密なる法交の実相をうかがい知る。

(1) 『法源寺公宗用記録』(『松前町史』史料編一、所収)
(2) 同右
(3) 同右
(4) 同右
(5) 同右
(6) 『大泉寺文書』(『高龍寺史』第一部史料編、高龍寺、二〇〇三年、所収)
(7) 『高龍寺史』第一部史料編(〔6〕に同じ)
(8) 同右
(9) 同右
(10) 『法源寺公宗用記録』(〔1〕に同じ)
(11) 『大泉寺文書』(〔6〕に同じ)
(12) 同右
(13) 同右
(14) 星野和太郎『北海道寺院沿革誌』(時習館、一八九四年)
(15) 『永平寺文書』(『高龍寺史』第一部史料編、二〇〇三年、所収)
(16) 同右
(17) 同右
(18) 同右
(19) 同右
(20) 同右

第六章　東西両在の近世仏教

第一節　銭亀沢（東在）の生活と宗教

前期松前藩政下の銭亀沢の生活と宗教

松前藩の成立に伴い、銭亀沢は和人の専住する「東在」と行政的に位置づけられ、藩主の家人たる給人が、銭亀沢地域を知行地として支配することになる。

天明四年（一七八四）の頃、銭亀沢や黒岩などの「シリサワベ」を明石金兵衛が、「シホトマリ」を松前佐士がそれぞれ領有していた。ただ意外なことに、この頃、「フルカワシリ」と「イシサキ」は、理由不明であるが、本来の給人（支配者）が松前藩に税金である運上金を上納しなかったためであろうか、藩主に取り上げられ、直轄化されていた。

黒岩と石崎には、興味深い史話が伝承されていた。それはともに鎌倉時代のものであり、黒岩村の話は、鎌倉幕府から大豆五升を拝借し、その取り立てを弁慶が請け負ったというのである。石崎の話は、かの日持の「後生塚」への諸人の参詣を伝えるものである。黒岩といい、この石崎といい、鎌倉時代以来の、中央との結びつきを、

この上なく彷彿とさせる地域であることを実感させる。(1)

この前期松前藩政の頃、菅江真澄が地内を旅した。寛政元～三年の頃である。寛政元年(一七八九)の一〇月一七～一九日、地内に旅の足を運んだ真澄は『ひろめかり』にこう記している。

十七日　上風といふが吹て空の晴たれば、此(亀田郡戸井村)運上屋を出たつ(中略)ゐぞむら、ほやがら、しほくび、しろいはま、運荷川わたり、石崎に来て宿とふ。

十八日　風のここちしておなじ宿にふして、泉郎(あま)のなさけにあへり。

十九日　潮泊の河にしほなみうち入て、ふかし。山路は、しぐまのをそれあれば、馬にて出たつ。めて(右手)に遠う石倉とて、岩のむらだてる処に、飯成(いなり)の神のほぐら(祠)あり。ここに黒ぎつねのすめりをり、として見しなど、この馬ひきの物語にしつつ、銭神沢(銭亀沢村)に来て蛇子のもとに至り、ここに月をへて、亀田、有川、箱館に遊て月日をへたり。(2)

真澄は、石崎でのんびりと宿をとったあと、銭亀沢へと向かった。一九日は、潮が満ちていたため海岸道路を避け、山越えをしようとしたが、羆《ひぐま》の出没を恐れ、馬上の人となった。その道すがら、馬子から、「石倉稲荷」には、黒狐が住みついているなどの話に耳を傾けたという。

真澄は、寛政三年(一七九一)の初秋、九月二九日にも、旅の途次、銭亀沢の知人を訪ねた。この時の野原でさえずる鶉《うずら》の声は、真澄の心を「女郎花」の歌心へと誘った。また、「志の理」の浦々の漁師たちが「昆布」を採取する姿も、見逃しがたく、それに心を奪われている間に、日もだいぶ高くなった。

三十日　あるじにいざなはれて、はまぢしばしひんがしにて、潮泊といふ浦に魚家たてて、いはしのすなどりせりけるが、けふなん、そこにはふりいざなひ行て、祓しいのりをなんしてけり。此日のみそぎにあたるもおかしう海辺にぬさとりたる。

みそぎする此なかつ世の汐泊

夏もこよひやとまりなるなん(3)

銭亀沢の主人に誘われて、真澄は砂浜に出てみた。すると、偶然にも意外な情景に出くわした。潮泊で魚家を立てて鰯漁をしている漁師たちが、ちょうどこの日、豊漁と航行の祈願をするため、神社の祝《はふり》(神官)を呼んで、禊《みそぎ》いの儀式をしていたのである。真澄も、この禊に出会えた不思議な機縁を大事にし、自分もその幣帛を神に手向けて、「みそぎする此なかつ世の……」と詠みあげた。

真澄の旅人としての観察の眼は、実に鋭い。志苔での昆布採取の情景もさることながら、潮泊での「いわし豊漁」の祈禱のスケッチは、当時の近世漁師の生活ぶりを克明に描いていて、まさに圧巻である。後述のように、近世期において、銭亀沢の神社と直接的な関わりを持っていたのは、湯の川村の湯倉明神である。してみれば、この祝はそこからの派出の神官であったろうか。

私たちは、この祝による「いわし豊漁」の祈禱、お祓いの中に、近世の銭亀沢における「生活としての宗教」の様子をうかがい知ることができる。

幕府の蝦夷地直轄と神社の豊漁祈願

寛政一一年~文政三年(一七九九~一八二〇)の約二〇年の時期、幕府の直轄によって、銭亀沢を含む近世の村々はどう変容したであろうか。その最たるものは、享和元年(一八〇一)に、小安・戸井・尻岸内・茅部・尾札部・野田追の村々が、いわゆる「箱館六カ場所」となって、「村並」化するとともに、山越内が和人とアイヌとの境界、すなわち「華夷」の境となった点である。

この結果、銭亀沢・石崎・汐泊等は「箱館附村々」となり、村落制度史の上では、完全に和人専住の地域となった。この時期、「箱館六カ場所」と「箱館市々ならびに村々」の神社の世界を統轄していたのは、亀田村の八幡宮(社家は藤山山城)、箱館の八幡宮(社家は菊池出雲)、湯の川村の湯倉明神(社家は中川数馬)であった。(4)

この時期に限らず、近世を通して、銭亀沢地域の神社と密接不可分に結びついていたのは、結論的にいえば、湯の川村の湯倉明神である。残念なことに、近世を通じて、この湯倉明神との交流を伝える史料は、極端に少ない。

しかし、明治時代に入ると、銭亀沢の神社と直接的に関わりを持ってくるのは、亀田八幡宮である。しかも、近世の湯倉明神が黙して語らないのに対し、亀田八幡宮は支配下の「箱館六カ場所」の神社群と、さまざまに交流している。そこで、ここでは、間接的手法ながら、亀田八幡宮と「箱館六カ場所」の神社群との交流を垣間見ることによって、銭亀沢の神社界を類推したい。

亀田八幡宮は、支配下の「箱館六カ場所」の中に、丁重な大漁祈禱を施していた。

時々御神楽ノ義ハ、享保四己亥正月、茅部鯡大漁ノ祈禱永久被仰付、尚為御初穂料箱館亀田郷中より相出申様御座候(中略)六月十五日、昆布商売祈禱御神楽。(5)

亀田八幡宮は、享保四年(一七一九)正月に、茅部場所の鯡大漁、六月一五日には昆布商売の繁盛を祈願して、神楽を執行していたのである。正月神楽の供物《くもつ》の費用は、箱館・亀田郷中の諸社からの供出で賄っていた。このような、亀田八幡宮と「箱館六カ場所」との祈禱を介しての結びつきは、その後も全く変わることなく、近世の全期を通じて続いていた。例えば、文政五年(一八二二)の「亀田八幡宮記元書上」にはこう記されている。

(文政五年)二月十二日より十五日迄二夜三日、茅部惣中鯡大漁之為祈禱、神楽修行仕候。右、供料ハ三ツ谷村より小安村迄、箱館市中共亀田郷と唱、右村々より米一盃ニ銭拾二銅宛と定成ニ候得共、豊程ニ依、殊難渋之者沢山ニ候得は、寄附人ノ心次第取立神楽料ト仕候。(6)

茅部場所の鯡大漁の祈禱は、享保四年と少しも変わることなく、修行されていた。その祈禱費用もやはり、三ツ谷から小安村、および箱館市中も祈禱修行上、亀田八幡宮の所管とみなして、その村々からの供料に拠っていた。とすれば、二月一二～一五日に、亀田八幡宮で修行される茅部場所の鯡大漁の祈禱神楽の供料は、「三ツ谷村より小安村迄」とある以上、銭亀沢においても、その供料を差し出していたに相違ない。

さきにみた菅江真澄が伝える潮泊の「いわし豊漁」の祈禱は、湯倉明神の神官によるものであった。銭亀沢の地域は、自らがその時々に豊漁祈禱を依頼すれば、すぐさま神社による修行を得られる、まさに、祈禱に彩られた地であった。

亀田八幡宮の六月一五日の「昆布浜取揚之行」も、「(文政五年)六月十五日　昆布浜取揚之行　天気暖晴之為、祈禱神楽被仰渡。右供料は尻沢部村より浜通野田追村迄、昆布稼方之者より乞之願ニ付、駄昆布壱駄宛寄附有之」(7)と注目に価する宗教儀礼であった。昆布漁を祈禱する神楽の修行も、さきの享保四年と全く変わらず、文政五年においても、継続されていたのである。この亀田八幡宮に執行される祈禱神楽は、直接的には、「箱館六カ場所」を祈願対象とするものであるが、ほぼ同種のことが銭亀沢と湯の川村の湯倉明神との間においても、執り行われたものと推測される。こうした近世的な前提の上に、明治期以後の亀田八幡宮と銭亀沢との深い近代的関係もスムースに展開していくのではなかろうか。

後期松前藩政下の銭亀沢

この期の銭亀沢について、探検家の松浦武四郎は『初航蝦夷日誌』にこう書き留めている。

石崎村　人家五十余軒。小商人二、三軒。漁者のミ也。此村より昆布は皆長崎屋に納めて、則御物ニ相成候よし。他の売買は禁じ而其禁甚し。庵寺有。また産神社幷ニ高札有。村内小流有。(8)

まず、石崎村に人家が五〇余軒、小商人が二、三軒あること、この村の生業の昆布は、専売的に長崎屋に納品すること、ほかとの売買は厳禁されていたことを伝えたあと、村内には、庵寺と産神社があるとも伝えている。産神社とは、中世の志苔館の「館神」として機能した脇沢山神社のあとに造営された八幡宮である(現、石崎八幡宮)。一方の庵寺が、中世には脇沢山神社とともに「石崎の宗教ゾーン」の中核を示していた、かの日持の遺跡たる「後生塚」＝「経石庵」であることは、ほぼ察しがつこう。

実は、武四郎はこの「経石庵」について、次のような冷ややかな論評をさきの史料に続けて記している。

此庵寺は法華宗ニ而、日蓮上人の弟子日持上人と云もの此処ニ渡海し、漁者を諭し玉ふ縁起を云伝ふ。あまりの妄説なりしかば、耳にも留ざりしが今ここに藤左卿の竹杖の詞ニも此ことを作られしかば、思出すあまりここにしるし置もの也。(9)

武四郎にとって、この日持の渡海伝説はあまりにも妄説であるとみえ、真正面からとりあおうとしない。この時期の石崎村の海産物(土産)として武四郎は「昆布、鯡、数子、鱈、鰯、油コ、ホッケ、比目魚、カスベ、其外海草多し」と伝えている。武四郎の探査の旅足は、この石崎村のあと、中世の脇沢山神社のあった「宮の沢」を通り、古川尻村へと向かう。

武四郎によれば、当時の古川尻村は、人家二十二、三軒、小商人一軒の漁師の村であった。「ミナト」(現、新湊)を過ぎた「黒岩岬」は、大変な交通上の一大難所であった。

銭亀沢村　人家三十余軒。小商人二、三軒。漁者のミ也。村内ニ産神社幷小流有。うしろ平山。樹木なし。村の下ニ砂浜。砂鉄多し。浦高札幷ニ会所有。此処ニ長崎役人出張するよし也。順見使も此処ニ而昼支度のよし也。(10)

銭亀沢は、このように、人家三〇余軒の漁村であり、この点、ほかの石崎や古川尻と何ら変わるところはない。ただ相違するのは、この銭亀沢には会所があって、そこに、この時期、長崎貿易の役人が出張したり、順見使の立ち寄り所となっていた点である。言うなれば、銭亀沢が地内の「行政センター」であったのである。

文中にみえる「産神社」とは、中世〜近世のある時期に造立された「銭亀沢観音堂」(11)が合祀されて地内に祀られた八幡宮(現、銭亀沢八幡宮)であろう。

さきの寛政元年(一七八九)、菅江真澄が『ひろめかり』の中で、石倉稲荷社のことを伝えていることを確認したが、実は武四郎もこの石倉稲荷社について、次のように触れている。

拝殿美々敷立たり。又傍ニ籠(こもり)堂有。心願之人は此処ニ籠る。(中略)その下ニ大なる空洞有。白狐是に住よし伝ふ。

石倉稲荷社は、地内にあっても、白狐が住むこもり堂のある神社として、人々の幅広い信仰を集めていたことがしのばれる。武四郎はこの石倉稲荷社に続けて、「連理木」についても詳しく書き留めている。この「連理木」は、周知のように、近代に入ると、「白木神社」として数多くの参拝者でにぎわいをみせる、地内にとっても重要な宗教施設の母体をなすものである。

連理木　此沢をメナシ沢と云。此川、古川尻ニ落る。此処ニ凡七囲も有べき七葉樹の連理木なせる木有。一方は凡五囲斗と思はる(中略)かくのごとく連理なせる木は珍らしき故ニ近在之もの皆見物に行也。(中略)其名を愛《めで》て縁結び等を願ひける人も有やらん。

この時期、「連理木」は、その形状からだろうか、縁結びの対象として、結構な名所となっていた。

銭亀沢村を過ぎれば、いよいよ志苔村である。武四郎は、この志苔村について、こう伝えている。

志苔村　人家五十余軒。小商人有。漁者のミ。此辺り昆布漁を第一とする也。山有とも近くニは樹木なし。(中略)産神社幷ニ制札。又此村の上ニ小林氏の古城跡と云もの有也。柳の館あと也。然れども土人是を掘、また草等を苅時は祟《たたり》有とて尊敬する也。(12)

ここにみられる産神社も、さきの銭亀沢村と同じく、中世～近世のある時期に造営された「志野里観音堂」(13)を母体にして合祀された八幡宮(現、志海苔八幡宮)であろう。中世小林氏の志苔館を、武四郎は、「古城跡」と伝え、この館跡の草を苅る時、祟りがあると称して、畏敬の念を抱いていたとも伝える。

『蝦夷実地検考録』にみる幕末の銭亀沢

市川十郎が検考した順序に従うと、志苔、銭亀沢、石崎の順となる。初めの志苔村について、「大澗の館といふは海岸壱町許距て、隆然たる小阜幅凡百間も有べし。小林太郎左衛門良景の居趾也。良景ハ渡党にて本国ハ上野也とぞ」と、『蝦夷実地検考録』の中で志苔館の来歴から実地・分析に筆を染めた市川は、地内には八幡宮と稲荷社が祀られていると伝える。

市川はこの志苔村に次いで、銭亀沢村について、その冒頭において、「地名一説に、昔土中より瓶を掘出したるに、其中に銭多く有し故地名となれりと、是説おもしろし」と伝える。昭和四三年(一九六八)の「志海苔古銭」の大発見に先立って、江戸時代の安政四年(一八五七)の段階には、銭の所在が地内の人々には知られていたことを、市川自身も認めていたのである。

市川はさきの武四郎の『初航蝦夷日誌』ほど詳細ではないが、例の「連理木」にも触れ、「栃の木」の連理として、甚だ「珍木」であると紹介している。これに続けて、市川は地内の宗教施設について記したあと、石崎村を次のように結んでいる。

八幡宮　誉田別尊を崇祀奉る。恒祭七月十五日。社地八十坪。
脇沢山神　大山祇命を祀る。祠前場所の鰐口、径三分五厘款識に云く、「奉寄進夷嶋脇沢山神御宝前　永享十一年三月日　施主平氏盛阿弥敬白」。
経石庵　箱館実行寺の伝説に、永仁四年六老僧の日持上人是地へ渡り、庵を結で棲み居ること四年、後漢土へゆきたりと云々。箱館山にある鶏冠石の題目は日持の筆也とぞ。按に日持弘法の為に宋へゆくの志を発して先韓より適《かなえ》んと欲して航りけるに、其後の音耗《おんこう》絶て韓にて死つるか宋へ往つるか知もの無りしを、水戸の義公其形跡を宋対馬守に問ひ玉ひしかど、審なる答もなかりしと伝ふ。今台命をうけて北陸を巡察して石崎に来て日持の嘗て茲に渡りしことを聞き、遂に其蹟を案て是を検するに、草叢の中、日持埋自書妙経石と題額せる一碍石を見る。古色なく後世に建たるものなれども、其文を閲するに、駿州松野村人、同村蓮永寺開山蓮華阿闍梨為弘法永仁三年正月帆海而航子異域渡漢土遂来松前駐錫于此と記せり。因て考るに、日持異域にて死したるに非ず、是所終焉の地なるべし。経石庵は其自書する処妙経を埋たる跡に就て、後人作たるものゝ也。実行寺の伝聊《いささか》違へる様也。経石庵は境内東西廿間、今の庵は安永年中回禄の後仮構したるものと云り。

脇沢山神社はさきにひとつの仮説として、志苔館の「館神」として機能していたとしたものである。それが、館主小林氏の永正一一年(一五一四)における松前移住ののち、残された「渡党」の末裔たちによって、「八幡宮」として再生されたであろうことを、『蝦夷実地検考録』は物語っている。

市川は中世においてこの脇沢山神社と並んで一大「宗教ゾーン」を形成していた「経石庵」についても、当然、分析を加えた。市川は箱館実行寺の伝説でもある日持について、その海外伝道には少しく否定的でありながらも、「経石」の所在から考えれば、渡来については史実と考えていた。この点、さきの武四郎が『初航蝦夷日誌』の中で「妄説」としたのに比べて、甚だ対照的である。

妙応寺の碑文について

「経石庵」が今日の石崎妙応寺の前身であることは、言うまでもない。市川が『蝦夷実地検考録』に紹介・分析した「一碍石」(石碑)の実物とは具体的にはどんなものであろうか。それは文化一四年(一八一七)、日明なる日蓮宗僧が造立したもので、碑石には次のように刻まれていた。

「第一石碑の釈文」(原漢文)

経石塚、奥州松前石崎村に在り、昔日、持尊者、自書の妙経石を埋めたる所なり。尊者の誰、日持、蓮華阿闍梨と号し、駿州松野村の人。祖師日蓮上人より教えを受け松野村蓮永寺の開山たり。祖、人に語るごとに、「わが邦の化導の責あるに諸師在す。われ、まさに異域に津筏《しんばつ》せんとす」。

ついに、永仁三年正月朔日をもって、西に航海して去る。けだし、尊者、駿州より漢土にわたり、おくれてすなわち、松前に来たりて、錫を留む。これ、その法をもって、羽奥両国に行じ、今に至るまで、ますます盛なるは、尊者の功なり。石崎村、海にひんし、土人もっぱら舟楫をこととすごとに、風波を患うの害、今にあるなり。土人、よく尊者の功徳を知りて、つぶさに、香火敬祈を致す。すなわち、その霊をこいねがえば、必ず冥護あらん。黙想し、もって覆溺の難を免れんとするは、これ、日明上人、立碑の意のゆえんなり。日明上人、姓は八木氏、円中院と号し松前の人。いま、江戸本所の妙源寺に住す。

皇朝　文化十四年丁丑初冬十月

東奥　安積信拝撰

日明附法弟子　飯高檀林海錬拝書(14)

もう一基は、松前法華寺の一九世日貞を中心に、寛保二年(一七四二)に造立されたものである。

「第二石碑の釈文」(左右の側面)

わが蓮華阿闍梨日持尊者、異域を救済し夷狄を教化し、晩、宇賀島に到りて、第を結びて示滅すと伝え聞く。持尊の書写せる妙経一石一字を、人呼んで、後生塚と名づく。予はるかに、これを用い、一所を掘るに、深さ三尺余に経石を感得す。感歎のあまり、これを記し伝ふ。

市川は、このような二つの妙応寺の石碑を眼のあたりにして、これを『蝦夷実地検考録』に紹介し、日持の渡来をほぼ史実として確信したのである。

近世は、この日持に限らず、僧伝がひとつの体系をなす時代であるように思う。鎖国体制のもと、「葬式仏教」という名目で、仏教は文字どおり、国民の宗教と化した。そのためか、仏教の諸宗派は、見事なまでに、僧伝の整備につとめる。

私たちは、日持のほかに、もう一人の僧伝を指摘できる。それは、ほかでもなく、中世の銭亀沢の「渡党」にも信を集めたかの融通念仏の良忍である。ただ、この良忍の伝説化の舞台となったのは、銭亀沢ではない。箱館の船魂大明神の中においてである。市川はこう紹介している。

船魂大明神　祭神塩土翁、合殿国常立尊、大己貴命也。里俗観音と称す。公庁の南に鎮座。本社、拝殿、鳥居二基。社地方百廿間、壱万四千四百坪。神職旧記云、大治年中大原の良忍上人融通念仏を弘めん為に此島へ渡り杖を息し時、観音の霊跡有といひしことあるにより、保延元乙卯年一宇を建てたり。後文治の末建久の初源義経津軽より渡り来る。洋中逆浪大に起り船将に沈まんとせしに、船霊明神の奇瑞有り、恙《つつが》なく岸に着て此地を歩行せし時、頻に渇して水を索るに、童子忽然として岩上に現れ、指示す方を顧れば清水滾々《こんこん》と湧出たり。後世是を船玉明神の洗濯水と云伝ふ。云々。(15)

古代の大治年中(一一二六〜三一)に、渡島した良忍が建立した「観音」堂に始まるとするこの船魂大明神の伝承であるが、もし、そうだとすれば、北海道仏教史の第一頁は、この良忍をもって始まることになる。しかし、この史的信憑性はそう高くはない。やはり、良忍の融通念仏系信仰の渡来のエネルギーが、この船魂大明神として実を結んだのである。ましてや、文中にみえる義経渡道の折の奇瑞が鎌倉時代のものでないことは、明らかである。

してみれば、この船魂大明神の良忍渡道伝説は、船魂大明神が再建される延享四年(一七四七)以前に、義経伝説と一対になった伝説として定型化していたことになる。思うに、それは念仏宗信者によって、南北朝期から近世の一八世紀半ばまでのある時期に、伝説的に形づくられたのであろう。

第二節　上磯（東在）の近世宗教

上磯の近世的背景

寛文一〇年（一六七〇）の『津軽一統志』および元禄一三年（一七〇〇）の『松前島郷帳』を通してその村落形成がしのばれる上磯は、『松前蝦夷聞書』（宝暦八年（一七五八））の時点では約二二〇戸を有していた。それでは、それから三〇年ほどを経た『蝦夷拾遺』（天明六年（一七八六））ではどうであろうか。

「三石村」が二〇戸（『松前蝦夷聞書』）→三〇余戸（『蝦夷拾遺』）、「当別村」が一四戸→一〇余戸、「茂辺地村」が二六戸→六〇余戸、「富川村」が一四戸→三〇余戸、「三谷村」が二八戸→五〇戸不足、「戸切地《へきりち》村」が七〇余戸→一〇〇戸不足、「有川村」が一〇戸→七〇余戸、「濁川村」が二〇戸→四〇戸不足というように、「当別村」を除いて、各地域とも急速なテンポで戸数が増え続けている。

その総戸数は、『松前蝦夷聞書』の約二二〇戸から、この『蝦夷拾遺』に及んで、約三九〇戸と急激に膨張しているのである。三〇年たらずの間のこの戸数の増加こそが、当該地域の着実な村落形成を示す証左にほかならない。

しかもこの『蝦夷拾遺』には、各村々の人口数が、「三石村」の一四〇余人に始まり「濁川村」の二〇〇余人に至るまで具体的な実数が表記されており、その総人口数は約一七八〇人ほどであった。

『津軽一統志』が伝えた約二〇戸ほどの当該地域が、いま約一世紀を経て、戸数にして三九〇戸、人口数にして約一七八〇人が実際に生活する近世村落の体裁を明確に整えていたことがしのばれよう。『津軽一統志』が伝えた一世紀前の一七世紀後半にあっては、この地域住民の中核は「狄おとな」（アイヌの首長）たちによって占められていた。

しかし、『蝦夷拾遺』の伝えるこの一八世紀後半はどうであろうか。アイヌ戸口数の蝦夷地全体における増減傾向から推して、『津軽一統志』にみる「狄おとな」がそのまま地域の中核であり続け、アイヌ人口が当該地域において急増したとは考えにくい。とすれば、一世紀の間におけるこの戸口数の膨張とは、アイヌの戸口数の増加ではなく、和人の戸口数の増加結果であるとみてよいだろう。この一世紀は、表現をかえていえば、右の『蝦夷拾遺』の「知行主」が物語るように、当該地域における地域住民の主体が「狄おとな」から、松前藩の直轄、もしくは、「茂辺地村」(下国豊前)・「富川村」(蠣崎三弥)というように松前家の家臣に移行する、いわば、村落の主体者の移動の世紀であったのである。アイヌ主体から和人主体へと移行するプロセスの中で、当該地域は近世村落として村容を整えていったのである。

その「知行主」の中で、「やげ内」を含む「茂辺地村」(六〇余戸、三〇〇余人)の知行主が下国豊前であることは、中世以来の「茂別館主」=下国氏の伝統が垣間見られて興味深い。当該地域において、ひときわ中世と近世との歴史的連続面をこの「茂辺地村」の中に感得することができるのである。

それでは、こうして形成されてきた近世村落の中に、近世の人々の心の安らぎや霊の供養を与えた神社・仏閣という宗教施設は、どのようにして勧請され建立されたのであろうか。

上磯の近世寺院の建立

上磯の近世寺院として建立されたのは、都合八カ寺である[16]。

第一は、正徳二年(一七一二)、箱館称名寺に寄留中の転夢(江戸芝宇田川町、増田長助二男)が開基になって、現在の会所町に建立した浄土宗の浄土庵(現、禅林寺)である。

第二は、享保七年(一七二二)、これまた箱館称名寺に寄留中の方円が開基となって、現在の谷好《たによし》町へ建立した浄土宗の阿弥陀庵（現、谷好寺）である。嘉永四年（一八五一）の頃、大破著しく、住僧の遵光が再建したとも伝えられる。また同庵の住職の佐藤融山が文久三年（一八六三）、庵の境内に寺子屋を設けて、地内の子供たちに読み書きの手習いを授けたとも伝えられる。(17)

第三は、享保八年（一七二三）、松前の専念寺第七世瑞玄を開基にして現在の会所町に建立された浄土真宗の東光寺である。当初は「戸切地専念寺」（あるいは「専念寺掛所」）と称し、瑞玄の弟禅玄の徒弟である知願を留守居として、松前専念寺から派遣していた。安政五年（一八五八）に至り、箱館東本願寺別院（浄玄寺）の支配下に属し、東光寺と改称した。

第四は、享保一四年（一七二九）、祐宏を開基にして現在の清川に建立された浄土宗の地蔵庵（現、清川寺。なお清川寺は、この地蔵庵と文政一一年に創立された薬師堂の二つを合祀して、のちの大正七年に創建された）である。この地蔵庵は安政五年（一八五八）、大破のところを住僧の法泉が再建している。なお、清川寺の墓地には、清川地区の開拓の先人である岡田文太夫や木村兵次郎の墓があり、本堂には二人の位牌が安置されている。

第五は、享保一六年（一七三一）、隠長を開基にして富川村に建立された浄土宗の英岳庵（現、慈教寺）である。同庵は、慶応元年（一八六五）の富川村大火の際、類焼し、翌二年、七世教円が再建している。

第六は、享保一六年、箱館高龍寺九世の卍願を開基にして、茂辺地村に建立された曹洞宗の宝樹庵（現、曹渓寺）である。その当初は、観音堂と号し、文化七年（一八一〇）に至って宝樹庵と改称した。

第七は、文化七年、箱館高龍寺一一世禅海を開基に、現在の会所町に建立された曹洞宗の観音庵（現、広徳寺）である。最後の第八番目は、慶応元年（一八六五）、有川村の小松太郎右衛門らが中心となり、現在の東浜に箱館実行寺の末寺として建立した日蓮宗の妙隆庵（現、妙隆寺）である。

以上のことを、一覧表に示すと表31のようになる。この表を通して、上磯の近世寺院の特徴を指摘すると次のようになる。一つは、この上磯の宗教界も他地域と同じく、寺号公称を得る前は、「庵」ないしは「掛所」とし

表31　上磯の近世寺院

寺院名	前　身	宗　　派	建立年	本　寺	開基名	所在地
禅林寺	浄土庵	浄土宗	正徳2年	称名寺	転夢	会所町
谷好寺	阿弥陀庵	浄土宗	享保7年	称名寺	方円	谷好町
東光寺	戸切地専念寺	浄土真宗	享保8年	専念寺	瑞玄	会所町
清川寺	地蔵庵	浄土宗(のち曹洞宗)	享保14年	称名寺	祐宏	清川
慈教寺	英岳庵	浄土宗	享保16年	称名寺	隠長	富川町
曹渓寺	宝樹庵	曹洞宗	享保16年	高龍寺	卍願	茂辺地
広徳寺	観音庵	曹洞宗	文化7年	高龍寺	禅海	会所町
妙隆寺	妙隆庵	日蓮宗	慶応元年	実行寺	小松太郎右衛門	東浜

て称されていた点である。二つは、近世の八寺院のうち東光寺と妙隆寺を除く六寺院が箱館の称名寺と高龍寺の末寺として建立された浄土宗と曹洞宗の寺院だという点である。しかも前述したように、東光寺の場合、安政五年(一八五八)に至り、松前専念寺の手を離れ、箱館の浄玄寺(箱館東本願寺別院)の末寺化したことを考慮すると、上磯の近世寺院八カ寺がすべて、近世の末期には、箱館の寺院との間の本末制に組み込まれていたことが判明する。

ここに、宗教世界における封建的な本末関係の実態を知るのであるが、この末寺たる上磯内の「庵」や「掛所」に、箱館の本寺が派遣する留守僧が、仏事一般を処理し、檀信徒の法施につとめていたことは、さきに松前城下にみたと同様であり、ここに改めて言うには及ばない。

さて、既述した村落形成と寺院建立については如何であろうか。天明六年(一七八六)の『蝦夷拾遺』の伝える戸数に徴すと、禅林寺・東光寺・広徳寺の三カ寺が存する会所町は、旧有川村であり、この地域の戸数は七〇余戸であったことを考えると、禅林寺(浄土宗)・東光寺(浄土真宗)・広徳寺(曹洞宗)の三寺は有川村以外にも檀信徒を有する、いわば宗派の拠点寺院として有川村に建立されたとみてよいだろう。

谷好寺の存する地は、旧三谷村であり、この戸数は一八世紀の頃、五〇戸ほどであったし、また清川寺の所在地の旧濁川村も、四〇戸ほどであり、曹渓寺の拠った旧茂辺地村も六〇戸余であったことを念頭に置くと、上磯の近世寺院は村落戸数をほぼ四〇戸を下限にして一寺院が造立されていたように考えられる。

というのは、さきの八寺院のうち、広徳寺と妙隆寺を除く六寺院は享保一六年（一七三一）以前の造営であり、『蝦夷拾遺』の伝える当該地域の総戸数とこの六寺院の数とは、数量的には符合するのである。したがって、この当時の総戸数は既述したように約三九〇戸であり、それに対して六寺院が存在したことに注目すれば、一寺院の単純平均檀家数は六五戸となる。

してみれば、ほぼ四〇戸ほどを下限の檀家戸数にして、平均的には六五戸前後の檀家を有して上磯の近世寺院は、地域住民の法要・仏事のニーズに応えていたに相違ない。

上磯の近世寺院にあっても、幕府体制の支配は免れず、基本的には、松前藩および箱館奉行所の宗教施策を「東在」の一地域として甘受したことは言うまでもない。

次に、上磯の神社の勧請はどうであろうか。

上磯の近世神社の勧請

ここに、享保二年（一七一七）に編まれた『自二大沢村一至二黒岩村一五拾六社年数之覚』（市立函館図書館蔵）がある。これは松前藩が享保二年六月、蝦夷地へ渡来した巡見使の有馬内膳・小笠原三右衛門・高城孫四郎へ答申するために、独自に下調べをしたものである。

それによれば、享保二年の頃、三ツ石村と当別村に観音堂が一つ、富川村に観音堂と姥神社、有川村に神明社が一つ、戸切地村に観音堂と雷神とゑびす堂、茂辺地村に天神社・地蔵堂・観音堂・稲荷社・山神・荒神堂・稲荷社・恵火子《ゑびす》堂の八つが勧請され、当該地域に都合一六の堂社が存在していたことになる。

当時の各村々の戸口数は、既述したように、三ツ石村二〇戸ほど、当別村一四戸ほど、茂辺地・やげ内村三〇戸ほど、富川・三谷村四二戸ほど、戸切地村七〇戸ほど、有川・清川村三〇戸ほどである。[18] したがって、ひとつの堂社が勧請される場合、戸数にして当別村の一四戸を下限にしていたが、その一方で、茂辺地・やげ内村の場合、三〇戸ほどであるのに、八社も勧請していたことを併せ考えると、どうやら近世の堂社は、戸数を絶対条件とするよりは、村落を単位にしていたようである。
つまり、戸数の多寡よりも、村としての機能を果たしているか否かが、堂社を勧請する際の指標であったのである。

当該地区の一六の堂社の勧請状況をみて、気づく点を挙げれば、一つは、六村のうち有川村を除く五村に、共通して観音堂が祀られ、しかもその観音堂は円空によって作られている点である。これは、前近代の医療技術の未発達な状態にあって、庶民の寄せる観音への期待、治病の神として仰ぐ観音への切実な帰命の現れ以外の何ものでもなく、ここに近世人の素朴な宗教ないし医療観を思い知る。

この日常的な治病の神としての観音堂の勧請と併せて特筆される特徴は、茂辺地村と戸切地村にたたずむ稲荷社とゑびす堂(恵火子堂)の勧請である。これは改めて言うまでもなく、漁業と農業の豊漁・豊作を祈る「産業神」である。

こうした特徴点を総合すれば、近世の堂社には、近世人の「治病」と「産業」に寄せる祈念と期待が集約的に表現されていることが判明する。この現世利益を求める近世人にとっては、それゆえ、村内にたたずむ観音堂や稲荷社などの近世堂社は、生きて生活していく上で全く不可欠な存在であったのである。

一方、各村々の堂社の勧請年をみると、茂辺地村の天神社(永正一四年(一五一七)の勧請)――中世茂別に拠った下国氏の来歴をしのぶ――を最古にして、その大半が一七世紀中に勧請されていたことになる。村落形成の歩みと全く合致する当時の人々の精神の営みを示すものである。村落が形成されれば、必ずや、「治病神」と「産業神」とが勧請され、創建される。これが近世人の宗教観の基本的形態であった。

このように、堂社そのもののありようは、庶民の日常生活の中にあって、ごく身近で即物的であった。が、その存在といえども、幕藩体制の封建社会という支配構図に照らしてみる時、その小さな日常的な営みの中にさえ、さきの寺院の本末制と同じく、封建的な上下関係が横たわっていたことも事実である。

蝦夷地における神社の世界の中にも、松前八幡社の白鳥家が、地内の社家との師弟関係(本社末社関係)を、「有川村神明　工藤　右近隼人佐之弟子分」[19]と序列づけるように、その封建的関係は存在していた。

つまり、上磯の近世堂社一六社のうち、松前の八幡社と本末関係を結んでいるのは、八幡社白鳥隼人佐の弟子分になっている有川神明社一社であった。ということは、逆からいえば、この有川神明社を当該地域の国法触頭的存在にし、ここを地方拠点にしながら、ほかの堂社も松前藩ないしは幕府の宗教世界と連動していたことになる。ちなみに、この松前八幡社と有川神明社との本末関係を具体的にうかがう史料の初見は、享和三年(一八〇三)の次の一文である。

乍恐奉願上候

私配下種田勝江、亀田郡有川村神明社祠官種田大和跡目御座候。末社八幡一社、太日霎一社、姪子一社、稲荷三社御座候。右宜御披露被成下、先格之通御目見御許状被仰付被下置度奉願上候。以上。

白鳥隼人

享保三年亥九月二日

鈴鹿筑後守様

鈴鹿越前守様

鈴鹿兵部様[20]

これは、松前八幡社の白鳥筑前守敬武が享和三年に寺社奉行へ提出した書き上げの一節である。

これに先立つ正徳二年(一七一二)に、すでに京都吉田家から「社頭職」の印可を受けていた白鳥隼人が仲介となって、配下の有川神明社の種田勝江を正式に祠官任命させるべく手続をとっていることが、この一文から知ることができる。

この寺社奉行に対する上申の前に、種田勝江が上京して京都吉田家から祠宮の印可を受けていたことは、右の一文に続けての「有川村神明祠官種田大和継目、種田勝江上京ニ付」という文言に照らして、間違いのない事実である。

してみれば、松前八幡社と有川神明社との本末関係は、地方の中本社たる八幡社を介して、有川神明社の種田祠官が上京し、吉田家の印可を受けた上で、松前藩内における寺社奉行への上申・許可となっていたことになる。ここにもやはり、近世社会に固有な宗教世界におけるタテに連なる封建的関わりを、私たちは知ることができる。

この松前八幡社―有川神明社の本末関係とともに、当該地域にあって、いま一つ見落としてならないのは、有川神明社以上に伝統を有する茂辺地村の天神社の存在である。天神社すなわち矢不来天満宮の由来は、

鎮座之始不詳。長禄之丁丑年より下国氏代々氏神、以前は巫子持ニ御座候処、其後有川村神主支配、寛政年中より池田頼母社職相勤申候(中略)。

此度御尋ニ付、右神社起元奉書上候。

以上。

天保九年　　茂辺地

戌四月　　社人　池田順母　印(21)

と伝える。

天保九年(一八三八)の報告として、天満宮の来歴を、まず下国氏の代々にわたる氏神と規定した上で、その実質的担い手に触れている。つまり、天満宮の担い手は初め「巫子持」に始まり、その後(おそらく近世の本末制の施行後のある時期を指そう)、有川神明社の支配に属し、寛政年中(一七八九〜一八〇一)から池田頼母が社家職をつとめている、というのである。

この史料のみで、時期を限定するのは難しいが、推測に推測を重ねると、「以前は巫子持ニ御座候処、其後有

川村神主支配」とは、中世の時期には「巫子持」で、近世初頭の松前八幡社―有川神明社の本末制が成立した時期に有川神明社に属したということを意味するのである。そして、松前藩に代わる第一次幕府蝦夷地直轄を一大契機に、その本末関係に変化が生じ、有川神明社から池田頼母へと社家職が代わった、とみなしてよいだろう。とすれば、天満宮の担い手たる社家職は、「巫子持」→「有川神明社」→「池田頼母」と、中世〜近世において二度も変容したことになる。

有川神明社と矢不来天満宮をめぐる近世社会ならではの支配と被支配関係は、このように厳存した。しかし、地域内の住民と小堂社との日常的な交わりは、おそらく支配と被支配の現実とはかけ離れた、おおらかな祈りと期待の関わりであったに相違ない。その例を、神社の棟札《むなふだ》にみてみることにしよう。

神社の棟札にみる庶民の祈り

近世の人々が神社に対して、どのような祈りを具体的に捧げ、何を期待していたのであろうか。それを知る貴重な史料を地内の神社の棟札は伝えている(22)。

一つ目は、茂辺地村の天満宮の三つの棟札である(図８㈠〜㈢)。そのうち、第一は元禄一四年(一七〇一)、下国要季が願主となり、一族の七難即滅・息災延命・子孫繁昌と天下泰平・国土安穏・武運長久を祈念したものである。第二は宝暦二年(一七五二)、下国斎宮の菅原義季と茂辺地惣村中とが共同の願主となり、今上皇帝の宝《ほう》祚《そ》・天下太平という常套句を並べたあとで、現実的な日常の邑里豊饒・百穀成就を祈ったもの。第三は、明和三年(一七六六)、願主の菅原致季が名主や村老・百姓らとともに国家安寧と百穀成就を念じたものであるが、この中には名主の名前が散見し、当時の村落事情がしのばれて興味深い。

また「有川在神社棟札記録覚」には、天明二年(一七八二)の頃、天満宮で年始めの神楽奉納があったこと、およびこの正月神楽には、中世以来の領主の下国氏が初穂料として米一俵を献納し、もって茂辺地村との絆を保ち

(一)
元禄十四年巳之歳
七難即滅七福即生　天下泰平国土安穏武運
奉造立天満大自在大神宮
息災延命如意満足　長久子孫繁昌祈所
九月摩訶吉祥日
ウラ書
願主下国要季　大江　久三郎
同　源太郎
法主 松前成就山　満願寺南和
木引太郎兵ェ

(二)
寸
高天原千木高知瑞殿　祠官種田大和守藤原陳次畜日
常厳堅磐称辞於申
奉造立天満大自在天神瑞舎一宇
今上皇帝宝祚万々歳　願主下国斎宮菅原義季改斎
天下太平国家安寧
圭
于宝暦二壬申天
山海静謐邑里豊饒　願主茂辺地　惣村中
風雨随時百穀成就
七月廿五日

(三)
寸
丙明和三歳
天下太平山海静謐　願主下国細見菅原季致
奉造立天満大自在天神瑞舎宇
国家安寧百穀成就　祠官種田大和守藤原陳次畜日
圭
戊八月吉日
ウラ書
唯一神道
作事方上野清良右ェ門
大工長右ェ門　同手附四人
嘉右ェ門
木挽弐人
名主山本伝右ェ門
村老野口半四郎
茂辺地村百姓中

図8　神社の棟札にみる庶民の祈り（つづく）

続けていたことも伝える。

二つ目は、富川村に関する棟札である（図8(イ)〜(ニ)）。さきにみたように、富川村の堂社は一八世紀前半の頃、姥神と観音堂の二つであった。それが図8(イ)の棟札が如実に示すように、宝暦九年（一七五九）、地頭・名主・富川惣村中の総意により、八幡宮の勧請を行ったのである。新たなる神社の創建である。八幡宮の御神体一宇を勧請したあと、それを祀る八幡宮の本社一宇を建立したのが、天明五年（一七八五）の図8(ロ)の棟札であろう。そこには、富川村の総意が、地頭・社主・名主・年老・富川惣村中の名のもとに余すところなく込められている。

一方、富川村の既存の姥神は、図8(ハ)の棟札から推すに、宝暦三年（一七五三）の頃、富川大明神として合祀されたのではなかろうか。

これを裏づける決定的史料はないが、その傍証のひとつに、明和六年（一七六九）の図8(ニ)の棟札がある。図8(ハ)の棟札にみる富川大明神の再建がなされてから一六年後に、図8(ニ)のいう富川大明神の再建が施されているということは、時期的にみてあまりにも短期間すぎて、そこには何らかの理由が必要となる。その理由として考えられるのが、

(イ)
寸
宝暦九年　　地頭　蠣崎長太夫代
天下太平国土安全
奉鎮祭八幡宮御神躰一宇
五穀成就万民豈疎
九月十七日　　社主祠官種田大和守
圭
名主　万三良代
願主　富川惣村中
叶
細工
木引

(ロ)
寸
天下泰平国家安全
奉建立八幡宮御本社一宇　　地頭　蠣崎　三　弥
当島司武運長久祈攸　　社主　種田滝本代
圭
于時天明五乙巳歳　　名主　伊右エ門
年老　多　七
ウラ書无上霊宝神道加持　願主　富川惣村中
十月上旬八日　　大工　新之丞
木挽　松四良

(ハ)
寸
天下泰平国家安全　　願主　富川惣村中
社務　種田大和守
奉再建富川大明神殿舎一宇
当島司御武運長久　領司武運永久
圭
ウラ書
宝暦三癸酉歳　　大工六三郎
木挽在五兵エ
孟冬穀日辰

図8　（つづき）

ほかでもなく、姥神がらみの問題であり、結論的にいえば、宝暦三年の事業は、旧来の姥神から富川大明神への移体事業にあり、明和六年の方はその富川大明神のより本格的工事であると推定される。

三つ目の棟札は、三谷村の稲荷社の棟札、図8(i)である。実は三谷村には堂社は存在しなかった。しかし、一八世紀半ばの頃、この三谷村の戸数は二七～二八戸を数えていた。言うなれば、一近世村落の態をなしていたのである。三谷村の惣村の全体を挙げて、宝暦二年（一七五二）、ついに「近村遠里の万民の穢の罪が春の雪が消えるがごとく滅し、夜の守り昼の守りの加護」を「稲荷大明神尊」に祈るべく、安置することになった。身近な所にみる近世の身近な神社の誕生である。

この三谷村に生まれた稲荷大明神の管理運営は、寛政二年（一七九〇）の棟札によると、「五人組中、角右エ門、兵左エ門、吉六、八郎衛、弥左エ門」に証するように「五人組」を当番にして行われていた。ここに、当該地域における、近世的村落の実質的担い手としての五人組制度の実態を観察する。

富川村や三谷村においてみたように、近世には、庶民の

㈡ 寸

天下泰平国家安全　神主 祠官 種田大和守

奉再建富川大明神殿舎一宇社務

当島司武運長久　領司武運永久

圭

明和六己丑暦　名主　年老中

ウラ書 唯一神道加持　願主　富川村惣中

九月下旬廿日　細工　木　挽

(i) 高天原神留坐而　征夷大将軍長遠国家安全 当島大守武命永久当島之諸士

奉安置稲荷大明神尊一体殿舎一宇

常磐堅磐護幸而　近村遠里之万民穢之罪如春之 雪消滅夜之守昼之守加護賜

宝暦弐壬申天　発頭　平野喜八郎 平田清六

ウラ書 祠官　種田大和守藤原陳次

菊月下旬十日　願主　三ツ谷惣村中 大工　甚　助

図8 （つづき）

願いとともに堂社が比較的容易に勧請されたが、その例としてもう一つ紹介してみよう。

当別村では、実は天満宮を本社に仕立てて、旧来の二つの稲荷社に加えて、さらに、「丹生大明神」・「堂前稲荷社大明神」の二社と、文化年中（一八〇四〜一八一八）のこととして、「末社若穂稲荷大明神」を勧請している。[23]

こうした当該地域における「稲荷社勧請ラッシュ」には、瞠目させられる。それだけ、近世民の「治病」と「生業」と「平安」の願いを込めて念ずる堂社への期待・祈りが大きかったのであろう。

以上のように、近世の寺院や神社という宗教施設は、地域住民の日常の中にあって、先祖の霊供養のセンターとして、また治病・生業・平穏の守護の神としてしっかりと根づいていた。

近世に寺院として建立されたのは八カ寺、堂社として勧請されたのは一六社であったが、堂社の場合は、年とともに稲荷社の勧請に象徴されるように、増加する傾向にあったことは既述のとおりである。

こうした寺社の宗教施設も、基本的な枠組でいえば、幕藩体制の社会であるから当然のように、松前藩および幕府（箱館奉行所）の統制下に属したことは多言を要しない。寺社にあっては、寛政年間の幕府の蝦夷地直轄を契機として、しだいに松前城下中心の時代から箱館中心へと歴史の軸足を移していき、それゆえ、上磯の宗教施設の封建的な本末関係も、結果的には、箱館の動向に支配されていくこととなった。

以上、東在の銭亀沢と上磯における近世の宗教世界を観察した。この時期、一方の西在の宗教世界はどのように展開したのであろうか。乙部を素材に検証してみることにしよう。

第三節　乙部（西在）の信仰世界

乙部における戸口数と知行主

乙部の近世宗教を考える上でも、人口の動態は必要不可欠であるので、その戸口数と併せて、当時の知行主も含めて表32に「乙部における戸口数と知行主」として示しておくことにする。

この表32からも、最大の戸口数を誇る乙部村が、中世以来の「下之国守護職」の系譜を嗣ぐ下国直季流によって占められる一方、その在地的な結合をあたかも監視・牽制するかのように、藩主松前公広の三男で宮歌村の知行主の松前八左衛門泰広が大茂内村に知行主として配されていることが読みとれよう。これまで宮歌村の松前泰広がなぜ大茂内村を領有したかについては不明であったが、乙部村を領した下国直季・季芳・季邸という安東氏の嫡流たる「下之国守護職」の連綿とした反松前氏ともいうべき反骨の系譜に思いをいたす時、その謎ないし疑問も氷解するであろう。

蝦夷地と和人地の接点に位置する熊石番所に隣接する蚊柱村・三ツ谷村・突符村は、松前藩の直轄に属していた。

このような戸口数と支配の領有形態を持った乙部は、近世の頃、それぞれの戸口がどのような寺院や堂社などの宗教施設を造営していたのであろうか。近世の乙部もほかの和人地と同様に、松前藩における宗教政策に則りながら、生活の中に宗教がどっぷりとつかる前近代的な信仰生活を送っていたに相違ない。その一端を、次に具体的に観察してみることにしよう。

寺院の開基由来

表33の「乙部における寺院の開基由来」からわかるように、乙部には、現在まで一〇カ寺もの仏教寺院が造営されてきた。それが、法然寺(釈迦堂および大蓮寺がその前身)と西念寺との合寺によって法然寺が誕生したり、永順寺や吉祥寺のように廃寺になったりして、現存寺院は七カ寺である。

沿革的にいえば、「養寿山長徳庵」(長徳寺の前身)と「乙部村庵地」(釈迦堂―大蓮寺(法然寺の前身))と「浄方山西念寺」(法然寺の前身)の三つが最古である。この三つは、近世寺院の常として、それぞれ地方本寺たる松前城下寺院の寿養寺・光善寺・正行寺の末寺として造立された。その意味では、乙部の仏教世界も、例外なく松前藩の宗教政策の一環として、近世の本末制の中に位置づけられていたのである。

表32　乙部における戸口数と知行主

村名	戸口数および人数	当初知行主	元禄13年	天明年間
乙部村	約250戸 約820人	下国加兵衛 (直季)	下国新五兵衛 (季芳)	下国岡右衛門 (季邸)
小茂内村	約 50戸 約150人			松前八之丞 (蠣崎，三弥預)
大茂内村	約 40戸 約130人	松前八左衛門 (泰広)	松前八左衛門 (嘉広)	松前八之丞
突符村	約 20戸 約 80人	直　領	直　領	直　領
三ツ谷村	約 40戸 約130人	直　領	直　領	直　領
蚊柱村	約 60戸 約200人	直　領	直　領	直　領

戸口数と人数については『蝦夷拾遺』(天明6年)，知行主については『福山秘府』，『松前随商録』，『松前国中記』，『北藩風土記』，『履歴書』(『中島家文書』)，『宮歌村文書』，『安倍姓下国氏系譜』にそれぞれ拠った。

同じく近世寺院でありながら、龍宝寺と本誓寺・専得寺・正受寺および本昭寺は、『福山秘府』に記載されていない。正受寺と本昭寺は幕末に近い時期の建立であるから、安永七年(一七七八)の『福山秘府』に記録されないのは当然としても、龍宝寺・本誓寺・専得寺はその限りではない。かといって、この三カ寺を近世寺院から外すことはできない。

松前藩の官撰ともいうべき『福山秘府』も、全寺を網羅しているわけではなく、「諸邑之小寺はもっとも、記

る寺院の開基由来

専得寺(浄土真宗)	正受寺(浄土真宗)	本昭寺(日蓮宗)	永順寺(浄土真宗)	吉祥寺(曹洞宗)
・東本願寺の末寺 ・宝暦10年(1760)福山専念寺掛所として創立 ・福山専念寺より留主居の僧を派遣 ・文久元年(1861)堂宇を焼失 ・明治 5 年(1872)九艘川順正寺の留主居僧，館得往が住職となり，専得寺と号す ・檀徒565人	・東本願寺の末寺 ・安政 5 年(1858)箱館浄玄寺の別院役寺として正受坊を置く。開基は義観 ・安政 5 年の頃，当村に東派説教場あり ・明治12年(1879)篠岡徳倉が留主居僧となり，現在地に移転 ・明治14年，正受寺と号す ・檀徒125人	・江差法華寺の末寺 ・文政 3 年(1820)法華寺11世日通，大茂内山を草開して十如庵を創立 ・弘化 4 年(1847)現在地に移転 ・檀徒一村中		
・宝暦10年(1760)専念寺掛所として創立 ・檀徒130戸 ・ほかは，明治12年の由来記事に同じ	・明治12年の由来記事に同じ ・檀徒25戸	・明治12年の由来記事に同じ ・檀徒60戸	・明治13年(1880)金剛順海，説教所を開設したのに始まる ・明治20年(1887)永順寺と公称 ・檀徒24戸 ※現在，廃寺	・明治23年(1890)開創 ・明治28年(1895)建築落成 ・檀徒25戸(信徒121人) ※現在，廃寺

表33　乙部におけ

	長徳寺(曹洞宗)	法然寺(浄土宗)	法然寺(浄土宗)	龍宝寺(浄土宗)	本誓寺(浄土宗)
『福山秘府』安永七年(一七七八)	・「養寿山長徳庵」と初出 ・寿養寺の末寺 ・寛永7年(1630)建立 ・宝永5年(1708)豊部内に移転し長徳庵と号す ・延享2年(1745)乙部に移り，長徳寺と号す	・「乙部村庵地」と初出 ・光善寺の末寺 ・開基覚心坊 ・建立年未詳 ※釈迦堂・大蓮寺，法然寺の前身	・「浄方山西念寺」と初出 ・正行寺の末寺 ・寛文12年(1672)建立 ・一説に万治3年(1660)建立ともいう ※法然寺の前身		
『明治十二年調社寺明細帳』明治一二年(一八七九)	・元和5年(1619)下国金左衛門，亡父のため創立 ・延享2年(1745)長徳寺と号す ・明和2年(1765)現在地に移転 ・檀徒589人	・開基は，光善寺の覚心の葬祭取り扱いに始まる ・時に寛保元年(1741) ・万延元年(1860)堂宇焼失。文久元年(1861)再建 ・明治14年(1881)釈迦堂を大蓮寺と改称 ・檀徒236人	・慶長5年(1600)浄生の開山 ・文久元年(1861)火災に罹り焼失 ・檀徒271人	・正行寺の末寺 ・享保3年(1718)創建，清順庵と称す ・弘化4年(1847)8世住職了音のとき再建 ・明治12年(1879)龍宝寺と改称 ・檀徒131人	・阿弥陀寺の末寺 ・延享3年(1746)開基 ・開山阿弥陀寺4世の尊如 ・初め一心庵と称す ・明治14年(1881)本誓寺と改称 ・檀徒300人
『明治三十一年調社寺明細帳』明治三一年(一八九八)	・明治12年の由来内容の踏襲記事 ・文久元年(1861)火災の焼失，翌年仮堂建設 ・明治25年(1892)落成 ・檀徒103戸	・寛保元年(1741)林庄右衛門，先祖のため開創 ・文久元年(1861)火災で焼失，翌年仮堂建設 ・檀徒61戸 ※のち，昭和2年(1927)，西念寺と合併して法然寺となる	・明治12年の由来内容の踏襲記事 ・文久元年(1861)火災で焼失 ・檀徒58戸 ※のち，昭和2年(1927)，大蓮寺と合併して，法然寺となる	・明治12年の由来記事に同じ ・檀徒35戸	・明治12年の由来記事に同じ ・檀徒142戸

録に見えぬ所なり」として記録しなかった。その点、龍宝寺・本誓寺・専得寺も、『明治十二年調社寺明細帳』が伝えるように、紛れもなく近世寺院である。

さらに、『福山秘府』について付言すると、長徳寺についての記録の仕方である。既述したように、この長徳寺は、ある意味では反松前氏の政治的立場をとる下国氏の菩提寺である。それゆえ、松前氏側に立つ『福山秘府』としては、『明治十二年調社寺明細帳』が伝える本音の部分については、意識的に排除したのではなかろうか。

よって、本節では、『明治十二年調社寺明細帳』に拠って、もう少し具体的な寺院造立の経緯を次に紹介してみることにする。

近世寺院の造営由緒

まずはじめに、長徳寺(曹洞宗)の由緒は次のように伝えられている。

長徳寺由緒

元和五乙未年、旧松前藩下国金左衛門、亡父ノ為、当村字八幡山ノ下ニ創立、延享二乙丑年允許ヲ得テ長徳寺ト号、明和二乙酉年現今ノ地ニ移転ス。

この由緒が、『福山秘府』の記載とは性格を異にする、すぐれて長徳寺の古層を伝えるものであり、ひいては乙部村の開基に直結するものであることは、すでに述べたとおりである。

次いで、法然寺(浄土宗)の前身である「西念寺」と「大蓮寺」の由緒は次のとおりである。

西念寺由緒

慶長五年、当時開山浄生、方今ノ地ヲ開墾シテ壱宇ヲ創立スルハ、古老ノ口碑ニ伝居候得共、其実跡確認致シ難ク、且文久元年九月ノ火災ニ罹リ、其記録等焼失仕候ニ付、確呼旨載難仕、概ネ古老ノ口碑ニ伝フルヲ以テ爰《ここ》ニ記載。

古老の口碑によると、浄生なる僧が当該地を開墾して一宇を開いたことに始まるという。この開基伝承と、さきの『福山秘府』の伝える内容とでは、開基時期にして、約七〇年の違いがある。集落の起こりから考えても、この古碑伝承には、ひとつの真理が脈打っているように考えられる。

大蓮寺由緒

開基渡島国津軽郡福山光善寺ヨリ覚心和尚、葬祭為取扱、寛保元辛酉年五月中、爾志郡乙部村ニ派出ノ折柄、同村林庄右ヱ門ト協議シ一宇創立、釈迦堂ト称ス。其後、万延元年十二月、同村失火ノ節、悉皆焼失。文久元辛酉年、堂宇再建、寺務罷在候処、逐年民家増殖ニ随ヒ信徒モ増加シ、永続方法相立、寺号改称ノ儀、地方庁エ出願ノ所、明治十四年七月十八日許可ヲ得、往生院大蓮寺ト改称ス。

この大蓮寺の原型は、『福山秘府』が伝える「乙部村庵地」である。その意味では、開基そのものは寛保元年(一七四一)以前に求められる。

そして、松前光善寺から派遣された覚心坊の時に、「釈迦堂」と呼ばれ、村民の葬祭を行ったことを、右の由緒書は伝えている。

このような由緒を持ちながら、「浄方山西念寺」と、「乙部村庵地」→「釈迦堂」を前身にした「大蓮寺」は、昭和二年(一九二七)に合併して法然寺となる。

次は、この法然寺と同じく浄土宗に属する龍宝寺の来歴である。

龍宝寺由緒

享保三年五月中創建、清順庵ト称シ、旧松前家所轄ノ砌《みぎり》、弘化四丁未年八月、清順庵第八世住職了音、堂宇大破ニ付、再建、永続罷在候ニ付、今般寺号改称ノ義ヲ、本寺正行寺住職角智、現当庵住職清水琢道及ビ檀徒中ヨリ、地方庁エ出願ノ処、明治十二年十月十五日許可、清順院龍宝寺ト改称ス。

この一文から、松前正行寺の末寺として造立された龍宝寺も、その当初は「清順庵」と称され、幾多の曲折を経て寺号を公称したことが判明する。

龍宝寺と同じく、浄土宗の本誓寺についてみてみよう。

本誓寺由緒

開基延享三丙寅年、本寺四世尊如和尚、蚊柱村ヱ一宇創立。松前家所轄ノ砌、一心庵ト公称。法務罷在候処、今般永続方法モ相立候ニ付、寺号改称ノ義、地方庁ヱ出願候。明治十四年七月十八日許可ヲ得、専修院本誓寺ト改称ス。

これまでの長徳寺・法然寺・龍宝寺はいずれも本寺が松前の城下寺院であったが、この本誓寺の本寺はそうではなく、江差の阿弥陀寺である。阿弥陀寺の本寺が松前正行寺であることからすれば、本誓寺は正行寺の孫末寺に相当するが、本誓寺の造営はより近隣の江差地域の寺勢として捉えるのが自然であろう。少なくとも、乙部の近世宗教の世界が寺勢の上で松前城下寺院一色ではないことが、この点からもいえよう。

次に、浄土真宗の専得寺と正受寺の来歴をみてみよう。

専得寺由緒

宝暦十庚辰年創立、渡島国津軽郡福山専念寺掛所ニシテ、同寺号ヲ称シ、本坊ヨリ留主僧ヲシテ法務セシム。文久元年九月一日火災ニ罹リ、堂宇焼失。明治五年五月廿七日、留主居、檜山郡九艘川町順正寺衆僧館得往へ、青森県ヨリ当寺住職申付被レ、専念寺ト相図リ、同年六月廿八日公許ヲ得、専得寺ト改号。同年七月五日、堂宇再建、同九年本宗宗規改定ニ際シ、本山一般末寺ニ列ス。

専得寺はこのように、松前城下の「専念寺掛所」として創始され寺号公称するに至ったが、一方の正受寺はどうであろうか。

正受寺由緒

当坊開基（越前国坂井郡岩浦敬勝寺前住職義観）安政五戊午年、箱館浄玄寺ヲ本山掛所ニ引直シノ際、一宇建設ノ義、元箱館奉行所ニ願済相成、富岡町別院境内役寺正受坊ト称シ来リ候得共、堂宇建立不仕罷リ在候所、当村ニ設ケ有ル真宗東派説教場ニ於テ、信徒ノ葬祭取扱候テハズ都合ニ付、地方庁ノ許可ヲ得、現今ノ地（該説教所ハ、明治十二年中、能登国鳳至郡内屋村正円寺衆徒篠岡徳倉、当村ニ来リ、信徒ノ協議シ説教場設立ノコト其筋エ願、終ニ同年三月十一日許可ヲ得、創立ノ説教場ナリ）エ移転、本山一般末寺ニ列シ、留主居篠岡徳倉ヲシテ、法務罷リ在候処、今般永続方法モ相立候ニ付、寺号改称ノ義ヲ本願寺住職大教正大谷光勝及法類信徒連署ヲ以、地方庁エ出願ノ所、明治十四年五月廿三日許可ヲ得、正受寺ト改称ス。

同じ浄土真宗とはいえ、さきの専得寺が松前城下の「専念寺掛所」として寺基を定めたのに対し、この正受寺は箱館浄玄寺の掛所として出発し、地内に開設された説教場と合併する形で寺号公称に至った。

この正受寺も「箱館浄玄寺掛所」として始まったという点で、さきの本誓寺と同様、松前城下寺院の教勢とは一線を画していたことは注目される。

最後の近世寺院は、日蓮宗の本昭寺である。

本昭寺由緒

文政三年檜山郡法花寺第十一世日通、当村字大茂内山ヲ草開シテ一宇ヲ創立ス。松前家所轄ノ際、十如庵ト号シ、弘化四年現今ノ地ニ移転シ、法務罷在候所、遂ニ大毀ニ及候ニ付、即今大ニ修罷ニ着手仕候。

この一文から本昭寺も本誓寺と同じく、江差の寺勢の赴く結果として、「十如庵」として寺基が定まったことが読みとれる。

以上、乙部における近世寺院について、その由緒・来歴を史料に即して紹介してきた。その概略的な特徴点ないし共通点を指摘すると、まず一つ目は、長徳寺から本昭寺に至る近世寺院八カ寺のうち、宗派的には浄土宗がその半数の四カ寺を占めていた点である。残りの四カ寺は浄土真宗が二カ寺、曹洞宗と日蓮宗が各一カ寺である。

この宗派的な傾向と表裏の関係にあるのが八カ寺の本末関係である。八カ寺のうち、本誓寺と本昭寺は江差に本寺を持ち、正受寺だけが箱館に本寺を持つ。それ以外の五カ寺は松前城下寺院と本末関係を結んでいる。近世も幕末になると、箱館の寺院による末寺造立が顕在化するが、前期〜中期は松前城下の寺院が圧倒的に多い。その点を考慮すれば、乙部の場合、安政五年開創の正受寺を差し引いても、本誓寺と本昭寺が各々江差に本寺を持ったことからして、江差〜乙部地域は独自の宗教圏を形成していたことに注目してよい。この仏教における地域的な自立化の営みが、二つ目の特徴点である。

乙部の近世仏教も、ほかの和人地と同じく、その寺院造立の直接的な要因となったのは、一定の戸口数の定住を踏まえた結果としての祖霊供養の遂行である。寺院によるこの葬祭奉仕と檀家制度の貫徹こそが近世寺院に求められた歴史的課題であった。この点、乙部の場合も、もちろん例外ではなかった。

そしてさらに乙部の近世寺院が、その当初は「庵」ないし「掛所」に始まり、のちに寺号を獲得していったことも、ほかの和人地の近世寺院と軌を一にしている。

乙部における本末制の実態

乙部の近世仏教寺院が「庵」「掛所」から寺号公称の歩みを始めたことが通仏教的な営みとすれば、いま一つ看過できない通仏教的な事象がある。それはほかでもなく、近世仏教史の真髄ともいえる本末制の展開である。ここに、北海道にあっては実に稀有な一片の近世文書がある。それは一見、何ら変哲もない「掟」書のようにみえる。しかしその内容は、さきの「庵」が「寺院」化する経緯や、本末制とはどのようなものであるかを、実によく伝えていて貴重である。

その文書とは、乙部の開基とも密接不可分に関わる長徳寺についてのものである。既述したように、長徳寺の開基は、中世蝦夷地の統治者安東氏の嫡流である「下之国守護職」に由来する。

この長徳寺の最も古層を伝える部分は、松前家側にとっては歓迎すべきものではなく、したがって『福山秘府』には記録されていない。次に紹介する文書も、その意味で長徳寺の古層を除いた、甚だ『福山秘府』的な性格が濃厚なものであることをあらかじめ指摘しておきたい。

「長徳寺掟書」

掟

一、長徳庵事　古来為寿養寺末庵。然ルニ中絶而宝永年中、法幢寺八代恕伯長老豊部内構隠寮号長徳庵而休息。滅後隠寮廃壊而長徳庵之名而已存焉。時哉、近年有帰依之檀越而乙部村建立一宇之小庵而求右寺号於現住寿養寺峰月長老。長老尋常梅門葉無之而、法幢寺現覚本長老江請。長徳庵之三ツ字、則蒙公評、乙部村為小庵之号、古来之通寿養寺末庵長徳庵与相ニ改之也。依而記録永平本山永簿而、相加日域洞門之寺数、向後不可有違乱候。唯当住化他之輩者、愈準永平之家訓、可為住務候。且建立帰依之檀門茂、三ツ寺頽廃無之様、可有外護者也。永年寺化主判。

延享二乙丑歳(一七四五)十月日

奥州松前城下寿養寺末寺

乙部村　長徳寺

古来庵号向後為三ツ寺繁栄、寺号ニ相改者也。

掟

一、長徳寺事　今度知識地相改之旨、本寺寿養寺以書付而所申、理承知畢。愈準永平家訓、可為住務候。且檀家之面々得其意、三ツ寺頽廃無之様、可有外護者也。永年寺化主判。

文明判

延享二乙丑歳
十月日
奥州松前乙部村
長徳寺

大意はほぼ次のようになる。長徳庵は古くは松前寿養寺の末庵であったが、中絶することがあった。宝永年間(一七〇四～一一)、松前法幢寺八代の恕伯が豊部内に隠寮を作り、それを長徳庵と名づけて休息所としていたこともあった。しかし、恕伯の死後はその隠寮も廃墟と化し、長徳庵も名のみとなってしまった。時に近年、心ある檀家が乙部村に一宇の小庵を建立し、その寺号について寿養寺の峰月に求めた。ところがその峰月には相談すべき門地(人)もなく、そこで峰月は法幢寺の覚本の教えを請うた。その結果、長徳庵という三つの文字は、世間の評価も得て乙部村の小庵の号となっている。古来どおり、「寿養寺末庵長徳庵」と改めるべきであると決定した。よって、永平寺の本山永簿にその名を記録し、日本の曹洞宗寺院に列す。今後、違乱あってはならない。長徳庵の僧たる者は、永平寺の家訓に準して寺としての務めを果たしなさい。併せて、世俗の檀信徒も、寿養寺・法幢寺そして長徳寺の三つの寺が頽廃なきよう、しっかりと外護しなさい。

以上が一つ目の「掟」の内容である。二つ目の「掟」の大意はほぼ次のようになる。

古来の庵号を今後、三寺の繁栄のため、長徳寺と改める。

長徳寺について、今度、知識地を改正すると、本寺の寿養寺から書付をもって申し出があった。それは理にかなっている。今後はいよいよ(曹洞宗寺院として)永平寺の家訓に準して寺務につとめなさい。と同時に、檀信徒もその意味を理解し、三カ寺が頽廃なきよう、外護しなければならない。

二つの「掟」を持つ「長徳寺掟書」の内容は大略以上のとおりである。こうした経過で、「長徳庵」は「長徳寺」として、延享二年(一七四五)に寺号公称したのである。

封建寺院と「往来一札之事」

近世寺院が寺請・檀家制のもと、庶民の祖霊供養を第一の任務とし、併せて幕藩体制の末端支配者でもあったことは、既述したとおりである。実はその様子を伝える興味深い「往来一札之事」という文書がここにある。法然寺の前身の「釈迦堂」が発給したものである。一枚文書の世界とはいえ、そこには寺請制度に集約されるキリシタン排除を国策とする当時期の近世寺院の姿、それに付随する町役場的な任務ともいえる檀信徒の動向掌握の様子が実によく反映されている。

往来一札之事

奥州松前江指

当村栄蔵男壱人

右者、代々浄土宗ニ而、拙寺檀那ニ紛無御座候。勿論、御法度之切支丹宗門ニ者無之候。同人、今度出願ニ付、護国霊社霊仏参詣仕候間、国々、御関所無滞御通可被下候。若又途中ニ而病死等有之候節者、其御所之御作法を以御取置被下度、御願申候。為後念寺請印証仍如件。

乙部村

天保七年　申五月　鎮西派　釈迦堂　印

国々

御関所宿々

御役人衆中

釈迦堂が発給した、文字どおり「通行手形」としての「往来一札」をみて、どうであろうか。今日の寺院とは全く異質の世界があったことが判明するであろう。

釈迦堂の檀家の栄蔵が、お伊勢参りであろうか、あるいは熊野詣であろうか、諸国の霊社参詣を企画した。それに際しての関所宛の「通行手形」である。キリシタンではない栄蔵が道中で何か不幸に遭ったなら、その地の作法に従うのでよろしくと認《したた》めた「往来一札」。

近世寺院はこの「通行手形」のほか、婚姻や離婚の場合にも「寺請印証」を発給していた。近世の仏教寺院はこのように庶民の生活に密接に関わっていたのである。

それでは、近世社会において、この仏教寺院とともに、庶民の日常生活の中に溶け込んでいたもう一つの宗教施設たる堂社・神社の具体相はどうであろうか。次に、乙部における堂社・神社の世界をうかがってみることにしよう。

堂社・神社の創建

乙部の近世における堂社・神社については、『福山秘府』に拠って示し、さらにそれがのちにどのように変遷していったかを『明治三十一年調社寺明細帳』に拠って示したのが、表34「乙部の堂社」である。

近世の六カ村全体をみて、ひときわ眼をひくのは、突符村を除く五村にはいずれも病気平癒を祈念したであろう観音堂が勧請されている点である。近世の庶民的な願いがそこには込められている。

一方、地域の守護神として、八幡宮や神明社・明神社が祀られているのも注意されるし、産業神としての稲荷社や恵美須宮が勧請されているのも漁業を基幹産業とする乙部的な神観念として注目される。

近世乙部の人々は、このように地域の安全や個々人の健康・安寧そして生業である漁業の豊漁を、それぞれ身近な堂社に祈願する日々を送っていたのである。

表34からわかるように、各村の神社群は一定して変動しないわけではない。そこには、さまざまな変化がみられる。よって、次にその変容の様子を村ごとに追ってみることにする。

まず、乙部村について。乙部村は天明六年(一七八六)の頃の戸口数は、約二五〇戸、八二〇人であったが、この村にその当時、八幡宮・観音堂・大日堂・稲荷社・明神社の五社が造営されていた。この五社がそのまま乙部村の神社世界を形成したかといえば、決してそうではない。『明治三十一年調社寺明細帳』にみるように、同村の神社群のうち八幡宮と稲荷社を除く三社は堂社としては姿を消し、神格を変えるように、海童神社・山神社・滝ノ神社、そして三つの恵比須神社が新たに勧請されている。近世の乙部村の神社群は、『福山秘府』が伝える五社を起点としながらも、それ以後、三つの恵比須神社の造立に象徴されるように、堂社数としては増加する傾向にあった。約二五〇戸の乙部村の一村にあって、八幡神社を中心にして都合八社ほどの堂社が村民の信仰を集めていたことになる。

そこで、その村民が生活の全領域において厚い信を寄せた「宗教センター」ともいえる八幡神社の創立の様子をうかがってみることにしよう。

八幡神社(乙部村)由緒

当社ハ慶長六年ノ創立ナリ。文久元年九月烈風ノ夜、火災ニテ三百余戸ノ氏子、西ヨリ東マデ社殿共村中一時ニ焼失。其節、社記簿等マデ悉ク焼失ニ罹リ、故ニ記録不詳。明治九年十月社格郷社ニ列ス。同十一年拝殿再興。

村老ノ伝ニ曰ク、当八幡神社ハ土豪下国某ノ氏神ニシテ、岡山ノ麓ニ(今ノ社ナリ)社殿ヲ立テ村中共ニ鎮守ノ大神ト斉祭リ来ル由(下国某ハ阿部ノ宗任ノ子孫ナリト云フ)。(24)

この由緒の後半部分は村老の伝承であるが、前にも指摘したように、乙部の開基に直結するもので、すこぶる重要である。ここではその伝承のみを紹介し、のちにいま少し考察を加えてみることにしよう。

次に、小茂内村について。同村は天明六年(一七八六)の頃、戸口数は約五〇戸、一五〇人ほどであった。その当時の堂社は、『福山秘府』にみるように、神明社と観音堂の二社であった。しかしその後、乙部村と同じように、神明社を中心にしながら恵比須神社・館神社・稲荷神社・磯崎神社というように、五社の堂社を造営していった。当初の神明社と観音堂に比べて、新たに造立された堂社はいずれも産業神としての神格である。ここにもやはり、小茂内村の人々の漁業を中心にした生業の隆盛を切に祈る心情が読みとれる。

では、神明社(のちの鳥山神社)の造営事情はどうであったろうか。

神明社(小茂内村)由緒

慶長十一丙午年、村民開墾一社ヲ創定ス。明治九年十月十六日、社格村社ニ列ス。[25]

次に大茂内村であるが、同村は既述したように宮歌村の松前八左衛門泰広の所領でもあり、かなり複雑な歴史的背景を背負った村である。詳細については後述に譲り、ここでは右の二村と同様の手法で堂社を紹介する。

天明六年(一七八六)の頃の戸口数は約四〇戸、一三〇人ほどで、『福山秘府』によれば、その当時の堂社は、八幡宮・観音堂・稲荷社・恵美須宮のごく一般的な四社であった。後述するように、同村には宮歌村から「熊野三社」が勧請されているが、この三社は「清順庵」(のちの龍宝寺)の中に合祀されるという特異な運命をたどる。

備　考
——→明治43年，八幡神社に合祀 ——→同　上 ——→同　上 ——→同　上 ——→同　上 ——→同　上
——→明治43年，鳥山神社に合祀 ——→同　上
※大茂内村の神社は『明治三十一年調社寺明細帳』に見当たらない。他村の例に準じて，無格社を推定 ——→明治43年，栄浜八幡神社に合祀 ——→同　上
——→明治41年，八幡神社に合祀
——→明治43年，元和八幡神社に合祀 ——→同　上 ——→同　上
——→明治43年，諏訪神社に合祀 ——→同　上

表34　乙部の堂社

	『福山秘府』 （享保3年（1718））	『明治三十一年調社寺明細帳』 （明治31年（1898））	
乙部村	●八幡宮 → （造立年不詳） ●観音堂 （造立年不詳） ●大日堂 （正徳4年（1714）） ●稲荷社 （造立年不詳） ●明神社 （造立年不詳）	◎郷社　八幡神社（慶長6年（1601）創立，文久元年（1861）火災で焼失。明治9年郷社に列す。古老の伝に「当八幡神社ハ土豪下国某ノ氏神ニシテ，岡山ノ麓ニ社殿ヲ立」つとあり，氏子308戸，境内神社に天満宮神社あり） ●無格社　海童神社（慶長16年創立，明治21年以前稲荷社を合併） ●無格社　山神社（勧請不詳，文政5年（1822）再興） ●無格社　恵比須神社（明和2年（1765）相泊に創建） ●無格社　恵比須神社（勧請不詳，嘉永6年（1853）瀬茂内に再興） ●無格社　滝ノ神社（文政3年（1820）創建） ●無格社　恵比須神社（文禄13年（1604）滝ノ澗に創建）	
小茂内村	●神明社 → （寛文5年（1665）） （神体円空作） ●観音堂 （寛文5年（1665）） （神体円空作）	◎村社　鳥山神社（慶長11年（1606）創建，明治9年村社に列す。境内神社に，恵比須神社と館神社（明治11年，鳥山神社に合祀）あり。氏子70戸） ●無格社　稲荷神社（宝暦7年（1757）建立） ●無格社　磯崎神社（宝暦10年（1760）建立）	
大茂内村	●八幡宮 → （造立年不詳） ●観音堂 （造立年不詳） （神体円空作） ●稲荷社 （造立年不詳） ●恵美須宮 （造立年不詳）	◎村社　栄浜八幡神社 ●清順庵（龍宝寺）の中に熊野権現宮が合祀（『宮歌村文書』） ●無格社　稲荷神社 ●無格社　恵美須宮	
突符村	●八幡宮 → （造立年不詳） （神体円空作） ●弁財天社 （造立年不詳） ●恵美須宮	◎村社　八幡神社（勧請年不詳，文化9年（1812）再建，明治9年村社に列す。合併神社に，稲荷神社（寛永5年（1628年）創立，明治41年合併）あり，氏子130戸） ●無格社　八幡社（元和元年（1615）創立，境内神社に，稲荷神社（明治11年建築）あり）	
三ツ谷村	●観音堂 → （寛文5年（1665））	◎村社　元和八幡神社（寛永3年（1626）創立，明治9年村社に列す。初め向歌，明治35年，磯浜に移転。氏子81戸） ●無格社　金比羅神社（文化8年（1811）向歌に創立） ●無格社　稲荷神社（正保4年（1647）向歌に創立） ●無格社　稲荷神社（嘉永3年（1850）鮪ノ上に創立）	
蚊柱村	●諏訪明神社 → （宝永元年（1704）） ●観音堂 （寛文5年（1665）） （神体円空作） ●恵美須堂 （寛文5年（1665））	◎村社　諏訪神社（元和3年（1617）勧請，明治9年村社に列す。氏子107戸） ●無格社　春日神社（正保4年（1647）勧請） ●無格社　稲荷神社（嘉永3年（1850）勧請）	

実は、さきの表34に確認するように、栄浜八幡神社の前身であるこの大茂内村八幡宮については、『明治三十一年調社寺明細帳』には記載が見当たらない。ここにも、かなり複雑で屈折した事情が察せられる。ただ、のちの明治四三年(一九一〇)に合祀されたのが稲荷神社と恵美須宮であったことを考えれば、大茂内村にあっては、八幡宮を中心にしてその二社が結びつく形で近世を経過したものと解される。そこには、他村のような活発な新堂社の造営は展開しなかったとみられる。

次は、突符村について。同村の天明六年(一七八六)頃の戸口数は約二〇戸、八〇人ほどであった。規模としては地内にあって最小の集落であるが、『福山秘府』では八幡宮を中心に弁財天社と恵美須宮の三社が存したと伝える。それ以後、同村の神社世界は、八幡宮は不変であるものの、弁財天社と恵美須宮に代わって稲荷神社が二社造立されるという変遷をたどっている。

では、その八幡宮の造立事情をうかがってみよう。

八幡宮(突符村)由緒

勧請年記不詳、文化九壬申年再建。明治九年十月十六日、社格村社ニ列ス。(26)

次は三ツ谷村について。同村の天明六年(一七八六)当時の戸口数は約四〇戸、一三〇人ほどであった。『福山秘府』では、その堂社として観音堂を挙げるのみであるが、『明治三十一年調社寺明細帳』によれば、八幡神社があり、観音堂に代わって、産業神としての金比羅神社と二つの稲荷神社が造営されたことになる。その八幡神社の建立事情はどうであったろうか。

八幡神社(三ツ谷村)由緒

寛永三年創立、明治九年十月十六日社格村社ニ列セラレ以来、同村字向歌八拾六番地ニ鎮座祭典執行。然ルニ明治二十七年中里道開鑿之所、参社通路不便ト相成候ニ付、氏子協議ノ上、上戸又兵ヨリ寄附ノ地、移転ノ義、同三十四年十一月中、出願ノ所同三十五年一月八日御許可相ナリ、現今磯浜ノ上ニ移転鎮座。(27)

最後は蚊柱村について。同村の天明六年(一七八六)の頃の戸口数は約六〇戸、二〇〇人ほどであった。当時の堂社は、『福山秘府』によれば、諏訪明神社のほかに観音堂と恵美須堂の二堂があった。以後、近世において、その二堂に代わり春日神社と稲荷神社が勧請され、数には増減はないが主神の諏訪神社以外は変化したことになる。その主神の建立事情はどうであろうか。

諏訪神社(蚊柱村)由緒
元和三丁巳年、当村字鮪野へ勧請、明治九年十月、社格村社ニ列ス。(28)

以上、各村ごとの堂社の勧請についてみてきたが、享保三年(一七一八)の『福山秘府』の取り調べ以後において、ある一定の変容があったことが判明した。

一つは、その当初に造立された健康や平癒などの現世安穏の祈禱対象となった観音堂が、いずれの村においても姿を消していることである。

この変化をどう理解すべきであろうか。地内の近世の人々が、現世安穏の願いを捨てたわけではもちろんない。おそらく、この観音堂に託した願いが、一つは地内の八幡神社や神明社などの主神に収斂されたこと、二つには、個々人ないしは複数の形で、「観音講」という講の形で日常生活の中に溶け込んでいったことが想定される。その両者が結合化する形で、観音堂は解消されていったと考えられる。

二つ目の変容点は、大茂内村を除く各村において、『福山秘府』以後に新たに堂社が勧請され、その中でも最も多いのは稲荷神社と恵比須神社であったことである。この二社はともに産業神であることを考えれば、この二社の勧請は乙部の産業発展のバロメーターであったと解してよいだろう。

松前泰広の大茂内領有と清順庵

そもそも、松前藩主松前志摩守公広の三男、松前八左衛門泰広が宮歌村を領知しながら、大茂内村と江差九艘川町の管理を負わされていたこと自体、一見、不思議なことである。この理由については後述することにし、まずその泰広の大茂内村の領有と清順庵の造営についての史料を次に紹介することにしよう。

乍恐以書附奉願上候

一西在大茂内村之儀者《は》、往古ゟ松前八左衛門様御旧領ニ而、熊野三社御建立、猶庵等茂《なども》御立被遊、宮之歌村鎮守八幡宮別当清順坊右三社為守護、御差遣シ被遊候ニ付、大茂内村清順庵ト唱ヘ居申候。其節同村ニ人家迚茂《とても》無之、ムサと申夷人罷在《まかりあり》候間、宮ノ歌村ヨリ御百姓之内五、六軒茂漁業其外為出稼御遣シ被遊置候。然ル処、右清順坊病死仕候ニ付、享保年中福島村法界寺に相頼、宗善と申僧差遣シ、守護罷有、追々老年と相成守護行届兼候ニ付、安永年中又法界寺ゟ光道ト申僧被遣罷有候処、天明元丑年ムサと申夷人病死仕跡絶申候。依之当村支配之事故又々御百姓之内出稼之者弐拾軒茂差遣シ住居為致小頭役相互、大茂内村御用之儀者勿論、渡世方漁業仕詰御役銭等差上、猶又川取秋味御運上として、蠣崎三弥様江鮭弐拾本、筋子壱樽、江戸御屋舗松前八左衛門様江者鮭弐拾本、アタツ壱連宛差上ケ来リ候処、文化元年ゟ金納ニ相成当町御役所江上納仕候。以前天明七未年小茂内村ト境論有之、蠣崎三弥様江宮之歌村名主伝右衛門、年寄太次兵衛両人ニ而以書附数度奉願上候処、蠣崎三弥様ケンニチ温泉江御入湯ニ被遊御越序ニ御立寄リ委《くわし》敷く御見分之上、建家共御取極之節、突符村ゟ出稼之者茂有之候ニ付、同村役人幷小茂内村役人共御呼出し被仰渡候ニ者、大茂内村境之儀者旧記之通リ西境者赤石欠通シ、東境者中滝迄、尤秋味漁業之節者小茂内村浜中井戸有之所迄、秋味網引揚ケ場之趣共被仰渡、右両村役人中幷御百姓中茂承知仕御請奉申上候。其後混雑無御座候。清順庵光道義及老年候ニ付、文化三寅年中又々法界寺ゟ欣円ト申僧前書三社為守護差遣シ置候処、間もなく右僧致退庵、然処突符村ゟ出稼之者共小頭役は不申及元役人中江問合も無之江差阿弥陀寺ゟ我儘《わがまま》ニ庵僧取寄せ何共歎《なげかわしく》敷奉存候。（中略）

前書奉申上候通大茂内村庵之儀は熊野三社守護之ため往古ゟ松前八左衛門様御建被置文化年中迄者宮之歌村

ゟ福嶋村法界寺へ相頼、庵主差遣し、其後中絶候節突符村清順庵と申替木御札書直し、紙御札へも相廻し居候儀は愚昧之私共ニは難相分奉存候間、此儀御利解被仰付被下置候様奉願上候。(中略)

右之訳柄ニ付、大茂内村江引越御百姓一統難渋至極ニ奉存候間、以御憐愍《れんびん》先年之通り小頭役之もの直々江差在方御掛中様江願向キ申出、正納物は直納猶亦御達向茂同様ニ相成候半ば、突符村出稼之もの茂我儘申間舗《もうしまじく》奉存候。随而出稼之者共は廻判、引越仕度者共は引越廻判持参為仕候半ば、御取締ニ茂相成、私共茂誠ニ以難有仕合《ありがたきしあわせ》奉存候。依之御時節柄茂不顧奉申上候茂恐多奉存候得共、格別之以御沙汰彼地江御掛中様御出役被成了、双方御呼出し之上、松方一同難渋ニ可相成様御取扱被成下候半ば、重々難有仕合奉存候。此段幾重ニ茂御慈悲之御沙汰被下置候様、御執成之程偏ニ奉願上候。以上。

丑(文政一二年か)
九月廿五日

大茂内村
小頭　伝十郎　印
宮歌村
百姓代　又右衛門　印
同村
年寄　伝右衛門　印
同村

同
　宮杜　印
同村
名主
　喜兵衛　印

桜庭　丈左衛門殿
村山　重左衛門殿
高橋　茂十郎　殿
中嶋　幸　吉　殿

前書之通願出候間、奥印仕奉差上候。以上。

桜庭　丈左衛門　印
村山　重左衛門　印
高橋　茂十郎　印(29)

少し長い引用になったが、これが問題の『宮歌村文書』の関連史料である。

引用史料の最後後半からわかるように、「願書」は、文政一二年(一八二九)九月二五日、宮歌村から大茂内村に引っ越した小頭と本村の宮歌村の百姓代および年寄・名主など五人が松前藩に対して提出したものである。その訴えんとする主眼は、一つに小頭役の願出は「江差在方御掛」で受理してほしい旨、二つにその結果、大茂内村への突符村の勝手な出稼ぎもなくなること、三つ目として出稼者には「廻判」、引越者には「引越廻判」を持参させてほしいという三点であった。

この三点について哀願した宮歌村からの引越者たちは、具体的にどのような点で難渋していたのであろうか。

そのうちの宗教史的部分について、摘記してみよう。

(一)大茂内村は往古から松前八左衛門(泰広)の所領で、そこには熊野三社が建立された。

(二)その三社を守護するため、宮歌村八幡宮別当の清順坊が派遣されたのにちなみ、清順庵という庵室も造立された。

(三)その頃、大茂内村には「ムサ」と呼ぶ夷人(アイヌ)がいるだけで、そこに宮歌村から漁師が五、六軒出稼者として入った。

以上が宮歌村から大茂内村へ移住した頃の様子である。ところが、時がたつと、次のような変化が生じた。

(一)清順坊が死亡したため、享保年間(一七一六～三六)、福島村の法界寺の宗善という僧に清順庵の守護を依頼。その宗善が老化したので、安永年間(一七七二～八一)には同じく法界寺の光道に依頼した。

(二)ところが元明元年(一七八一)、「ムサ」も病死したので、宮歌村から出稼ぎの百姓二〇軒を大茂内村に派遣し、「小頭役」を置いて、地内の取り締まり、役銭取り立てをはじめ、運上などを行わせた。

(三)天明七年(一七八七)、大茂内村と小茂内村との間に境争論があった折、蠣崎三弥様が検分の上、旧来のとおり決定し、その後、混乱はなかった。

(四)清順庵の光道が老化したので、同じく法界寺より欣円という僧が派遣されたが、ほどなく退庵したため、突符村からの出稼者が、宮歌村や大茂内村の小頭役に問い合わせもなく、江差の阿弥陀寺から僧を呼び寄せている。

(五)もともと大茂内村の清順庵は熊野三社を守護させるため、松前八左衛門様が建てられたもので、文化年中(一八〇四～一八)までは法界寺に僧を派遣依頼してきた。その後、中絶していたところ、「突符村清順庵」と御札も書き替えて村中に触れまわっている。これについては私どもはわかりかねるので、御判決をお願いしたい。

このように「願書」は、清順庵の由来を述べた上で、清順庵をめぐる突符村との軋轢の解決を松前藩に申し出たのである。

この「願書」の中心点は、前述した三点に集約されるものの、そのより根源的な問題は、清順庵そのものの存在に由来するものであった。つまり、大茂内村が宮歌村の松前泰広の分領であるがゆえに、小茂内村との境争論が起こり、突符村との間にも、清順庵をめぐって物議が発生していった。

こうした物議争論の根本原因は、松前泰広が何ゆえに大茂内村の分領支配をしなければならなかったのかという点に還元される。この問題は、大茂内村という一地域を超えた、かなり広義で深刻な歴史的背景を持った課題である。

大茂内村領有の歴史的背景

松前藩主松前公広の三男、松前八左衛門泰広が江差九艘川町と合わせて大茂内村を飛地的に領有したこの奇異な歴史的事実の背景は何であろうか。

この難題を解く鍵は、これまでも略述してきたように、乙部村の長徳寺と乙部八幡神社の造営とその周辺に潜んでいるように考えられる。そこで改めて、長徳寺と八幡神社の由来記事を抜粋して眺めてみることにしよう。

まず、長徳寺の由緒には、「元和五乙未年、旧松前藩下国金左衛門、亡父ノ為、当村字八幡山ノ下ニ創立」とあり、八幡神社の由緒には、「村老ノ伝ニ曰ク、当八幡神社ハ土豪下国某ノ氏神ニシテ、岡山ノ麓ニ社殿ヲ立テ村中共ニ鎮守ノ大神ト斉祭リ来ル由(下国某ハ阿部ノ宗任ノ子孫ナリト云フ)」とある。(30)

この由緒が如実に示すように、長徳寺はほかの寺院と異なり、その当初は下国氏の氏寺であり、乙部八幡神社も同じくほかの神社の来歴と違い、下国氏の氏神であったのである。

下国氏の氏寺として長徳寺が建立され、氏神として乙部八幡神社が造立されたことの意味はすこぶる大きく、かつ重い。

既述したように、乙部の下国氏の来歴は、中世にあって「蝦夷管領」ないし「日ノ本将軍」として北方世界に君臨したかの安東氏の嫡家が茂別に拠った下国氏に求められる。安東氏が秋田に去ったあと、夷島において和人の土豪勢力として、「下之国守護職」「上之国守護職」「松前守護職」の三大ブロックが形成され、それが武田氏・蠣崎氏の「上之国守護職」を中心に、収斂されていったことも既述したとおりである。

この権力の競合の過程において、「下之国守護職」の系譜を嗣ぐ師季は松前を離れ瀬棚に赴き、そこで卒去した。この師季の長男重季とその末裔は、その以後、松前藩の中に家老職として遇された。

その一方で、師季の二男直季とその子孫はその処遇の外にあった。それゆえ、「下之国守護職」に系譜を持つ、直季流のこの在野的な立場が反松前氏となることは、見やすい道理である。

一歩進めていえば、直季流のこの立場は、師季のプライドを嗣いだ安東氏の正統意識の表明に起因していると評価して大過ないだろう。下国氏の正嫡の重季流は松前氏の軍門に下ったが、庶家の直季流は毅然として安東氏の正統意識を継承したのである。この直季流が瀬棚から乙部に移り、長徳寺と八幡神社の原型を徐々に形成していった。

こうした直季流の営みは、松前氏にとって不気味な不穏要因であるに相違ない。この不穏な動向は、一藩を担う者として、常に監視し続けなければならない。松前藩が松前泰広をして宮歌村のみならず大茂内村を同時に領有させたのは、まさしくこの直季流下国氏への警戒と監視にあったのである。

直季流下国氏と松前氏との基本的立場は、このように下国氏の「抵抗」と松前氏の「権謀」に求められるのであるが、この下国氏の氏神を祀る乙部八幡神社側にあっては、その神官の系譜のありように苦心した。

既述したように、その系譜の始祖には「工藤孫三郎」説と「宇田遠江守師長」説の両説があった[31]。宇田説をとる場合でも、宇田遠江守師長→宇田民部師則ののち、工藤播磨守源康則というように工藤姓に至る。

この宇田姓を冠する系譜づくりには、何やら特殊な事情が作用しているように思えてならない。推測に推測を重ねていうと、宇田姓をあえて冠したのは、一つに乙部八幡神社が反松前氏の政治的立場を少しでも隠蔽しようとした結果なのではなかろうか。いま一つに、貴種下国氏の神官にふさわしい系譜のために「宇田」姓を選択し、美化の極致を追求したのではなかろうか。

乙部八幡神社の苦悩に満ちた粉飾の事実をはじめ、乙部には中世以来の歴史的な光と影が同居している。

こうしてみれば、松前泰広の大茂内村支配の背後には、中世以来の松前氏の「権謀」と下国氏の庶家直季流の「抵抗」が渦巻いていたのである。

乙部の近世宗教の特色

文化七年(一八一〇)、江差役所から次のような「五人組御仕置帳」が出された。

五人組御仕置帳

願筋ニ付、御代官陣屋江大勢相集訴訟致候儀も有之、不届至極ニ候。自今以後厳敷吟味之上、重罪科ニ可被行候事。

右之条々、堅可相守。此旨違背之輩有之者、可為曲事。此段毎年、正月五月九月十一月、一か年四度、村中大小之百姓寄合、慥《たしか》ニ為読聞、常々此趣合点仕罷在候様、入念可申付者也。

文化七午年三月　　　　　　　　　　　　　御役所　印(32)

さきの大茂内村と小茂内村および突符村の争論や物議が、そのままこの御仕置の対象となるように思われる。多人数がこぞって訴訟が絶えないほど、乙部の近世は揺れ動いていたのであろう。この震源も、より根本的には松前氏の「権謀」と下国氏の「抵抗」に求められる。

松前藩といえども直季流下国氏を監視し続けることはできない。既述したように、直季流の下国新五兵衛に乙部村をあてがっている。

藩側は、その領有地に対して異常なほど神経を費やしていたことがしのばれる史料として、次の一節を参考までに紹介しておきたい。

今般松前伊豆守御名代として、下国書図様御料分御界岸海通り御見廻りとして、当月廿三日御城下御乗駕、廿五日江差表へ御着、五厘沢御界迄御□馬ニ御座候。下国書図様上下(以下欠字不明)六拾八人御添役御下役として、加藤小伝ニ様上下廿拾人、新井田権之丞様上下廿九人、其下夫々、御侍御徒士御口□御同勢都合百八拾人、□□為御承知申上候。

右者取込要用迄、早々如此御座候。

敬白

閏五月廿五日

佐和田忠義

ヲタルナイ

近藤町学兄様(33)

最後に、乙部の近世宗教の特色について一言、述べると、乙部の近世宗教の世界も広義には松前藩の宗教政策の一環として、寺社の本末制や寺請制度を基軸にして、封建寺院・封建神社として、ほかの地域と同様、その歴史運動を展開していたことは間違いない。が、その中にあって、寺社の最も日常的な営みは庶民による氏子としての地域内の神社の祭祀(現世利益の祈願)と、檀家としての菩提寺を介しての先祖供養であることは言うまでもない。こうした一般的な営みを外なるところで規定していたのが、さきの乙部における「権謀」と「抵抗」という、ほかの地域にはあまり例をみない歴史的状況である。

東西の両在において、中世以来の伝統を受けながら、長徳寺や乙部八幡神社のような「氏寺」「氏神」が造営

表35　前近代における地域別の宗派傾向

	曹洞宗	浄土宗	浄土真宗	日蓮宗	真言宗	天台宗	黄檗宗	計
城　下	7	5	3	1	6	0	1	23
西　在	11	12	7	3	1	0	0	34
東　在	9	10	9	4	0	2	0	34
箱館六カ場所	1	2	2	1	0	0	0	6
蝦夷地	17	13	12	2	1	1	0	46
計	45	42	33	11	8	3	1	143

され、それがしかも近世を通して一貫して、地域の基調音になった所はほかにないだろう。その意味で、乙部における近世宗教の特色も、この「権謀」と「抵抗」によって彩られていたと評して大過ないと思われる。

近世における北海道仏教史の特質

さて、蝦夷地の仏教寺院は、和人の渡来以降、幕末に至るまでの四〇〇年余にわたり、諸階層の霊の救済につとめてきた。その数を、地城別・宗派別に示せば、表35のようになる。

表35が端的に物語るように、前近代における蝦夷地の仏教界は、中世・近世を通して封建権力の祈禱寺となっていた真言宗の阿吽寺を除けば、宗派的には、曹洞宗・浄土宗・浄土真宗そして日蓮宗という鎌倉新仏教の宗派の伝播が顕著であった。その世界は、平安仏教の積極的な流布をみないのに加え、蠣崎氏・松前氏が曹洞宗寺院をその菩提寺としていたこともあり、「臨済将軍、曹洞土民」という一般的評句も適用されない鎌倉新仏教が主導する世界であった。それというのも、安東氏・蠣崎氏という和人権力が渡道してきた時期は、まさにその鎌倉新仏教の中央教団が地方発展を画する時期であったからである。

かくて、中央教団の動向に規定されつつも、和人政権と一体化して産声をあげた蝦夷地仏教界であるが、近世の幕藩体制下の代を迎えるや、松前藩も他藩と同様に、それに対する施策を展開させた。松前藩は、あるいは本末制・触頭制、あるいは寺請制・檀家制によって諸寺院を政治の世界に組み込んでいったのである。寺院の封建寺院化といってもよい。それは元禄〜享保期(一六八八〜一七三六)のことである。この期を境にして、確かに諸寺院は藩権力との間に、一定の政教一如の関係を結んでいった。

しかし、その関係も、統制と保護という水と油を融合させて成り立つようなものでしかなく、その当初から、一触即発の破綻の危機を内包していた。それでも、松前城下寺院を中心軸にした仏教界は、一方で寺請制を拠り所にして、近世前期、六三カ寺もの末寺の造立を営み、また一方では城内の中に一定の檀家を獲得し、もって自寺の経済的基盤の充実につとめていた。

しかるに、宝暦期(一七五一〜六四)をひとつの転機にして、ある翳りが顔をのぞかせてくる。藩側は庶民に対してだけでなく、自ら任じたその封建寺院に対しても、さまざまな規制を加え始めたのである。その規制は、幕府が北方問題を機に蝦夷地直轄に乗り出した近世後期以後に及んで、加速度的に強化されていった。その結果、城下寺院の中には、これまでの封建寺院としての社会的・制度的立場を忘却して、庶民の世界に傾斜していく寺院も現れ始めるのであった。

それに引きかえ、幕府権力という巨大な後楯を有した箱館の諸寺や幕府の蝦夷地直轄を契機に建立された蝦夷三官寺の存在は、城下寺院を陰に陽に刺激した。とりわけ有珠善光寺などは、末寺の建立数においても、城下寺院をはるかに凌駕する寺勢を示していた。先住のアイヌ民族の改宗をも視野に入れた蝦夷三官寺の造立は、近世北海道におけるアイヌ民族と和人との「民族と宗教」をめぐる一大葛藤として、特筆される。近世後期に造営をみた東在・蝦夷地などの六九カ寺の過半は、新興の箱館・有珠の諸寺の教線拡張を背景にして誕生をみたのである。このように、劣勢を余儀なくされてきた城下寺院に、寺請制の矛盾と表裏一体化した末寺の自立化の波が、さらに追い打ちをかけた。

近世後期、法源寺の約六〇〇戸を筆頭に、城下寺院は約一二〇〇戸前後の城下檀家を保持していたとはいえ、藩からの財施も概して僅少であったため、経済的逼迫に苦悩する寺院が増えていった。ついには、その克服手段として、菩提寺でありながら、祈禱の領域に宗教活動をとったり、宿坊を営む寺院も出現するのであった。

幕府の直轄化の余波は、ひとり城下寺院に打撃を与えたのみならず、庶民たちに返地運動の声をあげさせもした。その声に、憤懣やる方ない城下寺院が耳を傾けないわけがない。城下寺院は、庶民と、ある時は遊興・寄合を通して、またある時は救済・交遊を媒体にして、いよいよ深く結びついていった。まさしく、城下寺院の庶民化の営みである。

幕府の直轄化以来、種々の面で苦汁を飲まされてきた城下寺院ではあったが、素朴ではあっても厚い庶民の供養心に応えるためにも、また自寺の寺勢をいくらかでも拡げるためにも、幕末にほど近い一日、「寺院の建立は村落の創造」に通ずる旨の寺院構想を懸命に思念したことがあったであろう。

その一方で、この城下寺院の本来的な枠から徐々に抜け出し、地域的な自立を模索したのが、箱館を核とした上磯や銭亀沢などの東在と江差を要《かなめ》とした乙部などの西在の地域、および東蝦夷地の蝦夷三官寺であった。そこには、新興の近世庶民の生活の息づく宗教世界があった。

（1）『松前随商録』（市立函館図書館蔵）
（2）『ひろめかり』（『菅江真澄全集』二、未来社、一九七一年）
（3）『えぞのてぶり』（同右）
（4）『吹塵録』（『勝海舟全集』四、勁草書房、一九七六年）
（5）「亀田八幡宮当社記之書上」（『神道大系　北海道』神道大系編纂会、一九八三年、所収）
（6）文政五年「亀田八幡宮記元書上」（同右）
（7）同右
（8）『初航蝦夷日誌』（吉川弘文館、一九七〇年）
（9）同右
（10）同右

(11)『福山秘府』(『新撰北海道史』五、所収)の「諸社年譜並境内堂社部」
(12)『初航蝦夷日誌』(（8）に同じ)
(13)『福山秘府』(（11）に同じ)の「諸社年譜並境内堂社部」
(14)柿花啓正『神州の精華日持聖人海外遺跡探検記』(一九一九年)
(15)市川十郎『蝦夷実地検考録』(『函館市史』史料編一、所収)
(16)『明治十二年調社寺明細帳』(北海道立文書館蔵)、星野和太郎『北海道寺院沿革誌』(時習館、一八九四年)に拠る
(17)『上磯町歴史散歩』(上磯地方史研究会、一九八六年)
(18)『松前蝦夷聞書』(松前町史編纂室蔵)
(19)『白鳥家社日記』(市立函館図書館蔵)
(20)「当社記録」(『神道大系　北海道』神道大系編纂会、一九八三年、所収)
(21)「天宮茂辺地村鎮守矢不来天満宮事書」(『種田社家文書』一、所収、市立函館図書館蔵)
(22)「有川在神社棟札記録覚」(同右)
(23)「天宮茂辺地村鎮守矢不来天満宮事書」(同右)
(24)『明治三十一年調社寺明細帳』(北海道立文書館蔵)
(25)同右
(26)同右
(27)同右
(28)同右
(29)「宮歌村文書」(『福島町史』史料編、所収)
(30)『明治十二年調社寺明細帳』(（16）に同じ)、『明治三十一年調社寺明細帳』(（24）に同じ)
(31)『乙部八幡神社古文書』(乙部町史編さん室蔵)
(32)「近藤宗兵衛文書」(乙部町史編さん室蔵)
(33)同右

第三部　近現代仏教の展開

第一章　明治期における函館の宗教界

第一節　函館の神仏分離

明治政府の神仏分離政策

明治政府が天皇を中心にした中央集権的な絶対主義政権を志向する時、蝦夷地函館といえども、その中央権力の政策的影響を免れえないことは歴史の当然である。それゆえ、函館地方における神仏分離の実相をうかがうのに先立って、中央の動向を少し垣間見ることから始めよう。

江戸時代の初期から、仏教の遁世解脱的教理は有害にして無益、あるいは神仏習合の風潮は国勢衰微の原因であるとする儒者の神儒一致論的立場に立つ排仏論はあった。中期以後に国学が勃興するや、今度は儒仏二教排撃論が展開され、なかでも平田系神道の排仏思想は強烈をきわめ、これが明治維新政府の対仏教政策に大きな影を落とすこととなった。本居宣長の思想面を発展的に継承した平田篤胤が、儒教・仏教および習合神道の批判の上に立って、惟神道《かんながらのみち》の確立につとめたのである。この神道と国学とを結びつけた復古神道説は、幕末において各地の藩校で国学とともに講じられ、それが神の子孫＝天皇を直接崇拝の対象とするものであったため、政治的・実践的な思想となって各地の勤王家たちに信奉されていった。

維新政府の発足に伴って、その宗教政策を立案したのは、ほかでもなくこの平田系の神道家たちであった。彼らの手になる、日本宗教史上においても画期的な「神仏判然令」とは、

一、中古以来、某権現或ハ牛頭《ごず》天王ノ類、其外《そのほか》仏語ヲ以神号ニ相称候神社不少候、何《いず》レモ其神社ノ由緒委細ニ書付、早々可申出候事。

一、仏像ヲ以神体ト致候神社ハ、以来相改可申候事。付、本地仏抔《など》ト唱へ、仏像ヲ社前ニ掛、或ハ鰐口、梵鐘、仏具等ノ類差置候分ハ、早々取除可申事。(1)

というものであった。つまり、第一条では仏語で神号を称している神社に対して、その由緒の提出を命じ、第二条においては仏像を神体としている神社にその改変を求めたのであり、世に「神仏分離令」と通称される所以でもある。時に、慶応四年(一八六八)三月二八日。

右の二条が明瞭に示すように、この「神仏判然令」は神社を対象に神道と仏教の宗教施設的な分離を意図したのであったが、現実に神仏分離政策が始動するや、その意図をはるかに超えて、寺院における仏像・経巻の破棄焼却、廃寺・合寺、さらには僧侶の還俗《げんぞく》という、まさに「廃仏毀釈運動」が全国の津々浦々に巻き起こったのである。

とりわけ、薩摩・隠岐・美濃苗木・松本・富山・佐渡・土佐の諸藩において厳しかった。例えば、薩摩では明治二年(一八六九)三月に、以後はすべて神葬祭にするよう指令し、六月には中元・盂蘭盆会という仏教的行事を廃して神道的祖先祭を制定、そして一一月には領内の全寺院を廃絶し僧侶を還俗させたのである。隠岐でも慶応四年六月に全島の廃仏を断行し、一寺も残さず壊してしまった。

しかし、すべての地域が薩摩や隠岐のように、徹底した廃仏毀釈の動きに出たわけではなかった。愛知・福

井・新潟・香川・島根・大分などでは、寺院と庶民の伝統的な和合を背景にして、廃仏毀釈に対する反抗運動が起きたのであり、その意味で、一口に廃仏毀釈運動といっても、決して千篇一律ではなかった。

こうした未曾有の「神仏判然令」に端を発し、政府の意図を超えて起こった廃仏毀釈の嵐が、一応の終息をみるのは、西本願寺が政府に仏教関係の事務処理機関の設立を建議し、民部省内に寺院寮が設置された明治三年一二月のことであった。

では、江戸時代以来、醸成され続けてきた積年の排仏論を土壌にして断行された神仏分離と廃仏毀釈の嵐は、蝦夷地函館にも吹き荒れたのであろうか。

箱館戦争の混乱と松前の神仏分離

「神仏判然令」が発布され、それを踏まえた「太政官の布達」が出された慶応四年閏四月からさほどたたない八月に、榎本武揚を中心とする旧幕府脱走軍が江戸を出奔して蝦夷地に舵を切り、ついには五稜郭を本営として維新政府軍と相対峙して、世にいう箱館戦争を一二月に構えたため、箱館をはじめ渡島・檜山地方は程度の差こそあれ、戦乱の渦に巻き込まれたことは言うまでもない。とすれば、箱館戦争が終息をみる明治二年五月一八日までの約半年間は、「神仏判然令」の伝達・施行の時期であるにもかかわらず、渡島・檜山地方は、文字どおりの無政府状態の極に陥っていたのであるから、明治維新政府の宗教政策たる神仏分離とはいえ、十分に実施されえなかっただろうということは、十分に予測される。

案の定、神仏分離の様相を物語る函館地方の史料は甚だ僅少である。かつまた、函館の歴史をひもとくに際しては、当時のさまざまな史的状況からいっても、松前・江差地方との地域的関連は無視しえない。よって、渡島・檜山地方の神仏分離の状況を総体的に追跡しながら、函館のそれをうかがいみることにしたい。

「今般諸国大小ノ神社ニオイテ神仏混淆ノ義ハ御廃止ニ相成候ニ付」に始まる慶応四年閏四月四日付の「太政

官の布達」が松前藩において寺社奉行所名で神官白鳥家に伝達され、各村々の社家にも相触れるよう命ぜられたのは、翌五月朔日のことであった(2)。この時期は旧幕府軍が江戸を脱走する以前であるから、中央の情報も順調に届き、松前城下の神官たちは中央政府の「神仏判然令」を、「産子《うぶこ》ノ中ニ寺院有之角ハ、右寺内ニ小社ニテモ祭来候ハバ、為念心得置申度候間、何神ノ社何数社ト申所、取調相被下度奉存候(3)」というように、忠実に城下付の村々に伝達していったので、慶応四年＝明治元年の神仏分離政策は北海道においてもまずは順調に滑り出したとみてよいだろう。

しかし旧幕府脱走軍が北海道に渡り、函館を拠点に政府軍と交戦を始めるや、渡島・檜山地方は一転して混乱のるつぼと化し、神仏分離政策は大きく停滞してしまう。松前における神仏分離政策を伝えていた社家の日記類にも、箱館戦争後のそれを書き記したものは見当たらず、その時期の神仏分離政策がどのように展開したのか、全く不明である。

江差の神仏分離

しかし江差姥神大神宮の神官である藤枝氏が伝える明治三年の日記によると、寺院において混淆が許容された神々は、護法龍天善神・不動尊・七面大明神・勝軍地蔵尊・聖天だけであり、そのほかの、例えば法華宗三十番神や本地《ほんち》垂迹《すいじゃく》を語る神々を鎮座させてはならないと厳禁していたところをみれば、どうやら箱館戦争の混乱が収まった段階では、再び神仏分離政策が遂行されていったようである。

このように江差においては、神官による従順な神仏分離が行われた結果であろうか、神官と僧侶の間に、ある反目が生じた。すなわち、明治三年八月二五日、神官藤枝が曹洞宗の正覚院に同寺持の「琴平之大神」を取り調べに行ったところ、正覚院の住職は神仏分離政策の「御趣意相ソムキ候儀無御座候得共、当社神体秘物之事」ゆえに、神官藤枝の調査を拒絶しようとした。そこで一通りの応酬があったのであるが、神官藤枝はやむなく、

「神体神具等モ取調不申帰参」したのであった。(4)

神仏分離政策の趣意に背くものではないとしながらも、正覚院の住職が「神体秘物」を理由にして、神官藤枝の取り調べを拒絶したことは、明らかに地方における神仏分離政策に対する寺院側の抵抗運動にほかならない。この寺院による抵抗はその後、どう推移したのであろうか。その結論は翌四年、次のように出された。

(明治四年三月十三日)寺院境内ニ祭来有候分ハ、仏体仏具ハ陣ヘ為引入、社祠ノ義ハ寺院ニテ御懐候事、一境外ニテ山上下様ニ有之社祠ハ、仏体ニ候ハバ在寺ノ内陣ヘ為引入、社祠社地トモニ引継可申事(中略)四人立合ニテ正覚院寺内ニ鎮座金毘羅宮ノ神体御改、仏像ニテ俗ニ十壱面観音也(中略)堂者《は》早々取壊被仰付。(5)

正覚院の抵抗は意外にもろく、金毘羅堂は破壊されて、正覚院における神仏分離も断行されたのである。以上、松前および江差を実例にして、神仏分離の実相を史料に即してみてきたが、それによれば、第一に箱館戦争によって神仏分離が一時的に中断されたものの、その分離政策はおおむね貫徹されていたこと、そして第二に、江差正覚院のように神仏分離に対してささやかではあるが抵抗を示す寺院も存したことが確認された。

函館における神仏分離

さて、それでは函館の神仏分離はどう展開していたのであろうか。前述のように、函館は箱館戦争の本舞台の地でもあり、それによる混乱の度は松前・江差の比ではない。その意味で、明治元～三年の時期における神仏分離関係の史料が存在しないことはごく自然のことであり、この期において実際、神仏分離を実施する余裕はなかったと推定される。ところが、箱館戦争が終結してから二年目の明治四年、函館の宗教界もようやく平常の静けさを回復したのであろうか、次のような神仏分離の現実が訪れた。

以書付奉伺候

先般神仏混淆被遊御廃候ニ付、当所幷在村取調申候処、所々混淆御座候ニ付、夫々《それぞれ》取払申候内、下湯川村社

司中川斐男奉仕罷在候湯倉明神神体則仏像ニ有之、速ニ取除可申候処、承応年間ヨリ奉斎御座候申伝ニテ、同村産子ノ者共因循候趣ニテ延後仕候処、漸《ようやく》今般申諭候由ニテ、昨日私迄持出候、右仏像ハ旧藩先代某ノ室女知内金ヲ以鋳立、同社へ奉寄候段申伝有之、尤旧記像銘等証跡ハ無御座候へ共、前件ノ名像ニ付、被為在御布告通御庁差出御沙汰奉伺候、且又同村産子共ヨリ可相成御像御座候ハバ、私共へ御下渡被成下度、然上ハ於村内奉祀仕度申出候、此条ハ却《かえって》醸後害可申哉と奉存候得共、猶御処分奉伺度、只金像相添此段奉申上候。以上。

社家触頭《しゃけふれがしら》

菊池従五位

明治四辛未二月十四日

開拓使　御中(6)

この一文によれば、湯倉神社の神官中川が、下湯川村明神は江戸時代の承応年間(一六五二〜五五)から村民に手厚く祀られてきた仏像の神体を持つものであり、しかもそれは松前藩主の側室が寄付された由緒あるものであるから、神仏分離の趣旨に則って一旦は開拓使に差し出すものの、調査の済み次第、再び村民の手許に返してほしい旨を歎願していたことになる。

表現をかえていえば、神官中川と下湯川村の村民たちは神仏分離の政策に基本的には従いながらも、現実の信仰のあり方においては伝統的な土着信仰ともいうべき神仏習合は捨てがたく、かなり明瞭なる理由を申し立てて、上からの政策的神仏分離に異議を唱えていたのである。さきに江差正覚院という寺院側の神仏分離政策に対するある種の抵抗を確認したが、函館のそれは神官と村民の一体化に基づく抵抗であった点に特色があり、甚だ興味深い。

湯倉神社に示されるような土着信仰を背景にした神仏分離政策に対する静かな抵抗の結末はどうであったろう

か。江差正覚院のように政策的圧力によって上から押し切られたのであろうか。それとも、土着信仰の声が神仏分離政策をあくまでも押し退け、持続的な営みを続けていったのであろうか。それを直接的かつ具体的に立証する史料は、遺憾ながら存しない。よって、若干の傍証史料を示しながら類推するしか道はない。

明治四年三月一三日、さきの江差正覚院の金毘羅堂が破壊されていたが、実はその日に同院内の稲荷堂も壊され、阿弥陀寺の稲荷堂も同じく取り壊されていた(7)。してみれば、江差地方においては正覚院の抵抗以後、神仏分離が着実に実施されていたとみてよいだろう。

開拓使の神仏分離観

こうした地方における順調な神仏分離を受けるかのように、開拓使は明治五年一〇月に次のような北海道の神仏分離政策を教部省に報告した。

寺院境内私祀致来候金毘羅天・弁財天・大黒天・水天宮・八大龍王或ハ龍神・吒枳尼天《だきにてん》・歓喜天ノ如キ、全ク皇朝ノ神祇ニアラズ（中略）御国民、竺土《じくど》ノ神ニ祈禱イタシ候テハ敬神二途ニ出ルニテ、別テ北海道ハ蒼創《そうそう》ノ地、愚蒙新民教育ニモ障リ可申候間、一切廃除申付候見込ノ事(8)。

つまり、開拓使は金毘羅天・弁財天をはじめとする天竺＝インドに由来する仏教的な神々を「北海道ハ蒼創ノ地」＝新天地ゆえに思想教育上からみても好ましくなく、断固排除すべき神であることを中央の教部省に報じたのである。

開拓使のこうした強固な神仏分離の表明は、当然のごとく神官による現実の神仏分離作業にも反映していった。明治五年の開拓使による神社改正に伴う社寺取り調べの任にあたったのは函館八幡宮祠官菊池重賢であったが、彼の取り調べの眼はかなり厳しかった。例えば、小樽高島村の稲荷社を調査しては、「神璽ニ勧請、外ニ仏体一有之、此分取除ク」、また函館豊川町の豊川稲荷社を調べても、同社に安置されていた銅像の神体を「此銅像ヲ廃シ神鏡・和幣ノ内ヲ以テ改祭スベシ(9)」というように、稲荷社についてはことごとく廃止を迫っていた。

稲荷社の廃絶の意味

この稲荷社の廃絶という問題は、一見する限りでは、ごく一般的な宗教事象のように思われるが、実は北海道の近世～近代宗教史を考える場合、看過できない大きな意味を持っている。その意味は何か。それを探るひとつの手立てとして、近世末期の探検家である松浦武四郎の探査記録より作成した既掲の表30（「「場所」における宗教施設」（二五二頁））の一覧を示したい。

それによれば、東西蝦夷地の各「場所」には、初め弁天社が建立され、年代が進むにつれ稲荷社が造営されていっている。弁天と稲荷の両社は、おそらく「場所」における航行安全と豊漁祈願の神々として漁師たちの信崇《しんすう》を集めていたのであろう。

こうした「場所」ごとに祀られていた近世期以来の神々のうち、金毘羅宮・弁天社は前引した開拓使が行った教部省への報告書類の中で、明確に廃絶すべき神として規定されていた。その報告書類の中に具体名はみえないが、江差正覚院の場合も、また菊池重賢が実施した社寺取り調べの場合にも廃止を求められていたものに稲荷社があった。

神仏分離政策によって、金毘羅宮と弁天社が取り壊され、いままた稲荷社までもが廃絶されるならば、これは北海道宗教史における明瞭なる近世の全否定になり、そこには近世から近代への宗教史における連続面が存在しなかったことを証明することになる。この宗教史における近世の否定の営みは、既述した函館湯倉神社に生起していた明治四年の神官—村民による土着信仰の声の黙否にも通底するものである。

それならば、その稲荷社は菊池重賢の取り調べのとおり、廃止になったのであろうか。答えは否である。明治五年の菊池重賢の調査を踏まえて、明治七年に開拓使官員山田少主典が行った再調査たる『開拓使本庁管内神社改正調査』の中で、例えば、さきの小樽高島村の稲荷社は、「稲荷社神璽外ニ仏体一可有候へハ、能《よく》吟味致候得共無之候、是ハ存シテヨロシク」という具合に存続が認められることとなったのである。高島村のこの稲荷社のほかにも、明治七年の再調査により存続を容認された稲荷社は数多く存する。これを、北海道宗教史における近世の近代的再生ないしは近世から近代への連続的移行と言わずして何と言おう。言うなれば、近世期の稲荷社は、神仏分離により一度廃止されたのであるが、明治七年に及んで蘇生したのである。

開拓使の神仏分離観の転換

こうした重大な転換が現実のものとなるからには、そこには当然ながら開拓使側のある種の決定があったはずである。明治七年、開拓使はどのような一大転換を決断したのであろうか。

開拓使は明治七年六月一九日付で、次のような報告を教部省に提出していた。

北海道ノ儀ハ従前氏神氏子ノ区別十ニ八九ハ判然不致(中略)社モ亦漁場請負人・出稼人等漁業祈願ノタメ取建候社ニシテ、実ハ一家ノ私社多シ。

濃昼《ごきびる》村稲荷社ハ氏子四戸ノ外無之、是ハ北海道全国中一二ヲ競フ嶮難《けんなん》ノ山道ニシテ隣村無シ、依テ村社トス、其他濃昼ニ粗《ほぼ》等シキモノ数社アリ、亦漁場ニシテ出稼人多ク、爾来《じらい》蕃殖ノ見込ヲ以テスルナリ(中略)北海道ハ開拓中ニ付、追々人民蕃殖ニ随ヒ、産土神《うぶすながみ》勧請ノ都度《つど》可及御打合候。(10)

右の史料が、北海道における神社の建立背景ないしその実態がいかに本州に比べて特異かを語っていることは、多言を要すまい。

北海道の諸社が近世の場所請負制を背景にして建立され、それが出稼人と一体となっていまに現存していることを、開拓使はこの報告書の中で初めて認識し、その旨を教部省に報じたのである。

この報告書は、言葉をかえていえば、北海道宗教史における近世の近代的連続ないし再生を決定づけたものであるといっても大過ないだろう。

一方、開拓使は明治五年の頃、「北海道ノ儀ハ辺境未開ノ地ニテ従前漁夫商人等願済ニモ無之、神社仏堂勝手次第造立ノ分モ不少、是等ハ来由取調候モ不相分、仍《よっ》テ向後ハ建置ノ由緒正敷、市在崇敬ノ分ハ格別其余ハ適宜取計、追テ御届可申候、此段モ兼テ及御懸合置候也」(11)と、北海道の寺社建立の特異性を認めざるをえないことも教部省に報告していた。

さらには、明治四年に札幌神社の祭具の調達にあたった開拓使が、磐城平《いわきたいら》藩から明星稲荷祭具一式を借用していた。(12)

こうした開拓使による北海道的な寺社建立の特殊性の容認という史実に徴するならば、さきに課題としていた明治四年の湯倉神社の神官―村民一体からなる土着信仰を持続させようとした願いも、おそらく否定されることなく叶えられたに相違ない。

ちなみに、明治一二年当時における函館の神社のアウトラインを示せば、表36のようになる。

函館における神仏分離の特質

表36が如実に示すように、三六社の中に稲荷社が約三分の一に相当する一一社も存している。この数量的事実と前掲した表30(「「場所」における宗教施設」)の中の稲荷社の数量とを考え併せる時、北海道・函館における神仏分離の特質として、次の点が指摘されよう。

㈠　箱館戦争のため、函館・松前・江差においては神仏分離は布達されてもすぐさま実施されず、それが現実になされたのは明治三年のことであった。

㈡　しかし、その神仏分離に対しては江差・函館に例をみるように、一定の抵抗があり、決して順調ではなかった。

(三)　明治五年の段階において開拓使は、神仏分離の徹底化を図ろうとしたが、その二年後の明治七年に及んで、北海道の近世的伝統や北海道的実態を考慮して、ついに近世的な稲荷社などの宗教施設を容認するに至った。これは、視点をかえていえば、北海道宗教史における近世の近代的再生、あるいは近世と近代の連続面の存在を意味していた。

このような北海道ないしは函館的な神仏分離の特性は、一言にしていえば「政策の不徹底」であり、同時に神道と仏教における、ある種の「妥協・融合性」でもある。ならば、函館においてはさきの江差正覚院と神官との間に生じたような神社と寺院間の反目は絶えてなかったのであろうか。

神社と寺院の反目

実はそうではない。函館市中の既存寺院と神官との対立は確認されないが、次にみる開拓を目的に函館市中への進出を企てた天台宗の清光院と神官菊池重賢との間には激しい火花が散っていた。時に明治四年六月一八日。すなわち、天台宗清光院の寛純なる別当が明治四年正月一六日付をもって、こう述べている。

東西御場所へ末院取建申度儀、兼念願ニ奉存候所、倩《つらつら》承伝仕候得共、今般御開拓使御出張以来、諸宗ハ東西御場所へ弐拾四ケ寺ノ末寺取建仕候趣、(中略)北海道渡島国御開拓御盛功御満足ノ御儀ニ奉祈念度奉存候間、右ニ付十ケ国へ不動尊、末院十ケ院安置仕度奉存候、(中略)万々一、何等人心動揺差起リ候節ハ、第一探索ハ勿論ニ付候、戦場等へモ差出、天台宗幷ニ修験道規則屹度《きっと》相立、粉骨砕身御奉公為相勤可申奉存候、左候ハバ、御開拓ノ御趣意ニ基キ取締リ方相立可申ト奉存候(中略)右為末院取建仕度奉存候。(13)

つまり、寛純は末寺建立＝渡島国の開拓という図式によって、函館進出を企図しようとしていたのであった。ところが、この天台宗の開拓という名の函館布教に対して、受け入れ側の函館において、神官菊池が次のような

表36　函館の神社一覧(明治12年)

社　名	所在地	社　格	沿　革	氏子数
函館八幡宮	谷地頭町	国幣中社	慶安年中(1648～52)に巫女の創建に始まると伝承。当初，宇須岸館址にあったが，寛政11年(1799)に元町へ，文化元年(1804)に会所町へ遷座。箱館奉行所の祈願所として，毎年米20俵の支給を受け，正月の神楽と8月の祭礼には，奉行所から葵紋の高張提灯や幕が貸与されていた。明治維新後も広く崇敬され，明治4年に開拓使の崇敬社，同10年に国幣小社に列した。同11，12年に火災に遭い，同13年に現在地に遷座。同29年に国幣中社に昇格	4,275戸
函館護国神社	青柳町		明治2年5月終結の箱館戦争ののち，大森浜で官軍方戦没者の慰霊祭を行い，函館山山麓の現在地に社殿を創建したのに始まる。同7年に官祭招魂社となる。当初，その祭日は5月11日であったが，明治10年に6月20日に改めた。同10年の西南の役に際し，その戦死者の霊も合祀す	
山上大神宮	片町	郷社	天和年間(1681～84)，亀田村より現在地に遷座。従来，神明宮と称し，明治7年に山上大神宮と改称。同11年，鰪澗町出火により全焼，仲新町の天満宮へ遷社	1,987戸
市杵島神社	弁天町	村社	勧請年不詳。砲台より慶応2年(1866)に遷る	300戸
船魂神社	元町	村社	保延年中(1135～41)の造営と伝える。義経の渡道に際し，神助ありとの伝説がある。延享4年(1747)再造	20戸
東照宮	亀若町	村社	幕命により神山村に奉祭。明治2年の箱館戦争で宮殿全焼。同6年谷地頭，同11年南新町，同12年に現在地に遷座	700戸
稲荷神社	蓬莱町	無格社	幕命により蔵前町に鎮座。維新後，東久世氏が社殿造営，その後，現在地に奉祭	146人
愛宕神社	愛宕町	無格社	勧請年不詳。古くは無火社と称された	大町中
天満宮	仲新町	無格社	寛政10年(1798)，函館八幡宮に勧請，文化5年(1808)，常盤町に奉遷，文久元年(1861)，現在地に転遷	天神町中
稲荷神社	高砂町	無格社	勧請年不詳。文政年中(1818～30)に，社殿再建，安政6年(1859)に再造営，明治5年，函館八幡宮に合殿。同12年，高砂町に遷座	550戸
海神社	西川町	無格社	文久2年(1862)勧請。明治5年，現在地に造営	地蔵町漁夫
豊川稲荷社	豊川町	無格社	文久3年(1863)勧請	
函館山神社	函館山	無格社	明暦元年(1655)勧請	函館市中

社　名	所在地	社　格	沿　　革	氏子数
大森稲荷神社	大森町	無格社	勧請年不詳。明治7年再営	60戸
稲荷神社	山背泊町	無格社	勧請年不詳。明治9年再営	129戸
住吉神社	尻沢辺町	村社	勧請年不詳。安永年中(1772～81)に再営	170戸
亀田八幡宮	亀田村	郷社	明徳元年(1390)に勧請と伝える。江戸時代には，松前家の信を得ていた。明治9年，郷社に列す	224戸
湯倉神社	下湯川村	村社	勧請年不詳。慶応3年(1867)に再興，明治9年村社に列す	104戸
稲荷神社	下湯川村	村社	嘉永2年(1849)創立，明治9年村社に列す	17戸
川濯神社	下湯川村	無格社	寛文3年(1663)勧請	172人
湯ノ沢神社	下湯川村	無格社	安政3年(1856)勧請	11戸
稲荷神社	上湯川村	村社	明暦2年(1656)勧請。明治9年村社に列す	64戸
大山祇神社	上湯川村	無格社	嘉永2年(1849)勧請	8戸
八幡神社	志苔村	村社	天正年中(1573～92)に勧請。明治9年村社に列す	69戸
稲荷神社	志苔村	無格社	勧請年不詳	村中
八幡神社	銭亀沢村	村社	正保元年(1644)勧請。明治9年村社に列す	125戸
川濯神社	銭亀沢村	無格社	明和元年(1764)勧請	36戸
八幡神社	石崎村	村社	永享年中(1429～41)に盛阿弥敬信の勧請と伝承。明和8年(1771)に神体安置，明治9年村社に列す	134戸
稲荷神社	鍛冶村	村社	江戸時代初期の勧請と伝える。明治9年村社に列す	61戸
稲荷神社	神山村	村社	明和元年(1764)勧請。明治9年村社に列す	61戸
三島神社	赤川村	村社	正徳4年(1714)勧請。明治9年に村社に列す	86戸
稲荷神社	赤川村	無格社	江戸時代中期に勧請	村中
大山祇神社	亀尾村字川原続	村社	安政元年(1854)勧請。明治9年村社に列す	42戸
大山祇神社	亀尾村字野広場	無格社	安政2年(1855)勧請	12戸
川上神社	石川村	村社	永禄5年(1562)勧請。明治9年村社に列す	20戸
比遅里神社	桔梗村	村社	安政5年(1858)勧請。明治9年村社に列す	24戸

明治12年『開拓使函館支庁管内神社明細帳』，明治10年「函館八幡宮一件書類」(『函館八幡宮略録』)，明治10年「招魂社一件留」より。

警戒心を強めた伺書を開拓使に提出したのである。少し長くなるが、そのまま引用する。

以書付奉伺候

神職修験ノ徒兼々亀田・上磯・茅部三郡ノ内徘徊勧化奉加幷配札候趣承知仕候ニ付、取調申候処、当時内地神職両人渡来有之、私取捜罷在候得共、別段用事ニ付罷出候ものニテ奉加配札等一切不仕候、其他神職名義ニテ廻村仕候ものハ、全偽物と被存候、唯、清光院寛純身元請ノ修験多分有之、市在奉加配札等を日職とし罷在候ハ早ニ伝聞仕候、畢竟《ひっきょう》、一社一寺奉仕住職不致、無氏子無檀ノ浮浪修験多分引込、壱人ニ付何程と運上を取建候成ニ付、自然不正ノ廉《かど》も出来可申奉存候、先当市中ノ分ハ彼曖昧ノ親王不動別当清光院、当時御迭置被為在候上ハ、信者ノ厚意ニ可任奉存候得共、在村ノ分、同人始身元請修験一人たり共銘々ノ氏子中権柄ニ奉加配札等向後不為致段、触下のもの申出筈ニ付、別紙ノ通相達申度奉存候間、御差支有無奉伺候、且村役人へも厳確御布告被成下候ハバ、偽物始浮浪修験共欺良民候弊害洗除可申哉ニ奉存候。以上。

明治辛未六月十八日

社家触頭役　菊池重賢

開拓使　御中(14)

神官菊池は寛純のことを「彼曖昧ノ親王不動別当清光院」と称して、不快感をあらわにした。菊池は寛純らの市中奉加は「信者ノ厚意ニ可任」としながらも、在村については許さないとして露骨な反目感情を表明している。函館における神仏分離をめぐる寺社間の対立は、以上のように天台宗の教線拡張という開教を契機に発生したものであり、さきの江差正覚院とは同一レベルではない。その意味でいえば、函館の神仏分離をめぐる寺社間のトラブルは比較的少なく、「妥協・融合」の色彩が濃厚であるといえよう。

函館における神仏分離の背景

それでは、函館の神仏分離において、何ゆえに「不徹底性」なり「妥協・融合性」なりが生じたのであろうか。その答えのひとつに、さきにみた近世からの伝統に即した地域住民の神仏習合を求める声があったことは確かであったにしても、よもや、それのみではないであろう。函館が幕末の開港場として世界に広く門戸を開き、もろもろの文化、とりわけキリスト教文化を受容する場であったことを、この際、看過してはならない。現に、黒田清隆開拓次官は明治五年の、正院に教導職設置を要求する文面の中で、次のようなことを吐露していた。

今般、教導職ヲ被置、御国内洽《あまね》ク説教可有之旨ニ付テハ、北海道ノ儀モ、至急施行相成候様仕度、箚館《はこだて》港ニ於テ、耶蘇《やそ》教蔓延ニ付、既ニ処分振等相伺候程ノ儀ニ候得ハ、深御注意ノ上、長崎同様、相当ノ教導職両三名御差下、懇切説教有之様、教部省へ御沙汰被下度、此段奉伺候也。

壬申五月廿二日　　　　黒田開拓次官

正院　御中(15)

キリスト教が長い禁制から解放されて、広く庶民に自由に受け入れられるようになるのは、明治六年二月二四日のことである。そのキリスト教解禁から二カ月余の五月四日、函館市中は「当港在留アナトリー教法不相替洽《こう》布《ふ》、即今就学ノ者モ弥《いよいよ》増、殊ニ三章ノ制札取除ニ付テハ、此末益勢焰盛《えんじょう》ニ可相成ト苦慮仕候(16)」というように、これまで押し込められていたキリスト教禁止への反動が一挙に堰を切ったようにあふれ出していた。

これは見方をかえていえば、明治六年のキリスト教解禁以前においても、市民の中には一定程度の潜在的なキリスト教信者が存在していたことを暗示している。こうした市中の非神仏的な信仰傾向が強まるなら、そこに神社と寺院に異常なまでの危機感が立ち現れることは言うまでもない。函館において非神仏的風潮が一般化する時、必然的に反キリスト教の名目で、寺院と神社がその宗教的一体感を強めていくだろうということは容易に予測されよう。寺社が反キリスト教の立場から、結束を強化すればするだけ、神仏分難は「妥協・融合」へと赴き、ついには「不徹底」に終わってしまうことは見やすい道理である。函館の神仏分離はこうした特殊な状況下に推進されたものであった。

第二節　北海道開拓と寺社——寺院にみる北海道開拓＝開教の論理——

北海道における近代寺院の造立と函館

函館においても神仏分離は不徹底ながらも実施されたが、対キリスト教の問題などから神道と仏教とが融合したため、廃仏毀釈運動は起こるに至らなかった。

とはいえ、全国的にみて近代の開始は仏教寺院の受難の始まりであり、北海道ないしは函館の寺院とて近世のような寄生的な檀家制の上に安住することは許されず、常に受け身の立場を余儀なくされていた。

そうした状況の中、函館の仏教寺院はどのように活きていたのであろうか。それをうかがうためには、仏教界の全道的な動態の確認が不可欠であるから、まずその辺から始めることにしよう。

明治二七年(一八九四)に刊行された『北海道寺院沿革誌』に拠って、明治初年から同二六年の間に建立された近代寺院を整理して一覧表化して示せば、表37のようになる。

この表から明らかなように、近代寺院として九一カ寺が造営されているが、それを本寺別にみると、中央教団が本寺になって造立した寺院が四八カ寺、以下同様に函館の寺院を本寺とするのが一四カ寺、松前の寺院を本寺とするのが七カ寺、札幌の寺院を本寺とするのが八カ寺、小樽・有珠などの寺院を本寺とするのが一四カ寺という内訳になる。そのうち函館と松前という先発地の寺院を本寺としているのが二一カ寺もあり、札幌の八カ寺をはるかに凌駕している。しかも特徴的なことは、この先発地の函館・松前の寺院が本寺となって末寺を造立する地域が釧路や根室などといった沿岸部にすべて集中している点である。これに、小樽・有珠などの寺院の末寺形成先をつけ加えるなら、近代寺院の開教形態のひとつに沿岸型開教なるものが存したといって大過ないだろう。

沿岸型開教と内陸型開教

一方、ほかの五六カ寺の寺院はことごとく、明治政府―開拓使という上からの開拓政策や、それに呼応した中央教団の開教実践を受けて建立されたものである。そのうちの約二割が内陸部にも建立されたことは注目される。とすれば、近代における基本的な開教形態として、先発地＝和人地の寺院による沿岸型開教と、中央政府＝中央教団による上からの、ないしは外からの内陸型開教の二形態が存したことになる。そうしてみれば、函館の高龍寺や実行寺・称名寺などは、沿岸型開教の中核的位置を占めていたことになる。これら函館の有力寺院が、いかなる過程を経て、その教線拡張を果たしてきたかを、表38によって確認してみよう。

同表の末寺形成数をひとつのバロメーターにして、寺院教線を測れば、近世前期にあっては松前城下寺院の末寺数は三五カ寺、それに対して函館のそれは一〇カ寺であったが、近世後期に至ると、その関係は函館が二四カ寺、松前が一九カ寺と逆転する。そして近代に及んでは、前述したように、函館の寺院が一四カ寺の末寺を形成したのに対し、松前はその半分の七カ寺、札幌の場合ですら八カ寺であったのであるから、この明治期、いかに函館の寺院の勢力が旺盛であったかが察せられよう。

寺院による開教形態には大別して、このように沿岸型と内陸型の二つがあったが、この二つの形態に共通して近代の人々が求めたものは、「根室地方ハ明治六年開法庵(曹洞宗)設立ニ至ル迄一ケ寺ナク、又一人ノ僧ナシ。故ニ同朋死スルモ葬ムルニ地ナク祭ルニ人ナク、古来幽冥ニ迷フモノ其数幾百千ナルヲ知ラサルナリ。豈啻《あにただ》是レノミナランヤ。甚シキニ至テハ、死躰ヲ海ニ投スルノ止コトヲ得サルニ及ヘリ」、あるいは「信徒等葬祭ニ差閊《さしつかえ》

表37 『北海道寺院沿革誌』にみる近代寺院

建立年	寺院名	所在地	本寺	宗派名
明治2	即信寺	後志・余市	本願寺	真宗大谷派
3	善龍寺	後志・寿都	本願寺	真宗大谷派
	本願寺別院	石狩・札幌	本願寺	真宗大谷派
	西光寺	後志・歌棄	本願寺	真宗大谷派
	迦葉院	日高・幌泉	総持寺	曹洞宗
	軽臼寺	後志・島牧	京都仏光寺	真宗仏光寺派
4	正覚寺	天塩・留萌	松前法幢寺	曹洞宗
	宝海寺	後志・古平	本願寺	真宗大谷派
5	暁了寺	後志・忍路	本願寺	真宗大谷派
6	開法寺	根室・根室	函館高龍寺	曹洞宗
7	中央寺	石狩・札幌	永平寺	曹洞宗
	龍洞院	後志・寿都	函館高龍寺	曹洞宗
	大忠寺	後志・忍路	有珠善光寺	浄土宗
8	証誠寺	胆振・室蘭	本願寺	真宗大谷派
	曹渓寺	釧路・厚岸	妙心寺	臨済宗
	法華寺	後志・寿都	函館実行寺	日蓮宗
11	江差別院	渡島・檜山	西本願寺	真宗本願寺派
	札幌別院	石狩・札幌	西本願寺	真宗本願寺派
	光照寺	後志・岩内	西本願寺	真宗本願寺派
12	常住寺	渡島・函館	身延山久遠寺	日蓮宗
	教照寺	後志・積丹	本願寺	真宗大谷派
	正行寺	釧路・厚岸	本願寺	真宗大谷派
13	経王寺	石狩・札幌	函館実行寺	日蓮宗
	法華寺	後志・余市	函館実行寺	日蓮宗
	日登寺	石狩・札幌	函館実行寺	日蓮宗
	教立寺	後志・歌棄	東京増上寺	浄土宗
	大覚寺	後志・美国	東京増上寺	浄土宗
	耕雲寺	根室・根室	函館高龍寺	曹洞宗
	天正寺	石狩・浜益	本願寺	真宗大谷派
	永順寺	渡島・爾志	本願寺	真宗大谷派
	本楽寺	後志・小樽	本願寺	真宗大谷派
14	大雄寺	胆振・有珠	磐城郡大雄寺	曹洞宗
	願海寺	天塩・苫前	札幌中央寺	曹洞宗
15	安楽寺	胆振・室蘭	札幌中央寺	曹洞宗
	願応寺	渡島・上磯	武蔵国蔵福寺	曹洞宗
	光照寺	日高・浦河	札幌中央寺	曹洞宗
	法光寺	日高・幌泉	正法寺	曹洞宗
	円光寺	天塩・増毛	松前光善寺	浄土宗
	願雄寺	後志・古平	松前光善寺	浄土宗
	妙栄寺	胆振・有珠	札幌経王寺	日蓮宗
	常惺寺	根室・根室	身延山久遠寺	日蓮宗
	妙国寺	後志・小樽	身延山久遠寺	日蓮宗
	龍王寺	渡島・茅部	函館実行寺	日蓮宗
16	正隆寺	後志・古平	函館実行寺	日蓮宗
	新善光寺	渡島・函館	有珠善光寺	浄土宗

建立年	寺院名	所在地	本寺	宗派名
明治16	大成寺	釧路・釧路	松前正行寺	浄土宗
	禅林寺	十勝・広尾	函館高龍寺	曹洞宗
	龍眼寺	後志・小樽	小樽龍徳寺	曹洞宗
	興聖寺	天塩・留萌	札幌中央寺	曹洞宗
17	海龍寺	天塩・苫前	苫前願海寺	曹洞宗
	法龍寺	後志・寿都	寿都龍洞院	曹洞宗
	中央院	胆振・勇払	札幌中央寺	曹洞宗
	法龍寺	北見・網走	根室開法寺	曹洞宗
	観音寺	後志・美国	総持寺	曹洞宗
	新善光寺	石狩・札幌	東京増上寺	浄土宗
	広照寺	渡島・亀田	函館称名寺	浄土宗
	高野寺	渡島・函館	金剛峯寺	真言宗
	威光寺	後志・美国	本願寺	真宗大谷派
	西念寺	胆振・山越	本願寺	真宗大谷派
18	専勝寺	石狩・空知	本願寺	真宗大谷派
	大沢寺	北見・利尻	松前法源寺	曹洞宗
	北漸寺	石狩・樺戸	永平寺	曹洞宗
	真願寺	石狩・札幌	本願寺	真宗本願寺派
19	称念寺	渡島・茅部	函館称名寺	浄土宗
	常願寺	後志・久遠	松前光善寺	浄土宗
	双源寺	後志・積丹	古平禅源寺	曹洞宗
	選教寺	石狩・空知	本願寺	真宗大谷派
	法国寺	石狩・札幌	本願寺	真宗大谷派
	正宗寺	釧路・厚岸	妙心寺	臨済宗
	浄土寺	後志・小樽	小樽長昌寺	浄土宗
	龍雲寺	根室・標津	函館高龍寺	曹洞宗
	浄恩寺	石狩・札幌	本願寺	真宗大谷派
20	祐専寺	渡島・茅部	本願寺	真宗大谷派
	直行寺	後志・小樽	松前正行寺	浄土宗
	無量寿寺	後志・高島	小樽長昌寺	浄土宗
	阿弥陀寺	石狩・空知	札幌新善光寺	浄土宗
	観音寺	渡島・爾志	熊石門昌庵	曹洞宗
	曼荼羅寺	渡島・檜山	山形大日坊	真言宗
21	定光寺	釧路・釧路	函館高龍寺	曹洞宗
22	龍泉寺	後志・高島	小樽龍徳寺	曹洞宗
	善生寺	日高・幌泉	有珠善光寺	浄土宗
	法真寺	根室・根室	本願寺	真宗本願寺派
23	北海寺	石狩・札幌	越後静明院	日蓮宗
	法輪寺	後志・寿都	寿都法界寺	浄土宗
	豊隆寺	石狩・浜益	札幌中央寺	曹洞宗
24	慧林寺	石狩・札幌	本願寺	真宗大谷派
	超勝寺	後志・島牧	本願寺	真宗大谷派
25	札幌説教所	石狩・札幌	伊勢高田専修寺	真宗高田派
	小樽説教所	後志・小樽	伊勢高田専修寺	真宗高田派
26	永豊庵	後志・島牧	島牧千走寺	曹洞宗
	光明寺	天塩・留萌	本願寺	真宗大谷派

ヲ生シ且ツ永住安堵ノ念慮薄キヲ患フ」(17)という厳しい現実に直面した時に、心から涌き出た寺院造立であった。北海道の近代の人々は、不慮のことがあった場合でも、それを祀る葬儀にこと欠き、永住安堵の思いも揺らぐ日々を送らなければならなかったのであり、そうした人間として全く不自由な生活を余儀なくされて、初めて祖霊と自らの霊の交流の場たる寺院を希求するようになったのである。近代北海道の人々の自然の発露として、さきの二形態の寺院開教も生まれ出たことは、言うまでもない。

前掲の九一カ寺もの近代寺院が明治期に建立された事実一点からしても、寺院が北海道開拓と陰に陽に関連し合っていることは予測されるが、果たして、真に寺院の内側にそうした開拓とかみ合う論理なり、エネルギーなりが内蔵されていたのであろうか。その辺のことを少し検証してみよう。

表38　近世前・後期の本末関係

	宗　派	本　寺	末寺数
前期	真言宗	阿吽寺	6 (3)
	曹洞宗	法幢寺	6
		法源寺	4
		高龍寺	4
		正覚院	5
		寿養寺	1
		龍雲院	1
	浄土宗	光善寺	9
		正行寺	6
		称名寺	5
		阿弥陀寺	2
		上国寺	1
	浄土真宗	専念寺	10 (1)
		順正寺	2
		東本願寺	1
	日蓮宗	松前法華寺	2
		京都本満寺	1
後期	曹洞宗	高龍寺	7
		法幢寺	3
		法源寺	3
		正覚院	3
		龍雲院	2
		寿養寺	1
	浄土宗	善光寺	13
		称名寺	3
	浄土真宗	浄玄寺	9
		専念寺	2
		智恵光寺	2
	日蓮宗	実行寺	5
		松前法華寺	1

『松前町史』通説編1による。
注）（　）内は中世寺院数を表す。

寺院にみる開拓・開教の論理

北海道における近代開拓＝開教の歴史は、明治期に入ってから始まったのではなく、すでに幕末の時点に始動していた。すなわち、蝦夷地ハ御国内ノ藩屛《はんぺい》、殊ニ外国へ接壌《せつじょう》致し居候ニ付、万一ノ義有之候節、御国惣体ノ憂ニ相成候間、上下一統ニテ其憂を荷ひ、全州ノ力を併せ、一時ニ御取開相成候より外有之間敷。(18)

という安政年間(一八五四〜六〇)の第二次幕府直轄期の一文に端的に示されているように、鎖国制の瓦解を目前にした幕権の思念する北海道に対する期待は、北辺防衛と一体となった「御取開」、つまりは開拓の進展にあった。この幕府の至上命令たる開拓奨励を最も敏感にキャッチしたのが、ほかでもなくその時期、箱館の風下に置かれて劣勢を余儀なくされていた松前城下の寺院であった。

松前城下の法源寺と龍雲院は、幕府の開拓奨励策を、己れの寺勢回復ないし拡大のエネルギーに転換すべく、こう開陳した。時に安政四年(一八五七)。

西蝦夷地之内江拙僧共自力を以庵室一宇宛取結弘法作善相営、天下泰平、国土安穏之祈願専ら相勤、且者御法度之切支丹宗門等勿論相改、常々夷人ニ至迄勧善懲悪之教諭仕度奉存候(中略)檀家之者江茂夫々申諭田畑開発者不及申、樹木植立等ニ至迄丹誠為致度、又者山道嶮岨之場所柄ニ者石像等茂安置為致、左候得者有信之者共自与屯致し末々村落ニ茂相成候半々、自然御開発之趣意ニ茂相叶(後略)。(19)

つまるところ、庵室の造立→田畑開発・樹木植立→村落形成という脈絡からなる、まさしく寺院の開教＝地域の開拓という論理を松前城下の寺院は展開したのであり、この論理こそは、近代北海道開教史の出発点であった。このような寺院の開教＝当該地域の開拓という論理は、近代に入ってどのように発展的に継承されたのであろうか。

明治初年は神仏分離の断行期ゆえ、寺院側が神社に対して劣勢に置かれることは必定であったから、当該期の寺院は、函館であれ札幌であれ、その地域の別を越えて、共通してさきの松前城下寺院のような開教エネルギーを各々の内側に蔵していたことであろう。その具体的結晶が前掲の函館の寺院による一四カ寺の末寺形成であり、総和としての九一カ寺の近代寺院建立であった。

北海道開拓を夢みる寺院

松前城下寺院の開教論理を、最も近代的に顕現化し、立案計画した仏教者による開拓書がここにある。それを次に少し冗長になるが、紹介しておきたい。かつて、函館に住居したことがあり、その当時、泉涌《せんにゅう》寺に属していた山本度五郎なる者の手になる明治三年九月の「開拓見込書」である。

開拓見込書

一、東京箱館等ニ罷在失産難渋ノ窮民夫婦者百人召抱壱ケ村拾軒ツヽ住居家相建産業為致可申候事。

一、壱人ニテ一ケ年金五拾両掛リ候積リを以夫婦ニテハ金壱万両相掛リ可申、右出金方ハ越前ノ国ノ住人布目五郎兵衛、阪井仁平治両人ニ御座候、且又住家壱軒世帯道具并耕作道具一式ニテ金五拾両ノ見込ニ御座候、十ケ村百軒ニテハ金五千両ニ相成申候、此金ノ義ハ海漁産物ノ余財を以出金可致見込ニ御座候事。

一、五ケ年ノ間、右ノ通、金一万両ツヽ救育金差出、其後五ケ年ノ間ハ、産業ノ余徳を以夫婦ノ者共今日を相営候様為致可申ノ見込ニ御座候事。

一、十ケ年相立、耕作毛色《けしき》宜敷御座候節ハ、御地面相当ノ御年貢上納方為致可申見込ニ御座候得共、此義ハ其節ニ至リ租税方へ御伺ノ上御下知可奉受候事。

（中略）

一、蝦夷地ノ儀ハ誰人植付候儀ハ無之候得共、桑の実鳥糞ヨリ植付ニ相成自然と桑の木沢山ニ生立有之候間、春中蚕産業為致度奉存候、既ニ旧幕府御時代度五郎儀、五ケ年前寅年より蝦夷地一円蚕種紙取扱方肝煎役《きもいりやく》被仰付、渡島国一円手薄ノ者へ蚕種紙仕込金并飯米塩噌莚等貸渡し養蚕為致、種紙製造ノ上箱館御役所へ指出し、外国行ノ御免判頂戴仕、年々外国へ売渡し多分ノ産業相立候義ニ御座候処、去々辰年旧幕府ヨリ御同所御引継已来清水谷殿ゟも不相替出精尽力可致と被仰渡、同年七月中御賞誉御寄附頂戴罷在候、就テハ今般開拓ノ地所ニおゐても、前書同様蚕種紙製造仕候得共、一廉ノ御国益相開き御儀ニ御座候、聊《いささか》人力を相用ひ不申天行自然ニ出産ノ桑ニテ、内地同様製作相成候間、往々ニ至リ何寄ノ産物ニテ外国ゟ多分ノ金幣交易ニ相成候儀ニ御座候事。（後略）

三拾有余年前ゟ蝦夷地箱館
住居　度五郎事
当時　泉涌寺家来
山本度五郎

明治三年年九月(20)

右の開拓見込書は、泉涌寺という仏教寺院の側で計画したものであり、安政四年（一八五七）の松前城下寺院の寺院開教＝地域開拓という論理を継承しながらも、より一段と具体的に掘り下げた計画書となっている。例えば、一〇〇人を一村に住まわせ、一人につき一年五〇両の支度金を備えるとか、一〇カ年の就業計画を立て、養蚕業を主業とするとかと、実に綿密な計画となっている(21)。

また、同じ寺院側の開拓計画でも、明治五年に増上寺が開拓使に提出した「方今、文明開花《ママ》ノ御趣意遠在隔島ノ辺地ニ至迄専一ニ御所置被下置、難有奉存候（中略）当郡亀田村内ニ小教院創建ノ上追々四方御管内ノ教徒ヲ誘引シ以テ四教兼学成功ニ至リ候得ハ、彼文明此北地ト共ニ開花センコトヲ欲ス(22)」のように、寺院の開教＝文明開化という等式に基づく開拓計画も構想されていた。

寺院開教とは地域開拓にして文明開化

してみれば、北海道近代の寺院開教＝地域開拓＝文明開化という構図が、函館をはじめとする北海道寺院の内部に醸成され、実際に顕現化されていたとみてよいだろう。

このように、近代において仏教寺院は己れの宗教的立場の劣勢を克服すべく、ある意味では、かなり大胆な開教計画を練り上げ、部分的とはいえ、その精神に拠りながら実践していった。しかし北海道開拓の総体がそうであったように、そうはかばかしく計画が進捗したわけではなかった。北海道開教もどちらかといえば速度の遅い開教の道程であった。

そこで、さきの松前城下寺院による寺院開教＝地域開拓を近代北海道開教史における第一次開教、明治初年の泉涌寺・増上寺および高龍寺による寺院開教＝地域開拓＝文明開化を第二次開教とするなら、第三次開教とはいかなるものであろうか。

宗教移民という名の開教

それは「植民上有形保護ト共ニ無形的保護ノ必要アル（中略）無形的保護則チ神経衛生ハ道学的ノ教育ニ依リ精神ヲ鍛練シ人欲ヲ調節スルニ在ルヲ以テ今日ノ形勢自ラ宗教ニ依ラサルヲ得ス」ことを前提にした、「移民タルモノ多少進取ノ企アルヲ以テ業務上遭遇スル失望ト失敗トヲ感スル度ヲ減シ此企図ヲ阻喪セズ徐々ニ成功ヲ期セシムルハ宗教ノ力能ク為ス所」、あるいは「当道植民ハ真個ニ国防上ノ関係アルモノナレバ護国ノ精神ヲ涵養《かんよう》スルノ宗教ナラサルヲ得ズ（中略）移民ヲシテ護国ノ精神ヲ発揚振起シ以テ敵愾心《てきがいしん》ヲ旺盛ナラシムルノ宗教ハ思フニ、仏教ニ如《し》クモノナカルベシ[23]」と説く、言うなれば、宗教の中でも仏教によって精神を完全武装した宗教移民によって、遅々として進展をみせない北海道開拓は初めて達成されるという、まさしく「宗教殖民」に基づく開教である。北海道寺院がこの第三次開教の「宗教殖民」論を提示したのは、明治二五年（一八九二）のことである。

このように、北海道の近代開教史は北海道開拓の歴史と裏表一体の関係を保ちながら展開したのであるが、第三次開教はどちらかといえば、内陸型開教を念頭に置いたものであり、したがって、函館の近代仏教界にとってより直接的に関わり合ったのは、第一次および第二次開教までである。明治二五年に出された第三次開教の時期の函館仏教界は、北海道における先発地域として、内陸型開教をよそに独自の営みを展開していた。ちなみに、明治一二年当時における函館の寺院および末庵・仏堂を一覧表にしてその沿革を示せば、表39、40のようになる。

北海道開拓と神社

北海道の近代においては、寺院開教＝地域開拓＝文明開化という三位一体の構図が想定されていたことをさきに確認したが、それでは、近代宗教界の主座を占めた神社群は、北海道開拓や地域の開拓にどのように関わったのであろうか。次の三つの史料をまず注目したい。

(a)一、今般蝦夷地一円御料ニ相成、追々御開ニ相成候ニ付、蝦夷地ノ中へ当社八幡宮ノ末社勧請仕、蝦夷地惣鎮守トシテ宮祠造営、天下泰平・国家安穏・五穀豊穣・四夷摂伏・漁業充満・船々海上安全弥《いよいよ》相祈、於場所々々氏子ノ者申勧、田畑開懇仕度奉存候。(24)

(b)一、西地ヲタルナイ・タカシマ御場追年繁花ニ相成、永住ノモノ数多御座候処、未鎮守ノ神社無之候ニ付、運上家幷右両場所信者且世話方ノモノ等可寄付間、ヲタルナイ運上家最寄ノ地所へ住吉大神一社致造営。(25)

(c)草昧ナル地ヲ御開拓被成候ニハ、必ズ人民ヲ集ルノ方法ナカル可カラズ、其人ヲ集ムルヤ散ゼザルノ法ナカル可カラズ、其人ガ集リ散ゼザルノ法ハ敬神愛国ノ心ヲ固セシムルニ在リ、其敬神愛国ノ心ヲ固セシムルニハ、神社ヲ壮大ニシ布教ヲ盛ニシ神徳ト皇恩ヲ報ズルニハ斃シテ出ズト決心セシムルニ在リ。(26)

史料(a)は、幕末も押し迫った安政五年(一八五八)、「箱館惣社」＝八幡宮神主の菊池重賢が、自社を「蝦夷地惣鎮守」と位置づけながら、石狩の地に石狩八幡宮なる末社を勧請したい旨を箱館奉行所に申し出た文面の一節である。(b)もまた、同じく菊池が小樽に住吉宮を造立すべく願い出た文面の一部である。

おそらくこの(a)・(b)二つの史料から、神社が寺院と同様に北海道の開拓と密接に関わり合ってはいるものの、

表39　函館の寺院一覧(明治12年)

寺院名	所在地	宗派名	本　寺	沿　　革	檀徒数
清光院	台　町	天台宗	延暦寺	文久元年(1861)，寛純が箱館奉行所より下勇払村と市野渡村の金山掘り出しに際して，祈禱を命ぜられ，天神町西通に祈願所を設置したのに始まる。明治4年に火災に罹り，同6年台町に移転	36人(信徒数1,390人)
天祐庵	春日町	天台宗	延暦寺	嘉永年間(1848～54)に，陸前国相馬の僧智周房が春日町辺りに一堂宇を建立し，歓喜天を安置したのに始まるが，この私的堂宇は私寺建立の禁ゆえに取り払われ，慶応年間(1865～68)に亀田郡上山村に等澍院休泊所天祐庵として公称許可。明治元年，兵火に罹り東照宮に遷座，その後，住職の逃亡によって大教院の管轄となる	3人(信徒数207人)
称名寺	船見町	浄土宗	光善寺	称誉円龍が正保元年(1644)，亀田村に一宇を創建したのに始まる。宝永5年(1708)，富岡町に移転再建。明治12年の堀江町失火の際全寺焼失し，同14年に現在地に移転	5,850人
高龍寺	台　町	曹洞宗	法源寺	松前法源寺4世の盤室芳龍が寛永10年(1633)，亀田村に一宇を建立したのに始まる。宝永3年(1706)，弁天町に移転，明治12年台町に移転	12,509人
本願寺派函館別院	東川町	浄土真宗本願寺派	西本願寺	安政4年(1857)，堀川乗経が本願寺休泊所として創立。万延元年(1860)，本願寺掛所願乗寺と改称。明治6年，豊川町からの出火により焼失。同10年，本願寺別院と改称，同12年落成す	1,828人
函館東本願寺別院	元　町	浄土真宗大谷派	東本願寺	松前専念寺6世の浄玄が，寛永18年(1641)に，木古内村に阿弥陀堂を建立したのに始まる。寛文9年(1669)の蝦夷蜂起により焼失したが，元禄2年(1689)に，泉沢村に再興し，宝永7年(1710)に箱館富岡町に移転。宝暦9年(1759)に，専念寺掛所浄玄寺と公称。文政12年(1829)焼失，天保9年(1838)再建。安政5年(1858)，幕命により本願寺箱館御坊浄玄寺と公称。元治元年(1864)，本願寺掛所と称し，明治9年別院と改称。同12年の大火で焼失，翌年，仮堂宇の建設中に，道路改正により現在地に移転	7,500人
宝皇寺	桔梗村	浄土真宗大谷派	東本願寺	本願寺21世光勝が安政6年(1859)，箱館奉行所の許可を得て，桔梗村に越前国の農民数十戸を移住させ，東本願寺開発場桔梗野とし，同地に本願寺別院広大寺と公称したのに始まる。万延元年(1860)，宝皇寺と改称。明治15年，現在地に移転	342人
実行寺	船見町	日蓮宗		日浄が明暦元年(1655)，上町に一宇したのに始まり，正徳4年(1714)，富岡町に移転。明治12年の堀江町出火により全焼，仮堂建設中，道路改正のため，明治14年，現在地に移転	1,575人
妙応寺	石崎村	日蓮宗	実行寺	日持が永仁4年(1296)，異邦布教のため着岸し，正安元年(1299)，その帰依者が一宇を結び，経石庵と称したのに始まる。明治12年，寺号公称	

明治12年『開拓使函館支庁管下寺院明細帳』より。

表40　函館の末庵・仏堂一覧（明治12年）

名　称	所在地	宗　派	本　寺	沿　　革	信徒数
注連寺出張所	南新町	新　義真言宗	羽前国注連寺	慶応4年（1868）に龍神町に注連寺出張所を創置し，大日如来を安置したのに始まる。明治6年の豊川町出火により類焼，相生町に移転ののち同11年に現在地に転ず	960人
浄土宗休泊所	南新町	浄土宗	有　珠善光寺	安政4年（1857）年，有珠善光寺7世仙海が相生町に一宇を創建したのに始まる。明治10年，称名寺に合併，翌11年，青柳町に堂宇を建築	350人
念珠庵	銭亀沢村	浄土宗	称名寺	明和2年（1765），湯川村より移転の際，称名寺の檀家と村民の協議により建立	182戸
求道庵	石崎村	浄土宗	称名寺	明暦2年（1656），求道僧を開基にして，称名寺の末寺として一宇を創建	143戸
無量庵	神山村	浄土宗	称名寺	享保7年（1722），称名寺の末寺として創建	一村中
地蔵堂	汐見町	浄土宗	称名寺	称名寺12世順応が享和2年（1802）に建立	上汐見町中
念仏堂	亀田村	浄土宗	有　珠善光寺	慶応2年（1866），村民の依頼にて建立	一村中
地蔵堂	地蔵町	曹洞宗	高龍寺	高龍寺10世燕嶺が，寛政7年（1795）に創建	250人
地蔵堂	台　町		函館各寺院持	開創時は不詳。享保2年（1717）にはすでに山ノ上町に所在。各寺院は従来，境内やこの堂の前で火葬してきたが，享和2年（1802）に火葬が停止となり，山ノ上町から台町に移転，その際，火葬場墓地として50間四方の土地を与えられた	300人

その開拓との関わり方が寺院とは少しく趣を異にしていることに気づかれるのではなかろうか。

神社は一定の開拓が進行し，一定の住民がその地に根づいたあとに造営されることが一般的であったのである。そのことを、史料(c)が最も端的に物語っている。すなわち、当該地に集住した人々の分散を防ぐには神社を壮大にすることが最善の方法であったのである。そして、こうした神社を媒体とした人口定住を推し進めていく上で、方策としてとられたのが、ほかでもなく、競馬の興行であった。「本社（札幌神社）例祭ノ節、境内ニ競馬場ヲ設ケ人民ヲシテ競馬為致ナバ、土地ノ旺昌ハ勿論、神明ノ御心ニモ相適へ可申」[27]というようにである。

こうしてみれば、北海道近代における神社は、寺院のような積極的ないしは先鋭的な開拓論を唱えるのではなく、どちらかといえば、人々の当該地における定住・定着を促進させる役割を果たしていたのではあるまいか。とすれば、等しく「北海道開拓と寺社」とはいうものの、寺院は文字どおり「開教」＝「開拓」の論理を表面に出したのに対し、神社の方は先鋭的な開拓よりも「定着」の論理を着実に実践していった、とみなしてそう大過ないだろう。

このように、近代北海道にあって、人々に定着を説き続ける神社群であったが、寺院の本末制にみたように、この神社の世界にあっても、ある種のタテの階層序列争いが現実的な問題として横たわっていた。神社間における、最も生々しく展開した「社格争い」がそれである。(28)

社格争いの現実

前引の史料(a)で少しく垣間見たように、函館八幡宮は、幕末以来、自らを「蝦夷地惣鎮守」あるいは「箱館惣社」をもって任じていたが、札幌神社が明治二年に大国魂神・大名牟遅神・少彦名神の三神を奉祀する北海道開拓神社として公的に勧請されるや、にわかにライバル意識を燃やし始める。

去秋石狩国札幌へ開拓神新規被為在勅祭候御儀も御坐候ニ付、出格ノ御処分を以テ(中略)当社、勅祭神社ノ部ニ御差加ノ上、御普請被成下候様、此段奉懇願候。以上。

明治三庚午十一月　　　　　　　　菊池　従五位

開拓使　御中(29)

つまり、札幌神社が開拓神として勅祭されるなら、伝統ある函館八幡宮が勅祭されるのは当然のことである、という具合にライバル意識を抱き出したのである。函館八幡宮がこのように、「箱館惣社」＝「蝦夷地惣鎮守」の自覚をもって、札幌神社と同じように勅祭扱いを主張している点に思いをいたすなら、寺院の世界においてもそうであったように、明治初年に函館八幡宮がライバル視する相手はすでに松前の神明宮でもなければ八幡宮でもなく、それは開拓使と不即不離の関係にある札幌神社であった。それならば、開拓使自体、この明治三〜四年の頃、神社間の明確な位階序列を政治レベルで持っていたかといえば、決してそうではなかった。明治四年一二月のことであるが、開拓使は神祇省に対して、「函館ハ神奈川・神戸・長崎・新潟等と同じく一県ノ体裁なり、県名無之と雖も管内最信仰ノ社を以て県社ニ唱可然哉」(30)というように、函館の神社＝県社とみなしてはどうかと中央に対してうかがうほど、社格問題については模索の状況下にあった。

開拓使においてすら、このように確かなる社格のイメージを結びえず、函館の神社＝県社などと右往左往しているのであるから、当の函館八幡宮などが「箱館惣社」＝「蝦夷地惣鎮守」という古層の伝統意識をふりかざしながら、札幌神社と同等の扱い、否、それ以上の待遇を要求することは、至極当然のことであった。そして、開拓使という外なる環境までもが、函館八幡宮の古層意識を増幅していたのである。神社間の序列である社格問題は、実は函館八幡宮と札幌神社との間のみに惹起したのではなかった。もっと身近な、函館の内部においても確かに存在していた。

二つの八幡宮

次の一節は開拓使の中判官杉浦が、札幌の本庁へ伺いを提出した際の一文である。函館市中に併存していた亀田八幡宮と函館八幡宮との起こるべくして起こった社格争いを伝える文章である。

当地(函館)崇敬社ノ義、亀田八幡宮ノ方可然御心得ノ内、同社ハ旧社ノ趣ニハ及承候得共(中略)内澗町八幡宮ノ義ハ北海道惣鎮守ノ義ニ付(中略)亀田村八幡宮ヲ崇敬社ニいたし候義如何ニ有之、神霊無二ノ義ニ付、社頭ノ新旧ニ不依、人ノ崇敬スル所、自然ノ崇敬社ニ可有之歟、地形ニ寄候テも、内澗町八幡宮ハ、函館ノ中央ニテ当庁へも近ク、氏子戸数二千軒余有之、亀田村八幡宮ハ、東偏村落中ニテ、氏子戸数九百軒余ニ有之候、殊ニ内澗町八幡宮ヲ普通ノ社ニ引下ケ候ニハ、朝廷・社頭・氏子等へ対し候テも、当使ノ失言・失信ニ可相成歟。[31]

この中で注目すべきことは、第一に、亀田村の八幡宮と内澗町の八幡宮とが、「崇敬社」という社号をめぐって内なる確執を演じていたことである。第二は、杉浦が開拓中判官の政治的立場で、伝統の古さを誇る亀田八幡宮よりも、「北海道惣鎮守」であり町域の中央に位置し、しかも氏子数の多い内澗町の函館八幡宮の方に「崇敬社」の軍配をあげようとしたことである。結局のところ、杉浦中判官は開拓使の威信をかけて、「崇敬社」をめぐる内なる社格問題に裁断を下して、この確執はひとまず決着をみた。

社格の問題は、このように身近なところにも存在する、ごく日常的な問題であったのである。

函館における内なる社格騒動は、こうして一件落着したのであるが、それでは、さきの函館八幡宮と札幌神社との、外なる社格係争はどう決着したのであろうか。

函館八幡宮と札幌神社

それが一応の解決をみたのは、奇しくも函館における社格問題が決着したのと同年の明治六年のことであった。

去ル庚午十一月中、当使添書ヲ以同社神官ヨリ弁官ヘ申立候書面中、全島総社、又肩書ニ函館総社ト有之候へとも、(中略)全体総社ト申儀ハ、往昔国司下向ノ節、府庁側近国衙等ノ在地官社ニ於テ、郷祭国祭ニ可預神祇ヲ招請、合祭国司如在祭奠可為行候社ヲ総社ト称ス(中略)主神一社ノ称ニハ当ラズ、加之《しかのみならず》御一新来追々御改正相成、官国幣社幷府県郷村社ト宮社ノ格御一定、就中《なかんずく》札幌ニ本府ヲ被置、札幌神社ト称シ開拓大神ヲ勅祭御鎮座被為在、官幣社ニ被為列、此上ハ他社ニおゐて仮令《たとえ》全島鎮守或は総社ト称シ来ルトイヘトモ、公然タル称号ニ無之ハ断然廃止スベク候。[32]

幕末以来、「箱館惣社」＝「蝦夷地惣鎮守」と声高らかに唱えてきた函館八幡宮が、内なる社格争いにおいては「函館崇敬社」の社号を付与されつつも、札幌神社との外なる宿命的な社格争いにおいては、旧来の称号を全廃するよう命ぜられたのである。

この函館八幡宮をめぐる「惣社・鎮守」の称号廃止の持つ意味は決して小さくない。なぜならば、この函館八幡宮の称号廃止は、一社の称号廃止を超えて、近代北海道の神道界のタテなる序列が不動のものとして決定づけられたことを意味したからである。近代北海道の神社の世界は、札幌神社を頂点にして、タテに連なることを政治的に序列づけられ、近世以来の在地的主張は一掃されたのである。

近代的な神社序列の中に組み込まれた函館の神道界に、ひとつの朗報が届いたのは、それから四年後の明治一〇年のことであった。函館八幡宮が近世以来の残滓《ざんし》を払い落として、国幣小社に列したのである。

第三節　教部省の設置と函館中教院

教部省の設置と教導職

近代における宗教政策は、既述したように一般的には明治初年の神仏分離・廃仏毀釈運動に象徴されるごとく、神道の国教化＝仏教界の圧迫という施策の中にその幕が開く。言うなれば、近代宗教史が開始したのである。近世幕藩体制の世に寺請制度を介して国教化していた仏教が、その主座を神道界に奪取されることに近代宗教史が開始したのである。北海道・函館地方にあっても、廃仏毀釈運動を別とすれば、不徹底とはいえ神仏分離は実施されていたのであり、その意味では例外ではなかった。かといって、北海道の近代宗教界が本州と全く同じ歩みを示したわけではなく、そこには甚だ北海道的な営みがあった。寺院による「開教」＝「開拓」を奉じた宗教実践がそれであり、神社による民衆の地域「定着」の促進がそれである。そうしてみれば、近代北海道の寺社勢力は、本州のそれと違い、幕末以来の宗教的使命を背負いつつ、ともに広義の「開拓」を宗教的課題にしていたとみなしてよいだろう。

それでは、北海道・函館の寺社勢力はこの「開拓」だけを宗教課題としていたのであろうか。もちろん、そうではない。もう一つ重要な宗教課題があった。この第二の宗教課題ともいうべきものは、実は、明治政府の次の宗教政策の転換の中に生じたものであった。

すなわち明治政府は明治五年(一八七二)に至ると、突如、これまでの仏教界の圧迫による神道の国教化政策を軌道修正し、教部省を設置して、教導職一四級の制度を定め、仏教界を加えた国民教化に乗り出した。政府は近世期に醸成された仏教界の隠然たる庶民教化力を無視できなかったのであろうか、仏教寺院を活用しながらの国民教化に方向転換したのである。つまり神官・僧侶をそれぞれ教正・講義・訓導などの教導職に任じ、その教導職には、

一、敬神愛国ノ旨ヲ体スベキコト
一、天理人道ヲ明ニスベキコト
一、皇上ヲ奉戴シ朝旨ヲ遵守セシムベキコト(33)

という「三条の教則」をはじめ、一一兼題・一七兼題などを授けて国民の教導にあたらせたのである。一一兼題と一七兼題とは、「三条の教則」を敷衍したもので、前者は神道の知識を、後者は政治・社会・時事などの問題をその主たる内容としていた。

要するに、寺社の教導職による国民教化とは、一言にしていえば、「三条の教則」に象徴されるように、祭政一致の近代天皇制の周知徹底ないしは浸透にほかならなかったのである。神官に対して、「氏子中、無識無頼ノ徒無之様、普《あまね》ク勤学致サセ文明ノ治ヲ裨《たす》ケテ祭政一致ノ本旨ヲ深ク体認可致」、あるいは僧侶に対して、「檀家ノ子弟ニ無識無頼ノ徒無之様、篤ク三条ノ意ヲ体認シ衆庶ヲ教導シテ地方ノ風化ヲ賛ケ政治ノ裨益相成候様可相心得」(34)と求めていた文言は、何よりもそれを裏づけていよう。

北海道・函館の教導職には、「外ハ洋教ヲ防キ、内ハ倫理ニ敦ク各自ヲシテ其業ヲ励ミ義務ヲ尽サシメンヲ期

セリ」[35]というように、洋教＝キリスト教流布の防止も併せて要求されていた。

このように、北海道・函館の近代寺社勢力は、明治五年、キリスト教の防止という特殊な任務も帯びながら、さきの北海道開拓という第一の宗教課題に加えて、国民教化という名の近代天皇制の教宣を第二の宗教課題として負うこととなったのである。

「三条の教則」が全国の津々浦々に発布されるのと時を同じくして、東京に皇学・仏学・漢学・洋学の四学科を研修する僧侶の研究機関たる大教院の開設が決定された。また各県には、中教院を一カ所、全国のすべての寺院を小教院とすることも併せて決められた。

明治初年の「仏教の圧迫による神道国教化」政策の修正結果として打ち出された、教導職を媒体とした「寺社による国民教化」政策は、明治五年にスタートし、教導職が廃止される明治一七年までの一二年の間、存続したことになる。教導職の廃止以後、明治政府の宗教政策はその総仕上げともいうべき、第三期＝「国家神道の確立」に向けて突進したことは言うまでもない。してみれば、北海道・函館の寺社勢力は、明治五～一七年の間、さきの北海道開拓という課題に加えて、近代天皇制の浸透という宗教課題も自らに課しつつ活きていたことになる。次にそのより具体的な活き方を探ってみることにしよう。

函館中教院における国民教化

明治五年の明治政府における教導職設置の決定を受け、開拓次官の黒田清隆は、「北海道ノ儀モ、至急施行相成候様仕度、箱館港ニ於テ、耶蘇教蔓延ニ付(中略)長崎同様、相当ノ教導職両三名御差下」[36]というように、函館にはキリスト教が蔓延しているので、即刻、長崎と同じく二～三人の教導職を派遣するよう、正院に依頼した。

明治五年五月二二日のことである。六月二六日に許可がおり、一〇月には教部省一二等出仕少講義七星正泰、同深川照阿、同植田有年の三人が来函した。一〇月二七日には、さっそく浄玄寺・願乗寺を説教場として教導を開始している。各県に一院ずつ設けられることとなっていた中教院が決定したのは、年が明けた明治六年二月一八日のことであった。[37] 七星らの申請により、中教院に指定されたのは、「本願寺掛所願乗寺」であった。ここに、願乗寺を中教院とする教導体制が整った函館宗教界は、一一月三日の天長節をもって中教院の例祭日とすることを決め、明治六年においては、毎月二・三・四の三日間を中教院、一二・一三・一四の三日間を浄玄寺、二二・二三・二四日の三日間を高龍寺で説教・訓導することに決定した。この説教場は、中教院を除いては毎年交代しており、例えば、明治七年は次のようになっていた。

説教定日
　中教院
　　昼講毎月一日・一六日・二六日
　　夜講毎月二日・三日・四日
　神明社
　　夜講毎月一二日・一三日・一四日
　浄玄寺
　　夜講毎月二二日・二三日・二四日

このように、毎月九回の説教で始まった教導体制も、明治七年には一二回に増え、しかも夜講が九回も開かれることになったことは注目される。[38] 日中の仕事時間を考慮した結果であろうことは推測にかたくないが、逆にいえば、それだけ教導職による説教を聴聞しようとする需要が増加してきたことを示していよう。そうした函館における教導職の聴聞熱を肌身に伝えてくれるものとして、次の史料に注意したい。

中判官　　庶務課

民事課
会計課

昨壬申冬説教開講以来、敬信ノ徒日々相増、常弐三ケ所講義ノ外、信者自宅等へ日夜招待有之候様相成、未タ一周年ならざるノ際、中教院興立、三府四港其外ノ嚆矢と相成、(中略)如件にして半途萎靡致し候様ノ儀有之候テハ、独り災を四方ニ伝えるのみならず、更ニ邪徒ノ揶揄を相増可申、因テハ聊《いささか》なり共費用御補成有之、益《ますます》民心を鼓舞し連々永続相成候様致度、(中略)此段相伺候也。

明治六年

八月八日

教部大録　清原真弓
同十二等出仕　河井順之
開拓権中主典兼中講義　今泉長保
同　森貞清
同　小貫康治
同権少主典　五島広高(39)

この一文が、敬信の徒が増加し、信者の個人宅で説教が催されるほど盛行であったことを伝えていることは、一目瞭然であろう。

ただここで、彼ら教導職の人々を悩ませたのは、右の一文にもみられるように、「費用御補成」、つまり経済的助成であった(40)。説教に要する費用は、昼講一回で二五銭、夜講一回で五〇銭であり、教場三カ所における年間費用は、明治七年を例とすると、六三円となっていた。この費用の捻出方法として、函館支庁の杉浦中判官も教導職の世話役である講幹《こうかん》たちも、開拓使からの公費三〇〇円に期待していた。講幹たちの見込案によれば、公費三〇〇円を基本金として、それを貸し付けて一ヵ月、金二〇円当たり二五銭の利子を課して、年間四五円を計上していた。したがって、必要経費六三円との差引の一八円は、教導に関わる講である「報本社」の有志から説教ごとに一人につき金二厘ずつ募って当てようとしていた[41]。

函館における教導職の実態

実際、教導職の人たちはどのようにして「三条の教則」を敬信の徒に教え示していたのであろうか。その内部に少し立ち入ってみることにしよう。「講社心得」によれば、各敬信の徒は地域ごとに講を結び、その代表者として講幹を選び、この講幹を中心に日常の生活を行い、毎月一日に神社に参詣するよう決められていた。講幹を補佐する者として、講社世話役掛がいた。

このように、教導職による説教が行われる受け皿として、講幹―講社世話役掛を中核とした地縁的な講が結成されていたのであるが、説教の日には、舞台となる講席が当然ながら設営された。つまり、講殿の上座には「神座」を設け、そこに神鏡・御神酒《おみき》・洗米を供え、講殿に幕を張るとともにその外には旗を立てる。講師は神座に進み出て、「天祖」を礼拝したあと、「三条の教則」を奉読してから講義を始める。講師が「三条の教則」を奉読する時には、教徒一同は礼拝しなければならなかった。講義が終わったなら、講師は再び神座の前に進み出て、「天祖」を礼拝し、その後、祝詞《のりと》を奉読して説教はすべて終了するのである[42]。

教導職の人々による説教はこのように、厳粛にして神々しい雰囲気の中で執り行われた。この教導職が陣取る機関がほかでもなく中教院である。函館中教院＝願乗寺が、言うなれば函館を中心とする渡島・檜山地域の「教導センター」になっていたのである。この函館中教院の内部機構は、常務・講究・計算の三掛に分かれており、全体を教正が統轄していた。三掛のうちで、講究掛が要であることは言うまでもなく、この講究掛の講師として大教院より神官・僧侶一人を派出して、教導布教をはじめ、明日を担う教導職の予備軍である当該地域の神官・

僧侶の教育にあたっていた[43]。一定の教育を受けたのち、神官・僧侶は教導職を拝命することになるわけであるが、その手続はおおよそ、次のようになっていた。

開拓使管内には神官・僧侶の教導職取締者がいなかったため、教部省・大教院から派遣されている中教院の教導職が、それぞれの推挙状を作成して開拓使に提出し、それを開拓使で一定の書類検査をした上で、中教院において筆記試験を行い、その結果を学術（皇学または仏学）、性行（温良・正直・清廉）、履歴の様式で認《したた》め、それを教部省に申請する仕組になっていた[44]。

以上のように、函館地方においても、説教費用の捻出方法の上で相当な苦難を余儀なくされつつも、函館中教院を拠点としながら、地縁的な講を結ぶなどして本州並みの教導布教がなされ、神々の装いと表裏一体の近代天皇制が着実に浸透していったのである。

教導職をめぐる若干の問題

しかし順風を得て好調な船出をした函館地方における教導布教も、予期せぬ出来事で一時、混乱をきわめたことがある。一つは船出して間もない明治六年であり、いま一つは明治八年のことである。

明治六年の混乱とは、函館中教院にいち早く赴いた教導職である七星正泰・植田有年・深川照阿らのあとに渡道布教していた堀秀成・河井順之の二人の教導職が、松前出張中に女色に溺れ、説教費用の私腹化を働くなどの不行跡が発覚したのを契機に、教導職の間に軋轢が生じたことである。この不祥事は当然のことながら、地方・中央に知れわたったが、情報が錯綜してか、函館支庁の杉浦中判官は堀・河井の両名を庇護し、彼らの帰京時には賞賜の議さえ上陳していた。

一方の明治八年の混乱とは、中央における浄土真宗の大教院分離問題が引き金となって派生したものである。すなわち、浄土真宗の僧の島地黙雷による「政教異ナル固ヨリ混淆スベカラズ、政ハ人事也、形ヲ制スルノミ、而テ邦域ヲ局レル也、教ハ神為也、心ヲ制ス、而テ万国ニ通ズル也[45]」という政教分離論を前提に、大教院から浄土真宗が明治八年に分離し、明治五年に始動した教部省—大教院を中心にした寺社共同の国民教化体制に亀裂が生じようとしたのである。この真宗の大教院分離の報は、もちろん北海道にも達した。しかし、大教院から発せられた「中教院ノ事、神官僧侶議論難決シテ不得止ノ分ハ(中略)地方ノ適宜ニ従ヒ、各宗申合セ僧侶ノミ神速ニ取結ビ当分、合議所ト称シ、粗中教院ノ規則ニ准シ学生養育シ且ツ布教ノ合議ヲ遂グ[46]」という達を、松前と函館ではまちまちに解釈して認識した。松前はこの時期、仏教界においても神道界においても、教勢力の点では函館の風下に追いやられていたのであり、過去の栄光を夢みながら、何らかの捲土重来を虎視眈々と狙っていたことは推測にかたくない。事実、松前においてはさきの大教院達を「今般大教院六宗管長より別紙写ノ通、布達有之候ニ付、諸宗決議ノ上於法幢寺当分合議所取設、教育仕度奉存候[47]」というように、浄土真宗の分離を、大教院の教導体制の内部分裂と早合点し、旧来の函館中教院に代わるものとして、「合議所」を松前法幢寺に設置したいと主張しだしたのである。

この松前の合議所設置申請を受けた函館支庁の杉浦中判官は、「当使管下福山第一区法幢寺ニテ当分ノ内合議所取設布教候旨、伺出候得とも、当使ヘハ未ダ何等ノ御通達も無之、事実判然相分兼候ニ付、都《すべ》テ従前ノ通、可心得旨其筋ヘ申達候[48]」と、開拓使にはいまだ合議所設置についての正式な通達はないのであるから、これからも旧来どおりに教導したい旨を大教院に上申したのである。

この浄土真宗の大教院分離に端を発した松前の合議所設置要求と、函館中教院の教導体制を変更なく推進しようとする函館側の対応との間には、想像を超える地域的利害の絡んだライバル意識が交錯していたに相違ない。

函館中教院を中心とする教導体制は、この一時的な混乱を無難に乗り切り、明治一七年まで存続したものの、上からの至上命令的な教導体制の実施にあたっては、その地方固有な歴史事情に応じた矛盾点なり問題点があったことを、右の二つの騒動は歴史を超えて語っている。なお、教導職をめぐる諸問題については、次章で高龍寺を具体事例として詳述する。

第四節　キリスト教の伝播とその展開

箱館開港とキリスト教

函館においてキリスト教が庶民レベルで受容されて定着するまでの道は、決して平坦ではなかった。あるいは、長崎同様、幕末の開港場であるがゆえに、他府県以上にさまざまな障害があったのかも知れない。否、北海道ないしは函館は、開港場であるのに加えて、対ロシアの対外政策の中で「北門の鎖鑰《さやく》」の任を自他ともに認めていたのであるから、長崎にもましてキリスト教の庶民化が困難をきわめた地であったといってもよいかも知れない。

安政五年(一八五八)の日露修好通商条約とその翌年のロシア領事館設置に、近代函館キリスト教史が始まる。が、この期は、慶応四年(一八六八)の「五榜の掲示」にいう「切支丹邪宗門ノ儀ハ堅ク御制禁タリ、若《も》不審ナル者有之バ其筋ノ役所へ可申出」という、旧態依然のキリスト教=邪宗なる観念のもと、国内における受容は厳しく禁じられていた時期でもあった。

そのキリスト教への信仰が合法的に容認されるようになるのは、明治六年(一八七三)二月二四日の禁制高札の撤去においてであるから、その意味で、近代の函館においては、安政六年〜明治六年の一四年の期間は文字どおり、キリスト教の受難の時期であった。

既述したように、明治初年の函館宗教界は、神道にしてもまた仏教にしても、ともにキリスト教に対して異常なまでの邪教観を抱いてそれを排除せんとしており、明治五年の教部省―大教院による神仏習合的な国民教化においてはそれが極限にまで達していた。そうしたことに少しく思いをいたすなら、函館におけるキリスト教の受容とその定着も決して容易ではなかったことが、まずもって察せられよう。

外国人の眼にはキリスト教を邪宗視することは、「方今の文明なる時勢ニハ合ざる御所置なる事は先差《まず》置自然と交際上差響き可申事と存候」(49)の一文に徴するごとく、近代文明期にそぐわないのに加えて、外交的にも支障がある一大案件と映っていた。右の一文は、慶応四年五月二四日に米国公使がキリシタン禁制高札に対して開陳した一節であるが、それは日本人のキリスト教＝邪教という宗教観念に対する偽らざる抗議表明でもあった。こうした外圧にも相似た思想抗議を蒙った明治政府にしてみれば、幕末の不平等条約の克服を思う時、どうしても直視しなければならなかったのが、キリスト教の解禁問題であった。

事実、明治五年一月の頃、井上馨は外相として長崎のキリシタンに対し、「今般不軌《ふあつ》ノ輩スラ寛典ニ被処候儀ニ付、格別ノ御僉議ヲ以、右異宗ノ徒赦免被仰付（中略）県下ノ民籍ヘ編入候歟、又ハ当人共望ノ地ヘ移住御差許、夫々《それぞれ》生産ノ道相営候様於地方官厚ク世話為致」(50)と、寛大な赦免を行うよう建議していたのである。

こうしてみれば、キリスト教の解禁への道程は、とりもなおさず、明治政府による対外認識の深化に伴う、キリスト教＝邪宗という近世的烙印の消却の過程でもあったといえよう。キリスト教＝邪宗なる烙印が取り消されるのは、明治六年二月二四日のことであった。

函館におけるキリスト教受容の歴史には、幾多の障壁が存したが、それでは、それをどのようにして乗り越え、浸透を図っていったのであろうか。開港場函館においては当然のことながら、明治六年の解禁に先駆けて、隠れキリシタン的信仰の営みが厳存していた。

それは文久元年（一八六一）六月二日のハリストス正教会の宣教師ニコライの来函に始まる。明治二年に一旦は母国ロシアに帰還したニコライが再び来函して布教の礎を固めるのは、明治四年のことである。

安政六年のロシア領事館と時を同じくして建設されていた聖堂には、この明治四年のニコライの来函を機に、ある信者群が結集するようになる。ある信者群とは、函館市中の信者ではなく、宮城県出身の士族を中心とするメンバーであった。この宮城県士族のキリスト教信仰が発覚して、開拓使―函館支庁の一大政教問題と化したのは明治五年。それは教部省―大教院が設置された年である。またキリスト教の解禁の前年であるから、キリスト教をめぐる諸問題がにわかに一大時局化する時期のことでもあった。

明治五年の「洋教一件」

明治五年の「洋教一件」と通称される宮城県士族たちの信教騒動は、その捕縛数でいえば、「ロシア館寄留者」＝小松韜蔵・今田彦三郎・阿部章次郎・牧野守之佐、「洋教修学者」＝小野甬太郎・湧谷源太郎・柳川一郎・津田徳之進・柴田文吉・影田孫一郎などをはじめとする総勢八五人を数えるものであった(51)。

影田らがその取り調べの中で没収された教義書が、「教理問答」「旧約全書」「新約全書」「天道溯原」「論聞天主教」「聖史記略」等であった事実に徴す時、宮城県出身士族を核とするこの「洋教一件」は、その信仰の深さといい、その秘したる信奉者数といい、全くもって政界を震撼させるに十分な一大騒動であったといわざるをえない。

では、開拓使―函館支庁の側は、この騒動をどう受けとめ、どう解決しようとしたのであろうか。その辺のことを余すところなく伝えているのが、次の史料である。

> 箱館表の義は遠隔辺陬《へんすう》ノ地ニテ欧化風俗ニ疎《うと》ク、人民頑固、(中略)且過日御指図ノ通津田徳之進外壱人御赦免ノ義函館表へ申遣し候ニ付、当人共御赦免後依然魯館へは勿論、市中徘徊、天主教講説致シ、剰《あまつさ》へ諸人へ対し放言冷笑候様ニテは益《ますます》洋教流布致シ、教諭ノ道も不相立のみならず、多少の人民へ威信難相立、随テ当使庁ヲ軽蔑誹謗いたし候様ニ成行候テは第一御政体ニ関係いたし可申ト存シ、苦慮仕候、就テは大蔵省ヨリ宮城県へ相達、早速引取候様御達し方相成度、左も無之候得ば箱館人民保護教化ニ差支《さしつかえ》可申ト存候。（後略）

壬申五月廿五日

黒田開拓次官

正院御中(52)

これによれば、函館における宮城県出身士族らのキリスト教流布をめぐって、中央政府の方から赦免するよう指図があったのであるが、それを行うと、市中への布教はもちろんのこと、開拓使―函館支庁に対する誹謗も始まるので、どうしても認められない、と開拓使ではかたくなに拒絶していることが読みとれる。併せて、函館市中の民は「欧化風俗ニ疎ク、人民頑固」の精神構造ゆえに、キリスト教には不向きであると、黒田開拓次官は指摘している。言うなれば、宮城県出身士族たちの洋教入信騒動は、単に函館を舞台に繰り広げられただけであり、函館市中の民にとっては無縁のものであるとの認識を開拓使―函館支庁の側は示していたのである。だから、即刻、大蔵省を通して宮城県の方にその身柄送還を要求したのである。開拓使―函館支庁がこのように、依然としてキリスト教邪宗観をとり続けるのに対して、中央政府や宮城県はどのようなキリスト教観を持っていたのであろうか。

中央政府は、改めて言うまでもなく、さきの井上馨の建議を容れる形で、「切支丹信仰の者、戊辰以来寛典ニ被処、専ら教化ニ帰セシメ候御主意ニ付、此旨体認シ、処置可致(53)」と、キリスト教の信教を容認する方向を示していた。

一方の宮城県においても、「今日海外各国御交際、開化駸々《しんしん》不可禦の日ニ膺《あた》リ、猶旧章ニ拠リ御制禁の儀、深き御趣意も可被為在候得共、其実全ク邪法とも不相聞(中略)既ニ寛典の御趣意有之、犯禁の罪科断然赦免相成候(54)」と、キリスト教が全くの「邪法」であるとも聞いていないし、そういう邪法観をとること自体、対外的にも問題がある、という甚だ開明的なキリスト教観をとっていた。

このような対比を通してみる時、開拓使―函館支庁がいかに中央政府や宮城県に比べて、墨守的キリスト教観を有していたかが察せられよう。明治六年二月二四日、キリスト教は晴れて解禁になった。しかしそれから半年も経過した九月二日付においてもなお、開拓使―函館支庁においては、「民政ニ妨害無之様取計」[55]と、条件付きの信教自由の段階にあった。

してみれば、函館におけるキリスト教受容とその展開の歴史は、内部的な信仰熱の盛り上がりを背景として始動したのではなく、外なる条件によって他律的に始まったとみなしてよいだろう。しかし、看過してならないのは、函館市中においては「当港在留アナトリー教法不相替洽布《こうふ》、即今就学ノ者モ弥《いよいよ》増、殊ニ三章ノ制札取除ニ付テハ、此末益勢焔盛《えんじょう》ニ可相成ト苦慮仕候」[56]と伝えるごとく、明治六年のキリスト教解禁後、堰を切ったかのように、キリスト教信者ないしはキリスト教の理解者が市中にどっと現れだしていたことである。こうした市民レベルのキリスト教受容は、一朝一夕にして実現できるものでは到底ない。おそらく、函館においては行政府のキリスト教観とは対置する市民的キリスト教観が史料には現れない形で存在していたに違いない。

函館におけるキリスト教の庶民布教

それでは、函館におけるキリスト教はどのような過程を経て市民レベルで受容・伝播していったのであろうか。あるいはどのような宗派形態で市中布教が展開したのであろうか。

それを垣間見る一素材として、次に、明治初年から三九年までの時期に存在したキリスト教諸宗派の一覧(表41)とそれら諸宗派の受洗者数(表42)を掲げることにする。右の二つの表から、少なくとも次の特徴点が指摘できよう。

第一は、安政六年(一八五九)のメルメ・ド・カションの来函に始まった天主公教会(カトリック教会)の布教が、函館の近代キリスト教界を先導したことであり、その営みは明治六年のキリスト教解禁以前からすでに始動していたのである。ハリストス正教会がさきの「洋教一件」にみたように捕縛騒動に巻き込まれたのに比べ、天主公

表41　明治期の函館におけるキリスト教諸宗派

宗派名	所在地	沿　　革
ハリストス正教会	元　町	ロシア宣教師ニコライが文久元年(1861)に来函したのに始まる。明治2年に帰国したニコライは，再び明治4年来函し，本格的な伝道に乗り出す。翌5年，函館布教を修道司祭アナトリイに託して，自らは上京。明治4年に始められた復活祭の時は参拝者7人にすぎなかったが，同6年には150～160人になっていたという。仙台出身士族のキリシタンが開拓使庁に捕縛された，いわゆる「洋教一件」事件が発生したのも，ちょうどその頃のこと。明治6年のキリスト教解禁以後，伝教学校，正教学校を設けて，伝道師養成や児童教育につとめるなどして，徐々に教線を拡張していった
日本基督教会	相生町	函館師範学校(現在の北海道教育大函館校)の英語教師桜井ちかの夫桜井昭悳が明治16年，同地に協会を設立したのに始まる。同23年には教会内に共愛倶楽部を設け，職業指導あるいは禁酒運動を展開。明治40年の大火で全焼したが，翌年再建
日本組合基督教	曙　町	元治元年(1864)函館より渡米した新島襄の感化育成に遡源し，直接的には明治32年，牧師二宮の函館伝道に始まる
日本メソヂスト教会	会所町	明治7年，米国美以教会伝道会社のM. C. ハリスが来函して，函館美以教会を創設したのに始まる。ハリスは宣教師と米国領事も兼務していたため，開拓長官黒田清隆との知遇もあったという。明治10年，当地に会堂を建設
日本聖公会	蓬萊町	明治7年，英人ウォルター・デニング宣教師が来函，伝道したのに始まる。同10～11年に帰国したデニングに代わってJ. ウィリアムスがつとめてその間に教会を新築。同12年にデニング，再び来函するも同15年帰国したのち，アンデレスが教会の拡張に努力し，同28年，曙町の会堂を増設したり，東川町に伝道所を設置するなどした。また，同22年に靖和女学校，同25年にアイヌ学校，同29年に函館伝道学校を設置して教育界に大きく貢献。同会のアイヌ伝道専任たるジョン・バチェラーが来函したのは明治10年であり，同25年に札幌へ転住するまでの15年間，函館を拠点に精力的なアイヌ伝道を展開，同30年の頃，アイヌの信徒は700人を数えたという。バチェラーに代わってコルバンが来函したのは明治30年，翌年東川町に施療病院を創設(新川病院の前身)したが，同40年に健康を理由に閉院して千葉県へ移住
天主公教会	元　町	安政6年(1859)，フランスの宣教師メルメ・ド・カションが来函したのに始まる。その後，文久3年(1863)の帰国まで医療・フランス語教授などに従事。メルメののち，ムニクー，アルムブルュステルの両宣教師の布教活動を背景に函館天主堂を建設。明治12年の大火の折も，幸いにして災禍を免れた。明治24年，函館教区の初代司教としてベルリオーズ就任。明治23年に来函したベルリオーズが孤児を収容したのをきっかけに，同31年上湯川の地に，フランス・トラップ修道院の分派たる修道女院「トラピスチヌ」を開設。明治34年，ベルリオーズは亀田村に司教館を移して仮教会も設置

表42　函館におけるキリスト教諸宗派の受洗者数(明治元～40年)

宗派名＼年次	明治元	2～5	6	7	8	9	10	11	12	13	14	15	16
ハリストス正教会									260	179	200	446	
							18		17	11	21	30	
日本基督教会													38
日本メソヂスト教会				2	2	3							5
日本聖公会				3		9	14		11			11	
天主公教会	2	0	27	14	30	96	68	37	28				

宗派名＼年次	17	18	19	20	21	22	23	24	25	26	27	28	29
ハリストス正教会													333
									68		31	13	41
日本基督教会						43					5	7	6
日本メソヂスト教会	12		3	1	2	3	2	2	2		6	6	
日本聖公会			8		6		3		432	493		12	
天主公教会	15	13	31	39	59	42	16						

宗派名＼年次	30	31	32	33	34	35	36	37	38	39	40
ハリストス正教会	348	343	345	924		949	993	1,006	1,016	1,016	
	25	19	13	18		27	24	11	10	13	
日本基督教会	6		28	14	15	7	8	3		1	
日本メソヂスト教会	12	31	6	19	21	6	11	50	18	29	18
日本聖公会				462							
天主公教会					6	4	5	4	3	1	3

『大日本正教会公会議事録』(盛岡ハリストス正教会蔵),『函館聖ヨハネ教会沿革史』,『日本基督教団函館教会100年史』,函館相生町教会『創立七十年史』より。天主公教会の受洗者数は久保田恭平氏の提供に拠った。

注）ハリストス正教会の上段は北海道全体の信者数，下段は函館のその年の受洗者数を表す。
　日本基督教会の明治16年は創立時の信者総数，明治22年は信者総数である。
　日本聖公会の明治25・26・33年は，北海道全体の信者数。
　天主公教会の明治元～23年は函館元町教会の分，明治34～40年は亀田教会の分。

教会は静かな船出であった。

函館における公然たる布教活動が本格化するのも、やはり明治六年の解禁以後である。近代布教の歩みを通観して、その受洗者数を尺度にして測ってみると、明治九年とその翌年がピークをなしていることに気づくであろう。すなわち、明治九年には天主公教会が従前の伝統をベースにして空前の九六人もの入信を得ていた。同一〇年にもそのキリスト教ブームが続き、日本聖公会においてはアイヌ伝道の師ジョン・バチェラーの来函もあって一挙に一四人の受洗者を出していた。この明治九～一〇年を近代キリスト教伝道のピークとすることはほぼ大過なかろう。それと表裏することではあるが、その宗派の伝道の成否のかなりの部分は、例えば、日本聖公会のジョン・バチェラー、日本基督教会の桜井昭悳に例をみるように、伝道者個人の資質・才能に拠っていたことも指摘されてよい。この伝道者個人に依拠しながら、明治九～一〇年に受洗者数のピークを形成していたことを、函館の近代キリスト教界の第二の特徴点としておきたい。

明治九～一〇年に受洗者数がこのように、まさに空前絶後の量的達成を示したのは、ある意味では、さきの「洋教一件」を遠巻きながら見守ってきた市民のキリスト教に対する理解がより深まった結果なのかも知れない。明治六年のキリスト教解禁を受けて、明治九～一〇年に、一気に函館市中にキリスト教信者が輩出したことは、揺るぎない歴史的事実である。

そしていま一つ特徴点を挙げるなら、明治初年～四〇年の中で、明治九～一〇年は文字どおり、突出した信者を獲得したものの、それが以後も平均して増加を続けていったかといえば、決してそうではなく、むしろ、信者の受洗状況は変動の渦中にあったことである。言うなれば、キリスト教は函館市中に庶民レベルで受容されて定着するには、一定の試行錯誤があったのである。

では、試行錯誤を繰り返しながらも、キリスト教が徐々に函館市中に、ひとつの宗教として、あるいはひとつの文化として根づいていく様相を、次に『函館新聞』を素材にして検証してみることにしよう。

新聞にみるキリスト教の流布

明治一一年八月一四日付で、日本聖公会の宣教師J・ウィリアムスが早くも日曜日ごとに説教を開始していることを伝えているし、同年一一月二六日付では、同会の礼拝堂が完成し、その始業式には多くの参詣者があったとも伝えている。ユーモラスなことに、この礼拝堂の釣鐘の音色は、どうも火事の際に打ちならす板鐘と同じであったらしく、函館支庁では慌てて板鐘を取りはずして別の釣鐘にする一場面もあった。(57)

キリスト教の伝道の波は、市中にとどまらず、やがて近郊へと及んでいくだろうことは当然である。事実、明治一一年五月二二日付と一一月四日付の記事として、上磯～札苅方面にも相当の帰依者が現れ、神官や僧侶の教導職も、宣教師の施す説教に大きな刺激を受けたと報じている。

函館においてキリスト教の復活祭が四月一三日の宗教行事として初出するのは、どうやら明治一二年のようであり、とりわけ天主公教会(カトリック天主堂)のそれには市中の多くが参詣に赴いていた。(58)

一方、当時の耶蘇大祭あるいは基督《キリスト》降生祝日(今日のクリスマス)が初出するのは、明治一七年一二月二五日のことである。それは年とともに、キリスト教が庶民化していくひとつの指標を示すかのように市民の心に確実に浸透していく。

その一齣を、『函館新聞』は、時を超えてこうメッセージしている。

基督降生祝日ハ近来東京横浜をはじめ之を祝して集会贈物をなすもの年々にさかんなりしが、当地にても本日ハ同祝日なりとて居留の英米人の家々ハ素《もと》より、元町遺愛女学校等にてハ、前夕より賑はしき集会を開き種々の音楽遊戯等を試ミ、又祝ひの松へハ種々の贈品をむすび生徒又ハ懇意の子供達へわかつ抔《など》なかゝゝ面白き光景にてありしといふ。(59)

このように、キリスト教は一歩一歩、函館の地に根を下ろしていく。が、さきの「洋教一件」を想い起こすまでもなく、神仏の世界に住む人々にとって、このキリスト教が庶民化することは、たとえ信教の自由とはいえ、奇異な一事象であったことも事実である。現に、国家神道の成立期とされる明治二三～二四年の頃に至ると、「排耶蘇教演説会」が時を置かず、頻繁に市中のここかしこの寺院で実施されるようになる。これは逆からいえば、国家神道の支柱である神仏界が、キリスト教に対して極度なまでの警戒心を抱懐していたことを示しているのである。その意味で、次の神道事務局のキリスト教観は甚だ象徴的である。

各地とも耶蘇教を信する者ハ男子よりも女子の多きは全く婦女子に教育なきゆえ、宣教師の甘言を信じ理非

を弁別する能はざるより起こるものならん。(60)

体制を担う側では、このように、この段階におけるキリスト教への入信を、無学の婦女子が宣教師の甘言に乗せられた結果と認識しており、その点、かなり皮相的なキリスト教観を持っていたといわなければならない。

それでは、この時期、体制の宗教世界を支えていた寺院と神社は、具体的にどのような近代の日々を送っていたのであろうか。次に節を改めて、少しく眺めてみることにしよう。

第五節　市民と寺社の交流

明治一二年の函館大火と実行寺

明治初年の神仏分離以後、神道界とともに、「体制宗教」の一翼として教導職布教や北海道開拓ないしは開教に余念のなかった函館仏教界も、明治一二年（一八七九）一二月六日、堀江町より出火した思いもよらぬ大火に巻き込まれ、実行寺・函館東本願寺別院（浄玄寺）・称名寺などの名刹が一瞬のうちに灰燼《かいじん》に帰してしまった。

開港後、一時ロシア領事館の開設までの仮止宿所となったりしていた日蓮宗の実行寺は、その大火の直後、廃寺か再建かという重大な岐路に立たされていた。明治一四年二月一四日付の『函館新聞』には、実行寺住職の松尾日隆が日蓮宗の教導取締を「何故にや今度該務を差免されたり」と報じている。そしてこうした事態を受けて、実行寺の四五〇人もの檀徒が実行寺の再建か廃寺かを賭けて日蓮宗大教院管長に請願書を提出したのは、それから約一カ月半後の四月二日のことであった。

彼らの請願の骨子は、「説教所へ寺号ヲ公称セシムルハ六名ノ過チヲ飾ルニ過ギズ、実行寺ニ職ヲ復セザレバ四百五十名ノ者信ズル所ノ宗教ヲ失ハン」、「余等四百余名方向ヲ転セバ数百年伝来セシ実行寺ハ一朝ニシテ廃寺トナラン」というように、表面上は松尾日隆の教導取締の復職にあった。しかし、彼らの請願の中核となっていたのは、六人の者が画策してやまない「説教所の公称」問題の中にあった。つまり、実行寺と袂を分かつ六人組が明治一二年の実行寺の焼失を機に、亀若町に日蓮宗説教所を設置し、これを拠点に一気に宗勢の拡張を図ろうとしていたのである。四五〇人の実行寺檀徒にとって、その反乱的行為は当然、黙止しがたいものであった。

六人組によるこの画策も、実は大火以前から芽ばえていた。すなわち、明治八年の頃、中央から派遣されてきた津川日済と内藤日定なる者が地元の大野某と語らい、実行寺の松尾日隆を追放せんとしていたのである。してみれば、実行寺と説教所との反目は、中央と地元における教導職布教をめぐる矛盾に端を発し、それが明治一二年の大火を契機にして噴出した一大騒動とみなしてよいだろう。教導職布教をめぐる不祥事については、前にも少しく触れたが、このような中央と地方、あるいは本寺と末寺との間の軋轢は、宗派の別を超えて、かなり日常茶飯事のように存在していたに相違ない。

廃寺か再建かで揺れた実行寺の騒動も、檀信徒の熱い請願が功を奏し、松尾日隆の復権も叶い、また仮堂建設中に、道路改正が行われて、現在地に替え地が下付されて移動が完了したのは明治一四年のことであった。そして同年六月六日と七日の両日、松尾が施主となって旧幕府脱走軍戦死者の一三回忌大法会を、谷地頭碧血《へっけつ》碑《ひ》前で執行した。同一七年に、身延山久遠寺と本末関係を結ぶに至り、以後、順調に北海道内にその宗勢を拡げていった。

また、幕末の安政年間、箱館奉行交代の際の仮本陣やイギリス領事館の開設までの仮止宿所にも当てられていた浄土宗称名寺も、明治一二年の大火に見舞われ、現在地に移転したのは、実行寺と同様、道路改正による替え地下付後の明治一四年のことであった。

函館東本願寺別院の移転問題

函館東本願寺別院は、明治初年には米国の仮領事館に当てられたのみならず、同九年の天皇行幸に際しては行在所《あんざいしょ》にもなっていた。それゆえ、一二年の大火後の移転先をめぐっては、さきの実行寺とはまた別の次元の難題を背負うこととなった。その辺の事情を『函館新聞』は、明治一三年四月二六日〜五月一〇日にかけて、社長山本忠礼の「僧徒ノ悪弊」と、それに対する同寺輪番の岡崎元肇の「僧徒ノ悪弊論ヲ駁ス」のコラムを設けて、詳細に報じている。要するに、移転先をめぐって山本は、天皇の行在所にあまりこだわるよりも市街中央を避けた所の方が火災の延焼などを免れるためにも得策であると論じたのに対し、それを受けた岡崎は、同寺が天皇の行在所であったことの意味を考慮しながら、寺院が市街に存在してはならぬ理由はどこにもないことを種々、例証を挙げつつ反論したのである。この移転論争は結局、道路改正により、明治一三年に大谷光勝の私有地である現在地に移転することで決着したのであるから、両者引き分けの形となって終結した。以後、再建に着手し、本堂が完成したのは明治二三年のことである。

『函館新聞』によれば、その予算は総額二万五〇〇〇円（明治二一年六月一七日付）であったというが、当時の檀信徒の再建に向けてのエネルギーは相当なもので、例えば、彼らは東本願寺信徒のひとりとして、「亦成講社《えきせい》」なる講社に属し、「本山ノ維持ト本宗教義ノ拡張ヲ図ル」べく、一糸乱れぬ団結の力を出し合っていた。そうした信徒としての結束力に支えられてか、移転に際しての喜捨金は、明治一四年の一年だけでも六八四六円余も寄せられていた。明治一二年当時の檀家数が七五〇〇という、市中寺院の最右翼に位置していることから考えても、その信徒の結集力と寺院側の集金力には瞠目するものがある(61)。

一方、明治一二年の大火には直接見舞われなかったものの、本願寺派函館別院（願乗寺）も火災には悩まされ続けた。幕末に堀川乗経による積極的な開教・開拓の波に乗って飛躍的に宗勢を拡大した同寺も、明治初年の箱館戦争の兵火には難を免れえずに焼失した。同六年には、豊川町からの失火で焼失している。本堂の完成をみたのは同一二年のことであったが、同三二年と同四〇年にも大火に遭って烏有に帰している。

その点、曹洞宗高龍寺は、市中の名刹として比較的、大火から免れることができた。同寺がまだ弁天町にあった明治二年、旧幕府脱走軍の衛戍《えいじゅ》病院に当てられていたため戦火を蒙って焼失したものの、現在地に同一二年に移転してからは、同二一年の自火による焼失を除けば火災の難を蒙っていない。ちなみに、一二年の移転に際しては開拓使から「移転費用」として四三九二円余が下付されていた(62)。

そうした中で、明治四〇年の大火によって函館東本願寺別院・本願寺派函館別院・称名寺そして実行寺がことごとく再焼失したことは、何とも不運であった。こうしてみれば、函館における近代寺院は、宗教施設的にみるなら、兵火や火災という全くマイナスの要因を背景にしながら、皮肉にも整備され充実していったといえようか。

教導職の廃止と寺院

寺院といえども、それが歴史的な存在である以上、常に社会的規制は免れえない。それゆえ、函館の近代寺院は既述したように、神仏分離以後においては、明治政府の宗教政策に則り、神道とともに「体制宗教」の立場をとりながら北海道開拓＝開教に専心しつつ、教部省の末端機構として、近代天皇制の浸透・定着につとめたのである。明治五年の教部省の設置に伴う教導職としての国家奉仕者こそが、その偽らざる寺院の姿であった。

このように、寺院が北海道開拓を開教の形で推進しながら、それと同時進行的に、教導職として近代天皇制の浸透を図ったのは、教部省が設置された明治五年から教導職が廃止された同一七年までの一二年間のことである。明治一七年に及んで教導職が廃されたということは、その段階において、もはや近代天皇制の浸透が一定程度、実を結んだことを意味しており、時流は刻一刻と国家神道の成立へと向かって流れていたのである。

前掲の表37「『北海道寺院沿革誌』にみる近代寺院」に従えば、函館の寺院を本寺とする地方末寺は年の経過とともに減少する傾向を示していた点が読みとれる。これはとりもなおさず、函館の近代寺院は明治初期には北海道開拓＝開教をリードしたが、徐々にその任を「内陸型開教」の札幌方面の寺院にゆだねたことを示している。

そうしてみれば、函館の近代寺院は、北海道開拓＝開教の推進者としての顔も、あるいは近代天皇制の浸透者としての顔も、明治一七年の教導職廃止を一大転機として大きく変容させたことになる。では、函館の寺院は明治二〇～三〇年代をどのように活きたのであろうか。

仏教演説会の盛行

明治一七年の教導職廃止以後、『函館新聞』に連日報じられた記事のひとつに、各宗教の演説会開催の予告がある。これを額面どおりに受けとれば、各宗教の教義・教理の庶民へのアピールを意味し、その限りでは歓迎すべき宗教事象であった。しかし、ひとたび、その演説会の予告内容に眼を転ずれば、そこにある一定の見逃しがたい事実も存していた。それは、ほかでもなく明治二三年四月一二日付の仏教演説会の演題、「耶蘇教徒の迷夢を驚す」が端的に物語るように、仏教によるキリスト教排撃が顕在化していたことである。

明治一七年の教導職の廃止によって、ややもすれば地域的結合を欠きかねない函館の仏教界は、それを克服するために、明治二〇年の頃までには「六和会」なる仏教倶楽部を結成していた。この寺院同士のヨコの関係を保つべく組織された「六和会」こそが、実は仏教演説会を積極的に推し進める母体であった。

教導職廃止以後、仏教界によるキリスト教排撃演説が日常的に行われるようになったことは、見方をかえていえば、それだけ函館市中にキリスト教が庶民レベルで受容されていたことを示している。さきにみた耶蘇大祭＝クリスマスが、市中に明治一七年を初出にして登場し、年々盛んになっていったことは、まさしくこの仏教界によるキリスト教排撃演説会の盛行と表裏するものに違いない。

仏教界がこの時期、キリスト教を排撃したのは、キリスト教の流布による宗教的危機感からであろうか。思うに、明治二〇年代初頭は、いわゆる国家神道の成立期でもあったことに思いをいたすなら、そうした時代思潮もまた、仏教界のキリスト教排撃の気運を助長したに相違ない。

キリスト教の市中流布、国家神道の成立という二つの思想的背景を受けて、仏教界によるキリスト教排撃演説は盛行したのであるが、では、この思想傾向はそれ以後も連綿と継続したのであろうか。答えは否である。

『函館新聞』は明治三七年七月一四日付の記事として、こう報じている。

> 日露の戦争は社会万般の事に影響す。宗教亦固《またもと》より其の影響を被らざること能わず（中略）国民の精神を鼓吹してこれを英霊の気に充たしめこれをして光明の慈悲に浴せしむるは実に宗教家の本分とする所、今の時は我等身を宗教に委る者区々たる宗教的感情を一掃し協同一致、大に宗教の妙趣を天下に宣布し、国家膨張、国運勃興の根本に培ふべきの時にあらずや。

宗教界は、日露戦争の中、宗派を超えて一致団結し、事に当たるべきことを呼びかけたのである。臨戦態勢という国家の非常時の前には宗教的差異は必要ではなかったのである。事実、この明治三七年前後の新聞記事には、神社のみならず寺院の戦勝祈願の記事も数多く報じられている。このように、明治一七年以後の函館宗教界は、寺社によるキリスト教排撃を基調としながらも、日露戦争という非常時には、大同団結をするなど、全体的にみて、相互が比較的自由に自己を主張し合える状況の中にあった、とみなしてそう大過ないだろう。

一見、平坦のように思える近代函館の宗教世界も、どうやら明治一七年をひとつの転機にして、政府主導の時代から各宗教が市民と溶け合いながら独歩できる時代へと変貌していったのである。

正八幡と元宮八幡

明治六年の頃、社格問題で相互に確執し合った正八幡＝亀田八幡宮と元宮八幡＝函館八幡宮も、開拓使の計らいで函館八幡宮を崇敬社とすることで一応の決着をみたあとは、さしたる抗争もなく平穏に庶民と融合していった。開拓使の崇敬社に任ぜられた函館八幡宮は、明治一〇年に国幣小社に列せられたが、同一一年と一二年には二度も火災に遭い、そのため一三年には会所町から現在地の谷地頭町に遷座しなければならなかった。

明治五年の教部省設置および教導職制定を受けて、両八幡宮が市民の教化の要となって機能したことは当然であり、それは教導職が廃止された明治一七年以後も変わることはなかった。言うなれば、近代北海道の神道界が担う北海道開拓＝「定着」の論理と近代天皇制の浸透という二つの宗教課題を両八幡宮は着実に実践していったのである。

いくら神社といえども、その宗教課題を果たすにはそれ相応の経済的基盤が必要不可欠である。教部省の通達によると、神社の賽物《さいもつ》や初穂料《はつほりょう》などの収入は、官国幣小社の場合、教導費用に一〇分の四、社頭雑費に一〇分の二、神官給与に一〇分の四を、そのほかの諸社の場合は、教導費用に一〇分の三、社頭雑費に一〇分の三、神官給与に一〇分の四を割り振るよう決められていた(63)。ちなみに、明治一五年当時の函館八幡宮の月ごとの経費は、総額七一円で、その内訳は、三人の神官俸給が二四円、雇給が一四円一六銭、庁費が一七円一〇銭四厘、営繕費が五円五〇銭、祭典費が一〇円二三銭六厘であった(64)。

当時における両八幡宮の祭礼は「六・七の両日ハ亀田村八幡社の例祭にて手踊・相撲等を催ほし中々賑やかでありしよし」となかなか盛況であった(65)。

また祭礼の出費についても、「今度の八幡宮祭礼に市中より奉納したる山車や踊野台の惣入費は金千六百円余にて、又た祝儀として方々より貰受けし惣金額は千三百五十円許りなり」(66)と、かなり盛大な祭典が繰り広げられた。

神社が興行するその時々の例祭ほど、当該地域の人々の心を和ませるものはなかった。神社が北海道開拓の中でも、とりわけ人心に「定着」の心を扶植する機能を発揮したという所以でもある。

招魂社の祭りと競馬

明治期の函館の神社群にあって、最もにぎわいをみせたのは函館招魂社＝函館護国神社の例祭であった。箱館戦争の官軍方戦没者の慰霊を目的に建立されたこの招魂社には、九五の墳墓地に一五五人の霊が眠っている。[67] 五月一一日の例祭に先立って、境内清掃は囚人によってなされるのが当時の常であった。その催し物は市中の他社を圧倒するにぎわいで、消防組の梯子乗り・手踊りのほかに、蓬萊町競馬などが行われていた。「夜に入ってハ招魂社内、数百の奉灯、昼を欺くバカリなるに参詣の男女ハ坂の往来に充満して昼よりも衆し[68]」と盛況であった。催し物は年によって多少の変更があり、明治一三年には帆前船の競争も加えられていた。『函館新聞』によると、競馬は招魂社の祭礼行事の一環として、明治一七年まで興行され続けていた。その始期については史料的にわかに断定できないが、「以前は函館市中に於て競馬せしと言伝ふ。いつの頃より歟、亀田八幡宮華表《とりい》前に於て年々競馬の催し有ける[69]」とあることから判断して、招魂社の建立された明治二年後に求められるのではなかろうか。なぜなら『函館新聞』が創刊された明治一一年の記事には、亀田八幡宮における競馬はすでに過去のものとして報じられることなく、招魂社の競馬が詳細に伝えられているからである。また、明治八年の函館支庁の「御達留」に「蓬来町ニ於テ競馬差許候条、此段可相心得候事」とみえることを考え併せると、招魂社の競馬の開催始期は、その建立年の明治二年から同八年までのいずれかの年に求められるだろう。少なくとも、函館の庶民レベルにおける競馬は神社祭礼の催し物の目玉として始まったことは紛れもない事実である。それはおそらく、まず幕末〜明治初年の亀田八幡宮において興行され、その後、明治二〜八年の頃から招魂社の祭礼として大規模化していったのではなかろうか。

現に、札幌競馬の始めも、札幌神社の祭典の呼び物のひとつとしての、琴似街道の路上での直線競馬に求められるのである。[70] してみれば、函館における競馬の始点を亀田八幡宮に求め、その展開相を招魂社の祭礼の中に見出すのも、そう誤りではないだろう。『函館新聞』によれば、招魂社の競馬は明治一七年、北海共同競馬会社主催の競馬が開始するまで存続していた。このように、競馬興行は神社祭礼の大きなイベントとして採用され、神社の宗教的機能のひとつとして、北海道開拓における「定着」の論理の発現に大いに威力を発揮したのである。

箱館戦争が函館に二つの慰霊祭をもたらしたとすれば、一つはこの官軍方のための招魂社祭礼であり、いま一つは、日蓮宗実行寺を施主とする碧血碑における旧幕府脱走軍戦死者のための慰霊祭である。さきにも指摘したように、明治一四年の碧血祭は、脱走軍戦死者の一三回忌にあたるため、ことのほか盛大な法要が執り行われたという(71)。

当時の宗教気質

開港場としての函館は、日本的な神仏習合の伝統と近代合理主義の洗礼を受けた西洋キリスト教文化とが交錯する特異な場でもあった。一般的にみれば、とりわけ、後者のキリスト教文化の浸透は市民の意識変革に対して陰に陽に影響を与えたと考えられる。その辺の実態はどうであったろうか。

明治一五年、函館の地にも全国の例にもれず、教派神道の一派たる出雲大社教の函館教会所が開設されたのを受け、翌一六年には、山形県大網村大日坊住職が湯殿山大日坊出張所を設けて布教を開始した(72)。明治一五・一六年は、一七年の教導職の廃止という点から考えて、寺社の協力による近代天皇制の国民教化が一定の成果をあげた時期でもあり、その意味では、国家神道の確立の前夜にもあたっていた。してみれば、出雲大社教の進出といい、湯殿山大日坊出張所の布教といい、神道の世界からみれば、まさに機の熟した起こるべくして起こった函館開教であったのである。キリスト教文化がその一方で花開く函館の地は、他地域にもまして宗教的心情がさまざまに翼を拡げる地でもあった。

当時としてみれば、「宗教の博物館」ともいえるほどの宗教状況を呈する函館であったから、勢い各種の布教競争も繰り広げられることとなった。明治一一年の一日《あるひ》、こんなことが起こった。新潟から来た尼僧六人が、特定の信者を集めて、例えば尼が息をかけた食べ物を病人にふくませると痛みが治るなどの現世利益を説き、それを信じ込んだ者が相当数いたという。こうした言語道断の挙動を、『函館新聞』は「函館も開化したなんぞと方々から讃られても、護符や祈禱を信仰して女のみか立派な男まで血の道を揚げて騒いであるくやうすを見てはどふして開化なものか」と、論評してみせた。

外見上は開化の町＝函館と目されていた当時の函館も、一皮むけば、前近代的な心情がまだまだ人の心を支配する町でもあった。近代的宗教意識と前近代的宗教感情とが、まさしく同居しているのが、当時の函館人の精神構造であった。

墓地と埋葬

人間として何人《なんぴと》も免れえない死、その死を近代函館人はどのように処理し、葬祭として取り扱ったであろうか。明治政府は、明治六年に火葬を仏教の埋葬であるとして禁止していた。現に函館においても、維新後は一貫して土葬が行われていた。[73]

しかし、明治八年に及び、「今般火葬解禁ノ儀布告候」[74]と、火葬の禁が解けることとなった。ただ函館にあっては、その火葬場設置を無条件に認めたわけではなく、「人家接近の地ニて臭烟《しゅうえん》市中へ蔓延致シ健康ヲ害」[75]さない、従来の火葬場より山奥の「台町上南詰山際」の地に限定していた。

このように、明治八年に火葬が解禁になったものの、明治一二年の高龍寺移転に際して、高龍寺が悪臭を放ち甚だ不衛生であるから火葬化したい旨を開拓使に申し出ていたことが端的に示すように[76]、この明治一二年の段階においても、土葬と火葬とが併存していた。そのいずれをとるかの二者択一は檀家の意に任せられていた。

また、当時、火葬場は山背泊一カ所しかないので狭く、難渋していたため、五カ寺が大森浜方面にもう一カ所増設したい旨を開拓使に申請していた。[77]

市中寺院のこの火葬場増設要求は、明治一二年一〇月三日、高大森（東川町裏手字高森）に認められ、それ以後、函館も二つの火葬場を持つこととなった[78]。思うに、函館にあっては明治八年の火葬解禁以後も土葬が行われていたが、前述のごとく、再三にわたる市中寺院の焼失もあり、加えて高龍寺に代表されるような問題も存したことに思いをいたすなら、年ごとに火葬化に赴いていったと判断してよいだろう。ちなみにいえば、その当時の火葬料は、一五歳以上が一円、五歳以上が七〇銭、五歳未満が四〇銭と、年齢別制になっていた[79]。

一方、キリスト教文化が年を追うごとに市中に浸透し、一定の信者を獲得していったことを反映して、明治一八年に及んで葬祭の上にもある変化が生ずることとなった。「葬祭の自由」がそれである。すなわち、函館においてはそれまで、土葬であれ火葬であれ、その埋葬葬祭はことごとく寺院が行ってきていたが、明治一八年を機にして、「教院・教会所」においても葬祭が可能になったのである[80]。この「葬祭の自由」の獲得こそは、函館におけるキリスト教が真の意味で、市民レベルで受容・定着したことを示すひとつの指標であると思われる。

以上、函館の近代宗教界は、神道・仏教そしてキリスト教が、それぞれ独自の宗教課題を抱えながらも、明治五年の教部省―教導職の設置、明治一七年の教導職廃止を分水嶺として、神道が各神社間のヨコの関係を密にしながら、いよいよ首座を固めていき、寺院は神社との連絡をとりながらも自立の道を模索し始め、対するキリスト教も着実に信徒の増大を図りながら、市中の理解も得ていこうとしていた。その三者が三様に描く宗教構図が、近世的伝統の展開図であったことは、改めて言うまでもない。

(1)　『明治維新神仏分離資料』(名著出版、一九八四年)
(2)　『神道大系　北海道』(神道大系編纂会、一九八三年)
(3)　同右
(4)　同右
(5)　同右

(6) 明治四年「社寺届」(北海道立文書館蔵)
(7) 『神道大系　北海道』(2)に同じ
(8) 同右
(9) 同右
(10) 同右
(11) 『開拓使公文書』五七三五(北海道立文書館蔵)
(12) 同右、五七一二
(13) 『神道大系　北海道』(2)に同じ
(14) 明治四年「社寺届」(6)に同じ
(15) 『神道大系　北海道』(2)に同じ
(16) 『開拓使公文書』○八七四
(17) 星野和太郎『北海道寺院沿革誌』(時習館、一八九四年)
(18) 「蝦夷地御開拓諸書付諸伺書類」(『新撰北海道史』五、所収)
(19) 『法源寺公宗用記録』(『松前町史』史料編一、所収)
(20) 明治四年「社寺届」(6)に同じ
(21) 函館高龍寺もまた同一の論理をもって、開拓＝開教を推進していた(『高龍寺史』高龍寺、二〇〇三年)
(22) 明治六年「教部省関係書類」(北海道立文書館蔵)
(23) 『北海道宗教殖民論』(坂本柴門の開拓意見書、一八九二年)
(24) 『菊池重賢文書』(北海道大学附属図書館北方資料室蔵)
(25) 同右
(26) 『開拓使公文書』五八七九
(27) 同右
(28) 田中秀和「北海道における宗教政策の展開とその地域的特質」(『地域史研究はこだて』九号、一九八九年)
(29) 『開拓使公文書』五四八二
(30) 同右、五七一二
(31) 明治六年「神社改正調」(北海道立文書館蔵)

(32)『神道大系　北海道』(（2）に同じ)
(33)『明治文化全集』宗教篇(日本評論社、一九七四年)
(34)『開拓使公文書』五七三五
(35)同右、五七七六
(36)『神道大系　北海道』(（2）に同じ)
(37)『開拓使公文書』〇八七四
(38)同右、〇五七五
(39)明治六年「教部省関係書類」(（22）に同じ)
(40)秋元信英「明治六年札幌神社の大教宣布運動と函館」(『地域史研究はこだて』一一号、一九九一年)
(41)『開拓使公文書』五七七五
(42)明治六年「教部省関係書類」(（22）に同じ)
(43)藤井貞文「明治政府の北海道布教」(『国学院雑誌』六四-五〇六、一九六三年)
(44)『開拓使公文書』五七七六
(45)『明治文化全集』宗教篇(（33）に同じ)
(46)明治八年「教部省関係書類」(北海道立文書館蔵)
(47)同右
(48)同右
(49)『日本外交文書』一-一(外務省外交史料館蔵)
(50)『世外井上公伝』(原書房、一九六八年)
(51)「洋教一件」(北海道立文書館蔵)
(52)同右
(53)同右
(54)同右
(55)『開拓使公文書』〇八七四
(56)同右
(57)『函館新聞』明治一二年一月三一日付

(58) 同右、明治一二年四月一四日付
(59) 同右、明治二一年一二月二五日付
(60) 同右、明治一四年六月九日付
(61) 『亦成講社規則』・『亦成講社喜捨金収納簿』(函館東本願寺別院蔵)
(62) 「高龍寺移転一件」(北海道立文書館蔵)、『高龍寺史』((21)に同じ)
(63) 『開拓使公文書』五七三五
(64) 明治一五年度「神社費明細表」(北海道立文書館蔵)
(65) 『函館新聞』明治一四年一〇月一〇日付
(66) 同右、明治一七年八月二〇日付
(67) 「函館松前檜山招魂社明細帳」(北海道立文書館蔵)
(68) 『函館新聞』明治一一年六月二二日付
(69) 「函館風俗補拾」(『函館市史』史料編一、所収)
(70) 『札幌競馬沿革誌』(北海道乗輓馬協会、一九三六年)
(71) 『函館新聞』明治一四年五月二四日付
(72) 明治一六年「願伺届録」(北海道立文書館蔵)
(73) 「高龍寺移転一件」((62)に同じ)
(74) 『函館支庁日誌』(北海道立文書館蔵)
(75) 『杉野家文書』(杉野家蔵)
(76) 「高龍寺移転一件」((62)に同じ)
(77) 『函館新聞』明治一一年一一月六日付
(78) 明治一二年「社寺願伺録」(北海道立文書館蔵)
(79) 『函館新聞』明治二二年一一月二三日付
(80) 同右、明治一八年六月一二日付

第二章　都市寺院の成立

第一節　明治期の高龍寺

神仏分離の嵐と「紛々の評議」の中の船出

さきにみた函館における神仏分離の断行は、都市寺院である高龍寺に対してどう具体的に行われたのであろうか。それを物語るのが「明治五壬申八月・十月巡回日記」[1]の次の史料である。

弁天町　曹洞宗　高龍寺　中私祭

曠野金毘羅薬叉王　木像一体
大弁財天女　木像一体
大黒天則摩訶加羅天　木像一体
北辰妙見大菩薩　木像一体
十体龍王　木像　金毘羅ヨリ龍王迄五品、皇朝ノ神祇ニ紛敷ニ付、引上テ可然哉。
多聞天　木像一体

金剛薬叉王　木像一体
韋駄天　木像一体
招宝七郎大権修理菩薩　木像一体
三拾三番観世音菩薩　木像三拾三躰
十一面観世音菩薩　木像一体
十六善神　画像一幅
以上拾弐品

これによれば、明治五年(一八七二)当時、高龍寺で私祭されていたのは「金毘羅」を筆頭に「十六善神」に至るまでの一二品であった。神仏分離の調査の結果、「金毘羅」から「十体龍王」の五品は、「皇朝ノ神祇ニ紛敷」しいという理由で、引き上げ(撤収)することを命ぜられた。この金毘羅神は、その昔、神明宮の神主から譲り受けていたものであったが、いま皮肉にも、それが引き上げ対象となったのである。神格的にいえば、確かに薬師如来の神力をもって衆生を守護するこの金毘羅神は仏教的な神であり、神仏分離の対象となるのは、理の当然である。

この手厳しい明治五年の神仏分離調査も、既述した開拓使の神仏分離観の転換を受けて、妥協の中に終息することになり、高龍寺の金毘羅神も九死に一生を得ることとなった。

この金毘羅神はこれ以後、高龍寺の中核的な尊神として奉斎されて今日に至っていることを考えれば、「衆生の守護」よりは「高龍寺の守護」を果たしてきた感がしないでもない。

国下海雲を擁する高龍寺は実のところ、その神仏分離の調査に戦々兢々とするほど、ひ弱ではなかった。海雲は明治二年(一八六九)に箱館戦争で甚大な被害を蒙ったことを、「去巳歳五月中当港戦争之砌」、烽火のため諸堂残らず類焼し、寺旦とも至極難渋したことを述べ、ついては臼尻・尾札部・椴法華村の「朽入候品」で「不要之木品」のうち、角壱木材を二分位で払い下げてくれるよう、開拓使に申し出るなど、類焼後の高龍寺再建に向け、躍起であった。(2) 神仏分離の調査の前年のことである。

このように、神仏分離も物ともせず、前向きに近代への舵を切った高龍寺であったが、この時期、寺内にはある種の「期待と不安」の悩みが底流に渦巻いていた。それはほかでもなく、函館中教院をめぐる分掌問題についてである。既述したように、明治政府において教部省の設置と併せて地方の宗教行政の中核と目され、注目されていたのは、函館中教院にどこの寺院が選出されるかであった。

その結論は、既述したように、明治六年二月、浄土真宗の西本願寺派願乗寺に決定した。この決定の具体的な経緯なり理由は管見の及ぶ限り、そう明確ではない。推測をたくましくすれば、この決定は願乗寺にとって、まさに「漁夫の利」の選出であったと想定される。松前藩制史の流れでいえば、地理的問題を別とすれば函館中教院にどこよりも相当するのは、寺格と寺歴から判断して、松前の曹洞宗法幢寺であろう。さらに曹洞宗以外に探すとすれば、浄土真宗では松前の東本願寺派専念寺か、函館の函館東本願寺別院(浄玄寺)であろう。

しかし、開拓使と大教院はその寺格と寺歴を優先させずに願乗寺を選んだ。それは何ゆえであろうか。函館の地に限定するなら、願乗寺とともに候補に挙がるのは浄玄寺と高龍寺であろう。それが願乗寺となったのは、一つに、曹洞宗内における松前法幢寺と高龍寺の二大寺院の選別に苦慮したためであり、二つに、松前専念寺の系譜に属する浄玄寺よりは、幕末以来、箱館奉行所に信の厚かった西本願寺派を重視したからではなかろうか。

もしこの仮定が許されるなら、箱館奉行所との関係も良好であった高龍寺であるから、寺格を超えた法幢寺の同意ないし支援があれば、高龍寺の函館中教院は十分実現したものと推定される。

既述したように、明治六年の函館中教院体制の船出は、願乗寺を核に、東本願寺派の浄玄寺(能量寺ともいう)と高龍寺を従えた三寺の連立によるものであった。

高龍寺にしてみれば、函館中教院=願乗寺の決定は、自らの幕末以来の実績から考えても、決して腑に落ちるものではなかったであろう。

しかし、国下海雲も大教院＝開拓使による函館中教院＝願乗寺の決定には素直に従い、

弁天町内ニオケル説教所、手広ケ所も無之趣、承知仕候間、方今御趣意柄ニ御座候間、拙寺ニテ御用弁ニ相成候様仕度、此段不日奉伺上候。以上。

第二ノ二小区弁天町二十三番地
曹洞宗高龍寺
住職　国　下　海　雲　印

明治六年癸酉年第五月十九日

民事
御役所

と、弁天町には自寺以外に手広い所がないので、自寺を説教所（第三説教所）にと協力を惜しまなかった。が、この第三説教所による説教も翌明治七年二月二一日には、国下海雲が市内の寺院惣代をするなど繁忙のためであろうか、廃止され、神明社内の皇典素読所に会場を移している。(3)

こうして、願乗寺＝函館中教院体制が何とか滑り出した直後の明治八年、既述したように中央で浄土真宗による大教院分離問題が発生し、大教院は解散したのである。この報は当然、北海道にも届いた。この知らせを受けて、一番色めきたったのは、さきに内心「中教院」を夢みていた松前法幢寺であったのではなかろうか。(4)

中教院に代わるものとして、「合議所」もあるという中央の指令を機に、法幢寺はもちろん高龍寺も、浄土真宗の西本願寺派願乗寺を函館中教院とする体制は再編されるだろうと読んだに相違ない。そして実際、法幢寺は合議所設置申請に動き出した。しかし、法幢寺のこの申請は、現体制の存続を理由に開拓使の許可するところとならなかった。

明治六〜八年の時期は、函館中教院の選定をめぐり、それに多少なりとも関与しそうな寺院をはじめとして、道南仏教界は揺れに揺れたと思われる。

少なくとも、法幢寺と高龍寺を中心とする曹洞宗寺院はそうであった。そのことを如実に示す史料がここにある。少し冗長であるが引用してみたい。

寺院ノ内紛々之評議ヲ生シ、（中略）臨儀取計仕候度ト存、其旨五月十日尚又御省御達ノ趣モ有之ニ付テハ、愈《いよいよ》明年八年十月三日上申之旨意ニ因リ、函館港高龍寺ハ該地末派之内最モ開地ニシテ相応ノ寺場、福山町法幢寺ハ極貧寺ニ候得共、北海道中ノ宗務支局ニテ、末派ヲ掌理スベキ者ニ付、右二ケ寺最先ニ住職改選仕度之処、現住職トモ是迄《まで》都テ宗規ヲ以テ可罰程ノ過失モ無之、勿論宗教ヘ未熟ニシテ教義ノ回復スベキ腕力ニハ乏ク、尤世事ニ長シニ応接ヲ能シ候趣ニ付、今日沾願佇罷在候ニ付、乍去北海道ハ内国ト異ニシテ、人物ヲ精選シ布教盛大ニシ人心固結スルニ非ンバ、外教ノ巣窟ト可相成ノミナラズ、実ニ宗教盛衰ニ関スル儀ニ付、今般御達ニ準シ、至急改選着手致度、依テ別紙之通大凡見込相立候得共、尚該地ノ模様ヲ考察シ、宗内ノ情実ヲ思考スルニ、高龍寺住職国下海雲、法幢寺住職松永大孝、何レモ廿年来ノ住職故、前顕ノ如ク、各檀中交際上人情親察之儀モ可有之。且甲斐《かい》国大泉寺ハ常恒寺ト称シ、宗門一等ノ格地本山直末ノ列ニ有之。函館高龍寺ハ極メテ開地ニ候得共、格ハ無之。宗規ヲ以テ論スル事ハ辻顕高ヲ大泉寺ヨリ高龍寺ヘ転住セシムルハ、逆転ニ相成リ候、旁《かたがた》宗門管長ヨリ相達シ候テハ、却テ無謂動儀生ヲソレガ候。（中略）今回限リ特別之御詮議ヲ以テ、別紙宗門見込之趣、御省ヨリ開拓使ヘ御照会仕該歴ノ特選トナシ、両寺住職改選之手続御取斗被下、何分ノ御保護ニ預リ度候様仕度、此段只心ヨリ相願候也。（後略）

曹洞宗管長
大教正諸獄奕堂《もろたけえきどう》

教部大輔宍戸誠殿

この一文は、「明八年」の文言からして、明治七年に草されたもので、曹洞宗管長の諸獄奕堂が教部省の宍戸誠に宛てた書状である。

引用冒頭の「寺院ノ内」における「紛々之評議」とは、明治六年に端を発し同八年に大教院解教に至る浄土真宗の大教院分離問題をめぐる、曹洞宗寺院内の議論百出の状況を指すものと考えられる。端的にいえば、この明治七年段階において、どう再編されるやも知れぬ函館中教院とそれに代替する合議所設置をめぐる法幢寺と高龍寺の水面下のかけひきを指している。

この一大事に管長自らがその調停も含め、両寺住職の改選に乗り出し、併せて教部省に開拓使への照会を依頼したのがこの書状の趣旨である。

管長はその中で実にさまざまな法幢寺・高龍寺観を吐露している。例えば、函館高龍寺は当該地で最も開化された場にあるのに対し、福山(松前)法幢寺は極貧寺であるが、北海道の宗務支局の要にある。両寺の住職とも過失はないが、教義上の力量はない。ただ、世事には長けており人との応接も上手だ。とはいえ、北海道は内地と異なり、人心を団結させうる住職でないと、キリスト教などの外教の巣窟となってしまうので、早急に両寺の住職の改選に着手したい。高龍寺は「開地」にはあるが、寺格はないので、由緒ある甲斐国大泉寺から辻顕高が高龍寺住職になれば、「逆転」人事になる。

このようなことを管長自ら両寺に達すれば、いわれなき問題も生ずるので、今回だけは特別の詮議をお願いしたい。

諸獄管長はこのように、赤裸々に思いの丈を宍戸に述べたあと、法幢寺現住職の松永大孝を副住職にしたのち、新住職には小松万宗を任ずるとし、高龍寺については次のようにする旨を述べた。

北海道渡嶋国亀田郡函館

高龍寺住職

権少講義国下海雲

右ノ者自今同寺副住職ト致度事

山梨県下甲斐国山梨郡古府中

大泉寺住職

権少教正辻顕高

（本年五月以来北海道へ派出滞在ニ付）

右ノ者、自今函館高龍寺住職ト致シ度

このように、法幢寺と高龍寺の現住職を副住職に更迭し、もって新体制で渦中の函館中教院問題を曹洞宗の論理で解決したいと構想したのである。この曹洞宗を挙げての一大人事構想も、開拓使側の「現状維持」の示達により、空中楼閣となった。もちろん、高龍寺の国下海雲も法幢寺の松永大孝も留任となった。

宗門内の分掌変遷

紆余曲折の中に始動した函館中教院体制にあって、高龍寺は曹洞宗門のみならず仏教界の中で、どのような活動を展開したのであろうか。ここでは、まずその制度的分掌を跡づけることを通して、高龍寺の明治期における位相をうかがってみよう。

既述のように、高龍寺は明治六年に函館中教院の第三説教所となったものの翌七年にはそれを返上した。同八年、松前法幢寺が従前の「録所」から「曹洞宗支局」となったのを受け、同一〇年、曹洞宗協会条例に準拠して高龍寺は法幢寺とともに札幌中教院のもとの「中教支院」ならびに「総教会」に指定された。その中にあって、高龍寺は「乙第一号曹洞教会」となり、「乙第二号曹洞教会」となったのは木古内村の大泉寺であった。ちなみに、法幢寺は「丙第一号曹洞教会」であり、その第二号は法源寺であった。

明治一四年に至ると、高龍寺は法幢寺ともども「中教支院」から「曹洞宗務局函館分局」と改称され、同一五年の開拓使廃止に伴う「廃使置県」により、高龍寺と法幢寺は各々、「第一号宗務支局」、「第二号宗務支局」となった。

以上のように、明治六〜一五年の教部省時代において高龍寺は、常に松前法幢寺と併走するようにして、道南の曹洞宗寺院を領導してきた。

この制度的な分掌と表裏一体の関係を示す住職個人の後職の変遷はどう展開したのであろうか。

高龍寺の国下海雲が、神仏分離以後の教導職制度の導入後、初めて任命された官位は、次のように明治六年に拝命した「十二級試補」であり、この時、五三歳であった。

禅宗　高龍寺住職
　　　在籍
十二級試補　　国下海雲
　　　　　　　年五十三歳

この「十二級試補」者にはその辞令と教導用の「教憲」が送付されるはずであったが、それを運ぶ米国郵船エクエール号が常州沖で沈没する騒動があり、再交付となった(5)。

明治七年に至り、国下海雲は「十二級試補」のまま、次のように、松永大孝とともに宗門の「教導取締」に任ぜられた。

渡島国津軽郡福山
　法　幢　寺　住職
　　十二級試補　松　永　大　孝
同国亀田郡函館

高龍寺住職

十二級試補　国下海雲

右　今般開拓使下北海道十壱箇国一宗内教導取締申付候間、此段及御届候也。

明治七年三月十三日

明治八年七月、海雲は晴れて「権少講義」、同一〇年に松永大孝ともども、「少講義」に補された。そして教導職時代において、最終的に上りつめた位階は、次のように、「権大講義」であった。時に、明治一六年二月二七日のことであった。

権中講義　国　下　海　雲

補権大講義

明治十六年二月二十七日

内務省

国下海雲はこのように、自ら教導職の任を全うしながら、高龍寺を北海道の拠点寺院として整備し発展させることに余念がなかった。その様子を末寺建立の中につぶさに検証してみよう。

末寺の建立

幕末から明治二一年の遷化に至るまで高龍寺を領導した国下海雲は、想像を絶するパワーで寺勢の拡張につとめた。『北海道寺院沿革誌』によれば、海雲が明治期に創立した末寺は次の六カ寺に上る。

第一は、明治六年の根室開法寺である。既述したように、この開法寺には、当時どのような要望のもとに造立されたかを伝える貴重な生の声が残されている。これはひとり開法寺だけでなく、おそらく、すべての寺院造立にも通底する声であると思われる。

根室国根室地方ハ明治六年開法庵(曹洞宗)設立ニ至ル迄一ケ寺ナク、又一人ノ僧ナシ、故ニ同朋死スルモ葬ムルニ地ナク祭ルニ人ナク、古来幽冥ニ迷フモノ其数幾百千ナルヲ知ラサルナリ。豈啻《あにただ》是レノミナランヤ、甚シキニ至テハ、死躰ヲ海ニ投スルノ止コトヲ得サルニ及ヘリ。斯ノ如キハ、万物ノ霊タル人類ノ忍フヘキ所ナランヤ。若《も》シ夫《それ》根室地方往時ノ態ヲ回想セハ、果タシテ如何ンソヤ。斯《かく》ノ如キハ是レ禽獣ト掄《えら》ムコト能ハサルモノナリ。(6)

造立当初、「開法庵」と呼ばれた開法寺が建てられる前は、地内に寺がないため、死者が出ても、それを供養することがなく、死体を海に投棄するしかなかったという。それでは禽獣と同じであり、万物の霊長たる人間のなせることではない。そんな理由から一庵の造立となったというのである。してみれば、海雲はそのような地内の切実な求めに応じて開法庵を建立したことになり、それ自体、一個の人間の営みとして高く評価される。

海雲はこのような崇高な事業を、明治七年の寿都の龍洞院、同一三年の根室の耕雲寺、同一六年の広尾の禅林寺、同一九年の標津の龍雲寺、そして同二一年の釧路の定光寺の造立の中に実践していったのである。前にみたように、海雲は幕末においてすでに四カ寺の末寺造立を行っていたことに思いをいたせば、生涯の中で十カ寺の末寺を造立していたことになる。

明治六年に高龍寺の末寺として造立された開法庵は、同一三年七月に至り、寺号公称を開拓使に願い出て、年末の一二月二三日にはそれが許可された。この開法寺の新生に際して、高龍寺は本寺として、

寄付什物調

一　本尊　釈迦如来
　　　　　文殊菩薩
　　　　　普賢菩薩
　　　　　地蔵菩薩

右ハ本寺高龍寺ヨリ寄附

というように、寺院の生命ともいうべき本尊類を寄付している。[7]

明治七年に宗門の「教導取締」に任ぜられた海雲は、時を移さず森村と寿都郡中歌村へ説教巡廻して小教院を設立するなど、精力的に教導職としての任を全うした。その旺盛な教導ぶりは、それ以後も続き、同九年には古宇郡の地蔵堂を小教院にすべく開拓使に働きかけた。[8]

海雲がこのように、「教導取締」として宗門全体のために勤仕する一方、自寺高龍寺の基盤づくりにも専心したことは当然である。例えば、明治期における寺内の諸供養、そして観音菩薩を祀る縁日が執行されていた。

拙寺境内観音菩薩例年之通、来る八日より十日迠《まで》、縁日供養営弁仕候ニ付、此段御届奉申上候。以上。

明治四辛未年六月五日

高　龍　寺

海　雲　印

庶務御掛

御役人中

これが観音縁日としての初出史料であるが、文中にみえる「例年之通」の文言から推して、この観音菩薩は明治四年以前から祀られていたとみられる。

このような縁日の執行は、明治一〇年の地蔵菩薩や同一四年の金毘羅尊天にも確認される。[9] 後者の金毘羅尊天は、既述したように、明治五年の神仏分離調査の際、一旦は取り上げ・廃止の対象となった尊像であった。それが函館における妥協的な神仏分離調査に助けられ、従前どおり執行されて明治一四年にも継承されていたのである。

宗門の「教化センター」として

海雲を擁する高龍寺はこのように、その内外にわたり、拠点寺院としての面目を果たし、宗門を領導していたのである。これは視点をかえてみれば、高龍寺が宗門の「教化センター」としての機能を担い、それを実践していたことを示すものである。

実際、明治期の高龍寺には、「曹洞宗大教院派出函館高龍寺滞在　権少教正　辻　顕高」にみるように、東京の大教院から北海道教化を目的に派遣された辻顕高が滞在していた。明治一〇年七月、海雲はこの辻と一緒に札幌中教院の所轄寺院にまで巡教していた。

本宗大教院派出権少教正辻顕高、今般札幌中教院所轄内寺院中巡教被及候ニ付テハ、当寺住職国下海雲へ随行可致旨被申付、本人兼テ御届済ノ旨、今該地方罷越有之ニ付、（後略）

この同伴行脚は、七月末日から九月下旬までの丸二カ月に及ぶ長旅であった(10)。

この時期、宗門の「教導取締」でもある海雲の高龍寺には、専門教育を施す「支校教師」も大教院から派遣されていたことが、次の二つの史料から判明する。

(a)拙僧儀、本年三月該区台町高龍寺宗務支分局詰満期之処、来十六年三月迠延期之義、本宗々務局ヨリ被申付候、此段御届ニ及ヒ候也。

曹洞宗務局派出当区台町高龍寺
宗務支分局詰
中講義浅野義件　印

明治十五年四月一日

(b)当支局附属第一号専門支校教師之儀、今般　中講義浅野義件辞職仕候ニ付、本宗務局附属専門本校生徒訓導有田法宗、管長久我教正ヨリ別紙写之通リ、後教師受被申付、本年四月以後常在相詰僧侶並ニ信徒ノ輩、教育為致候間、此段御届申上候也。

函館台町曹洞宗高龍寺住職

教導取締

権大講義国下海雲

明治十六年四月十九日

(a)と(b)を総合すれば、明治一五年の頃の宗務支局の高龍寺には、「専門支校教師」としてまず浅野義件が大教院から派遣され、それが同一六年に有田法宗に交代していたことが知られる。

さきの辻顕高といい、この浅野義件と有田法宗といい、いずれも中央の大教院から派遣された宗門教育の専門家である。この専門教師を寺内に留め置くことは、とりもなおさず高龍寺が「教化センター」であることを示している。このような「教化センター」の宗教機能を持つ開港場の都市寺院には、本州の曹洞宗は言うまでもなく、それ以外の他宗派の修行僧も出入りしていた。

(a)

秋田県羽後国由利郡赤平村太平寺住職三島譚龍徒弟

試補　三島譚道

二十五年五ケ月

右之僧、去明治十三年七月以来、宗用ニ付、拙寺へ寄留罷在候所、今般宗用相済、本日廿五日帰国罷在候間、此段御届申上候也。

函館区台町高龍寺住職

権中講義　国　下　海　雲　印

明治十四年四月廿六日

開拓使大書記官　時任為基殿

(b)

秋田県羽後国由利郡岩座目沢村第廿一番地
龍安寺住職　内藤祖門徒弟
松永卓能
二十五年

右之僧、宗用ニ付、本月二十日拙寺へ来着仕、寄留罷在候間、此段御届申上候也。
函館台町高龍寺住職
権中講義　国　下　海　雲　印

明治十四年四月廿六日
開拓使大書記官　時任為基殿

(c)

陸中国花巻
普化《ふけ》宗松岩軒代　寛猛

右之僧兼而帰国可為致旨、御達ニ付、即日其段申付候処、南部大間乙松舩ニ而、今日ヨリ風待罷在、順風次第乗舩帰国申付候間、此段御届奉申上候。以上。
明治四辛未年　六月廿九日
高　龍　寺
海　雲　印

(a)と(b)は秋田出身の曹洞宗僧の寄留を示すものである。(a)の三島譚道の場合、都合九カ月もの間、留まったことになり、その帰国を待つかのように(b)の松永卓能が寄留申請している。(c)は他宗の普化宗僧の一時停泊を物語る一文である。この時期、高龍寺が他宗に対しても、広く門戸を開放していたのである。

明治期の高龍寺がこのように「教化センター」として、内外専門教師と修行僧を受け入れていたことは、何よりも機能的特性として注目すべきことであるが、同時に自寺の僧の研修も盛んに行っていた。例えば、その一環として、海雲の弟子の国下俊英が出京中に病気になり、船賃をはじめ止宿の旅籠料まで後日払いになるハプニングが起こったこともあった。明治七年のことである。

弟子国下俊英、辛未年中為修行出京之処、病気ニ而困窮帰函之手段無之ニ付、東京御出張所へ願立之趣ニ依、玄武船を以テ御届下シ之節、東京止宿旅籠料金弐円八拾五銭三厘、別上納仕候也。

第二大区二小区弁天町

高龍寺住職

国下海雲

七年九月十日

開拓使中判官　杉浦誠殿

この海雲の師弟愛ともいうべき、細やかな対応に人間海雲をしのぶことができる。(11)

大泉寺の地蔵庵をめぐる改宗問題

既述したように、木古内村の地蔵庵の始まりは、地内の浄土真宗の「無常堂」にある。それが、天保九年(一八三八)の頃、松前藩の巡見使が立ち寄った際、大泉寺が地内の葬祭などの世話をしたのを機縁に、「延命地蔵尊」を本尊とする大泉寺持の「地蔵庵」と呼ばれるようになった。

こうして、すでに決着していたはずの「木古内地蔵庵」問題が、明治一四年(一八八一)に至り再燃した。その様子を国下海雲は、かなりの危機感をもって、大泉寺住職の堀谷密禅宛に次のように認めた。(12)

陳者《のぶれば》、過日、本局辻教正殿直書到来ニ付、木古内地蔵庵事件者《は》、浄土宗転宗之趣ニ付、浄土宗大教院ヨリ打合相成候趣ニ相聞候。最早離旦改預候。(中略)愈《いよいよ》転宗改式仕候決断セリト聞及、右之協議之義ニ付、同村内協議之節者、漸《ようやく》三拾名程出席之由、伝承仕候。最早《もはや》更ニコバムベキノ理由無之、就而者、宗祖様モ同宗江転職心得ト相見申候歟、（中略）既ニ今十日斗《ばかり》之内ニ而、仏像半檀等持下リ決儀到候趣、扨々《さてさて》残情ニ難堪候事、実不平ニ者当惑至極候付、為心得申進候也。

この問題が曹洞宗の本局でも取沙汰されていたことが冒頭の文面からも読みとれる。奇妙なのは、この当時、地蔵庵が本来の浄土真宗としてではなく、浄土宗として処理されている点である。それは、浄土真宗の「無常堂」に由来する地蔵庵が大泉寺持となって約半世紀が経た結果、地内の古伝承が風化したためであろうと考えられる。浄土宗が同じ念仏門としてこの問題を扱い始めていたことが「浄土宗転宗之趣」という文言から判明する。文面によれば、この時期、地蔵庵の檀家は大泉寺を離れて浄土宗に改宗しようと、三〇人ばかりが協議に入っていた。海雲はこの改宗騒動を「残情に堪えがたき」ことであると、心懐を吐露している。

本局も、この問題については、苦慮の色を隠さず、辻顕高が海雲に次のように申し送ってきた。

（前略）先般申進候泉沢大泉寺末庵木古内村新寺創立事、堀谷氏熱情不相調趣ノ書面被差出、拙者へ別段書面モ被送候。能々披見仕候テ、局中色々心配仕候得者、迚《とて》も信徒ノ憤激、到底協儀ニハ不相成哉被察候。（中略）目下該地方へ浄土宗ヲ依頼シ、新寺設立ニ相成ル哉ノ趣モ有之。既ニ浄土宗東部大教院ヨリ当局へ内々問合ニ相成候。何ントカ信徒ヲ転ゼサル様ニ致度トノ局決ニ候。付テハ貴刹末庵モ一時モ早ク御取定メ、皆々法地ニ御取立可然存候。（後略）

この文面から浄土宗への改宗の動きは、もはや大教院レベルの話において発展していること、また曹洞宗本局としては、何とか信徒を転じないようにしたいと必死になっていることが読みとれよう。この改宗は「局決」までしてでも食い止めようとする一大問題となっていたのである。

また末尾にみえる「貴刹末庵モ」以下の一文は、本局として、海雲の高龍寺においても、この種の改宗騒動について未然に防ぐべきことを老婆心ながら言い及んだものであろう。

本局としての改宗防止の思いは、当然のことながら、当事者の堀谷密禅にも届けられた。

(前略)貴寺モ成丈ケ信徒ノ意ヲ和ケ半ハ相謝スル旨ニテ檀徒ヲ接留可然存候。無左候テハ、若シ離檀シ、別ニ本寺ヲ頼ミ新寺創立ノ願ナレバ、当局ニ於テ抑制ハ難成候。(中略)依テ貴寺ヨリ右信徒へ従前ノ協議ヲ侘入レ可成ハ貴寺ノ末寺ニシテ法地取立方、一時モ早ク御決心可然候。

辻は懸命に今回の改宗・離檀騒動について信徒を和らげるように努力すべきであると堀谷密禅を説得している。一方、紛争の渦中にいる信徒の生の声はどうなっていたのであろうか。旧檀家惣代人として竹田升五郎以下四人が住職堀谷密禅宛で、正式な離檀状を提出していた。明治一四年六月二九日のことである。[13]

拙者共義、今度貴寺之離檀候上ハ、当地蔵庵之義、無檀ニシテ、該庵ニ係ル寺費一切已来関係不致之義ハ、今更申進候モ無之。尤モ該庵廃止之儀ハ、其筋江願出之見込ニ候処、仮令無檀タリトモ貴寺ニ頼テ、已来該庵維持保存被成候御見込ニ候哉。其旨否御答相成候段及御懸合候也。(後略)

惣代たちはこのように、離檀後、地蔵庵の一切の費用とは手が切れることを確認しつつも、無檀のままで建造物としての地蔵庵の存続はあるのかと問いただしている。

明治一四年の大泉寺の地蔵庵をめぐる改宗騒動は、結論的にいえば、一部の離檀がみられたが、宗教施設としての地蔵庵そのものは存続することとなり、今日に至った。ともあれ、この大泉寺の地蔵庵問題は、江戸~明治期の長きにわたる改宗をめぐる稀有な歴史的な一大騒動であった。

この騒動を介して、高龍寺と大泉寺は、改めて、近代における法交の結びつきを深めていった。例えば、明治一一年の永平寺二祖大禅師の六百大遠忌賦金についても、大泉寺は自らの賦金「弐拾銭」を、高龍寺に送金して、一括送金している一点をみても、両寺がいかに一体であるかがわかるだろう。ちなみに、この時の高龍寺への賦金は「壱円五拾銭」であった。[14]

この翌一二年一〇月二二日、大泉寺は次のように、海雲を招聘して説教戒会を施行している。教導職・権中講義としての海雲をめぐる宗門上の交わりの一齣である。

今般拙寺檀中信徒之懇願ニ付、函館高龍寺住職権中講義国下海雲ヲ請シ、来ル廿二日ヨリ廿八日迄、説教戒会施行仕度奉存候間、此段及御届候也。

このような宗門上の結びつきのもと、大泉寺の堀谷密禅は、海雲が旅行中の地蔵堂祭典などにおいては、その執行届を代理人として函館県令時任為基に届け出るなどしていた。この点、近世以来の関わりは明治期においても、不変のものとして存続していた。

明治期の高龍寺と永平寺

近代国家が天皇制の浸透を目指し、北海道へ教部省―教導職体制を定立させたのは、明治七年のことであった。その中にあって、曹洞宗が札幌に中教院、函館高龍寺と松前法幢寺にその支院を置いたのは同一〇年であった。この一中教院―支院体制のもとで、既述したように高龍寺の国下海雲は活発な末寺建立や布教活動を展開した。海雲が遷化《せんげ》した明治二一年以後、曹洞宗はまた新たな布教路線を北海道に敷いた。それは明治二九～三〇年のことである。すなわち、明治二九年(一八九六)、曹洞宗両本山(永平寺・總持寺)は、北海道布教に本格的に乗り出すべく、道内に三つの宗務支局・教導取締を設置した。(15)

三つの支局とは、「曹洞宗務第一号支局は此の正法寺にあり、第二号は全道最も繁栄の海港たる函館高龍寺にあり、三号支局は松前福山の龍雲院にあり」と、小樽の正法寺、函館の高龍寺、松前の龍雲院であった。

この三支局体制を固めた上で、明治三〇年、両本山は次のように北海道への布教構想を打《ぶ》ち上げた。

台湾は我が南門の鎖鑰《さやく》にして北海道は実に我が北方の関門たり、彼れが一衣帯水を隔てゝ呂宋《ルソン》群島に接し、西、清の福建を麾《さしまね》き以て泰西《たいせい》航路の咽喉たる如く、此れは露領樺太に接し遥かに西比利亜《シベリア》の曠原を指し、其の鉄道竣工と共に東欧運輸の権を握らむとす、東亜の文運は此の二関門を通過して発達すべく、我が国力は此の両鎖鑰によりて振張すべし、苟《いやし》くも宗門の基礎を国家の上に樹立し、以て百年の大計を策せむとするもの、南、台湾に心を注ぐと共に、又、北方、北海道あるを忘るべからず。

北海道は南の台湾とともに、北方の関門として、国家経略上、重大拠点と位置づけられたのである。幕末から明治前期の高龍寺を領導した海雲が遷化したのは明治二一年のことであり、その跡を嗣いだのは上田大法であった。大法は明治二二年に吉祥女学校を創立する一方、同二一年八月に焼失していた堂宇伽藍の再建に着手した。二二年に庫裏《くり》、二五年に越後の篠田宗吉を棟梁として本堂建築を起工し、三〇年に柱立式、三三年に上棟式をあげる一方、土蔵と広富尊天堂の建築を終了する「第一工事」を完結した。次いで、三三年から開山位牌堂と回廊設置にとりかかり、三四年七月六日を期して入仏式を挙行した(第二期工事)[16]。

また、上田大法は市内の豪商寺井四郎兵衛と消防部長仲山与七と計り、仁愛慈恵の志のもと、明治三三年に函館慈恵院の創立に貢献した。

この三人の慈善的事業に対して、当時の林悦郎函館区長は次のように賛美を惜しまなかった。時に明治三三年一一月一一日のことである[17]。

(前略)顧ふに諸君の仁慈は着々として是より事実に顕《あら》はれ、不幸の同胞は飢餓凍寒の苦を免れ、各其職を得て業に就くことを得べく諸君の美徳は社会の亀鑑《きかん》として永く後世に伝ふるに至らん。(後略)

このような上田大法の寺内外を問わない稀有な功績は、おのずと曹洞寺門全体の認知するところとなったのだろう。高龍寺は明治三四年中、「特別の功労に依り、常恒会地に昇格するところ」となり、そして、この年の夏、「法幢開闢江湖会」を修行した[18]。

ちなみにいえば、曹洞宗寺院にあって、「常恒会地」とは、次のように「二等」の寺格に相当するものである。すなわち、曹洞宗は明治三九年(一九〇六)の「曹洞宗宗制」の第一四条の中で「寺格」を、

一等　　二等　　三等　　四等　　五等　　六等　　七等　　八等　　等外
常恒会地　片法幢会地　随意会地　一等法地　二等法地　三等法地　四等法地　平僧地　等外地

と、一等から等外に至るまでの九等級に分類したのである。その上で、「宗制」は次の第一五条で、等級に応じた修行すべきことをこう定めた。

一　常恒会地ハ毎年夏冬二会結制ヲ修行シ、片法幢会地ハ毎年夏冬ノ内一会結制ヲ修行シ、随意会地ハ満二年乃至満五年ノ内一会結制ヲ修行スヘキモノトス
二　一等法地乃至四等法地ハ伝法ノ僧侶ノ住職スヘキモノトス
三　平僧地又ハ等外地ハ本寺ニ隷属シ伝法セサル僧侶又ハ尼僧ノ住職スヘキモノトス

高龍寺はここに寺格一等の常恒会地として、毎年夏と冬の二回にわたる結制を修行する北海道における最大の拠点寺院となったのである。明治初年、寺格の低さに悩んだ高龍寺は、いまその最高の寺格を有するまでになった。まさにこの点は北海道曹洞宗史上に特筆される一事象であるといえよう。北海道の表玄関に位置する函館高龍寺には、本山の北海道布教の都度、その往復時、管長ないし貫主の親化があった。

その最初は、高龍寺がまだ常恒会地になる前の明治一五年のことである。

這回《しゃかい》曹洞宗大本山管長大教正久我環渓来道一般巡化ノタメ、来ル六月二日、当港到着ノ趣申来候ニ付テハ、三日ヨリ九日迠、説教幷宗祖承陽大師証号会授戒執行仕候間、此段前以テ御届申上候也。

函館区台町　曹洞宗高龍寺
権中講義国下海雲

十五年五月廿五日
函館県令時任為基殿(19)

この一文が示すように、管長久我環渓の北海道布教に際し、国下海雲が授戒会を寺内で執行したのである。

二回目の親化は、海雲の遷化後の明治三〇年七月一六日のことである。この時の管長は性海慈船禅師であった。同禅師は同年九月にも三回目の高龍寺親化を執行した。[20]

こうした親化の中にあって、最大のクライマックスは高龍寺を直接対象にした明治三九年の時である。「曹洞宗宗制」が制定された明治三九年一〇月三日、常恒会地に列した高龍寺への永平寺貫首性海慈船禅師の親化がそれである。小雨の中、上田大法をはじめとする檀家総代の杉浦・相馬そして吉祥女学校の生徒たちの盛大な歓迎の様子を『宗報』第二三七号はこう伝える。

早暁山越停車場にて御洗面函館駅に至れば高龍寺主上田大法、外法会委員一同は杉浦相馬の檀家総代及檀信徒を引率して歓迎せり。雨尚ほ止まさるに吉祥女学校生徒三百余名停車場に整列し迎意を表せり。

この折、同禅師は吉祥女学校に「法杖を枉《ま》げ」て校舎を巡覧し、生徒一同に「茶菓料」を下付した。併せて、さきの函館慈恵院の旨趣を聞き及んで、若干円の寄付もしたという。

同禅師は明治四三年九月九日にも、札幌から秋田への親化の際、高龍寺に立ち寄った。この時の高龍寺は提灯行列で歓迎し、盛大に見送った。

函館ヨリ高龍寺主外杉浦高橋両居士ハ、本郷迄御出迎ヲ為シ、同車ニ陪乗セリ。(中略)檀信徒ノ重ナルモノ各自ニ提灯ヲ点《とも》シ、停車場ニ整列シ、歓迎ヲ為シ直チニ準備セル腕車ニテ高龍寺ニ御案内ヲ為ス。猊下ハ、御着アリ例ノ如ク本尊前ニ三拝アリテ、慈雲閣ニ御安座アラセラル。(中略)翌十日、猊下ハ午前九時三十分告暇アラセラレ田村丸ニ御乗船アリ御見送ノ人ハ、壱百余人高龍寺主外三五人ノ人士ハ本船迄御見送ヲ為ス。[21]

北海道の拠点となった高龍寺には、永平寺貫主のほか、本山派遣の布教僧も巡化の折、一時滞在し、関係者に説教を行った。その一例が明治三一年六月一六～二五日に至る宇野黙音による布教である。高龍寺の歓迎ぶりもさることながら、その説教を前向きに受けとめている檀信徒の熱情は筆舌を超えたものがあった。その雰囲気を次の「北海道布教日報」の一文にうかがってみることにしよう。

（前略）波止場より人車にして高龍寺内二号支局へ着す。取締上田大法氏に面談し、布教の日割順路等に付商話す。上田氏は高龍寺住職なるを以て、諸事懇篤に待遇せらる。翌十七日より一週間特に高龍寺に於て、布教の為め、滞在ありたき旨、同港本宗旦徒より懇請により、其意に任せ毎日午後二時より説教す。又毎暁仝寺安居爾伝の為、心経を講義す。滞在中旦徒の懇請により、高龍寺にて二回、音羽町仝出張所にて一回仏教演説す。滞在中、仝寺の監督にかゝる吉祥女学校へ出張し、同校生徒及婦人協会員の為め、法話演説す。又廿一日午後説教後、同寺檀徒杉浦嘉七氏の特請により、仝氏別荘に到り、薬石の供養を受く。廿四日は音羽町出張所に於て、昼間説教・夜間仏教演説す。聴衆満堂立錐の地なく盛大を極む。(22)

この一文にみるように、この頃の高龍寺信徒は、説法者の地位の如何にかかわらず、その説教に耳を傾けていたのである。このように外なる巡化親化による刺激を受けた高龍寺は、寺坊においても一層内なる教化につとめることになる。その一つの結実が明治四一年の『宗報』第二七〇号が次に報ずる「高龍寺禅学会」の創始である。

住職上田大法ハ、時事ニ感スル所アリ専ラ道俗ノ修養ニ資セン為メ、函館禅学会ト云フヲ組織シ、毎月第一第三日曜日ニハ音羽町法務所ニ於テ証道歌直截（中村東流）伝心法要（富田瑞峯）、第二第四日曜ニハ青柳町法務所ニ於テ正法眼蔵行持巻（難波真瑞）寒山詩（大石顴山）ノ講話ヲ為シツヽアリ。

上田大法が道俗の修養を目的に、音羽町と青柳町の法務所において定期的に禅学会を組織したのである。明治時代において、海雲も、またその後住となった上田大法の世にあっても、大本山永平寺と高龍寺との関係は不動であった。例えば、海雲は晩年の明治二一年、永平寺に通ずる「本山道路」の修復についても、北海道函館第二宗務支局の取締として寄付募金に余念がなかった。(23)この種の募金活動は、高龍寺単体の浄納とは異なり、ある意味、全く奉仕的貢献であった。

高龍寺は永平寺に対するこの慈善的奉仕を、上田大法の時も発展的に継承した。例えば、大法が明治三五年の「高祖大師六百五拾回大遠忌」に際して、その大法会の配役にあたる「臨時副監院」の要職を四月三〇日から五月七日まで勤仕したのは、その何よりの証左である。[24]

一寺の発展は、ひとり高龍寺と大本山との関わりや結びつきだけで負えられるものでない。この寺院間における本末関係の揺るぎない発展を、現実に下から支えるのは、この明治期にあっても、その檀信徒であった。

高龍寺檀家と永平寺

この点、高龍寺の場合、多くの篤信檀家に恵まれていた。その一例を次に実例に即して紹介してみよう。

国下海雲の世の明治一一年、檀家の熊谷たけが、一族の供養として「祠堂金拾円」を本山に寄付することがあった。たけはこの寄付を通して、二人の位牌(両仏供養)への参詣を丁重に依願した。たけの篤信ぶりは、ついには「大禅師様御直筆」の依願へと転じ、一檀家と大本山との善縁がそこに結ばれるほどであった。

こうした一檀家と大本山との結縁が一朝一夕にして生まれるものでは、もちろんない。そこには、仲介役としての高龍寺が次のように介在していた。

開拓使下高龍寺檀中熊谷タケより、両霊ノ為、祠堂金拾円寄附有之ニ付、左ノ通賞詞御達可然。

賞詞案

高龍寺檀中　熊谷多慶

来応禅迎居士・禅入現心信士之両霊ノ為、祠堂金拾円納付、奇特之至、依テ賞典トシテ、宗祖影像小軸ヲ授与セリ。愈《いよい》ヨ信心堅牢可致候事。

明治十一年一月廿三日

曹洞宗

越州　大本山[25]

高龍寺は熊谷家の寄付に対する「賞詞」として「宗祖影像小軸」を大本山に申請していたのである。この図式こそは、檀家—菩提寺(高龍寺)—大本山永平寺の三位一体の結びつきを実現した理想態であろう。高龍寺から大本山への寄付は檀家個人の場合よりも、団体たる吉祥講を介して行うことがこの明治期においても主流であった。菓子昆布の送付に対する、明治一七年七月三〇日付の次の収納書がその証左である。

証

一　菓子昆布　拾五把

右ハ、該港東吉祥講中ヨリ、大師御真前へ例年通、献備相成、正ニ収納候也。

越前総本山永平寺監院

明治十七年十月三十日

函館東吉祥講中　世話係

西村本次郎殿

伊藤又左衛門殿

白鳥茂助殿

吉祥講によるこうした大本山への寄付に対しても、高龍寺はさきの個人檀家と同様、次のように、しかるべき賞典の下付を永平寺に申請した。

北海道函館区台町高龍寺

一　当寺明治十八年ニ於テ、曹洞教会吉祥講社組織以来各支部組長・世話人中教会隆盛経営ノ為ニ、最モ忠実ニ尽瘁《じんすい》シタル者有之候。因テ是等篤信者ノ功労ヲ慰シ、且ツ将来外護奨励ノ為、賞典御下賜仰キ度候間、茲《ここ》ニ篤信者ノ組長及ヒ世話人ノ姓名ヲ列ネ、連署ヲ以テ奉願上候也。

函館曹洞教会吉祥講々長

高龍寺住職

上田大法　印

主任布教師　中村東流　印

明治四十年六月十七日

越本山出張所監院

御中

この申請を通して、吉祥講の講員と高龍寺はもとより、講員と大本山との結縁も深まると同時に、高龍寺と大本山永平寺との本末関係がより堅固になることは、もはや多言を要しない。(26)

以上のように、高龍寺は明治期の国下海雲と上田大法の世に、常恒会地の指定に象徴されたように、北海道の第一等の拠点寺院となった。それを可能にしたのが、何よりも海雲と大法の領導する高龍寺の自助努力であるとしても、それだけでは実現不可能である。やはり、その足場を支えたのは、篤信の檀信徒たちであった。高龍寺にあっても檀家―菩提寺―大本山の三位一体の結びつきなくして、拠点寺院への成長はありえなかった。明治期における高龍寺の伸展は、寺史全体からみる時、高龍寺の「成長」と位置づけられるだろう。

音羽法務所と地蔵堂

寛政年間(一七八九～一八〇一)の『東蝦夷地道中記』に初めて、地蔵堂という名がみえる。それは寛政七年(一七九五)、地内に高龍寺が地蔵堂を設置したのにちなむと伝えられる。実は、この地蔵堂に祀る「お地蔵さま」の由来については、諸説があって定まらないのが実情である。

一つには、地蔵町の豪商川崎屋が邸内にあった石地蔵を地所と一緒に高龍寺に寄付したという。二つには、高龍寺の末僧豊眠が創立した地蔵堂によると。三つには、地蔵町にお堂もなかった頃、海辺に石の地蔵さんがあったのを、子供たちが引きずりまわして遊んでいるうち、鼻が欠けたので「鼻かけ地蔵」として、高龍寺が地蔵堂を設立したのだと。そして第四説は、檜山管内の上ノ国に流れ着いた木造のお地蔵さまがいつの頃か箱館に移されて祀られていたのだと。この四説のいずれが真実を伝えているかをここでにわかに決するのは難しいが、あえていえば第四説を除く、三つの説の複合するところに真実がありそうに思える。

この地蔵堂があった豊川町付近は、幕末になると、民家が増え始め、明治一七年(一八八四)頃から、墓地も整理され始めたことから、明治二九年、地蔵堂は現在の若松町(旧、音羽町)に移転することとなった。この地蔵堂移転の二年後の明治三一年、高龍寺は布教拡大を目的として、現在地に音羽法務所を建設したのである。

この音羽法務所は幾度か猛火に包まれたが、その都度、再建を重ね、昭和九年(一九三四)の大火後に上田大法が建立したのが、平成一三年まで存続した音羽法務所である。(27)

第二節　高龍寺と吉祥講

吉祥講の始まり

高龍寺が明治期に北海道内唯一の近代都市寺院として成立する上で、組織的に大きな原動力となったのが吉祥講という信仰組織であった。それは、近世以来の寺内で祀られてきた金毘羅尊天祭などの祭祀を一気に組織化したものであるといっても過言ではない。

それでは、高龍寺にとって、吉祥講はどのような経緯で結講され、どのような宗教活動を展開したのであろうか。

まず、吉祥講の開始について「近代総持寺文書」はこう伝える。(28) 総持寺の大禅師が、明治一七年(一八八四)以前のある時（この絶対年代は不明）、化僧を派遣し、函館、福山（松前）、江差地方に布教方針を施したのをこの嚆矢とする。しかしこの時は「三十戸未満ノ団結ニシテ、吉祥講ノ名義ヲ存スルノミ」であった。この廃絶の瀬戸際にあった同講を「組織改良シ、以テ起シ」たのは、当時高龍寺に教導職の育成を図るべく設置されていた支校教師の有田法宗であった。時に、明治一七年四月。有田はこの新生の吉祥講に、「内においては有縁信者の信根の培養と安心立命の素懐」を、外においては「徳義の互換と海外への伸展」を求めた。

ここに、有田法宗を発起者にして内外への曹洞宗の拡勢を目的に開始した吉祥講を布教係として担ったのは佐々木珍龍であり、講社長として支えたのは高龍寺住職国下海雲であった。

明治一七年中に、不毛半開の根室、草莽未墾の釧路地方に奔走し布教につとめた結果、一年にして、吉祥講加入者五〇〇名を数えるに至った。この実績をもって、有田法宗を介して本山に上申した結果、貫主妙光台より「曹洞教会吉祥講」の公称を許されたのである。これを機に、吉祥講に関する計画布教の万般が講社長の国下海雲に委任されることとなった。

海雲はさっそく、三カ年計画による全道一一カ国の布教を立ち上げ、七カ国に布教実践したところ、早くも信徒加入者二千有余名に至り、「各地方ニ結社ノ余縁アルヲ以テ、新寺創立ニ着手スル事業」がすでに十カ寺になった。したがって、同一九年に「吉祥結社規則」を作り上申したところ、首尾よく許可となり、即刻、僻島の国後《クナシリ》・択捉《エトロフ》島方面にも布教の手を伸ばすこととなった。こうした苦難を乗り越え、同二一年には、吉祥講の信徒数は三千有余名に達するに至った。

以上が、吉祥講の結成とその後の布教活動の概要である。講社長の国下海雲からこのような吉祥講の来歴を踏まえつつ、布教実績を提示して、大本山永平寺に「布教係　佐々木珍龍、発起者　有田法宗、講社長　国下海雲」の連名で申請したのが、明治二一年七月一日付の「北海道曹洞教会吉祥講布教ノ僧ニ付御願」であった(29)。

その申請とは、端的にいえば、次のような布教師の二人の派遣と布教費用の付与依頼であった。

茲《ここ》ニ野納《やのう》専ラ懇願スル所ハ、将来当講社ヨリ規則ノ通リ、御本山ヘ納附スベキ金額ヲ以テ、布教其任ニ堪ユル者、年毎ニ、二員ヲ派遣シ賜フテ、該布教ニ関スル一切ノ衣資、悉皆大本山ニテ御附与被成下度奉嘆願候。

国下海雲はこの依頼と併せて詳細な「布教費予算表」を添付して申し送った。その総計と内訳はこうであった。

金二百〇四円也

内　訳

金八拾四円也

但シ、巡廻師壱名一ケ年度衣資

金二拾四円也

但シ、根室地方布教師衣資

金二拾四円也

但シ、釧路地方布教師衣資

金二拾六円

但シ、寿都地方布教師衣資

計如高

右、布教実施入費之予算、如斯ニ候也。

吉祥講の実態

それでは、吉祥講の実際の加入実態はどうなっていたのであろうか。それを明治二〇年を例に紹介してみよう。(30)

「明治二十年度吉祥講積金納票」

納高総計

金
　内　訳
一　金二円五拾銭　函館西組第一号吉祥講中
一　金五円也　仝　西組第二号
一　金四円也　仝　西組第三号
一　金六円五拾八銭　仝　西組第四号
一　金四円也　仝　西組第五号
一　金三円四拾銭　仝　西組第六号
一　金三円五拾銭　仝　山背泊組
一　金二円八拾八銭　函館東組第二号
一　金四拾五銭　仝　東組第三号
一　金三円二十五銭　仝　南組第一号
一　金三円二十五銭　仝　南組第二号
一　金三円也　仝　南組第三号
一　金二円五拾銭　仝　南組第四号
一　金弐円八拾五銭　仝　南組第五号
一　金三円十六銭　仝　住吉町組
一　金三円八拾九銭五厘　茅部郡森村講中
一　金二円五拾二銭　仝　鷲木村講中
一　金一円八拾銭　仝　蛯谷村講中

一　金一円也　仝　本茅部村講中
一　金一円卅二銭　仝　石倉村講中
一　金六拾銭　仝　落部村講中
一　金六拾銭　仝　野田生村講中
一　金七拾四銭五厘　仝　茂無部村講中
一　金一円廿銭　仝　山越内村講中
一　金八拾四銭　仝　由追村講中
一　金一円三拾銭　仝　八雲村講中
一　金二円〇四銭　仝　尾白内村講中
一　金一円四拾四銭　仝　掛間村講中
一　金四円也　仝　砂原村講中
一　金二円五拾銭　茅部郡本別村講中
一　金一円廿銭　仝　鹿部村講中
一　金二円五拾二銭　仝　熊泊村講中
一　金三円十二銭　仝　臼尻村講中
一　金三円廿六銭　仝　川汲村講中
一　金三円四十八銭　仝　木直村講中
一　金四円四十六銭　仝　尾札部村
一　金三円五拾銭　後志国寿都郡樽岸村講中
一　金五円也　仝　寿都東組

一　金五円也　　　　　　仝　寿都西組
一　金二円五十二銭　　　茅部郡熊泊村講中
一　金三円也　　　　　　仝　川汲村講中
一　金四円六拾八銭　　　仝　尾札部村講中
一　金三円八十四銭　　　仝　木直村講中
一　金六拾銭　　　　　　仝　古部村講中
一　金三円十二銭　　　　仝　臼尻村講中
一　金三円　　　　　　　仝　大中山講中
一　金三円卅二銭　　　　亀田郡亀田村講中
一　金一円九十二銭　　　亀田村湯ノ川通講中

総　計
金百卅四円九拾八銭也

別紙吉祥講納金表進達仕候間、各組へ宛テ昨年之通リ領収証御授与被成下度、奉願上候。但シ、先年中監院寮へ願上置キ候如ク、右金員ヲ以テ、該講組織諸入用ニ御下附被下度、此段奉願上候也。但シ、該組織ニ関スル入費明細書並ニ納金票共、進達仕候間、御照監被下度奉願上候也。

函館高龍寺中
布教係　佐々木　珍龍　印
函館高龍寺内支校詰
発起者　有田　法宗　印
函館高龍寺住職

講社長
国下海雲　印
代印　佐々木珍龍　印

明治二十一年六月一日

越　御本山

監院御中

この吉祥講積金納票をみると、函館の東西南の一号から六号に及ぶ綿密な組織は、茅部郡をはじめ寿都郡・亀田郡の村々にまで至っている。実に網の目をめぐらしたような組織化といえよう。

当然のことながら、この積金に基づいた明朗な決算書も、国下海雲は大本山に提出した(31)。

ところで、さきの国下海雲の布教師二人の派遣と布教費の補助依頼に対して、大本山の回答は結論的にいえば、本山への浄納を免ずる反面、各組からの積金で自己運営をするようにとの達であった。

布教師ヲ派遣スルハ管長ノ職掌ニシテ、一本山限リ為ス事能ハズ。該講社ハ最初ヨリ、管長ニ関係ヲ及ボサザレバ、(中略)当本山ヘ納ムル講金ノ如キハ、仮令規則ニ明文アリトモ、納否ハ該講社ノ適宜トス。故ニ、今後当本山ヘ納ムヘキ金員ヲ、布教費用ニ充テ、地方ニ於テ相等ノ教師ヲ撰定スルハ妨ケナシ。元来、当山ハ該講社ノ組織ニ就テハ、信徒ヲ団結シ、布教盛大ヲ庶幾スルノミニシテ、金員ヲ収納スルニ意ナシ。依テ本年度以後ハ、本山ヘ納金スルヲ止メ、講社集金三分一ハ、都テ布教費ニ宛テラルベシ。

言うなれば、吉祥講は大本山への浄納を免除される代わり、その認知は一私講社としての公認にとどまることとなったのである。

しかし、一つの私講社として認知された吉祥講であったとはいえ、その後の大本山への形を変えたさまざまな浄納は既述したように永平寺と高龍寺とを結ぶ強い絆になって機能していたことを考慮すれば、いかに吉祥講の結成が都市寺院としての高龍寺の発展に大きく貢献したかが知られよう。

（1）『高龍寺史』（高龍寺、二〇〇三年）
（2）同右
（3）同右
（4）明治一〇年「教部省関係書類」（北海道立文書館蔵）
（5）『高龍寺史』（（1）に同じ）
（6）星野和太郎『北海道寺院沿革誌』（時習館、一八九四年）
（7）『高龍寺史』（（1）に同じ）
（8）同右
（9）同右
（10）同右
（11）同右
（12）同右
（13）同右
（14）同右
（15）『宗報』（曹洞宗中央機関誌）四号（一八九七年）
（16）同右、一〇二号（一九〇一年）
（17）同右、九六号（一九〇〇年）
（18）同右、一二三四号（一九〇一年）
（19）『高龍寺史』（（1）に同じ）
（20）『宗報』二〇号（一八九七年）
（21）同右、三三五号（一九一〇年）
（22）同右、四二号（一八九八年）
（23）『高龍寺史』（（1）に同じ）
（24）同右

(25) 同右
(26) 同右
(27) 同右
(28) 同右
(29) 同右
(30) 同右
(31) 同右

第三章　大正・昭和戦中期における函館の宗教界

第一節　「体制宗教」としての寺社

近代函館の宗教構図

まず、この時期の函館における神社の神社神道についてみると、函館には、表43に示すように、社格対象外にある函館護国神社を別として、社格別にみると、国幣中社として函館八幡宮、県社として東照宮、郷社として山上大神宮・亀田八幡宮、村社として厳島神社・船魂神社・住三吉神社・海神社・稲荷神社（高砂町・上湯川）・湯倉神社・大山祇神社、無格社として豊川稲荷神社・大森稲荷神社・稲荷神社（台町）・水天宮・乃木神社というように、一七社が勧請されていた。

この国幣中社・県社・郷社・村社・無格社という具合に社格が決定されたのは、函館支庁の場合、明治九年（一八七六）のことであった。かかる格づけは、種々の面で神社の間の序列として、日常生活の中に反映されていた。その一例として、各社の祭典費用がある。その概要を表化したのが表44「崇敬社・郷社・村社費」(1)である。

これによれば、国幣中社・県社などの崇敬社の祭典費は二四円であるのに対し、郷社は一四円二〇銭、村社に

表43　函館の近代神社

神社名 社格・所在地	沿　　　革
函館八幡宮 国幣中社 谷地頭番外地	・一説に領主河野政通が文安2年(1445)に創建とも，慶安年間(1648～52)に赤川村より遷座とも伝える ・文化元年(1804)箱館奉行所設置につき会所町に移転。同奉行所の祈願所となる ・明治2年(1869)，朝廷より供米料金50両の下賜 ・明治11・12年の火災により焼失，13年に谷地頭に遷座 ・明治14年，明治天皇の北海道巡幸に際し，9月6日宮内大書記官の参向あり ・明治29年，国幣中社に列す。神域拡張と神殿改築の議あり ・大正7年(1918)，竣工式挙行(総工費14万500余円) ・大正11年7月8日，摂政宮の北海道行啓に際し，東宮侍従の参向奉幣 ・昭和11年(1936)10月10日，聖上陛下の北海道巡幸に際し親拝あり ※例祭日：8月15日
函館護国神社 汐見町28	・官祭函館招魂社は明治元年の箱館戦争の官軍兵の英霊を祭る(160余人) ・明治9年，明治天皇奥羽巡幸の際，開拓使3等出仕杉浦誠を同社に参向祭祀あり ・明治10年より，6月20日を大祭とす。明治38年，大祭日を5月6日と改正する ・大正2年3月28日，日清・日露戦争の戦病者102柱の合祀許可。例祭日を5月11日に改める ・明治44年の東宮殿下，大正11年の摂政宮殿下および昭和11年の今上陛下の北海道行幸の際，祭祀料の下賜あり ・昭和9年3月の函館大火により社務所類焼，同9月新築 ・昭和14年4月1日，官祭函館招魂社を函館護国神社と改称。函館連隊区管内(2市70カ村)を崇敬区域とす ・昭和14年5月，函館出身の日中戦争戦没者および函館連隊区管内出身の日清・日露・満州・日中戦争の戦没者371柱，同じく同16年に159柱，同17年に539柱を合祀 ・昭和15年6月28日函館護国神社の新築計画，同17年10月12日本殿遷座(総費用44万7,000円)。同18年7月17日官修函館墳墓の改修落成
東照宮 県　社 蓬莱町47	・寛政年間(1789～1801)，幕府が東蝦夷地の直轄を機に様似に社壇を建造したのに始まる。五稜郭の築城にあたり上山村に神殿を造営 ・明治2年，箱館戦争により焼失，春日町天祐寺に移転。同7年谷地頭に奉遷し，村社に列す ・明治11年，南新町に奉遷，翌12年5月蓬莱町に移転 ・明治24年，本殿・拝殿落成 ・明治43年，社務所改築落成 ・大正3年郷社に列す。同11年県社に列す ・昭和9年3月の函館大火に類焼，同9月に復興 ※境内社として，高田屋稲荷と称す稲荷神社および高田屋嘉兵衛の船中に奉斎した金刀比羅宮を勧請 ※例祭日：6月17日
山上大神宮 郷　社 船見町125	・元禄元年(1688)の頃，亀田より箱館片町に遷座と伝える。初め神明社と号す ・明治2年焼失，のち再築。同7年山上大神宮と改称 ・明治11年の大火で本社と境内社を焼失し，仲新町天満宮へ奉遷 ・明治12年堀江町より出火，住吉町住吉神社に奉遷 ・明治15年，船見町に移転。同35年11月，社殿落成 ・昭和7年，本殿新築竣工 ※例祭日：7月16日
亀田八幡宮 郷　社 八幡町19	・明徳元年(1390)，千代ケ丘に，また慶長8年(1603)に建立すと伝えるが不詳 ・松前藩政期，藩主の敬信あり ・明治9年に郷社に列す ・明治40年，神庫以下新設落成 ・大正3年，警衛所落成 ・昭和4年，社務所新築落成 ※例祭日：9月15日
厳島神社 村　社 弁天町87	・建立年次不詳。初め弁天社と号す ・享和元年(1801)，海中を埋築して移す。文化9年(1812)，町の坤に移す ・文政4年(1821)，弁天地に遷座 ・明治4年，市杵島大神と改称し，村社に列す ・明治35年，厳島神社と改称 ※例祭日：7月20日

神社名 社格・所在地	沿　　　　　革
船魂神社 村　社 元町49	・創建不詳。初め観音堂，のち船魂大明神と号す ・嘉永3年(1850)改築，明治12年村社に列す ・明治25年，本殿改築 ・明治42年大火に類焼，一時函館八幡宮に遷座。同年中に帰還 ・大正6年，本殿拝殿改築に着手
住三吉神社 村　社 住吉町118	・創建不詳。安永年間(1772～81)に再築と伝える。初め住吉神社と号し住吉町海岸の丘陵にあり ・明治7年，境内社の稲荷・海幸神社を合祀，同8年村社に列す ・昭和9年の大火により，船見町の山上大神宮に遷座。同10年，明治7年に秋田の三吉神社を分霊奉遷した三吉神社を合祀して住三吉神社と改称 ※例祭日：9月17日
海神社 村　社 西川町82	・安永元年(1772)，海上安全豊漁祈願のため，地蔵町に勧請。初め龍神宮と称す ・明治6年，豊川町の大火類焼により，西川町に移転 ・明治44年，本殿・塀垣を新築 ・大正13年，村社に列す ※例祭日：7月6日
稲荷神社 村　社 高砂町102	・鎮座年次は不詳。文政年間(1818～30)に再建 ・明治5年の神社改正の際，函館八幡宮に合祀，同12年高砂町に仮移転 ・大正2年，若松町の大火で類焼，同6年再建 ・昭和13年，本殿改築，同14年，村社に列す ※例祭日：7月25日
湯倉神社 村　社 湯倉町43	・創立不詳。明治9年，村社に列す ・明治43年，下湯川村無格社湯沢神社(安政3年建立)を，同45年，下湯川村稲荷神社(嘉永2年建立)を合祀 ※例祭日：9月8日
稲荷神社 村　社 上湯川215	・明暦2年(1656)の建立。明治9年に村社に列す ・明治44年，上湯川村鱒川大山祇神社(嘉永2年建立)を合祀 ※例祭日：9月10日
大山祇神社 村　社 庵原79	・安政元年(1854)の建立。明治5年，村社に列す ・明治35年焼失，年内に再建 ・大正2年，亀尾村大山祇神社(安政2年建立)を合祀 ※例祭日：5月12日
豊川稲荷神社 無格社 豊川町20	・文久2年(1862)の勧請。初め函館八幡宮の摂社 ・明治6年，町内出火で類焼，翌年再建 ・明治32年および同40年の町内出火で類焼，その都度再建 ・昭和7年新築竣工 ※例祭日：7月22日
大森稲荷神社 無格社 大森町28	・勧請年は不詳。明治7年再建 ・明治30年および同44年に改築 ・昭和9年の大火で社殿・祭器類一切を焼失。同12年新築 ※例祭日：9月10日
稲荷神社 無格社 台町7	・勧請年は不詳。明治元年，社殿建築，同12年堀江町の火災で類焼 ・明治15年再築，その後数度の暴風雨で大破，同29年再築 ※例祭日：6月20日
水天宮 無格社 東雲町7	・勧請年は不詳。初め東川町(元の東川小学校の地)にあり ・明治22年，現在地に移転 ・昭和9年3月の大火で一切焼失。同年6月，東京都日本橋区の水天宮を分霊奉斎 ※例祭日：7月5日
乃木神社 無格社 乃木町30	・大正2年，函館教育会および乃木会が乃木将軍を顕彰したのに始まる ・大正5年，乃木神社殿を造営 ※乃木会の会長は函館要塞司令官があたるを常とす ※例祭日：9月13日

『函館市史資料集』第12集より作成。

表44　崇敬社・郷社・村社費

祭　　名	崇敬社	郷　社	村　社	備　　考
元始祭	3円	1円80銭	1円	1月3日，天皇の位の元始を寿ぐ祭
紀元節	2円50銭	1円50銭	75銭	2月11日，神武天皇の即位を祝う祭
祈年祭	3円	1円80銭	1円	陰暦2月4日，天皇の安泰・国家の安寧を祈る祭
神武天皇遥拝式	1円	60銭	35銭	4月3日，神武天皇の崩御にちなんだ遥拝式
神宮遥拝式	1円	60銭	35銭	皇室の祖神を祀る伊勢神宮の遥拝式
孝明天皇遥拝式	1円	60銭	35銭	明治天皇の父の孝明天皇にちなんだ遥拝式
六月大祓	75銭	45銭	35銭	万民の罪穢を祓う神事で，6月と12月に行う
例　祭	7円	4円	2円50銭	当該神社の定例祭
新嘗祭	3円	1円80銭	1円	陰暦11月の卯の日に行われる祭りで，天皇が新穀を天神地祇にすすめ，またこれを食す万民の罪穢を祓う神事
十二月大祓	75銭	45銭	35銭	万民の罪穢を祓う神事
札幌神社遥拝	1円	60銭	35銭	札幌神社に対する遥拝式
計	24円	14円20銭	8円35銭	

至っては八円三五銭というように、社格による祭典費には歴然とした序列が厳存していたのである。

こうした神社間の序列化の現実も、確かに注目すべき事象ではあるが、それにもまして注意すべきことは、それぞれの神社において執行される祭典内容である。表44にみるように、一年を通して、一一種類の祭典が催されたのであるが、「備考」からも垣間見られるごとく、地域に直接根ざした祭りは例祭と札幌神社遥拝式だけであり、ほかの九種はすべて明治天皇を中心にした皇室崇拝、広義的にいえば、近代天皇制そのものの崇信であった。

ここに、私たちは、神社が神社神道＝国家神道の中核を担い、近代天皇制の直接的な推進体であったことをより明瞭に知ることができるのである。地域住民はさきの神官・僧侶の教導職による近代天皇制の教示に加え、その地域の神社の氏子として、その祭典に参加し、またその神社に参拝することを通して、確実に近代天皇制の信奉者として編入されていったことは、容易に推定されよう。

ちなみに、諸社の祭典費用の財源についていえば、当支庁管内崇敬社郷村社祭典費額別紙之通相定、来

明治十年一月一日ヨリ施行候条、此旨相達候事、但管内割費用之儀ハ、当分出港税之内ヨリ下渡候条、節々仕訳相添受取方可申出事。

函館支庁
開拓使三等出仕
杉浦　誠

明治九年□月(2)

という、開拓使函館支庁より達せられた各戸長・惣代宛の「達書」にみるように、祭典費用の財源は、函館の出港税(税関管轄)から支出されていた(3)。

さらにいま一つつけ加えると、各神社の神官数とその給費額(年額)は、次のようになっていた。

○県社　祠官一人　金五円
　祠掌三人　金三円五十銭
○郷社　祠官一人　金四円
　祠掌二人　金三円ツ、
○村社　祠掌一人　金三円

県社と郷社には祠官(社司、かんぬし)一人と祠掌(下級の神職、社掌)が各々三人ないし二人が配属されていたのに対し、村社に配置されたのは祠掌一人のみであった。さきの祭典費の配分額だけでなく、神官の配置の上でも、崇敬社と郷社・村社の間には埋めがたい格差が存在していたのである。神社間には、このような経済的格差があったにせよ、そこで祭祀されたのは、地域住民を近代天皇制の崇信・信奉へと導く敬神の道であり、それは各社に共通した宗教命題であった。

一方、近世幕藩体制にあっては、檀家制を基盤に、対キリシタン対策の寺請制の実践につとめることを第一義的な宗教命題としていた仏教寺院であったが、この近代においては、明治五年の教部省―教導職の設置を一大契機にして、神社とともに近代天皇制の一翼を担い、自らをもって「体制宗教」＝「自宗教」と任ずることになっていたのである。仏教寺院のかかる近代天皇制の推進体＝「体制宗教」とする位置づけ方は、大局的にいえば、明治五年を起点にして昭和二〇年の第二次世界大戦の敗北に至るまで変化することはなかった。

「自宗教」をもって自らを任ずる神社と仏教寺院が、近代天皇制の定着と普及を目指して年中行事的に執行した種々の祭典は、実はこの近代日本において、神社と仏教寺院だけで催されたのではなかった。近代天皇制の崇信・信奉化を図ったいま一つの祭典執行の場、それは学校であった。学校においても、紀元節・天長節(天皇の誕生日)・元始祭・神嘗祭はもとより、新嘗祭にも皇室に対する崇信ないしは忠君愛国の志気涵養が、祝祭日の学校儀式として制度化されていた。(4)

近代天皇制の貫徹のための思想教導が、神社・寺院という宗教施設のみならず、国民教育の学校現場においても展開されていたのである。ここに、私たちは、近代日本帝国主義の画したイデオロギー支配の測り知れぬ巧妙さを改めて思い知る。

このように、近代天皇制が神社・仏教寺院という宗教施設に加えて、教育機関をも活用しながら、その浸透を画策していったのは、何も函館だけの歴史事象ではなく、全く全国的なものであった。

函館における近代的宗教構図の特性は、そうした「自宗教」たる「体制宗教」としての寺社による近代天皇制の推進という一般的な営みの上に、金光教・天理教などに代表される、いわゆる教派神道の受容とその展開もあった点にある。

教派神道とは、一般に幕末~明治初年において、教祖の創唱宗教に端を発した宗教を指し、それは新宗教とも呼ばれた。この教派神道は一四派からなり、その内容は、神道本局(現、神道大教)・神道修成派・黒住教・大社教・扶桑教・実行教・大成教・神習教・御岳《おんたけ》教・神理教・禊《みそぎ》教・金光教・天理教・神宮教というものであった(このうち、神宮教はのちに財団法人神宮奉斎会となる)。この教派神道の函館への布教史を概観すると、こうである。

先駆けをなしたのは神宮教で、明治八年(一八七五)、函館に本部を設置している。(5) それより少し遅れて、箱館奉行所の官吏であった平山省斎が大成教の布教に乗り出したのは、明治二〇年のことであった。(6) 明治一三年の頃、北前船船長の土佐卯之助が小樽を皮切りに北海道布教を開始した天理教が函館に進出したのは、明治二六年のことである。(7) すなわち、森本喜三郎なる人物が函館鶴岡町(現、大手町・若松町)に函館出張所を開設したのをもって、函館での伝道の第一歩とするのである。函館に限定すれば、この天理教に先駆けて布教に成功した教派神道は、矢代幸次郎による金光教であった。時に明治二四年。(8) また、明治二九年には久須美豊作が御岳教を布教している。

こうしてみると、教派神道と総称される新宗教のうち、神宮教・大成教・金光教・天理教・御岳教などの主要なものが、明治八年から二九年の時期に函館において伝道を開始したことがわかる。

この新宗教に限らず、仏教・キリスト教も含めたすべての宗教の近代的な北海道布教の形態は、類別的にいえば、「都市型布教」と「宗教殖民型布教」の二形態に規定できると考えられる。おおむね前者が第一章で指摘した「沿岸型布教(開教)」、後者が「内陸型布教(開教)」に各々対応するものである。

したがって、近代に伝道された神宮・大成・金光・天理・御岳教等の新宗教などは都市型布教として函館に進出してきたことになる。これらの新宗教はいずれも、教義的には民衆的で現世利益的な性格を持つ半面、時代とともに近代天皇制の補完的性格をも併せ持つようになり、その意味で「自宗教」といえるものであった。これらの新宗教の諸宗教が、神社や既成の仏教寺院が形成している「自宗教」が厳存する現実を前にして布教を展開することは、かなりの難渋を強いられた。しかし一方において、函館においてはキリスト教という異文化を受容しているという現実から、新宗教も、比較的容易に、既成の神社・仏教寺院ともども、「自宗教」をもって任ずることができる宗教土壌があったと考えられる。

そうしてみれば、函館において、既成の神社による神社神道の上に教派神道が参入したことは、「自宗教」の信仰圏がそれだけその広さ・深さの両面から拡張されたことを意味する。換言するなら、「自宗教」を標榜する新宗教が近代函館の宗教界に進出することによって、函館における近代天皇制の浸透・定着は、加速度的に進行していくことになったのである。近代函館における宗教構図の基本的な枠組は、このように、既成の神社・仏教寺院と新参の新宗教の総和からなる「自宗教」によって構成されていた。しかしこの枠組全体は、これら「自宗教」のみで構成されていたのではなかった。

「異宗教」としてのキリスト教がその対極に存在していたのである。結論を先取りしていえば、近代函館の宗教構図は、神社・既成の仏教寺院および新宗教が形成する「自宗教」信仰圏と、キリスト教諸会派が形成する「異宗教」信仰圏という二つの信仰圏が相互に対峙する世界であった。信条的に「自宗教」が「体制宗教」の役割を担ったのに対し、「異宗教」がどちらかといえば、「反体制宗教」の色彩を帯びることになったことは言うまでもない。かといって、近代の函館において、「異宗教」としてのキリスト教が受容のその当初から、「自宗教」と相対的関係を有する「異宗教」として迎えられたのではない。キリスト教が函館において「異宗教」として遇されるまでには、幾多の苦難があった。

そもそもキリスト教＝邪宗とする宗教観が、相当程度払拭されるのは、全国的には、明治二二年に発布された明治憲法の第二八条「日本臣民ハ安寧秩序ヲ妨ケス及臣民タルノ義務ニ背カサル限ニ於テ信教ノ自由ヲ有ス」というもいわゆる「信教の自由」を契機としてのことである。とするならば、函館におけるキリスト教の受容・展開史は、「邪宗教」視に始まり、明治六年の禁制高札の撤去を機に、全国に先駆け、一個の自由な信仰体として「異宗教」視されるようになったと、段階的に捉えて大過ないだろう。

それゆえ、明治前期の近代函館の宗教構図は、神社と既成仏教の構成する「自宗教」を中心に展開しており、キリスト教は「邪宗教」と遇された。言うなれば、キリスト教は「自宗教」と信仰土壌を同じくすることはなく、土壌外に排斥されていたのである。それが、明治六年の禁制高札の撤去によって、その「邪宗」観念を徐々に解消した結果、キリスト教も、相対的な信仰の位相を獲得するに及び、近代函館の宗教界の中についに「異宗教」

として根づくに至ったのである。ここに「異宗教」キリスト教が、「自宗教」の神社・既成仏教および新宗教ともども、同一の信仰土壌に立つことになったことは、もはや多言を要しないだろう。近代函館の宗教構図は、同一の信仰土壌の上に、「自宗教」と「異宗教」という信仰における相対化の時代を迎えたのである。

「自宗教」・「体制宗教」としての神社

前掲表43「函館の近代神社」にみるように、各神社にはそれぞれに個別の「自宗教」・「体制宗教」としての来歴があるものの、その勧請背景には、地域住民の土地守護に対する期待感や、豊漁・豊作の祈り、あるいは海上祈念といった庶民の素朴な現世利益観が存していた点においてほぼ共通している。この体制や政治には無縁の、より現世的な祈りによって祭祀されていたのが、前近代における中・近世神社であったが、近代に入ると、その性格も見事に一変する。

神社は近代天皇制の推進体として、ほかの宗教世界をも領導する形で、近代思想界の中に君臨すべく、政治イデオロギー的に作り変えられたのである。こうして近代天皇制と表裏する形で生成した神社神道＝国家神道の一般的特性は、函館の近代神社においても例外なく存在した。その一斑としてさきに神社の祭礼内容を掲げたが、そこには皇室神・国家神を祀ることを体制的に義務づけられた近代神社の姿があった。近代神社の社会的・歴史的位相は、結論的にいえば「自宗教」としての自己認識のもと、近代天皇制の護持・推進の中に求められ、それが「体制宗教」の中核に位置していたのである。しかし、近代神社としての近代天皇制の護持・推進の具体的な内実は、それぞれの時代状況として顕現するものであり、一様ではない。

思うに、明治末〜大正期における神社の「体制宗教」の具体的ありようは、次の三つの領域に確認することができる。

一つは、近代天皇制の確立者であると同時に天皇制そのものともいえる明治天皇の崩御《ほうぎょ》前後における神社の宗教的対応である。

明治五年の教部省と教導職の設置に始まった近代天皇制の普及および神道の国教化政策も、同一〇年の教部省の内務省移管、さらには同一七年の教導職の廃止をもって一段階を画し、いよいよ国家神道＝神社神道の道筋は明確となった。明治政府によるこの国家神道化の基本政策は、これ以後、地方レベルにおける地域的組織化として現実化していくこととなる。すなわち、函館においても明治四三年(一九一〇)に至り、神官相互のヨコの組織化ともいえる「函館神職会」が結成されることとなり、従前の中央からの命令伝達に加えて、地域的な結束力が一層、強化されることとなった。

明治天皇の不例とその平癒祈念が連日のように新聞紙上に報じられるようになるのは、明治四五年七月二六日からである。例えば、七月二六日、神社による明治天皇の平癒祈念として、「八幡宮祭典委員及招魂社祭典委員八十余名、八幡宮に参拝して厳粛なる御平癒祈願をなす」を初出として、翌二七日には、山上大神宮・東照宮、二八日には亀田八幡宮・船魂神社・海神社、二九日には稲荷神社というように、各神社において、「陛下の御平癒を御祈念する赤子の至情」を禁じえない氏子による参拝祈念が繰り返された(9)。が、この国を挙げての神社を媒体とした神官・氏子たちの平癒祈願も甲斐なく、明治天皇は明治四五年七月三〇日に崩じた。明治天皇の崩御は日本国全体を悲しみに包み込んだことは、言うまでもない。神社ではこれを機に、今度は「神職遥拝式」を連日催すこととなった。すなわち、大正元年(一九一二)八月一日の函館八幡宮の遥拝式を皮切りに、同二日の海神社の報告祭、黒住教・御岳教・神習教などの新宗教による遥拝式、同四日の稲荷神社の遥拝式というように、諸神社ならびに新宗教による遥拝式が連日、執行されたのである。

明治天皇の平癒祈念に次ぐこの遥拝式のあとの最大のクライマックスは、大葬の儀式である。この大葬が執り行われたのは、九月一三日のことである。その日の『函館毎日新聞』は、第一面に「霊柩奉送の辞」を遺影とともに大見出しで伝え、併せて各階層からの「募集和歌」による「奉悼」特集を組んで報じた。

こうした神社による一連の明治天皇の平癒祈念および遥拝式の営みこそは、何よりも現実的な近代天皇制の思想的基盤を支える神社の「体制宗教」のありようを示しているといえよう。「自宗教」としての神社がこのように、自らの「体制宗教」としての役割を、まず、明治天皇の平癒祈念と遥拝式の中に発揮し、もって近代天皇制の忠実なる推進体を示したのであるが、これが神社の「体制宗教」としての宗教的実践のすべてであろうか。否、そうではない。「体制宗教」者の神社にとって、不可避的に果たさなければならない第二の宗教命題、それは、近代天皇制が対外的に引き起こした戦時に際しての戦勝祈念の営みである。

明治三七年（一九〇四）二月一〇日の宣戦布告をもって切って落とされた日露戦争について、『函館新聞』はその第一軍が五月一日に九連城を占領したことを、「海上に陸上に王師《おうし》の向ふ所敵なく、今や制海の権は我れの掌裡《しょうり》に帰し、敵の以て天険となせる九連城は古今未曾有の大激戦を以て我れの占むる所となり」と伝える一方、五月六日に「戦捷《せんしょう》祈念臨時祭典」を招魂社において行ったと伝えている(10)。

世も改まった大正三年（一九一四）七月二八日、第一次世界大戦が始まるや、日本は中国における利権拡大を目指し、日英同盟を理由に、八月二三日にドイツに宣戦布告。『函館毎日新聞』は、この布告を「東京電報」として、「帝国は本日午後零時より独逸国と国交断絶して交戦状態に入れり」と伝え、その中で、「宗教家への諭告」としてこう報じた。「此の際、宗教の事に従ふもの、教徒檀信徒を指導して、各自の向ふ所を誤らしめず、奉公の至誠を致すに遺憾なからしむべし(11)」と。戦時に際して、体制側が宗教家に求めるのは、こうした滅私奉公の道であり、神社においては、さきの日露戦争と同様に、戦勝祈念を執り行ったことは言うまでもない(12)。

函館の近代神社は以上のように、一方では自らを「自宗教」と位置づけ、また一方では「体制宗教」者として、近代天皇制の直接的推進体を自任して、明治天皇の平癒祈念・遥拝式ないしは戦勝祈念に余念がなかった。こうした営みは何も函館のみの宗教事象ではなく、日本の津々浦々に共通する営みであった。この明治末〜大正期の北海道宗教界において、函館が少しく特異な面を示すとすれば、そのひとつに明治三〇年の函館要塞の建設とそれを前提にした大正五年八月の乃木神社の造営を指摘することができよう。

明治三〇年一一月に函館要塞砲兵大隊を亀田村に置き、それを第七師団に属させたことに始まる函館要塞司令部の歴史が、軍事的には対ロシア政策を背景に始まったことは明らかであろう(13)。対ロシア政策の一環として設置された函館要塞は、その当初より、キリスト教、とりわけ、ロシアを本国とするハリストス正教会に対して、強い警戒心を持っていた。要塞司令部は案の定、日露戦争の宣戦布告がなされた明治三七年二月一〇日の前後、ついにその教会の教役者を露探(ロシアのスパイ)との理由で退去を命ずるに至った(14)。

一方、明治天皇の大葬の日、すなわち大正元年九月一三日に乃木希典《まれすけ》夫妻が殉じた。この殉死事件も、日本国中を悲壮と驚異のるつぼと化させた。この乃木将軍夫妻の殉死に関して、『函館毎日新聞』ももちろん、つぶさに報じた。殉死そのものというより、さらに一歩進めて乃木将軍にまつわる「乃木神社建設案」のことを、「一代の英将乃木将軍の雄魂を祀りて乃木神社となし国民思想に善感化を与へ、兼ねて将軍の偉風を万代に仰がんとする」と報道したのである。この「乃木神社建設案」が、函館において現実化したのは、その約五年後の大正五年八月のことである。前掲の表43「函館の近代神社」にみるように、乃木神社の母体をなした乃木会の会長は歴代、函館要塞司令官をもって任ぜられていたことからしても、この乃木神社の建設がいかに函館における近代天皇制の普及・定着に多大な影響を与えたかは、容易に推察されよう。

言うなれば、乃木神社の建造によって、函館における神社界はその総体として、「自宗教」としての自己認識ないしは「体制宗教」者としての使命感をより一層、深化させたのである。

函館の神社界は、明治天皇の平癒祈念・遥拝式ないしは戦勝祈念を厳修しながら、また、函館要塞や乃木神社の建造を通して、いよいよ「自宗教」・「体制宗教」としての宗教的立場を深めつつ、近代天皇制の中核的役割を遂行していった。が、近代の神社において、いま一つ看過してはならないことがある。それは、ほかでもなく、地域住民である氏子と一体化する祭礼の催しである。

この祭礼こそは、ある意味では、神社と氏子との根源的な結びつきの姿である。さきの天皇に対する祈念や戦勝祈念は、いずれも近代天皇制の名における歴史的な産物にすぎないからである。しかし氏子とともにある諸社の祭礼も、既述したように例祭を除いてはすべて、天皇制国家に対する宗教イデオロギーの喧伝体そのものであった。してみれば、神社と氏子との心の融合を意味する日常的な祭礼そのものに対しても、神社神道を標榜する近代天皇制の影が大きく反映されていたといえよう。

宗教イデオロギー的には、このように神社の祭礼も確かに近代天皇制の一環の中にあったが、一年に一度、氏子たちが祭礼を迎え、かつそれを楽しむ姿は、どこかしら、いつも底抜けに明るかった。

その様子を大正三年(一九一四)の函館八幡宮例大祭にのぞいてみることにしよう。(15)

第一次世界大戦の参戦を目前にした大正三年の八月一四日、八幡宮例大祭の宵宮祭が午後二時より催された。それには、初めて里神楽(維新後、御神楽は宮中に限定されたため、区別するためにこう呼称された)が興行され、見物人の山ができるほどであった。

翌一五日には奉幣使の参向があり、官祭を執行。午後より昨日と同様、里神楽が催された。この日は「藪入のこととて見物人非常に多く又運動場に催せる奉納角力《ずもう》も非常に繁昌せり」という、にぎわいをみせた。

またこの例大祭には「十四日午後より運転せる花電車は夜に入りイルミネーションを点じたれば美観言ふばかりなく至る所、線路の両側に人の垣を築き大喝采を博せり」と、花電車まで繰り出した。(16)

大正三年の八幡宮例大祭はこのように、大戦への参加という緊張する世界情勢をよそに、否、緊張する情勢であるがゆえに、余計に威勢よく、しかもにぎやかに、里神楽のみならず花電車まで仕立ての挙行となったのである。この時期、八幡宮例大祭が、イデオロギー的には、近代天皇制の展開と表裏する形で催されたことも事実であるが、それでも、里神楽や花電車に日頃の労苦をしばし忘れて興ずる庶民の顔には、祭礼に対して慰安と娯楽を求める、祭礼に酔いしれる本来の様子がみてとれる。神社の年一度の祭礼には、やはり、近代天皇制のイデオロギーとは一線を画す庶民の近世的な現世利益を求めてやまない土着的な伝統が、函館の庶民の間にも時空を超えて継承されているように思われる。

以上「自宗教」を自認し、併せて「体制宗教」の中核をもって自任もする神社界について、その近代天皇制との関わり方を、一つに天皇の平癒祈念・遥拝式、二つに戦勝祈念、そして三つに祭礼執行という三領域の中に少しく眺めてきた。

それでは、この神社界に領導されながらも、近代天皇制の破綻なき展開に欠かすことのできない思想的・宗教的役割を演じた仏教界の「自宗教」ないしは「体制宗教」のありようは如何であったろうか。

「自宗教」・「体制宗教」としての仏教寺院

明治中期から大正期の函館における仏教寺院も、「自宗教」として自己認識し、近代天皇制の推進を求められる「体制宗教」であったことは、基本的に前述の神道界と何ら変わらない。

つまり、明治政府の進める明治一〇年の教部省および同一七年の教導職の廃止に次ぐ神道国教化＝国家神道政策は、大略、明治二二年の明治憲法公布をもって完遂され、ここに仏教寺院も神道界と同様、体制の中に組み込まれたのである。が、その「体制宗教」として果たすべき宗教的役割が、仏教寺院と神社界では全く同一ではない。

既述のように、神社界にあって、庶民の慰労と娯楽の場としても機能していた祭礼は、神社の本来的な機能であった。神社のこの本来的な祭礼に相当するのが、仏教寺院にあっては、幕藩体制下に鎖国制の貫徹を目的に導入された、かの檀家制を基盤にした「葬式仏教」の営みである。言うなれば、近世社会の中で、国教化しつつ「葬式仏教」化した姿こそが、仏教寺院の本来的なありようとして、近代にも受け入れられることとなったのである。仏教寺院にあっては、檀信徒の祖霊供養がまずもって第一義的な宗教課題であった。その具体相は表45の「函館の近代寺院」の中に観察できる。函館においても、この表にみるように、三二もの仏教寺院が各々、檀信徒との間に財施と法施という「お布施と供養」の関わりを、日常的に持っていたのである。

さきの神社界と同じく、明治中期から大正期は、仏教界においてもヨコの組織化が進展した時代であった。明治前期の、上からの神道国教化政策が一応の完成をみたのを受けて、宗教界全体がタテと併せてヨコの連携を強め、もって「体制宗教」界の盤石な組織化を図ろうとしたのである。

仏教寺院にあっても、このヨコの組織化を通して、自らの「体制宗教」としての宗教課題を全うしようとした。結論を先取りしていえば、函館における仏教寺院の組織化の年代を確定することは史料的に難しいが、明治天皇の不例が報じられ、その平癒祈願が行われた明治四五年七月二八日の頃までには、その組織化は完了していたことは事実である。

「聖上陛下　御不例に渡らせ玉ふ趣　公布以来、函館仏教協和会、各宗寺院にては毎朝七時を期し御悩御平癒祈念法要を厳修[17]」というように、函館においては「仏教協和会」という、仏教界の横断的な仏教組織が結成され、これをひとつの受け皿として、天皇の平癒祈念が行われていたのである。

この平癒祈念は、さきの神社界と同様、当時の「体制宗教」を担う仏教寺院としては、祖霊供養に次ぐ第二の宗教実践ともいうべきものであった。この実践について、『函館毎日新聞』は、明治天皇の不例が伝えられた明治四五年七月二六日頃から、かなり詳細に報道していった。例えば、七月二六日付で天祐寺、同二七日付で函館東本願寺別院、同二八日付で天台宗および妙見堂(実行寺の小堂)、同二九日付で常住寺というように、仏教の諸寺院は、明治天皇の「御平癒御祈念」を懸命に施行したのである[18]。

こうした仏教寺院の祈禱も甲斐なく、明治天皇が七月三〇日に崩ずるや、今度は函館仏教協和会の主導による「熱涙溢るる崩御敬弔会《けいちょうえ》」が修された。

表45　函館の近代寺院

寺院名・宗派（本寺）・所在地	沿　革
高龍寺 曹洞宗（法源寺） 台町50	・寛永11年（1634），松前法源寺の末寺として亀田に創立。宝永3年（1706），弁天町に移転 ・天保8年（1837）の火災により，また明治2年（1869）には兵火でそれぞれ焼失し，その都度再建 ・明治11年の火災と街区改正により，現在地に移転。同21年，堂宇炎上 ・明治24年，仮本堂落成。同33年本堂・廻廊・位牌堂など落成 ※境内に慶応元年（1865）安置の吒枳尼天堂と高龍寺開創以来と伝えられる金毘羅尊天堂あり
地蔵堂 曹洞宗（高龍寺） 音羽町75	・寛政7年（1795）の創建 ・明治22年，堂内に私立吉祥女学校を設く。明治30年，同校は西川町に，本堂は現在地に移転 ・大正2年（1913），本堂改築，昭和9年（1934）の大火で焼失。のち復旧
地蔵堂 同上 住吉町8	・同地に地蔵菩薩を安置する共有墓地葬具保管所あり ・明治23年，上記の建造物を高龍寺の管理とし，同30年地蔵堂と公称 ・昭和9年の大火で堂宇焼失，安置仏は難を免る
道了寺 同上 梁川町101	・大正8年，教務所を設け布教従事 ・大正14年，聖徳太子1300年忌奉讃記念事業を機に道了寺を創設
北善宝寺 曹洞宗（万休寺） 湯倉町156	・昭和8年，羽州善宝寺より守護三尊を勧請し，福島県万休院の末寺として出願 ・昭和12年，寺号公称，同14年創立
龍吟寺 曹洞宗（高龍寺） 榎本町16	・明治26年以来，曹洞宗僧の伊達顕峯が同地に布教，同31年寺号公称 ・明治33年，改築整備
地蔵堂 曹洞宗 台町50	・建立年次不詳。享和2年（1802）まで山の上町にあって，各宗派の火葬場。 ・享和2年，各寺院境内での火葬停止により台町に移転。明治以後，一部外人墓地として使用
称名寺 浄土宗（光善寺） 船見町123	・正保元年（1644），僧円龍が亀田村に一宇創建。明暦元年（1655），阿弥陀堂と称し，元禄3年（1690），称名寺と公称し，松前光善寺の末寺となる ・宝暦5年（1755），富岡町（弥生小学校の所）に移転 ・明治12年の大火で類焼。同14年船見町に移転 ・明治29年の大黒町大火で焼失し，のち再建 ・明治39年，本堂再築竣工するが，同40年の大火で納骨堂を除き全焼 ・大正11年，本堂などの新築完了 ・昭和4年，総工費30万余を費やし，コンクリート工法による近代的寺院を建築 ※寺内に安永2年（1773），村山利兵衛の建立した「汐干塚」および「貞治之碑」「河野政通之碑」，また明治32年の函館要塞建設の折，函館山より移降した西国三十三番観音（天保4年に同寺の15世が安置）の一部を安置す
地蔵堂 浄土宗（称名寺） 住吉町71	・享和2年（1802），称名寺の末寺として創建。明治6年再建 ・明治24年，現地に移転 ・昭和9年大火により全焼，のち再建
大称寺 同上 田家町42	・明治21年，阿部稚苗が地蔵堂を建立したのに始まる ・明治27年，称名寺説教所となる ・大正4年，本堂などを新築，同9年に寺号公称
湯川寺 同上 榎本町10	・明治25年，称名寺の説教所として設置 ・大正8年，寺号公称

寺院名・宗派（本寺）・所在地	沿　革
新善光寺 浄土宗（善光寺） 春日町13	・安政6年（1859），有珠善光寺の僧仙海が相生町に一宇を創立し，説教所と称す ・明治10年，富岡町の称名寺と合併。翌11年，青柳町に仮堂宇を設け，善光寺休泊所とす ・明治16年，春日町に移転し，寺号公称 ・明治17年，新築完成。昭和9年の大火で安置仏を除き全焼，のち再建
念仏堂 同上 吉川町72	・慶応2年（1866），村中により建立 ※本堂は刑死人の埋葬地であり，俗に無縁寺と称される。極楽寺ともいう
実行寺 日蓮宗（法華寺） 船見町121	・明暦元年（1655），僧清寛が草庵を結び，元禄3年（1690），松前法華寺の末寺 ・延享年間（1744～48）あるいは正徳4年（1714）に寺号公称し，富岡町に移る ・明治12年の大火で焼失，同14年，現在地に移転 ・明治23年，北海道身延山触頭寺となる ・明治29年，仮本堂の焼失，同年再建 ・明治31年，僧日持の題目石を函館山頂より移して，境内に安置 ・明治40年焼失，同43年再建 ※境内に，天保3年（1832）創建の妙見堂，享和元年（1801）奉遷の妙音堂あり
常住寺 日蓮宗（久遠寺） 相生町42	・明治12年，亀若町に説教場を設く ・明治16年，蓬萊町に一宇創建し，常住寺と号し，同22年，現在地に移転 ・大正3年，火災により類焼 ・昭和5年，鐘楼堂竣工。同9年の火災で全焼，のち再建 ※境内に，明治19年東京の大乗寺より奉遷の鬼子母神あり
本門寺 法華宗（本成寺） 大縄町21	・明治45年，寺号公称 ・大正3年，堂宇落成
函館東本願寺別院 浄土真宗大谷派 （専念寺） 元町27	・寛永18年（1641），松前専念寺の浄玄が木古内へ阿弥陀堂を創立したのに始まる ・寛文9年（1669）のシャクシャインの蜂起で廃絶。元禄2年（1689），再び専念寺が泉沢に再建 ・宝永6年（1709）の頃，箱館に移し，宝暦9年（1759），専念寺掛所浄玄寺と公称 ・文政12年（1829）焼失，天保9年（1838），堂宇再建 ・安政5年（1858），本願寺箱館御坊浄玄寺と改称 ・明治9年，函館別院と改称 ・明治12年の大火で炎上，翌年仮堂なる ・明治14年，現在地に移転。同23年，新築落成 ・明治40年および42年の大火で焼失 ・大正4年コンクリート工法建築により竣工（北海道初の鉄筋コンクリート寺院）
箱館支院 浄土真宗大谷派 （函館東本願寺別院）	・明治37年創立
万年寺 同上 万代町216	・明治26年，富山県の真宗僧霊峰が亀田村に布教，同31年に一宇建設
明光寺 同上 戸倉町207	・明治27年，石川県の真宗僧賢成が下湯川村に説教所を開設 ・明治34年，一宇創設し，寺号公称
本願寺派函館別院 浄土真宗本願寺派 東川町1	・安政3年（1856），陸奥国願乗寺の僧法恵（のち堀川乗経と号す）が渡道布教，翌年一宇を創建し，本願寺掛所と称す ・明治32年の大火で焼失，同40年再築。同年類焼，同43年不燃質煉瓦をもって新築 ・昭和9年の大火に炎上，のち復旧

寺院名・宗派（本寺）・所在地	沿　　革
錦織寺 浄土真宗木辺派 的場町58	・大正7年，本山錦織寺より布教，翌年函館説教所の設立 ・昭和5年，現在地の千代ケ岱に移転，増築し，寺号公称
真宗寺 浄土真宗高田派 中島町143	・大正8年，大縄町に説教所設置，同11年に寺号公称 ・昭和6年，現在地に移転
興教寺 浄土真宗仏光寺派 亀田町78	・明治44年に創立出願，昭和6年に創立
真言寺 天台宗（延暦寺） 台町5	・文久元年（1861），僧寛純が天神町に創立，明治4年火災で焼失，同6年現在地に移転
天祐寺 同上 春日町16	・嘉永年間（1848～54）陸奥の僧広照が一宇を設け，天祐庵と号す。その後，様似等澍院の休泊所となる ・明治9年，等澍院の東照宮を本寺に移す ・明治18年，寺号公称。同33年，36年，41年および大正4年と改築あり ・昭和9年の火災で類焼 ※境内に広照伝来の歓喜天を祀る聖天堂と，創立不明の咜枳尼天堂あり
善光寺 天台宗真盛派 栄町147	・明治27年，天台宗僧の智円渡函し，東川町に説教所開設 ・明治31年，信州善光寺より分身阿弥陀仏を奉遷，同年類焼 ・明治35年，堂宇落成。大正7年，寺号公称，同15年現在地に移転 ・昭和9年の大火で類焼，のち復旧
高野寺 真言宗（金剛峯寺） 住吉町2	・明治17年，東川町に一宇建立，寺号公称 ・明治22年，堂宇竣工。同25年青柳町に移転 ・大正5年，現在地に移転 ・昭和9年の大火で焼失 ・昭和12年，コンクリート工法により本堂を竣工 ※境内に大正8年落成の大師堂あり
慈尊寺 真言宗豊山派 船見町136	・昭和21年，本寺創立。同33年湯殿山と号す
新注連寺 真言宗智山派 相生町24	・慶応3年（1867），羽州湯殿山注連寺の僧好見坊が龍神町に出張所を設く ・明治6年，豊川町より出火，のち相生町に再建。同11年，汐見町に移転 ・明治24年，寺号公称。大正9年焼失。昭和6年再建。同9年の大火で再度焼失，のち復旧 ※境内に明治17年以来の観音堂あり。昭和9年の大火で焼失。いまなお再建ならず
函館寺 同上 松風町19	・明治25年，新注連寺内に出張所を開設。同32年，寺号公称 ・明治45年に類焼。大正2年再建 ・昭和9年の大火で類焼，のち復旧
浄光寺 時宗（清浄光寺） 亀田町206	・明治15年，本山住職他阿尊教が渡道し，亀田念仏堂に滞錫。同23年，教務支所を設置 ・明治26年，寺号公称。大正11年，本堂改築落成

『函館市史資料集』第13集より作成。

函館仏教協和会奉伺

大喪に付　臣　大　法　茲《ここ》に函館仏教協和会の決議を具し　謹みて奉伺　天機　右伏願御執奏

大正元年八月一日

函館仏教協和会代表者

高龍寺住職　上田大法[19]

函館仏教協和会を代表して高龍寺住職の上田大法が、天皇崩御に対して哀悼の意を表したのである。以後、八月一日からの一週間は、連日のように、神道界の遥拝式と並んで、仏教界の檀信徒どもの「敬弔奉悼」の謹修記事が新聞の大半を埋め尽くした。こうした一連の奉悼儀式のいま一つの極みが、九月一三日の明治天皇大葬であることは、言うまでもない。函館の庶民も、他地域と同じく、自らの属する諸寺院ないしは諸神社において、大葬に遥拝の手を合わせたのである。[20]表現をかえていえば、仏教寺院は自らの「体制宗教」の役割としての第三の宗教実践ともいうべき「追弔奉悼」を丁重に修して余念がなかったのである。思うに、明治天皇の崩御を契機にして、神社界は当然であるが、仏教寺院においても、近代天皇制の推進役たる「体制仏教」の使命感をより強固にした。

天皇崩御から八年後の、第一次世界大戦のパリ講和会議が開催された大正八年、札幌において「北海道仏教連合会」の発会式が施行された。その趣旨は、「仏教的信念を鼓吹して国民道徳の根を樹立し、時代思潮を善導して風教の刷新に竭尽《けつじん》し、以て国家の進運に裨補《ひほ》する所あらんと欲す」点にあった。[21]この北海道仏教連合会の発会の動きに、さきの函館仏教協和会をさらに拡大した北海道における地域的一体化を盛り込んだ組織化が一層深化したことをみてとることは、そう困難なことではあるまい。

ところで、仏教界は宗教実践の点についていえば、その史的経緯からして、神社界をあくまでも補完する立場にあった。それゆえ、仏教界が自らの社会的位相をより十全なものにするためには、諸分野において、かなり意識的に活動の輪を拡げる必要があった。大正一五年六月一八日の「廿六ケ寺集り／満場一致決る／川田検事正発起の罪の人を救ふ保護会」という、「函館保護会」の結成などは、そうした仏教界の立場を背景にして誕生した宗教実践の拡張例のひとつであろう[22]。

函館仏教界にあって、これ以外にひときわ目立つ動きをした例として、典型的な「自宗教」ないしは「体制宗教」ぶりを発揮した日蓮宗を指摘できよう。

そもそも、北海道における仏教の受容とその展開を、布教対象を物差しにして跡づけると、「沿岸型布教」と「内陸型布教」の二類型に分類されることは、既述したところである。その二類型を、時間的にみれば、沿岸型布教が先行し、内陸型布教がそれに追随する形をとった。

一方、この二類型を、中央教団の布教形態でみるなら、これも既述したように、「都市型布教」と「宗教殖民型布教」と規定してよいであろう。さしずめ、函館の場合は、前者に属することになる。

日蓮宗にみる宗教殖民型布教と都市型布教

明治二〇年代の後半は、日清戦争に象徴されるように、近代天皇制国家の海外侵略が顕在化する時期である。この帝国主義的気運は、中央教団を巻き込むところとなり、北海道に対しては、宗教殖民型布教として現実化してきた。

日蓮宗が海外進出の一環として、この宗教殖民型布教の対象として選んだのは、旭川であった。すなわち、明治二六年（一八九三）、旭川に北海道身延別院が創建されることになったのである[23]。だが、この決定は、旭川の側で寺院敷地を確保し準備万端、整ったにもかかわらず、突如、「未ダ北海道別院ノ何レノ地ニ設立サルルカ不明」という身延山側の一方的な変更によって、反故《ほご》となってしまった[24]。時に明治三三年のことである。この変更の理由は、いまなお不明である。しかし、北海道別院の開設が反故になったことは、動かぬ事実である。旭川への北海道身延別院の創立の白紙撤回は、ある意味では、中央教団側にとって、宗教殖民型布教における最初のつまずきであった。これを除けば、日蓮宗の北海道における布教は、比較的、順調に推移した。

そのひとつの例として、岩内の蓮華寺において執行された、明治二八年の「日持《にちじ》尊者六百年忌」にみることができる。すなわち、「本道開教殖民の始祖蓮華阿闍梨日持尊者六百年忌及び征清戦死病没者追弔」を目的にした、三日間にわたるこの大法会には、昼夜、立錐の余地なきまでに参詣者が集い、「開拓殖民の鼻祖」たる日持を欣慕したという(25)。

岩内における日持追慕を通した宗教殖民の思いは、その翌年、東京においても「日持上人御報恩会」の開催となって伝わり、ここに、日蓮宗における「北海道宗教殖民事業」は宗門の一大関心事となるに至った(26)。ちょうど、この明治二九年には、台湾布教師である久保田要瑞が、古平・余市を巡廻布教しているが(27)、これはさきの岩内に次ぐ北海道における宗教殖民型布教のいま一つの例とみてよいだろう。

が、この宗教殖民型布教も、「台湾の占領あり、今又樺太の占領ありてより、北海の宗況を告ぐるもの又聞かんと欲するもの稀」の一文に端的に示されるように、日清・日露戦争後における宗門の関心事は、明治三〇年代の後半になると、台湾と樺太に集中して、北海道への布教は軽視されるようになった。ここに至り、「台湾・樺太新領地に眼を注がんとして北海道布教を疎忽《そこつ》にし、北海道は布教其功を告げたる如く、換言すれば北海道は内地と同等の観あるは抑《そもそ》も過れりと言べきなり(28)」と、中央において北海道はいまなお布教対象の新天地であることが、声高に説かれるようになるのである。宗門布教史の流れでいえば、この宗教殖民型布教の停滞およびその打破を受けて登場するのが、実は、函館を主舞台とする都市型布教なのである。その様子を、次に少し検証してみよう。

函館における都市型布教の展開の第一頁は、「函館臥牛山の日持尊者真蹟の経石も、内務訓令に基き古跡保存の内命函館区長に有之(29)」に確認されるように、函館区が日持の経石保存を決定したことに始まる。それは、旭川に北海道身延別院を創立しようと動き出してから三年後のことであった。

このように、函館区から古跡保存のお墨付きを得た日持の経石とは、改めて言うまでもなく、遠く永仁四年（一二九六）一月、日蓮の高弟の日持が異域布教を目指して蝦夷地に渡航し、函館山頭の鶏冠形の巌石に「南無妙法蓮華経」の七字を刻したとされる霊跡のことである。

この経石は、函館区の古跡保存を受けたのち、明治三一年、函館砲台要塞築城部より移転を命ぜられ、船見町山の上に移動した。それが、明治四四年の頃には、実行寺の住職望月日謙によって、箱館戦争にちなむ旧幕府軍の戦死者を慰霊する碧血碑とともに、宗門の内外に喧伝されるに至る[30]。言うなれば、明治四四年前後には、実行寺—日持の経石—碧血碑が、三位一体となって、函館はもちろんのこと、北海道の仏教伝通史の中に自己主張し始めたのである。望月日謙は、明治四四年の皇太子の北海道巡啓の際に、この碧血碑と日持の経石が「御意にとどまり給ふ」ことに大いなる期待を寄せていた。ここに、日蓮宗と近代天皇制との尋常ならざる結びつきを観察することは、そう困難なことではない。

ともあれ、明治末年の頃には、日持に関する函館区民の関心も高まり始め、大正年間には、例えば、「年々日持の例祭に参拝者の多くなったのハ漸《よう》く上人の偉蹟が世人に知られたため」と受けとめられるようになった[31]。こうした函館における日持に象徴される都市型布教の営みは、宗門の周縁部にも飛び火し、「亀田郡石崎妙応寺に於ては十八、十九日の両日、函館実行寺山主の臨修を請ひ厳粛なる報恩法要を営む[32]」と、石崎妙応寺においても、日持の例祭が実行寺の主導で施行されるに至った。日持を追慕する念は、年とともに深まり、他宗教・他宗派には全くみられない個人信仰が函館とその周縁部において定着する。大正一〇年（一九二一）の頃には、新聞記事も、六月一日をもって「日持上人の上陸記念の日[33]」と報ずるまでになっていた。大正期は、大正三年の第一次世界大戦の開戦と日本の参戦および大正七年のシベリア出兵にみられるように、対外的には海外進出に彩られた時期である。この海外進出・軍事進攻の時代思潮を背景にして、海外伝道の先駆者たる日持は、否応なしに民心をとらえていったのである。

それは表現をかえていえば、当該期の函館区民や日蓮宗門の信徒たちは、海外伝道者の日持を通して、近代天皇制の海外進出熱を画策していったのであるし、この画策によって近代的な日持伝が形成されていったともいえるのである。この個人的で特異ともいえる日持伝の近代的伝説を助長したのが函館の思想界であるとするなら、これ自体、函館の歴史における一大特質とみなして大過ないだろう。

このように、日持伝の近代的部分は、函館を思想土壌にして助長・形成されたと思われるが、この日持伝の形成において、いま一つ看過してならないのが、函館を基地とした北洋漁業の操業である。北洋漁業をひとつの媒体として、日持伝の近代的伝説が形象化されていったからである。すなわち、大正二年九月二一日付の『函館毎日新聞』は、「日持上人の遺跡露領に於て発見」という見出しで次のような日持関係の記事を報じたのである。すなわち、西比利亜《シベリア》尼古来斯克《ニコライエフスク》管内の黒龍江付近に日持上人の遺跡探険にきた樺太大泊の日宗寺住職花木即忠が、黒龍江外の外ボロング第二九号函館第三洋組鑵詰部の主任中里寿郎に面談し、その中里から日持上人の遺跡らしきものがこの付近にあることを聞き出した、というのである。

思うに、この北洋漁業で黒龍江に出向いていた中里の情報提供がひとつの契機となって、これ以後、日持の近代的伝説はより一層、史実化するようになり、それが大正七年のシベリア出兵に及んで、日持＝海外伝道者のイメージが定着することを考えれば、日持伝の近代的部分に占める北洋漁業の存在はかなり大きいのではなかろうか。(34)

このように、日持伝は、函館における都市型布教の中で近代的史伝を内実化していったのであるが、これはひとり日蓮宗門内だけの問題ではない。これは、広く函館宗教界全体ないしは函館区の問題でもあったことは、さきの新聞報道からもわかろう。この函館と日持との宗教的関わりは、昭和期に入ると、なお一層緊密なものになる(後述)。

以上のように、「自宗教」および「体制宗教」の両輪としての、神社と仏教寺院を少しく眺めてきたが、北海道のみならず、函館の近代宗教史を語る上で、新宗教とも称される教派神道の動向も、決して無視できない。これについて、次に検討してみることにしよう。

第二節　「自宗教」化する新宗教

新宗教とは

まず初めに、新宗教について、概括的な整理をしておこう。新宗教の概念規定は一様ではないが、一般には幕末維新期から現代にかけて、既成の寺院仏教や神道と教義的に訣別する形で誕生した運動体としての宗教の総称をいう(35)。その生成および発展の時期が、時代的に一九世紀から二〇世紀後半に及ぶため、新宗教は三段階に分類することが可能である。第一段階は幕末維新期、第二は昭和初期、第三は戦後期である。その数もかなり多いが、代表的なものを列挙すると、まず第一段階に発生したのは次の一群である。

①習合神道系としての黒住教・天理教・金光教、②富士・御岳信仰系としての実行教・扶桑教・御岳教、③復古神道系の神道修成派・大成教・神習教・神道本局(現、神道大教)・大社教・神宮教、④民衆神道系としての禊教・神理教、という四系列・一四派である。そのうち神宮教は神宮奉斎会に改組したため、残りの一三派が通常、独立教派として教派神道一三派と総称される。これら一三派が近代の国家神道体制の一翼を担ったことは言うまでもない。このほか、幕末維新期の新宗教として興起したものに、法華神道系の蓮門教と富士信仰系の丸山教(これはいずれも附属教会)、および法華系の本門仏立講がある。

一方、昭和初期の世界恐慌と天皇制ファシズムの台頭期の第二段階に生成した新宗教には、金光教から派生した大本教、大本教から出た生長の家、天理教から分派した「ほんみち」、徳光《とくみつ》教から出た「ひとのみち」(現、PL教団)などの習合神道系の諸教と、日蓮宗系の霊友会がある。この霊友会からは、のちに、孝道教団・立正佼成会・妙智会・仏所護念会・妙道会などが分立した。戦後に発展を遂げた第三段階の新宗教として、大本教から派生した習合神道系の世界救世教、日蓮宗系から出た創価学会などがある。

このように、幕末維新期から戦後に至るまでの間に、踵《きびす》を接するがごとく、あまたの新宗教が誕生したのであるが、系譜的にみれば、習合神道系と日蓮宗系にその大半が出自することが特色であろう。これら新宗教は、神社神道を一元的に再編成して皇室神道と直結することで成立した近代国家神道との間に、さまざまな宗教的交渉を持つことになるが、新宗教は新宗教としての思想的特性(例えば、救済の約束、呪術と奇跡、神霊の実在、シャーマニズムなど)を発揮した。しかし新宗教がそれぞれに根ざしていた民衆的なものも、国家神道の前にはその教義自体も改変を余儀なくされ、おおむね戦時下にあっては、国家神道の補完の宗教運動体として位置づけられることが多かった。こうした多種の新宗教の中で、函館の信仰世界に多大な足跡を残したものに、まず天理教と金光教が挙げられる。

天理教にみる「自宗教」としての新宗教

教派神道一三派のうち、神宮・大成・金光・天理・御岳教などは、既述したように、明治八年から二九年にかけて函館に進出していたが、これ以外についても、函館に直接的に関わるものを挙げると、次のようになる。

明治二三年(一八九〇)に函館区に教会所を開設した黒住教、同三八年に敬神教会出張所を設けた扶桑教、同三三年に湯殿山教会所を設けた実行教などは、いずれも函館での布教所の開設をもって北海道布教の濫觴《らんしょう》とするものである。[36] こうした函館への新宗教の布教伝道も、明治八年の神宮教を除くと、ことごとく明治二〇年代に集中していることが注目される。それは、明治憲法の発布および国家神道が完成する時期と符合するからである。

函館にこの時期、新宗教が集中的に伝道したということは、換言すれば、函館が北海道における文化受容の表玄関であるとともに新宗教の都市型布教の一大拠点になっていたことを如実に示す。

この新宗教の中で、北海道のみならず函館の信仰世界にも多大な影響を与えたのは、「其勢力ノ大ナルハ天理教ニシテ教会百七十ヲ有ス、之ニ亜《つ》クヲ神道ノ二十七、金光教ノ十八」[37]と、教勢的にみても、天理教と金光教の布教伝道であった。よって、この二つの新宗教に少しく焦点を当てて、眺めてみることにしよう。

まず天理教について。これは本来的には、教祖の中山みき(一七九八〜一八八七)が幕末における社会体制崩壊期の社会的矛盾を鋭く反映して、理想世界の実現を求め、天保九年(一八三八)に創唱した民衆的な新宗教である。その意味で、当初は「自宗教」とはいっても体制的では決してなかった。既述したごとく、明治二六年、都市型布教を画して函館に進出してきた時にはもうすでに、既成の神社・仏教寺院と同じく「自宗教」であり「体制宗教」であった。しかし、そこに至るには、天理教独自の教義的変遷があったのである。その教義的変遷とは、こうである。

教祖みきは、慶応三年(一八六七)、親神「てんりんおう」を祀る「天輪王明神」として吉田家の公認を得て布教を合法化し、最初の教典「みかぐらうた」を作製した。維新後に至って、さらに教典「おふでさき」を作って自らの教義を展開したものの、当時の神道国教化政策により禁圧を余儀なくされた。
が、教祖みきは、それに抗すべく、人間が幸福な生涯を送ることこそ神意であるとする人間本位の創造神話たる「こふき」を体系化した。天理教の教義的特質は、親神である天理王命を一神教的な創造主・救済者とし、人間世界の創造の聖地を中山家の地(ぢば)であると説く点にあり、被救済者たる人間は、その神への奉仕(ひのきしん)に励めば幸福になると教える。

このように、明治政府の神道国教化政策とは相反する一神教的な教義を展開する天理教であったが、明治一〇年代後半からは、国家神道に従属して活動を合法化し、独自の「こふき」神話を隠蔽する形で、国家神道に服すようになり、明治四一年、教派神道の一派として独立を公認されるに至った。つまり、天理教も、国家神道に従属する教義として「明治教典」を作って、公認の道をとったのである。[38] すなわち、その教典と祭神とは、次のようであった。

教典ハ敬神・尊皇・愛国・明倫・修徳・祓除・立教・神恩・神楽・安心ノ十章ヨリ成ル、祭神ハ国常立尊・国狭槌尊・豊斟淳尊・大苫辺尊・面足尊・惟根尊・伊弉諾尊・伊弉冊尊・大日霊尊・月夜見尊ノ十神ナリ。信徒ハ日ノ寄進ヲ以テ罪障消滅・福徳増進ノ功力トス。[39]

本来的な「こふき」からは想像もつかないその教理的内容から判断して、天理教が函館はもちろんのこと、北海道に布教を開始した時点において、すでに「明治教典」をその根本教典としていたことは、明瞭であろう。函館に伝道を始めた明治二六年の頃の天理教は、完全に独自の教義を「体制宗教」的に改変し、既成の神道や仏教寺院と何ら変わらない「自宗教」に自己改造していたのである。

このように、近代天皇制の宗教政策によって、その本来的教義をねじ曲げられる形での、布教伝道を余儀なくされた天理教の函館ないしは北海道における足跡はどうであろうか。

北海道における天理教の初伝は、遠く明治一三年の土佐卯之助(撫養初代)による、余市・仁木方面の布教にあるとされる。[40] 函館への伝道は、それより少しあとの明治二六年のことである。すなわち、北海分教会(敷島)の森本喜三郎が、函館鶴岡町に明治二六年一二月、函館出張所を開設したのを初伝とするのである。当時、天理教が教義的に体制化していたとはいえ、官憲の取り締まりは厳しく、その間隙を縫って敷島系の布教者が函館への都市型布教を目的に入れ替わり立ち替わり布教に来たという。次いで、明治三〇年、岩手県の高橋多吉が亀田郡鶴野村に亀田布教所を開設したが、これを同三三年に函館に移転したのを北開教会の始まりとしている。

このように、函館における系統は、表46「天理教の年別教会設立調書」[41] にみるごとく、明治二六年の北海、同四二年の北明・北道の所属する敷島教会系が優勢を占め、それに明治三〇年の北開の郡山系および同四二年の北

表46　天理教の年別教会設立調書

設立年	
明治26	(南海) 雨竜43, (敷島) 北海13
27	
28	(府内) 石狩1
29	
30	(兵神) 夕張42, (郡山) 北開21
31	
32	
33	(南海) 竜昇5, (南海) 新十津川6, (洲本) 胆振26, (梅谷) 花畔4, (兵神) 幌向11
34	(深川) 湧光0, (小牧) 茅部9, (秦野) 上磯1, (敷島) 北富士2, (河原町) 氷山7, (河原町) 月浦9, (秦野) 上川42, (敷島) 森0, (芦津) 芦勝0
35	(南海) 旭川7, (洲本) 本日高1
36	(南海) 利別0
37	(南海) 北旭1, (秦野) 小幌港
38	(河原町) 十勝6, (高知) 余市0, (秩父) 北八雲2, (那美岐) 羽幌37, (那美岐) 北天塩7, (秦野) 帯広16
39	
40	(秦野) 北都6, (秦野) 北中川2
41	(洲本) 統北10
42	(中紀) 北陽2, (神川) 北養4, (洲本) 室蘭6, (山名) 北港2, (芦津) 当別7, (秩父) 西幣舞7, (敷島) 北明14, (蒲生) 紋鼈14, (蒲生) 倶知安4, (秦野) 古平3, (秦野) 名寄6, (秦野) 厚岸0, (湖東) 白豊2, (兵神) 空知11, (湖東) 嶋国0, (秩父) 瀬棚11, (愛知) 虻田7, (山国) 茂尻矢2, (敷島) 北道8, (豊岡) 札幌5, (豊岡) 北石1, (芦津) 北勝2, (桜井) 士別0, (深川) 湧光1, (阿羽) 道北9, (阿羽) 富良野1, (阿羽) 東旭川10
43	(津軽) 北星5, (豊岡) 小樽5, (南海) 河西2, (名東) 神楽0, (河原町) 三笠山7, (岐美) 芽室1, (東海) 江別1, (郡山) 北央4, (那美岐) 留萌1, (那美岐) 苫前2, (那美岐) 男能富15, (那美岐) 遠別0, (本島) 樺太0
44	(阿羽) 東養4, (阿羽) 郁春1, (兵神) 祝梅3, (南阿) 長万部2, (小牧) 北湧4, (岳東) 網走19, (北陸) 高台9, (秩父) 舞訓0, (南海) 天塩0, (南海) 北安0, (兵神) 栗山8, (南海) 筑志0, (南海) 養竜0, (社) 狩太0, (南海) 豊平1, (南海) 十富1, (南海) 十徳0, (仙台) 手稲0, (兵神) 北神4, (敷島) 琴似1, (秩父) 白糠0, (兵神) 上富良野2, (豊岡) 安平0
45	(社) 剣淵2, (南阿) 美深0, (秦野) 北萌0, (河原町) 愛別1, (洲本) 厚真0, (甲府) 砂川4, (河原町) 神威0, (平安) 岩内1, (兵神) 長沼3, (愛知) 石上2, (日光) 幾春別1, (北洋) 藻岩0

「北海道の教勢について」(『伝道報告書』天理大学よふぼく会, 1954年) より作成。
注) (　) は系統, 数字は昭和29年(1954) 現在の部下教会総数。

港の山名系が続いていた。

いずれにせよ、函館における天理教の伝道は年代的には早いが、その教会数からいえば、北海・北開・北港・北明・北道というように、五教会を数えるにすぎない。その意味で天理教による函館への都市型布教は、その当初、既存の「自宗教」＝「体制宗教」の神社や仏教寺院を前にして、かなり難渋をきわめていたといえよう。

その点、天理教のもう一方の布教形態である宗教殖民型布教の方が、その教会数から考えても功を奏していたように思われる。その嚆矢は、明治二二年、奈良県十津川移民六〇〇戸の一員として渡道布教し、同二六年に苦難の末、新十津川布教事務取扱所を開設した西垣定喜による雨竜大教会の発足に求められる。これが南海系教会の草分けとなった。同じく、明治三〇年には八子吉六が夕張出張所を開設し、もって兵神系教会の進出の先駆けとした。

表47　天理教の教会系統とその所属教会数
(昭和29年現在)

兵　神(60)	南　海(48)	秦　野(47)
敷　島(42)	河原町(38)	那美岐(36)
洲　本(36)	岳　東(32)	郡　山(26)
阿　羽(26)	秩　父(23)	小　牧(20)
豊岡・湖東・蒲生(各19)	他略	

「北海道の教会数について」(『伝道報告書』天理大学よふぼく会，1954年)より。


表47の「天理教の教会系統とその所属教会数」と前掲表46にみるように、明治年間における教会系統においても、雨竜に進出した南海系統が、明治三三年の竜昇・新十津川、三五年の旭川、三七年の北旭、四三年の河西、四四年の天塩・北安・筑志・養竜・豊平・十富・十徳というように、内陸方面に着実に教勢を伸ばしている。明治三〇年に夕張に進出した兵神系統は、その数でいえば群を抜いている。明治三三年の幌向、四二年の空知、四四年の祝梅・栗山・北神・上富良野、四五年の長沼という具合に、これまた南海系統と同様に、内陸方面に順調に教勢を伸展している。

こうしてみれば、天理教においては、その教会数で測るなら、函館のような都市型布教よりは、兵神・南海系統が如実に示すように、内陸地域の宗教殖民型布教の方が成果を収めていたといえよう。事実、大正五年(一九一六)においても、滋賀県の湖東教会では、七一戸が河東郡音更の七一〇ヘクタールの土地に天理教移民団として入植

し、農作業と信仰を一体化して開拓に励んだ。(42)

その意味でいえば、函館におけるこの明治〜大正期の天理教伝道は、その都市型布教ゆえに苦難を強いられたが、重大なことは、その量的達成というよりも、本来的な教理を改変してまでも、都市函館に「体制宗教」として、あるいは「自宗教」として都市民に布教しようとしたその事実である。これがのちの昭和期において、函館市民の信仰生活を大きく規定していくことになる。

金光教にみる「自宗教」としての新宗教

金光教は、金光大神(旧名、赤沢文治)(一八一四〜八三)を教祖にして、安政六年(一八五九)、備中国浅口郡大谷村(現、金光町)に開示した習合神道系の創唱宗教である。四二歳の時、大病を患った金光は、陰陽道の祟り神とされる暦神の「金神」を信じ、それを「天地の祖神・愛の神」として捉えた。さらに四六歳になるに及んで、自ら救済神「天地金乃神」と神格化し、この「天地金乃神」のもとにおける人間の平等な救済を悟るに至った。一方、金光はこの一神教の「天地金乃神」に祈り、かつ神の言葉を信者に取り次ぐ「生神金光大神」の神号を名乗り、慶応三年(一八六七)には白川家から神主職補任状を得て、布教活動を合法化した。

こうして、開教をみた金光教は、その初期において、人間本位の生活訓を説くかたわら、俗的な祟りは否定し、神札の授与・祈禱による金銭調達を認めない合理的にして甚だ開明的な教えを展開した。この段階における金光教は、体制側とは一線を画した新宗教としての教義を打ち立てていた。しかし、明治三三年(一九〇〇)に教派神道として公認されたのを機に、徐々に、他教や他派と同じく、天皇崇拝を容れつつ国家主義に傾斜していった。(43)

創唱宗教として、民族的性格を帯びつつ、その中に普遍的価値を志向することに始まったこの金光教を、北海道・函館の地に最初に伝播したのは矢代幸次郎(一八五七〜一九二四)であった。時に明治二四年九月一一日のことであった。和歌山県に出生した幸次郎は、明治一九年、島原教会の杉田政次郎を介し入信するや、師ともども明治二四年、北海道布教を決断。幸次郎は師匠杉田ほか四人とともに、開通したばかりの東北本線を北上し、九月一一日、函館にその第一歩を踏み入れた。当初の蓬萊町の借家から、青柳町の現在地に移転したのは、明治二六年であり、翌二七年に五十嵐孫太郎（のちの初代小樽教会長）の援助により函館教会を新築。言うなれば、金光教は本来的な教義を体制的に改変する形で、半ば擬似「体制宗教」の立場をとりつつ、函館での都市型布教に専心することとなったのである。その後、大正二年（一九一三）と昭和九年（一九三四）の函館大火により類焼し、現在の教会が新築落成したのは、昭和一一年のことである[44]。

劣悪なる経済的境遇の中、幸次郎は神前奉仕につとめ、多くの人々を教化し救済してやまなかった。その数は教師にして四〇人を超え、函館教会を手続の親とした教会数は、札幌・小樽・寿都・森・釧路・樺太・秋田県大館・函館東部・十勝・帯広・網走・亀田・青森・樺太豊原・恵庭・札幌南というように一六にも上り、それは、北海道はもとより青森・秋田にまで及んでいた。その中の函館東部教会は、幸次郎の手続により、大正六年、湯川村に山本亀太郎をもって開設した湯川小教会に始まる。当時の信者の多くは湯川芸者であったという[45]。が、その後の布教は順調に進まず、昭和二年に至って、函館市新川町に移転し、名称も函館東部教会と改称した。

金光教が、明治三三年、教派神道の一派として独立・公認された頃の全国の教会数は、北海道三（函館・稚内・小樽教会）、青森一、宮城三、福島一、栃木一、茨城一、千葉一、東京一二、神奈川三、長野五、山梨一、静岡一二、石川一、愛知一二、福井四、滋賀八、三重四、京都一五、奈良四、兵庫二九、大阪二七、和歌山六、岡山三二、広島一七、山口一四、香川五、徳島一、愛媛三、高知一、福岡九、大分一、佐賀一、長崎二、熊本一、鹿児島二の、都合二四三教会であった[46]。

岡山県に誕生した金光教であり、その周辺地域に教会を数多く営むのは当然のこととしても、幸次郎による身を挺した北海道布教には実に瞠目すべきものがある。明治二四年の渡道以来、大正一三年までの三三年間に、前述のごとく、直接、幸次郎を手続の親とした教会は数にして一六に上った。表48に確認するように、北海道には大正末年までに二七の教会が設立されたが、そのほとんどが直接・間接的に幸次郎の教化に関わっていた。このことはとりもなおさず、函館が北海道における都市型布教の拠点都市、すなわち宗教ないしは文化の情報・発信の拠点、宗教基地としての役割を果たしていたことを示している。

図9が端的に示すように、明治二四年～大正期における金光教の布教形態は、函館・札幌のような都市型布教

表48　金光教の教会設立年月日と時代別教会数の変遷

教会設立年月日

1	函館	明治24. 9
2	稚内	明治28. 12→解散（大正13. 4. 16）
3	小樽	明治29. 4
4	札幌	明治32. 4→解散（明治36. 12. 23）
5	南一条	明治35. 10→北海（明治36. 8. 15）→札幌（大正 8. 6. 16）
6	余市	明治36. 11→小樽教会と合併（平成 1. 5. 26）
7	旭川	明治37. 12
8	寿都	明治39. 7→解散（昭和52. 7. 7）
	北海道教師会結成	明治40. 7. 13
9	茅部	明治43. 11→渡島森（昭和27. 8. 15）
10	留萌	明治43. 12→雨竜（大正 3. 2. 6）→北海深川（昭和25. 9. 5）
11	室蘭	明治43. 12
12	岩見沢	明治44. 2
13	釧路	明治44. 10
14	樺太	大正 2. 12→解散（昭和21. 10. 21）
15	松前	大正 3. 1→解散（大正13. 4. 16）
16	滝川	大正 5. 2
17	野付牛	大正 5. 4→北見（昭和28. 2. 3）
18	根室	大正 5. 8→解散（昭和14. 4. 13）
19	留萌	大正 5. 10
20	湯川	大正 6. 12→函館東部（昭和 4. 11. 1）
21	倶知安	大正 8. 9
22	十勝	大正 9. 8
23	帯広	大正11. 2
24	網走	大正12. 10
25	白石	大正12. 10→東札幌（昭和 3. 1. 13）→札幌東（昭和46. 3. 13）
26	上磯	大正13. 6→解散（昭和 2. 7. 21）
27	岩内	大正13. 12
28	名寄	昭和 2. 3
29	亀田	昭和 4. 10
30	苗穂	昭和 7. 10→北札幌（昭和 9. 12. 1）→解散（昭和21. 7. 18）
31	夕張	昭和 7. 10
32	山鼻	昭和 8. 7→解散（昭和50. 11. 19）
33	西札幌	昭和 9. 4→札幌大通（昭和61. 7. 3）
34	士別	昭和11. 10
35	樺太豊原	昭和14. 8→解散（昭和22. 1. 12）
36	北八条	昭和14. 12→札幌北（昭和58. 10. 28）
37	旭川東	昭和14. 12→解散（昭和52. 7. 9）
38	苫小牧	昭和21. 4
39	恵庭	昭和23. 3
40	牧場	昭和26. 3
41	旭川八条	昭和35. 3
42	札幌南	昭和35. 8
43	滝上	昭和37. 5
44	もいわ	昭和38. 7
45	釧路寿	昭和39. 10→解散（昭和49. 2. 15）
46	札幌南郷（布）	昭和63. 6

時代別教会数の変遷

	設立	解散	現存数
明治24～44	13	－1	12
大正 1～14	12	－2	22
昭和 1～20	12	－2	32
昭和21～平成1	9	－7	34
計	46	－12	34

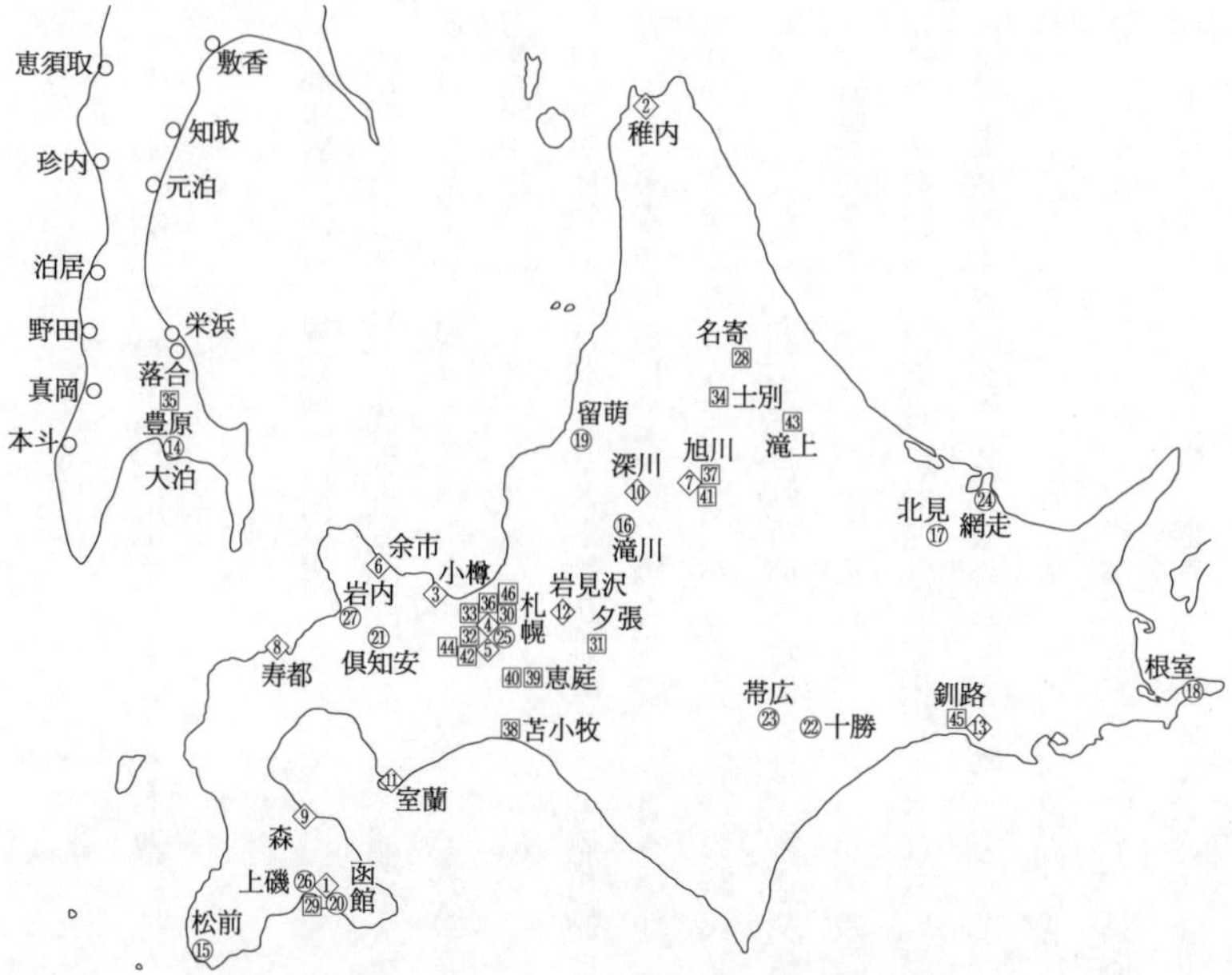

図9　金光教の年代別教会設立分布図

注）数字は表48の番号を示す。◇は明治期，○は大正期，□は昭和期に設立されたもの。

と地方における宗教殖民型布教の二形態に大別される。そのうち、後者の具体的な例として、杉田政次郎の北海道開墾事業を挙げることができる。

すなわち、金光教の教団史でいえば、さきの矢代幸次郎の先輩にあたる杉田が北海道において宗教殖民型布教を画して、旭川に九三万坪の開墾事業を計画し、砂金採取事業を開始したのは明治三一年のことであった。しかしこの計画もその三年後には不運にもつまずき、杉田自身、借財の科で背任の罪に問われることになった[47]。この杉田による北海道の宗教殖民型布教は結果的には失敗に終わったのであるが、こうした計画が実践されたこと自体、新宗教における宗教殖民型布教が展開した事例を物語っており、注目される。

以上、函館における近代宗教構図として、「自宗教」たる神道・既成仏教および擬似「自宗教」ともいうべき教派神道と新宗教についてみてきたが、それでは、これと対極に位置するキリスト教はどうであったろうか。

第三節　「異宗教」化するキリスト教

既述したように、近代天皇制国家にあって、明治六年(一八七三)二月二四日のキリスト教禁制の高札撤廃に至るまで、全く邪宗視されていたキリスト教も、この撤廃を一大契機として日本人に対する布教伝道もようやく自由となった。

「邪宗教」から「異宗教」への道程

日本全体でいえば、キリスト教が制度的にも思想的にもその信教の自由を保障されたのは、明治憲法の発布においてである。しかし、函館の場合、既述のように他に先駆け明治六年以後は、徐々に市民の間に浸透していた。キリスト教がこのように、邪宗から「異宗教」の時代を迎えることの意味は、測り知れず大きい。同じ宗教の範疇でありながら、邪宗視されていた時代には、神道や仏教と同一の宗教という土俵に上ることができず、全く排除される対象でしかなかった。それが、いくつかの段階を経ながらも、明治二二年に至り、日本における自国の宗教、すなわち「自宗教」と信仰的に相対化される「異宗教」として遇されることとなったのである。つまり、キリスト教界も異国の宗教すなわち「異宗教」として、日本における「自宗教」たる神道や既成仏教と同じく、同一の宗教という土俵に上り、そこで自由に信仰なり伝道なりが可能になったのである。この邪宗から「異宗教」へと変容するキリスト教界が、函館において、具体的にどのような足跡を残したかについては、表49の「函館におけるキリスト教会」と表50の「函館におけるキリスト教会の沿革」にその多くを譲るが、一口に函館におけるキリスト教界といっても、その教会派の出自する母国がどこであるかによって、教会派に対する見方も大き

表49　函館におけるキリスト教会（昭和戦前期）

旧宗派名	新宗派名	教会所名	所在地
ハリストス正教会	函館正教会	ハリストス復活聖堂	元　町
日本基督教会	日本基督教団 函館相生町教会	日本基督函館教会	相生町
日本組合基督教	日本基督教団 函館千歳町教会	函館基督教会	千歳町*1
日本メソヂスト教会	日本基督教団 函館教会	日本メソヂスト函館教会	会所町
日本聖公会	日本聖公会 函館教会	日本聖公会	元　町*2
天主公教会	日本天主公教会 函館元町教会	元町天主堂	元　町
天主公教会	日本天主公教会 亀田教会	亀田天主公教会	宮前町
救世軍	日本基督教団 函館善隣教会	救世軍函館小隊	宝　町*3
基督教	函館第七日基督 再臨教会	セブンスデーアドベンチスト函館 教会	時任町
東洋宣教会日本ホーリネス教会		函館ホーリネス教会	新川町

注）上の9宗派のうち，救世軍は昭和初年，函館ホーリネス教会は昭和7年，セブンスデーアドベンチスト函館教会は昭和10年に開派許可されていて，残りの6宗派はいずれも明治期から存続している。なお函館ホーリネス教会は昭和17年以前に解散。宗派名が変化したのは，昭和期の国外依存主義を一掃し，純日本的に改変しようとしたためである。
＊1 曙町→恵比須町→千歳町と移転
＊2 蓬萊町→元町と移転
＊3 恵比須町→宝町と移転

く左右されていた。それを示す事件が、ハリストス正教会の中に現実のものとなった。明治三七年二月のことである。日露戦争の宣戦布告がされた明治三七年二月一〇日を前後して、ロシアを母国とするハリストス正教会の教役者が、露探（ロシアのスパイ）の理由で、函館要塞司令部によって退去を命ぜられたのである[48]。この退去命令の事実は、邪宗から「異宗教」へと変じた明治三七年においてもなお、対露関係を理由に危険視されていたことを物語っている。その意味で、キリスト教が「異宗教」化されたといえども、対外状況によっては邪宗視されかねないという情勢下にあったことを、この事件は示している。

　こうした衝撃的な事件も影響したのであろうか、函館においてはキリスト教も「異宗教」として「自宗教」と同じように明治天皇の不例・崩御に際しては全く同様な宗教的対応をした。『函館毎日新聞』によれば、明治四五年七月二六日の聖公会による明治天皇の

表50　函館におけるキリスト教会の沿革(昭和10年代まで)

教　会　名	沿　　　　革
函館正教会 (元町15)	・安政6年(1859)，領事館内に聖堂を設置，司祭マホフ駐在 ・文久元年(1861)，マホフの帰国後，ゴローニンの『日本幽囚記』に触発されたニコライが来函。外教厳禁の世であり，布教はままならなかった(沢辺琢磨ら数名が聴聞) ・ニコライ，明治2年一旦帰国 ・ニコライ，明治4年，日本伝道会社を組織し来函。ニコライ，沢辺の意を容れ，修道司祭アナトリイに函館教会を託して上京 ・明治5年，開拓使庁が伝道師酒井・津田・影田らを捕縛した「洋教一件」起こる ・その後明治40年の大火で全焼，大正5年，再建された
日本基督教団 函館相生町教会 (相生町1)	・明治16年，函館師範学校教師桜井ちかの夫桜井昭悳が教会を設立 ・明治23年，教会内に職業指導の共愛倶楽部および禁酒会を設く。翌24年，会堂を煉瓦造りに改築 ・明治40年の大火で全焼後，再建。大正10年にも全焼，翌11年に再建 ・昭和9年の大火で全焼後，再建
日本基督教団 函館千歳町教会 (千歳町24)	・元治元年(1864)，新島襄が函館より渡米 ・明治32年，伝道開始。片山幽吉牧師の布教で教勢拡張 ・大正10年および昭和9年の大火で全焼，のち再建し千歳町に「新島襄国外脱出記念会堂」を建設
日本基督教団 函館教会 (会所町45)	・明治7年，M. C. ハリスが函館美以教会を開設したのに始まる。米国領事でもあるハリスは，黒田清隆開拓長官の知遇を得た ・明治10年，会所町に会堂建設 ・前後6回の火災に遭遇，昭和7年に「ハリス監督記念礼拝堂」を建築
日本聖公会 函館教会 (元町55)	・明治7年，ウォルター・デニングが教会宣教師会の宣教師として来函。同10～11年の間，デニングは帰英。その間，J. ウィリアムスが代行し，同11年教会を建築 ・明治12年，ウィリアムス上京，デニング再度来函。同15年，デニング帰英。この年，長崎よりアンデレス来函し伝道開始 ・明治18年，アンデレスは小教会堂を建設。同22年，靖和女学校創立。同25年，アイヌ学校を開設。同29年，函館伝道学校を創設(これより先，明治10年アイヌ伝道専任のジョン・バチェラー来函。同25年札幌に転住しアイヌ病院を開設。同30年頃，700人の信徒あり) ・明治30年コルバンが来函し東川町に施療病院を創設(のち新川病院)，同40年閉鎖
日本天主公教会 函館元町教会 (元町34)	・安政6年(1859)，フランスの宣教師メルメ・ド・カション来函し，英国領事ホジソン(仏国領事を兼務)方に寄寓。『英仏和辞典』『宣教師用会話書』『アイヌ語小辞典』を編纂し，文久3年(1863)帰国 ・その後，ムニクー，アルムブルュステルが来函し，司祭館を，明治10年にマランが聖堂をそれぞれ建つ。明治12年の大火で司祭館は類焼 ・明治24年，ベルリオーズが函館教区の初代司教に就任。のちルコント，新谷雄三郎，シャンボンらが就任。明治40年および大正10年の大火で類焼 ・昭和6年函館教区はカナダ・ドミニコ会に託され，アンドレ・デュマが教区長に就任
日本天主公教会 函館宮前町教会 (宮前町35)	・明治34年，ベルリオーズ司教が現在地に亀田教会(仮教会)を創設 ・明治45年，聖堂の建築 ・昭和6年，函館宮前町教会と改称
函館第七日基督再臨教会(時任町13)	・昭和10年，V. T. アームストロングが現在地に教会を設立
トラピスチヌ修道院 天使園 (上湯川)	・明治23年，ベルリオーズが孤児を収容したのに始まる ・明治31年，フランスの修道院から派遣された8人の修道女により創立 ・大正14年，自火により本館を焼失，翌年より再建着手し，昭和2年落成 ・昭和2年外国人17人，邦人63人 ・昭和13年，総面積約83町6反，天主公教を奉ずる厳律シトー会に属し，聖ベネディクトの戒律を守る ※日本最初の観想女子修道院
トラピスト修道院 (渡島当別)	・明治29年，ベルリオーズ司教，渡島当別に男子の仮修道院を建設 ・明治30年，フランソワ・プリエ来日し，仮修道院に到着 ・明治33年，プリエ，日本に帰化す(日本名，岡田普理衛) ・大正9年，三木露風，修道院の講師となる ※創立時の修道士は9人，日本最初の観想男子修道院 ※耕作地35町歩，牧草地75町歩，放牧地90町歩，植林地300町歩(昭和11年現在)

『函館市史資料集』第13集より作成。トラピスト修道院については中村正勝『岡田普理衛師物語』による。

「御平癒御祈念」を初出として、同二八日には天主堂、同二九日には正教会が平癒祈禱を行い、同三〇日に至っては、キリスト教連合の祈禱が信徒とともになされていたのである。[49]

その祈禱も甲斐なく崩御するや、キリスト教界も、「自宗教」の神社・仏教界と同じく、「当地聖公会・メソジスト教会・組合教会・日本基督教会の四基督教会は連合して、陛下崩御に付き敬弔祈禱会」を挙行した。[50]

こうしてみれば、明治天皇の不例・崩御の宗教的対応において、表面的には「自宗教」と「異宗教」の差異は認められず、ともに近代天皇制の中で同一の歩調をとっていたことになる。この表面的には「自宗教」と全く差異のない「異宗教」たるキリスト教において、ある決定的な宗教観ないし歴史観の差異が現実のものとなった。それは、国内的には自我や人格の確立を民主主義的思潮の中に主張してやまなかった、世にいう大正デモクラシーの時期であり、海外ではロシア革命が進行し、首都ペトログラードで「パンよこせ」の声をあげた市民が三月革命を成功させた大正六年（一九一七）の八月のことである。宗教観・歴史観の決定的差異が、招魂社の参拝問題の中に現実化したのである。

真の「異宗教」として

これに先立ち、大正六年六月八日、『函館新聞』は、「教育界の重大問題、函館中学及び小学校の態度如何」と題し、天主公教会の司教ベルリオーズの「我等が信奉せる唯一の天帝以外には絶対礼拝せず、吾人は此の招魂社祭典に列するの義務を有せず」の言辞を反国家的行為と報じていた。[51]そして「神社崇敬と基督教の敬神と思想上相容れざるものと解するは錯誤も亦甚しきものと謂ふ可し、寧ろ敬神思想は進みて神社崇敬の念を充実せしむるもの」と捉え、「道徳は一国の国体風俗習慣と相俟って発達するもの、日本に於ては祖先崇拝、神社崇敬は国民道徳の基礎を成すもの、之を認めざる宗教は反道徳的宗教として排斥せられざるを得ず、基督教徒中、往々斯《かか》る反道徳的に偏するものあるを耳にす、是れ真の基督教にあらず、誤れる基督教なり」と糾弾していたのである。

この『函館新聞』によるキリスト教批判、とりわけ天主公教会の招魂社参拝拒否をめぐる論説に対して、天主公教会側はおおむね次のように反論して自説の正当性を展開した。

すなわち、「我等公教徒の眼より見れば、招魂社が神道と云ふ宗教の儀式に依りて行はれ、単に崇敬するに止まらずして、之を全能なる造物主の如き神として拝み、之に色々の佑助(たすけ)を祈求める、これは迷信的儀式に他ならぬ。靖国神社では、他の神社と同じく、祈年祭の時には、そこに祀られている軍人の霊魂に向って五穀豊饒を祈り、天長節などには天皇陛下の万歳を祈り、戦争の時には戦勝を祈り、御悩の時には御平癒を祈る。是は哲学上にて魂魄崇拝、アニミズムと称するもので、我等の与《くみ》し能はざる迷信である[52]」と。

そして最後に、「招魂祭より此等の迷信的分子だに除去すれば、吾人は喜んで其祭典に参加する」と、体制的な『函館新聞』に対して鉄槌を打ち込んでみせたのである。この天主公教会側の招魂社参拝拒否の論説は、招魂社不拝に名を借りた、広義的には神社神道=国家神道の拒否でもある。その意味では、「異宗教」による「自宗教」の護持する近代天皇制批判であるとみても大過ない。この大正六年の「異宗教」たる天主公教会による「自宗教」・「体制宗教」批判は、近代函館はもちろんのこと、北海道近代思想史上においても、特筆に価する論調であった。

天主公教会はこの画期的な批判論調のほかにも、函館の近代思想界に多大な足跡を刻んでいる。それをうかがうひとつの手立てとして、表51「カトリック教会と函館」を提示したい。その中で、函館キリスト教界において、ことに注目すべきことは、明治三一年、湯川村に創立されたトラピスチヌ修道院と、それに先立つ明治二九年設立の上磯石別村のトラピスト修道院であろう。まず、創立されて一〇年余を経た明治四四年、トラピスチヌ修道院(天使園ともいう)について、当時の新聞は大略こう報じている。

天使園　湯川温泉場を去る約一里　本園は上磯郡茂別村トラピスト修院長岡田普理衛に於て明治三十一年創立せるもの(中略)所有に属する土地は宅地九反(中略)、畑一丁三反、山村十町八反余と牧場四十三丁余、園

表51　カトリック教会と函館(大正期まで)

年	事　項
安政6	元町教会の創立
明治24	パリ外国宣教会による函館教区の創設(ベルリオーズ司教)
	⋮
	信徒数(函館のみ)348人、宣教師12人　東北6県，新潟県の管轄(信徒3821人)
明治29	上磯石別村に灯台の聖母トラピスト修道院の創立(厳律シトー修道会)
明治30	上磯石別村に灯台の当別教会の創立
明治31	亀田郡湯川村に天使の聖母トラピスチヌ修道院の創立
明治34	函館区大字亀田村に亀田教会の創立(昭和6年に函館宮前町教会と改称)
	※この頃，ベルリオーズ司教による地方巡会布教およびアイヌの教化
	明治26年…室蘭教会，明治45年…白老教会(大正4年閉鎖)
明治34	ベルリオーズ司教，邦人司祭養成のため，仙台に小神学校を開設
明治39	同司教，フランシスコ会に司祭派遣を要請。翌年，同会の札幌宣教が開始
明治40	函館大火により，元町教会以下全焼
明治42	受洗者数　元町教会　14人、亀田教会　2人　全国で833人
	※日露戦争による国家主義的風潮で停滞，その中でカトリック系大学の設立の動き
明治42	ベルリオーズ司教，フランシスコ会に亀田教会(フランス人のモーリス・ベルタン師)・室蘭教会の担当を委嘱
大正4	札幌知牧区(ドイツ人のキノルド師が初代教区長)の開設
	⋮
	函館・渡島・檜山を除く全道・千島・南樺太を担当
	これにより，亀田教会，再び函館教区に帰属(ウット師司祭)
大正6	ベルリオーズ司教が信徒に「招魂社参拝の義務なし，唯一の神以外に礼拝せず」の文書を学校に提出させる
	世論の非難，しかし戦死者の霊魂・英霊を神とし祈禱する神道のアニミズムを認めず。第1次世界大戦中，キノルド師の知牧区ドイツ人フランシスコ会員の差別扱いに苦慮
大正9	三木露風，トラピスト修道院の講師となる
大正10	函館大火により元町教会またも全焼(大正13年再建)
大正12	受洗者数　元町教会　39人、亀田教会　24人

久保田恭平手稿「日露戦争後，太平洋戦争に至るカトリック教会と函館」より作成。

員は園長マリヤゼアシウヲアンの外、外国人十二名、内国人二十五名にして、之を二分し一部は専ら修道を専務とし、他の一部は牧畜産業をなし傍ら修道をなすもの(中略)為之付近の牧畜業向上発展し多大の利益を受けつつあり[53]。

園員の作業分担は、「白衣ヲ纏《まと》フモノ専ラ修道ニ身ヲ委ネ、他ハ茶褐色ヲ着シ農業牧畜ヲ営ミ傍ラ修道ヲナスモノ[54]」と二分されていた。そしてその生活は、

「修道者ハ常ニ院内ニ坐臥シテ一定ノ時間以外相互ノ談話ヲ禁ジ、父母兄弟ト雖モ対話スルヲ容サズ、社会トハ超然別天地ノ生活」[55]を送るものであった。ちなみに、大正五年の段階では、園員は日本人三五人、西洋婦人二五人であり、明治四四年に比して、二三人も増加していた。それが大正一二年には、日本婦人三八人、外国人一七人となり、日本婦人がこの時期、微増の傾向にあった[56]。

一方の明治二九年、岡田普理衛(フランソワ・プリエ)が創立した上磯石別村のトラピスト修道院について、明治四四年の新聞はこう報じている。「当時日清戦役の漸く克服せられし頃なるを以て一時世人をして軍事的関係を有する外人の集団にあらざるかを疑はしめ」たが、実はそうではないことが判明。彼らの目的は「心神を清浄にし世塵を避け不屈不撓、自己の所信を行ひ自修自学を本領とするに在り」、同院に於ける修者は、「仏国人八十七名、和蘭人二名、本邦人八十八名であった[57]」と。このトラピスト修道院においても、原則的には、さきのトラピスチヌと同様、「祈禱修士」(司祭を目指す)と「助修道士」(俗に労働修士)に二分されており、前者の養成には一定の学力を要したので、邦人育成にはかなりの苦労を強いられた[58]。

このように、「異宗教」としてのキリスト教も、函館はもちろんのこと、その周縁地域に対しても、陰に陽に影響を与えていったのであるが、その多面的な活動として、こんな一側面も見逃しにできない。それは聖公会の青年たちによって始められた公娼廃止運動である。全市に一二〇〇から一三〇〇枚の呼びかけのビラが配布され、「早晩大森遊廓の移転問題が控えて居る矢先、市内の基督教青年によってこの運動が起こったのは少からぬ影響があらう[59]」と反響を呼んでいた。ここにキリスト教による市民の開明化が着実に進められていることを知る。

「異宗教」としてのキリスト教が、こうして市民生活と溶け合い、函館における生活をさまざまに彩ることになった。例えば、他宗派のクリスマスが一二月二四日に行われるのに、一三日遅れの一月六日に行われるハリストス正教会のクリスマスもまた市民の一大関心事となっていた。大正一一年のことである。その様子を新聞は、「薄暗い聖堂に厳かに燃ゆ燭の明り　金の十字架　銀白の祭服」の見出しで、正教会の降誕祭が露暦を採用するために太陽暦から一三日遅れとなっていることを、ハリストス正教会の歴史と併せて詳しく報じている。(60) これなどもまた、やはり「異宗教」「異文化」を併せ持つ函館ならではの文化経験、カルチャーショックであろう。

函館の近代文化は、一方では、「自宗教」としての神社・既成仏教および「自宗教」化してやまない教派神道とがひとつの文化ゾーンを形成し、また一方の極では、「異宗教」としてのキリスト教界が独自の文化ゾーンを提供するという形で、二大文化ゾーンの緊張関係を通して育まれていった。その相互の文化的な緊張関係が、時として対立的であったり、また時として融和的であったりしながら、その文化の歴史を築き上げていったのである。

第四節　戦時下の宗教界の動向

宗教界にとっての「昭和」

明治から大正期に構築された「自宗教」＝「体制宗教」とこれに対峙するキリスト教界の「異宗教」という、函館におけるまさに「自宗教」と「異宗教」の構図は、昭和に入って、どのような歴史的転回を遂げたのであろうか。結論的にいえば、その基本的図式は何ら変わることなく続いた。より正確にいえば、「異宗教」たるキリスト教も、戦争協力体制下に及んでは、その「異宗教」たることを許されず、「体制宗教」化されることを余儀なくされた。

昭和史は、その初年の張作霖爆殺事件(昭和三年)や満州事変(昭和六年)を緒戦に火ぶたを切った。そして、昭和一二年(一九三七)の「日華事変」によって本格的に突入した世にいう日中戦争を歴史の中心軸に、世情はまさに戦争一色に染まっていく。とりわけ、日中戦争の勃発は、国民の従来の生活様式を「国家総動員法」(昭和一三年）、「産業報国運動」（同一四年）、「大政翼賛会」（同一五年）および「大日本戦時宗教報国会」結成（同一九年）という未曾有の戦時施策によって改変させ、国民を等しくファシズムの道へと引きずり込んでいった。そうした挙国一致の「新体制」下にあっては、宗教世界も例外なく、その体制護持を全うすることを求められる。そこには、キリスト教といえども、「異宗教」であることは容認されず、宗教界は挙げて、「体制宗教」たらねばならなかった。それでは、戦争に明け戦争に暮れたともいえる「昭和」の歴史を、函館の宗教界はどう活き抜いたのであろうか。

国家神道の要としての神社界

昭和一二年七月七日、北京郊外の盧溝橋で日中両軍の戦端が開かれるや、函館市民の日常生活は「世は非常時です　精神総動員の秋、生活の改善は先づ家庭」[61]という謳い文句で、身近な所からの近代天皇制ないしは神社神道の新たなる見直しが強いられるようになった。

例えば、「新聞雑誌などに掲載せられる御尊影は不敬に亘らざる様取扱ひませう」とか「神棚を整理し大麻を奉戴し一家揃って拝礼しませう」[62]という具合に。この新たなる近代天皇制ないしは神社神道の見直し要求は、第一次近衛文麿内閣が昭和一二年八月二四日にその実施要綱を決定した、戦争協力の強化運動たる「国民精神総動員」運動に基づいて現実化したものである。この運動に即して、近代天皇制の思想的推進体である函館神社界は、これまで以上に、「郷土の運動として、一般祭祀を厳修」し、併せて「精神作興《さっこう》」するよう、渡島神職会と渡島氏子総代会を開催した[63]。

神社界はこのように国家神道の直接的担い手として、思想善導の先頭に立った。一定の戦果が報じられるや、「祝捷・大提灯行列」[64]の場となり、逆に苦戦覚悟の対米英宣戦布告が下されるや、戦勝祈念の「必勝函館市民大会」の場と化すのである[65]。神社界は、他方では、函館八幡宮において、「大漁祈願祭」[66]や船魂神社において「海路平安祈念」[67]というように、近世以来の漁民たちの現世利益に応える、言うなれば、神社としての本来的な宗教機能を果たすことも、もちろん忘れはしなかった。が、それでもその時期において神社界に課された宗教使命は、やはり国家神道の一翼としてのその円滑なる推進であった。太平洋戦争開戦を決定づけた日本軍による昭和一六年一二月八日の真珠湾攻撃を機に、戦局はなお一層、困難をきわめるようになった。年ごとに、否、日ごとに、函館市民はもちろん、全国民は「億兆一心　神国必勝の熱禱を捧げ　神明照覧の下に益々戦力増強に挺身し誓って米英を撃滅」させるべく、「一億総神拝」[68]の励行を強要されていった。

昭和も一八年を迎えると、新聞紙上に神社参拝を通した「必勝祈願」が掲載されない日がないくらい、神社と戦勝祈念の記事は日常茶飯事化するようになる。

一例を示せば、こうである。「決戦下に迎へた肇国記念日　護国の神前に誓ふ　護国神社の紀元節祭[69]」、「今次決戦の必勝祈願を行ひ」「東郷元帥追悼会／函館八幡宮で挙行さる[70]」、「国威宣揚祈願祭／函館八幡宮で厳粛執行[71]」、「大東亜戦争二周年報告と皇軍将兵武運長久祈願祭　八幡宮で執行[72]」、「必ず勝抜く三年目／神前に誓ふ決意も固し(於函館八幡宮其の他の神社)[73]」。

しかし、戦局は日ごとに苦戦を強いられた。昭和一八年三月一〇日の陸軍記念日を期して、函館市内の神社なども、「勝つためだ不要の金属は供出しよう」を一大スローガンに金属回収に応じざるをえなくなっていた。米軍がマーシャル群島上陸を開始した昭和一九年二月一日に至ると、決戦非常措置を構ずるまでに追い詰められる。こうした大戦状況を背景に報じられた「滅敵祈願祭、函館八幡宮で、七日執行」を見出しとする新聞報道は、その意味で衝撃的である。すなわち、「戦局いよいよ重大化しつつある折から、七日は弘安四年畏《かしこ》くも亀山上皇が石清水八幡宮に敵国降伏の御祈願あらせられた満願の日に当るので(中略)七日から十三日まで全国の八幡宮で覆敵の祈願祭が行なわれることとなった(中略)元寇の国難をしのび神威の顕輝を仰いで市民の戦意を昂揚する」と訴えたからである。[74]当時の神社界、否、日本国民はこの昭和一九年に至り、中世鎌倉期の元寇時における「神風」の再来を祈念したのであろうか、日本全国の八幡宮において「滅敵祈願祭」を執行したのである。が、この大戦において、中世の歴史は決して繰り返されることはなかった。

それにしても、この当時、函館市民の神々の神通力に寄せる期待の大きさは、想像を絶するほどであった。その一念は、当該期の児童の小さな心も覆い尽くしていた。次にみる綴り方はその一端をよく物語っている。

つる若いなり神社

函館市若松国民学校　初二　福田信代

私たちの学校のおとなりにつる若いなり神社があります。(中略)この間「ヨイコドモ」で「うぢがみさま」をならつたので、先生が宮の拝でんの中へはじめて私たちを入れてくださいました。(中略)私たちは神様の前で大きなこゑで本をよみました。みんなは、とてもじやうずでした。それから戦地の兵たいさんや、かんごふさん方が、おじやうぶで、おはたらきになるやうにいつしやうけんめい拝みました。おともだちの宮内さんの、ご病気のなほつたことの、おれいのおいのりもしました。(後略)[75]

この神の力を信じて疑わない国民学校の児童たちの痛ましい限りの願いも、対米英戦の前には無力であった。昭和一九年に入っての「一億総神拝の日」の記事も、「皇国の戦勝祈念　戦力増強　大御心に応へ奉らん」[76]の報道も、従前の常套句で報じるものの、往時の勢いはない。

新聞の論調も、昭和二〇年の海軍大尉が綴った「敵の動向と我必勝方策」なるコラムも、これまでの日本的精神論を総括するかのように、今次の大戦を「神と物との戦ひ」と位置づけ、「思ひ知らせ日本の底力」[77]と訴えるのが精一杯であった。やがて、懸命に振りしぼる精神鼓舞からも、「滅敵祈願」の文字は消え失せ、内閣顧問談として伝える「必勝は必死と同意　持て、死ぬる覚悟――国民としての操守れ――」[78]が端的に示すように、「必勝」は「必死」と置き換えられてしまったのである。ここに至って、近代日本帝国主義が、神社界ともども敗戦を覚悟せざるをえなくなったことは、もはや多言を要すまい。

仏教寺院の戦争協力

明治〜大正期における仏教寺院の第一義的な機能が、檀家の祖霊供養にありながら、体制との関わりでは、「自宗教」として近代天皇制の護持を任とする「体制宗教」であったことは、この昭和期に及んでも全く変わりはなかった。さきの神社界と同じく、昭和一二年の日中戦争を機にした軍事化の深まり、昭和一六年を転機にした太平洋戦争への突入とともに、仏教寺院もその「体制宗教」としての使命を全うすることを余儀なくされた。

年ごとに深まる軍国化の中で、近代天皇制の経済的基盤の整備のためにも、仏教寺院は神社界とともに、「氏子・檀家を総動員」し、一寺・一教会所ごとに貯蓄組合を組織するために挺身していた(79)。これも、広義には、当時の「新体制」といわれるファシズム化する近代天皇制の推進の一環にほかならないが、やはり何といっても宗教としての圧巻は、大日本戦時宗教報国会の結成参加であろう。この報国会が中央において組織されたのは、昭和一九年九月三〇日のことであるが、北海道のそれは、それから約三カ月後の一二月二九日のことであった。

大日本戦時宗教報国会に連なる北海道支部における目的も、「宗教報国精神ノ昂揚」と「宗教教化ニ関スル国策ノ浸透具現」にあることは言うまでもない。が、ここでより大切なことは、従前の「自宗教」と「異宗教」の別なく、神道・既成仏教・教派神道そしてキリスト教も、すべて「自宗教」として「体制宗教」に統合され一本化された点である。

このような全宗教の「体制宗教」化の中で、仏教寺院は以前にもまして、近代天皇制の推進を図ることになる。その一例として、「称名寺寺院規則」に盛り込まれた「定期法要」を指摘できよう。例えば、定期法要の「聖日法要」として、修正会(一月一日)、紀元節祝聖会(二月一一日)、神武天皇祭(四月三日)、天長節祝聖会(四月二九日)、明治節祝聖会(一一月三日)、大正天皇祭(一二月二五日)などが設けられている(80)。これこそ、既述した明治時代における神社の祭礼を彷彿させる年中行事と同様である。浄土宗の称名寺がこのほか「年中法要」として、自宗派独自の行事を盛り込むとはいえ、祭礼行事の一斑に、神社と同一の「聖日法要」を行事化したことは、仏教寺院の「体制宗教」化のさらなる深化を示すものとして注目される。

仏教寺院がこのように年を追うごとに「体制宗教」化していく様を、もう一つ具体的な事例の中にうかがってみよう。昭和一六年二月二〇日、法華宗本門寺は、こう述べている。

法要ノ席上ハ時局下、日本国民トシテ即応スベキ諸点ヲ敷演《ふえん》シ、殊ニ新体制ノ根本義タル大御心ヲ奉戴シテ臣道ノ実践ニアリ、即チ上御一人ニ奉対、日々夜々ニ自己ノ職場ニ於テ奉公ノ誠ヲ尽、以テ皇運ヲ扶翼シ奉ルベキ旨ヲ強調シ、一面祖師ノ立正安国ノ主意ヲモ合説ス。(81)

この一文に、仏教寺院の「体制宗教」者としての面目が躍如していることは明らかである。

ところで、「体制宗教」としての仏教寺院は、函館においてこの昭和期にどれほど存在したのであろうか。史料的に判明する檀家数も含めて表化して示すと、表52のようになる。函館市内における仏教寺院は、高龍寺から浄光寺に至る三二カ寺であるが、広義の仏教施設は、実はこれにとどまらず、表53にみるように、仏教教会所が二一、仏教結社が一六も存在したのである。

函館市内に寺号公称を得た正式な仏教寺院のほかに、このような仏教教会所および結社が三七も結成されていたということは、とりもなおさず、仏教施設を介した「体制宗教」の強化を示しており、ここに、近代函館の宗教界における都市的性格を指摘しても、そう大過ないだろう。

また、この宗教の都市性と併せて着目されるのは、やはり日蓮宗系の教会所が八所・結社が一〇社と、多いことである。このように、函館において日蓮宗が際立つ背景として、第一に既述の日持伝説の存在、第二にこの伝説の伝承母体ともいえる実行寺の主管する碧血碑祭の挙行などが挙げられる。さらにいえば、この戦時期の日本国民と函館市民の多くは、「昭和の国難」を脱するよすがとして、中世鎌倉期の元寇における「神風」なるものを想い、ひいては日蓮主義に大きく傾倒したのではなかろうか。前述した弘安四年の亀山上皇の石清水八幡宮祈願にちなんだ日本全国の八幡宮による国難回避などは、まさにそうした事例にほかならない。

明治～大正期において、すでに日持伝説と日蓮宗実行寺との表裏一体的な結びつきは確認されていたが、そうした前提を踏まえつつ、函館の昭和仏教史は、なお一層、日蓮宗に色濃く彩られることになる。その契機をなしたのは、ひとつに、昭和一一年に弘安海なる宗教団体が碧血碑前に牛の像と四万円相当の五重塔を寄進したこと

表52　昭和戦前期の函館における仏教寺院の檀信徒数

寺院名（本寺）	所在地	檀徒数	信徒数
高龍寺（曹洞宗法源寺）	台町50	546戸	909人
地蔵堂（曹洞宗高龍寺持）	音羽町75		356人
地蔵堂（曹洞宗高龍寺付属）	住吉町8		
道了寺（曹洞宗最乗寺）	梁川町101		
北善宝寺（曹洞宗万休院）	湯倉町156		
龍吟寺（曹洞宗高龍寺）	榎本町16	250戸	20戸
地蔵堂（函館各寺院持）	台町		
称名寺（浄土宗福山光善寺）	船見町123	1,600戸	8,000人
地蔵堂（浄土宗称名寺持）	住吉町71		1,000人
大称寺（浄土宗称名寺）	田家町42	285戸	25人
湯川寺（同上）	榎本町10	110戸	
新善光寺（浄土宗鎮西派善光寺）	春日町13	200戸	185人
念仏堂（浄土宗鎮西派善光寺持）	吉川町72	182戸	120人
実行寺（日蓮宗久遠寺）	船見町121		
常住寺（同上）	相生町42	450戸	500人
本門寺（法華宗本成寺）	大縄町21	130戸	
真宗大谷派本願寺函館別院	元町27	13,000人	
函館支院（真宗大谷派本願寺）	船見町121		
万年寺（同上）	万代町216	450戸	50戸
明光寺（同上）	戸倉町207		
真宗本願寺派本願寺函館別院	東川町1		
錦織寺（真宗木辺派錦織寺）	的場町58	118人	
真宗寺（真宗高田派専修寺）	中島町143	345戸	50戸
興教寺（真宗仏光寺派仏光寺）	亀田町178	130戸	
真言寺（天台宗延暦寺派延暦寺）	台町5	6戸	300人
天祐寺（同上）	春日町16	60戸	250人
善光寺（天台宗真盛派西教寺）	栄町147	270戸	240人
高野寺（古義真言宗金剛峯寺）	住吉町2	609戸	81
慈尊寺（新義真言宗豊山派大日坊）	船見町136		
新注連寺（新義真言宗智山派注連寺）	相生町24		
函館寺（新義真言宗智山派新勝寺）	松風町19		
浄光寺（時宗総本山清浄光寺）	亀田町206	151戸	

昭和16年『社寺宗教』より作成。

表53　昭和戦前期の函館における仏教教会所および結社

a　独立公認教会所　(昭和14年9月30日現在)

宗　派	名　称	所在地	信徒数
真宗大谷派	尊徳寺所属説教場	亀田町135	2,700人
真宗本願寺派	勝善坊教会	柏木町32	481人
真宗本願寺派	湯川説教所*1	鰒川町82	250人
真宗三門徒派	専照寺所属説教所	亀田町154	
真宗興正派	函館説教所*2	海岸町165	122人
浄土宗	念仏堂	吉川町72	600戸
日蓮宗	実行寺法務所	中島町75	
日蓮正宗	第五号教会	栄町146	
法華宗	函館教会所	本町84	
本門法華宗	本門仏立教会第二函館会場*3	千代ケ岱町129	302人
本門法華宗	函館教会所	千歳町18	107人
本門法華宗	函館久遠教会*4	宮前町50	135人
本妙法華宗	法務所	松川町13	137人
本妙法華宗	五稜郭教会所	五稜郭町157	160人
天台宗真盛派	福智教会所	梁川町56	372人
天台宗大峯修験道	大峯修験教会支部最上殿教会所	五稜郭町61	
曹洞宗	秋葉堂	青柳町33	
曹洞宗	法務所	宮前町114	982人
曹洞宗	大泉寺末法務所	大森町49	362人
臨済宗大徳寺派	龍源院函館教会所	中島町25	200人
臨済宗建長寺派	大乗教会所	五稜郭町146	293人

*1 檀家数50戸，*2 教師3人，*3 教師3人，*4 教師2人

b　仏教結社　(昭和14年9月30日現在)

宗　派	名　称	所在地
真　宗	真宗鑽仰会五稜郭講話所	梁川町114
曹洞宗	龍吟寺法務所	亀尾10
天台宗	叡山教会支部函館大門浅草観世音講	松風町18
天台宗	天台宗支部地神盲僧部心照結社	松川町13
真言宗	真言宗醍醐派修験道聖徳宗教結社	音羽町11ノ2
真言宗	古義真言宗国分寺弘法大師浪切不動明王布教所	堀川町47ノ3
日蓮宗	赤沼結社	堀川町34
日蓮宗	松尾結社	台町1
日蓮宗	堀川町日持結社	堀川町56ノ1
日蓮宗	醒悟園教会	本町90
日蓮宗	浄行結社	海岸町166
日蓮宗	日蓮主義国正会布教所	柏木町175
法華宗	法華教布教所	五稜郭町61
本門法華宗	函館堀川町開教場	堀川町42
本門法華宗	函館千代ケ岱開教場	千代ケ岱町43
日蓮正宗	日蓮正宗法華講支部有信講	栄町12ノ3

昭和16年『社寺宗教』より作成。日蓮正宗の項は昭和17年「教会届出」による。

が挙げられる。[82]

これを受けて、函館市ではその翌年の六月二〇日、市主催の第一回碧血碑慰霊祭を、市長・収入役・函館要塞司令官以下一〇〇余名の出席で挙行した。[83]日中戦争の前夜に、日蓮宗寺院の実行寺が管理する碧血碑祭が市の主催で執行された意味は少なからず大きい。明治八年(一八七五)に碑が建立されて以来、碧血会なる篤志家たちによって祀られてきたこの祭りが、昭和一二年に市の主催となったことが、再び引き金となり、その六年後の昭和一八年には「碧血碑を市に移管しよう」という動きが活発化することとなった。[84]

函館市と碧血会が祭祀執行によって歩み寄りをみせると、勢い従前の実行寺に伝承される日持伝説もいやが上でも世間の注目するところとなる。「日持上人霊場大法要を厳修」[85]の新聞報道はまさにそれである。この中で、「日蓮の高弟・海外布教の先駆者日持に因《ちな》んだ霊場」での大法要は、津軽要塞司令官の崇敬に依るものであるとも伝えている。従前の日持伝説の伝承顕彰の主体はもっぱら、実行寺を中心とした日蓮宗寺院であったことを考えれば、この昭和一〇年代に入り、その伝承媒体が拡大されたことになる。ここに至っては、日持に対する関心が高まることは必定で、昭和一六年四月には「北方開発の傑僧日持聖人の銅像」が市内の中学校教師により実行寺に寄付されることとなり、衆目の関心事となった。[86]

このように、日蓮宗が函館仏教界において、碧血碑祭や日持伝承を通して、自己宣伝していったということは、さきの要塞司令官との関わり方から考えても、その「体制宗教」としての使命をより一段と強固にさせたことを意味する。

一方、高龍寺においても、昭和一二年の「国民精神総動員」を受けて、自寺で堅忍持久の不動精神を鍛えたり、[87]同じく天祐寺が心身の錬成を目指して護国道場を開催するなどして、「体制宗教」の任を全うすべくつとめた。[88]

しかし、対米英宣戦に始まる太平洋戦争への突入後にあっては、そうした「体制宗教」の内実化も功を奏することはなかった。昭和一六年以後の戦局は難渋をきわめるのみで、さきの神社界と同様、寺院も「常住寺の大梵鐘けふ献納」[89]あるいは「仏像も決戦場へ　日蓮像を始め続々応召」[90]というように、仏像仏具の献納による物を通した戦争協力へと変化していった。太平洋戦争が既述のように、米英側の物質戦争に対する日本側の精神戦争という構図をとる時、寺社によるこのような金属物の供出にまで立ち至ったということは、戦争の終局は、もはや眼前に差し迫っていた。

「体制宗教」の物心両面にわたる懸命なる戦争協力も、徐々に限界を露呈し始めたある日、函館でその「体制宗教」内の神社界と仏教寺院との間に見解の相違が表面化したことがある。これは「体制宗教」一色の当時にあっては、少しく眼をひく問題でもあり、簡単に触れておこう。それは忠霊の公葬を仏式で行うか、神式で行うかの問題であった。この問題は、昭和一八年の頃、市会や市文化委員会にまで波及した。

これについて、新聞は「忠霊公葬は神式　神祀会函館部会正式上申」[91]と題して、大略こう報じた。函館市の忠霊公葬は支那事変(日中戦争)以降、仏式により執行してきたが、戦死者が増加するにつれ、合同葬が定着してきた。これに対し神祇会側からは、仏教は国体と相容れぬという国体明徴の立場で異を唱えるものもある。彼らによれば、仏教では死後、極楽十万億土に行くが、これは神道の七生報国という精神と相違するという。

この忠霊公葬の扱いは、ある意味では、神道と仏教の来世観を問う重大問題であり、かかる難題を取り上げたのは、北海道では函館市が初めてである、とも伝えている。こうした中、「忠霊公葬は神式にせよ」の結論が出たのは、翌一九年九月の「第七回北海道協力会議」の第一部会審議においてであった[92]。宗教的には、このような問題は根本教義にまで発展する可能性もあるが、もちろんそれには至らず、妥協という形で決着をみた。神道・仏教ともに、等しく「体制宗教」を担うとはいえ、神道側がこの種の問題を自ら持ち出し、「神式」公葬化に導いた点に、近代宗教界に占める神道の位置を改めて知る思いがする。

ともあれ、昭和期において、「体制宗教」に一元化されていく様子を、以上のように神社界と既成仏教界に少しく眺めてきた。それでは、明治中期から大正期において、擬似「自宗教」ともいうべき動きを示した新宗教＝

教派神道は、その昭和をどのように活きたのであろうか。

銃後の教派神道

教派神道が、戦争に明け暮れた昭和の時代にいかに一元化された「体制宗教」として、その戦時体制と関わったかを考える素材として、まず表54の「昭和戦前期の函館における教派神道の教会・結社数」を示し、その上で、その具体的実態とその教信徒数を表55A・B「昭和戦前期の函館における教派神道の教信徒数(教会)・信徒数(結社)」、表56「昭和戦前期の函館における教派神道系の結社」として表示することにする。

この三種類の表に示す教派神道の実態をみてどうであろうか。まず、表54にみるように、教会数では天理教が抜群に多く三五教会に及び、結社数では御岳教と神道大教が各々三九社・三七社と圧倒的に多いが、天理教も二九社と群を抜いている。総じて、教会・結社の総計では、六四を数える天理教が無比の量を誇っている。この天理教について、表55Aに基づきその内容を分析してみると、三五に及ぶ教会の専門的な宗教者たる教徒の数は、男一八七人、女三〇六人の都合四九三人である。この教徒によって導かれた一般信者は、男三〇八三人、女三四四〇人の都合六五二三人にも上る。

一方、二九社に及ぶ結社についてみると、この結社に参画した信徒数は、九三九戸である。

こうしてみれば、天理教の教会・結社教とその教信徒数の量的多さもさることながら、教会の四九三人の教徒のうち女性が約六二パーセント、この教徒に導かれる六五二三人の一般信者のうちの約五三パーセントを女性が占めていることは、大いに注目される。こ

表54　昭和戦前期の函館における教派神道の教会・結社数
(昭和16年3月1日現在)

派名種別	教会数	結社数	総　計
天理教	35	29	64
金光教	3	0	3
神習教	2	8	10
神道大教	2	37	39
黒住教	1	0	1
御岳教	1	39	40
神道実行教	0	2	2
神理教	0	1	1
その他	0	13	13
合　計	44	129	173

『函館市史資料集』第12集より。

表55A　昭和戦前期の函館における教派神道の教信徒数(教会)

a　天理教

名　　　称	所　在　地	教徒 男/女	信徒 男/女
敷島大教会北明分教会	大川町49	8/18	141/135
山名大教会北港支教会	蓬萊町36	24/35	296/367
名京大教会函館支教会	杉並町62	19/32	199/134
郡山大教会北開支教会	千代ケ岱町134	14/21	244/248
敷島大教会北光支教会	谷地頭町10ノ2	6/17	70/142
高安大教会洲本分教会胆振支教会巴港宣教所	栄町11ノ9	12/13	38/ 34
名京大教会甲府分教会北巨摩支教会松風宣教所	五稜郭町167	6/ 8	90/ 80
中和大教会津軽分教会岩本支教会北辰宣教所	新川町76	2/ 2	107/116
肥長分教会肥館宣教所	新川町16ノ2	21/26	48/ 83
水口大教会佐野原分教会富士原支教会高大森宣教所	乃木町65	5/10	50/ 48
敷島大教会北明分教会北頭宣教所	宝町20	1/ 6	9/ 33
敷島大教会北明分教会北稜宣教所	北浜町57	2/ 4	125/137
郡山大教会北開支教会北千代宣教所	的場町14ノ4	1/ 2	89/113
郡山大教会桃園分教会園生宣教所	千歳町1	1/ 4	104/ 68
甲賀大教会蒲生分教会勢山支教会北洲宣教所	船見町31	不明	不明
南海大教会箕島分教会近津支教会北鳳宣教所	元町48	13/13	112/138
敷島大教会北明分教会北一宣教所	千歳町22	2/ 6	65/ 47
敷島大教会光運宣教所	大森町12ノ2	1/ 2	20/ 37
湖東大教会金城支教会松前宣教所	大縄町20	1/ 0	85/ 92
甲賀大教会秩父分教会室田支教会至誠宣教所	新川町8ノ1	0/ 2	57/ 86
越之国大教会山東支教会北館宣教所	万代町288	2/ 2	112/ 95
島ケ原大教会花巻支教会千代花宣教所	松蔭町12	1/ 3	141/148
高安大教会洲本分教会胆振支教会寿都宣教所	本町84	4/ 5	40/ 75
水口大教会上川分教会北都支教会北新川宣教所	宇賀浦町3	2/ 5	150/175
南海大教会箕島分教会近津支教会勢鳳宣教所	高砂町111	11/22	42/ 51
敷島大教会北明分教会北沿宣教所	宮前町187	6/ 6	72/ 79
敷島大教会岡分教会岡館宣教所	堀川町6ノ5	4/ 9	42/ 42
水口大教会上川分教会小樽港支教会五稜郭宣教所	松蔭町36	1/ 1	42/ 44
兵神大教会夕張分教会幌向支教会北八洲宣教所	千代ケ岱町52	2/ 7	66/108
高安大教会高社宣教所	西川町5ノ2	3/ 3	50/ 45
高安大教会洲本分教会胆振支教会弥生宣教所	旅籠町48	3/11	75/ 83
東本大教会函館宣教所	松川町26	2/ 1	48/ 57
郡山大教会北開支教会恵比須宣教所	高盛町5ノ2	1/ 2	86/ 85
敷島大教会北海分教会道宣教所	春日町11ノ1	3/ 6	185/140
島ケ原大教会花巻支教会北湯川宣教所	鮫川町188	3/ 2	63/ 75
	教信徒数合計	187/306	3,083/3,440

b　その他

	名　　称	所　在　地	教徒 男/女	信徒 男/女
神習教	直轄竹駒教会所	蓬萊町2ノ1	不　明	360/290
	真力支教会	鍛冶町10	2/ 5	82/ 84
金光教	函館教会所	青柳町11ノ6	166/235	164/290
	函館東部小教会所	新川町99	52/ 56	118/116
	亀田小教会所	松風町117ノ1	21/ 29	40/ 70
神道大教	大山教会	本町111	不　明	不　明
	函館敬神教会	松川町20ノ3	17/ 13	120/180
黒住教	函館教会所	大森町65	25/ 2	42/ 50
御岳教	御岳教養徳教会	千代ケ岱町75	不　明	150

昭和16年『社寺宗教』より作成。

表55B　昭和戦前期の函館における教派神道の信徒数(結社)

a　天理教

名　　称	所　在　地	信徒数(戸)
敷春布教所◎	春日町9ノ2	40
幸本布教所◎	松風町6	20
湯ノ根布教所	湯ノ川町189	17
南函館布教所◎	大縄町3	105
函館布教所◎	新川町146	10
誠治布教所	万代町249	35
函恵布教所◎	恵比須町4ノ1	8
京函布教所◎	音羽町2ノ7	20*
本多紀布教所◎	曙町7ノ6	60
総函布教所◎	松川町125	105
睦美布教所	大縄町106	21
函誠布教所	海岸町1	10
道函布教所(道館布教所)◎	柳町5	105*
北青函布教所(青函布教所)◎	高盛町29ノ6	105*
北昭誠布教所(昭誠布教所)◎	海岸町131	52*
昭本布教所(昭徳布教所)	中島町49	12
東館布教所◎	堀川町115	7*
北弘徳布教所(北日布教所)◎	松蔭町12	35
龍栄布教所(北栄布教所)◎	堀川町47ノ3	10
岩港布教所(栄布教所)	松川町7	10
撫北布教所(養南布教所)◎	千代ケ岱町100ノ2	20
理館布教所(弘和布教所)◎	中島町56	8
御館布教所(北網布教所)◎	船見町87	15
松館布教所(大道布教所)	松川町21	8
愛館布教所(誠道布教所)◎	松川町12	10
湯館布教所(明生布教所)	湯川町79	11
聖亜布教所(聖誠布教所)◎	湯ノ川町84	37
元北浜布教所(元浜布教所)◎	北浜町84	15
函館港布教所(旭光布教所)	天神町70	28
＊布教者2人	信徒数(戸)合計	939

b　御岳教

名　称	所　在　地	信者数(人)	名　称	所　在　地	信者数(人)
八海山五龍結社◎	千代ケ岱町87	40	三岳結社	中島町13	20
宝山結社	旭町12ノ7	20	崇神結社	音羽町2ノ9	45
白川結社	松川町27	10	至誠結社◎	千代ケ岱町94	30
黒龍結社	駒止町4	30	神明結社◎	松風町6	20
至徳結社◎	千代ケ岱町93	60	徳心結社	柏木町176	30
龍神結社◎	千代ケ岱町5ノ2	150	普寛結社	千代ケ岱町58	30
神光結社	蛾眉野	20	国栄結社	八幡町154	30
幸徳結社◎	梁川町106	40	三光結社	新川町76	35
玉龍結社◎	梁川町106	15	一心結社	新川町20	20
千歳結社	旭町5ノ18	10	愛神結社	新川町88	25
心明結社◎	栄町10ノ1	35	二十三夜結社	大黒町13	20
白龍結社	大縄町4	100	八海山結社◎	鶴岡町69	20
神徳結社	中島町53	40	覚明結社◎	千歳町28ノ1	50
敬神結社◎	相生町10ノ2	10	北栄結社	中島町140	20
清滝結社	音羽町55	20	参神結社	日ノ出町33ノ2	30
清浄結社	千代ケ岱町28	50	大山祇結社	松川町12	20
三徳結社	大縄町4	25	一山結社◎	松蔭町12	100
覚信結社	本町6	20	海龍結社◎	台町48	30
神教結社	千代ケ岱町7	115	養神結社	堀川町42	30
明光結社◎	蛾眉野38	30			

昭和16年『社寺宗教』より作成。ただし名称の(　)は昭和15年「宗教結社届」による。

注）名称のあとに，◎があるのは，代表者が男で，残りは女。

表56　昭和戦前期の函館における教派神道系の結社

a　神道大教

結　社　名	所　在　地
大龍講社	万代町39
亀田講社	白鳥町35
函館松川敬神講社	松川町129
神明講社	松川町52
高山福稲荷講社	駒場町18
太平山三吉講社	五稜郭町13
八幡敬神講社◎	海岸町111
高砂明神講社	高砂町96
大福講社	海岸町101
天豊講社	本町17
春日講社	東雲町14ノ2
八幡講社	千歳町25
大岩講社	亀田町28
神明講社	中島町47
豊受講社	千代ケ岱町71
大平山講社	柏木町467
千代ケ岱神明講社	千代ケ岱町1
高盛神明講社	高盛町6ノ1
白神講社	千代ケ岱町31
伏見稲荷講社	東雲町23ノ1
函館竹駒講社	大森町34ノ1
白金講社	湯ノ川町84
天照講社	的場町15ノ1
豊川稲荷講社	東雲町14ノ1
函館明神講社	駒止町2
三山講社	新川町159
三吉講社	仲町69
日天講社	旅籠町76
函館高垣講社	戸倉町18
函館岩木講社	中島町29
龍神講社	松川町9
末倉講社◎	堀川町27
宝稲荷講社	宝町9
稲荷講社◎	堀川町51ノ2
塩竈講社◎	新川町20
睦講社	千代ケ岱町3
八幡講社	時任町1

b　神習教

結　社　名	所　在　地
函館敬神講社◎	宝町9ノ2
惟神講社	千歳町7
龍神講社	山背泊町41
赤倉講社	大縄町16
照光講社◎	時任町118
高山講社	東川町12
弘道講社	新川町62
白山講社	新川町3

c　扶桑教

結　社　名	所　在　地
分霊講社	新川町21
佐川祈禱所	栄町5ノ4
参神祈禱所	大縄町8

d　神道実行教

結　社　名	所　在　地
天道教会信徒結集所	亀田町185
天道教会第二信徒結集所	松川町127

e　神理教

結　社　名	所　在　地
海岸町集結所◎	海岸町119

f　その他の結社

結　社　名	所　在　地
惟神会函館支部◎	鶴岡町31
天明照修徳会函館事務所	松風町15ノ2
成田山◎	相生町23
如来教団函館支部布教所函館庵◎	大川町16
妙宗大慈会支部開顕局◎	千代ケ岱町37
両忘禅協会北海支部◎	本町39
中山鬼子母神講社	松川町133
出湯大悲優婆尊后講	台町51
生長の家函館誌友連合会◎	谷地頭町4ノ10
松緑神道大和山函館支部◎	中島町62

昭和16年『社寺宗教』より作成。
注）結社名のあとに，◎があるのは，代表者が男で，残りは女。

の女性優位の構成比は、近代都市の宗教状況を考える上で、看過できない数字であろう。したがって、この教派神道の信仰に占めた女性の人数に着目して、次に他宗派について眺めてみよう。

教会数では、天理教に次いで三教会と多い金光教の教徒数は男性二三九人、女性三二〇人、信徒数は男性三二二人、女性四七六人というように、金光教の場合も、女性がその教徒・信徒数において男性を上まわっている。このほか、神習教・神道大教・御岳教は史料的に不明のため、遺憾ながら全体像を把握しえないが、それでも三教派の信徒数では、ここでも女性の信者が多い傾向を示している。

では、結社の方はどうであろうか。表55Bが如実に物語るように、御岳教三九社の信徒総数は一四四五人であり、その結社の代表者をみると、二五社が女性、一四社が男性という具合に、ここでも女性の優位が際立つ。また表56に示すように、神道大教では、三七社のうち、全く圧倒的な三三社が女性、男性はわずか四社で代表を占めるにすぎない。女性が優位を占めるのは、このほか、神習教が八社中六社、扶桑教が三社中三社であり、やはり女性の代表者が男性を凌駕している。その中にあって、神理教一社のみが男性の代表者であるが、これは前述の構成比全体からみて、女性優位を覆す資料とは決してなりえない。

よって、教派神道において、その教会の教徒のみならず結社の代表者、さらには信徒の男女構成比からみて、圧倒的に女性の方が男性を人数的に上まわっていたことが判明する。これは、ひとつに、男性が徴兵適齢者の出征により不足していたことも考えられるが、より重大な要因は、女性によくみられる人生の苦難を考え抜こうとする内省性にあるのではなかろうか。女性たちはこの内省化を推し進めることを通して、新宗教＝教派神道へと傾斜していったのではなかろうか。

実は、この内省的で悩める女性をさらに神仏の世界へと積極的に導く一大要因が、昭和の国策の中にあった。すなわち、政府は銃後を守る婦人たちに亀田八幡宮を会場に、「戦ふ皇国婦人たるの自覚に徹せしむると共に必勝生活の確立に寄与せしむこと」(93)を目的にした講習会を開催したり、函館八幡宮を会場にして、「婦人を通じ神宮大麻奉斎の真精神を家庭に滲透させ、家庭祭祀の徹底によって日本精神の振興をはか」ろうと家庭祭祀講習会を催したりしていた。(94)国策として婦人に神仏への機縁を与えていたのである。

このように、教派神道の各宗派は「体制宗教」としての任を、女性を中心としながら実践していったのであるが、その具体的な姿を天理教の中に検証してみよう。天理教は、戦局が年々深刻化していくにつれ、「体制宗教」者として、「公益事業」に一層挺身していくことが、その「事業報告」の中の「勤労奉仕」「国債購入運動」「国防献金」「金属品献納運動」「公共寄附金」「慰問袋」などの事業項目に垣間見ることができる。(95)さきの六四にも及ぶ天理教の教会・結社が、その地域の近隣に語らいながら、戦争協力体制そのものの勤労奉仕以下、慰問袋までの奉仕につとめたのである。

この各種の戦争協力の奉仕活動の背景に、女性優位の教会・結社における宗教実践があったのである。逆説的にいえば、天理教に代表されるような教派神道に女性が自ら進んで入信ないし接近することは、戦争協力という大義名分を持つため、体制の側からも、ある意味では、歓迎・保証された宗教実践でもあった。かかる体制的保証が一方であったからこそ、天理教はおびただしい数の教会・結社の信仰網を函館地域にくまなく張りめぐらすことが可能であったのではなかろうか。戦時下において、「体制宗教」として身を挺したのは、何もこの天理教に限るものではない。教会数において天理教に次ぐ金光教も同じであった。既述したように、金光教の全道的な布教活動も、昭和に入り、教会を一〇カ所に新設するなど順調であった。戦局が難渋するにつれ、「信忠孝一本」のスローガンのもと、各教会の婦人会・青年会は活発な活動を展開した。昭和一六年には、早くも「金光教報国会」を結成し、銃後を守る婦人たちは、愛国婦人会・国防婦人会の名のもと、例えば、出征兵士の見送り、英霊の出迎え、兵士の留守宅慰問、英霊宅の弔問などに余念がなかった。(96)

以上、新宗教＝教派神道の「体制宗教」としての活動の実相を眺めてきたが、最後に、キリスト教の昭和期における動向をみてみることにしよう。

「異宗教」のキリスト教も「体制」化

既述のように、大正期の函館キリスト教界は大正六年（一九一七）における天主公教会の神社参拝拒否問題に象徴されるごとく、「異宗教」として相対的に自由な立場で、自らの神観念を吐露していた。しかし、昭和一二年（一九三七）の日中戦争を一大転機にして、日本国全体がファシズム化を進めていくようになると、「異宗教」たるキリスト教も、「異宗教」たることを容れられず、ほかの神道・仏教・教派神道と同じく、「体制宗教」として一元化されていくことになる。キリスト教も、国を挙げての体制化に抗することはできなかったのである。

その当時の様子をうかがう一環として、カトリックに限って年表化したのが表57「カトリック教会と函館」である。また、当時の各教会の求道者・入信者を示したのが表58「昭和戦前期の函館におけるキリスト教の信徒数」である。表49（四六一頁）ですでに示したように、九宗派には各々「新・旧」の宗派名があるが、これこそは、「異宗教」から強制的に「体制宗教」へと改変させられた実態を示す生きた証左である。この改変の背後に、海外依存主義を全面的に排除し、もって国粋主義化せんとしたファシズム体制の至上的国策が存したことは、言うまでもない。宗派名の中の「ハリストス」とか「メソヂスト」なる外来語は跡形もなく廃されたのである。ここに、制度的には「異宗教」は消失し、日本におけるすべての宗教は近代天皇制の護持に尽くす「体制宗教」であることと規定されたのである。函館においてそれが決せられたのは、各派が「教会規則」を制定し、許可を受けた昭和一七年三月のことであった。したがって、この決定に従わず、「体制宗教」に反した言動ある場合には、「邪宗教」者と目され検挙の対象となった。

実は、この信教の自由を真っ向うから踏みにじる愚挙が、全国一斉に、昭和一七年六月二六日に行われた。検挙対象となったのは、旧ホーリネス系のきよめ教会と聖教会の教職者であり、その検挙理由は再臨信仰にあった。そのうち、旧ホーリネス系はプロテスタントの一教派であり、日本にあっては大正六年、中田重治によって創立

表57　カトリック教会と函館(昭和戦前期)

年	事項
昭和2	ベルリオーズ司教，高齢により，36年間の函館教区長を辞し帰国
昭和4	札幌知牧区が代牧区に昇格，キノルド師が初代教区長に任命
昭和6	函館教区はパリ外国宣教会→カナダ管区ドミニコ会に移管 ⋮ 元町教会(タルト師)・亀田教会(ルミュー師，宮前町教会と改称)
昭和6 昭和7	満州事変 上海事変 ］日本軍部により，外国人取り締まり強化
昭和7	上智大学，暁星中学校で「神社参拝」を拒否。このため軍部によるカトリック教会への弾圧強まる。函館教区(デュマ師教区長)も「カトリック教会は反国家的でないことを宣明」せざるをえない状況
昭和9	ラ・サール会が函館に学校開設の土地購入
昭和11	宮前町教会司教にドミニコ会のルミュー師(ベルリオーズ司教の後継者)。この年，函館地区の元町・宮前・当別教会は仙台教区の管轄となる(地理的理由，津軽要塞内のためカトリック弾圧の風潮)
昭和12	日中戦争を機に，「各教区長と学校長は邦人」の政府指令(キリスト教受難の時代)
昭和16	ルミュー司教，教区長を辞しカナダに去る。後任に浦川師(長崎神学校長) 昭和14年の「宗教団体法」を受け，カトリック教会は「日本天主公教団」と改称，認可を得る ⋮ 「尽忠報国の精神」「臣道実践」「職域奉仕」により，政府の宗教統制に服しつつも，キリスト教の灯をともし続ける ‖ 昭和19年結成の「大日本戦時宗教報国会」(神・仏・基の宗教団体)へと進む ※敵国人として，ドミニコ会系外国人宣教師24人が，仙台・青森収容所に収容される ※函館は津軽要塞地としてことに厳しい監視下に。そのため， 宮前町教会のフールニェ師 湯川トラピスチヌのラポルト師 ］カナダに帰国
昭和17	受洗者数 ［元町教会　6人 宮前町教会　2人］

久保田恭平手稿「日露戦争後，太平洋戦争に至るカトリック教会と函館」より作成。

された。このホーリネス系は昭和八年以来、「日本聖教会」と「きよめ教会」に二分、さらに「きよめ教会」から昭和一六年に「東洋宣教会きよめ教会」が分裂した。[97] 昭和一七年六月二六日、日本基督教団弘前住吉町教会の辻牧師が検挙され、獄死した。当時の検挙理由とは、特別高等警察の言い分によれば大略、こうである。「彼らはユダヤ民族の支配統活する世界一元国家の建設を目的とし、わが国体を否定し、神宮の尊厳を冒とくしている」[98]。検察側は、キリスト教の一元的世界観を全面否定して、検挙に及んだのである。この悲運な検挙は、決して対岸の火事ではなく、函館においてもあった。

「昭和十七年六月二十六日。この日は、我等基督者にとって忘るる事の出来ないプロテスタント迫害史の一頁を印した日である」と、その弾圧手記『その朝』を認めた松原繁は述懐する。出所後に回想して綴ったという『その朝』の一字一句は、すべて私たちの胸を打つ。松原が身重の妻と二女児の傍らから、不安を押し隠しながら特高室に向かうその心情、威嚇的な尋問のあとに放たれた留置場。神社参拝(偶像問題)を中心とした神観念・国家観の取り調べなど。そして一〇月五日、初めて見《まみ》える子と妻と二女児が待つわが家へ向かう松原の姿。

函館のこの検挙時の取り調べの中心もやはり、前述のごとく、神観念と国家観にあった。天主公教会の側から「神社参拝＝偶像崇拝」のことが主張された大正六年の時点でも、かかる検挙はもちろんなかった。同種のことを問題にしながら、昭和一七年においては一斉検挙・弾圧となったのである。

この昭和一七年という年は、函館のキリスト教界にとって、実に苦難の年であった。天主公教会の元主任のマルセル・フールニェ宣教師が、去る同一五年に検挙されていたことが、この年の七月一三日の『新函館新聞』に、「闇にスパイの眼が光る躍る仮面の怪宣教師／悪の草／函館にも一件」という大見出しで報じられたからである。同紙は、このカナダ出身の宣教師を「操る偽神父の魔手」と捉え、この一件をもって、「函館市舞台の外人スパイ事件全貌」とも伝えられたからである。かつて、明治三七年(一九〇四)の日露戦争の開戦時にも、ハリストス正教会の教役者がロシアのスパイ容疑で

表58　昭和戦前期の函館におけるキリスト教の信徒数

宗派名	信徒数(人)	
ハリストス正教会		427
日本基督教会	求道者	19
	入信者	12
	受洗入会者	3
	信徒数	111
日本組合基督教		96
日本メソヂスト教会	求道者	55
	入会者	18
	受洗者	9
日本聖公会	現在数	272
	在籍数	415
天主公教会(元町)	求道者	25
	受洗者	7
天主公教会(宮前町)	求道者	35
	受洗者	14
救世軍		118
基督教		25
東洋宣教会日本ホーリネス教会	受洗者	2
	転入者	7
	信徒数	252

昭和16年『社寺宗教』より作成。

函館要塞司令部により退去させられていた。それがいままた、ファシズム下の対外関係を理由に、スパイ嫌疑で弾圧の憂き目に遭っている。「異宗教」たるキリスト教を、国家権力によって「体制宗教」化しようとも、真の意味で、心の自由を奪おうとしても、奪いえないことを、昭和一七年の二つの弾圧事件は示しているといえまいか。

以上の考察を踏まえ、函館における近代宗教史ないしは文化の特色をごく簡単に要約しておく。

㈠　近代函館の基本的な宗教構図は、「自宗教」を自認する神道・既成仏教および自らの本源的教義を改変した教派神道によって構成される「体制宗教」と、「邪宗教」に始まりながら相対的な信仰の自由を達成していったキリスト教が形成する「異宗教」という二つの世界観からなり、それが時には対立、時には併立していた。これは別言すれば、近代函館における思想・宗教ないしは文化の多面性を示している。

㈡　この「体制宗教」と「異宗教」の二大宗教観の中でも、前者に属する日蓮宗の日持伝承は同宗の教会所・結社の量的進出と相俟って、函館の「体制宗教」をより一層体制化させた。この函館宗教界の体制的体質をさらに底上げないし強化したものに、教派神道たる天理教や金光教の「体制宗教」化の営みがある。とりわけ天理教にみられる圧倒的な教会・結社の進出を支えた受け皿は女性信者であった。

㈢　したがって、この女性が戦時体制の中、近隣に語らいながら獲得した信徒層の多くは、形式的な二重信仰者であり、ここに函館の宗教における都市性が看取される。

㈣　さらに、㈠の「体制宗教」化を図った天理教や金光教などの教派神道の北海道布教をみると、そこには「宗教殖民型布教」と「都市型布教」の二形態が考えられ、後者が函館を舞台に展開した形態であった。この都市型布教の地函館こそは、近代北海道における文化・宗教の受信地函館、中継地函館の顔であった。

次に、章を改めて、大正・昭和戦中期における宗教界の様子を、まず都市寺院としての高龍寺の内部に検証し、その上で、地域の実情を銭亀沢と上磯および乙部にうかがい、併せて近代天皇制とアイヌ民族との問題について言及してみることにしたい。

(1)『開拓使公文録』二(北海道立文書館蔵)
(2)同右、二一
(3)同右、二
(4)文部省教育史編纂会編修『明治以降教育制度発達史』三(龍吟社、一九三八年)
(5)『札幌市史』
(6)『函館区史』
(7)金子圭助『天理教伝道史概説』(天理大学おやさと研究所、一九九二年)
(8)『金光教年表』(金光教本部教庁、一九八六年)
(9)『函館毎日新聞』明治四五年七月二六〜二九日付
(10)『函館新聞』明治三七年五月六日付
(11)『函館毎日新聞』大正三年八月二三日付
(12)同右、大正三年八月二五日付
(13)『北海道史』付録、浄法寺朝美『日本築城史』(原書房、一九七一年)、会田金吾『函館山要塞の終焉II』(五稜出版社、一九八五年)
(14)『近代日本総合年表』(岩波書店、一九七五年)
(15)寺林伸明「函館八幡宮大祭の実施状況について」(『北海道開拓記念館調査報告』三二号、一九八九年)
(16)『函館毎日新聞』大正三年八月一四〜一五日付
(17)同右、明治四五年七月二八日付
(18)同右、明治四五年七月二六〜二九日付
(19)同右、大正元年八月二日付
(20)同右、大正元年九月一三〜一七日
(21)『函館日日新聞』大正八年一一月二日付

(22) 同右、大正一五年六月一八日付
(23) 『日宗新報』(日蓮宗機関誌)七八四番(一八九三年)
(24) 『北海道布教先回日誌』(一九〇〇年)
(25) 『日宗新報』五六九番(一八九五年)
(26) 同右、五八八番(一八九六年)
(27) 同右、五九五番(一八九六年)
(28) 同右、六五四番(一九〇五年)
(29) 同右、五九七番(一八九六年)
(30) 同右、一一三二番(一九一一年)
(31) 『函館毎日新聞』大正二年六月三日付
(32) 同右、大正六年七月一八日付
(33) 同右、大正一〇年六月一日付
(34) 佐々木馨「日持伝の史的考察」(『日本海地域史研究』七、一九八五年)
(35) 村上重良『新宗教』(評論社、一九八五年)
(36) 大正五年『北海道ニ於ケル宗教』(北海道史編纂掛)
(37) 同右
(38) 『新宗教』(35)に同じ
(39) 大正五年『北海道ニ於ケル宗教』(36)に同じ
(40) 『天理教伝道史概説』(7)に同じ
(41) 『敷島大教会発達史概要』(天理大学、一九九二年)
(42) 『天理教伝道史概説』(7)に同じ
(43) 『概説金光教』(金光教本部教庁、一九七二年)
(44) 『金光教北海道布教百年史』(金光教北海道教師会、一九九一年)
(45) 同右
(46) 『図録金光教のあゆみ』(金光教本部教庁、一九九一年)
(47) 『杉田政次郎伝』(金光教島原教会、一九八五年)

(48)『近代日本総合年表』(14)に同じ
(49)『函館毎日新聞』明治四五年七月二六〜三〇日付
(50)同右、大正元年八月一日付
(51)『函館新聞』大正六年六月八日付
(52)『こ恵』(天主公教会機関誌)五〇一号(一九一七年)
(53)『函館日日新聞』明治四四年五月一九日付
(54)『渡島管内町村誌』(渡島教育会、一九一六年)
(55)同右
(56)『函館毎日新聞』大正一二年一月二四日付
(57)同右、明治四四年五月三〇日付
(58)『当別トラピスト修道院資料』(上磯町史編さん室蔵)、佐々木馨「上磯の近現代宗教」(『上磯町史』下巻、所収)
(59)『函館日日新聞』大正一二年一二月七日付
(60)同右、大正一一年一月六日付
(61)『函館新聞』昭和一二年一一月一一日付
(62)同右
(63)同右、昭和一三年一〇月二六日付・同一一月一〇日付
(64)同右、昭和一三年一一月一三日付
(65)同右、昭和一六年一二月一一日付
(66)同右、昭和一八年四月一四日付
(67)同右、昭和一八年四月二〇日付
(68)『北海道新聞』昭和一八年一二月七日付
(69)同右、昭和一八年二月一二日付
(70)同右、昭和一八年五月三一日付
(71)同右、昭和一八年八月一七日付
(72)同右、昭和一八年一一月一三日付
(73)同右、昭和一八年一二月八日付

(74) 同右、昭和一九年七月四日付
(75) 昭和一九年以降『神祇会関係』(函館市役所教育課蔵)
(76) 『北海道新聞』昭和一九年一二月一二日付
(77) 同右、昭和二〇年一月四日付
(78) 同右、昭和二〇年二月八日付
(79) 『函館新聞』昭和一七年二月二六日付
(80) 「称名寺寺院規則」(称名寺蔵)
(81) 昭和一六年「法華宗本門寺　寺院事業報告」(法華宗本門寺蔵)
(82) 『函館毎日新聞』昭和一一年七月三〇日付
(83) 昭和一一年度以降『祭典関係綴』教育課(函館市役所蔵)
(84) 『北海道新聞』昭和一八年六月一六日付
(85) 『函館新聞』昭和一三年一〇月九日付
(86) 同右、昭和一六年四月九日付
(87) 同右、昭和一三年二月二五日付
(88) 『北海道新聞』昭和一八年三月二〇日付
(89) 『新函館新聞』昭和一六年一二月一二日付
(90) 『北海道新聞』昭和一八年六月三〇日付
(91) 同右、昭和一八年一一月一二日付
(92) 同右、昭和一九年九月六日付
(93) 同右、昭和一八年九月三日付
(94) 同右、昭和一八年一一月二日付
(95) 昭和一六年『社寺宗教』(函館市役所蔵)
(96) 『金光教北海道布教百年史』((44)に同じ)
(97) 稲葉克夫「日本基督教団弘前住吉町教会(旧きよめ教会)弾圧事件」(『年報市史ひろさき』二、一九八九年)
(98) 同志社大学人文科学研究所キリスト教社会問題研究会編『特高資料による戦時下のキリスト教運動』第二巻(新教出版、一九七二年)

第四章　道南地域の宗教界

第一節　都市寺院の展開

大正・昭和戦前期の高龍寺

明治四五年(一九一二)七月三〇日午前零時四三分、明治天皇が崩御すると、曹洞宗は同日、石川素童管長名で、各寺院に追悼大法会の奉修をこう告諭した。

恐懼《きょうく》ノ至ニ堪ヘス。依テ此ノ際末派寺院住職ハ恐懼謹慎シ直ニ大仏宝殿ニ　尊儀ヲ奉安シ、謹テ御追悼法会ヲ奉修シ、併セテ爾後四十九日間毎、晨諷経御回向ヲ奉修スヘシ。御大喪御式御挙行ノ際ハ檀徒信徒ヲ集合シ、特ニ御追悼大法会ヲ奉修スヘシ。(1)

この告論を受けて、ほかの仏教寺院と同様、神社とともに「体制宗教」を担う高龍寺が追悼法会を檀信徒の参詣のもと、奉修したことは言うまでもない。

越えて、大正三年(一九一四)に入ると、近代日本は日英同盟を理由に第一次世界大戦に関わることとなり、曹洞宗としても、やはり明治期と何ら変わることなく、「体制宗教」の一翼として、その参戦を次のように、「尊皇護国」「利生報恩」と肯定的に捉えた。

(前略)尊　皇護国ヲ以テ立教ノ基礎トシ、利生報恩ヲ以テ修証ノ要義トスル我カ宗ノ教化ニ与カル者、豈ニ感憤興起シテ報効ノ至誠ヲ抽《ぬき》ンテサルヘケンヤ(中略)是レ則チ帝国臣民ノ天職ナルノミナラス、亦仏祖ノ児孫タル者ノ本分ナリトス。我カ宗ノ道俗其レ克ク旃《せん》ヲ勉めヨ。

大本山永平寺貫首　勅特賜性海慈船禅師森田悟由
大本山総持寺貫首　勅特賜大円玄致禅師石川素童(2)

高龍寺はもちろんこの体制的な「参戦教諭」を真摯に受けとめ、帝国日本の戦勝を祈願した。第一次世界大戦開戦の翌大正四年、大本山総持寺貫首石川素童がにわかに遷化した。

この遺身舎利の永平寺までの護送について、高龍寺の檀家総代杉浦嘉七は本山の永平寺まで、同夫人と令嬢は国府津まで見送った(3)。この杉浦家の丁重な護送派遣をみるとき、高龍寺と杉浦家、そして永平寺との三者一体の法縁を感ずる。この関わりは、前代の明治期と全く変わらない。

石川素童の後任として、明鑑道機が高龍寺に親化したのは、大正七年七月一日のことであった。この時の歓迎もさきの明治三九年の時と変わることなく、次のように実に盛大であった。

(前略)午後九時函館ヘ入港ス。埠頭ニハ、数千ノ檀徒各提灯高張等ヲ捧ケテ歓迎シ、猊下御上陸ヲ待テ受ケ、記念撮影ヲ為シ(中略)猊下ニハ丘随行長上田高龍寺陪乗、馬車ニテ御発錫。順路ヲ経テ戒場高龍寺ニ向ハセラル。沿道両側ノ檀徒数無慮数万人頗ル盛況ナリキ(中略)五日午時ニハ戊辰役、日清、日露、日独戦役戦死者ノ為メ、奉楽上殿、稚子行道、法要御親修遊ハサレヌ(4)。

明鑑道機は、この大正七年八月下旬から北海道に巡化した。その帰途、九月五日、高龍寺に停錫休息した。

午後四時二十分。函館駅御着。高龍寺上田大法、総代山崎松蔵、檀頭相馬哲平、総代佐々木忠兵衛、木田長右衛門、百々瀬源次郎等ノ御出迎ヲ受ケ貸切電車ニテ湯ノ川温泉、山崎松蔵別宅ニ御安着。時雨温泉ニ御入

浴、長途ノ旅塵ヲ洗却遊ハサレタリ。(5)

大本山総持寺貫首の高龍寺への直接的な親化だけでなく、北海道巡化の往復の途次、北海道の表玄関である函館高龍寺に「長途ノ旅塵」を洗うこと自体、高龍寺と大本山との法的ないし人的な絆を深めることになるのは、ごく自然の理である。高龍寺と大本山との結びつきは、地の利を得て他に比べて何倍、何十倍も深化すべくして深化していたといえよう。

高龍寺と大本山との関係は、このように檀信徒の理解と支援を得ながら、年を追うごとに強まっていく。この点、高龍寺は大本山と檀信徒の中間にあって、本山への浄納などの財施と檀信徒への法要奉仕としての法施などを一時たりとも忘れることはなかった。

例えば、上田大法は長いこと高龍寺檀家総代をつとめた藤村駒吉が死去した時には、次に述べるように、本山からの弔電を布達されたい、と申し出ていた。

函館区台町
藤村駒吉

右多年高龍寺檀中総代勤務、常に熱心、以て外護ニ尽力せるのみならず、曾て祖山へ参拝し、家族一同をも参拝せしめ、相当に祖山へ納金致し、殊に不老閣猊下御渡道の都度、送迎其他に斡旋(中略)昨三日午后六時、五十八年を一期とし御死去、葬儀は来六日午前十時、出棺ニハ御本山より弔電等御発達相成候様致され度、此段緊急上申仕候也。

函館区台町高龍寺住職
上田大法

大正三年二月四日
大本山永平寺出張所

監院御中

檀信徒に対する上田大法の心配りは、一再ではなかった。同年七月二八日にも檀家総代として、また吉祥女学校の取締としても寺門の興隆に尽力した種田直右ヱ門の死去に際し、「特別ノ御詮議ヲ以テ、嗣子栄次郎ニ宛、一片ノ慰問状御下賜被成下度、此段上申仕候也」と「慰問状」の下賜を大本山永平寺に上申したのも、檀信徒を大切にする全く同列の配慮である。(6)

「体制仏教」としての高龍寺と檀家

住職としての上田大法は、寺内においても寺僧との意思疎通を怠ることはなかった。大正七～八年の頃、『国華』を布教部(岡本碩翁、市川碩翁、的場無学、斎藤戒順、浮橋国仙、鈴木徳隣)と計って、毎月発行し、檀信徒をはじめ、関係者の啓発につとめたことは、その好例であろう。

そのうち現存するのは、第一巻第二号～第二巻第三一号である。具体的にどのような布教講演が行われたかを次に目次を掲げ、うかがってみることにしよう。

(第一巻第二号)

陽　春　頌　　上田大法
講　　演　　岡本碩翁
一滴の涙　　斎藤戒順
国家の礎　　洲　南生
相馬翁逸話

(第一巻第三号)

檀　波　羅　蜜　　上田大法

講　演
信仰の力　岡本碩翁
新しき家庭　斎藤戒順
世渡と宗教　杉原宗道
（第一巻第四号）
仏　誕　生　上田大法
講　演
誓願を起せ　岡本碩翁
新しき家庭　斎藤戒順
漢　詩　鏡華居士
（第一巻第一〇号）
精進波羅密　上田大法
講　演
日本魂　岡本碩翁
戦時と婦人の覚悟　斎藤戒順
哀　詩　杉浦鏡華
（第一巻第一一号）
仏　成　道　上田大法
講　演
曹洞宗義略説　新井石禅

悪魔降伏　岡本碩翁
男らしき服従　的場無学
（第一巻第一二号）
禅定波羅密　上田大法
講　演
曹洞宗義略説　新井石禅
戦後の仏教信徒　岡本碩翁
禅的生活　斎藤戒順
（第二巻第一三号）
洞山寒暑の話　上田大法
講　演
発菩提心　日置默然禅師
余の観たる東都　斎藤戒順
（第二巻第一四号）
智慧波羅密　上田大法
講　演
元旦御垂示　日置大禅師
修養と大慈悲心　岡本碩翁
酒田本間家の家憲　胡堂学人
（第二巻第一五号）

父母生養の恩　上田大法
講　演
世尊の日常生活と涅槃　斎藤戒順
如何に讃せん　杉浦宗道
酒田本間家の家憲　胡堂学人
（第二巻第一六号）
衆生の恩　上田大法
講　演
大乗の仏陀観と基督教の神観　忽滑谷快天
（第二巻第一七号）
国王の恩　上田大法
講　演
簡単な真理　岡本碩翁
禅と平凡なる言行　的場無学
人生の浄化　浮橋国仙
（第二巻第一八号）
三宝の恩　上田大法
講　演
婦女の四行　市川碩翁
人生の幸福　岡本碩翁

軽率は失敗のもと　浮橋国仙
（第二巻第一九号）
摂律儀戒　上田大法
講　演
盂蘭盆会　市川碩翁
感謝の生活　的場無学
女の力　浮橋国仙
（第二巻第三一号）
仏となる道
講　演
婦人の為めに　忽滑谷快天

右の目次をみて、どうであろうか。上田大法は「檀波羅密」・「仏誕生」・「精進波羅密」・「仏成道」・「禅定波羅密」・「智慧波羅密」・「父母生養の恩」・「衆生の恩」・「国王の恩」・「三宝の恩」・「摂律儀戒」にみるように、仏教そのものの原点と仏教教義の根本について説いていることがわかる。仏の教えを一貫して説き示そうとする能化《のうけ》の姿が伝わってくる思いがする。この大法の体系的な構想に導かれて、各布教師も曹洞禅と檀家との結びつきと信仰生活の重大性を、「信仰の力」・「新しき家庭」・「禅的生活」・「禅と平凡なる言行」として説いたのである。「戦時と婦人の覚悟」は、銃後の守りを女性に求めたものであることは推測にかたくない。

高龍寺が大正七〜八年の時期、こうした布教事業を二カ年にわたり、それを冊子として編集・刊行したことに、高龍寺の禅宗寺院としての意気込みと使命感を感ずる。

一方、上田大法は高龍寺内における寺僧とさらなる一体化を図るべく、「寺務日記」の書き継ぎを大正一〇年

(一九二二)に決断し、昭和二年(一九二七)まで実践していった。『高龍寺口宣大要』である。住職の世相観もちりばめたこの「口宣」は、高龍寺の寺院経営の書ともいうべきものであり、こうした編纂に乗り出したこと自体、寺院としての興隆ないし発展の相の投影である。

こうした寺門の興隆を大スローガンに掲げた上田大法を核とする高龍寺の自助努力は、大正期において、北海道曹洞宗全体の公認するところとなること必定であった。その証左として、大正八年の「曹洞宗北海道第十次議会報告書」が伝える「全道寺院、説教所等級」を挙げることができる。これは、宗費や地方費を賦課するために曹洞宗寺院を特級から二四級まで区分したものである。この中で、高龍寺は最上の「特級ノ一」であり、札幌中央寺は「特級ノ二」であった。ちなみに、近世において高龍寺の本寺であった松前法源寺は、国法触頭の法幢寺とともに「九級」、兄弟寺であった木古内の大泉寺と乙部の長徳寺は「七級」に位置していた。

第一次世界大戦後の協調外交を基調とするベルサイユ体制も、昭和一二年(一九三七)七月七日に勃発した盧溝橋事件を一大契機として、日本と中国は全面戦争状態に入った。さきに概観したように、この昭和戦前期においても、高龍寺はほかの寺院や神社と同じように、近代国家の「体制宗教」として、時に戦勝祈願をつとめ、時に戦没者の追悼法養を奉仕した。その高龍寺の様子を次に少し跡づけてみることにしよう。

盧溝橋事件が起きて一カ月後の昭和一二年八月、総持寺紫雲台貫首は北海道を親教した。その目的が国家非常時における「尊皇護国」の喧伝と「鎮護国家」における仏教精神の鼓舞にあったことは言うまでもない。釧路定光寺・厚岸吉祥寺・根室開法寺そして奈井江の円通寺の親化を修めた同貫主は、八月一一日、函館に到着し、一三日までの二日間、高龍寺で親教した(7)。

日中戦争への突入は、当然のことながら、国家の一大関心事となった。高龍寺と檀信徒もその例外でない。大正初年以来、上田大法のもと、檀信徒への熱心な布教活動を展開していた、高龍寺布教部の的場無学は、一連の講話を一書にまとめて、『精神講話』と題して公刊した。的場はその中で、「梅は寒苦を経て清香を発す」、昔から偉人なり、大人物なりと云はるゝ方には、必ず非常なる勉励努力の結果であって、未だ嘗て楽楽と暢気に、何の苦もなく成られた者はない」と冒頭で述べたあと、大久保利通や乃木将軍などを紹介した上で西郷隆盛にも言い及んで、次のように結んだ。「勅諭も皆信から出で信は神を尊崇し、仏を信仰するに依て起る。西郷隆盛公禅学の奥義に達し、命も名誉ある官位も、金もいらぬ、唯誠を以て国家に尽すと云ひ。「幾歴辛酸志始堅、丈夫玉砕愧甎全《せんぜん》、」云々と名利の外に超然たるものも、この不動の信仰あつたからであります」。的場無学は、居並ぶ檀信徒を前に「信心」と「禅学の奥義」について諄々と教え説いたのである。

昭和一六年、高龍寺布教長として石田義道が赴任した。石田は東奔西走の中、懸命に正法禅を説いて余念がなかった。その信念の人、実行の人である石田は、法輪を講じた筆記をもとに、『私の眼蔵』なる説教講演集を公刊した。日中戦争が急を告げる昭和一七年のことである。それによれば、石田は自ら海外布教僧として「支那・北満」に派遣されて、「皇軍慰問」した報告を「国防第一義」・「戦後より銃後」と題して講演する一方、青年層に「捨身奉公」、婦人層に「三大自覚」を説くなど、臨戦状態の覚悟で檀信徒と対面した。石田の「修証義」をもとに説く教化報国の姿は、見る人聴く人に感動を与えずにはおかなかったであろう。その奮闘の形相が時空を超えて、いまに彷彿とされる。

大正・昭和戦前期の高龍寺は、上田大法の領導のもと、第一次世界大戦と日中戦争に彩られた戦時状態の中にあって、護国教化を旨として、その布教部を中核に檀信徒と堅く結び合った、まさに高龍寺の発展期であったといえよう。

第二節　銭亀沢の信仰と祭祀

明治五年の神社調査

既出した明治四年(一八七一)の湯倉神社の社寺届によれば、湯倉神社の神官中川が、下湯川村明神は江戸時代の承応年間(一六五二～五五)から村民に手厚く祀られてきた仏像の神体を持つものであり、しかもそれは松前藩主の側室が寄付した由緒あるものであるから、神仏分離の趣旨に則って一旦は開拓使に差し出すものの、調査の済み次第、再び村民の手もとに返してほしい旨を嘆願していた。表現をかえていえば、神官中川と下湯川村の村民たちは神仏分離の政策に基本的には従いながらも、現実の信仰のあり方においては、伝統的な土着信仰ともいうべき神仏習合の生活習俗は捨てがたく、上からの一方的な政策的神仏分離に異論を唱えていたのである。実は銭亀沢の神社は、この湯倉明神の支配下になっていた。その支配関係は近世から明治一二年まで存続したものと考えられる。

明治初年の「神仏分離令」で、日本全体が激しく揺れ動いていた頃、おそらく、銭亀沢の神社界はその支配関係から考えて、湯倉明神と同一の歩調、つまり、土着の伝統重視の神仏習合的な方針をとっていたと思われる。銭亀沢の神社に対しても、明治政府の施策どおり、神仏分離を断行すべく、神社取り調べが行われた。明治五年九月二九日から一〇月一日のことである。

この取り調べは、開拓使から派遣された函館八幡宮祀官菊池重賢が行った「壬申八月・十月巡回御用神社取調」(8)がそれである。それは神体はもちろん、神社本体の間口についても、詳細に及んでおり、当時の神社の様子を知る上でも参考となる(表59)。

取り調べは、根崎の「大日霊貴尊」、志苔村の八幡宮、銭亀沢村の八幡宮と石倉稲生社、同村内古川尻の川下社、石崎村の八幡宮とその合祀の川濯社について、それぞれその神体や神社の規模などの調査が実施されたのである。

銭亀沢の八幡宮には享和三年(一八〇三)に再造の棟札が、古川尻の川下社には文政三年(一八二〇)の再造の伝えがあっても、この調査では、六社のすべては「起原不詳」となっている。明治五年の調査の力点は、起源の

表59　明治5年の神社調査一覧

地　　域	神社名	神　　体	本祠	拝殿	神門	社　地	起源	備　　考
渡島国亀田郡下湯川村内根崎	大日霊貴尊	和幣	3尺	3間×5間	1基	間口10間 裏幅21間 奥行80間	不分明	外ニ男躰白衣ノ立木像一体，左手ニ玉，右手ニ剣ヲ銜 （可廃事）
同郡志苔村	八幡宮	木像 坐像，白衣，弓箭ヲ持玉フ （可存事）	3尺	3間×5間	3基	間口16間 奥行19間	不知	橘ノ御紋アリ （可除事）
同郡銭亀沢村	八幡宮	木像 御束帯白馬ニ召，弓箭ヲ持，御衣草色唐草大模様	2尺	3間×5間半	3基	間口20間 奥行30間	不詳由	神体…慶応元年箱館ニ於テ修覆ス 本祠…朱塗外彩色アリ 享和3亥年再造ノ棟札アリ
	石倉稲生社	神璽2 内，慶応4年申請ル神璽ヲ以テ神躰ト可致事	窟造3尺	当時普請中		50間方	不詳由	
同村古川尻	川下社	和幣	3尺	3間×5間	2基	間口5間 奥行18間	不詳	外ニ雷斧石1（6寸斗） （本祠合祠申付事） 社地…壬申10月1日検見ス 文政3辰年再造
同郡石崎村	八幡宮	木体 立像，白衣，地紋丸龍，緋袴ヨロシ （可存）	3尺	4間×7間	3基	間口20間 奥行21間	不詳由	厨子塗物　（可廃事） 神門…木石
（合祀）	川濯社	木像 立躰，曖昧甚敷 （可廃）						改祭同前

「壬申八月・十月巡回御用神社取調」（『函館市史』史料編第2巻）より作成。

年代確定にあったのではなく、神仏分離政策の方針のもと、仏教系の神体の精査とその廃除にあったのである。根崎の大日霊貴尊にある木像、志苔八幡宮の木像の橘の紋、石崎八幡宮の木像の橘の紋、同宮の厨子の塗物などは、「可除事」「可廃事」と、細かにチェックされた。

これは逆にいえば、銭亀沢の諸社にはそれだけ旧来の伝統的な神仏習合的な要素が色濃く伝承されていたことを意味する。だからこそ、前述のように、銭亀沢村の神社はその本社ともいうべき湯川の湯倉明神とともども、前年の明治四年における神仏分離調査で、伝統重視の土着主義を主張したのであろう。

この菊池による明治五年の「壬申八月・十月巡回御用神社取調」が、さらに注目されるのは、根崎から石崎村までの六社について、その末尾に「以上、亀田郡湯川村湯倉明神ノ氏子場」と総括している点である。つまり、銭亀沢地区の六社は、湯倉明神の「氏子場」として、その管轄下にあったのである。

このことから逆推すると、近世から明治五年までの時期、銭亀沢の神社と湯倉明神とは、一貫して支配と被支配の関係であり続けたと考えられる。

ところが、明治一二年になると、その支配関係に一大異変が起きる。銭亀沢の神社の管轄が、湯倉明神から亀田八幡宮に代わったのである。この管轄・支配の変化の背景には、種々の理由が考えられようが、結果論的にいえば、この変化が銭亀沢村の神社界に一定の都市化の契機を与えたことだけは、確かであろう。

明治一二年の神社調査

その支配交代のあった明治一二年、表60のような神社調査があった。明治五年の調査と比較した場合、社名変更をした根崎の「川濯社」、新たに造立もしくは管下に組み込まれた志苔村の「稲荷神社」と亀尾村の「大山祇神社」を除けば、その大筋では、さほど大きな変化はないように思う。その中にあって、ひときわ大きく目立つことが一つだけある。それは、いずれの神社においても、由緒の年次が確定された点である。明治五年の調査で

表60　明治12年の神社調査一覧

社　名	地　　域	社格	祭　神	由　　緒	氏　子(信徒)	備　考
川濯社	下湯川村根崎	雑社	木花咲夜姫命	勧請寛文３年７月		社名変更(大日霊貴尊)
八幡神社	志苔村字志苔沢	村社	誉田別命	勧請年間天正年中ノ由不詳	69戸	
稲荷神社	志苔村字大澗	雑社	宇迦魂神	勧請年間不詳		明治５年の調査では未記載
八幡神社	銭亀沢村字本村	村社	誉田別尊	正保元甲申年村民協議上建立	122戸	
石倉稲生神社	銭亀沢村字椽木	無格社	倉稲魂神	明和６己丑年村民協議ノ上建立	125戸	
川濯社	銭亀沢村字古川尻	無格社	是花咲屋姫命	明和元甲申年中村中協議ノ上建立ス	36戸	字句変更(川下社)
八幡神社	石崎村字口崎	村社	誉田別命	永享年中平氏盛阿弥敬信ノ由古老ノ伝明和８辛卯年７月神躰安置ト村誌ニアリ	134戸	
大山祇神社	亀尾村字野広場	雑社	大山祇命	安政２年村中協議ヲ以テ始テ建立	12戸	

「亀田八幡宮管下諸社調査」(『神道大系　北海道』所収)より作成。

は、再建年次を別とすれば、すべての神社は「起原不詳」であった。それがどうであろうか。根崎の川濯社＝寛文三年(一六六三)、志苔八幡神社＝天正年中(一五七三〜九二)、銭亀沢八幡神社＝正保元年(一六四四)、銭亀沢の石倉稲生神社＝明和六年(一七六九)、古川尻の川濯社＝明和元年(一七六四)、石崎八幡神社＝永享年中(一四二九〜四一)というように、この明治一二年に及んで、ことごとくその造立年次が確定される。

寺院の姿

それでは、もう一方の寺院は、近代の世にあって、地区民とどのように関わっていたのであろうか。まず、明治二七年(一八九四)の『北海道寺院沿革誌』と大正七年(一九一八)の『函館支庁管内町村誌』をもとに、その来歴から跡づけてみることにしよう。

銭亀沢の仏教寺院について、まず何よりも指摘されなければならないのは、現在の七カ寺（日蓮宗の妙応寺、浄土真宗の観意寺・西願寺、曹洞宗の善宝寺・興禅寺、浄土宗の勝願寺・大願寺）のうち、大願寺と興禅寺を除く五カ寺が、石崎に集中していることである。その中で最古に属すのは、言うまでもなく、日蓮宗の妙応寺である。『北海道寺院沿革誌』によれば、妙応寺の建立を日持の渡道に求め、正安元年（一二九九）中には、帰依者が一宇を創建し「経石庵」と称したという。近世に入り、寺院の本末制の中、「経石庵」も函館実行寺の末寺となり、「留守居ヲ置」いて地内の葬祭などを執行していた。やがて、檀信徒も増えたので、明治一二年に及んで、住職佐藤照稟の時、「妙応寺」と寺号を公称した。明治二七年の頃、境内地積は一五五坪、堂宇は本堂が八間に七間、檀信徒は五〇戸という。地内に現存する七カ寺のうち、『北海道寺院沿革誌』が登載しているのは、この妙応寺と勝願寺および大願寺だけである。勝願寺は、前身を「求道庵」として、「本寺は函館称名寺、明暦二年（一六五六）の建立、開基は求道、境域は三百六坪」と伝える。一方の銭亀沢の大願寺の前身の「念称庵」は、本寺が函館称名寺であり、「明和二年（一七六五）上湯川村ヨリ移転」したと伝える。

この勝願寺と大願寺の二カ寺はともに称名寺の末寺である。前述の「経石庵」と同じく、この二カ寺も近世から近代の明治二七年頃に至るまで、本寺である称名寺から留守居を派遣し、地内檀信徒の葬祭を執り営んでいたと考えられる。

ほかの四カ寺は、どんな経緯で造立されたのであろうか。これら四カ寺はともに、明治以降に寺号を公称した寺院である。(9) 浄土真宗大谷派の観意寺は、「由緒　明治卅年七月寺号公称許可、卅三年本堂建立ス」と伝えられる。次いで、曹洞宗の善宝寺は、「由緒　明治廿九年六月寺号公称、同卅年二月本堂建立ス」と伝えられる。残りの西願寺と興禅寺は各々、昭和二四年と二九年に寺号を公称している。

近代の妙応寺

明治五年（一八七二）、明治政府の神仏分離策を推進するため、神官菊池重賢が地内を神社調査した折、この妙応寺にも足を踏み入れた。日蓮宗の寺院には、檀家の菩提寺とともに、もろもろの祈願などをする祈禱寺もあることを考慮したからであろう。なぜなら、石崎のほかの浄土宗の念称庵（大願寺の前身）や、求道庵（勝願寺の前身）には、神官菊池は出向いていないのである。

菊池による明治五年の神社取り調べによると、経石庵では、「当壬申ヨリ凡五十年前」、つまり文政五年（一八二二）頃から、妙見・鬼子母神を私祭し、日蓮宗独自の「法華神道」ともいうべき「三十番神」入りの過去帳が経石庵にあったのを、神仏分離の政策に照らして、この神号を至急切り抜くよう指示した。さらに当時の住職佐藤照稟は、自分で作った今上天皇と征夷大将軍の位牌を併置していた。菊池はこの調査の一部始終について、本寺の実行寺に書面で申し出るよう命じた。この事実は、銭亀沢における神仏分離政策の実態を伝えるものとして、非常に大切である。銭亀沢における、まさしく「神々の明治維新」を知る唯一の史料だからである。経石庵に祀られていたものは、妙見といい鬼子母神といい、それらはすべて日蓮宗寺院に安置されるもので、これらは、なんら驚くに価しない。それよりはむしろ、天皇と将軍の位牌を併置していることが奇異であるし、何よりも特筆すべきことは、「三十番神」の神名を過去帳から切り抜くよう命じた点である。

さきにみたように、湯川の湯倉明神の神体をめぐる神仏分離においては、神社側には相当根強い神仏習合に由来する土着主義が色濃くみられた。神社側の保有する仏像には比較的寛大であるのに対し、この経石庵のような寺院の保持する〝神道〟的なものには、かなり厳格な指導があったことを、この経石庵の神仏分離は物語っている。

明治一二年九月二六日、この経石庵が庵号を改めて「日持山妙応寺」と寺号を公称したい旨の願書が開拓使へ奉願され、翌一〇月四日に聞き届けられた[10]。日持を開基とするこの妙応寺は、明治に入ると、何かと世人の耳目を驚かすことが多くなった。日清・日露戦争を契機に、政府の推進する海外侵略策は社会的にも受容されつつあったから、この「海外伝道者」日持のことがより一層、世の注目を集めたからである。

明治初年の神仏分離による「冬の時代」を経たのちの仏教界は、明治中後期における海外侵略の動向などとも絡み合いながら、国家神道体制のもとで、社会と宗教界における地位を獲得していく。その意味で、妙応寺は、「海外伝道者」日持の開基であることから、日蓮宗の単なる霊場としてだけにとどまらず、海外侵略を背後から精神的に後押ししていたといえようか。昭和期に入り、満州事変を経て日中戦争が勃発するや、なお一層、日持は人々の心をとらえる機能を果たしていった。

近代の勝願寺

この妙応寺と並んで、比較的史料をよく伝存している浄土宗勝願寺の、近代における動態を探ってみよう。寺伝によると、勝願寺の前身の求道庵（当時「亀田郡石崎村字中村壱番地」、本尊「阿弥陀如来」）は、明暦二年（一六五六）、称名寺の末寺として僧求道によって開基され、明治二七年（一八九四）の九代住職北村霊瑞の頃に、檀信徒一八〇戸を数える地内有力寺院となっていた。(11) この明治二七年は、勝願寺にとって、「本堂庫裏」の大改築を実施した画期的な年であった。当時、石崎村の有力者として、松代孫兵衛がいた。(12) 明治二七年の頃、この松代孫兵衛が、村田長右衛門、久保田左七とともに、檀家惣代をつとめており、改築事業に力をなしていたことが知られる。(13)

九代住職の北村霊瑞は、弘化元年（一八四四）、江戸浅草に商人の三男として生まれ、嘉永六年（一八五三）、千葉の西光寺で出家得度、のち安政六年（一八五九）から文久三年（一八六三）まで求道庵の八代貫名了道上人のもとで修学。文久二年、その了道上人より、九代目を相承した。(14)

北村霊瑞は、行財政の面でかなりの敏腕家であった。例えば、明治四三年、境内に隣接する石崎村字中村野の四畝一反の「未開地」の払い下げを受けようとして、檀家惣代の松代孫兵衛らと計りながら、入念な請願書を作成したこともあった。この請願は、求道庵の寺勢拡大以外の何ものでもない。北村霊瑞は、地内の有力な檀家惣代の松代らと手を携え、求道庵の寺勢拡張にひときわ大きな力を発揮した、まさに傑僧であった。

北村のこうした寺勢拡大の策が功を奏してか、明治二七年には一八〇戸であった檀家数が、二三年後の大正六年(一九一七)の頃には、二三二戸と約三割も増えていた。地内の檀信徒に支えられた着実な寺勢の拡大の結果、大正八年一二月二六日に、「求道庵」改め「勝願寺」へと寺号を公称した。まさに「庵」から「寺院」への一大飛翔の日であった。こうして寺号公称を許された勝願寺は、以後、順調に寺勢を拡げて、昭和の時代へと入っていく。

勝願寺と地内の檀家との密接なる結びつきを示すひとつの例証として、いまも寺内に残る昭和六年(一九三一)の「西国卅三番石像観音尊芳名帳」がある。これは、文字どおり、地内における観音講の存在を裏づける史料で、この芳名帳には、実に二三三人の名が連ねられている。この檀徒が、航行安全の守護神である観音菩薩に日々、漁業の安全と出征時の平穏を念じたものと思われる。

戦時下の寺院

近代日本の海外侵略の矛先は、中国を中心とする東アジア世界へと向けられていたが、とりわけ昭和六年の満州事変以後における日本の中国への侵略は、苛烈をきわめた。その中にあって、銃後の地区民や寺院の戦時下における関わりはどうだったのであろうか。

国内が戦時色一色に染め抜かれる昭和一七年の頃になると、宗教世界も、戦争勝利の祈願ないしはその慰問・弔意に明け暮れることとなる。戦争協力という点では、キリスト教会も含めて、国内のすべての宗教団体は同一の歩調をとることを余儀なくされていた。

北海道仏教会も、「皇室尊崇並ニ祖先崇拝ノ念ヲ一層深カラシメンコトヲ期ス」(綱領一)、「正シキ信仰ノ上ヨリ仏事ノ真意義ヲ体シ迷信ノ打破ヲ期ス」(綱領二)、「日本精神ヲ昂揚シ生活ノ更新ヲ期ス」(綱領三)という「大政翼賛実践綱領」に基づいて、戦時中、天皇制と一体となって戦争の遂行に協力していった。「皇室尊崇」（綱領一）と「日本精神」（綱領三）の高揚を寺院に強要したということは、文字どおり、寺院を近代天皇制の推進主体に位置づけていたことを意味する。

綱領一の「実践事項」はさらに次のように規定する。「寺院及ビ教会ニ於テハ祝祭日ノ会合ハ申スニ及バズ、特殊ノ会合ニハ必ズ宮城遥拝並ニ「君ガ代」ヲ奉唱スルコト」、「寺院ニハ皇恩報謝ノ為メ天牌《てんぱい》ヲ奉安セルニヨリ、特ニ敬虔ノ念ヲ以テ拝礼スルコト」、「陛下ノ御写真又ハ御尊影ハ家中最モ神聖ナル場所（例ヘバ床ノ間、正面鴨居ノ上）ニ奉安シ、新聞雑誌等ニ奉掲ノ皇室関係ノ御写真ハ之ヲ切リ取リ、清浄ナル入レ物（尊皇袋ノ類）ニ納メ、不敬ニ亙ラザル様、注意スルコト」。このように、「皇室尊崇」の一部始終を事細かに指示し、寺院を通して、近代天皇制の護持ひいては「皇国軍」の戦勝祈念を、地域住民に浸透させていったのである。

銭亀沢の仏教寺院も、天皇制の尊崇にひたりながら、昭和の戦中期を、それぞれ檀信徒とともに過ごしていた。その頃の神社と寺院の氏子・檀家戸数は表61のようであった(15)。この氏子・檀家戸数には、大正七年の『函館支庁管内町村誌』の段階では確認されていない宗教団体が散見するのに気がつく。一つは、いわゆる教派神道一三派といわれる新宗教のひとつの神習教（白木教会、一般に、「白木神社」）である。これについて詳しくは後述することにして、ここでは昭和九年（一九三四）の段階で、氏子数五〇五戸を擁する宗教団体であったことだけを確認しておきたい。

二つ目の新たなる宗教団体は、浄土真宗興正派である。この石崎説教所（現、西願寺）が、大正九年から昭和九年の間に石崎地区に進出していた。これによって、地内の七カ寺の仏教寺院のうち、五カ寺が石崎地区に集中していたことになる。石崎地域は、あたかも「宗教ゾーン」のようである。

もう一つの新規なる宗教団体として、湊地区に宣教所を持った新宗教のひとつである天理教がある。この天理教も、おそらく、昭和期に入って、徐々に函館市街の天理教の教線発展の結果、銭亀沢地区にも進出してきたも

表61　昭和9年の銭亀沢における社寺の氏子・檀家戸数

	社格・宗派	名　称	住　所	信徒または檀徒	祭　日
神社	指定村社	八幡神社	字志海苔	137	8月15日
	同上	八幡神社	字石崎	296	9月3日
	同上	八幡神社	字銭亀	135	8月17日
	無格社	川濯神社	字古川町	175	8月20日
	同上	川濯神社	字根崎	276	8月16日
	同上	稲荷神社	字湊	144	8月18日
教会・寺院	神習教	白木教会	字長坂	505	5月9日
	真宗興正派	石崎説教所	字鶴野	236	—
	天理教	宣教所	字湊	420	—
	日蓮宗	妙応寺	字石崎	165	旧6月1日
	真宗大谷派	観意寺	字石崎	120	—
	曹洞宗	善宝寺	字石崎	110	—
	浄土宗	勝願寺	字石崎	230	—
	浄土宗	大願寺	字銭亀	263	—

『村勢一斑』(1934年)より作成。

のであろう。

ともあれ、銭亀沢地域に神習教と天理教の二つの新宗教が教線を伸ばしたことは、この地の宗教的な特性を示すものとして大いに注目される。

高等小学校生徒の戦争観・神社観

昭和期に入り、銭亀沢にも二つの新宗教が受容されたことは、日中戦争の拡大という軍国化の営みと決して無縁ではない。銭亀沢の中にも、軍事化の波は押し寄せていたのである。その様子を、当時の銭亀沢高等小学校の綴り方文集の中に検証してみることにしよう。

まず、高等科一年の井口博子は、「事変について」と題して、戦争の苦難を次のように記している。

(前略)此の村からも召集を受けて随分行きました。婦人会は千人針をしてゐます。私の家へも来ました。私は寅年ではないので一つだけ結びました。村では毎月十五銭づゝ集めて居ます。此のお金は、出征した家へ分けて上げるのださうです。此の間慰問文を学校で送りました。学校では国民精神総動員週間を実行したり、納税奉公週間をしたりして居ます。私達は一銭のお金でも無駄使ひせず、貯金したりして、寒い思ひをして居る兵隊さんに上げたいです。私達はいよいよ心を固くして、兵隊さんの行つた後をきちんと守るやうにしませう。(16)

戦地だけでなく、銃後にあっても、「御国の為、天皇陛下の御為、一生懸命」と井口は綴っている。

世を挙げて、このように異常な状況であればあるだけ、人は「人知」を超えたものに依存する。神社を中心とする絶対的な「神様」に対する依頼・期待感は、なお一層拡大した。また豊漁があれば、児童・生徒だけでなく、大人たちも神に感謝することを忘れなかった。日頃のこのような神に対する敬虔な心は、神社にたたずみ参拝する時、なお一層慎み深いものとなる。このことを、次の綴り方は実によく示している。

私達は拝んだ後で「果して神様は私達の願ひをお聞き届けて下さるであらうか。」という疑ひは一寸も起きません。此のせまい疑ひに満ち満ちた人間でも神様の前に立つて祈る時、ひたすら神様を信じます。私達の願ひを聞いて、此の社殿から神様が現はれて、此の村を幸福にして下さるとは思ひませんが、祈つてゐる時のなごやかな心持、清らかな気持は本当に大切なものです。かたじけなさに涙こぼれる此の感謝の念は、神様を考へて味はるゝものであります。

ですから神様を信ずる事。けれども神様に我まゝを言はないで、村の発展も、我々が力の及ぶ限り働いて、さていよいよ発展し、生々と生活する楽しさ、此の楽しさが、即ち、神様の下されたものであると思ふのです。(17)

大漁と出稼ぎの安全を祈って

銭亀沢の近代における宗教は、大局的にいえば、神社と寺院を宗教施設として、一つに近代天皇制の護持と推進を果たすこと、二つに地域の平安と祖霊供養を施すことを、その主要な任務としていたものとみてよいだろう。その中にあって、最も身近で、最も本来的なものは、言うまでもなく、後者の地域の平安と祖霊供養である。

銭亀沢の基幹産業は、前浜漁業と出稼ぎ漁業である。この海とともに生きる地域住民にとって、安全操業と大漁は、生活と生命の「死活」に関わる重大事である。このように、漁業に生活基盤を求める銭亀沢の住民にとってみれば、どうしても、安全操業と大漁の祈念を施してくれる神社や寺院(例えば、観音講など)が身近な存在となる。

昭和九年当時の銭亀沢村の総戸数は一二八三戸で、そのうち漁家が約六四パーセントの八一九戸で、しかも一世帯から二人近くの者が出稼ぎ漁業に従事していた[18]。この海に生きる出稼き漁民に、自然は時として、非情な災いをもたらす。漁業中の海難がそれである。予期もしない海難が、村をひとたび襲えば、村を挙げての大混乱に陥る。それが、昭和一二年四月二一日、現実のものとなってしまった。樺太出稼ぎ漁民の遭難である。銭亀沢地区から樺太西海岸本斗へ出稼ぎに行っていた若者一一人が、大風と大潮の犠牲になったのである。その知らせが入った村の様子を、当時、銭亀沢高等小学校高等科一年の蔵井フサヱは次のように綴っている。

此の恐しい事が電報によって村人達の耳に入ったのは四月二十二日の昼前後のことであった。（中略）親類の家へ行けば父母達は泣きながら自分の死なれた子を思ひ出し、「死ぬ時どんなに苦しんで死んだべなあ、どんなにこっちの事思ひ出して死にたくなかったべな、甘い物も食はねで死んでしまった。本当に可愛想に」と言ひながら情ない声で泣く。その様子を見た私は急に悲しみが胸中にみなぎり、知らない間に目には熱い涙が一ぱいたまって居た[19]。

船底一枚を挟んで、この世とあの世が接する漁師の生活。このような未曾有の海難に遭えば、その生命もはかなく不帰の人となってしまう。漁師にとって、豊漁ももちろん大事だが、それ以上に、安全な操業が大事である。漁業という自然を相手にした仕事には、どうしても人間の力を超えた何かに頼ることが多くなる。絶対的な神仏に対する期待感であり加護感である。

銭亀沢において、大正中頃から昭和初年にかけて、二つの新宗教が既存の神社や寺院に加えて受容されたのは、戦時体制もさることながら、漁業の安全操業や大漁への加護・期待を神仏に求めたからではなかろうか。漁業を基幹産業とする銭亀沢には、函館市街以上に、神と仏の宗教世界が必要視されていたのである。

銭亀沢における新宗教

前述のように、銭亀沢には昭和九年の時点で神習教（白木教会）と天理教（宣教所）が存在していた。この神習教と天理教は、日本宗教史上、新宗教と呼ばれる宗教団体である。

昭和九年の頃、白木教会で祀られる神習教を、地内では「白木さん」とか「白木神社」と通称していた。この白木神社の初代神主上関徳治（一八六九～一九四三、父は南部出身）は、明治三二年（一八九九）の頃、湯川の一角に、通称「平出牧場」を保有していた。たまたま、徳治は現在の湯川植物園付近に温泉を発見し、そこに二階建の旅館を建て、旅館経営を始めた。しかし、生業よりも学問好きの徳治は、放蕩の末、全財産を失った。食のあてを失い、絶望の淵に沈んだ徳治が足を運んだのが、〝栃の木〟であった。そこで、ひとりの盲目の老翁に出会う。近世の昔から縁結びとしても知られるこの〝栃の木〟のもとでの老翁との語らいが、徳治の〝栃の木さん〟への入信の一大契機となった。

徳治の娘イサ（一九〇三～六三）と結婚して二代目を嗣いだ光一郎（一九〇二～八八）の時に、白木神社を創建、大正一四年（一九二五）のことだった。光一郎は、父徳治に神社の管理をゆだね、自らは函館のデパートに丁稚奉公をしたり、呉服の行商に励んだ。徳治なきあとは、光一郎が宮司として、妻イサは祈禱・占い師として白木神社の発展に力を尽くした。

戦時中には、この〝栃の木さん〟には、出征の安穏はもとより、イサの祈禱を求めて、病気・豊漁・育児・恋愛と実にさまざまの人たちが参詣した。当時の年二回の祭礼は、北洋漁業の隆盛と戦況の激化という時代背景を受けて、五〇〇人前後の信者が集う壮大な祭りであったという。

この〝栃の木さん〟ともいわれる「連理木」は、「縁結び等を願ひける人」[20]が参る場として、幕末から人に知られていた。それが、大正一四年の白木神社の創建を機に、神習教としての体裁を整えていった。伝承として伝わる日露戦争に関わる〝栃の木〟伝説は、明治・大正・昭和の近代天皇制の帝国主義化に比例して、軍神的な性格も付加されていったと考えられる。

次の一文は、当時の地内の生徒はもとより、老若男女のすべてが信じていた「白木様」への思いであったに相違ない。

> 古川町と湊村の境を流れる汐泊川の上流に小さな神社がある。此の神社こそ下海岸に有名な栃木様である。此の神様は縁結びとか、子育てとか、又眼病を治す不思議な力のある神様だと言はれてゐる。（中略）初夏の頃のお祭には参拝者が大変多い。或お婆さんの話だが、明治三十七・八年戦役（日露戦争）に此の神様が戦に出て、敵軍の為に負傷して帰つて来た事が言ひ伝へられてゐる。其の現れとして、其の当時に栃木様から赤い血のやうなベトベトしたものが幹から出て来たさうで[21]、村の人達は皆、繃帯や供物を持つてお参りしたと言ふ。栃ノ木様の由緒は此処に栃の連理木がある為による。

第三節　上磯の信仰と祭祀

上磯の神仏分離令

近世蝦夷地の神社界は、仏教界と異なり、近世を通じて、松前の神明社および八幡宮の白鳥家が社頭職として、北海道の神社を統轄していた。

このような松前社頭職の独占時代が、長期間、続いたのに加え、幕藩体制の崩壊→箱館戦争という激動の中、ある予期せぬ一片の達書が、箱館裁判所から、箱館八幡宮（菊池出雲守）・亀田八幡宮（藤山長門）および有川神明宮（種田宮内）に届いた。慶応四年（一八六八）六月の頃である。その達は、

菊池出雲守

右は此度蝦夷島全島社家触頭被仰付候間、社人一統之名前早々差出可申候事。

裁判所[22]

藤山　長門

種田　宮内

という内容であった。これを受けて、周章狼狽したのは、松前社頭職の白鳥主殿・白鳥遠江守以上に、箱館三社と総称される箱館八幡宮・亀田八幡宮と有川神明宮の社家であった。近世期以来、昨日まで、松前社頭職が北海道の神社を統轄したのに、今日突然、「蝦夷島全島」の社家触頭に任ぜられたからである。

この神社界の統轄体の激変には、もちろん、松前社頭職の側も、「福山社家一統左様混雑いたし候[23]」にみるように、動揺を隠さなかった。両者の混乱の中、箱館裁判所との連絡につとめたのが、江差姥神社の藤枝主税政延であった。

藤枝の取り持ちを得て、何とか、事の混乱が収まり、菊池出雲守、藤山長門、種田宮内が、「右は全く蝦夷天領而已之触頭ニ而、御領分社家へ関係無之」という結論を得たのは七月七日のことであった。箱館三社の統轄は旧幕領地、松前社頭職のそれは藩領分の社家に限定するという、従前の伝統を考慮した、いわば折衷案として一応の解決をみたのである。

このように、有川神明宮の種田宮内が、この「触頭」騒動の渦中におり、しかも既述したように、騒動の取り持ち役の藤枝の拠る江差の正覚院では、「稲荷社神体引継、堂ハ早々取壊候」と、神仏分離が寺院の反対を押し切って遂行されたこと、および函館湯倉神社の神仏分離に菊池出雲守が直接的に関わった動向などを勘案すると、上磯において神仏分離を裏づける史料は江差や函館などのように、いまのところ見当たらないものの、状況証拠的には、有川神明宮の種田宮内を中心に何らかの神仏分離指令が、地内の神社・仏閣に出されたと推断して間違いない。

では次に、その形跡を、明治五年（一八七二）の「壬申八月・十月巡回御用神社取調」[24]の中に、具体的に検証してみることにしよう。まず三ツ石村についてはこうである。

三石村　　戸数　拾五軒
　　　　　人口　九拾七人
○瑞石社　木像　金箔塗ノ観音（中略）
末社　同村
△稲荷社　木像　翁稲荷　可廃　神鏡・和幣ノ内ニ改祭スベシ。
△川下社　速秋津姫神　木像男体　曖昧甚敷木像可廃事。
△薬師社　木像
　　　但、此木像ヲ廃シ別ニ改祭スベシ。
以上四社
内　三社本宮瑞石社へ合併ノ見込。拾五戸ノ小村数社持若シ営繕不行届、却テ不敬神ノ基、予メ説諭致置候事。

三ツ石村の場合、既述したように享保二年（一七一七）の頃、観音堂しか存在しなかったのが、明治五年の現在、瑞石社を中心に稲荷社・川下社・薬師社の四社が造営されていた。

それが、明治元年の神仏分離令に基づいて、函館八幡宮祠官の菊池重賢の社寺取り調べの結果、瑞石社一社に統合されるに至ったのである。右の一文にみられるように、稲荷社・川下社・薬師社に安置されている木像はいずれも「可廃」の烙印を押されたのである。その理由として、小村であるので四社を持つことは営繕上、不可能であり、それがかえって「不敬神」のもととなることを挙げているのは注目される。

次に当別村についてみると、次のとおりである。

当別村　　戸数　三拾八軒
　　人口　二百廿八人
○丸山神社　木像　金箔塗十一面観音（中略）
合祀　恵比須神　三島神
△川下社　石像弐尺斗リ、恰《あたか》モ地蔵ニ似タリ。（中略）
以上二社　内川下社本宮合祀可然候。
同村丸山神社境内
△若穂稲荷社　木像　翁稲荷　木像可廃カ。

当別村の場合も、享保二年段階においては観音堂のみであったのが、明治五年には丸山神社を本宮にして、合祀神を除いても、川下社と稲荷社が勧請されていた。しかし、川下・稲荷の両社は廃され、丸山神社に合祀されていった。

次は、享保二年の頃、天神社のほか、稲荷社を二社、地蔵堂・観音堂・山神・荒神堂・恵火子堂の都合八社を勧請していた茂辺地村の、明治五年の状況はどうであろうか。

茂辺地村　　戸数　百五拾壱軒
　　人口　八百八拾八人
○天満宮　木像　矢不来森中鎮座坐像長弐尺
末社
森稲荷社　木像　（中略）翁稲荷ニ均《ひと》シ可廃。
館稲荷社　木像　翁稲荷ワロシ。
丹生神社　木像　菅公の像ニ均シ可廃。

堂前稲荷社
金刀比羅社　木像（中略）此木像ヲ廃シ、神鏡・和幣ニ改祭スベシ。
稲荷社　木像　翁稲荷　可廃事。
以上七社
堂社数では近世の八社から七社に一社減少していたのであるが、その七社の内訳は如何であろうか。七社のうち四社の稲荷社が天満宮の末社として勧請されていたのであり、いかに稲荷社勧請が近世において盛行をきわめていたかが知られよう。しかし、その四社のうち二社は明確に「可廃」の宗教指導を受けたのである。
次いで、富川村についてみる。
富川村　　戸数　九拾三軒
　　　　　人口　五百六拾六人
○八幡宮　木像　曖昧像ニ付相廃、改祭スベシ。
末社
稲荷社　木像　翁稲荷　廃物《すたれもの》
以上二社
享保二年の頃に祀られていた姥神社・観音堂の二社は、すっかり神格の変容を遂げ、八幡宮と稲荷社に様変わりして鎮座している。この富川村においても、稲荷社の造営があったが合祀の対象とされていた。
次に三谷村についてはこうである。
三ツ谷村　　戸数　百拾九軒
　　　　　　人口　七百拾四人
○稲荷社　木像　翁稲荷　倉稲魂廃物（中略）

末杜
△川濯社　木像　女性亀ノ背ニ立、玉ヲ持　廃物
以上二社

当時一一九軒の村落を形成していた三谷村の村神として祭祀されていたのは、稲荷社であった。そこに安置されていた稲荷の木像は「廃物」というように、かなり損傷していた。さきにみた三ツ石村・当別村・茂辺地村・富川村の中に造立され、そして廃止の対象となった稲荷社とは異なり、廃止勧告を受けなかった。江差地方の正覚院に属する稲荷社はかなり厳しい抗争の末、破壊されてしまったことを想い起こすなら、この三谷村において稲荷社がその存続を許されたことは、特筆に価する宗教事象である。

次に、戸切地村についてみると、同村は享保二年の頃は、観音堂・雷神・ゑびす堂を勧請していたが、明治五年は、

戸切地村　　戸数　百九拾一軒
　　　　　　人口　千四人
○八幡宮　立木像　笏《しゃく》ヲ持
末社
三島神　木像　廃物
稲荷社　木像　翁稲荷　廃物
禊疫社　木像　廃物
海神社

というように、八幡宮を主神にして稲荷社を含む四社の末社が勧請されていた。

次に、有川村についてみる。この村は享保二年の段階では神明社のみしか存在しなかったのであるが、明治五

年はどうであろうか。

有川村　戸数　弐百九軒
人口　千百七拾五人

○神明社
末社
熱田神　木像　日本武命
飯生《いなり》社　祭神　種彦霊神　木像女体

やはり、この有川村においても、神明社の末社として飯生社（稲荷社）が造立されている。また、有川村の枝村としての七重浜にも、

有川村字七重浜
△飯生社　木像　翁稲荷　怪像尤廃物（中略）起元、寛政年中

というように、稲荷社が勧請されている。

次に、戸切地村八幡宮の管轄に属する諸村（郷）として、菊池重賢はこう報告している。

○野崎村　戸数　此戸数　戸切地村合併
人口
雷神社　木像　廃物（中略）
稲荷社　木像　翁稲荷　廃物
○中ノ郷　戸数　廿七軒
人口　百三拾七人
稲荷社　木像　翁稲荷　廃物

○吉田郷　戸数　拾三軒
　　人口　六拾四人
稲荷社　木像　翁イナリ　廃物
○三好郷　戸数　拾五軒
　　人口　五拾三人
八幡宮　木像
○清水村　戸数　二拾三軒
　　人口　九拾八人
稲荷社　木像　翁稲荷　廃物

三好郷は既述した三谷村の枝郷であり、その三谷村には稲荷社が勧請されていたことを考え併せるならば、ここにみえる野崎村・中ノ郷・吉田郷・清水村にも共通して稲荷社が造営されていることがわかる。なかでも、吉田郷に例をみるように、戸数一三軒を最小限にして一社が勧請されている点は特筆に価する。

以上、菊池重賢の「壬申八月・十月巡回御用神社取調」を手掛かりに、上磯の神仏分離の実態を具体的に検証してみた。その結果、各村(郷)には必ず一社の稲荷社が勧請されており、それだけ土地神、農業・漁業の生業神として、庶民の稲荷社に寄せる期待が大きかったことが判明する。

このように、江戸時代を通じて全村に最低限一社が造立された稲荷社であったが、神仏分離の政策の中で廃止対象となっていたこの稲荷社は、どう処理されたのであろうか。

明治一三年(一八八〇)の「渡島国亀田上磯茅部三郡神社明細帳」(25)の中に記載されている稲荷社は、七重浜・野崎・谷好(三谷)・戸切地・吉田・中野・清水村の七村七社であった。一方、前出の三ツ石・当別・茂辺地(四社の稲荷社を勧請していた)・富川村の四村の稲荷社は既述したように合祀ないし廃止の対象となっていた。してみれば、一一郷村のうち、四村七社の稲荷社が神仏分離の対象となって合祀もしくは廃止となり、ほかの七村七社が神仏分離の施策の中、辛うじて廃止を免れて存続したことになる。このことは、既述の湯倉神社をめぐる神仏分離への静かな抵抗と同じく、庶民による前代以来の土着的・伝統的な稲荷社に対する期待感が政府主導の上からの神仏分離施策を幾分なりとも、心情面において上まわったことを示しているといえよう。

このように上磯の神仏分離は、庶民の根強い抵抗から、稲荷社の統廃合に関しては、不徹底な面を残していた。しかし、函館高龍寺の末寺である観音庵(現、広徳寺)に安置されていた金毘羅および吒枳尼天《だきにてん》については、「金比羅尊天　木像　僧侶ノ形ニテ羽アリ(中略)吒枳尼天　木像　翁稲荷(中略)右両神引上テ可然候」[26]というように、さきの江差正覚院と同列の神仏分離が施行されていた。

以上、上磯における明治初年の神仏分離について、少しく検討したが、総じていえば、実施のされ方は函館方面のそれと基本的には軌を一にするものの、稲荷社の近代的存続という点では、ひときわ異質であったといえよう。

ではその当時、上磯における庶民は社寺とどのように関わり合っていたのであろうか。

上磯の近代神社と庶民

上磯の近代神社がさきの明治政府による神仏分離政策の洗礼を受け、その後いかに地域社会の中に存在したかを考えるひとつの手立てとして、表62の「上磯の近代神社と氏子数」に注目したい。この一覧表が物語るように、各村の神社を支える主体は、当該地域の住民である。別の表現でいえば、全村民の維持と管理によってその村の神社は存在していたのであり、この点、寺院と若干異なるところである。繰り返して言うまでもなく、地域内の稲荷神社の多さには驚かされる。明治四三年に合祀された雷公神社を除く一四社が各々、郷社・村社・無格社などの一定の社格を付されたのは明治九年(一八七六)のことであった。かかる格づけはさまざまの面で神社の間の

表 62　上磯の近代神社と氏子数

神　社　名	社格	所　在　地	明治13年氏子数	明治36年氏子数	明治 5 年戸数	備　　考
有川大神宮	郷社	上磯村(現，中央)	275戸	344戸	209戸	
八幡宮	郷社	上磯村(現，中央)	225戸	280戸	191戸	初め戸切地村にあり
稲荷神社	無格社	上磯村(現，飯生)	60戸	60戸		同　上
稲荷神社	無格社	上磯村(現，七重浜)	33戸	67戸		
矢不来天満宮	村社	茂辺地村(現，矢不来)	208戸		151戸	
稲荷神社	村社	濁川村(現，清川)	57戸	87戸		
雷公神社	無格社	濁川村(現，清川)	17戸			明治43年合祀
稲荷神社	村社	吉田村(現，押上)	15戸	35戸	13戸	
稲荷神社	村社	中野村(現，中野)	30戸	23戸	27戸	
稲荷神社	村社	清水村(現，清川)	15戸		23戸	
八幡神社	村社	谷好村(現，三好)	15戸	40戸	15戸	
稲荷神社	村社	谷好村(現，谷好)	127戸	143戸	119戸	
八幡神社	村社	富川村(現，富川)	119戸	87戸	93戸	
丸山神社	村社	当別村(現，当別)	38戸		38戸	
瑞石神社	村社	三ツ石村(現，三ツ石)	17戸		15戸	

神社名と明治 13 年の氏子数は同年の「渡島国亀田上磯茅部三郡神社明細帳」(北海道立文書館蔵)，明治 36 年の氏子数は「社寺明細帳」(上磯町役場蔵)，明治 5 年の戸数は「壬申八月・十月巡回御用神社取調」(『神道大系 北海道』所収)にそれぞれ拠った。

序列として日常の生活の中に反映されていた。その一例として神社の祭典費用をみてみよう。

明治九年の「崇敬社郷村社費」[27]によると、郷社の祭典には、

金　拾四円弐拾銭　　郷社祭典費
内　訳
金　壱円八拾銭　　元始祭
金　壱円五拾銭　　紀元節
金　壱円八拾銭　　祈年祭
金　六拾銭　　神武天皇遥拝式
金　六拾銭　　神宮遥拝式
金　六拾銭　　孝明天皇遥拝式
金　四拾五銭　　六月大祓
金　四円　　例祭
金　壱円八拾銭　　新嘗祭
金　四拾五銭　　十二月大祓
金　六拾銭　　札幌神社遥拝式

というように、一四円二〇銭が当てられていた。この郷社に指定されていたのは、上磯にあっては有川大神宮と八幡宮の二社であった。

地内の神社のうち、濁川村の雷公神社と、さきの二つの郷社および上磯村の二つの稲荷神社(無格社)を除くと、ほかはすべて村社であり、その数は一〇社に上る。それでは、その圧倒的な数を誇る村社の祭典費用は、どれほどであったろうか。

金　八円三拾五銭　村社祭典費
内　訳
金　壱円　元始祭
金　七拾五銭　紀元節
金　壱円　祈年祭
金　三拾五銭　神武天皇遥拝式
金　三拾五銭　神宮遥拝式
金　三拾五銭　孝明天皇遥拝式
金　三拾五銭　六月大祓
金　弐円五拾銭　例祭
金　壱円　新嘗祭
金　三拾五銭　十二月大祓
金　三拾五銭　札幌神社遥拝式

村社祭典費は、総額にして八円三五銭であり、それはさきの郷社の一四円二〇銭のほぼ三分の二ほどの額であった。ちなみにいえば、函館八幡宮に代表される崇敬社の場合は、二四円となっていた。

郷社と村社は、このように祭典費の配分額においては差異があったものの、各々、元始祭から札幌神社遥拝式に至る一一種類の祭典を催していた。その概要を俟つまでもなく、例祭と札幌神社遥拝式だけが地域に直接根ざした祭りであり、ほかの九種はすべて明治天皇を中心にした皇室崇拝、広義にいえば天皇制そのものの崇信のための祭典であった。

地域住民はその地域の神社を拠り所にして、各種の祭典に参加し、またその神社に参詣することを通して徐々に近代天皇制の信奉者と化していたのである。

ちなみに、郷社・村社の費用の財源は函館の出港税（税関管轄）から支出されていた[28]。

次に、各神社のその具体的な祭祀の様子をうかがってみることにしよう。

まず、明治二年（一八六九）五月、戊辰戦争の戦没者一五人（函館府大砲隊士官四人、弘前藩司令官および士官・兵士一一人）を埋葬する上磯官修墳墓が有川大神宮の境内に創立され、以後、大正三年（一九一四）に上磯村字上町三一番地の神葬墓地に移葬されるまで、有川大神宮内で祭祀・供養されていた[29]。

次いで、明治一三年における郷社たる上磯八幡宮の例祭（上磯の最古の近代祭礼）はこうであった。

> さる十八十九の両日ハ上磯村八幡宮の例祭にて今年ハ漁もあり亦豊作なりければ例年より一層踏張出して神輿の渡御又俄山車《だし》手踊等の催ほしあり、殊に両日とも好天気なりしゆへ参詣人も山をなし中々盛んな賑ハひ

であった[30]。

明治期における地内の庶民による八幡宮の例祭は、神輿の渡御や山車・手踊りも出るにぎわいで、大いに祭り気分を満喫したのであった。この時期の村々ではこのような祭礼日には、

> 神事ノ節ハ往古ヨリ神官騎馬乗車シテ神輿ノ渡御ニ供奉《ぐぶ》シ村内ヲ巡行シ、社殿ニ於テモ二夜三日神楽ヲ奏シ村民ノ幸福ヲ祈ル[31]。

という具合に、神官が騎馬で神輿の渡御に供奉して巡行していた。

また、明治一九年の上磯八幡宮の祭礼は、「同村ハ此ごろ鰯の大漁ありしに付き新たに神輿をこしらへ且つコレラ撲滅の祝ひ[32]」と、鰯の豊漁とコレラ撲滅を祝う祭礼になったといい、ここに、庶民の日常的な祈りと祭りと

の関わりを垣間見ることができよう。

鰯の大漁を祝っての祭礼は、翌明治二〇年の当別村の丸山神社においても盛大に執行されたが、この神社の神楽は一風変わっていた。「舞楽を奏する事にハあらで酒を数樽買ひて御酒とし、村内の人々乱飲して果ハ踊る歌ふ騒ぐといふ一件にて、費用ハ五〇円もかかり村内より臨時醵金したるものなり」(33)と、村を挙げての酒の乱飲・乱舞となったのである。この神楽には、どこやら漁民の汗が光り輝いてみえ、その人間臭さが時間と空間を超えて、現代にも伝わってくるような気がする。

一方、明治期の上磯村の祭りといえば、明治三九年、日本セメント上磯工場が工場の火伏せの神として勧請した産業神としての秋葉神社の祭りが盛大をきわめた。郷社でもなければ村社でもない、言うなれば「社社」としてのにぎわいは、こんなものであった。

年に一度の鎮守祭のことゝて飾物もあれば女工や男工達が手古舞姿で数台の花車を練廻し各戸は球灯やら造花やらを以て軒先を飾立て(中略)ビーヤホールもあれば於でん燗酒屋もある。そば屋もあれば汁粉屋もあって(中略)余興としては相撲もあれば芝居もあり夜に入れば活動写真もある。(34)

秋葉神社の祭礼はこのように、セメント工場を祭り一色に染めあげた。この祭りには、セメント会社から招待された函館からの関係者や見番から派遣された芸妓たち七、八人も参加していた。この芸妓連のにぎわいが祭りに一層の花を添えたであろう。ちなみに、この祭りを報じた『函館毎日新聞』の記者は、行きは海路で、帰りは陸路を馬車で帰函したという。

明治三七年、日清戦争に次ぐ日露戦争が勃発するや、またにわかに戦闘気運が村を覆うところとなり、茂辺地小学校においては、この年、荘厳なる日露開戦の宣戦詔勅の奉読式が行われた。(35)こうした気運を背景に、上磯在郷軍人会が結成されたのは明治三九年のことであった。その趣旨は、

明治三十九年上磯在郷軍人約六十名相会シテ会員相互ノ親睦ヲ主トシテ併セテ軍事思想ノ発達ヲ謀リ尚武ノ

気象ヲ旺盛ナラシムルヲ目的トスル会ヲ組織シ上磯軍人会ト称ス。[36]

というもので、会員の親睦と軍事思想の振興を期して、六〇人をもって発足したのであった。日露戦争後の思想界は、それに先立つ明治二三年の「教育勅語」の発布を指摘するまでもなく、年を追うごとに近代天皇制国家の確立と相俟って、神道の国教化が急速に進んでいった。明治四〇年、有川大神宮と上磯八幡宮の二つの郷社が、神饌幣帛料の供進を北海道庁から受けるに至ったのも、やはりそうした神道の国家神道化の歩みと軌を一にしていることは間違いない。

上磯の近代寺院と庶民

神官ともども教導職として、明治五年(一八七二)から同一七年に至るまで、近代天皇制の普及にあたった寺院の世界はどうであったろうか。まず、地内の八カ寺の檀信徒を確認すると表63のようになる。[37] 禅林寺以下の八カ寺のうち、比較的史料の多い谷好寺を例に、村と檀信徒との関係を考えてみよう。

谷好寺の明治一三年の檀信徒数は三二五人であるが、これを一家族六人と仮定すれば、その檀家数は約五四戸となる。この五四戸の檀家数が、明治三六年(一九〇三)に至り、七七戸に増加している。ここで留意すべきことは、その檀家数の自然増もさることながら、谷好村全体に占める谷好寺の檀家占有率である。すなわち、明治五年当時に限定すると、谷好村の戸数は一一九戸であり、そのうち谷好寺の檀家数は約五四戸である。さきの神社の氏子数の場合、その数がそのまま村の戸数であるという、村の戸数=氏子数という等式が神社と村との間には成立しているが、寺院の檀家数と村との関わりは、そのように対応しない。谷好村に占める谷好寺の檀家占有率は、約四五パーセントである。

当然のことながら、寺院の檀家占有率は、僧侶と檀家との間に介在する布教と帰依とが作り出す「信心」の度合によって左右される。そこには神社と氏子のように、国策一辺倒では片づけられない一種のイデオロギーが存

表63　上磯の近代寺院と檀信徒

寺院名	宗　派	建　立　年	所　在　地	明治13年檀信徒数	明治36年檀信徒数	明治5年戸口数	備　　考
禅林寺	浄土宗	正徳2年(1712)	上磯村(現，中央)	638人	107戸	(有川村)209戸	
谷好寺	浄土宗	享保7年(1722)	谷好村(現，谷好)	325人	77戸	(谷好村)119戸	
東光寺	浄土真宗	享保8年(1723)	上磯村(現，中央)	990人	209戸	(有川村)209戸	茂辺地に説教場(現，明行寺)あり
清川寺	浄土宗(のち曹洞宗)	享保14年(1729)	濁川村(現，清川)	(地蔵庵)90人	(地蔵庵)41戸(薬師堂)39戸		大正11年(1922)に清川寺と号し，曹洞宗となる
慈教寺	浄土宗	享保16年(1731)	富川村(現，富川)	375人	109戸	93戸	
曹渓寺	曹洞宗	同上	茂辺地村(現，茂辺地)	450人			
広徳寺	曹洞宗	文化7年(1810)	上磯村(現，中央)	1,120人	391戸	(有川村)209戸	
妙隆寺	日蓮宗	慶応元年(1865)	上磯村(現，東浜)	173人	59戸	(有川村)209戸	

在している。

谷好寺のような例は、ごく一般的な檀信徒傾向であることを、次に直接的な史料によって立証してみよう。その史料とは、富川村の宗旨人別帳である。(38)

一向宗東本願寺掛所
　家数　三拾四軒
　人口　弐百拾壱人
巳年
　惣家数　八拾七軒
　惣人別　五百五拾壱人
（中略）
禅宗高龍寺
　惣家数　拾三軒
　惣人別　六拾六人
浄土宗称名寺
　惣家数　四拾軒
　惣人別　弐百五拾五人
右之通宗門人別相雑候処相違無御座候。以上。
　明治三年十月
　　富川村百姓代　木村喜三郎

年寄　松本源左衛門
名主　田村長次郎

つまり、富川村の明治三年(一八七〇)の惣戸数は八七戸であり、その宗派は東本願寺掛所(現、浄土真宗東光寺)が三四戸、禅宗高龍寺(現、広徳寺)が一三戸、浄土宗称名寺(現、禅林寺)が四〇戸というように、三宗派に分かれて檀家―檀那寺の寺請制が成立していた。さきの谷好村と谷好寺の関係と同様、仏教寺院と村落との檀家―檀那寺の結びつきは、各宗単位になっており、一村が複数の宗派に分立しているのが常であり、この点、村と神社の関係とは明瞭に相違する。

このように、神社と寺院とでは、その地域住民との所属の仕方において、同一ではなかった。しかし、明治時代には両者がその宗教機能上、全く同一の任務を課題として課されていたのも否定できない事実である。それは既述したように、神官と僧侶が教導職として、近代天皇制の普及と定着を図ることであった。

こうした全国的な至上命令としての任務を上磯の寺院―僧侶も遂行しなければならなかったことは当然である。その職掌も例えば、

東光寺住職
教導職試補　黒萩覚法　印[39]

というように、「教導職」を氏名に冠していた。僧侶も、神官と手を携えて天皇制の浸透に対して、教導職の責務を全うしなければならなかったのである。したがって、中央教団から派遣された教導者が北海道に教導の旅に来ることもしばしばで、その折、上磯に止宿したりした。その際に、神官・僧侶のみならず、一般の有信者もその教導者の法説に耳を傾けた。[40]

寺院はこのように、近代天皇制の中に宗教機能的に組み込まれていったが、それは同時に自らの寺院としての体裁を整えることも意味していた。寺院の寺号公称がそれである。

上磯における明治期の寺号公称の例をみてみると、明治一二年に、日蓮宗妙隆庵が「旭寿山妙隆寺」、その翌年に、浄土宗の浄土庵が「覚夢山禅林寺」、さらに、浄土真宗大谷派の茂辺地説教場も、明治三六年に、寺号を「明行寺」と公称することを許されている。

このように、寺院が寺号公称の許可を得るということは、国家体制の中に組み込まれていくことを意味しており、そこに神社・寺院という宗教機関を活用した近代天皇制国家の確立をみることも可能である。

ところで、近代天皇制の成立とともに、上磯も中央との関わりを余儀なくされることは言うまでもない。明治三年八月五日、東本願寺前大僧正光瑩(現如上人)が北海道開教の途次、茂辺地および上磯東光寺に立ち寄ったことなどは、その仏教史的な意味での中央と地方の交流であろう。年ごとに中央集権化の波に洗われていくことは、自然の勢いであるが、それでも明治期の頃の寺院はいまだ整備の途上にあった。例えば、日蓮宗の妙隆寺の草創当時は「沙漠に等しき荒野に孤立し檀信徒も亦二十余名に過ぎざりしを以って招請するも住職になるものなき程の庵寺なりし[41]」という状態であった。

また、定住の住職がいない場合は、

上磯郡有川村の真宗東光寺ハ函館能量寺ノ末寺ナルガ是迄住職と云ふハなく只留守寺居坊主のみなれバ、今度本山より住職を置き毎月三回ツツ各村へ出張ってハ説教をするよし[42]。

と、留守寺居坊主が置かれるだけであった。その後、ようやく定住の住職が招請されるのが常であった。

こうして定住の住職が招請されると、寺院と地域住民の法交の機会が増すことは当然であり、僧侶と庶民との絆も深まる。禅林寺住職の白旗潮音が上磯村の依頼により虫供養をしたというのも、そうした結果であることは言うまでもない[43]。

仏教寺院の宗教機能は一般的にいえば、大別して、先祖供養を中心とする菩提寺的機能と、もっぱら現世利益を念ずる祈禱寺的機能とに両分されるが、現実にはその両者を兼ねることが多い。さきの禅林寺の祈禱供養はそうした一斑であり、こうした交わりを通して寺院は村と溶け合っていたのである。

仏教寺院は、町内にあって、時として、祈禱面でも大いにその機能を求められることがある。明治天皇の不例に際して、禅林寺などでは、「御不例の悲報を承はるや本尊前に在って御平愈」[44]を檀徒らと祈念してやまなかったのはその一例である。そこには、地域住民とともに近代天皇制を信奉して疑わない寺院の姿があった。

さて、次に、キリスト教の受容について眺めてみることにしよう。

上磯へのキリスト教伝道

上磯におけるキリスト教関係史の初出は、明治八年(一八七五)のことである。函館ハリストス正教会に所属する伝道者五十嵐師が、初めて同教を地内に布教し、有川村の大村万助宅を講義所としたというのがそれである。[45]その翌年には、大村万助のほかに、田中酉松と寺沢万之助が洗礼を受け、この段階で、上磯におけるハリストス正教会の信徒が三人となり、文字どおり、ハリストス上磯教会の基礎がここに固まったのである。[46]明治一一年八月に及び、そのハリストス正教会に加えて、日本聖公会が函館より上磯に布教の道を拓いた。キリスト教伝播の二番目の波の到来である。

同会が函館伝道を始めたのは、明治七年のことであり、それは英国人ウォルター・デニング宣教師によるものであった。明治一〇～一一年に一旦帰国したデニングに代わってJ・ウィリアムスが伝道につとめ、その間、教会を新築したりしている。

デニングは、明治一二年に再び来函し、同一五年の帰国まで活発な布教活動を行っている。こうした函館における日本聖公会の足跡を踏まえると、明治一一年、「デニングは教会の外に大野、有川に説教所を設け、また「真神十戒」なる一枚刷を頒布して、熱心に伝道を続けた」[47]というのは、布教自体の事実は全く言いえているが、さきのデニングの事績に照らしていえば、明治一一年は英国在住のはずであり、その意味で、上磯への同会の布教を直接的に担ったのは、デニングの代役たるウィリアムスということになる。

このような、ハリストス正教会および日本聖公会という函館からのキリスト教の教勢拡張が上磯に及んだことを踏まえてからであろうか、当時の新聞は次のように報じている。

上磯郡戸切地村木葉久七の家で函館より成田某が耶蘇新教の教師を連れて説教してゐると村中より大層な聴聞人がある。[48]

また、上磯におけるキリスト教伝道の波がさらに木古内にまで及んでいる様子を、

上磯郡泉沢札苅その他の村々へ函館より耶蘇新教の伝道者が行き盛んに説教して村民中帰依する者も追々増殖といふ。[49]

とも報道している。

この時期のキリスト教に対する現状認識を示している「耶蘇新教」なる呼称が示すように、キリスト教解禁とはいえ、いまなお十分な理解を得られていない状況下にあって、真剣にその法の道を説いてまわる伝道者の真摯な姿が、時間を超えて今日に伝わってくる。

そうした外来文化の「耶蘇新教」の伝道に耳を傾ける人々が、明治八年から一一年の時期にもうすでに上磯にも存在していたことは、大いに注目してよいだろう。上磯は函館に隣接するという立地条件から、文化における都市化の洗礼を受けやすい場にあったのである。したがって、早くも明治一七年、上磯ハリストス正教会の会堂が字中野の地に建立されている。[50]

当別トラピスト修道院

上磯においてハリストス正教会および日本聖公会に次いで、第三番目に受容され、かつ各面において最大の影響力を与えたのは、天主公教会（カトリック教会）であった。そのローマ・カトリック教会内の観想修道会のひと

つであるトラピストが上磯に修道院を設立したのは、ハリストス正教会が伝道を始めてから約二一年目の明治二九年(一八九六)一〇月二八日のことであった。(51)

当別トラピスト修道院の歴史の幕明けが北海道・東北六県・新潟・福井の諸県を管轄していた函館教区の長たるベルリオーズ司教によって始まり、その整備が、フランソワ・プリエ(のちに帰化して岡田普理衛)(一八五九～一九四七)によるところ大なることは、周知のとおりである。(52)

フランスのノルマンディー県に出生したフランソワ・プリエが、かの地で哲学・物理・化学を学んだあと、大神学校で神学を修めて、日本に渡来し、明治二九年一〇月二八日に創立されていた上磯郡茂別村字石倉野番外地(現、上磯町字三ツ石三九二番地)の「灯台の聖母トラピスト修道院」に委任院長として赴任したのは、明治三〇年一月二七日のことであった。

そもそも、トラピストとは、ローマ・カトリック教会内部の観想修道会のひとつであり、厳律シトー修道会の修道士のことをいう。

かかるシトー修道会は、ヨーロッパ各地における未開地の開拓・農業・畜産の発達に貢献したが、一七世紀後半に至り、一時、衰退したのを、フランス・ノルマンディーにあるトラップ修道院が改革を断行してその衰退を食い止めた。この時のトラップの修道士、すなわちトラピストがシトー会士の代名詞となったのである。

それゆえ、トラピストとは、厳律シトー修道会の別名でもある。このシトー会は、早くから女子修道院であるトラピスチヌを設立している。(53)

このように「祈禱と労働とをもって直接、神に奉仕し、自己の成聖と社会の幸福」を目的とするトラピスト＝厳律シトー会が明治二九年、茂別村に創立された当初の修道者は、フランス人五人、オランダ人二人、カナダ人とイタリア人各一人の、都合九人であった。明治二九年、この九人の修道者によって発足した当別トラピスト修道院に、その翌年、創立事業の推進を目的に、フランソワ・プリエが委任院長として、フランスのマンシュ県にある「恩恵の聖母修道院」から派遣されてきた。明治三三年、創立当時から経営していた孤児院に併せ、私立野上尋常小学校を設立し、貧困児童を収容して慈善および教育事業も創始した(ただし、明治三六年三月二九日、修道院の火災により閉鎖)。

フランソワ・プリエは、この明治三三年八月三〇日を期して、函館の岡田初太郎の養子として入籍、翌三四年に帰化し、岡田普理衛と改名した。

岡田が明治三〇年に委任院長としてトラピスト修道院に赴任した当時は、北海道庁による移民拓殖政策が推進されていたので、その政策の具体的推進者として、上磯郡茂別村に入植できたのは、その意味では時宜を得た計らいであった。九人の外国人修道士が開拓の第一歩を歩み出した明治二九年一〇月二八日の様子を、新聞は次のように回想記事として伝えている。

其地(当別)は全く世人に知られざる不毛の原野なりき。海より山に亘《わた》る此の広漠たる原野には、寸地も耕作せられたる所あらざりき。見渡す限り小笹にあらざれば、農家の屋根を葺く萱か、さもなくば巨大なる蕨のみなりき(中略)一条の道路もあらず、僅に二条の小径ありて辛うじて樵夫を通ぜり(中略)当時函館より上陸地点までの航海は、晴穏なる日に於て凡そ三時間を要し、風波荒るれば(中略)五六時間を要すること珍しからず(中略)。

当別に上陸したるは十月廿八日なりき。年既に老いて霜露、草上に玉を結ばんとするの時、彼等は先づ雨露を凌くべき家を造らざるべからず(中略)一切の建築材料を函館に求め(中略)背に肩に是等の材料を運び、草を刈るものあり、地を均《なら》すものあり、或者は柱を建て、或者は板を張り、或者は屋根を葺き、昼夜不屈の苦辛を嘗めて、漸く板囲の小屋を建てたり。(54)

当別に第一歩を刻した一〇月二八日は、このように、文字どおり、辛酸をなめる苦行の連続であったが、各人が協力し合い、何とか板囲いの小屋を建てることとなった。これが、今日の当別トラピストにおける開拓の歴史の第一頁であったのである。

こうして、ともかくも開拓の鍬を入れた岡田は、明治三五年には、早くもオランダから、ホルスタイン種種牛一頭と乳牛四頭を購入し、畜産の経営に向けて始動を始めた。が、その翌年三月二九日、厨房より失火し、さきの汗の結晶である修道院木造本館一棟を全焼するに及んだが、その苦難を乗り越え、この年、製酪事業を開始した。明治四一年、レンガ二階建本館を旧本館の跡地に落成し、その四年後の同四五年、トラピストを財団法人化することの認定を受け、岡田は直ちにその理事長に就任した。

以上、岡田普理衛の前半生ともいうべき明治期までの足跡を追ってみたが、その中でとりわけ注目すべきことは、第一に孤児収容教育事業であり、第二に開拓および酪農業であり、そして第三に後継の修道士の養成事業であろう。

一方、異国人によって始動を始めた当別トラピストの生活は、上磯村民にとって、すべて驚異であるとともに指南役的存在であった。岡田普理衛の懸命の努力も、受け入れ先の地元の上磯村・茂別村の深い理解がなければ、決して順調・円滑には遂行しえなかったに違いない。その点に思いをいたすにつけ、上磯と当別トラピストとの歴史的邂逅・出会いの神秘さを痛感する。

大正期の上磯の神社

大正時代の宗教界の幕明けは、明治四五年（一九一二）七月三〇日に崩御した明治天皇の服喪に始まる。とりわけ、神社においては、その参拝をどのようにすべきかについて、種々意見があった。

神社参拝の心得――遠慮すべきは本意――喪服の臣民は神社乃ち神殿に於て行ふ祭典に参列する事は当然遠慮すべきであるが、臣民の赤誠から出た奉悼の遥拝式等の祭典は、札幌神社と道庁との打合せ結果、神社の境内以外の適当の場所で行なうべき。神職のみに而《て》の祭典に於いては、祭典委員は氏子等へ参拝の招待等を

なすべきではない。又、服喪中の神事奉祭については、幣帛供進使《ぐしんし》の官国幣社以下大祭の参向は中止する。(55)

このように、明治天皇の崩御に対する服喪は、神社を介して国家神道を構築していた時代ゆえに、氏子たる臣民の神社参拝をいかにすべきかについて、過敏な対応がとられていた。その帰するところ、現人神《あらひとがみ》である明治天皇に対する服喪を、すべての臣民が落度なきよう、赤誠の思いでなす一点にあった。事実、明治天皇の崩御の一〇日目にあたる「御十日祭」が、大正元年(一九一二)八月八日、上磯の郷社八幡宮の新設遥拝所において執行された。これには帝室林野管理局青森出張所長以下十数人の参拝もあったが、祭典後、町内の個人参拝も終日絶え間なく続いたという。このあと、「御五十日祭」までは、一〇日ごとに八幡宮において遥拝式が執り行われることとなった。(56)

大正二年九月一五日、五稜郭〜上磯間八・八キロメートルに上磯軽便鉄道が開通した。この日、これを祝う花火・祭礼・手踊り・山車などが催され、空前のにぎわいとなった。そのうち、祭礼を行った神社は、この鉄道に直接関係するセメント会社の祭神秋葉神社と郷社の八幡宮であった。村中の心をひとつにして祝う時にも結集する場が郷社であることを、この祝賀の宴がよく示している。郷社がその地域における住民結集のみならず宗教センターの役割を果たすことは、この時期、ごく一般的なことであったが、上磯においてもやはり、村民の思想・宗教のセンターとして、郷社がその機能を発揮していた。その様子を当時の新聞によって観察してみよう。

それは、大正三年七月二八日に、オーストリアがセルビアに宣戦布告したことに始まる第一次世界大戦(一九一四〜一八)においてである。この大戦に際して日本は、日英同盟を名目にして、三国協商(英・仏・露国)側に加担し出兵した。この参戦を機に、郷社の八幡宮と有川大神宮においては、大正三年九月三日、宣戦奉告臨時大祭を執行し、上磯村長の中島有郷の奉告詞の奉読をはじめ、村内有志・小学校教職員および生徒の参拝があった。村長中島の趣意講演に耳を傾けた村民は、「全村を挙げて満腔《まんこう》の至誠を養せり」というように、愛国の気を鼓舞された。

このあと、村内の竹馬会が発起人となり、「全村一致の大提灯行列を挙行し、帝国の戦勝を神明に祈願し、士気を鼓舞して前途を祝福し、国民の至誠を表明」[57]することとなった。郷社の八幡宮と有川大神宮が、国民教化の拠点として、十分にその役割を果たしていたのである。

神社の果たす宗教的機能として、近代天皇制の臣民教化が何よりもまして優先されることは多言を要しないが、かといって、これのみに終始するものではない。やはり、地域民の憩い・娯楽の場としての機能も見過ごすことができない重要な機能であった。各神社がその時々に催す祭りがそれである。

この神社の祭礼に関しては、ことあるごとに、新聞が記事を組み、村民に娯楽情報を提供した。その時々の祭礼に参加することを通して、自らも憩うと同時に村民としての一体感、ひいては帝国臣民としての一体感を、無意識のうちに感得していったに相違ない。そこには神社の祭礼と神社神道を媒体とした近代天皇制の推進ないしは国家神道の崇信という全く神秘的な計らいが微妙に作動していた。

例えば、大正三年一〇月一六～一七日に挙行された郷社有川大神宮祭の模様は、こうであった。

本年は鉄道も開通したため（大正二年開通）、函館よりも入込む人多く、函館角力協会の花角力も有り、谷好座には若者連の芝居等もある。（中略）祭典神輿渡御扈従《こしょう》の行列は郡部に比なき盛装を凝らし。[58]

上磯軽便鉄道の開通を契機にして、上磯の祭礼余興は、年を追うごとに、都市函館からの遊芸の波が押し寄せることになり、いわば、広義の文化全体の都市化が進むこととなった。上磯におけるこの期の祭礼でも、ひときわ盛大なにぎわいをみせたのは、何といっても、浅野セメント会社の奉祀する秋葉神社の祭典であった。大正五年の同社の祭典を、新聞は次のように予告報道している。

秋葉神社の祭典は来る十三、十四、十五日の三日間盛大に挙行すべく、同社附近は活動芝居、芸妓手踊、剣術及露店の小屋掛けに忙殺されるが、浅野セメント最初の祭典なれば、祭典費一千円を以て（中略）職工の仮装行列もあり（中略）十四日、函館知名の来賓と同会社員によりて盛大なる祝宴は催さるべし。[59]

余興の出し物も豊富であり、三日間のこの祭典は浅野セメント会社を挙げての一大祭典であった。

この大正期において、神社の祭典とともに特筆すべきことに、忠魂碑の建立がある。上磯村忠魂碑の建立の直接目的が、さきの日露戦争に善戦健闘して殉じた兵士の霊を祀ることにあることは当然であるが、こうした忠魂碑の建立の中心となったのは、ほかでもなく在郷軍人の有志であった。彼らによる七四〇円の建築費と約一〇〇〇円の祭典費によって、大正五年六月一日に起工した同碑の除幕式が九月二二日に挙行された。

この式典の模様を新聞は、実に克明に、「要塞司令官、連隊区司令官らを招いたその式典が祭主飯田村長の式辞を皮切りに壮厳のうちに執り行われ、式終了後には、余興として、相撲・剣道・銃剣術、夕方には活動写真もあった」(60)と報じている。

一方、大正七年一月一日をもって、上磯村を上磯町と改称した際にも、町名改称奉告祭を各村社で二月七日、また郷社で二月一一日に施行し、神饌幣帛を捧げた(61)。この施行もまた、さきの上磯軽便鉄道の祝賀式典と同様、郷社・村社が村民の集会の場であることを示す営みであることは、改めて言うまでもない。神社が「体制宗教」として国民教化の核であることは、明治期も大正期も、基本的には変わらない。が、明治期を経る中で、神社の世界に多少の変化が現れ始めた。それは、上からの命令系統ではない、地方間でのヨコの関わり方における変化である。

すなわち、「北海道神職会渡島神職部会」なる会合が大正一〇年六月二五日に持たれ、その中で郷社の有川大神宮と八幡宮が表彰されているのであり、これは神社界が北海道神職会および神職部会を組織化し、もって地方間のヨコの連携を強化するために企画された営みであるといえよう。

実は、こうした神社界の結束をさらに推進するかのように、「大上磯建設の為に愛郷の士に叫合せん」と題する落合平三郎の呼びかけも登場してくる。その中で、落合は、「神社」の一項目を挙げて、有川・八幡その他寺社を合併し、新たに一地に安置し昇格せしむること、一方、町民の負担を軽からしむること、と神社組織の見直しを提唱している(62)。

この提唱は、これまでの流れでいえば、神社の統合化による「大上磯建設」という、一種の拡張・膨張主義を目指したものであり、その意味では、来るべき昭和期の「挙国一致」の前兆ともとれる提唱である。

こうした挙国一致の気運が、何やら徐々に兆す中、大正一三年一月二六日、皇太子裕仁と久邇宮《くにのみや》良子《ながこ》との成婚があった。これを祝賀した上磯にあっては、例えば、茂辺地においてその奉祝会が茂辺地小学校で行われ、終了後、全児童の旗行列そして氏神の矢不来天満宮への参拝を果たし、「皇運の長久」を祈ったのである。ここにも、やはり、学校―神社を通した児童生徒に対する臣民化政策、天皇制完遂政策の現実を容易にみてとることができる。

挙国一致に基づく国民教化の波は、大正末年において、大きな山場を迎える。大正一二年一一月一〇日の「国民精神作興に関する詔書」発布がそれである。時の第二次山本権兵衛内閣は、国を挙げて精神作興に乗り出したのである。時はいよいよ挙国一致体制の昭和時代に刻一刻と迫っている。

大正期のトラピスト修道院

既述したように、明治四五年(一九一二)に、トラピスト修道院は財団法人になるとともに、岡田普理衛も初代理事長に就任し、大正三年(一九一四)に勃発した第一次世界大戦においては、一時期、食料としてのバターの需要も増え、当別修道院も戦争景気に浴したが、それも長続きしなかった。それどころか、依然として国内バターの消費が低迷したままなのに加え、大戦による母国フランスからの援助が途絶したこともあり、製酪事業の経営はますます困難になっていった。

この窮状を打開するためには、その事業の管理経営を他社に委嘱する以外に道はなく、ついに大正七年、函館貿易株式会社(函館区末広町、社長平出喜三郎)に二〇カ年契約で、工場・設備一切を貸与することに決した。ここに、トラピスト工場は、函館貿易株式会社の当別工場となったのである。

しかし、この函館貿易株式会社傘下での成績も決してはかばかしくなく、契約後三年目の大正一〇年には、北海道煉乳株式会社に併合となり、当別工場も同社に移管することとなった。

一方、大正一〇年の頃、修道者は五〇余人を数え、トラピスト附属の信徒数は百数十人に及んでいたというが、[63]院長の岡田は製酪業の不振を苦慮してであろうか、大正一五年三月、当別トラピスト修道院の院長を辞し、修道者四人を伴い、福岡県京都郡祓郷村字砦見一四四一番地に「新田原修道院」分院を設立する目的で赴くこととなった。

以後、同郷において開墾に専心し、分院独立の直前にまで漕ぎつけながら、第二次世界大戦の勃発により、その事業の中断を余儀なくされた。

明治天皇の崩御と寺院の奉悼会

明治四五年(一九一二)七月三〇日の明治天皇の崩御は、上磯の寺院にとっても大きな衝撃となった。崩御に先立って、手厚い平愈祈願をしてやまなかった禅林寺は、その訃報に接するや、いち早く追悼会《ついとうえ》を執行するに至った。その様子を、新聞はこう伝えている。

上磯村の謹慎

先帝崩御の公電に接し、村民一同深く哀悼し奉り(中略)禅林寺にては此の悲報伝わるや教会衆に対し服喪中不謹慎の行為あるべからずとの趣旨にて(中略)寺内は崩御より四十九日間、連日午後一時より御追悼会を奉修しつつあり。去る五日は第一週日に相当につき御焼香式を謹修したるが、檀徒・総代・世話方並に教会衆一同参拝焼香の後、敬弔講話を聞き退散したり。[64]

禅林寺においては、このように四九日間にわたって連日、追悼会を執り行ったのである。まさに、天皇を現人神とみなし、国家神道を構築しつつ天皇制国家を標榜していた時代ならではの、天皇追慕の姿をこの寺院の世界にも確認する。こうした天皇追悼会は、上磯村だけではなく、地内のすべての村々の寺院において行われたことは、言うまでもない。その一例として、谷好村を挙げることにする。

谷好村奉悼会

五日は初七日に相当せしも各寺院の奉悼会のため、六日午後一時より同村阿弥陀庵（現、谷好寺）にて御法要を営めり。参拝者は中島村長、分署長代理榎本巡査、鈴木学校長、平野・長岡・板見の村会議員、セメント会社員及同婦人等、百二十余名、学校三十余名にて、禅林寺・英岳庵（現、慈教寺）も来会（中略）読経、焼香を型の如く終了して、敬弔講話あり大喪中特に謹慎すべきを誓ひて午後三時過散会せり。(65)

谷好村にあっても、このように村長をはじめ村の有力者が参拝して厳粛な追悼会を執行した。その中には、当時としては当然のことながら、学校の生徒も参列していた。小学校児童などは、とりわけ来るべき次代の善良なる臣民として、ある意味では、何よりも貴重な存在であった。だからこそ、近代天皇制の貫徹には、神社参拝と常にセットとなって行われる学校での「教育勅語」を介した天皇信仰ともいえる天皇制教育が実施されていったのである。

広徳寺にみる観音講と金毘羅講

ところで、近世において国民の宗教として、江戸幕藩体制下に成立をみた仏教寺院は、既述のように、大別的には、檀家制を基盤とする菩提寺院と、もっぱら祈願を事とする祈禱寺に分けられた。それゆえ、明治期はもとより、大正期においても上磯の仏教寺院は、菩提寺院と祈禱寺院の基本的性格を踏まえつつも、大勢としては、菩提寺院でありながら、庶民の求める日常的な現世利益の要求を積極的に容れるような祈禱的側面を色濃く打ち出していった。その一例を、曹洞宗の広徳寺の法要を伝える次の一文に徴してみよう。

上磯村の法要
上磯広徳寺にては来る廿三日(旧の六月一日)例年の通り、午後一時より観音講式及び虫供養の施餓鬼を営み、
檀信各家の幸福を祈念し、併て先亡万霊の供養等厳修す。(66)

広徳寺の前身が「観音庵」であることを思えば、この大正三年(一九一四)において、観音講を修することは、何ら怪しむに足らないが、文中にみえる「虫供養の施餓鬼」供養は、すぐれて地域内の檀家の社会的ニーズに即応した近代的側面であるといえる。近代にあっては、広徳寺といえども、檀家制を基盤とする菩提寺院でありながら、このように祈禱的要素も兼備せざるをえなかったのである。

実は、この広徳寺の祈禱的側面はさらに意外な領域にも及んでいた。すなわち、

上磯村金毘羅講
上磯広徳寺金比羅尊天は、従来正月六月十月の各十日の縁日に金毘羅会を執行し来れるが、今回講中、新加入希望者中々多く、来る(大正三年)六月十日の縁日には未曾有の盛会なるべしと。当日は講中安全、五穀成熟、海上安全、諸災消除の大祈禱を行ひ、参拝者には神酒、供物及災難除、開運守札を授与する由。(67)

というように、広徳寺では、新加入者を交えた盛大な金毘羅講が施行されていたのである。翻ってみるに、明治期においては、維新政府の神仏分離政策のもと、金毘羅尊天を筆頭にして神祇でない仏教系の諸神は、厳禁の対象となっていた。言うなれば、金毘羅尊天や吒枳尼天《だきにてん》などを私的に祀っている寺院にあっては、それらを廃除しなければならないと、明治五年(一八七二)に厳命されていたのであった。

そもそも、この広徳寺(前身は観音庵)はその神仏分離政策の遂行の中にあって、明治五年の頃、
禅宗箱館高龍寺末庵
観音庵　順応
右庵中私祭

金毘羅尊天　木像　僧侶ノ形ニテ羽アリ、崇徳天皇カ。
吒枳尼天　木像　翁稲荷
（中略）
金毘羅　起元　天保五年甲午三月十日、当庵主順応ヨリ三代前良充代、戸切地村山崎儀右衛門寄附。
吒枳尼　起元　安政五戊午九月十日、前住泰心代、山崎和兵衛寄附。
右両神、引上テ可然候。(68)

というように、廃止対象とされる金毘羅尊天と吒枳尼天を私祭していたのであり、その調査結果の判定は、「引上テしかるべく候」であった。広徳寺は、天保五年(一八三四)および安政五年(一八五八)以来の金毘羅尊天と吒枳尼天を所持し、明治五年に神官菊池の調査に基づき、それらを廃除すべきことを命ぜられていたのである。

ところがどうであろうか、廃除どころか、金毘羅尊天に至っては堂々とこの大正三年に及んでも数多くの講中を組織していたのである。既述のように、上磯における明治初年の神仏分離策は妥協的なものに終始したのであったが、このことが、大正期のこの時点においても、史料的に明確に裏づけられるのである。

ともあれ、広徳寺は近世以来の金毘羅尊天を明治初年の神仏分離政策を度外視して堂々と奉持し、大正のこの時期においては、新加入の講中を数多く有するまでの盛況をみるに至っていたのである。

広徳寺で執行される年三度(正月・六月・一〇月)のこの金毘羅講においては、講中の寄せる「五穀成熟・海上安全・諸災消除」などの祈りが一心に込められた。ここに、さきの広徳寺の観音講に次ぐこの金毘羅講の執行の中に、当時の庶民が寄せる神仏への期待の大きさを鮮明に知ることができる。

有川妙隆寺紛擾

さて、上磯の日蓮宗寺院の妙隆寺をめぐって、当時住職の栗塚行好が突如、辞任するという一大事件が起こった。時に、大正二年(一九一三)一二月一日。これに関して、『函館毎日新聞』は一二月一九日から二八日まで、八回にわたって追跡記事を掲げ、その真相究明に筆を執っている。それによると、事の顚末はこうである。

妙隆寺がまだ妙隆庵と呼ばれていた頃、その栗塚が、本寺の函館実行寺から派遣されてきたのは、一六年前の明治三〇年(一八九七)のこと。栗塚の心血を注いだ布教伝道の結果、現在では七〇余戸の檀家と四〇戸の信徒を持つまでになり、本堂新築に備えて一九〇〇円の積立金を有していたさなかの住職辞任騒動であり、檀信徒は困惑した。栗塚が檀家総代人の慰留にもかかわらず、一二月一日に、本寺実行寺に引きあげたため、妙隆寺を離檀して実行寺に転檀するものが七〇余戸のうち三〇戸を数えるに至った。

これは、地内にとっては、これまでの妙隆寺の造営努力が全く無に帰し、明治期の妙隆庵に逆戻りすることにほかならず、一大社会問題ともなった。

『函館毎日新聞』は、この紛擾につき「隠れたる魂胆は何か」の小見出しのもと、ついに連載に筆を染めた。記者の調査によっても、栗塚個人に借財等の問題は見つからず、したがって、「若し果して何等の野心、何等の不信もなかりしとせば、十六ケ年間、草庵に雨露の苦節を忍んできたのは、何であったのか」という疑問に立ち至ってしまった。ところが、事の真相は意外に身近のところで展開していたのである。つまり、去る一一月六日頃、セメント泥棒の一件で栗塚住職の妻に叱責された若者が、妙隆寺の総代人であり積立金の管理人でもある地内の有力者に泣きごとを言ったのがひとつの契機となり、事が徐々に表面化していったのである。

この管理人には、実は「ハイカラ美人」の異名を持つ娘がおり、この娘が栗塚とその妻の中に、いわば三角関係のように割り入ることで複雑化していく。娘の父でもあり妙隆寺の管理人でもある地内の有力者は、栗塚夫妻の夫婦関係にも立ち入り、その離婚を強要するに至ったのである。そこで、ついに栗塚は、「糟糠《そうこう》の妻を堂より下してまで寺院に住職せざるを得ざるかと思へば、堂々たる男子涙なきを得ざるべし」と敢然と辞職を決心し、本山の実行寺に帰ってしまったのである。一時、住職が管理人の娘、「ハイカラ美人」の容色に魅せられたかとの流言風説があったが、住職の辞任原因はそうではなく、妙隆寺の新堂建築の積立金を委任された管理人の全く杜撰《ずさん》なその管理方法に原因があったことが、しだいに明らかになる。

檀家の選挙によって選任されたとはいえ、こうした管理人の管理態度は黙しがたく、ついに茂別の檀徒らは管理人の辞任を要求するに至り、それでも辞任しないのであれば、「谷好方面に別に説教所を設け、茂辺地の信徒と協同して新道場を建築せん」と言い出す始末であった。『函館毎日新聞』はこれに続けて、「実行寺の調停策は果して成功すべきや否や、暫く擱筆して今後の成行を見るべし」として、連載を結んでいる。

この妙隆寺紛擾は、確かに管理人・総代人の杜撰さを露呈するとともに、住職の一徹から来るある種の美談を伝え残しているが、それにもまして重要なことは、いかに地域住民にとって、寺院が生活する上で不可欠な存在であるかを示したことである。不祥事に激怒する檀信徒は、妙隆庵の時代に後退することを望む者は一人もおらず、かといって、新道場の建築も積極的には望んだのではないだろう。本寺実行寺の調停に身をゆだねながらも、妙隆寺なきことを真剣に思い悩んだのである。

妙隆寺の七〇余戸の檀家と四〇戸の信徒にとって、妙隆庵から妙隆寺への発展の歴史を、自ら作りあげてきただけに、妙隆寺の廃寺は許しがたいことであった。この「有川妙隆寺紛擾」のその後の具体的顚末は、史料的に確認しえないが、今日に妙隆寺が厳存することから逆推して、本寺実行寺の調停が成功したであろうと類推される。

一音会の結成

既述のように、神社界においては大正一〇年(一九二一)前後に、北海道神職会のもとに渡島神職部会が結成されるなど、大同団結的な「挙国」傾向が強まっていたが、寺院の世界にあっては如何であろうか。

上磯の仏教寺院の間にも、「上磯に各宗寺院の共同活動に資する一音会なる機関がある」(69)の一文にみるように、大正一五年以前に、仏教寺院のヨコの連携を保つべき機関として、一音会が誕生していたことは事実である。『函館毎日新聞』の大正一四年五月二三日付に、「上磯の花祭り」の挙行を報ずる記事中に「上磯町仏教各宗連合一音会」とみえることから、おそらく大正一四年頃に結成されたのであろう。この一音会が産婆役となって、町内に上磯仏教婦人会が誕生したのは、大正一五年三月三日のことである。その婦人会の結成と目的は、大略こうである。

上磯町内の仏教各宗連合会の組織になれる一音会では、来る旧三月三日を期して、上磯仏教婦人会を組織して、一般婦女子に宗教思想や信仰観念の普及並びに浮華軽佻《ふかけいちょう》、あるいは過激に流るるの弊風を矯《た》め、かつ婦女の美徳を昂める。(70)

このように、一般婦女子の宗教的理解のみならず美徳の高揚までも目的にして生まれた婦人会は、「尋常六年卒業以上のものより年令に制限なく会員とし」、会費は月五銭とし、「各寺を本会の支部として毎月、定例会合を開き」、本会の総会は「春秋の二期に開催し、事務所は広徳寺」に置くというものであった。(71)こうして、町内の仏教寺院も、宗派の別を超えてヨコの結合をとるべく一音会を結び、併せて上磯仏教婦人会を組織化して、神道界と同じく、大同団結の風潮に即応していったのである。

大正一五年一二月に入ると、大正天皇の不例のことが同月一八日開催の町議会でも取り上げられ、

天皇陛下　御不例ニ亘ラセラレ、恐懼措ク処ヲ知ラズ、茲《ここ》ニ本町会ノ議決ヲ経、恭シク天機ヲ奉伺シ、謹ンテ御平癒ノ速カナランコトヲ祈リ奉ル。

右、御執奏ヲ請フ。

上磯町会議長

上磯町長　正七位勲七等

宮内大臣宛　　　　　　　　　　　　　　　　　　　　　進藤正直

という奉詞文が決議された。上磯町総意による平癒祈願の奉詞文である。かかる一大事において、在郷軍人会や一音会が祈願を施さないことはない。

一二月二〇日には「聖上御平癒祈願会」が執行され、「町内の各寺連合の一音会でも去二十日、広徳寺に於て、御平癒祈願会を催ふも赤誠のこもれる祈禱を為した」[72]が、その甲斐もなく、大正天皇が崩御したのは同月二五日であった。大正天皇の不例・崩御という一大事を契機にして、仏教連合会たる一音会も、なお一層その団結力を強化していったことは、推測にかたくない。

以上のことを総合的に勘案するなら、神社も寺院も、大正一〇年頃を分水嶺として、徐々にヨコの連合を強めながら、近代天皇制国家が志向している「挙国一致」ないしは「大東亜共栄圏」構想に歩調を合わせ始めているように思える。

その最も、身近で生の声は、前引もした、落合平三郎の「大上磯建設の為に愛郷の士に叫合せん」[73]なる一大提唱ではなかろうか。「挙国一致」・「大東亜共栄圏」の構築への第一歩が、まず上磯における「大上磯建設」の呼び声とともに歩み出していたのである。

昭和期における敬神観念の涵養と神社

神社が昭和期に入っても、国家神道の最も中心的な推進体であり、近代天皇制の最大なる支持基盤であることに変わりはなかった。それどころか、明治〜大正期における神社と国家の結合を継承する形で、より一層その結合の度を強めていったといえるかも知れない。

大正天皇の崩御により、世も「昭和」と改まった昭和三年(一九二八)三月三日、郷社の有川大神宮と八幡宮において、供進使として渡島支庁長の参行を得て祈年祭を施行した(74)。この施行が、神社が天皇制国家の忠実な推進者であることを示すものであることは、改めて言うまでもない。

昭和三年一一月一〇日には、昭和天皇の即位式が挙行され、全国各地で一斉に奉祝の式典が営まれた。上磯ももちろん、その例外ではなかった。すなわち、町長が代表して奉祝式を行ったあと、「昼間ハ小学校児童・青年団ノ旗行列、夜間ハ町民一斉ノ提灯行列ヲ行ヒ奉祝ノ誠意ヲ披瀝シ、大嘗祭ニハ夫々《それぞれ》各神社ノ祭祀ニ列シ(75)」て、国体の精華を宣揚するとともに国運の発展を祈ったのである。

昭和三年は、昭和時代における日本の大陸進出を決定づけ、方向づけるような年であった。田中義一内閣による第二次山東出兵が行われたのを受けて六月四日、関東軍による張作霖爆殺事件、世にいう満州某重大事件が勃発したのである。軍部の台頭が著しく顕在化してくる時期でもあった。こうした世運を反映してか、上磯においても、この年、さきの明治二二年(一八八九)に「敬神ノ念ヲ崇メ神社ニ奉仕スルヲ以テ目的」に発足した上磯敬神会が、いよいよ会としての機能を活発化するようになった。その当時の会員数は七〇人ほどであった。その上磯敬神会は、世の気運を読みとってか、町内に敬神観念の涵養をこう説いた。

神社ハ神祀崇敬ノ美風ト尊王ノ大義ヲ明カニシ、我カ国体ノ精華ト国民道徳ノ根底ヲ成セルモノナルヲ以テ、常ニ小学校教育ニ於テモ、青年指導ニ於テモ之レニ留意シ涵養ニツトメ、又住民一般ニ於テモ敬神的観念ヲ崇メツツアリ(76)。

神社によって近代天皇制が推進されていることを、この上磯敬神会の組織化とその実践が余すところなく伝えている。

昭和八年一二月二三日の親王(今上天皇)の誕生に際しては、町主催の大祝賀会が催されたのと併せ、町内の神社においても報告祭が執行された(77)。神社を媒体とする天皇制イデオロギーの喧伝は、大陸侵略に比例して、その度合を強めていった。それは表現をかえていえば、国民に対する一種の精神論の強要とさえいいうるものである。

昭和三年に勃発した満州某重大事件のひとつの軍事的帰結は、三年後に起きた満州事変とその翌年の一方的な満州国の建設となって現れた。そしてまた、この満州国の建設が、日本を国際社会から完全に孤立させてしまったことは、国際連盟のリットン調査団を引き合いに出すまでもなく、周知のとおりである。昭和八年の日本の国際連盟脱退は、まさに国際社会に対する日本の最大の挑戦状であった。

日本のこうした国際的孤立化が進めば進むほど、それに比例して強化されるのが、国内における国民の精神強化であった。上磯においても、昭和一一年を境に、敬神観念の名のもと、未曾有の精神強化が図られていく。例えば、昭和一一年六月一七日付で地元の新聞は、供進使の神社参拝の心得とその意義についてこう報じた。

神社の祭祀は郷社村社に至るまで、供進使として参向する者は斎戒沐浴、心身を清浄にして且参籠の上、参向すべきこと(中略)。日本精神の顕揚は其の由来する処が敬神思想から出発したものである。(78)

既述したように、大正一二年(一九二三)一一月一〇日、挙国的な教化の年中行事として、「国民精神作興に関する詔書」を発布していたが、その一〇周年を記念して、さらに挙国思想の高揚を図るべく、昭和八年、「精神作興週間並に克己日」なる運動を展開することとなった。この運動の目的は、「国家興隆の本は国民精神の剛健に在り」とする聖訓を守り、それを実践することにあって、この聖なる教訓は年ごとに盛大に国民の間に定着浸透していった。

上磯においても、例えば昭和一一年には、一一月一〇日から、この精神強化運動が「精神作興週間、克己日運動も起さん」のスローガンのもと、実施された。

国際連盟から脱退し、国際社会からの孤立化を余儀なくされた当時の日本としては、是が非でも、国民全体に対し、一致団結した精神統一を図って、世界に対峙しなければならなくなっていたのである。

そのため、これまで以上に、敬神観念を培い、天皇制国家への忠誠を誓わせ、国民ひとりひとりの自覚を促す必要があった。その際、最も現実的で効果的であったのが神社参拝を通しての天皇制崇信であった。上磯においても、北海道庁からの指示を受けて、昭和一一年一一月一一日、その参社を半強制的に促した。

神社の宗教的機能は、敬神観念の涵養と表裏一体の近代天皇制の確立・推進に求められるが、これを神社における第一の機能とするならば、第二の機能は非常時における戦勝祈願の営みである。

神社の戦勝祈願

昭和一二年（一九三七）七月七日、中国北京郊外の豊台駐屯の日本軍が引き起こした盧溝橋事件が引き金となって、日中間は全面的軍事衝突へと突入していった。世にいう日中戦争である。この日中戦争の火ぶたが切って落とされるや、上磯においても、八月二日付の新聞に「茂別の全村民　国威宣揚をいのる　矢不来の天満宮にて」(79)の見出しで報じられるように、戦勝祈念の神社参拝が実施された。その約一ヵ月後の九月一日には、

　今次の事変に際し上磯町役場では、国威宣揚並に皇軍戦勝祈願祭を執行し、守札を贈ってゐたが、時局の重大性に鑑み、ますます国威の宣揚と皇軍の武運長久を祈願し、国民の赤誠を披瀝するため、毎月二日を神社参拝日とさだめ、一般町民の参拝を慫慂《しょうよう》することとなった。(80)


と、「鎮守参拝日　上磯町で毎月二日」の見出しで大々的に報じられ、かつ実践された。

　この呼びかけに応え、さっそく九月二日には、郷社の有川大神宮と八幡宮において、愛国婦人会・国防婦人会の会員約三〇〇人が、国威宣揚と皇軍戦捷祈願祭を厳かに執行したのであった。(81)

　国全体が戦時色一色に染まっていったこの昭和一二年以後は、小学校の児童の作文にも戦争のことが大きな影を落とし始める。『渡嶋上磯新聞』が掲載している児童文集の、次の綴り方は、当時の児童の心境を余すところなく伝え、強烈な印象を今日にも伝えている。

いくさ　　尋三　中村　勝哉

今日本とシナと戦争をしてゐます。夕べの新聞にもいくさのことが書いてありました。おとうさんが「いよいよ戦争がはじまったよ」とおっしゃいました。今朝学校では、校長先生がいくさのおはなしをして下さいました。シナではどうかして、まんしゅう、たいわん、てうせんをとり戻さなきゃならないと思ってゐるのかもわかりません。日本でも安心してゐるわけにはいきません。いよいよ戦争です。僕はおほきくなったら戦争に行って、きっと忠義をつくして見せると思ってゐます。

尋常小学校三年生の児童に、「僕は大きくなったら戦争に行って、きっと忠義を尽くしてみせる」といわせるまでに、教育も思想もすべて軍国化していた。新聞報道も学校での生活も、何もかもが戦争に結びつけられていたのであり、幼心にも、「日本でも安心しているわけにはいきません」と、非常時の危機意識が根づき始めていたのである。

こうした切迫した緊張の中、ついに戦時下にあって、人的・物的資源の統制運用を目的とした戦時統制法たる「国家総動員法」が発布された。時に、昭和一三年四月一日のことである。

以上のように、神社の第二の宗教的機能として、戦時下の敬神観念に基づく戦勝祈念について検討してきたが、次に神社のいま一つの機能についてみてみよう。それはほかでもなく、神社の「祭り・憩いの場」としての機能である。

祭り・憩いの場としての神社

浅野セメント会社の火災の守護神として、遠く明治三九年(一九〇六)に造立されていた秋葉神社の祭典は、大正二年(一九一三)九月一五日に五稜郭～上磯間に上磯軽便鉄道が開通すると、その利便性に乗じて、函館方面からの人出が多くなり、年を追うごとに、にぎわいの度を深めていったことは既述したとおりである。

こうした秋葉神社の祭典のにぎわいは、昭和時代に入っても、何ら変わることなく持続された。郷社でもなければ村社でもない、浅野セメント会社の「社社」とでもいうべき企業体の神社の祭りが、この昭和時代に入っても、町内の中でひときわ盛大であった。

昭和三年（一九二八）五月二八日に始まったその祭典の様子を、新聞は「お祭り気分に上磯町の大賑ひ　浅野セメントの秋葉神社祭華やかな園遊会」という見出しで伝えたあと、大略、次のように報じている。「ボーン、ボーンと打上がる威勢のいい花火、太鼓の音・アコーディオンのメロディーに幕が明いた祭典」には、函館から官公衙首長、銀行・会社取引先など五〇〇余人が招待された。祭りを盛り上げるのは、これまた函館から繰り出した「美妓連」の模擬店――寿司、だんご、ビール、おでん、燗酒、そばなど――で、これが大盛況[82]、と。この祭典でにぎわう昭和三年五月二九日からさほどたたない六月四日には、中国東北部において、例の満州某重大事件が発生している。そのような関東軍による暴挙をよそに、町内の住民はしばしの憩いと娯楽に興じていたのである。

このほかの町内の各神社もそれぞれに祭礼の日には、恒例の祭典を執り行ったことは、言うまでもない。そのひとつの郷社有川大神宮では、昭和三年も一〇月三～五日の三日間にわたって祭礼が催された。四、五日には神輿渡御もあり、その行列には「奴振り」も加わった。余興として、花相撲も行われた。

また、町内の祭りとして数多くの人出があったのが、忠魂碑の祭典である。日本が満州事変→満州国の成立→国際連盟からの脱退という一連の動きの中、国際社会から孤立化していった時代背景を受けてか、昭和一〇年からは、在郷軍人による忠魂碑保存会の主催であった忠魂碑祭典を町主催で行うこととなり、その予算として三九〇円が計上されることとなった[83]。

それでは、昭和期における仏教寺院はどのような動きをしていたのであろうか。少しく検討してみることにしよう。

昭和期における上磯の仏教寺院

上磯の仏教寺院は、明治～大正期においてもそうであったように、この時代の基本的な性格も檀家制を基盤とする先祖供養と葬儀施行を主たる任務とする檀那寺にあったが、近代天皇制の推進に際しては、さきの神社と共同歩調をとりながら、天皇制国家の維持・発展のために、「体制宗教」としての任を全うすることも求められた。その意味で、昭和期の仏教寺院が果たすべき宗教的機能は、結論を先取りしていえば、第一に神社と同様の近代天皇制の保持である。仏教寺院は、神社をサポートする形で、近代天皇制の推進にあたっていたのである。

第二は、やはり神社と同じく、昭和三年(一九二八)の満州某重大事件、同六年の満州事変と翌年の満州国の建設、同八年の国際連盟の脱退、同一二年から始まる日中戦争、そして同一六年の太平洋戦争という、一連の対外戦における皇軍の戦勝祈念である。

この第一の近代天皇制の推進と第二の戦勝祈願という点では、仏教寺院は神社と全く大同小異の宗教的機能を果たしているが、次の三つ目の機能においては、多少その性格を異にしている。

つまり、神社にあってはその第三の機能は庶民の憩いと娯楽の場の提供機能であったが、仏教寺院の場合はそうではない。仏教寺院にあって、この第三の機能は、さまざまな庶民の寄せる現世利益に応える祈禱の営みであった。では、以下、具体的にその辺の事情を跡づけてみよう。

まず、第一の機能としての近代天皇制の推進についてみてみよう。

大正一五年(一九二六)一二月二五日に大正天皇が崩御したことは、上磯町民にとっても、「八千万赤子の悲嘆奉悼骨髄に徹する悲しみ」であり、そのため、「神去りましまし先帝陛下の御慈徳を慕ひ奉って」というように、現人神であった大正天皇の徳を慕うべく、宗教団体の一音会では広徳寺において、翌一月一四日に各宗連合の壮厳なる奉悼会を催すこととなった(84)。

この仏教寺院による奉悼会の執行もまた、近代天皇制国家の一翼を仏教寺院が担っていることを示すものであることは、言うまでもなかろう。

寺院の戦勝祈願と慰問弔意

昭和一二年七月七日、北京郊外の盧溝橋での日中両軍の衝突を機に、いわゆる日中戦争の火ぶたが切って落とされたが、この開戦からさほどたたない九月二五日には、町内の谷好寺で次のような法会が行われた。「当日、戦勝祈願並に日支事変戦死者追悼会をも行ふところあり、善男善女多数参詣があった」[85]というように、日中戦争の戦死者追悼をも兼ねるものであった。

いわば、仏教寺院にあっては、戦時という非常時の戦勝祈願と戦死者追悼という、人生における生と死、ないしは喜と悲とでもいうべき、両極を担っていたのである。

こうした人生の両面を祈る法会は、昭和一二年には、町内の各寺で催された。もう一つその具体例を挙げれば、禅林寺でも「皇威宣揚　武運長久祈願」と、「支那事変戦死者英霊追悼法要」[86]というように、戦勝祈願と戦死者追悼がセットになって執行されていた。

したがって、日中戦争以前の昭和七年の頃にあっては、仏教寺院の法会の中心が、戦勝祈願ではなく、同六年の満州事変や同七年の上海事変における戦死者追悼になったことは言うまでもない。『渡嶋上磯新聞』昭和七年三月一六日付の次の報道は、まさにその事例である。

　　出征兵士の慰問弔意　東光寺で
満洲及び上海出兵戦死兵士の弔意法会を開催して、これ等殉国の士の瞑福を祈ると共にこれ等出兵々士の遺族慰問を為すべく、慰問金募集の運動を開始する。

このように、仏教寺院は、檀那寺として、檀家の先祖供養や葬式法要だけでなく、戦時下における戦勝祈願と、その対極をなす戦死者追悼ないしは慰問弔意も行っていたのである。これこそまさに、近代仏教史における仏教寺院の第二の宗教的機能である。仏教寺院の第三の宗教的機能は、庶民が寄せる諸々の現世利益に応える祈禱奉仕である。

寺院による祈禱奉仕

では、寺院の祈禱は、昭和期の上磯において、どのように展開したのであろうか。

> 旧来、清川村に安置ありし薬師如来及び馬頭観世音菩薩、地方民衆の信仰厚く霊験甚だ顕著なりしが四年前、上磯禅林寺境内に移転安置したが、来る二十六日は春季例祭を執行、地方有志に依りて種々の催しあり。[87]

昭和三年（一九二八）五月二四日、さきの大正一三年（一九二四）に清川村から禅林寺に移転安置した薬師如来を祀る「上磯薬師祭り」が、執り行われたのである。この薬師如来が庶民の多くの信崇を集めていたことは、「地方民衆の信仰厚く霊験甚だ顕著なり」という一文から明らかである。庶民は薬師如来に無病息災の現世利益を期待して、日々祈念の足をその薬師如来のもとに運んだことだろう。

また一方、昭和三年一〇月三〇日に催された慈教寺の観世音祭典もまた、右の薬師信仰と同じく、庶民の日常における無病息災を念ずる観音信仰を表出したものである。[88] さらにいま一つ、寺院の祈禱的実践を挙げると、

> 広徳寺境内で魚供養法会
>
> 上磯町漁業者及び一音会共催にて、広徳寺境内に於て、魚供養・施餓鬼法会を執行する由。[89]

などもまた、豊漁と海上安全を祈願したものとして注目してよいだろう。

仏教寺院の本来的な機能は、檀家制を基盤とする祖霊供養や仏事法要という来世志向に基づく領域において発揮されるべきものである。昭和一一年頃に頻発した戸切地川・有川における水難犠牲者の供養法要などはその好例であろう。

戸切地川・有川における小児の犠牲者が相次ぐので、上磯小廻船運漕業組合が上磯健青団と仏教連合会の後援を得て、戸切地川尻に供養塔を建立し、法要を執行した。法要ののち、犠牲者の霊を慰むるため、灯籠《とうろう》流しを盛大に催したという(90)。

ちなみに、右の一文にみられる灯籠流しについていえば、「上磯灯籠流し」は昭和四年の頃には、もうすでに始まっており、その開始の絶対年次をにわかには断定できないが、『函館毎日新聞』は昭和四年八月一五日付で、こう報じている。

上磯中央青年会にては例年の如く八月十六日午後七時より、上磯駅前浜海岸にて(中略)灯籠三百余個を磯舟四隻に分乗し、法華経の太鼓を打鳴らしながら海上をねり回り、海難者の供養をする。

こうした青年会による灯籠流しが恒例化するということは、上磯全体の仏教に関する認識向上という点で高く評価される。

仏教寺院は、祖霊供養・葬式法要を別とすれば、近代天皇制の推進体としても、神社に比して、第二義的立場に置かれていた。近世期にあって国教的位置を独占していた時とは、文字どおり、隔世の感を禁じえなかったに相違ない。したがって、仏教寺院にとって、近代から現代への歩みは、その意味で「冬の時代」の歩みであった。それを物語るかのように、昭和一一年六月五日と八日の『渡嶋上磯新聞』には、当時反響を呼んだ友松円諦の「仏教改革」論に共鳴した高橋龍呑の投稿記事が載せられている。その中で、高橋は、

先祖からの寺だからといふことが、住職を堕落させてしまふ、心ある信徒と自分の寺を本当の〈民衆の寺〉〈我等の寺〉にしなければならない。

と警鐘を鳴らしている。この記事は、一言にしていえば、既存の仏教寺院をめぐる檀家制に対する真正面からの批判といって間違いでない。こうした記事が載ることは、とりもなおさず、従前の檀家制に固執してきた仏教寺院に対して、寺院内外の批判が相当程度、集約化したことを意味する。

「冬の時代」を迎えた仏教寺院は、こうした事態をもちろん手をこまねいて座視していたわけではない。自らの活路を見出すべく、種々その対策を講じた。次の企画はその一例ではなかろうか。

広徳寺で　童話会開催　駒沢大学児童教育部出張

広徳寺の本堂で学生出張の童話会及びお伽劇を開催したが、児童百数十名の来会あり。午後、地蔵尊供養及び虫供養大施餓鬼を厳修する所あり、多数善男善女の参詣があった。(91)

つまり、広徳寺は、児童を対象にした童話会を駒沢大学学生と連携しながら開催し、もって広義の仏教理解・普及につとめようとしていたのである。ここに当時の仏教寺院の置かれた苦境のほどを推察することは、そう困難なことではない。

昭和期における上磯の仏教寺院は、以上のように、自らを「冬の時代」に位置づけながら、大別して、「近代天皇制の推進」「戦勝祈願と戦死追悼」および「祈禱奉仕」という三つの宗教的機能を実践していたのである。それでは、上磯のキリスト教界はこのような激動の昭和期をどう乗り切ったのであろうか。これを次に、眺めてみることにしよう。

昭和期のトラピスト修道院

昭和一二年(一九三七)の日中戦争を機にして、戦争は一段と深刻化したのに加え、岡田普理衛がさきの大正一五年(一九二六)三月に福岡県に「新田原修道院」分院を設立すべく、かの地に赴いたため、本拠地の当別修道院にあっては、修道士の激減を食い止めることができず、かなりの苦境に陥ってしまった。そこで岡田は、当別修道院の態勢を建て直すべく、太平洋戦争のさなかの昭和一九年七月、「新田原修道院」分院を閉鎖し、本拠地の当別に引きあげてきた。

しかし、旅の疲れと老衰により、当別修道院の再建も夢のまま、岡田は永遠の眠りについてしまう。それは、当別帰還後、三年目の昭和二二年七月一日のことであった。享年八八歳。思うに、福岡県の「新田原修道院」分院の設立という新たなる事業は、岡田のこれまでの一連の修道士の養成事業および開拓事業からみて、ある意味では、至極当然のことであった。が、この岡田のひた走る前向きの事業精神も、「戦争」という二文字の前には力なく、分院拡張の夢は十分な進展をみることなく、夢半ばにして終止符を打たざるをえなかった。

さて、既述のように、上磯における昭和期の神社と仏教寺院は、「近代天皇制の推進」と「戦勝祈願（戦死者追悼）」そして「庶民のための憩い・現世利益的な祈禱」という、大別して三つの宗教的機能を果たしていたが、それではトラピスト修道院は如何であろうか。昭和一六年一二月八日の太平洋戦争への突入を機に、ついに、これまで戦争とは無縁であったトラピスト修道院にも、赤紙が送付された。同年一二月三日のことである。とはいえ、この「神の使徒へ　赤紙　祈りの生活から戦線へ」[92]という赤紙召集を除けば、トラピスト修道院は、宗教界における近代天皇制の推進・戦勝祈願という二大スローガンとは全く無縁の世界で、独自の「祈りと労働」の生活を営んでいたといっても間違いない。

してみれば、当別トラピスト修道院は、明治二九年（一八九六）の開設以来、近代天皇制の推進やその過程に起きた戦時における戦勝祈願や戦死者追悼などに関わることはほとんどなく、真の意味の超俗的な「祈りと労働」の生活に徹してきたのである。このような、超然にして孤高の生き方が万人に多くの影響を与えたに相違ない。この点、等しく宗教とはいいながら、神社と仏教寺院と大きく相違し、一線を画すところである。

では、最後に、上磯の昭和期における新宗教の代表的存在である天理教について、一言しておこう。

昭和期の天理教

天理教が上磯に伝道されたのは、明治三四年（一九〇一）のことである。同年三月、茂辺地を拠点に布教が開始され、同四二年には正式に教会の設置が許可された。大正期に入ると、ますます隆盛におもむき、昭和四年（一九二九）には、信徒も五、六十戸を数えるようになっていた。[93]

天理教は一般的にいって、その誕生当初、体制に迎合しない独自の教義を展開していたが、明治二一年、神道本局附属天理教会として体制的に公認されてから、国家主義政策に協力するようになった。

こうした教会全体の動向ゆえ、上磯における活動も、例えば、

天理教の掃除奉仕

去る十七日、町内飯生町天理教会では、毎年の恒例によるひのきしんの掃除奉仕を為し、全町に亘り路上や下水の掃除奉仕をする処があり、終ってから町長はその労を犒《ねぎら》い、公会堂に集会を乞ひ感謝する処があった。[94]

とあるように、積極的な奉仕活動を通して行っていった。こうした奉仕活動は掃除だけでなく、日中戦争に突入した昭和一二年以降は、国防献金の調達のためにも、資金調達を目的にした活動写真会を開催するなどの活動も活発に展開していった。[95]その意味では、天理教は新宗教とはいえ、その行動においては、既存の神社や仏教寺院と全く異なるところがなかった。神社と仏教寺院、そして新宗教の天理教は、共同歩調をとりながら、近代天皇制国家の確立とその展開に、宗教の領域から支持・協力していったのであるが、ついにいかなる宗教の力をもってしても、歴史の運命を変えられない日がやってきた。近代天皇制国家の終焉の日の到来である。

第四節　乙部の信仰と祭祀

乙部の神仏分離政策

乙部において、明治初年の神仏分離は実施されたのであろうか。さきに江差を例として確認したように、檜山地方でも紆余曲折を経ながらも実際に行われていた。してみれば、乙部においてもそれを疑う余地はないだろう。

『江差姥神社藤枝氏日記』(96)に基づき、その辺の事情を具体的に眺めてみることにしよう。
まず、明治三年(一八七〇)八月二四日付で、政府(開拓使)の民政局から藤枝長美宛に、次のような神仏分離の具体的な通達が届いた。

去辰年神仏混淆ノ儀付、被仰出モ有之、諸寺院持社境内鎮守等迄取調之上、先般於東京神祇官江御伺書御差出被成候処、護法龍神を始、左之通仏と相定、其余法華宗三十番神幷何宗不限、皇国之神祖江本地垂迹之名唱を負せ、祭祀候儀不相成、勿論仏家之神名其儘相称シ、且多年仕来候義ニ候共、幣束ヲ捧ケ、神酒ヲ供シ、或ハ鳥居宮造等致シ、境内タリ共鎮座置候義ハ、決而不相成旨被仰出候。依之各寺持社神祖之分、早々社人江引渡可申候。

護法龍天善神

不動尊

七面大明神

勝軍地蔵尊

聖天

右ノ分仏号相定、仏法ヲ以修行可有之事。右之通被仰出、寺院江申達候間、引継相済候ハヽ、其段届出可申候。

民政局　印

八月廿四日

藤枝長美殿

このように、護法龍天善神をはじめとする五神については「仏号」と定めて、神仏分離の直接対象とするなど、かなりきめ細かい指導であった。神仏分離という前代未聞の大変革でもあり、狼狽していた藤枝は、不明なところもあり、次のように関係方面に問いただした。

前条之通リ御達相成リ候得トモ、未タ少不明ノ廉《かど》モ有之候付、九月十七日、当所出立福山城ニ至リ、手先和賀主殿方江伺候所、同人ヨリ民政局社寺御奉行江罷出、巨細窺上候ヘ者、左之通御達ニ相成候。

その結果の回答が、

前文大明神之儀ハ、是迄仏道ニテ祭来候トモ、御達已来《いらい》ハ神号ヲ相止メ、仏号ニ可仕トノ事成由、御達ニ相成候。然ハ前文五仏者仏祭ニ定リ候得共、善神之神、猶又大明神、是等之神号取除ニ相成可申事ニ奉存候。然レトモ、未タ御沙汰モ無之ニ付、追々御沙汰次第相記可申候。

（前達同文略）

右之通リ御達ニ相成候ニ付、乙部村神主工藤八十二殿江モ通達遊候。

であった。この一文の末尾が端的に示すように、さきの一連の通達は「乙部村神主工藤八十二殿」へも届いていたのである。

『江差姥神社藤枝氏日記』によれば、こうした通達・問い合わせを受けて、早くも明治三年八月二五日、藤枝は名主吉田佐兵衛と一緒に、江差村内の神仏分離の作業に乗り出す。

名主吉田佐兵衛、拙者同道ニ而罷越、法華寺持妙見第一番ニ取調、同三十番堂、阿弥陀寺龍天善神江相殿ニ致居候稲荷神取調、同正覚院持琴平之大神取調ニ相成候処、正覚院住頭申聞候ニハ、御趣意相ソムキ候儀無御座候得共、当社神体秘物之事故、私立合之上御取調申聞間敷候間、各様方御勝手ニ可被成様申聞、猶又上磯末寺迄呼上之上相談イタシ、歎願モ可仕ト奉存居候間、兎ニモ角ニモ立合之儀難相成申ニ付、拙者申聞候ニハ、今日罷出候儀、私ニ非、御用ニ御座候。右様申聞ニ相成候ハハ、先其儘ニイタシ、御用席ニ可申立ヨリ外無御座候間、申立候テモ宜敷御座候成ト、再度再度申入候得共、語ノ違モ無御座候、同断之事故、神体神具等モ取調不申帰参。

このように、法華寺・阿弥陀寺を調べ終えて正覚院に出向いたところ、藤枝は「当社神体秘物」ゆえ、取り調べには応じかねるという一種の「抵抗」を示されたのである。越えて明治四年三月一三日、さきの懸念の正覚院を含め、法華寺・阿弥陀寺の再調査が行われ、正覚寺の金毘羅堂と稲荷堂、阿弥陀寺の稲荷堂などは取り壊されるに至った。その様子を『江差姥神社藤枝氏日記』はこう伝えている。

三月十日、(藤枝)政延御用使是有罷出候処、江差始在々之寺院鎮座、神仏混淆御改ニ相成リ候御達ニ相成候。同十三日小属西川左京・荒野宗次、御徒士目附大場久之進、士族卒所席松浦保市、右四人立合ニテ正覚院寺内ニ鎮座金毘羅宮ノ神体御改、仏像ニテ俗ニ十壱面観音也。別ニ鏡、金幣有事、琴平之大神如紙、玉者霊、鏡、金幣ト座シ、姥神社ニ相殿ニ而祭御仰、堂者《は》早々取壊被仰付、色台之儀者内陳江御渡、仏像茂内陳江御渡シ相成候事。正覚院稲荷社神体引継、堂ハ早々取壊候。法華寺妙堅神玉ヲ御改ニ相成、仏信ニテ仏内陳江引入、堂者早々取壊、色台之儀ハ内陳江引入候事。阿弥陀寺稲荷社神体引継、堂者早々取壊候、色台内陳江引入、同寺薬師社仏内陳江引入、人丸公者上ニ御引上、色台之儀ハ藩聴ニオイテ御引上ニ相成、堂者早々取壊候事。

そして、同月一六日には、泊村の観音寺を取り調べ、同寺の琴平堂、また泊村の地蔵堂と田沢村の観音堂も取り壊している。同日の取り調べは、さらに次にみるように、伏儀堂村・柳崎村・中網村・目名村へと及んだ。

同三月十六日泊村観音寺持鎮座取調トシテ政延御用ニ被仰付、観音寺内之事、琴平大神神体茂無シ、仏像モ無シ、佐野木(讃岐)国事平大神ノ神札ヲ引上、堂ハ早々取壊ニ相成、泊村八幡社唯(ママ)シク神体也。霊義殿、色台トモ引継候事。同村地蔵堂者取壊、色台者取壊候事。尾山村岩亀社色台トモ引継、田沢村之鎮守観音社堂者早々取壊候。仏体者内陳江引入、色台者藩聴ニオイテ御引上ニ相成、伏儀堂村明神社色台トモ引継候事。柳崎村鎮守八幡社色台トモ引継候事。湯守之薬師社太古より念書ニ是有、文政年中薬師建立之棟札是有、霊、社格者唯シク薬師神ヲ祭ルヲ被仰出候事。中網村鎮守稲荷社色台トモ引継ニ相成候事。目名村鎮守八幡社色台トモ引継ニ相成候事。所々之末社之義者、其社々是有候分引継候事。観音寺持江差イゾ岳観音社、仏像内陳江引置、堂ハ早々取壊、旧来ノ色台之義者、藩聴ニオイテ御引上ニ相成候事。泊村イショタル仏体ハ寺院江引渡、堂ハ早々ニ取壊、色台ノ義者藩聴ニオイテ御引上ニ相成候。同三月寺院引継相間、渡当島、市キ島社ニ仏体壱ツ、碇町三神社ニ仏体壱ツ、上之町諏訪社ニ仏体壱ツ、豊部内磯崎社ニ仏体壱ツ、土橋村三神社ニ仏体壱ツ、右之仏体、仏ハ座シ相間、月番正覚院江引継申候事。

近世以来の稲荷社・金比羅社という産業神の取り壊しや庶民の現世安穏の祈りの対象となっていた地蔵堂および観音堂の破壊もまた、近世の宗教世界の否定である。檜山地方におけるこうした神仏分離は、寺院に対する廃仏毀釈といえるものである。その意味で、前述した函館以上に、この檜山地方における神仏分離は過激であったといえよう。

明治政府は、仏教寺院への弾圧とは正反対に、近代の思想界の主座におさまった神官に対し服装をはじめ、世襲化されている社職の補任についても触れ、「国家ノ宗祀《そうし》」にふさわしい精選された神官の補任を強要していった。次の一文が端的にそれを物語っている。

一、是迄神職之もの総而社人と可相唱事。
一、神前者《は》勿論平生共、羽織袴たるへき事。
一、社用之儀者是迄之通、被取扱候事。
右相達候也。
一、神社ノ儀ハ国家ノ宗祀ニテ、一人一家ノ私有ニスヘキニ非サルハ勿論ノ事ニ候。中古以来大道ノ陵夷《りょうい》ニ随ヒ、神官社家ノ輩、中ニハ神世相伝由緒ノ向モ有之候へ共、多クハ一時補任ノ社職其儘沿襲致シ、或ハ領家地頭世変ニ因リ、終《つい》ニ一社ノ執務致シ居リ、其余村邑小祠ノ社家等ニ至ル迄、総テ世襲ニ相成、社人ヲ以テ家禄ト為シ、一己ノ私有ト相心得候儀、天下一般ノ積習ニテ、神官ハ自然士民ト別種ト相成、祭政一致ノ御政体ニ相悖《もと》リ、其弊害不少候ニ付、今般御改正被為在、伊勢両宮世襲ノ神官ヲ始メ、天下大小ノ神官社家ニ至ル迄、精選補任可致旨、被仰出候事。

辛未六月　　太政官

そして、神官の身分については、次のように改正することに決したという。

一、神官従来之叙爵、総而被止候事。

一、官社以下府藩県社郷社神官、総テ其地方貫属士族卒ニ編籍至シ、地方官支配タルヘキ事。

但シ、従前神官其身分ニ応シ、士卒農三等ノ中ニ編籍可致事。

辛未五月　　太政官

すなわち、官社・県社・郷社の神官は「士族」並みとされ、地方官の支配に属すこととなったのである。

このような宗教界の一大変革について、乙部の神社に対しても、次のように通達されていた。

右之通東京表より被仰出申越、今般福山表より申来候間、是段相達候也。

辛未七月四日

右之通御達ニ相成、其日より上之国江差乙部村社人中、神事ニハ羽織袴着神前相勤候事。

未十二月朔日藤枝政延江新御用使有之罷出候処、郷社祠官申付、同日上ノ国社人乙部村社人同御用ニ付罷出候処、惣社之祠掌申被付、尤福山表ハ和賀氏、右郷社之祠官、其他ハ孰《いず》レモ祠掌被申付候。

乙部の社人は上ノ国と同じく、「惣社の祠掌」を申し付けられたのである。

こうしてみれば、乙部における神仏分離の具体的な取り調べについて、『江差姥神社藤枝氏日記』は書き留めていないが、一連の通達は乙部神社の工藤八十二のもとに届いており、程度の差はともかく、現実に実施されたとみなすべきであろう。

次項にみるように、乙部の各村には、明治四三年(一九一〇)の合祀に至るまで、無格社としての稲荷神社や金比羅神社が存続していたことを考えれば、乙部においても稲荷・金比羅社の否定に対する一種の抵抗があり、この抵抗が一定程度、土着の論理が優先される形で実を結んでいたといえよう。

一方の観音堂と地蔵堂の取り壊しについても、後述するように、庶民は講の形式で継承していった。

乙部の近代神社と祭祀

表64「乙部の近代神社」にみるように、乙部における神社群も他地域と同じく、社格による序列づけが行われていた。時に明治九年(一八七六)のことである。それによれば、五村のうち、乙部村の八幡神社が郷社であり、その下位に位置する村社には、小茂内村の鳥山神社、突符村の栄浜八幡神社・元和八幡神社、三ツ谷村の三ツ谷八幡神社、蚊柱村の諏訪神社の五社があった。そのほか、村内には各々、無格社が数社ずつ祀られていた。

近世にあってもそうであったが、近代に入ると、神社の祭礼はそれのみではなくなる。それ以上に、祭礼の数からしても圧倒的に多くなるのは、近代天皇制の推進体としての神社祭礼であった。村民こぞって祀る地内の安全と産業の実りへの感謝たる例祭である。しかし、近代に入ると、神社の本来的な祭りは、村民こぞって祀る地内の安全と産業の実りへの感謝

その郷社・村社の祭礼には、公費として一定の祭典費用が支給されていた(既述)。

棟札にみる明治初年の乙部

乙部村の八幡神社が郷社に指定されたのは、明治九年(一八七六)のことであるが、この郷社には図10のように、「体制宗教」の面目躍如たる棟札《むなふだ》が二基、所蔵されている。(97)

一つは、明治四年に、廃藩置県の直前に奉納されたものである。この中で乙部村全村を挙げて、皇室の安寧をはじめ、館藩知事の武運長久や臣下の皇室への忠誠奉仕、そして乙部村の鰊大漁と地内安全を祈願している。こ

表64　乙部の近代神社

	神社名	社格	明治31年氏子数	備考
乙部村	八幡神社	郷社	308戸	
	海童神社	無格社		明治21年，稲荷社を合祀。明治43年，八幡神社に合祀
	山神社	無格社		明治43年，八幡神社に合祀
	恵比須神社	無格社		相泊に所在，明治43年，八幡神社に合祀
	恵比須神社	無格社		瀬茂内に所在，明治43年，八幡神社に合祀
	滝ノ神社	無格社		明治43年，八幡神社に合祀
	恵比須神社	無格社		滝ノ澗に所在，明治43年，八幡神社に合祀
小茂内村	鳥山神社	村社	70戸	境内神社に恵比須神社・館神社あり
	稲荷神社	無格社		明治43年，鳥山神社に合祀
	磯崎神社	無格社		同上
突符村	栄浜八幡神社	村社	130戸	もとの大茂内八幡宮
	元和八幡神社	村社		もとの突符八幡宮
	八幡社	無格社		境内神社に，稲荷神社あり。明治41年，元和八幡神社に合祀
三ツ谷村	三ツ谷八幡神社	村社	81戸	
	金比羅神社	無格社		明治43年，八幡神社に合祀
	稲荷神社	無格社		向歌に所在，明治43年，八幡神社に合祀
	稲荷神社	無格社		鮪ノ上に所在，明治43年，八幡神社に合祀
蚊柱村	諏訪神社	村社	107戸	
	春日神社	無格社		明治43年，諏訪神社に合祀
	稲荷神社	無格社		同上

の棟札には八幡神社と乙部村民が一体となって、近代天皇制の円滑な進展と地内の平安を祈る切実な思いが凝縮されている。

いま一つは、明治七年のもので、八幡神社の氏子一同による近代天皇制の平安と地内の豊漁を祈願したものである。この二つの棟札はともに、当時の名主・戸長・年寄・浜役などの実名が記されており、当時の村内状況を知る上ですこぶる有益である。

乙部における庶民教化の実態

明治五年(一八七二)、国民教化を目的にして教部省の設置とともに任命された教導職としての神官・僧侶たちの教化実践は、どうであったろうか。その実践例を、専得寺住職である館得往が書き留めた同八年の「公寺両用留」(寺内史料)に探ってみることにする。それによれば、館得往は、慶応三年(一八六七)、専得寺に入寺し、明治五年に住職となり、その翌年の同六年に教導職一四級試補を拝命し

（表）

皇命乃大御代者足乃御世乃八桑枝乃如久令立栄
明治四年未春二月廿二日　正神主　工藤康俊　謹美白
同　康信
下津磐根仁宮柱太敷立
掛巻母綾畏幾正一位稲荷神社御本殿一宇
高天乃原仁比木高須利弖一　領主　音部村中
別而館藩知事松前従五位源兼広武運者長久武士之道者直久正久従留臣等共皇太御代安久全久令仕奉給幸賜国中仁狂事無久願主音
部村之口口狂不令在祈所当春前浜仁而荒風高波障口鯡大漁取上満栄村中無難仁令栄幸賜止申

（裏）

天長地久　名主　浜役
菊池官蔵　沢屋山小三郎
年寄　近藤七右ェ門
三橋口口　菊池健造
西里口口　能代権次郎
和田権兵衛　世話方
執筆　茂兵衛
工藤師長

（表）

天下泰平国土安全五穀成就鯡豊漁満足祈
下津磐根仁宮柱大敷立　工藤康俊
奉寄進八幡宮二之取居一宇　戸長
高天原仁千木高知天　合浦五郎右衛門
皇上平安常盤仁守給　三橋善七
西里清吉

（裏）

明治七年　浜役　磯部権左衛門
天長地久社頭康営　米田林右衛門
林　庄左衛門
甲戌五月　願主　産子一流

図 10　乙部の郷社八幡神社の棟札(1)

ている。気鋭の教導職にふさわしい館得往は、「公寺両用留」の第一頁を、明治六年太政大臣三条実美の出した火葬禁止を告げる太政官符(布告)で飾っている。

教導職による国民教化が現実に動き出したのを受け、明治九年に至ると、函館中教院からその実績報告を各社寺に対して要求してきた。

その報告書には、「説教ノ度数」「聴聞ノ人員」「教導職名」を書き込むよう命ぜられていた。館得往はそれに対して、自らの報告書を忠実に提出すべく「覚え書」を「公寺両用留」の中に認めていた。それを整理して一覧表にすれば、表65のようになる。

これによれば、明治九年の専得寺の場合、一月に六回の説教教化が行われ、二三四人がそれを聴聞した。外部から講師を招いた翌二月は、六度の教化で一一九人の聴衆が集まった。また、彼岸を利用した、檀家のみを対象にした三月は、説教回数は七回で一三五人がそれに耳を傾けている。

表65　明治9年1～3月の専得寺の教導状況

説教日	聴聞者数	教導者
1月3日 1月4日	67人	得往
1月20日 1月21日	101人	田子少講義
1月27日 1月28日	66人	得往
2月1日 2月2日	13人	田子少講義 津山義□
2月3日 2月4日	51人	得往 西館純一中講義
2月27日 2月28日	55人	得往
3月17日	15人	得往
3月18日	16人	〃
3月19日	17人	〃
3月20日	27人	〃
3月21日	18人	〃
3月22日	17人	〃
3月23日	25人	〃

こうした説教の現実を眼のあたりにして、どうであろうか。教導者を通して、既述した「三条の教則」の教えは、乙部の人々にも深く浸透していったことは多言を要すまい。この専得寺と同様の教導が、乙部のほかの寺院や神社においても展開したことは、時の「体制宗教」を担う宗教施設として当然のことである。

「体制宗教」の担い手として、近代天皇制の推進役をつとめる教導者といえども、生身の人間として、緊張が時として弛緩してしまうこともあろう。そんな一見、ユーモラスなハプニングが、明治の乙部の人々を一喜一憂させたことがある。時に、明治一三年一〇月三日、長徳寺での出来事である。

教導職の不品行ハまいど有勝《ありがち》の醜聞だが爾志郡乙部村の曹洞宗長徳寺にて去る三日より二日間、入仏供養を修するに付き諸寺の僧侶五六名を招待したなかにも、江差の正覚院から来た難有味のない坊主某ハ不知《しらぬ》が仏の持前ゆえかは兎も角も活た仏の口の供養が肝腎だと散々はら狂印酒を詰込むとサア大泥酔の変性成仏(中略)看るに看兼《みかね》て参詣人が手とり足取り(中略)客席へ寝せて置くと、アラ難有迷惑なる哉、内またから甘露法雨の代りに、シコタマ寝小便を垂流し、イヤ是は出家ぐらゐで済ますまい。(98)

酔っぱらい教導者の演じた、とんだ大失態が、このように明治期の三面記事をにぎわしたのである。

明治期の乙部の宗教界は、一方に張りつめた教導者による近代天皇制の普及という厳粛な事実、その一方に前述の腰くだけの教導者が出没するという現実、まさに硬軟が同居する現世の縮図がそこにあった。そうした明治期の乙部の宗教界に、とりわけ仏教寺院を震撼させたある出来事が発生した。

永順寺の建立とその波紋

それはほかでもなく、浄土真宗の永順寺が、江差の商人永滝松太郎夫妻の尽力によって、明治一三年(一八八〇)、金剛順海を住職に迎え建立されたことに起因することである。『北海立志図録全』によれば、松太郎の妻のカン子が地内の小茂内村の出身であり、しかも幼少のみぎりより信心深く、念仏を怠らず行じていたことが永順寺の造営の契機となったという。同年に金剛順海を初代住職に迎えて説教所から始まり、同二〇年に至り、石川県の羽咋郡浄真寺の西祐を開基に永順寺と寺号公称することとなった。

『明治三十一年調社寺明細帳』によると、明治三一年(一八九八)の檀徒数は二四戸であったが、大正二年(一九一三)の頃には、その檀徒数は五一戸と約二倍にも増加している(寺内史料)。その間、明治四三年に住職金剛猶平が死亡したため、広島県倉橋島村の信順寺から河野覚応を招くなど、寺院の維持経営上、一頓挫することもあったが、昭和四六年(一九七一)まで存続した。

このように永順寺は地内に明治一三年に造立され、その後、約一世紀にもわたって存続したことは、地内の限られた戸口数のことを考えると、ほかの仏教寺院にとってかなり大きな打撃であったに相違ない。そこに、既存寺院と新参の永順寺との間に死活を決するすさまじい檀家争奪の確執があった。

この永順寺の新寺造立によって、まず最も危機感を持ち、かつ打撃を受けたのは、同一宗派に属する浄土真宗専得寺であった。明治一四年三月、専得寺はその打撃・動揺を隠すこともなく、露骨なまでの檀家の掌握ないし引き締めに乗り出した。次の「約定証書」の表書きはそれを如実に物語っている。

専得寺の約定証書

明治十四年三月

小茂内村真宗大谷派説教場、一寺引直シ之義、(紛議相生シタルヲ以テ)檀家決議シタル議、書綴廻。

寺内勇蔵与

拾　名

専得寺

真宗大谷派説教場が永順寺として独立したことは、同一宗派として、専得寺の檀家内部に物議紛争が発生した。そこで専得寺と檀家間に一定の決意表明をとり交わす必要が生じ、専得寺はそれを「書綴廻」として檀家に命じたのである。おそらくその書きつづりまわした「約定証書」を一〇人分とりまとめた分の表書きがこの一文であろう。

この一枚の表書きの次に、寺内勇蔵をはじめとする一〇人の「約定証書」が書きつづられている。その実例を、寺内勇蔵分に限って紹介してみよう。

約定証書

寺内勇蔵

家族

私共祖先已来《いらい》、乙部村真宗専得寺檀家ニ相違無之。尤《もっとも》転宗改寺等致間敷《いたしまじく》候。為後証依而如件。

小茂内村四十七番地

寺内勇蔵　印

明治十四年三月

乙部村専得寺住職

館　得往殿

寺内勇蔵が先祖以来の檀家である専得寺から「転宗改寺いたしまじく候」と住職の館得往に固く誓い、約定したこの一文から、時間と場所を超えた、何かしら緊迫した切実な緊張感が伝わってくる。これと同一趣旨の「約定証書」が、ほかの九人からも専得寺住職宛に提出されたに相違ない。

明治一三年の永順寺の新寺建立は、このように同一宗派であるがゆえに、専得寺をその根底から揺さぶったのである。大激震はこの一四年のみで終息はしなかった。さみだれ式に、専得寺から永順寺に改寺する動きは、その後も続いた。例えば、明治二三年一二月二六日付の次のような専得寺宛の「届」が残っている。

届

爾志郡小茂内村

森　重蔵　印

小林　斉吉　印

五十嵐善吉　印

小林　サイ　印
寺内　万吉　印

右者、是迄貴寺檀家ニ御坐候処、今回本村永順寺檀家ニ加入仕候間、此段御届申上候也。

明治廿三年十二月廿六日

専得寺殿

さきに示したように、『明治三十一年調社寺明細帳』によれば、永順寺の明治三一年の檀徒数は二四戸であった。この二四戸すべてが専得寺からの改寺ではないにしても、同一宗派であることを考慮すると、相当程度の比率を占めていたことは右の史料からも想定される。専得寺がこのように、櫛の歯が欠けるように一戸一戸離檀するのを手をこまねいてみていたわけではない。しかるべき対策を講じたに違いない。その一つの結果が次の専得寺への「転檀届」である。

転檀御届

爾志郡乙部村
上戸佐兵衛
上戸佐四郎

右者、元専得寺門徒ニ有之候処、都合ニヨリ貴院直参ニ相成リ候処、今回専得寺門徒ニ復帰仕リ候間、此段御届申上候也。

明治廿七年二月二十日

江差別院　輪番所

御中

明治二七年のことであるが、専得寺に二戸の戻り檀家があったのである。明治期の乙部において、新寺が造立されたのは、何も永順寺だけではない。曹洞宗の吉祥寺も、明治二三年に造立されている。その由緒を『明治三十一年調社寺明細帳』に求めると、大略、次のとおりである。

私共祖先以来、曹洞宗信仰ニ候処、当村中、本宗寺院無之概歎ノ余リ、宗教弘通并仏事葬祭ノ道場備ヒシ為(中略)信徒一同尽力ニテ堂宇建築及永続方法ヲ設ケ明治廿三年三月十五日付ヲ以テ寺号公称(後略)。

もともと曹洞宗信者であった三ツ谷村の住民が、村内に寺院がないことを憂えて吉祥寺を建立したのである。この由緒文には明記されていないが、この住民たちが先祖以来、曹洞宗に属していたことを考慮すると、乙部村の曹洞宗長徳寺から離檀して新寺の吉祥寺を建立したと考えられる。ちなみにいえば、明治三一年の頃、吉祥寺の檀徒数は二五戸であった。こうしてみれば、明治期の乙部の宗教界には、さきの永順寺とこの吉祥寺という二寺の建立に象徴されるように、予想以上に檀家争奪をめぐる激しい動きがあったものと考えられる。

このように現実に転檀と離檀の転変が著しければ著しいだけ、寺院側としても自己防衛としてしかるべき手立てや対策を講じなければならない。その有力な方策として、檀家と寺院の接着剤ともなりうる各種の講の結成がある。その実例を専得寺に探ってみることにしよう。

専得寺の亦成講

浄土真宗の永順寺が新寺を建立した、まさにその翌年の明治一四年(一八八一)、同宗の専得寺は檀家との間にさきの「約定証書」の交換と併せて、ある講社を結成した。その名を亦成《えきせい》講社という。

寺内史料として、明治一四年一一月付の講員記録が残されている。「真宗大谷派　亦成講社随喜員加入記」という綴込である。それによると、この亦成講社の世話係は菊池官右衛門と逢見三右衛門の二人である。講社を立ち上げた同年の講員数は八〇人であり、翌一五年にはさらに一〇人の追加加入があった。その具体的な氏名は割愛するが、加入の仕方は戸主一人の場合もあれば その妻や母が加入している場合もあり、家族により一定ではない。個人加入の方式をとっているので、当然その喜捨金も個人単位の納入となる。その金額は、「喜捨金領受証　明治一六年分　一金　十二銭　氏名」という定型の印刷された領受証が交付されている点からいって、一律一二銭であった。

こうして専得寺においては、明治一四年、檀家相互の連帯意識の強化のみならず、相互扶助にもなる亦成講社が結成された。翌一五年の三月には、さっそくこの講社の恩恵を受け、一時借入金を申し出る者がいた。「借証　一金拾弐円也　右之亦成講金正ニ請取申候也　明治十五年三月二日　氏名」という「借証」を認《したた》め、専得寺と逢見三右衛門と菊池官右衛門の二人の世話係に提出している。

教導職の廃止と宗内の結束

既述のように、明治五年(一八七二)から一二年間にわたって、明治国家の「体制宗教」を領導してきた教部省とその具体的な実践主体であった教導職が同一七年八月一一日をもって廃止されることとなった。これを機に、寺院住職の任免と等級進退はすべて管長に委任されるに至った。この一大変革は「体制宗教」を担うすべての寺院・神社にとって、重大事であった。

乙部においてもそれは例外ではなく、専得寺住職の館得往はその教導職廃止に関わる関連書類を「庁本両要達記録」(寺内史料)として保存し伝え残した。以下、この記録に拠りながら、教導職の廃止が浄土真宗の寺院たる専得寺にどのようなインパクトを与えていたかを垣間見ることにしよう。

館得往は、八月一一日の内務卿山県有朋の「内諭」もつぶさに筆録している。その前半は、「体制宗教」を推進していく仏教寺院全体の心得、後半は管長の任命規定についてである。前半部分に限って、次に紹介する。

各宗派ノ間ニ於テ妄《みだ》リニ分派合宗ヲ唱へ、若《も》クハ内外各宗派ノ間ニ争論紛議ヲ為スハ、固《もと》ヨリ法教者ノ警シムヘキ者ナリ。若シ之ニ因テ、人心ヲ煽起シ安寧ヲ妨害スル(コト)アレバ、国ニ禁令アリ亦宜シク戒シムベキ処トス。若夫《もしそれ》教義ヲ論シ宗意ヲ議《あげつ》ラフ等ノ事ハ、宜シク其宗派ニ於テ之シカ調理裁定ヲ為シ、紛糾ヲ致ス（コト）アル可ラス。

各宗派の争論を厳に戒め、一致団結した「体制宗教」としての自覚をすべての仏教寺院に強く求めたのである。館得往はこの内務卿の「内諭」はもちろんのこと、明治一七年八月二〇日、大寰殿《だいかんでん》における浄土真宗の法主と法嗣両名の「直命」についても、書き留めている。館得往はもとより、全国の浄土真宗（大谷派）にとっても、この法主・法嗣の「直命」はまさに至上命令であった。

法主殿御直命　今般教導職ヲ廃セラレ、住職ノ任命等ヲ管長へ御委任ニ相成シ事ハ、全ク宗教ノ独立ヲ許シ、サカンニ法義ヲ弘通セシメントノ御趣意ナレバ、イササカモ疑念ヲサシハサマズ、イヨイヨ天恩ヲ奉戴シ、二諦相依ノ宗教ヲ守リ、金剛ノ信心ヲ聚定シテ報謝ノ経営ヲ怠ラヌ容ニ。

法嗣殿ノ御直命　只今御示シノ如ク、此度ノ御変革ハ実ニ宗門ニ於テハ喜フヘキ（コト）ナレハ、世間ノ風説ニ惑ハヌ様、当今ノ時勢ヲ相ワキマへ、他教ヲ謗《そし》ラス争論ケ間敷フルマヒヲ致サス、僧俗共、本分ヲ守リ自行他行油断ナク法義ヲ大切ニ相続致サル丶様。

館得往は、法主からの「報謝の経営」、法嗣からの「法義の相続」という至上命令を真摯に受けとめ、それを地域に宗教実践していった。

前述したように専得寺にとっては、明治一三年の永順寺の造立という同一宗派内の新たなる動きもあり、その意味では檀家との間に交わした「約定証書」に端的に示されるごとく、不安を抱えての教導職廃止となった。館得往はその不安をかき消すかのように、明治七年に再建していた堂宇の内陣の荘厳化に着手した。時に明治二一年二月、館は寺島文右衛門を発起人に檀家惣代の能代権次郎・寺島政五郎・菊池官蔵・川瀬平蔵の四人と、世話方の菊池官右衛門・松谷清次郎の二人と計らい、宮殿・厨子などの仏具の調進を開始した。専得寺の明治二一年の仏具調進事業は、檀信徒からの寄付という世俗財施があって初めて成り立つものである。してみれば、専得寺がこの事業を起こすことを通して、檀信徒との間により強い寺檀意識を深めていったに相違ない。

専得寺はこの事業を実践しながら明治二二年一〇月、さきの亦成講に加えて、専得寺と檀家との不変なる寺檀関係を持続させる相続講も結成している。この相続講は世俗的な亦成講に比して、甚だ政治的色彩の濃いもので、さきの「約定証書」を講結社化したような性格である。

このように、「体制宗教」の一翼を担う専得寺は、明治一三年には永順寺の造立という予想外の事態に直面し、さらに同一七年、教導職廃止を受けながらも、亦成講や相続講の結成をみるなどして、果敢な寺院経営につとめた。

教導職廃止後の住職の研鑽事情

明治一七年(一八八四)の教導職の廃止によって、寺院住職の任命方法も形式的には政府主導方式から各宗の管長方式に変化した。後者の管長になる住職任命方式の頃、住職はどのような教学研鑽を積んでいたのであろうか。それをうかがい知る興味深い寺内史料が曹洞宗長徳寺に所蔵されているので、次に紹介してみよう。他宗派ないし他寺院については不明であるが、宗派的な特色の相違を除いて、ほぼ同様の研鑽が要求され、かつ実践されていたに相違ない。

長徳寺が伝える史料とは、当時の住職古橋仙雄が受験した「大学林学課試験」とその「試験証明状」である。それによれば、古橋仙雄は明治一九年八月から翌二〇年三月の約半年の間、北海道第三号宗務支局主催の大学林学課試験を受け、第一級、第二級そして第三級と合格している。その専門学科で何が問われ、それに古橋がどう答えていたのであろうか。第一級の問題とその解答の一部を紹介する。

学道用心集発菩提心章探題

一　唯観世間生滅無常心亦名菩提心

弁曰、唯トハ和訓ニコレバカリト訓ス。世トハ遷流ノ義、間ハ隔別ノ義、生ハ因縁和合ヲ云。滅ハ因縁離散スルヲ云ナリ。

抑《そもそも》此一章ハ永祖古寄ヲ引テ証スル者ナリ。即世間所有万物法一ト〆《して》、生アル已上ハ滅ナキヲ得ス。而〆菩提心ニハ五種ノ区別アレ(トモ)、斯ノ世間俗諦ノ法ハ無常迅速ニシテ実ニ恃《たの》ムニ足ラサル道理ヲ観念スル心モ亦即菩提心ニシテ、又斯ノ信心則チ所謂入仏ノ初門ナリ。

曹洞禅にあっては、基本的な道元禅師の『学道用心集』の「発菩提心」についての問いに対して、長徳寺住職の古橋仙雄は右のようにすぐれて模範的な解答を提出した。

第二問は「生滅ハ憎ムヘキカ将《ま》タ愛スヘキカ」であり、それに対して古橋の解答はこうであった。

答曰、憎愛ハ固ヨリ彼レニアラズシテ、却《かえっ》テ我レニアルナリ。然而愛スベキニ当リテハ則チ愛スベク、憎ムベキニ当リテハ則チ憎ムベキナリ。

古橋はこれまた一点の落度もない答案を作り、その第一級試験の合否を待った。その結果はもちろん、合格である。その試験証明状は、次のようなものであった。

試験証明状

北海道庁函館支庁渡島国
爾志郡乙部村長徳寺住職
古橋　仙雄

明治拾九年八月廿七日　北海道第三号
宗務支局専門支校ニ於テ　大学林学課題初級試験ヲ了畢《りょうひつ》ス　依テ之ヲ証明ス
明治拾九年八月廿七日

取締　松本大孝　印

教師　松田活玄　印
立会　花園道堅　印

古橋はこの後、第二級を同年の一〇月二〇日、第三級を翌二〇年五月二八日にそれぞれ及第して、試験証明状を得ている。

この住職の資質向上を目的にした試験証明制度は、教導職廃止後において「体制宗教」を担う僧侶に研鑽の場を与えるという点からも意義深い営みであった。この試験と証明状の交付の行間には国民教化の最前線に立つ住職としての強い使命感と責任感がうかがえる。

本昭寺の大乗結社

さきに専得寺が明治一四年（一八八一）に亦成講社を結成したこと、その結成には永順寺の新寺建立という地域的事情が存したことなどを確認した。仏教寺院が講社を結成したのは、専得寺だけであろうか。答えは、否である。

同じ乙部の地内においても、日蓮宗の本昭寺のように、すぐれて国家的な契機を背景にして講社が結成される場合もあった。日本が清国に宣戦布告し、日清戦争が火ぶたを切ったのは、明治二七年八月一日のことである。本昭寺はその年の一一月一日、大乗結社を結成している。その趣意書にはこう刻まれている。

大乗結社趣意書

抑《そもそ》モ、本社ノ起因タルヤ一天四海皆帰妙法ノ祖語ニ基キ、宗門弘張シ異体同心、信心増進ノ為メ組織シタル者ナレバ、凡ソ社員タル者ハ能《よ》ク此意ヲ帯シ、且ツ社則ニ順シテ、飽迄《あくまで》本社ヲシテ永遠無窮ニ相続セシムル者也。

明治廿七年拾壱月壱日

大乗結社

　このように、本昭寺は近代日蓮主義を体現するかのように、「一天四海、皆帰妙法」のスローガンのもと、雄々しく大乗結社を立ち上げた。

　この立ち上げには、日清戦争という対外的ないし国家的な気運がその背後に作用していたとみて大過ないだろう。大乗結社が掲げる二条、七条の規則によれば、大会は毎月一回開かれ、社員の選挙により社長一人が選出されることとなっていた。結成当時の社員数は不明であるが、『明治三十一年調社寺明細帳』によれば檀徒六〇戸であるので、それが一つの目安となろう。ちなみに、本昭寺が伝えるのちの昭和八年(一九三三)度の社員数は三〇人であった。

　思うに、本昭寺にとって、明治二七年は実に画期的な年であった。一つはさきの大乗結社が結成されたからである。いま一つは、同寺の什宝器類がこの年を機に一気に調進され、寺観が整備されたからである。

　同寺の寺内史料の「諸尊記念簿」によると、この調進が完了したのは大乗結社の結成前々日であった。その意味で、この什器宝調進と大乗結社の結成はセットになって、日清戦争の開戦年に行われたといえる。明治二七年以前の十如庵と呼ばれていた本昭寺には、「首題、宝塔」の両尊と「宗祖の木像」のみがあったという。それを同年、檀徒の寄付により一挙に諸尊の調進へと転じたのである。上行・無辺行菩薩をはじめ、浄行・安立行・文珠・普賢・日朗・日月菩薩、持国・毘沙門・広目・増長天王、不動・愛染明王という日蓮宗の一四体の菩薩・諸天王が安置されることとなった。

　一〇月三〇日に入仏式を迎えた十如庵四世浅野本淳を支えたのは、信徒惣代の松村佳右衛門・能登甚吉・新谷甚太郎・田中昇左衛門の四人と世話方の敦賀末太郎・同七右衛門・清水岩吉・田中宇三郎・高橋為五郎・三上権蔵・河道関果の七人であった。

乙部の天理教

天理教が北海道に布教伝道の道をとったのは、明治一三年（一八八〇）、余市・仁木方面においてである。次いで、明治二六年（一八九三）に至り、函館にも布教されることとなる。やがて、函館を拠点に道内の各方面に拡がっていった。天理教乙部分教会が今日を迎えるに至るまでにも、幾多の苦難の道程があった。その様子の一斑を「乙部分教会年譜表」に拠りながら、新宗教が社会化するプロセスを垣間見ることにしよう。

乙部分教会の礎は、明治三二年一二月一日の甲谷市郎右衛門の入信に始まる。市郎右衛門、五六歳の時である。周囲の反対をよそに、市郎右衛門は入信以後、一〇日の「月次祭《つきなみ》」をつとめた。

その日になれば、必ず巡査が家の窓の外から祭りの一部始終をうかがっていた。それだけではない。その巡査は家の中に入り込み、お礼の神饌物《しんせんもつ》を土間に投げつけることが何度となく繰り返された。

明治三八年のある月次祭の日、例の巡査がまたやって来た。咄嗟に市郎右衛門は、当日布教にきていた爾志出張所（熊石村の湖東系教会）の婦人布教師を裏口から逃してやった。しかし、不運にもそれが発覚し、市郎右衛門は地獄のような叱責を受けた。それを傍らでみていた長男栄太郎がみかねて土間に手をついて謝罪したところ、巡査はこう言って、その場を立ち退いたという。「お前の弟（栄次郎）は、日露戦争に出征して国のために働いているから、それに免じて許してやる」。

日露戦争後も、巡査の偵察はやむことなく執拗に繰り返された。明治三九年の七月か八月の月次祭の日、巡査は例のごとく、窓外からうかがって家内に入り込み、ただ一言「処々を徘徊する浮浪罪」といって、市郎右衛門を江差本署に連行した。一週間の拘留ののち、市郎右衛門は金二〇円を払下金として差し出し解放された。

こうした想像を絶する苦難の中で、天理教の教えに一条の光明を追い求めてきた市郎右衛門も、いつしか人生の黄昏を迎えようとしていた。実はこの市郎右衛門、自らの人生の最期にあたり、どうしても最終結論を下さなければならない一大問題を抱えていた。ほかでもなく、先祖伝来の墓の整理である。市郎右衛門の家は、代々浄土真宗大谷派の門徒であった。その檀家惣代をつとめるほどの篤信の家でもあった。それだけに、市郎右衛門の天理教への入信はその周囲に大きな波紋を投じていた。

しかし、市郎右衛門は生前において、その離檀・改宗を済まさなければならない。長男栄太郎に自らの意思を伝え、先祖代々の霊を柾板《まさいた》の墨書に見届けた市郎右衛門は「腹の中のコブがとれたようだ」と涙を流したという。数日後、市郎右衛門宅の表の門に、「神道天理教」の表札が懸けられた。それからほどなく、市郎右衛門は波瀾万丈の六七歳の生涯を閉じ、出直した。時に明治四二年三月一三日。

市郎右衛門の葬儀はもちろん天理教葬で行われた。それは乙部で初めての天理教葬であった。この葬儀は、地内の寺院をはじめ、神社・警察そして世間の反対を押し切っての執行であった。近郷近在の人まで押しかけ、その葬儀はお祭りのようであったという。

こうして、市郎右衛門が出直した甲谷家に「北明支教会乙部宣教所」が設立されたのは、もう少しのちの大正一五年(一九二六)二月一日のことであった。

明治期における庶民の俗信

市郎右衛門は警察権力から厳しい監視を受け続ける人生を余儀なくされたが、これは何も市郎右衛門のみに還元される個人責任ではない。当時の天理教全体に対する警察権力側の公安認識によるものである。市郎右衛門が江差本署に連行、拘留される三年前の明治三六年(一九〇三)六月八日に、こんな事件があった(99)。

近頃、檜山郡館村や鶉村方面を年の頃二十五、六歳の男が「自分は天理教の布教者なり」と称して徘徊し、無知の愚民を瞞着して金品を巻き上げているというので調査したところ、秋田県出身の無職某であった。この無職住所不定の男は、すかさず浮浪罪により二日間拘留されたという。こうした天理教の布教に名を借りた旅の者が出没したため、さきのように、熱心な天理教信仰者の市郎右衛門が何の罪もないのに浮浪罪で一週間も拘留される羽目に陥ったのである。

視点をかえてみれば、この時期の庶民の中に、理不尽な現世利益を信じ込みやすい俗信的な考え方が潜んでいたため、その心の間隙を天理教の名を騙《かた》る旅の者に突かれたのである。この明治期においては、檜山郡に限らず、俗信を固く信じて疑わない庶民が少なからず存在していたように思われる。

現に、乙部でもそれと同類の俗信者がいたことを、新聞はこう報じている。

爾志郡乙部村の八幡社に神事等の時は神主の手伝などをする代理神主様のものの平民某、該村の一山岳なる九郎岳の字竹森といふ所に一の小沼のありけるが、之をば神水とか霊水とか云ふらして斯《かか》る効験ありしと神に托して恭しく触立しに、村民の愚なる忽《たちま》ち信じ、其水をは汲取りて眼病に洒《そそ》けば眼病忽ち治り、又は、瘤がとれたの病気が癒ったのと云はやし、此程は信仰者いよいよ多く已《すで》に村中中等以上の人物八拾名が結合して、九郎岳にある義経社といふ社を改築せんと、其近傍の山野を其信仰者の共有地に払受たしと代理神主某を尊重して、昨今専ら奔走中とは困ったものだ。(100)

乙部において「神水」騒ぎが昂じた結果、義経社の造営にまで発展しようとする動きがあったというのである。近代化を志向し始めた明治期とはいえ、この種の騒動は何も乙部に限らず、都鄙《とひ》の区別を超えてどこにもありがちな庶民の生活誌であった。

日露戦争前後の乙部

近代天皇制国家における寺院と神社の宗教課題は「体制宗教」として、いかに天皇制国家を護持するかに求められていた。寺院にあっては、近世以来の檀家の祖先供養を基本としながら、近代に入ってからは新たな宗教課題が出てきた。天皇家に不例があった際のその平癒祈願と、戦時における戦死者の慰霊供養がそれである。

一方の神社にあっても、近世以後の産土神《うぶすながみ》としての地域の安全と生業の大漁・豊饒をはじめ、近代的な戦勝祈願が「体制宗教」としての主要な宗教課題であった。

それでは、乙部の場合はどうであったろうか。それをうかがい知る一方法として、『江差日日新聞』から宗教的な記事を抽出してみた。その結果が表66の「『江差日日新聞』にみる宗教情報(1)」である。取材の中心はもちろん江差である。その中にあって乙部に関する記事は、一つ目に明治三七年(一九〇四)四月九日付の乙部に駐屯した兵士が村民に感謝したというものである。これは日露戦争の宣戦布告が同年二月一〇日であることから判断して、銃後の北海道側防備のための駐屯を伝えるものであろう。

二つ目は明治三八年五月二四日付の突符小学校における日露戦争の「戦時記念」の植樹に関してである。三つ目は、乙部村民が旧正月を楽しむことを伝える同四四年二月四日付の「乙部通信」である。そして最後の四つ目は、同年四月五日付、長徳寺で開催された「戊申詔書」の普及講話が九〇〇余人を数える来会者で盛況であったことを報じる記事である。「戊申詔書」というのは、明治政府が国民教化のために発した明治四一年「戊申詔書」のことをいう。日露戦争後の資本主義発展に伴って派生した個人的な官能・悦楽主義、さらには社会主義思想の台頭を懸念して、第二次桂太郎内閣が「階級的協調と奢侈《しゃし》の戒め」を国民に喚起したものである。言うなれば、日露戦争後の近代天皇制下における国民教導である。なお、右の『江差日日新聞』にはないが、乙部村をはじめ熊石村・泊村の「尚武会入会者」が多かったという(101)。

このように、「乙部通信」を除くと、乙部に関する記事はすべて日露戦争に彩られたものであり、その点、乙部も間違いなく、この大戦と無縁ではありえなかったのである。

表66の『江差日日新聞』が伝える宗教情報は、明治三三年以後のものであり、日清戦争については不明であるが、日露戦争については当時の様子がほぼ判明する。例えば、その日露戦争前夜における明治三三年一月一四日付の「体制宗教」者としての寺院を戒める記事、同三六年一〇月の泊村と館村の祭礼記事などである。ここで注意すべきことは、このような神社祭礼記事が乙部に関して報道されていないという一点をもって、乙部において

表66 『江差日日新聞』にみる宗教情報(1)

年 月 日	情 報 記 事	場所・記事内容	備 考
明治33. 1.13	神事初めの予告(1/15)	江差姥神社	
33. 1.14	社会風紀の改良と仏耶両教の現状	「檜山六郡の仏教家諸氏，今日の時勢は汝等に安眠を許さざるなり。(中略)汝等に欠乏し居るは進取の気性と活潔の精神なり(後略)」	
36. 6.19	聖徳太子の例祭(6/21,22)	江差東本願寺別院	
36. 6.23	清正会妙見会の祭礼(6/23,24)	江差法華寺	
36.10. 7	泊村の例祭(10/6)	泊村郷社	
36.10.14	館村の祭典と寄席場	館村稲荷神社	
37. 2.17	泊村の戦勝祈念祭	泊村八幡神社 「氏子の諸氏相計り，去る拾五日より本日まで三日間，戦勝祈念祭を執行(中略)村民一同昼夜の別なく神前に跪つきて至心に我軍の大勝利を祈願し居ると云ふ」	
37. 3.20	江差町の戦勝祝賀会	全町 「函館の五千人，小樽の一万人に比較上，負けざる様，頗る隆盛に此祝賀会を挙行なさしめん」	
37. 4. 9	乙部駐屯の兵士は同村民に感謝		
37. 4.16	折居祭(大漁祈禱)	姥神社	
38. 5.24	突符小学校の記念植樹	突符小学校 「戦時記念として」	
38.12.15	姥神社の平和奉告祭	姥神社	
40. 5.19	仏者大演説会	江差正覚院	
41. 7. 7			北海道神職会設立(『北海タイムス』)
41. 7.10	江差招魂社祭典(7/8,9)	招魂社 「戦勝後,三回目の祭典,手踊,花角力，撃剣の余興あり」	
41.12. 3			札幌神社造営の寄付金割当(『北海タイムス』)
44. 2. 4	乙部通信	「当村は多く旧正月を守り居ることとて，昨今に大抵，業を休み，正月休みの娯楽をなし居れり」	
44. 4. 5	戊申詔書の普及講話(3/28)	乙部長徳寺 「来会者は九百余名にして殆んど立錐の余地なし」	
44. 4.21	全国寺院の祈禱 (東宮妃殿下の平癒)	江差正覚院	
44. 6.15	札幌神社祭と休業 (支庁町役場・小学校の休業)		
45. 5.23	合同釈尊降誕会		
45. 5.30	全道神職会総会	北海道庁 「神社の尊厳を維持すること，神職の職責を重んじ品性を厳正ならしむること」を決議す	

一連の祭礼は皆無であったと速断することである。事実は全くその反対である。さきに確認した乙部に関する四種の記事内容からも裏づけられるように、乙部の神社が「体制宗教」の担い手として、そうした祭礼行事や戦勝祈願から無縁であることはありえなかった。乙部についての記事が掲載されていないのは、あくまでも『江差日日新聞』の取材姿勢の問題である。乙部においても泊村や館村と全く同様に、近世以来の神社祭典は連綿と毎年行われていたとみなければならない。

明治三七年二月一七日付の記事によると、二月一五〜一七日の三日間、泊村において日露戦争の「戦勝祈念祭」が行われたが、ひとたび勝利すれば江差でも、例えば同年三月二〇日付にみるように祝賀会が催されている。乙部にあっても、全村を挙げて同様の祈念祭さらには祝賀会が盛大に実施されたに相違ない。

日露戦争後における「体制宗教」を担う神社と寺院の動向で注目すべきことが二点ある。第一点は、北海道内の神官が地域的な結束力を組織だって強化してきた点である。(102) それは、「体制宗教」の主座としての神社のさらなる組織強化といってよい。日露戦争という非常時の経験を通して、神社は近代天皇制の「体制宗教」としての任をなお一層深化していく。

第二点は、もう一方の「体制宗教」の主体である寺院もやはり、明治四四年四月二一日付記事が報ずるように東宮妃殿下の平癒祈願および翌四五年五月二三日付が伝える「合同釈尊降誕会」の開催にみるように、寺院間のタテとヨコのつながりが強化されていく点である。

明治四〇年五月四日付で、帝国軍人後援会長からの依頼を受けた当時の清水乙部村長は、次のような「軍人遺族記念日」を村内に設定するよう長徳寺住職に命じている(『長徳寺文書』)。

軍人遺族記念日

帝国軍人ノ後援会ハ左記ノ両日ヲ以テ、軍人遺族記念日ト定メ、毎年此日ヲ以テ陣亡軍人ノ功勲ヲ追念シ、併セテ遺族ニ対シ国民挙テ応分ノ好意ヲ表シ、善事ヲ行ハンコトヲ期ス。

四月二十一日　　二十七八年戦(日清戦争)後平和克復詔勅渙発《かんぱつ》ノ日
十月十六日　　三十七八年戦(日露戦争)後平和克復詔勅渙発ノ日
其方法タル勿論各人ノ好ム処ニ任スルト雖モ、特ニ本会ノ希望ヲ表白スレバ、左記ノ数項ノ如キハ重ナルモノナリ。
(一)　家庭及び学校ニアリテハ、家長若《も》シクハ教師ハ、家族或ハ生徒ヲ集メテ、兵事ニ就キ講話スルコト。
(二)　寺院及び教会ニ於テハ説教中、此事ニ言及シ広ク此趣旨ヲ伝播セシムルコト。
(三)　新聞雑誌ニハ特ニ此事ヲ記述シテ国民ノ注意ヲ促スコト。
此他、神社仏閣又ハ教会ニ会シテ忠魂英霊ヲ慰メ、或ハ平素ノ用度ニ節約ヲ加ヘテ、此日ヲ以テ遺族ノ窮困者ニ金品ヲ贈与スルガ如キハ、戦死者ノ国家ニ尽セル勲功ニ酬ヒ、名誉アル遺族ヲ慰藉シ、延《ひい》テ愛国ノ観念ヲ喚起シ、此目的ノ下ニ同胞国民相供ニ善事ヲ行ハンコトヲ希望ス。

乙部村は行政指導として、日清・日露戦争をこのように記念した軍人遺族記念日を年二回設け、かつその趣旨を家庭・学校のみならず寺院や神社においても教導したのである。これは、とりもなおさず寺社の「体制宗教」化の強化にほかならない。

『江差日日新聞』は、明治四五年七月三〇日の明治天皇の崩御とそれに先立つ寺社の連日の平癒祈願について、なぜか記事を欠いている。しかし、現実には乙部をはじめ江差においても、その明治天皇の崩御に関する寺社の平癒祈願は間違いなく実施されたことは言うまでもない。

新聞にみる寺社の動向

大正～昭和期にかけて、乙部の宗教界はどう歩んだのであろうか。その一斑を表67「『江差日日新聞』にみる宗教情報(2)」で検証してみることにしよう。表67は大正二年(一九一三)～昭和七年(一九三二)のものであるが、その中で乙部に直接取材している記事は、一つ目が大正二年一二月一七日付の御真影の奉置所が乙部尋常高等小学校に落成される運びになったという記事である。二つ目は、大正九年七月二二日付の尼港殉難者の追悼会が浄土真宗の正受寺で修された記事である。これは、シベリア出兵中、黒龍江河口のニコラエフスク(尼港)を占領していた日本軍兵士と居留民がソビエトのパルチザンによって殺害された事件であり、この殉難者の追悼会が行われたのである。

もう一つは、昭和七年三月一七日付の乙部連合青年団による雄弁大会を伝える記事である。昭和七年という年は、さきのシベリア出兵の延長線上に連なり、近代天皇制が日中戦争を全面的に展開した結果、一つの大きなピークを迎えた時期である。つまり、前年の昭和六年の柳条湖事件をきっかけに本格化した日本帝国主義の海外侵略が、この昭和七年三月一日、ついに「満州国建国」を宣言するに至ったのである。言うなれば、三月一七日の青年団による雄弁大会は、当時、日本の生命線といわれた満州国建国の祝賀の一環として催されたものである。当日の弁士は一二人に上った。その演題はどうであろうか。例えば、「満蒙事変と青年の覚悟」「祖国の危機に直面して青年に訴ふ」をはじめ、熱き血潮を体ごとぶつけるような闘志と使命感を彷彿とさせる演題ばかりである。

このように、乙部に関係する記事は三件であるが、この三件はすべて近代天皇制の展開そのものと表裏一体の関係にある。

そのほかの記事は、『江差日日新聞』という新聞の性格上、どうしても江差中心となっている。大正二年の七月一七~三〇日付の四件の記事はすべて明治天皇の一周忌を記念したものである。この江差の寺院で修された七月三〇日の一周聖忌が、乙部の寺院で行われなかったかといえば、決してそれは「体制宗教」として許されるものではなく、間違いなく丁重に修されたと推定される。

大正九年一一月三日付と二七日付の明治神宮鎮座祭の遥拝式、日清・日露戦死者の追弔《ついちょう》供養なども、やはり乙部の寺社でも行われていたであろう。

表67 『江差日日新聞』にみる宗教情報(2)

年月日	情報記事	場所・記事内容	備考
大正 2. 7.17	姥神社大祭の延期	御諒闇明けを待って執行	
2. 7.19	来る30日，明治天皇一年祭(予告)		
2. 7.30	各寺院と御一周聖忌	江差東・西別院，正覚院，阿弥陀寺	
2. 7.30	先帝御一年祭，江差町の遥拝式	旧中歌学校	
2.12.17	乙部の御真影奉置所の落成計画	乙部尋常高等小学校	
9. 7.22	乙部村追悼会	乙部正受寺 「尼港殉難者追悼会」	
9.11. 3	明治神宮鎮座祭の遥拝式	江差旧病院跡	
9.11.27	東別院の報恩講	江差東別院 「日清・日露戦死者の追弔慰を行う」	
15. 8.21	東北・北海道神職連合総会を札幌道会議事堂で開く		(『函館毎日新聞』)
昭和 7. 3. 6	椴川村民の停戦祝賀会	江差椴川義勇会館 「日支事変の停戦」	
7. 3.17	乙部連合青年団雄弁大会(3/13) 演題は次のとおり ・将来に生る(敦賀正作) ・久遠の光明を追ふて(中村国四郎) ・若き日に捧ぐる力(杉本梅司) ・青年に対する希望(大井正之助) ・責任観念(飛鳥鉄三郎) ・人類愛の発露(米田政夫) ・死に直面して(杉村　広)	乙部突符小学校 ・振興日本の黎明を目指して(浅野久雄) ・満蒙事変と青年の覚悟(渡辺　勇) ・祖国の危機に直面して青年に訴ふ(福田　実) ・覚醒(佐藤　博) ・漁村青年の覚悟(木下鉄男)	
7. 3.18	彼岸法要(3/18～24)	江差阿弥陀寺 「日支事変の遭難死者供養」	
7. 3.30	泊村少年宗者団　67人	「飛行機・愛国号の資金造成の修業，「南無妙法蓮華経」の題目唱えて戸毎に訪問」	
7. 3.31	卒業後の感想	江差実科女学校(入江弥生) 「(前略)自分にあたへられた仕事に精神を打ち込んで遠い未来の運命を切り開いて行く(後略)」	

大正から昭和に向けて、海外侵略が年ごとに激化していくと、「体制宗教」を担う寺社の動きもそれに比例して急を告げるようになる。そのひとつの例が、大正一五年(一九二六)八月二一日付の『函館毎日新聞』が伝える札幌で開催された「東北・北海道神職連合総会」である。北海道単独の神職会の設立は、明治四一年(一九〇八)九月五日であり、函館神職会が結成されたのは同四三年のことであった。また、それをもとにして渡島神職部会が置かれたのは、大正一〇年前後のことであった。それがこの大正末年に至り、地域の幅を東北にまで拡大し、神職者の連帯感を強めたのである。ここに、「体制宗教」の首座を担う神道界の並々ならぬ決意を察知することができる。

近代天皇制のアジア侵略の道も、昭和七年(一九三二)の満州国建国をひとつのピークに曲がり角を迎える。その端的な事例が翌八年の国際連盟からの脱退である。これが日本の国際社会からの孤立を招いて四面楚歌の閉鎖状態を引き起こし、ひいてはファシズム化へと向かわせたことは多言を要すまい。私たちは近代天皇制が昭和八年を転機に、いよいよ孤立的軍事化を強めていく象徴的な例を、『函館毎日新聞』の同年二月一四日〜四月三日までの「道南五霊場」の選定報道に見出すことができる。この報道の目的が「体制宗教」の主たる担い手ないし推進体である寺院や神社の、目にみえぬ神秘的な加護と霊験を当時の人々に喚起する点にあったと考えられるからである。一言にしていえば、寺社による加護・霊験を通した、民衆の「精神的活性化」である。この活性化を通して、国民を近代天皇制の軍事化・ファシズム化へと誘引していったのである。

そうした「道南五霊場」の選定が開始されたのは昭和八年二月一四日である。この初日に、乙部の霊場ももちろん登場する。乙部村民の推薦を受けて登場したのは突符村の熊野権現であった。二月一四日以後連日、投票集計が大々的に報道されていく。それをみる人・読む人が、五霊場に選ばれるのはどこなのかをかたずを飲んで注目する。約一カ月半の投票にピリオドが打たれたのは、四月三日で、その結果を『函館毎日新聞』はこう大見出しで報じた。「神秘の扉は開かる　太田山権現　一躍首位　総投票数　四百二十万」と。乙部の熊野権現は何位

表68　「道南五霊場」の投票結果

順位	寺社名など	所在地	得票数
1	太田山権現	久　遠	448,424
2	賽の河原	奥　尻	326,978
3	延命寺木品の木地蔵尊	瀬　棚	320,780
4	門昌庵	熊　石	320,138
5	笹山稲荷	江　差	293,191
6	薬師山	木古内	273,680
7	赤沼明神	亀　田	254,491
8	内浦大権現	砂　原	217,721
9	実行寺日持上人御経石	函　館	208,732
10	函館稲荷	函　館	181,594
11	恵山賽の河原	椴法華	157,156
12	丸山薬師	福　島	127,176
13	成田山真言寺	函　館	79,236
14	阿吽寺八十八ケ所	福　山	56,961
15	神山観音	亀　田	43,065
23	熊野三所権現	突　符	16,319

であったろうか。一万六三一九票を獲得したものの、二三位であった。ちなみにその首位から一五位まで示すと、表68のようになる。

このように、近代天皇制は大正から昭和に向かうにつれて、その軍事色を強めていく。その様子を、「村長事務引継書」と神社棟札の中に探ってみることにしよう。

軍事色を強める大正期の乙部

大正期は第一次世界大戦のみならず、大正七年（一九一八）のシベリア出兵に関わって、その事後事件たる尼港事件が勃発するなど軍事化の動きが絶えなかった。その時代思潮を反映して、乙部においても行政側の方も、「兵事」については気をゆるめることはできなかった。次に掲げる一文は、大正一〇年の「村長事務引継書」の中の「兵事ノ部」に関してである。

一　召集事務ニ関スル件
在郷軍人ノ増加ニ伴ヒ使丁区域増加シタル結果、準備スヘキ物品ニ不足ヲ来シ或ハ従来準備シアル物品中破損等試用ニ堪エサルモノアリ。
一　出征軍人及家族慰問ノ件
本件ニ関シテハ、本村有志者ヨリ慰問委員ヲ設ケ出征軍人並家族ヲ慰問セシメ出征軍人ヲシテ後顧ノ憂ナカラシメントス。
一　海軍志願兵勧誘ノ件

（表）

大正元年十二月十四日北海道庁令第二十三号ヲ以テ
明治三十九年四月勅令第九十六号同三十九年六月
内務省令第二十号ニ依リ神饌幣帛料ヲ供進神社指定
奉郷社八幡神社　神饌幣帛料 供進神社指定　奉告祭
社司十二代目神主
三等司業　工藤常太郎　　寺沢富三郎
社掌　　　氏子総代　田中常吉
六等司業　工藤幸麿　　近藤盆蔵

（裏）

郷社八幡神社　　米坂甚之　山本陳之烝
基本財産管理者　石中文作　阿部由蔵
社司　工藤常太郎　菊池政蔵　伊藤滝太郎
寺島雄太郎　世話係　石川正蔵　工藤安木郎
菊池佐四郎　島谷三郎
寺田権七　工藤梅吉
田畑菊造　寺島幸太郎
大正元年十二月二十三日挙行
村長　瓜生篠橋　中島多吉　故野藤作
村会議員　西川弥一郎　加賀長司
能代権次郎　橋本元吉　成田梅吉
寺島政五郎　世話係　町中佐吉　伊勢藤作
鈴木孫一郎　石塚力三　土井口一
田中栄太郎　万木松次郎

図11　乙部の郷社八幡神社の棟札(2)

本件ニ関シテハ、極力勧誘セルモ未タ一名ノ志願者ヲ得ル不能。誠ニ遺憾トス。今後、出来得ル限勧誘ノ上身体検査前日迄ニ優秀ノ志願者ヲ得ラレンコトヲ望ム。

第一項は、在郷軍人が年々増えて、それに関する物品の不足を訴え、次いで第二項は、出征軍人とその家族を慰問する慰問委員を設置すべきこと、そして第三項は、海軍志願兵がいないので、その志願方を検討すべきことを要望したものである。三つの項目はいずれも、行政の立場からの、「軍事充実」という国策を受けた村民教導である。大正期の乙部もまた、間違いなく軍事化という時代の渦に巻き込まれていた。

この行政的な軍事化と対をなして、近代天皇制と常に命運をともにしていたのは、大正期においてもやはり神社という「体制宗教」であった。村内にあって、それを象徴的に示すのが、次の神饌幣帛料供進の指定を祝う郷社八幡神社の棟札(図11)である。この棟札は、村長を筆頭に供進神社の指定を喜ぶ当時の村の様子を余すところなく伝えている。明治天皇の崩御により世も改まった大正元年一二月二三日のことである。

軍事化が進む昭和期の乙部

この棟札には、神饌幣帛料の供進を通して近代天皇制を体現できる喜びをあらわにしている大正期の乙部の姿が集約されている。乙部もまたほかの地域と同じく、この大正年間、行政においても宗教界においても、間違いなく軍事化のまっただなかにいた。

世が大正から昭和に改まる頃から、近代天皇制の矛先は中国へと向き始める。昭和六年(一九三一)九月一八日の柳条湖事件によって開始された中国東北部への侵略戦争がそれである。戦争という国家の非常事態は、数多くのかけがえのない命を無惨にも奪いとる。そこに、世の常として、また人の常として、その霊を供養する営みが生ずる。ほかでもなく、忠魂碑の建立である。乙部において、その忠魂碑建立計画が現実化したのは、「村長事務引継書」によれば、昭和一〇年のことであった。その引継書の中で、こう記されている。

一　忠霊塔建設ノ件
屢次《るじ》ノ聖戦ニ出征陣歿セラレタル殉国勇士ノ分骨ヲ納メ、永遠ニ其ノ忠烈ヲ讃仰《さんぎょう》シ、併テ感謝ノ誠ヲ捧グル為、曩《さき》ニ本年八月ヨリ三ケ年計画ヲ以テ、忠霊塔建設ノ議成リ、資金ノ醵出ニ当リツツアルヲ以テ之ガ実現ニ御配慮アリタシ。

これによれば、当初「忠霊塔」と称されていた忠魂碑の造立計画は、昭和一〇年に持ち上がり、三年計画で進められたことになる。それは計画どおり、三年後の同一二年一〇月一〇日に完成し、除幕式を挙行している。

軍事化の波は昭和に入っても、やむことなく続いた。否、大正期にもまして強まった。明治・大正そして昭和と、ひきも切らぬ近代日本の海外侵略。こうした戦争を基調とした時代思潮は、おのずと幼少の子供たちの心までも、当然のことながら、蝕むことになる。それを端的に物語るのが、子供たちが口ずさむ替え唄である。

この戦前期に幼少時代を過ごした乙部の人々には、日常の遊びの中に、「アヤコの歌」という口遊《くちあそび》があったという。(103)その中に、日露戦争の連合艦隊司令長官として全海軍を指揮した東郷平八郎の軍功を顕讃・讃美した歌詞が次のように唄い込まれていた。この「アヤコの歌」は全町にわたって広く唄われた口遊であったことを考えれば、単なる子供の口遊とはいえ、当時の軍事大国を突っ走った近代日本の思潮反映として注目される。

イチレツダンパン、ハレツシタ、ニチロセンソウハジマッタ、サッサトニゲルハロシアノヘイ、シンデモツクスハニホンノヘイ、ゴマンノヘイヲヒキツレテ、ロクニンノコシテミナゴロシ、シチガツヨウカノタタカイハ、ハルピンマデモセメヨセテ、クロパトキンノクビヲトル、トウゴウタイショウ、バンバンザイ、バンバンザイ。

この口遊を読んで、どうであろうか。実際にこれを唄いながら、幼少の時代を過ごした人、あるいはまた、「トウゴウタイショウ」の名を初めて耳にする人など、さまざまであろう。それでも、この口遊に類した軍国歌的な口遊は、おそらく一町を超えて、全道いや全国的に大正〜昭和戦前期の頃、長期に唄いつがれたに相違ない。その事実の持つ意味は重く大きい。

乙部の神社費

以上の近代における戦争と寺社との関わりを集約する意味で、最後に乙部の軍事化を最も象徴的に物語る神社費を、「村会議決書」と「事務報告」に検証してみることにしよう。それを表化して示せば、表69「乙部における神社費の推移」のようになる。

既述したように、郷社八幡神社が神饌幣帛料の供進指定を受けたのは、大正元年(一九一二)であった。したがって、神社費の予算化もその翌年に始まり、それが敗戦をもって消失することは、いとも当然のことである。した神社費の年代的推移には、いくつかのピークが確認される。その一つは、シベリア出兵が考慮された大正八年で、

表69　乙部における神社費の推移

年　度	予算額(円)	費　目　内　訳	出　典	備　考
大正2年	10	神饌幣帛料 (郷社八幡神社神饌料3円) (　〃　幣帛料7円)	「村会議決書」	
大正3年	16	神饌幣帛料 (郷社八幡神社神饌幣帛料・例祭10円) (祈念祭及新嘗祭各3円)	同上	
大正4年	10	神饌幣帛料	同上	
大正5年	16	同上	同上	大正4年の決算額に22円「臨時神饌幣帛料供進セシニ由ル」とある
大正6年	16	神饌幣帛料 (郷社八幡神社例祭神饌料3円，幣帛料7円，祈年祭及新嘗祭神饌料各1円・幣帛料各2円)	同上	
大正7年	16	同上	同上	
大正8年	31	神饌幣帛料・供進諸費 (郷社八幡神社例祭神饌幣帛料10円) 祈年祭　同　6円 新嘗祭　同　6円 供進ニ要スル人夫賃其他雑費3回分，9円	同上	
大正9年	31	同上		
大正11年	53	神饌幣帛料・供進諸費	同上	大正10年の決算額は，57円52銭「雑費支出ノ超過ニ由ル」とある
大正12年	59	神饌幣帛料・供進費 (郷社八幡神社例祭神饌幣帛料20円) 新嘗祭　同　12円 祈年祭　同　12円 供進ニ要スル人夫賃其他雑費15円		
昭和10年	200	神社費	「事務報告」	
昭和11～14年	480	同上	同上	
昭和17年	720	神社費 郷社八幡神社　600円	同上	

年　度	予算額(円)	費　目　内　訳	出　典	備　考
昭和17年		村社諏訪神社　24円 村社八幡神社　24円 〃　24円 村社鳥山神社　24円 無格社八幡神社　24円 忠魂祭典費　20円		
昭和18年	940	神社費	「事務報告」	忠魂祭典費20円を予算計上
昭和19年	960	神饌料　80円	同上	
昭和20年	1,092	村社諏訪神社(花磯)　20円 村社八幡神社(三ツ谷)20円 〃　(鳥山)　20円 〃　(栄浜)　20円 幣帛料　140円 村社諏訪神社(花磯)　35円 村社八幡神社(三ツ谷)35円 〃　(鳥山)　35円 〃　(栄浜)　35円 供進金　730円 北海道護国神社　10円 郷社八幡神社　600円 無格社八幡神社(元和)24円 村社八幡神社(栄浜)　24円 〃　(三ツ谷)24円 〃　(鳥山)　24円 村社諏訪神社(花磯)　24円 忠魂祭典費　20円 神社費	同上	支払費420円
昭和21年	0	神社費		
昭和22年	1,045	忠魂祭典費 ・村社諏訪神社外３社分 神饌料　80円 幣帛料　140円 ・終戦報告神料　60円 ・郷社八幡神社供進会　600円 ・村社諏訪神社他３社分 供進金　120円 ・北海道護国神社供進会　20円 ・忠魂祭典費　20円	「村会議決書」	
昭和23年	0	予算項目から神社関係が消失する		

この年は前年の約二倍の予算である。二つ目のピークは、シベリア出兵の事後紛争たる尼港事件を反映した同一一年であり、これは同九年の約二倍の予算増となっている。そして第三は日中戦争が本格化した昭和の時代であり、昭和一〇年(一九三五)の二〇〇円から一一年の四八〇円へ、一七年の七二〇円から一八年の九四〇円へ、さらに一九年の九六〇円、二〇年の一〇九二円というように毎年増加している。

また、昭和二〇年は、予算額の半分しか支出せずに敗戦を迎えている。敗戦の翌年には、もちろん、神社費は予算計上されなかった。同二二年は、費用内訳の「終戦報告神料」が如実に示すように、戦後処理を目的に計上された。大正二年以来、予算計上されてきた神社費は、この昭和二二年以後、全く姿を消した。

近代日本の軍事化の指標として、さきの神社費と併せて重要な意味を持つものに、在郷軍人会と神職会の補助費がある(表70)。乙部の場合も例にもれず、在郷軍人会と神職会のために予算計上をしていた。額的には、ともに郷社の神饌幣帛料とほぼ同額の補助である。神職会のみが補助を受けていた点に、「体制宗教」の首座たる神道界の重さを感じる。

このように、神社費の予算化、在郷軍人会・神職会への補助の統計数字が示すように、乙部の大正から昭和への道程もやはり軍事化への歩みであった。

表70　在郷軍人会補助と神職会補助

在郷軍人会補助

	予算額	出　典	備　考
大正6～13年	15円	「村会議決書」	在郷軍人会乙部分会補助
大正14年	25円		
大正15年	15円		

神職会補助

大正12～15年	15円	「村会議決書」	北海道神職会檜山地方会補助

注）この補助は昭和期には「戦時特別費」として計上されるため，予算項目に表れない。

昭和八年の村是

昭和八年(一九三三)という年は、前年の満州国の建国宣言に対してリットン調査団が反対し、これをめぐり日本と調査団とが正面対立し、ついには日本が国際連盟から脱退して、孤立化を始めた年である。

昭和期の中でも、そうした画期的な昭和八年の一〇月二五日、時の乙部村長佐野勇松は、戦時体制に向けた村としての生活方針・指針ともいうべき「村是」を村議会に提出し、承認された。この「村是」を通して、乙部村民の生活万般が臨戦に向けてコントロールされていった。

その「乙部村村是」とは、全体が九章から構成されており、そのうち宗教関係は第一章と第二章である。第一章の第二節「隣保相助ノ精神ヲ涵養スルコト」の中に、第一項として、

各寺院住職、方面委員、其他社会事業関係者、活動ヲ促シ社会共存ノ理義ヲ明カニシ相互共助ノ観念ヲ了得セシメ協同調和ノ実ヲ挙ゲルコト。

と、寺院住職に対する行政指導が盛り込まれている。次いで、第三節の「愛郷心ヲ養成スルコト」の中の第一項に「敬神宗祖ノ念ヲ涵養スルコト」と規定されている。

宗教関係の本命である第二章「民間作興ニ関スル事項」の第一節「敬神宗祖ノ念ヲ養フコト」では、前章を受けて、より具体的に規定されている。例えば、

（イ）神祇ヲ恭敬奉斎スルハ我ガ国立国ノ精神ニシテ報本反始ノ崇高ナル道義ハ我国家ニシテ、之レ有ル所以ヲ知ラシメ、敬神思想ノ振興ヲ図ルト共ニ、所在地神社ノ神徳由緒等ヲ説示シ祭祀行事ヲ厳粛ニスルコト。

（ロ）祭祀執行ノ際ハ多数参拝スルコト。

（ハ）公共ニ関スル出来事アル際ハ、神前報告祭ヲ行フコト。

（ニ）諸宗寺院説教所等ヲ完備シ、信仰ヲ中心トシ団結犠牲ノ精神ヲ養フコト。

（ホ）墓地ノ形態ヲ整ヘ之ヲ清潔ニスルコト。

（ヘ）祝祭日ニハ必ズ国旗掲揚スルコト。

（ト）　公徳ヲ振作スルノ方法ヲ講ズルコト。

というように、微に入り細を穿つ徹底ぶりであった。その結末がポツダム宣言の受諾であったことは、言うを要しない。

敗戦から立ち上がる乙部

ポツダム宣言を受諾した翌年の昭和二一年（一九四六）一月一日、ＧＨＱ（連合軍総司令部）の支持のもと、戦後の民主化政策の一環として、「天皇の人間宣言」が発せられた。

この天皇の神格を否定した詔勅は、当時の全国民の天皇観を一変させるものであり、戦後の民主化政策の中でも、とりわけ象徴的なものであった。それは端的にいえば、天皇と国民の紐帯《ちゅうたい》は神話と伝統によって生じたものではなく、また、天皇を現人神として、日本民族は他民族に優越するという架空の観念に基づくものでもないことを通して、天皇の神格を否定したものであった。この戦前の天皇観を「現人神」から「人間」に一八〇度転換させた「天皇の人間宣言」は、当然のように、乙部の神社および寺院の天皇観も一変させた。つまり、これまで神社と仏教寺院は各々、近代天皇制の推進のために懸命に旗を振り続け、戦時下にあっては戦勝祈願や戦死者追悼などを、自らの宗教的課題として一心不乱にその遂行につとめてきた。

しかし、この「天皇の人間宣言」を一大契機にして、神社も仏教寺院も、天皇制の推進ないしは天皇制国家の確立を目的にした宗教的機能を全うする必要は、もうなくなったのである。近代天皇制の呪縛から、神社も仏教寺院もそして全国民も解放されたのである。

こうした全く画期的な天皇観の変化は、地域内の中にも、さまざまな形で現れた。その注目すべき事例のひとつに、さきにみた神社費の予算項目からの削除がある。

昭和二〇年八月一五日の敗戦から一カ月余りたった一〇月三日、乙部の郷社・村社において明治維新の神仏分離以後、近代天皇制の主翼として走り続けてきた「体制宗教」の中核たる神社群は、神々に対する「終戦報告祭」を終えて、ようやく肩の荷をおろした。敗戦という大きな衝撃を受けながらも、万事にわたる戦争疲弊から解き放たれた村民は、その報告祭に安堵の胸をなでおろしたに相違ない。

「体制宗教」としての神社は、こうして天皇制の呪縛から解放された。もちろん、仏教寺院も新宗教の天理教もである。敗戦のショックをよそにGHQによる戦後民主化は、急速に進む。その米国流の民主主義なるものにすぐさま適応できないまま、デモクラシーの洪水が押し寄せる。そこには、おそらくさまざまなカルチャーショックがつきまとったに違いない。その一端を示すかのように、昭和二一年の「村長事務引継書」にはこう記されている。

道義精神の高揚化について

敗戦以来、思想の混乱、特に誤まれる自由主義思潮の風靡亦憂うべきものある現下、之か安定、道義心の振起高揚に関し、特段の御高配願い度。

これは村内に、民主主義の根幹ともいうべき「自由主義思潮」が広まり、日本的な道義心が消えうせていくのを憂慮してのメッセージである。時の村長は村内の「道義精神の高揚化」を、GHQの民主化の中に呼びかけたのである。

以上、大正~昭和期の宗教界の実情を、都市寺院および銭亀沢・上磯・乙部の三地域の中に探ってきた。最後に、その要約を兼ねながら、アイヌ民族と近代天皇制との関わりについて触れてみたい。

第五節　近代天皇制とアイヌ民族

「天皇教」の成立

「天皇教」とは、聴く人によって、奇異に響く言葉かも知れない。

それは、近代天皇制に基づく帝国主義を実現するために、すぐれて歴史的に作り出された、この上なく日本的な国家装置であり、宗教装置(イデオロギー)である。表現をかえていえば、天皇に集約される「国体護持」を実現するための日本的な価値体系であるともいえる。世にいう「神国思想」などは、そのひとつの変形である。

この日本的な国家・宗教装置であり、「神国思想」と別称される「天皇教」を、現実において具体的に支え、それを日常的に実践・展開していったのは、神社であり、仏教寺院であり、そして教派神道と呼ばれる新宗教の一群であった。その意味で、神社や寺院ならびに新宗教などは、まさに「天皇教」を成立させる「体制宗教」であったのである。

神々の明治維新ともいうべき、明治初年の「仏像ヲ以神体ト致候神社ハ、以来相改可申候事」という、いわゆる「神仏分離」の嵐が日本の津々浦々に吹き荒れた。なかには、廃仏毀釈運動に進むところもあった。仏教界にとって、未曾有の「神仏分離」という受難は、北海道でも展開した。

だが、近世の幕藩制に代わる近代天皇制にとって、当時、半ば国民宗教と化していた仏教寺院をいつまでも体制の外に置くことは、得策ではなかった。寺院の持つ伝統的な教化力を、明治維新政府は、神社とともに近代天皇制の普及・浸透に活用しようと方針転換した。世にいう、明治五〜一七年(一八七二〜八四)の教部省による教導職の設置がそれである。政府は、神官と僧侶をそれぞれ、教正・講義・訓導などの教導職に任じた。

北海道の神社にも、もちろん、教導職は設置された。北海道の寺社も、本州と同様あるいはそれ以上に、「天皇教」の支柱として、自らの宗教的任務を全うしたのである。

実は、北海道の寺社の場合、「天皇教」の宣布のほかにもう一つの重大な任務を負っていた。開拓と表裏する開教がそれである。つまり、神社は開拓移民に定着を、寺院は開教によるさらなる開拓を移民に説かなければならなかったのである。

「三条の教則」をもとに推し進められた「天皇教」の宣布も、明治五〜一七年の間に、ほぼ浸透した。以後、日清・日露戦争さらに第一次・第二次世界大戦と、帝国主義による海外侵略に比例して、「天皇教」は国の内外にその威力を発揮していった。神社は戦勝祈願、寺院は天皇の不例における平癒祈念や兵士の慰霊供養に、と。まさしく、寺社は日本近代宗教の両輪として、近代天皇制の国家・宗教装置である「天皇教」の屋台骨となっていた。

「天皇教」の伸張

新宗教のひとつとして天理教が公認されたのは、明治四一年(一九〇八)のことである。それは、幕末において教祖中山みきが創唱した本来的な天理王命の教えを、国家神道に従属する「明治教典」に改神させてのことであった。こうした教義の体制化に先立つ明治二六年の頃、函館にも天理教は伝道されて、着実にその教えの道を拡げていた。

新宗教として、この天理教と同じく、「天皇教」の伸張を考える時、看過できないのが金光教である。天理教と同様、幕末に金光大神を教祖に産声をあげた金光教も、その当初は、人間本位の生活訓を説き、俗的な祟りを否定する、合理的にして開明的な教えを展開していた。函館に伝播されてから九年後の明治三三年、教派神道として公認されたのを機に、天理教と全く同じように、天皇崇拝を容れる教えを説くに至り、まさしく「天皇教」

の一翼となった。

寺社の両輪で始まった「天皇教」の宣布も、天理教や金光教などの新宗教の参入により、その教勢がますます拡大され、文字どおり、「天皇教」は帝国主義の国家ないし宗教装置としての体裁を整えていく。

「天皇教」の極致

昭和一二年(一九三七)の盧溝橋事件をきっかけとした日中の全面戦争は、挙国一致の戦時体制をもたらし、そこに「天皇教」も最大の極みを迎えることになる。

明治五年(一八七二)の「三条の教則」に端を発した「天皇教」の誕生以来、神社とともにその両輪となってきた仏教寺院が、日中戦争の前後に、いかに「天皇教」として挺身していたかを、具体的な史料を通して改めて検証してみよう。そこには、今日の私たちの寺院イメージでは考えられない世界がある。

昭和一七年、北海道仏教会が作成した「大政翼賛実践綱領」には、三つの綱領がある。綱領の㈠は「皇室尊崇並ニ祖先崇拝ノ念ヲ一層深カラシメンコトヲ期ス」こと、㈡は「正シキ信仰ノ上ヨリ仏事ノ真意義ヲ体シ迷信ノ打破ヲ期ス」こと、最後の㈢は「日本精神ヲ昂揚シ生活ノ更新ヲ期ス」ことであった。

綱領の㈡は、仏教寺院の本来的な任務であるが、㈠と㈢は寺院が「天皇教」の主翼を担う教導体であることを如実に体現するものである。その綱領は、さらに次のような具体的な実践事項を定めていた。寺院の「天皇教」化を示す無二の有益な史料でもある。

イ、我等仏教徒ハ皇室尊崇ノ念ヲ一層篤《あつ》クシ、左ノ通リ実践スルコト

(一)　寺院及ビ教会ニ於テハ祝祭日ノ会合ハ申スニ及バズ、特殊ノ会合ニハ必ズ宮城遥拝並ニ「君ガ代」ヲ奉唱スルコト

(二)　寺院ニハ皇恩報謝ノ為メ天牌《てんぱい》ヲ奉安セルニヨリ、特ニ敬虔ノ念ヲ以テ拝礼スルコト

(三)　陛下ノ御写真又ハ御尊影ハ家中最モ神聖ナル場所(例ヘバ床ノ間、正面鴨居ノ上)ニ奉安シ、新聞雑誌等ニ奉掲ノ皇室関係ノ御写真ハ之ヲ切リ取リ、清浄ナル入レ物(尊皇袋ノ類)ニ納メ、不敬ニ亙ラザル様、注意スルコト

ロ、祖先ノ命日ヲ重ンズルコト

(一)、(二)(略)

この具体的な実践事項を一読してどうであろうか。国民の大半に及ぶ仏教の檀信徒は、自らの祖先の命日の供養よりも、まず第一に、皇室尊崇の念を持つことを強要されていたことが、手にとるようにわかるであろう。仏教寺院は「天皇教」の忠実なる推進体として、この神聖なる天皇に関わるすべてのものを「神聖ナル」場所に奉安するよう、各檀信徒に教導していたのである。

仏教寺院は、「天皇教」のより十全な推進を実践すべく、檀信徒と同じく、自寺の年中法要よりも皇室の聖日法要を優先して定期法要を勤行した。昭和一七年当時、「聖日法要」は、次のようであった。

修正会(一月一日)、紀元節祝聖会(二月一一日)、神武天皇祭(四月三日)、天長節祝聖会(四月二九日)、明治節祝聖会(一一月三日)、大正天皇祭(一二月二五日)

この「聖日法要」は、宗派の別を超えて全国のすべての仏教寺院を通して、檀信徒の中に教導・実践されていったことは言うまでもない。綱領(三)の「日本精神ヲ昂揚シ生活ノ更新ヲ期ス」ことを、仏教寺院の「大政翼賛実践綱領」の中に採り入れたのにも驚く。寺院は、日本精神を高揚させるため、檀信徒に次のように求めていた。「教育勅語ノ御趣旨ヲ奉戴シ常ニ心身ノ修養ニツトメ、報恩ノ至誠ヲ以テ、臣道ノ実践ニ努」め、と。寺院は、学校における「教育勅語」の精神を修養する場として、あるいは檀信徒に「天皇教」の臣道を教える場としても機能していたのである。「天皇教」の臣道に導く作法として、檀信徒に求められたのは、「陛下ノ御稜威《みいつ》ニ浴シ奉ル吾等臣民ハ「有難い」「勿体ない」ノ思ヒヨリ、協心一致御奉公」することであり、「食前食後ニハ必ズ感謝ノ

合唱」をすることであった。

天皇は、まさしくすべての檀信徒にとって、「天皇教」の教祖であり、現人神であったのである。

「天皇教」とキリスト教

近代函館キリスト教の歴史は、既述したように、安政五年(一八五八)の日露修好通商条約とその翌年のロシア領事館設置に始まる。しかし、明治初年は、「五榜の掲示」の「定三札」として、「切支丹邪宗門ノ儀ハ堅ク御制禁タリ」と、キリスト教の自由な信仰は厳禁されていた。そのため、函館においては、「洋教一件」と称される、キリスト教弾圧事件が起こった。時に明治五年(一八七二)のことである。

苦難に始まった函館キリスト教史が合法的な信仰の自由を認められるようになったのは、その「洋教一件」の翌明治六年二月二四日の禁制高札の撤去においてであった。この撤去もいってみれば、安政の不平等条約の撤廃を求めるべく、先進の欧米列強を歴訪する中で体得した外交的方策のひとつの結果であり、その意味では、全く他律的なものであった。

それゆえ、明治五年の頃は、「箱館港ニ於テ、耶蘇教蔓延ニ付(中略)長崎同様、相当ノ教導職両三名御差下」(『神道大系　北海道』)というように、禁制高札の撤去がなされたあとも、当時の函館にはキリスト教を邪宗視する宿弊は一掃されることなく残っていた。

大局的にいえば函館キリスト教の受容展開史は「邪宗教」視に始まり、明治六年の禁制高札の撤去を機に全国に先駆け、一個の自由な信仰体として「異宗教」視されるようになったといえよう。「邪宗教」から「異宗教」への転換、これはキリスト教の信仰の自由史において、実に画期的なことであった。キリスト教は函館の宗教界において、前述の体制的な「天皇教」と対峙する、相対的に自由な信仰体として容認されることを意味したからである。

「異宗教」としてのキリスト教が思想的に対極する「天皇教」と、信仰をめぐって真正面から対決しあったことがあった。大正六年(一九一七)六月のことである。天主公教会の司教ベルリオーズが「函館に於ける招魂社参拝問題」をめぐり、論陣を張ったのである。それは「天皇教」と異宗のキリスト教の決定的対立でもあった。既述したように、キリスト教徒にとっては、「天皇教」はアニミズムないし迷信以外の何ものでもなかった。キリスト教徒の眼からすれば、北海道に先住するアイヌ民族は、何よりも救済し伝道すべき弱者であった。

北海道旧土人保護法とアイヌ民族

近世の松前藩政と幕府直轄によって、自らの生活基盤を改変させられたアイヌ民族。そのアイヌ民族は、近代天皇制の北海道開拓と開教によって、さらに追い打ちをかけられようとしている。年とともに進む臣民化に比例して、アイヌ民族の苦難はなお一層深まる。この窮状に、「異宗」のキリスト教から救済の手が差し伸べられた。ジョン・バチェラーらを中心とした聖公会によるアイヌ学校の設置がそれである。案の定、臣民化の道を進める行政側は、キリスト教によるアイヌ教育活動に強い警戒心を示した。一八八〇年代のことである。

こうした状況下、明治三二年(一八九九)、アイヌ民族を和人による土地収奪から守ることを目的にした北海道旧土人保護法が公布施行された。その第九条に、旧土人の多い集落に小学校を設立することも盛り込まれた。

このアイヌ民族の教育を通した臣民化の道は、明治三四年の旧土人児童教育規程により、具体的かつ実践的に推し進められることになる。ここに、アイヌ民族に対する、言語と文字による「日本化」=「臣民化」は決定的となった。臣民化は、「天皇教」の宣布と表裏一体のものとして進められた。例えば十勝の伏古コタンには、北海道旧土人保護法によって開設された第二伏古尋常小学校があり、この地内に、小学校訓導の吉田巌が大正五年(一九一六)、明治天皇を祭神とする神社を建立した。またこの小学校では、毎朝、教員およびアイヌ児童が整列し、宮城《きゅうじょう》の方位に向かって遥拝して、上級生が輪番で次のように誓詞を述べたという(同校要覧)。

「私共は、天皇陛下の大御教へを克《よ》く守ってよい日本人となる覚悟でございます」

いま、アイヌ民族は「天皇教」によって、言語だけでなく、民族の霊である宗教すら奪われようとしている。すべての生き物に神性を認め、「イオマンテ」（神送り）の儀式を伝持するアイヌ民族。和人とは全く異なる独自の生死観を持つアイヌ民族。そのアイヌ民族の宗教的世界にまで「天皇教」は、まさに土足で入り込もうとしている。

アイヌ民族は、北海道旧土人保護法・旧土人児童教育規程に基づくアイヌ学校に、明治四三年以後、九〇パーセント以上の就学率を示すに至る（『北海道庁統計書』）。思うに、アイヌ学校の設立は北海道庁の強制によるものであり、アイヌ民族の意思を尊重しない一種の差別教育であった。その意味で、さきの高い就学率はおそらくアイヌ民族が教育を通して自らの知性を高め、もって自らの伝統的文化を保持しようとする、一種の民族的防御本能が働いたからではなかろうか。とすれば、アイヌ民族は「天皇教」の宣布は宣布として受けとめつつも、その内面の世界では、独自の固有な宗教観だけは保持しようとした、と考えられる。アイヌ民族は、「日本人」としての文字・言語を強要され、そこに「民族的境界線」を除去されたものの、民族の霊たる宗教世界では、民族の尊厳をかけて、何とか死守・保持しようとしたのである。

（1）『宗報』（曹洞宗中央機関紙）号外、明治四五年（一九一二）七月三〇日付
（2）同右、四二五号（一九一五年）
（3）同右、四三七号（一九一五年）
（4）同右、五二一号（一九一八年）
（5）同右、五二五号（一九一四年）
（6）『高龍寺史』史料編（高龍寺、二〇〇三年）
（7）『跳龍』（曹洞宗機関誌）昭和一二年一〇月号

(8)『函館市史』史料編第二巻
(9)大正七年『函館支庁管内町村誌』(渡島教育会、一九一八年)
(10)「庵号改称願」(妙応寺蔵)
(11)「由緒書」(勝願寺蔵)
(12)青江秀『北海道巡回紀行』(『松前町史』史料編四、所収)
(13)「本堂庫裏改築願」(勝願寺蔵)
(14)「履歴」(勝願寺蔵)
(15)『村勢一斑』(一九三四年)
(16)『黒岩』(銭亀沢高等小学校綴り方文集)六号(一九三八年)
(17)『赤い夕日』(銭亀沢高等小学校綴り方文集)七号(一九三三年)
(18)『村勢一斑』(一九三四年)
(19)『黒岩』五号(一九三七年)
(20)松浦武四郎『初航蝦夷日誌』(吉川弘文館、一九七〇年)
(21)「郷土調査三週間・歴史」(『赤い夕日』一一号、一九三四年)
(22)『神道大系　北海道』(神道大系編纂会、一九八三年)
(23)同右
(24)同右
(25)北海道立文書館蔵
(26)『神道大系　北海道』((22)に同じ)
(27)『開拓使公文録』二二(北海道立文書館蔵)
(28)同右中の「崇敬社郷村社費」
(29)「官修墳墓明細帳」(上磯町役場蔵)
(30)『函館新聞』明治一三年一〇月二三日付
(31)『上磯・谷好・富川・中野・清川五ケ村沿革調』(上磯町役場蔵)
(32)『函館新聞』明治一九年一一月一二日付
(33)同右、明治二〇年一〇月二八日付

(34)『函館毎日新聞』明治四五年五月一四日付
(35)『茂辺地小学校沿革誌』(上磯町役場蔵)
(36)『上磯村郷土誌』(上磯町役場蔵)
(37)明治一三年『渡島後志胆振三国寺院明細帳』(北海道立文書館蔵)
(38)「明治三年 宗旨人別帳 富川村」(北海道蔵)
(39)明治一三年『渡島後志胆振三国寺院明細帳』((37)に同じ)
(40)『函館新聞』明治一五年六月一一日付
(41)『函館毎日新聞』大正二年一二月一九日付
(42)『函館新聞』明治一一年一二月二八日付
(43)同右、明治一三年七月一五日付
(44)『函館毎日新聞』明治四五年七月三〇日付
(45)昭和二七年『宗教法人規則認定申請書』(上磯町役場蔵)
(46)同右
(47)越崎宗一『開拓使前後』(新星社、一九五二年)
(48)『函館新聞』明治一一年五月二二日付
(49)同右、明治一一年一一月一四日付
(50)昭和二七年『宗教法人規則認定申請書』((45)に同じ)
(51)「当別トラピスト修道院資料」(上磯町史編さん室蔵)
(52)本項は当別トラピスト修道院の山野末市神父の編になる「岡田普理衛資料」(上磯町史編さん室蔵)に拠る
(53)灯台の聖母トラピスト修道院編『トラピストの生活』(上磯町史編さん室蔵)
(54)『函館毎日新聞』明治四三年一〇月二日付
(55)同右、大正元年八月六日付
(56)同右、大正元年八月八日付
(57)同右、大正三年九月六日付
(58)同右、大正三年一〇月一七日付
(59)同右、大正五年五月一一日付

(60) 同右、大正五年九月二三日付
(61)『上磯町会議目録』(上磯町役場簿書)
(62)『渡嶋上磯新聞』大正一五年一一月一〇日付
(63)「当別トラピスト修道院資料」((51)に同じ)
(64)『函館毎日新聞』大正元年八月六日付
(65) 同右、大正元年八月八日付
(66) 同右、大正三年七月二一日付
(67) 同右、大正三年六月五日付
(68)『神道大系 北海道』((22)に同じ)
(69)『渡嶋上磯新聞』大正一五年一月一一日付
(70) 同右、大正一五年二月一日付
(71) 同右、大正一五年二月一日付
(72) 同右、大正一五年一二月二三日付
(73) 同右、大正一五年一一月一〇日付
(74) 同右、昭和三年二月二八日付
(75)『上磯町会議目録』((61)に同じ)中の「事務報告」
(76) 同右
(77)『渡嶋上磯新聞』昭和八年一二月二八日付
(78) 同右、昭和一一年六月一七日付
(79)『函館新聞』昭和一二年八月二日付
(80) 同右、昭和一二年九月一日付
(81)『渡嶋上磯新聞』昭和一二年九月二日付
(82)『函館毎日新聞』昭和三年五月二九日付
(83)『渡嶋上磯新聞』昭和一〇年一〇月二二日付
(84) 同右、昭和二年一月一日付
(85) 同右、昭和一二年九月二六日付

(86) 同右、昭和一二年一一月八日付
(87) 『函館毎日新聞』昭和三年五月二四日付
(88) 『渡嶋上磯新聞』昭和三年一〇月三〇日付
(89) 同右、昭和六年八月二五日付
(90) 同右、昭和一一年九月五日付
(91) 同右、昭和一一年七月一五日付
(92) 『新函館新聞』昭和一六年一二月四日付
(93) 『渡嶋上磯新聞』昭和四年五月二二日付
(94) 同右、昭和八年五月二〇日付
(95) 同右、昭和一二年八月一日付
(96) 『江差姥神社藤枝氏日記』(『神道大系　北海道』(〈22〉に同じ)所収)
(97) 「乙部郷社八幡神社資料」(乙部町史編さん室蔵)
(98) 『函館新聞』明治一三年一〇月一一日付
(99) 『江差日日新聞』明治三六年六月一〇日付
(100) 『函館新聞』明治一五年四月一四日付
(101) 『北海タイムス』明治三七年三月六日付
(102) 『北海タイムス』明治四一年九月七日付、『江差日日新聞』明治四五年五月三〇日付
(103) 平成一〇年二〜三月にかけて乙部町内の長老者を対象とした聞き取り調査に拠る

第五章　戦後復興と北海道宗教界

第一節　GHQの宗教政策と北海道宗教界

神道指令と宗教法人令

神社・寺院などの「体制宗教」による戦勝祈願に象徴される「宗教報国会」的活動も、米軍による原子爆弾の前には、全く力がなかった。昭和二〇年(一九四五)八月八日、新聞は、「大本営発表」として、「広島市にB29少数機／新型爆弾を投下／相当の被害威力調査中」[1]と報ずるのがやっとだった。そして、ついに八月一五日の天皇の「終戦」詔勅放送が行われたのである。この日の『北海道新聞』の一面記事の見出しには、このような文字が配されていた。「平和再建の聖断下る」、「万世の為に太平を開かん／天皇陛下　けふ正午御異例の御放送」と。この見出しに囲まれて、紙面中央を独占したのが、「帝国堪へ難きを堪へ忍び／遂に四国共同宣言を受諾／昨日詔書渙発あらせらる」の大見出し。それに続けて、かの「敗戦の詔書」が「朕深ク世界ノ大勢ト帝国ノ現状トニ鑑ミ……」と開陳されている。この「敗戦の詔書」と、あの敗戦の「玉音放送」を、当時の人々はどのような思いで見聞きしたであろうか。こうして、平和が装いも新たにして、訪れてくることとなった。その平和の到来を迎えるにあたり、まずなすべきことは、「戦争責任」の明確化であった。昭和二〇年八月二八日、時の東久邇宮《ひがしくにのみや》稔彦《なるひこ》首相は、マッカーサー元帥の到着を前にした記者会見で、「国体護持・全国民総懺悔」を強調した。この天皇を頂点とする戦争指導者の責任を曖昧模糊とし、戦争責任の所在を全国民に転嫁した総懺悔を受けて、年末の一二月二日、第八九臨時議会で、次のような「戦争責任ニ関スル決議」がなされた。

翻《ひるがえっ》テ今次敗戦ノ因ツテ来ルトコロヲ視ルニ、軍閥官僚ノ専恣ニ基《もと》クコト素ヨリ論ナシト雖、彼等ニ阿附《あふ》策応《さくおう》シ遂ニ国家国民ヲ戦争強行ニ駆リタル政界財界思想界ノ一部人士ノ責任モ免ルヘカラサルトコロナリ。(2)

軍閥官僚と政・財・思想界の一部人士に戦争責任を負わせたこの国会決議は、GHQによる九月の戦犯逮捕、一〇月以降の民主化推進の中で行われた。

東久邇宮内閣は、敗戦直後の荒廃した民衆の心をつかむために宗教の利用を考え、九月に日本再建宗教教化実践要綱を示し、一〇月二一日には大日本戦時宗教報国会を日本宗教会と改めた。それに対し、GHQは政治・信教ならびに民権の自由にかかる一切の制限を撤廃することを命じ、一二月一五日には、宗教団体法(昭和一四年の施行)とそれに附属するすべての法令を廃止させるに至った。世にいう「神道指令」である。

神道及神社ニ対スル公ノ財源ヨリノアラユル財政的援助並ニアラユル公的要素ノ導入ハ之ヲ禁止スル。伊勢ノ大廟《たいびょう》ニ関シテノ宗教的式典ノ指令並ニ官国幣社ソノ他ノ神社ニ関シテノ宗教的式典ノ指令ハ之ヲ撤廃スルコト。

この神道指令による国家神道と神社神道の廃止を受け、戦前の宗教団体法に代わり宗教法人令が施行されたのは一二月二八日のことである。ここに神社を除く、神道教派・仏教宗派・キリスト教およびその他の宗教の教団が法人として公認されることとなった。これにより、宗教団体は従前のような文部大臣や地方長官の認可なく、裁判所の許認可だけで自由に団体の設立が可能となった。

こうした一連の戦後処理と民主化の推進の中、函館の宗教界はどう敗戦後を過ごしていたのであろうか。

八月一五日の敗戦から二カ月ほどあとの一〇月九日、日本基督教団教区長の真野万穣ほか二人が市役所を訪れ、一二日開催予定の教員を対象にした「アメリカ事情周知懇談会」について、学校長と協議をした。新川国民学校で開かれたこの懇談会は、当時の米国や占領軍に対する不安・誤解を解消するためのものであった(3)。この基督教団の懇談会の翌日には、大日本戦時宗教報国会函館支部が国民学校教員を対象に「宗教講話会」を同じく新川国民学校で催している。講師は日大教授常本憲雄と大谷大学教授岩見護であった(4)。二日間にわたる懇談会と講演会が、教員を介して市民の戦後不安を和らげる目的で催されたであろうことは、推測にかたくない。

そして一〇月一六日には、大日本戦時宗教報国会函館支部仏教部会が食糧事情解決の一助として、近隣の生産地域たる農村に供出要請のため巡廻を始めた(5)。

敗戦直後は、将来の不安とともに、この食糧難という死活問題にも苦悩を余儀なくされる時期であった。この頃の様子の一端を庶民の肉声ともいうべき、ある道南の青年団の声が生々しく伝えている。乙部町三ツ谷青年団の『記録簿』(6)がそれである。まず、戦争責任と信仰についてこう綴っている。

神仏ノ尊敬モ、極端ナル国家主義者ノ神官達ノ誤レル侵略主義ノ施策ノ結果トハ雖《いえど》モ、一部ノ識者ヲ除イテ、全ク信仰心等ハ省ル気運モ無シ。

前述に従えば、国政レベルでの戦争責任は軍閥官僚と政・財・思想界の一部人士にあると総括されていたが、庶民にとっては、最も身近な「極端ナル国家主義者ノ神官達」にも戦争責任を見出していることは注目される。

敗戦を機に、戦地から引きあげてくる兵士たちの群れも後を絶たなかった。その様子をこう語っている。

一般ノ眼前ニ、或ハ遠ク南方ノ島ヨリ夏衣一着ノ復員軍人帰還ヲ迎ヒテ、心ヨリ同情スル者モ無ク、無言ノ遺骨次々ニ還郷セシモ、今ハ仕方ナク迎ヒル、形バカリノ村葬ヲ執行、供物献花ノ品スラモ意ノ如クナラズ。

復員軍人や戦死者を迎えることも、物資不足ゆえに十分にできない歯がゆさが伝わってくる光景である。

この物資の欠乏は、食糧難の形で当時の人々を窮地に追いやった。「一般ノ村民モ自ガ食スラモ欠クニ、其日ノ露命ヲ絡《つ》ナグニ懸命ノ有様、軍閥倒サレ又財閥モ今ヤ無気力、官僚ノ机上設計モ空計画ノ連出」のありさまであったと告白する。

『記録簿』はこのように当時の社会状況を通観した上で、続けてこう記す。

配給米ノ未配モ正月以来殆《ほと》ンド見直シ無ク、各地ニ食料対策ノ委員、方々ニ奔走シ、遍在セル食料ノ獲得ニ自村ノ産物ヲ以テ、交換条件トナシテ、全道ニ暗雲拡ガル。

食糧難は日増しにつのり、食を求めて東奔西走する日が続いた。とりわけ、不足する配給米を求めての苦闘は凄惨をきわめ、想像を絶する次のような事態も発生した。

当時価一升ノ配給米六拾銭弱ナルモ、闇相場ト称スルモノ一俵三千円ニ一本ノ酒、手土産持参、ソバ一俵・キミ一俵各々八百円前後、一部悪質農家ハ供出米モ不出、闇カラ闇ノ売買ニテ、衣類タンス家財マデ、一時ニ成金《なりきん》ト化シ、反面、漁村民ハ、都会消費者ハ丸裸トナリ、農村対一般民ノ対立ハ流血ノ惨事ヲモ、今ハ所々ニ起リヌ。

米の生産者の農民と米の消費者の漁民および都市民とが、米をめぐって対立する状況さえ起こったのである。

信教の自由と神社の再生

こうした中、市民生活の上で、眼にみえる形で時代の転換を告げる出来事があった。それはほかでもなく、神道指令を受け、神社による公金使用の祭礼が禁止されたことである。天皇を元首とする戦前の国家体制のもとでは、国家神道の中核を担う神社の祭礼には、一定程度の公金が神社費として醵出されていた。昭和初期には二〇〇円から四〇〇円程度であったが、それが中国への侵略が激化する昭和一二年以後には二〇〇〇円から三〇〇〇円へと跳ねあがった(7)。この神社費の多寡よりも、神社費そのものが公金として、「体制宗教」の核たる神社に支給されていたのが、敗戦と神道指令の中で消え失せたことが重大である。

戦後処理と民主化が進む中、昭和二〇年は暮れ、新年を迎えたその正月一日、「天皇の人間宣言」が詔書として発表された。

「天皇ヲ以テ現御神《あきつみかみ》トシ、且日本国民ヲ以テ他ノ民族ニ優越セル民族ニシテ、延《ひい》テ世界ヲ支配スベキ運命ヲ有ストノ架空ナル観念ニ基クモノニモ非ズ」(8)と詔書にあるように、それは日本歴史上、全く空前の「天皇の神格」否定を内容とするものであった。「天皇の人間宣言」により天皇の神性否定が行われた昭和二一年は、同時に「象徴天皇制」を標榜した日本国憲法が公布された記念すべき年でもあった。昭和二二年五月三日に施行されたこの憲法の第二〇条には、「信教の自由は、何人に対してもこれを保障する。いかなる宗教団体も、国から特権を受け、又は政治上の権力を行使してはならない」と謳われたのであった。

「象徴天皇制」という形で、天皇制なるものが国制上に存続が決定した昭和二一年は、実は神社が信教の自由という前提のもとで、再生を開始した年でもあった。二月二日、前年の宗教法人令の中で除外されていた神社・官幣社・靖国神社が宗教法人として公認追加されたことは、象徴的なことであった。

こうして、戦後日本は敗戦のショックを背負いこんだまま、占領政策下において、自立国家の再建を目指して民主化と経済復興の道を歩み出した。この新たな模索を始めた戦後日本にあって、函館の宗教界はどうそれに対応していったのであろうか。北海道の宗教界全体の動向の中で、それを探ってみることにしよう。

第二節　戦後から現代における神道および仏教

北海道宗教界の概況

昭和二〇～二一年における北海道の宗教界について、昭和二二年版『北海道年鑑』は大略、次のようにまとめている。(9) まず神道については、①宗教団体としての神道が布教活動をするまでには至っていない。②国家から分離された神道の打撃は多大であるが、「宗教としてよりも崇敬」の面で、農漁村で信徒を獲得している。③従前の氏子制に代わり、崇敬講として祭礼に参加することが多いが、以前の官幣大社や護国神社の打撃は甚大で、まだ立ち直っていない。④金光教、御岳教などは時代の波に乗って活動は活発であるし、天理教も同志的結合を固めて啓蒙発展期に入った。

仏教については、「従来のゆきがかり的教派独立に東奔西走して仏教界が一致し何らかの事業を画し、社会奉仕と日本再建の捨石となるべき気運が少しも起こらない」と手厳しく分析している。さらに、分派的な行動をとる仏教界は「地盤の保持に汲々とし、宗教家本来の使命である布教と頽廃せる社会道徳の喚起、戦災引揚の救援に何らの積極的手をさしのべていない」と仏教界の現状を憂慮する。

その一方で、キリスト教については、「布教の自由をえ教会を通じての布教はもちろん、いちはやく教育機関の再建など着々としてその成果をあげている」と高く評価している。具体的事業として、プロテスタントの教育機関、旧教派の慈善事業・病院経営などは、敗戦一年を経ずに完全に復旧したと伝え、函館のキリスト教大学設置の動きにも注目している。

それが二、三年後になると、事情は少し変わってくる。(10) すなわち、北海道における宗教界の概況として、「宗団法(宗教団体法)の廃止と神社の国家からの分離にともなう宗教界の大波は二十三年度に入って漸くおさまり、各宗派はそれぞれの方向を見出し、着々と発展の地固めに懸命である」と伝える。その上で、「熱狂的にむかえられたキリスト教は本来の求道者の強い集りとなったために数的には減った」と、一定の頭打ち状況を指摘している。一方、自己保存に躍起な仏教界も、積極的な信徒獲得に動き出したと、先年までとは違う動きに注目している。総じて昭和二三年に入り、「宗団法の廃止にともなう新宗派分派の乱立」も終息したと報じている。昭和二三年一〇月に札幌で「仏基宗教討論会」が開かれ、「宗教と生活」をめぐり意見交換されたという。また、キリスト教界に関しては、亀田村桔梗に設立予定の日本初の「キリスト教農学校」のことが世間の脚光を浴びていると伝える。

仏教界でもう一つの変化があった。従来の「北海道仏教連合会」が昭和二三年七月の総会で発展的に解消し、各宗派教務所単位で活動することになり、新「北海道仏教連合会」が発足した点である。

このように、戦後復興二、三年目にして、キリスト教と仏教界には多少の変化がみえ始めたが、神道界はどうであろうか。「宗団としての布教は相変わらず低調を極めているという」ものの、財政面ではここでも変化が顕著になってきている。すなわち、旧護国神社系統以外の神社では、国家と神道の分離や神社地の没収にもかかわらず、「日常の祈禱・厄除けはインフレの影響か非常に活気を呈している。祭典は農漁村の活気とともに復活し信仰とは別に昔ながらのその時期の生活に即応した定期的な憩いの日として人々に親しまれている」と伝える。神社の布教は低調であるが、祭典として復活したというのである。

以上、敗戦直後における北海道全体の宗教界の概況をみてきた。それでは函館でのその実際の姿はどうであったろうか。

函館の戦後と神社

『北海道新聞』は、ポツダム宣言受諾一カ月後の昭和二〇年九月一五日、恒例の亀田八幡宮の祭典と函館八幡宮の大漁祈願祭の予告と案内を報じている。その二日後、函館八幡宮で勅使参向の上、「戦争終息奉告」が開催されるとも伝えている。そこに神社の二つの顔をみることができる。一つは、戦後処理を行う顔であり、いま一つは、祭典と大漁祈願にみるような、旧来の伝統的にして庶民的な顔である。この本来的な神社の祭礼や祈願に、人々の敗戦のショックをかき消すかのような健康的な息吹が感じられる。

前述したように、一二月一五日の神道指令を境に、神社に対して一定の宗教規制が開始される。一二月一八日の学校における神社参拝の禁止がその一つである。また、昭和二一年元旦の初詣もこれまでのように報道されることなく、辛うじて伊勢神宮について、「例年賑ふ年越詣の人達も今年はまばら、元旦の朝詣も全国から集まる参拝者の混雑する風景は見られなかった」と伝えられる程度であった[11]。

昭和二一年二月二日に神社が宗教法人令によって公認され、桜花ほころぶ五月一一日から一二日には、函館護国神社の例祭が、軍国色を一掃し、民衆の祭りとして、占領軍も参列して執行された[12]。旧県社の東照宮も六月一六日、稲荷神社と金刀比羅宮を配祀し、名称を函館東照宮と改称して新発足した[13]。

そんな中、七月一日、四年ぶりに再開された港祭りが一週間繰り広げられて、街は祭り一色に染まった。「少女達が振袖姿で楽しさうに踊る姿は久しぶりに見た平和な昔を偲ぶ景観だ。また慰霊堂前広場では祝の相撲大会、港運会社の記念野球大会等も行はれ、更に工場、事業所等で夕刻から職場単位の踊りを催し、開港を祝った」[14]。

敗戦一年目の八月一五日付の新聞は、函館八幡宮の祭礼が四日間にわたり、八年ぶりに古式ゆかしく神輿渡御も復活して行われると予告している。併せて九月一二日付でも、九月一三日から三日間、亀田八幡宮において祭典が催されると大々的に報じた[15]。

こうした庶民の娯楽でもある伝統的な神社の祭礼や港祭りの中に戦後を歩み出した市民にとって、一一月三日の新憲法の公布も、民主政治・人権尊重・恒久平和の喜びをもたらすものであった。

昭和二二年正月は、函館八幡宮に約二万人が参詣したが、その数は公劇や大日・松竹・大門座などの映画館九館の入りが三万人であったのに比べて少なく、「映画の魅力は神様をはるかに追越した」と評された[16]。ともあれ、昭和二二年以後の函館神社界は、正月の初詣に始まり、五月一一日の潮見丘神社(護国神社)の祭典、八月一四日の函館八幡宮、九月一四日の亀田八幡宮の祭典の執行を中心にして、年中行事的に展開していく。この代表的な神社以外の地域の神社においても、その本来的な地域安全と生業祈願を執行する点で、全く同じである。

神社にとって祭典とともに収入源でもあり、年中行事的な祈禱行事として看過できないのが、「七五三」の祝祭祈禱である。戦後の「七五三」参りは戦前の勲章や金モールの軍服姿は全く消えて、振袖や洋服姿など民主的で平和な、かわいい風景となった。[17]「七五三」の宮参りは、一一月一五日が古くからの習わしだったが、寒さも加わる頃なので市内の神社は昭和二二年から一一月三日に繰りあげたが、二六年からは北海道一斉にさらに繰りあげて一〇月一五日に執行することになった。[18]以後、現在に至るまで、函館市をはじめ北海道では、本来の一一月一五日を一カ月繰りあげて実施されている。

ちなみに、昭和二六年一〇月一五日の「七五三」の祝事は、「産土神の函館八幡宮でも昔は強くなれと弓矢を渡したのが今年は特に平和のシンボル鳩の模様をあしらつたタンザクをこれに代えて良い子に贈るという新しい七・五・三風景だつた」[19]という。以後、神社のこうした年中行事的な祝祭祈禱そのものは、ほぼ一定して執行されていくが、その中にあって、多少の変動がみられるものもある。正月の初詣者の人数はその一つである。前述したように、市内の神社における昭和二二年の初詣者数は、函館八幡宮の場合、約二万人であった。その後、昭和二三年は函館八幡宮と潮見丘神社を合わせて約四万人、二五年は各神社参詣人を含めた市内の人出がざっと一〇万人を数えた。二六年には函館八幡宮・潮見丘神社では例年と変わらないものの、亀田八幡宮は例年より二、三割増加し、徐々に増え続けた。二七年には、悪天候にもかかわらず函館八幡宮が前年の三割増の五万人、潮見丘神社が三万人、亀田八幡宮が二万人と大幅な増加をみた。対日講和条約発効の翌年の二八年は、好天にも恵まれ、函館八幡宮・亀田八幡宮などの初詣者は前年の二倍ないし三倍に膨れあがった。[20]

戦後の神社が宗教法人となり、天皇制から切り離されたとはいえ、従前の来歴からいえば、決して無縁であるはずはない。その意味で、象徴天皇制のもととはいえ、神社と天皇制は戦後においても神社の存立が一面、天皇制と表裏することは事実であり、その意味で初詣者の増加傾向は、天皇制の容認度を測るひとつの指標であろう。

この神社と天皇制との思想的な関わりを考える上で、神社におけるいま一つの変化がある。それはほかでもなく、「護国神社」の名称変化である。函館護国神社も、昭和二〇年の神道指令と二一年の宗教法人令を受けて、国家神道の神社から一宗教法人としての神社へと神格を変えていった。「護国」の名称は連合軍から軍国主義的色彩が強いとの指摘によって削除・改称されたのである。現に、昭和二一年、「函館護国神社」は「函館潮見丘神社」と社名を変更した。[21]この神社は遠く箱館戦争の官軍の戦没者を祀ったことに始まり、日清戦争・日露戦争・満州事変の戦没者を祀って「招魂社」として崇敬を集めていたが、昭和一四年に「護国神社」と改め、いままた地域名を冠した「潮見丘神社」と改称した。これ以後しばらく、「潮見丘神社」として市民の中に定着していくが、復古調が濃厚になる二九年に及んで、再び「函館護国神社」と旧称に復することになる。[22]

この「護国神社」の名称変更もまた、初詣者の増加傾向とともに、天皇制と神社の関わりを考える上で見逃しにできない事象である。

昭和二一年四月二九日の天長節の日、新聞に中学生の声として、地域内で「元日に国旗を掲揚した家は函中と国民学校一つを除いて僅かに八軒足らず。紀元節に至っては、矢張り学校二つを除いて僅か四軒に過ぎませんでした」と嘆く声が寄せられた。[23]同年七月五日にも会社員の声として、港祭りの夜、「残念ながら、一人として護国神社に礼をする人を見ることが出来ませんでした」と、英霊供養の実態を嘆く投書が寄せられた。[24]この国旗掲揚といい、英霊供養といい、これはともに当時の戦争責任を内に包んだ神社観と天皇観の表明であり、そこに庶民の一定の近代天皇制への批判意識が反映されている。

そんな中、昭和二三年二月二六日、GHQは日本政府に次の一二祝祭日の国旗掲揚を許可した。[25]一月一日(四方拝)、同三日(元始祭)、同五日(新年宴会)、二月一一日(紀元節)、三月二一日(春季皇霊祭)、四月三日(神武天皇祭)、四月二九日(天長節)、九月二一日(秋季皇霊祭)、一〇月一七日(神嘗祭)、一一月三日(明治節)、同二三日(新嘗祭)、一二月二五日(大正天皇祭)。

占領政策を方針転換していくGHQの思索がこの国旗掲揚の許可に読みとれる。この許可を受けて当時の北海道民は、国旗・国歌をどう考えていたかを、表71の「世論調査「国旗国歌をどうする」」にうかがってみよう。

国旗については、現状賛成が九〇パーセントと圧倒的に多いのに対し、国歌については、改正派と現状派が相半ばしている。とりわけ、国歌改正派が戦前の戦争と密接不離の天皇制謳歌の歌詞に嫌悪感を抱いていることが注目される。

この国旗・国歌と表裏する天皇制の象徴ともいうべき元号制について、北海道民は昭和二五年当時、どう捉え

表71　世論調査「国旗国歌をどうする」(昭和24年)

国旗について　あなたはわが国の日の丸の国旗を変えた方がよいと思いますか，それともいまのままでよいと思いますか(回答は%。以下同様)	
変えた方がよい	5.6
いまのままでよい	90.0
どちらでもよい	2.6
わからない	1.8
あなたはどうして国旗を変えた方がよいと思いますか	
天皇制中心である	17.9
侵略的である	10.7
時代が変わったから	32.1
封建時代の遺物だ	32.1
その他	7.2
あなたはどうして国旗がいまのままでよいと思いますか	
国名，国体，国民性に相応	15.1
平和，自由，正義の象徴	12.0
単一無難，絶対の表現	10.4
尊厳なる伝統の維持	17.1
民主国家に不都合でない	11.1
別に意見はないが最善だ	30.4
その他	3.9
国歌について　あなたはわが国の国歌「君が代」を変えた方がよいと思いますか，それともいまのままでよいと思いますか	
変えた方がよい	43.4
いまのままでよい	42.6
どちらでもよい	7.0
わからない	7.0
歌詞，歌曲のどちらもいけないのですか	
歌詞だけを変える	39.6
曲だけを変える	0.9
歌詞，曲どちらも変える	59.0
わからない	0.5
あなたはどうして国歌を変えた方がよいと思いますか	
天皇中心すぎる	26.4
民主国家になったから	31.4
主権在民の見地から	13.5
もっと平易なものを	5.7
特記する理由はない	11.5
その他	11.5
あなたはどうして国歌がいまのままでよいと思いますか	
国民性，国民感情に相応	18.3
天皇は国家の象徴	16.9
伝統を尊重して	25.8
特記する理由はない	35.7
その他	3.3

『北海道新聞』昭和24年2月20日付より作成。
注）調査方法　昭和24年2月5日から5日間，札幌市の500人の男女を対象とした。

ていたかを、表72の「元号廃止は是か非か」の世論調査にうかがってみることにしよう。

約半数が今後の国際化を考慮して、元号廃止に賛成している。その一方で約三分の一が伝統を理由に、廃止反対と答えている。それぞれ都市と郡部との差や年齢差はあるものの、歴史教育も含め、戦争責任を問う声がこの元号廃止にも色濃く反映している。このような国旗・国歌観や元号観は、日常のさまざまな所で形を変えて現れた。その一例を挙げると、潮見丘神社の神職が「境内には大人まで交り幾組もの野球が入り乱れ（中略）日曜の如きは騒音の為宗教行事さえ出来ない場合があり（後略）」、「境内の野球も崇敬者の方々と相談の上禁止したい」[26]と新聞に投書するほどであった。一部の人々にとっては、神社はもはや神性の聖域ではなくなろうとしていたのである。こうした神社に対する崇信心の稀薄化はこれのみではない。

朝鮮戦争後の「金《かね》ヘン景気」の波に乗って、銅・真鍮《しんちゅう》などの金属泥棒が、市内の函館八幡宮・潮見丘神社・亀田八幡宮・大森稲荷神社などに出没し、銅板屋根がごっそり剝ぎ取られたり、灯籠が丸はだかになる被害が相次いだことがあった。昭和二六年の頃である。[27]この盗難事件は市内の仏教寺院でも二、三件発生したが、その被害の量と額は神社に比べて僅少であった。

戦後日本は、昭和二六年九月八日調印、翌二七年四月二八日発効の米国中心の「対日講和条約」を機に、大転換を遂げる。その中で日本の個別的・集団的自衛権が承認され、専守防衛に道が開かれることとなった。調印当日、日米安全保障条約も調印され、米軍の駐留継続を認めた。

昭和二七年の八月一四～一六日の函館八幡宮の祭礼では、講和条約後の復古調の波に乗って、奉祝行事が盛大に執行された。演芸・舞踊・相撲大会も「ヤンヤの人気で終電車を忘れてとり残される人もあった」。一四日の宵祭には「家族連れが目立ち、ようやく平和な姿にたち返ったふるさとの姿をそのまま描きだす」風景であったという。[28]恒例の九月一四日の亀田八幡宮の祭礼も、同じように盛大をきわめたことは言うまでもない。

この復古調の波は、湯倉神社にも現れ、同社では神道の教えと特性をわかりやすく諭した「湯倉神社神道柱

表72　世論調査「元号廃止は是か非か」(昭和25年)

・現在用いられている「元号」を廃止して西暦一本にすべしという意見がありますが，あなたはこれについてどう思いますか(回答は%。以下同様)

イ	賛成	44.6
ロ	反対	29.8
ハ	賛成だが時期尚早	11.0
ニ	どちらでもよい	8.4
ホ	答えられない	6.2

	男	女	都市	郡部	20歳台	30歳台	40歳台	50歳台
賛　成	39.8	49.3	58.6	34.7	56.8	39.7	33.3	20.5
反　対	35.8	23.9	22.0	33.1	22.4	30.0	35.1	28.4
尚　早	16.3	5.6	12.2	11.1	11.7	14.6	10.6	6.8

賛成の理由	男	女	平均
世界共通にした方が国際的だ	87.8	70.4	79.1
日常生活に不便	32.7	19.6	26.2
歴史教育上不便	22.4	16.7	19.6
その他	—	1.9	1.0

反対の理由	男	女	平均
伝統を尊重して	61.4	33.3	47.4
いまのままで不便でない	50.0	44.4	47.2
歴史研究上不便だ	16.0	13.8	14.9
新憲法の精神に背反しない	13.6	8.3	11.0

(複数回答)

・今年は西暦何年ですか

イ	正しく答えたもの	76.2
ロ	答えられなかったもの	23.8

西暦何年？	男	女	都市	郡部	20歳台	30歳台	40歳台	50歳台
回答不能	17.1	30.5	18.2	26.7	11.8	23.4	29.8	51.4
正　答	82.9	69.5	81.8	73.3	88.2	76.6	70.2	48.6

・今年は紀元何年ですか

イ	正しく答えたもの	40.2
ロ	答えられなかったもの	59.8

紀元何年？	男	女	都市	郡部	20歳台	30歳台	40歳台	50歳台
回答不能	50.4	69.3	53.6	55.6	45.7	52.8	57.8	81.8
正　答	49.6	30.7	46.4	44.4	54.3	47.2	42.2	18.2

・日本の歴史は史実の上からいって正しいと思いますか，正しくないと思いますか

イ	正しいと思う	28.0
ロ	正しくないと思う	40.3
ハ	答えられない	31.7

	男	女	都市	郡部	20歳台	30歳台	40歳台	50歳台
回答不能	26.8	36.6	25.6	34.8	24.0	34.9	26.5	45.2
不　正	43.9	36.6	54.9	33.8	55.6	37.0	42.7	15.4
正	29.3	26.8	19.5	31.4	20.4	28.1	30.8	39.4

『北海道新聞』昭和25年3月7日付より作成。

注）調査方法　昭和25年2月24,25の両日，全道7市・9町・7村にわたり，250人の有権者を対象に面接で行った。

暦」を調製し、関係者や元旦参拝者に頒布することになった[29]。昭和二八年の正月風景は、独立一年目の第一日でもあり、函館八幡宮・亀田八幡宮などの氏神の社頭は、新聞が「神社、映画館エビス顔」と大見出しで報ずるほど、雑踏をきわめた[30]。神社の世界にも、人々の生活にも、いよいよ戦後復興が確かなものとして、実感されるようになったのである。参考までに、講和条約に対する考え方と、戦後一〇年を迎えた日本を当時の人々がどう考えていたかを紹介しておこう(表73・74)。

このアンケートから講和条約を「半独立」も含め七割強が「独立」と認め、その一方で中国・ソビエトとの関

表73　世論調査「講和をどう考える」(昭和27年)

・講和ができたので日本も独立国になったと考えるか，そうは思わないか(回答%。以下同様)	
独立した	41
形式だけ半独立など	32
独立したと思わない	8
わからない	19
・日本はこれから先ソ連と講和した方がよいか，そうしなくてもよいと思うか	
講和する	54
講和しない	20
わからない	26
・日本と中共はいまのところつき合いもしていないが，このままでよいと思うか，いけないと思うか	
このままでよい	11
このままではいけない	57
わからない	32
・アメリカの軍隊は占領の終わったあとも引き続き日本にいる取り決めができているが，何のために日本にいるのか	
日本防衛のため	21
ソ連，中共，共産勢力の侵略防止	18
日本国内の治安維持のため	13
日本に防衛力がないため	11
アメリカ自身の防衛のため	4
日本監視のため	3
その他	6
わからない	30
・アメリカ軍が日本にいることを希望するか，しないか	
希望している	48
希望しない	20
仕方がない，どちらでもよい	16
わからない	16

歴史学研究会編『日本史史料〔5〕現代』所収の昭和27年『朝日新聞』世論調査より作成。

表74　世論調査「戦後10年の日本」(昭和30年)

質問1　戦後10年になるのですが，戦争が終わってからこちら，世の中のことで暗くなった，また悪くなったこと，反対にかえって明るくなった，またよくなったことを比べて，あなたはどちらが多くなったと思いますか(回答%。以下同様)

明るくなった(よくなった)ことの方が多い	39.6
暗くなった(悪くなった)ことの方が多い	19.8
同じくらい	10.2
いちがいにはいえない	18.2
わからない	12.2

質問2　戦後の10年間でだんだんよくなったとお考えのものをあげてください

①衣　料	50.1	⑪道　路	29.6
②食　糧	45.4	⑫警　察	26.9
③保　健(病院)	44.6	⑬映　画	26.8
④交　通	42.6	⑭娯　楽	22.4
⑤新　聞	34.8	⑮小学校の先生	22.0
⑥スポーツ	33.8	⑯出　版	20.6
⑦放　送	33.6	⑰住　宅	18.9
⑧通　信	32.6	⑱物　価	13.9
⑨教　育	32.2	⑲青少年	9.5
⑩労働者の地位	31.0	⑳国会議員	2.5

質問3　今年こそは解決してもらいたい，少なくとも解決につとめてもらいたいと考える問題は何ですか(2つ以上の意見を挙げたものがある)

①政界浄化	6.9	⑧経済の自立	2.5
②外　交	3.9	⑧物　価	2.5
③住　宅	3.7	⑧失　業	2.5
④食　糧	3.3	⑪税　金	2.4
⑤デフレ	3.1	⑫政　局	2.3
⑥生活の保障	3.1	⑬米　価	2.1
⑦対中共関係	2.8		

質問4　いま決まっている次のことで，いまでは改正した方がいいとお考えのものを挙げてください(2つ以上の回答を挙げたものがある)

現在の自衛隊	21.0
家族制度	13.3
憲法で決めている戦争放棄	12.7
六・三制教育	10.0
天皇制	6.4
県知事公選制	4.0
わからない	58.9

『北海道新聞』昭和30年1月6日付より作成。
注）調査方法　満20歳以上の男女を対象として，全国90の市町村から2500人を無作為に抽出した。

係改善の必要も認めていることが知れる。また「戦後一〇年の日本」のアンケートでは、この一〇年で世の中が明るくなったと約四割が認め、とりわけ衣食の改善は過半数の人々が認めながら、自衛隊・戦争放棄には、「家族制度」とともに少なからず不満を抱いていることがわかる。

戦後における函館の仏教寺院

『北海道新聞』は昭和二二年七月一八日、「本道宗教界の動き」と題する一文を掲げ、そのうち仏教寺院について「古い伽藍と難解な教義に自縄自縛の形の仏教界も道民の過半を占める信者の数をたよりにやうやく活発になつたと、仏教界の統一戦線の〝大菩提舎〟や東西本願寺主催の講演会を挙げて紹介している。併せて、「もはや大衆は、はつきりこの社会の動乱を宗教のみが救つてくれるとは信じてゐない」と分析する一方、「宗教家が今日の社会にいかに活動するかがその宗教の生命の存続を決する」と警鐘も鳴らしている。[31]

現にこの昭和二一年六月二九日・三〇日、函館東本願寺別院において「新時代の宗教的自覚」と題する「宗教文化講演会」が開催されていた。戦前の「体制宗教」の一翼を担ってきた函館の仏教寺院も、混乱の中、ようやく戦後の自立化を開始したのである。同じく七月一〇日、前年の空襲により犠牲となった連絡船の殉職者三二六柱の追悼法要も函館東本願寺別院で厳かに執行された。[32]

仏教寺院と檀家を結ぶ強力な機縁は、戦後「家族制度の旧いカラは失くなっても御先祖様のお墓やお寺に〝ごあいさつ〟」する七月一三日の盂蘭盆会であった。[33] この年中行事としてのお盆と春・秋の彼岸会を通して、寺院と檀家は先祖供養を営むものの、総じて、寺院は、戦後の「家」制度に対する批判を甘受しなければならなかった。

そのため、寺院は市民に開かれた寺院を目指し、積極的に法施活動を実施した。例えば、昭和二三年九月九日に執行された称名寺における開山名蓮社称誉上人の三百年忌は、清き乙女らが讃仏聖歌を唄う函館での初の音楽

表75　「家」制度についての世論調査(昭和22年)

・こんどの民法改正で法律上の「家」が廃止されますが，あなたはどうお考えになりますか(%)

	全体	男	女	既婚	未婚	男-既婚	男-未婚	女-既婚	女-未婚
廃止賛成	57.9	55.7	60.1	52.3	68.6	51.0	67.7	54.0	68.6
廃止反対	37.4	41.9	33.1	42.6	28.2	46.3	30.5	37.8	26.4
わからない	4.7	2.4	6.8	5.1	3.2	2.7	1.8	8.2	5.0

『日本史史料〔5〕現代』所収の昭和22年『毎日新聞』世論調査「民法改正について」より作成。

法要となった。[34] また、同年一二月二三日に絞首台に上った東条英機ら七人の戦犯に対しても、市内の各寺院・教会も「平和の祈り」を捧げた。『北海道新聞』はこれに関して、高龍寺での厳かな「平和祈念法要」の様子を写真入りで紹介すると同時に、東条の「さらばなりうゐのおく山きようこえて　みだのみもとに行くぞうれしき」の辞世の歌を報じた。[35]

各寺院はこのように、寺院個別の法活動をするかたわら、昭和二三年九月二八日、仏教協会の協力のもと、称名寺から函館山に三十三観音を遷座した。以後、この仏教協会主催の観音参りが宗派を超えた年中行事として市民の中に受容・定着していった。[36]

こうした自寺と協会の懸命な自助努力にもかかわらず、この期の寺院にとって、世間の「家」意識は逆風であった。檀家制を拠り所に、「葬式仏教」をその経済的基盤にしてきた寺院にとって、この「家」制度は何よりも逆風であった。表75の「家」制度をめぐる世論調査にみるように、「家」制度そのものについて、未婚既婚を問わず、その廃止に過半数が賛成している。とりわけ、未婚者の賛成率が群を抜いていることは、将来の「家」制度と檀家制を考える上で注目された。

民法の改正によって「家」制度は法律上は廃止されたが、家父長制の残滓が多くあるとの批判を浴びている中、『北海道新聞』に次のような一文が掲載された。昭和二四年五月一〇日のことである。菩提寺から「あそこでさえこれだけ出した。ここでもこれだけだ」と寄付を強要されるありさまを記したあと、仏教檀信徒の投稿者は、こう訴えている。[37]

(寺は)一尾ずつ収穫するイカを、そしてお金を、一度ならず二度三度集められる村人の気持ちにもなつて、ただ檀家回りにのみ日を過ごさず(中略)純ぼくな村の一人一人の信仰を邪道から救い、正しい信仰へと指導あらんことを望んで止みません。

投稿者は恵山町の一主婦であるが、この訴えは市内外を超えた全道の寺院にも相通ずるものであったろう。

この二四年に、『北海道新聞』は「共同募金」についての全国世論調査を報道している。(38)その中で、「(募金に)応じたのはどんな種類の寄附ですか」の質問について「社寺・祭礼」が全国の場合六〇パーセントであるのに対して、北海道は九六・四パーセントで、最も高い。ちなみに、「学校・PTA会」に対しては、北海道は七四・八パーセント、全国が六八・四パーセントである。

次いで、「その中、どれに一番多額の寄附をしましたか」の質問でも、「社寺・祭礼」が北海道の場合、第一位で四七・二パーセント、全国が二九・四パーセントである。第二位が「学校・PTA会」であり、北海道の場合、三五・六パーセント、全国は五〇・六パーセントであった。北海道の場合の寄付金が他府県とは逆に、「社寺・祭礼」がトップを占めていることと、さきの投稿にみるような募金・寄付事情とが無縁でないことは容易に察せられよう。戦後の仏教寺院にとって死活を決する檀家制度は、このように厳しい状況下にあった。その苦境を背負っての戦後の再出発であったといってもよい。

また、こんなこともあった。市内の日蓮宗布教所が行ったお盆供養の太鼓が隣近所の迷惑となり、軽犯罪法違反で検挙されたのである。新聞はそのことを「法華の仏力及ばず」の見出しで報じている。昭和二五年八月八日のことである。(39)

講和条約を機に、独立の第一歩を踏み出した昭和二七年二月一二日、硫黄島などで戦没した人たちのために、浄土真宗青年会は、異国に眠る霊をしのんで「仏説阿弥陀経」や「正信偈《しょうしんげ》」などの経文を写経して現地に送った。(40)この昭和二七年から二八年は、新生日本に向けてかなり活発な宗教伝道が実施された時期であった。

昭和戦後期・平成期の高龍寺

第二次世界大戦後から現代に至る五〇年余の時代が、それ以前の昭和戦前期と比べて最も違うのは、すべてのことが日本的な天皇制の呪縛から解放されて自由になった点である。寺院をはじめとする宗教界も、もちろんその例外ではなく、明治～昭和戦前期における「体制宗教」の任を解かれて自由になった。したがって、高龍寺も現代においては曹洞宗両大本山による寺院の個別的な遠忌事業への貫首の親化はあっても、その国家と結びついた北海道布教などは絶えてない。その意味で、現代の寺院と檀信徒は最も本来的な「家」制度を拠り所にした檀家制によって結ばれており、戦前のような国家イデオロギーとは無縁である。

かといって、現代の寺院が脱イデオロギーゆえに、全く問題がないかといえば、そうではない。戦後の民主化による民法改正により、明治～昭和戦前期の家父長制的な「家」制度は見直しを迫られた。その結果、「家」概念自体が揺らぎ始め、寺院による伝統的な「葬式仏教」に対しても多少の意識変化が生じている。

このような時代背景の中、高龍寺は戦後の半世紀をどう乗り切ってきたのであろうか。これについて、『高龍寺史』通史編の「新聞に見る高龍寺と函館の宗教界」を素材にして、少しく検証してみよう。(41)檀家の先祖供養については現代も前代と基本的には変わらないが、新規もしくは改変的に継承されている事業として次のものが注目される。

すなわち、昭和二六年一一月二八日付として伝えられる「魚族供養会」の執行である。実は、この執行が引き金となり、同三〇年八月二六日には海難慰霊碑の除幕式が函館仏教協会長の上田大賢を導師に執り行われた。ほかでもなく、同二九年九月の台風一五号で不運にも遭難を余儀なくされた洞爺丸をはじめ、五青函連絡船の乗船客・国鉄職員など一四四七人の霊を合祀する慰霊碑の除幕式である。(42)高龍寺住職の上田大賢はその責任者として合祀事業の責務を果たすと同時に、九月二二日にも、高龍寺吉祥婦人会の会員三〇余人とともに、七重浜において慰霊法要を行っている。

一方、昭和五七年六月四日には、高龍寺梁川法務所の境内で、人形供養が執行され、それ以後、現在に至るまで継承されている。

この魚族供養と人形供養は、それまでの高龍寺には執行されていないものであり、業務拡張を図った新規の供養として注目される。

終戦前後の混乱期にあっては、伝統的な「禅学会」といえどもその開催が一時中止されたことは致し方ない。そうした檀信徒との交流を目的とした営みが、敗戦のショックから立ち直り、何とか復活の兆しをみせ始めるのは、昭和二七年の「仏教教養講座」、同二八年の「婦人教養講座」の開始からである。

そして、それが本格的に機能しだすのは、昭和三二年の「禅学講習会」や「函館心理学研究会」を経た三四年の頃からである。すなわち、音羽法務所における「禅学講習会」と高龍寺本坊における「朝参り禅学会」の共同体制が始動するのである。この共同体制は昭和五〇年まで続いたのち、「朝参り禅学会」に一本化され、今日の「眼蔵会」に発展的に継承されている。

高龍寺と大本山が戦前のような国家的プロジェクトを受けて、開教実践を展開することはなくなったものの、その本末制を核とした近代的関係が存在することは、言うまでもない。定期的な大事業については、両者が密接にして相互扶助的な関係を構築することは当然である。

例えば、昭和四〇年の「峨山禅師六百回大遠忌」事業に対しては、第九日目の四月九日の「晡時《ほじ》」、上田大賢は次の頌をもって奉修した。

晡　時　　　　　　上　田　大　賢

三松翠滴転清妍　　妙相儼然六百年
法乳難酬親問訊　　霊光無処不周旋　咦
滞来一滴曹源水　　六十扶桑浪拍天

また、昭和四九年の「太祖瑩山禅師六百五十回大遠忌」に際しても、上田大賢は焼香師として「太祖献粥」を厳修した。こうした大本山への奉修ないし厳修は、近世の本末制の延長として、曹洞宗教団を存在たらしむる上で今日も必要にして不可欠の営みである。

現代における神道と仏教の動向

昭和三〇年（一九五五）に入ると、小・中学校の社会科教科では天皇制の学習が必修化され、それと併せて愛国心の高揚が教育現場に求められ、世は挙げて復古調を基調とするに至った(43)。この天皇制の顕在化を象徴するかのように、この年の五月開催の大相撲夏場所において、昭和一二年以来、一八年ぶりに〝天覧〟があった。新聞はその様子を「自ら星取表に記入」し、「約五十貫の大起《おおだち》の立上りにニッコリ」との見出しで報じている(44)。

昭和三〇年以後の日本は、この復古調の波に乗って、いよいよ高度経済成長期に突入する。この時期は、物質追求が中心になり、物の豊かさが各階層に求められていった。この時期は物質中心と併せて、徐々に少子化傾向となり、核家族化が進んだことも見逃せない。この社会現象は、必然的に農村や漁村の第一次産業の生産基盤を揺るがすことにもなり、ひいては「家」意識にまで影響を及ぼしかねない重大な事態であった。

こんな時代環境の中、神社は経済成長期の世をどう過ごしたのであろうか。この時期の神社の宗教機能も、第一に、祭礼執行を通した地内の娯楽・遊興の提供、第二に地内の安全と生業の隆盛に求められていた。かといって、その内実においても、すべて前代の戦後の一〇年と同一かといえば、決してそうではない。例えば、前者の祭礼が作り出す娯楽・遊興性は、テレビの普及や少子化による子供たちの遊びの変化も手伝い、年とともに低下していった。祭礼自体が著しく簡素化していったことは、そうした社会現象の変化と関係するものであった。後者の地内の安全・生業祈願においても、少子化と核家族化の波を受け、「七五三」等の祝事は、各家庭に広く浸透・普及していくなど、その内実において変化が認められるようになった。また、車社会の到来により、自家用車の台数は年々、右肩上がりに増加していった。この車社会の到来は、神社にとって「交通安全」祈願とその護符の発売という、新たなる祈禱対象を得たことになる。高度経済成長と少子化と相俟って、高学歴化する社会にあっては、「学業成就」祈願などもまた、神社にとっては予期せぬ収入源となった。年初めの初詣の参拝客も、微増することはあっても減少することはない。

してみれば、この期の神社は、祭礼の簡素化にみられるように、その娯楽の場としての質と量の変化がある反面、祈願としての機能は、量的に増加していったとみてよいだろう。

一方、寺院の世界はどうであろうか。この期もまた、檀家の先祖供養の法施を行いながら、葬式仏教の執行者であるという基本構図は変わらない。が、少子化現象や第一次産業の地盤低下により、「家」意識も微妙に変化している。このことが旧来の「家」を基盤とする檀家と菩提寺との結びつきである檀家制度になにがしかの影響を与えることは推測にかたくない。

近年、少しずつ増え始めている葬式抜きの「散骨」や「お別れ会」という、寺院の主要な宗教機能を奪いかねない新式の葬祭の出現は、その一つであろう。何よりも、本来、葬祭などのすべての供養一般は、菩提寺もしくはその自宅で執行するのが常であったが、それが昭和四〇年頃からかなり多様化している事実は看過できない。その一端を知る上で参考になるのが、表76に掲げた葬祭会場についての資料である。分析対象は平成八年(一九九六)と同九年のものであるが、葬祭の場として全体的にみた場合、圧倒的に多いのが民間経営の葬祭場で、町会館、寺院関係がそれに続いている。すでに葬儀を済ませたという「後広告」には少なからず自宅が含まれているのであるが、それにしても旧来のような、葬祭は「自宅か菩提寺」という時代はもはや遠い過去になったことを実感させられる。

このような葬祭場の多様化や、葬式ないし先祖供養に対する意識変化は、どうしても寺院の経済基盤を直撃しかねない。函館市内の有力寺院の中に、例えば表77にみるように高龍寺が国の華幼稚園、函館東本願寺別院が大谷幼稚園という具合に、附属の幼稚園を開設しているのも、寺院側の苦境の一策であろうか。現代の仏教寺院はそうした苦境の中、懸命に各檀家の年忌や月忌などの日常的な法施を通して、檀家制度の空洞化を食い止めようとしているのである。

以上、高度経済成長期以後の神社と寺院をみてきた。神社に対するイメージも、敗戦直後のように天皇制の推進者としての戦争責任を問うような雰囲気はすっかり風化し、本来的な神社の姿、すなわち地内の安全と生業隆盛の祈願および祭礼による娯楽の共有に立ち返った感がする。これは国民全体の天皇に対する感情と表裏することであろう。その辺の事情をNHK放送文化研究所が実施したアンケートの中に探ってみよう[45]。設問のひとつである「天皇に対する感情」(あなたは天皇に対して、現在、どのような感じを持っていますか)についての回答を紹介しよう(図12)。

この数値は、全体として「尊敬」から「好感」への移行を示しており、平成五年(一九九三)の好感度の上昇は、

表76　新聞広告にみる函館の葬祭会場

区　分	平成8年	平成9年
民間経営葬祭場*1	818件	877件
仏教関係施設	406件	387件
仏教以外の宗教施設	40件	40件
町会館	785件	635件
「後広告」*2	152件	184件
合　計	2,201件	2,123件

各年『北海道新聞』会葬広告より集計。
＊1 ホテル等も含む。
＊2 葬儀を済ませたという広告で会場が不明のもの。

表77　函館の私立幼稚園

開園年	園　名
大正2年	遺愛幼稚園
14年	第二遺愛幼稚園
昭和5年	函館大谷幼稚園*
9年	函館藤幼稚園
10年	龍谷幼稚園*
11年	第二大谷幼稚園*
25年	白百合幼稚園
26年	函館ちとせ幼稚園
27年	めぐみ幼稚園
31年	国の華幼稚園*
〃	ひまわり幼稚園
32年	カトリック湯川幼稚園
〃	第二龍谷幼稚園*
33年	函館若葉幼稚園
35年	第三大谷幼稚園*
36年	湯川明照幼稚園*
〃	元町白百合幼稚園
40年	函館大谷女子短期大学附属幼稚園
〃	函館短期大学附属幼稚園
41年	太陽の子幼稚園
47年	亀田ゆたか幼稚園
49年	函館第三大谷幼稚園*

函館市教育委員会編『戦後学校教育の50年』より作成。
＊は寺院経営。園名は開設当時のもの。

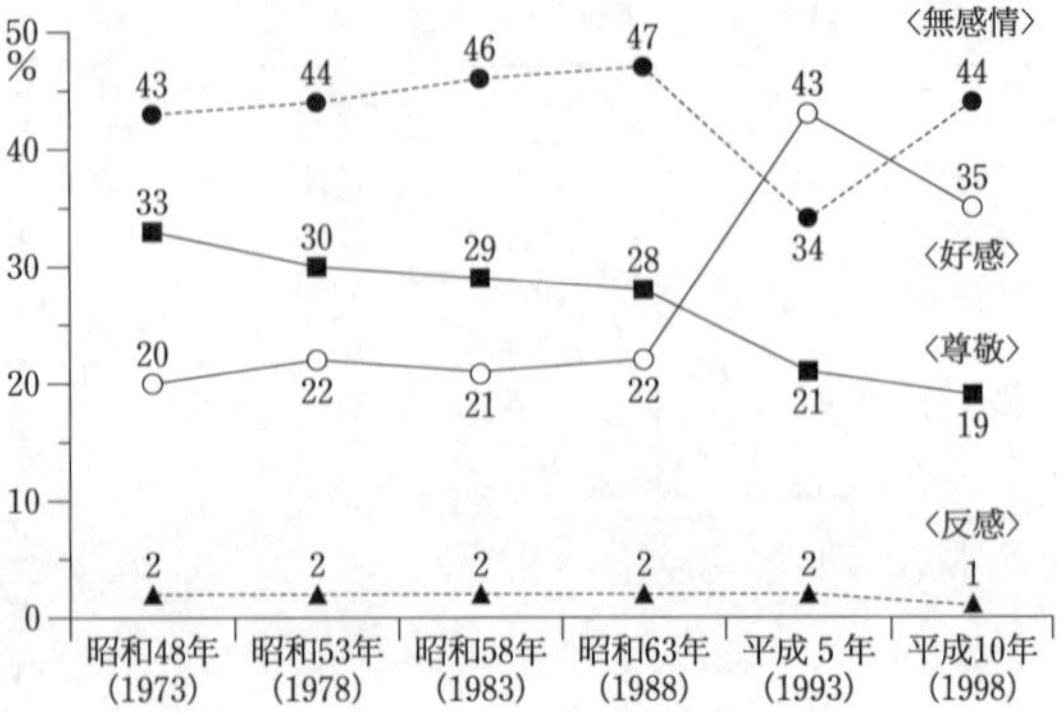

図12　天皇に対する感情

NHK 放送文化研究所編『現代日本人の意識構造』(2000 年) より。

皇太子の結婚がマスコミで大きく報道された影響と考えられる。しかし、翌年には数値を下げていることからして、大きなイベントによって天皇への感情は激しく動くと推定される。

なお、天皇に反感を持っているのはわずか二パーセントにしかすぎない。好感と尊敬を合わせた数が常に過半を超えていることは、戦前期に日本人のナショナリズムの中心に位置していた天皇に対する「現人神」「崇拝心」のイメージが一変し、「崇拝」から「好感」へと変容したことを如実に示している。なお、どの時代でも「無感情」が最も多いが、年齢層別にみると一六〜二九歳が圧倒的に多く、平成一〇年の調査では七八パーセントに達している。一方、五〇歳以上ではほかの年齢層と異なり、「無感情」の値が低く、「尊敬」が多かったが、それでも平成に入ると「好感」が上まわった。

この年齢の高い層の意識の変化が、神社に対する戦争責任の風化にも現れていることは推測できよう。また同時に、護国神社の名称が敗戦直後に潮見丘神社に変わり、再び護国神社に復するという昭和三〇年代を機にした世相の復古調にも現れていることも、推測にかたくない。

一方、この時期の国民全体の信仰・信心の内容は、図13のようになっている（回答は複数）。これによれば、どの年でも、神か仏を信じている人の率はほかの項目と比べてほぼ上位にある。神や仏を信ずる心は漠然としたものも含めて、日本人の信仰心の根底にあるといえよう。

その一方で、宗教とか信仰に関して何も信じていないと「無宗教」を表明している人たちも少なくはない。とくに昭和五三年（一九七八）以降、減少傾向にあったものが、平成一〇年（一九九八）の調査で大きく増えたのが注目される。この「無宗教」の多さは何を意味するのであろうか。いずれにしても今後、この「無宗教」層の動向が大いに注目される。

この「無宗教」も含めた信仰・信心の内容をさらに具体的に掘り下げた宗教的行動のアンケートを最後に紹介しておこう(図14、回答は複数)。

「墓参り」の多くは仏教信者の宗教的行動であろうが、図13で「信じていない」、すなわち「無宗教」を表明している人たちのすべてが何もしていないわけでもないことが、この「何もしていない」の約一割の数字に現れている。お守りやおみくじ、祈願などの宗教的行動が、主として神社を中心に行われている祈禱行事とすれば、日

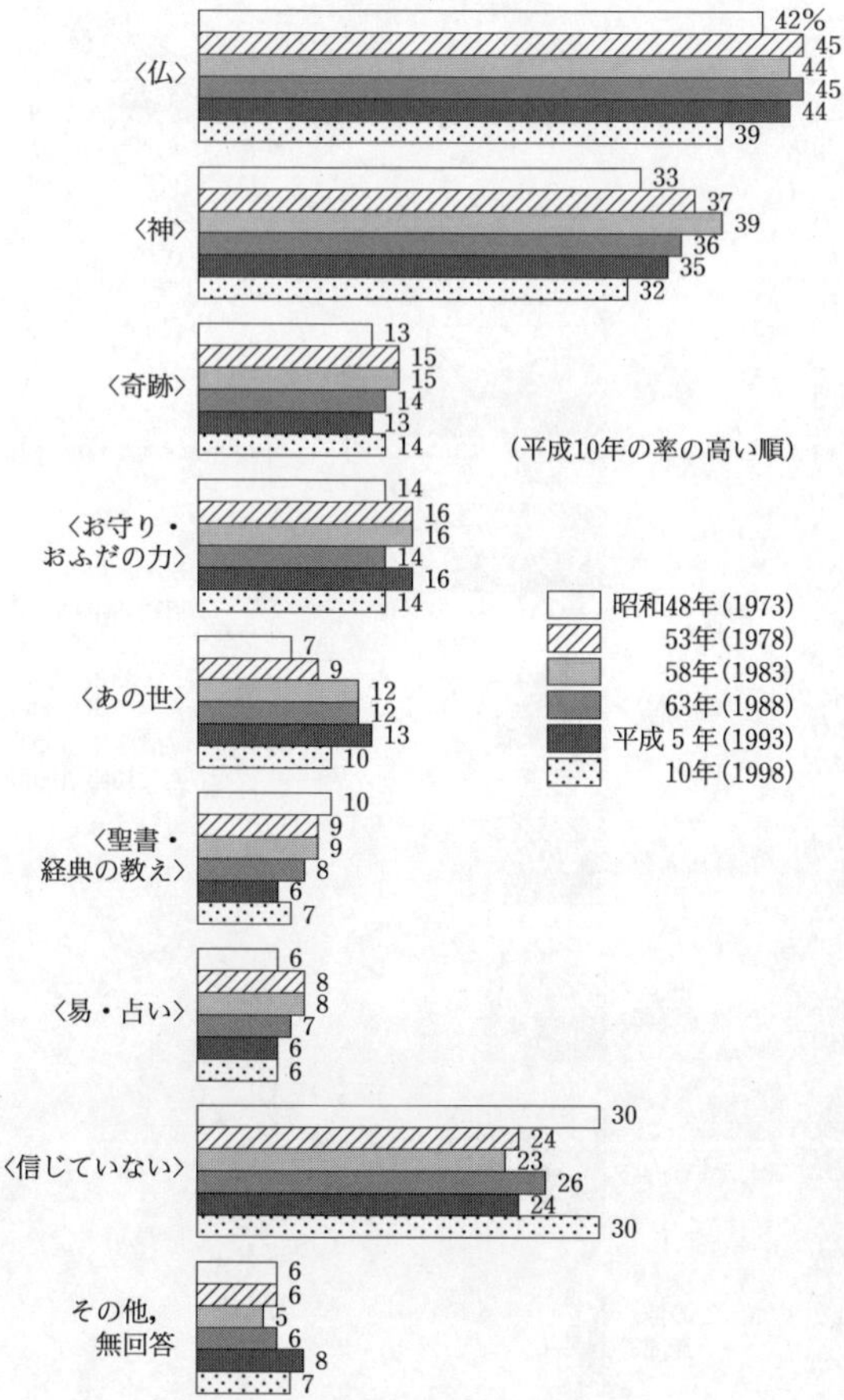

図13　信仰・信心(国民全体)

NHK放送文化研究所編『現代日本人の意識構造』(2000年)より。

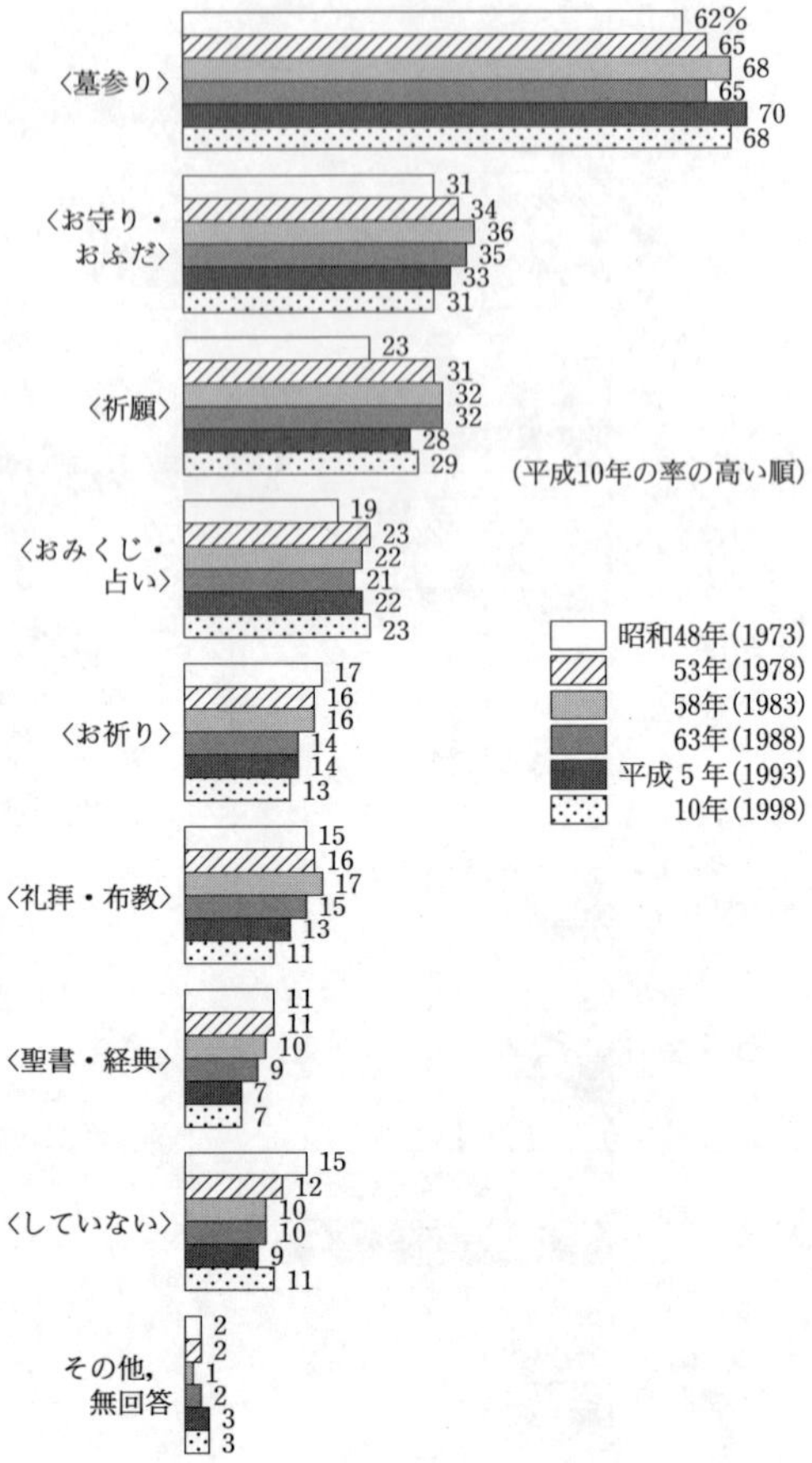

図14　行っている宗教的行動(国民全体)

NHK 放送文化研究所編『現代日本人の意識構造』(2000年)より。

本人の神仏習合的な価値観は、この宗教的行動の中にも鮮明に表現されているといえよう。

第三節　戦後から現代におけるキリスト教

戦後函館のキリスト教

ＧＨＱの民主化政策の中で、キリスト教の布教という点では絶好の機会がめぐってきたように思われた。マッカーサー元帥は、「キリスト教の寛容と正義という人間関係は、日本占領に当たって降服した敵の処遇を律する一つの政策の基調となる」[46]と語ったという。函館では、敗戦直後、日本基督教団函館教会の牧師が、上陸した占領軍の特別通訳となったり、占領軍の軍医が教会でクリニックを開設するなどということがあった。また、兵士たちが、教会でその年のクリスマスを祝うなどの交流があった。

宗教団体法のもとで、にわかに合同していた諸教会は、同じ信条に立ち同じ機構を持つひとつの教会としての建設が急務とされていた。

昭和二一年七月一八日付の『北海道新聞』は、日本基督教団の動きを「三百万円の予算を以て全国に展開される〝新日本建設キリスト教運動〟が八月末、十勝清水に賀川豊彦、牧野同志社大学総長を迎へて修道会を開くのをはじめ、既に全道各地に小野村・西田牧師等がキリスト教普及の運動をはじめてゐる」と伝えている。函館では八月一一日に牧野総長による秋季特別伝道集会が開催され、同月一九日には賀川豊彦が日魯講堂で講演会を開催した。この時の多数の会衆の中から、八三人が日本基督教団函館教会の扉を叩いたという。[47]

戦後間もなく、外国の伝道局も新生日本での布教を展開し始め、また教会世界奉仕団を組織して、支援の手を差し伸べた。このような中、日本各地で教会の再建が進み、連年一万から二万人のキリスト教信者の増加をみた。[48]

海外からの支援では、米国の教会連盟の活動が特筆されよう。昭和二二年八月に一〇人の代表者が来日し、日本の教会の事情を調査して、全国基督教指導者協議会を開催、伝道・教育・社会事業の再建について協議した。「キリスト教学校調査団一行」の来函、という『北海道新聞』の記事は、この一行のことを指しているように思われる。米国から日本の教会とキリスト教学校調査を目的に派遣された一〇人の一行中、北海道視察班を担当した三人が昭和二二年八月一五日、函館八幡宮の祭礼でにぎわう中、函館を訪れ、遺愛女学校、同幼稚園をまわった。その視察を終えて、一行を代表してクリーテ博士は、「思ったより何もかも大変よいです。（中略）何とかして日本の平和な教育の再建に協力します」と語ったという内容である。[49]

なお、亀田村にキリスト教農学校を設置する構想が取り沙汰されたのは、昭和二三年の頃である。[50]これは、亀田村桔梗に米国のマディソン大学分校を増設しようとするもので、修業年限三カ年で、定員四、五十人程度を構想していた。学科として、農業・畜産・看護・神学・経済科を準備していた。この大学構想がその後、どのように推移して立ち消えになったかは不明である。

戦争中、不自由な環境に封じられていた外国人宣教師の活動が再開され、新たに続々と外国人宣教師の来日が始まった。

太平洋戦争中に米国本国へ強制的に帰国させられていた宣教師のR・E・マックナウントが昭和二四年、八年ぶりに夫人とともに函館へ帰ってきた。マックナウントは「スパイ嫌疑」をかけられたことも今は昔と忘れ、心新たに再び函館での伝道を誓ったという。(51)

そのほか、米国ポケット聖書協会外交部長がマッカーサー元帥の招きで来日し、聖書の普及運動を開始した。マッカーサーは「日本をキリスト教化するためには三千万冊の聖書が必要だ」と語ったという。(52)函館にも、ポケット聖書の普及伝道を推し進める一行が訪れ、自動車で市内を一巡し、「ヨハネ伝福音書」の小冊子を通行中の人たちや各学校の児童生徒に無料で配布した。(53)

カトリック関係では、昭和二三年四月にカナダの聖ウルスラ修道会が来函、修道院において宗教・英仏語などを女子に教授し、日本人女子の同修道会への入会者も出た。昭和二五年三月に殉教者聖ゲオルギオのフランシスコ会が修道院を開設し、布教線が強化された。同二二年六月一二日には、湯川のトラピスチヌ女子修道院の創立五〇周年祭が開催され、その際、「秘境に洩れる賛美歌」が函館の矢車草の吹く風に乗って参列者を包み込んだという。この日の一連の儀式には、宗藤函館市長らも参列し、儀式の風景も写真撮影が許されて、初めて世に出た。(54)

この時期、キリスト教伝道の上で最も強烈なインパクトを市民各層に与えたのは、何といっても、聖フランシスコ・ザビエル渡日四〇〇年を記念した「奇跡の右腕」の来函であろう。時に、昭和二四年六月二七日。聖腕を迎えた元町天主公教会では、約三〇〇人のカトリック信徒と函館白百合学園高校生約八〇〇人が出迎え、荘厳なミサを執行した[55]。昭和二六年六月三日には、仙台教区長を迎えての元町天主公教会の年中行事の「聖体行列祭」が行われ、約一〇〇〇人の信者が集まり、厳粛の中にもにぎやかな式典となった[56]。

キリスト教女子青年会、すなわちＹＷＣＡの発足もこの時期の重要な出来事である。遺愛女学校（昭和二三年から遺愛女子高等学校）の出身者などを中心に、函館ＹＷＣＡとして発足したのは、昭和二四年一〇月一五日のことである。当初は資金もなく、遺愛女子高等学校の一室を借りていたという。その後、募金を募るなどして、昭和二六年に現在の松陰町の民家を買い取って移転した。

キリスト教の布教状況のひとつのバロメーターにクリスマスの受容があるが、このクリスマス、信仰とは別次元の、コマーシャリズムに乗って広まった嫌いがあった。こんな現実を憂慮してか、聖職者のひとりは「日本のクリスマス」について、こんな談話を『北海道新聞』に寄せている。昭和二七年一二月二四日のことである。「クリスマスが商売に利用されるのは大変悲しいことです。（中略）形ばかりで精神的にはゼロのクリスマスなら、いっそのこと全然しない方がいいと思います。（中略）一日も早くクリスマス本来の姿にもどるか、それとも外国の形ばかりの真似を止めて、日本独自の美しい、ほかのお祭りを守るか。（中略）私はこう思わずにはいられません」。

敗戦後、教会の門をたたいた人は多かったが、教会はその好機を生かせず、教勢は期待されたほど伸びなかった。そのため、昭和二五年に国際宣教連盟総幹事ランソンを迎え、基督教協議会が主催した特別協議会で日本における布教の基本政策が検討された[57]。函館千歳教会の白川鄭二牧師は、「戦後のアメリカ一辺倒の時期に、教会には若い人々が群がり集まったが廿五、六年ごろから風向きが変わった。青年たちは信仰を自分自身のものとしてとらえるのに困難していた。（中略）大多数の青年はマスコミに、ヤンキー、ゴーホーム等と書かれる様になると教会を去って行った」と回想している[58]。

現代におけるキリスト教の動向

日本における第二次世界大戦前のキリスト教の信者数は約三〇万人で、そのうちプロテスタントが一八万人、カトリックが一二万人であった。それが、昭和二九年末には、プロテスタントがほぼ横ばいの一八万五〇〇〇人なのに対し、カトリックは二〇万人と大きな伸びになっている。日本人が儀式や荘厳な気分を好むという傾向や、プロテスタントが教会の維持に多額の負担金を信者に課しているので、カトリックが伸びたのだろうと分析されている。(59)

北海道では、戦後は全国と同様にキリスト教は大変な人気だったが、この時期になるとすっかり落ち着きを取り戻していた。各年の『北海道年鑑』により、昭和三〇年以降の北海道のキリスト教の動きを次にみておくことにしよう。

昭和三〇年代初頭の北海道のキリスト教の勢力は、教会数でいうと一七七、布教所が五一で、信者数はおよそ二万四〇〇〇人であった。この時期の特徴として、それまで都市に集中していた布教活動を、農漁村や炭鉱地帯を中心に行い始めた点を指摘できる。すなわち、プロテスタント系では、昭和三〇年から五カ年計画の布教活動を「北海道開拓伝道」と名づけて開始した。昭和三四年には日本の「新教(プロテスタント)宣教一〇〇年」を記念して各地で祝典が開かれたが、信者の減少傾向はやまなかった。

一方のカトリック系も、それまでの都市中心という傾向から、都市の周辺部へと眼を向けるようになった。函館でも、市の東部方面に住宅地が開発され、東部への人口移動を背景に、昭和三一年、函館のカトリック教会の湯川教会が駒場町に設立されたのは、その一つの例である。これにより、函館のカトリック教会も、湯川・元町・宮前町の三教会体制となった。

救世軍北海道隊の社会事業面での活躍も特筆される。とくに売春禁止法施行後のいわゆる「夜の女性」たちの更生や指導にはめざましい働きをみせ、函館でも「社会鍋」という街頭での募金活動がよくみられた。

戦後のハリストス正教会は、冷戦体制のもとで、米国から主教を迎えるという事態になり、モスクワ総主教との関係を望む信者たちとの間に対立が生まれていた。その後、在米ロシア教会とモスクワ総主教との関係が修復されるに伴い、昭和四五年に日本ハリストス正教会もモスクワ総主教との関係が復活し、自治独立教会となった。これにより、日本の教区は三つに分かれ、函館は東日本教区に属することになった。(60)

以上、北海道のキリスト教の大まかな動向を述べた。

擬似宗教の横行

日本の敗戦は国民全体を測り知れない失意と不安のどん底に追いやった。この不安定な心理状況を背景に、さまざまな新興宗教が発生した。昭和二二年一月の頃、「横浜、東京に開闢以来の天災地変がある。これは皇大神宮様が人心改革、天地改革のために行うものだ」と神のお告げをふりまく、璽光尊《じこうそん》を本尊とする璽宇教が現れた。この広告塔に、かの不世出の名力士の元横綱双葉山が利用されていた騒動だけに、大きな波紋を呼んだ。(61)

『北海道新聞』は昭和二四年六月一四日付で、「神社・仏閣に無常の風」「新興宗教が濫立」の見出しで、雨後の筍《たけのこ》のように発生してきた新興宗教に注目している。例えば、岩見沢市の「踊る宗教」、釧路市の治療本位の某教会、長万部町の治病中心の「光のキリスト教」をはじめ、五つの教えがあったと伝える。

熱海では旧観音教の「メシア教」(世界救世教)が脱税の容疑で教祖が逮捕された。昭和二五年五月二九日のことである。この教団犯罪もさることながら、新興宗教が蔓延していく背景には庶民の側の価値観によるところもあった。その一例として、戦後の結核患者のケースが挙げられよう。北海道の結核患者数は昭和二五年当時、約九万五〇〇人で、そのうち入院しているのはわずか五二〇〇人と推定された。経済的な問題と病気に対する認識不足から、大半が自宅療養患者で、そのうちの一割は灸や祈禱に頼っていたという。(62)こうした現実が新興宗教の温床になっていたことは、火を見るよりも明らかである。

昭和二六年に入ると、北海道で法人として届け出た新興宗教は一三教団、信者数約四万人を数えた。その一つに、函館市内を拠点とする一心教があった。天照大神の全能とキリスト教の博愛を採り入れた教義で、女性の管長は約三〇〇〇人の信者を得ていた。そのうち男が二〇〇〇人であった(63)。

戦後の虚脱感に心の支柱を失い、生活苦の心の空間に入り込んできたこうした「アプレ宗教」は、函館でも一大社会問題となった。昭和二六年一月の新聞によれば、市内に「病人や精神的苦悩者などの弱点につけこんで一もうけをたくらんでいる祈禱師」は一〇〇人も横行していたという。その祈禱療法も「出鱈目」で、軽石を入れたコップの水の泡を飲めば治るとか、患部をさするだけで治す関節炎祈禱療法などがあって、なかには、サクラを使った祈禱師もいたという(64)。この年の一〇月には、青森県の祈禱師が銭亀沢村で祈禱と治療で荒稼ぎの上、妙薬だと偽り、野草の種を売りつけた容疑で警察の取り調べを受けた(65)。昭和二八年には銭亀沢村字根崎の漁家で、「インチキ宗教」に凝った一家五人が相次いで精神的パニックに陥り、さながら地獄絵図となった。「一家に魔物がついているから祈禱師にはらってもらえ」の教えどおりに従ったことが、この悲劇を生んだという(66)。

以上のように、函館の戦後一〇年は、キリスト教が広く多くの入信者を得る一方、既成宗教の神社は年中行事としての祭礼に復活の兆しをみせながら、戦争責任を辛うじて回避した。しかし、その一方で仏教寺院は「家」制度の批判を真正面から受ける立場に置かれていた。その苦境を脱すべく、高龍寺などは、檀信徒とともに歩む法施の道を模索することとなったのである。こうした既成宗教の動向をよそに、自在に勢力を伸ばしたのが新興宗教界であった。このような新しい宗教にのめり込んでいった当時の人々の宗教意識もまた、戦後一〇年を映し出す処世の縮図であったのかも知れない。

第四節　新宗教の動向と現代人の宗教意識

函館の新宗教の展開

昭和二〇年代において人心の混乱・不安を背景に各地に誕生した新興宗教は、社会問題化するにつれ、しだいに自然淘汰されていった。それに代わって、人々の宗教的ニーズに応えて、高度経済成長期に入る昭和三〇年以後、急速に教勢を伸ばしたのが、立正佼成会や創価学会に代表されるいわゆる新宗教である。そもそも、日本の仏教で民衆に最も大きな影響力を与えた新宗教としては、密教修験系・念仏系・法華系の三つが挙げられる。戦後の新宗教のうち約七割が法華系であり、密教修験系がこれに次ぎ、念仏系は皆無に等しい。法華系のおもなものには、霊友会・創価学会・立正佼成会などがある。

霊友会は、大正八年(一九一九)、法華信者の久保角太郎が、法華信者で霊能者の若月チセを中心に、戸次貞雄とともに作った「霊の友会」に始まる。大正一四年、数年立ち消えになっていた同会を、久保が小谷安吉とその妻喜美を説いて再発足させた。昭和四年(一九二九)、小谷安吉が病死、若月・戸次らが同会を去ったあと、小谷喜美は久保の指導で一人前の霊能者に成長した。昭和五年、久保は教典「青経巻」を作って、法華信仰と先祖供養を結合した教義を整備し、小谷が会長、久保が理事長となって布教活動を展開していった。日中戦争から太平洋戦争の間、宗教統制により新宗教の布教がほとんど停滞した中にあって、この霊友会は戦争協力と国策奉仕につとめ、その教勢を伸張させた。

立正佼成会は、昭和一三年、霊友会から分立した法華系の在家教団で、長沼妙佼が霊能者、庭野日敬が組織者である。庭野は昭和九年に霊友会に入信し、一一年、長沼を導いて入会させた。長沼は霊能者となるため修行を

表78　立正佼正会への入会動機と布教実践

1　入会動機について

No.	事　　項	順位	数	比率%
1	病気が治るといわれた	2	35	13.89
2	仕事や商売がうまくいき，貧乏でなくなるといわれた	8	7	2.78
3	夫婦・親子の仲がよくなるといわれた	4	20	7.94
4	子供の非行が直るといわれた			
5	子供の進学・就職・縁談がうまくいくといわれた			
6	災難からのがれられるといわれた	9	2	0.79
7	法華教の教えに感心した	3	24	9.52
8	姓名判断に感心した	7	11	4.37
9	方位・方角に感心した			
10	先祖供養をすれば，幸福になれるといわれた	1	116	46.03
11	お九字の功徳に感心した			
12	お導きの人の熱心さに感心した	5	19	7.54
13	その他(具体的に)	6	18	7.14
	合　　計		252	

2　布教実践について

No.	事　　項	順位	数	比率%
1	病気が治るといわれた	4	7	2.78
2	生活が楽になるといわれた	7	3	1.19
3	夫婦・親子の仲がよくなる	3	12	4.76
4	子供の非行がおさまる	8	2	0.79
5	子供の進学・就職・縁談がうまくいく			
6	災難からのがれられるといわれた	6	4	1.59
7	法華教の教え	2	34	13.49
8	姓名判断	7	3	1.19
9	方位・方角			
10	先祖供養によって幸福になれる	1	181	71.83
11	お九字の功徳			
12	その他(具体的に)	5	6	2.38
	合　　計		252	

『立正佼正会史』第3巻(佼成出版社，1984年)より。

積み、昭和一三年、庭野と長沼は会長の小谷喜美の指導に反発して霊友会を離れ、大日本立正佼成会を開き、布教活動を展開していった。昭和二〇年代後半には、東日本を基盤に、霊友会をしのぐ有力な法華系新宗教に発展した。その教義は、霊友会の法華信仰と祖先礼拝を結合した教義を継承してはいるが、個人の人格完成を強調する点など、霊友会系の新宗教の中にあって独自なものといえよう。

昭和三四年、同会は札幌・釧路・函館の三支部にブロック制を設置することで布教活動に乗り出す。函館支部が、長沼広至北海道教会長の指導のもと、武田恵三郎支部長を中心に布教活動を始動させるのは、昭和三九年から四二年のことである。大川町に新道場を建設し、併せて法座を従来の二法座から六法座に分割して、市内はもとより渡島・檜山方面にきめ細かい伝道の網をめぐらせた。それが功を奏し、昭和四〇年の支部会員は約二〇〇〇世帯に達した。

こうした急速な教勢伸張の理由は、新宗教に共通した現世利益と先祖供養を中心にした独自の教義に求められる。立正佼正会は、同会への「入会動機と布教実践」のアンケートにみるように(表78)、昭和三〇年代の新興宗教に求められていた現世利益的な宗教ニーズと、「家」制度の動揺を背景にした先祖供養のニーズを着実に把握して一気に二〇〇〇世帯もの信者を獲得した。

しかし、函館支部にあっては、その当初から大きな課題があった。それは昭和四〇年に鹿部に設置した北海道佼成農漁業財団の運営を背負ったことである。これが大きな負担となったのに加え、四三年には台風による被害も受け、同財団自体が経済的な打撃を蒙った。こうした中、昭和四〇年には、教団機構改編により、函館支部は函館教会となり、財団も同五〇年には社団法人渡島リハビリテーションに土地建物を寄付する形で解消した。函館支部および函館教会は、こうした信仰以外の外部的な難題を抱えたため、一時会員数の減少に陥ったものの、立正佼成会の結成の原点に立ち返って、真摯な伝道活動につとめている。(67)

一方、創価学会は、昭和五年、日蓮正宗信者の牧口常三郎と戸田城聖によって設立された初等教育の研究実践団体である創価教育学会に始まる。同会は、昭和一二年から、日蓮正宗の講の形式をとる法華系新宗教として発展した。昭和一八年、同会は神宮大麻を祀ることを拒否したため、国家神道と相容れない異端的な教義として弾圧され、牧口は獄死した。敗戦後の昭和二一年、戸田は創価学会の名称で同会を再建した。それは、日蓮を末法の本仏、日蓮正宗総本山大石寺に祀る大御本尊（日蓮作とする板マンダラ）を礼拝対象に、江戸中期の大石寺日寛の大成した日蓮正宗教学と、プラグマティズムを基調とする牧口の「価値論」の哲学および戸田の獄中体験に基づく「生命論」を結合した実践的教義を奉ずる信仰団体である。昭和二七年には、宗教法人法に基づき創価学会として設立登記を行った。

函館における創価学会の布教活動は、昭和二八年から本格的に始まり、八月一七日には戸田会長が来函し、仏教講演会などが行われた。この時、東京の蒲田支部に所属する「函館班」が組織され、以後はこれを中心に活動が展開された。翌二九年には一二〇〇世帯の入会者をもって「函館地区」が結成され、三〇年には地区総会を開くまでになったのである。その後は、市内のみならず近郊や青森県の下北半島にまで布教活動が広がり、函館の会員の伸展ぶりは全国的にも知られるほどであったという。そのため早くも昭和三一年八月には「函館支部」が結成されるに至ったのである。戸田は政教一致主義のもと政界への進出を図るようになるが、函館における学会員の第一号で函館支部長であった能条康尊は、昭和三〇年四月の統一地方選挙で函館市議会議員選挙に無所属で立候補し、当選した。(68)

以上のように、新宗教が興起したその理由として、次の諸点が指摘されよう。第一に、戦後、信教の自由が保障されたものの、既成教団側は民衆の要求に応じ切れず、新宗教は逆に敗戦による精神的虚脱・物質的困窮に対し、治病・商売繁盛・家庭円満などの現世利益の欲求に応じつつ、現実の幸福の追求と宗教とを結びつけたこと、第二は、農村から都市への人口移動に乗じる一方、離村者のムラ的なものへの郷愁＝連帯感の欲求を満たしたこと、第三に、座談会形式の布教活動を核としつつ、信徒個人が伝道者でもあるとして人生に生き甲斐を感じさせたこと、第四は生活規律を持ち、青壮年層・女性を対象にしたこと、そして第五は、ブロック制の確立に示されるように、組織の近代化・合理化を図るとともに現実的・日常的な祖先崇拝・供養を重視した点に求められよう。

天理教と金光教の動向

戦時中においては、ほかの神社や寺院と同じく、近代天皇制の「体制宗教」として挙国一致のもと、戦争に巻き込まれていた天理教も、戦後の民主化の中で、独自の宗教活動を展開していった。北海道内全体の教会数も昭和二一年を境に六五〇台から七〇〇台へと徐々に増加している。(69)

一方の金光教も、戦前の状況は天理教と全く同一で「体制宗教」の一翼として機能することを余儀なくされた。しかし、戦後になると、初代矢代幸次郎の孫にあたる三代の矢代礼紀(金光教函館教会長)を中心に、現代社会に適応する教団としての内実を整備改革していった。昭和二四年以来、強力に推し進めた、「御取次成就信心生活運動」に代わる「よい話をしていく運動」はその最たるものである。この矢代の指導のもと、八木幸徳を会長とする函館東部教会も、昭和三二年の土台上げ修理、五〇年の増改築と、教会の整備につとめた。高村光正の後継をつとめる高村恵美子の亀田教会も、昭和四六年に「道の教師」を拝命したあと、伝道に専心している。金光教の全道における教会数は、平成三年現在、戦前の三二を若干上回る三四である。(70)

最後に、現代における宗教意識をアンケートに探りながら、本書を閉じたいと思う。

函館の教育大学学生にみられる宗教意識

平成一一年(一九九九)に北海道教育大学函館校の学生二〇〇人(年齢層は二〇歳前後)を対象に実施した「宗教意識」アンケートをもとに、現代青年層の宗教意識をうかがってみることにしよう(表79)。

第一問として、「第二次世界大戦中、戦勝祈願などをしていた神社に対してあなたは戦争責任を感じるか」と尋ねたところ、「はい」と答えた人は一五人で、わずか七パーセントである。「はい」と答えた理由としては「天皇崇拝に導いた責任」(六人)、「戦争に加担した」(四人)が上位を占めた。

「いいえ」と答えた人は七二・五パーセントである。理由で最も多かったのは「時代背景として仕方がない」

表79　現代における青年の宗教意識に関する質問事項

(1)　戦前，天皇崇拝の拠点として，戦勝祈願などをしていた神社に対して，あなたはその戦争責任を感じたことがありますか。次のうち1つを選び，その理由も記入して下さい
　イ．はい　　ロ．いいえ　　ハ．どちらでもない

(2)　上記(1)の神社に対して，あなたは初詣や現世利益（交通安全・学業成就などの諸祈願）を求めることに違和感を抱いていますか。次のうち1つを選び，その理由も記入して下さい
　イ．はい　　ロ．いいえ　　ハ．どちらでもない

(3)　現代の神社は，地域社会の中で，宗教施設としてどのような役割を果たしていると思われますか。具体的に記入して下さい

(4)　あなたは葬式や仏事法要などの先祖供養を必要と思いますか。次のうち1つを選び，その理由も記入して下さい
　イ．はい　　ロ．いいえ　　ハ．どちらでもない

(5)　上記(4)で「イ．はい」と答えた方にお聞きします。あなたが施主となったら，次のような葬式の形態のうち，どれを採り入れますか。次のうちから1つ選び，その理由を記入して下さい
　イ．伝統的で一般的な葬式　　ロ．近親者のみの密葬
　ハ．故人を偲ぶ会　　ニ．近親者による散骨
　ホ．その他

(6)　同じく上記(4)で「イ．はい」と答えた方にお聞きします。あなたが施主となったら，次のうちどこで葬式を執り行いますか。1つ選び，その理由を記入して下さい
　イ．先祖代々の菩提寺　　ロ．自宅付近の町会館
　ハ．自宅　　ニ．教会
　ホ．葬祭場　　ヘ．その他

(二八人)、「神社は国策に利用された」(二五人)というところである。しかし、「その実態を知らなかった」(二五人)、「戦争を体験していないので責任は感じられない」(二二人)、「興味ない」(四人)、「自分がやったわけではない」(四人)というように、十分に事実関係を知らないで回答をしている人が、「いいえ」全体の約四〇パーセントを占めている。

次に、「第一問の神社に対して、あなたは初詣や現世利益(交通安全・学業成就などの諸祈願)を求めることに違和感を抱いているか」という第二問に対して、「はい」と答えた人は約一一パーセント(二一人)で、約七七パーセント(一五三人)が「いいえ」と違和感を抱いていないことがわかる。

第三問として、「現代の神社は、地域社会の中で、宗教施設としてどのよ

うな役割を果たしていると思うか、具体的に記入せよ」と尋ねたところ、「困った時の神頼み、祈願の場」(五一人)、「宗教よりも地域イベント・交流のため」(四七人)、「自己を見直し、支えになる」(二四人)、「伝統・習慣としての役割」(二四人)という回答が上位を得た。

一方、寺院の先祖供養に対しては、「葬式や仏事法要などの先祖供養を必要と思うか」(第四問)と尋ねたところ、約七〇パーセント(一四四人)が「必要」と答えた反面、約二〇パーセント(三九人)が「どちらでもない」と表明しているのは注目される。

第四問で「必要」と答えた人にさらに「葬儀形態」や「葬儀の場」「葬儀にかかる費用」などについて尋ねてみると、「伝統的で一般的」な形態をよしとする人が六四パーセントと最も多く、葬祭の場は、自宅(四〇人)を筆頭に、菩提寺(三五人)、町会館(二三人)、葬祭場(二五人)と多様である。葬儀にかかる費用については、かかりすぎと思う人と、よくわからないという人がほぼ同数であった。

これらの回答から、現代の青年層は既成宗教の神社や寺院に対して、冠婚葬祭と結びつけて、伝統や習慣を踏襲する立場から、ある一定の役割を果たしていると認識していると結論できる。しかしその反面、彼らの価値観において、そうした人生儀礼と宗教施設の関わりでさえも、徐々に薄れていっていることがうかがわれるのも事実である。

(1)『北海道新聞』昭和二〇年八月八日付
(2)『官報』昭和二〇年一二月二日
(3)『北海道新聞』昭和二〇年一〇月七日・一〇日付、「若松国民学校日誌」(函館市立若松国民学校、一九四五年)
(4)同右
(5)『北海道新聞』昭和二〇年一〇月一六日付
(6)乙部町三ツ谷青年団『記録簿』(昭和一〇年度以降)

(7)『函館市史』統計史料編
(8)『官報』昭和二一年一月一日
(9)『北海道年鑑』昭和二三年版(北海道新聞社)の「宗教」項目
(10)同右、昭和二四年版の「宗教」項目
(11)『北海道新聞』昭和二〇年一月三日付
(12)同右、昭和二一年五月一二日付
(13)同右、昭和二一年六月一六日付
(14)同右、昭和二一年七月二日付
(15)同右、昭和二一年八月一五日・九月一二日付
(16)同右、昭和二三年一月三日付
(17)同右、昭和二一年一一月一六日付
(18)同右、昭和二三年一〇月四日、昭和二六年一〇月一八日付
(19)同右、昭和二六年一〇月一八日付
(20)当該年の初詣者数は、いずれも『北海道新聞』に拠る
(21)『北海道新聞』昭和二一年一一月二七日付
(22)同右、昭和二九年九月九日付
(23)同右、昭和二一年四月二九日付
(24)同右、昭和二一年七月五日付
(25)同右、昭和二三年三月六日付
(26)同右、昭和二三年六月三〇日付
(27)同右、昭和二六年三月四日付
(28)同右、昭和二七年八月一五日付
(29)『函館新聞』昭和二八年一一月二八日付
(30)『北海道新聞』昭和二八年一月三日付
(31)同右、昭和二一年七月一八日付
(32)同右、昭和二一年七月一一日付

(33) 同右、昭和二三年七月一四日付
(34) 同右、昭和二三年九月一〇日付
(35) 同右、昭和二三年一二月二四日付
(36) 同右、昭和二三年九月二九日付
(37) 同右、昭和二四年五月一〇日付
(38) 同右、昭和二四年一二月四日付
(39) 同右、昭和二五年八月八日付
(40) 同右、昭和二七年二月一二日付
(41) 『高龍寺史』通史編（高龍寺、二〇〇三年）
(42) 『北海道新聞』昭和三〇年八月二六日付
(43) 同右、昭和三〇年一月二〇日付
(44) 同右、昭和三〇年五月二五日付
(45) NHK放送文化研究所編『現代日本人の意識構造』（二〇〇〇年）
(46) 『函館新聞』昭和二二年一月一三日付
(47) 『日本基督教団函館教会一〇〇年史』（日本基督教団記念誌会、一九七四年）
(48) 同右
(49) 『北海道新聞』昭和二二年八月一六日付
(50) 同右、昭和二三年一〇月一四日付
(51) 同右、昭和二四年三月二九日付
(52) 同右、昭和二四年五月二日付
(53) 同右、昭和二五年九月二三日付
(54) 同右、昭和二二年六月一二日付
(55) 同右、昭和二四年六月二八日付
(56) 同右、昭和二六年六月四日付
(57) 海老沢亮『日本キリスト教百年史』（日本基督教団出版部、一九六五年）
(58) 函館千歳教会創立八〇周年記念『祈り讃美感謝』（一九七九年）

(59)『北海道年鑑』昭和三一年版（北海道新聞社）
(60)牛丸康雄『日本正教史』（日本ハリストス正教会教団府主教庁、一九七八年）
(61)『北海道新聞』昭和二三年一月二三日・二四日付
(62)同右、昭和二五年一〇月二七日付
(63)同右、昭和二六年一月七日付
(64)同右、昭和二六年一月二六日付
(65)同右、昭和二六年一〇月一四日付
(66)同右、昭和二八年五月七日付
(67)『立正佼成会史』第三巻（佼成出版社、一九八四年）
(68)創価学会函館平和会館提供資料
(69)『伝道報告書』（天理大学よふぼく会、一九五四年）
(70)『金光教北海道布教百年史』（金光教北海道教師会、一九九一年）

結　言

――北海道仏教史の特質――

北海道における仏教の伝播とその展開を、古代北奥羽の歴史動向を前史としながら、中世～近現代の時系列の中に通史的かつ比較宗教的に追跡してきた。本書を閉じるに際し、北海道仏教史の特性を改めて摘出し、日本仏教史における「北海道」とは何であったのかを考える縁《よすが》としたい。

それに先立ち、北海道仏教史が本州の一般的仏教史と通底する共通点について、簡単に整理づけたいと思う。まず、近世幕藩国家において、日本最北端に位置する松前藩は、その宗教政策として、鎖国制を貫徹すべく、キリシタン排除策を展開し、その結果、松前城下寺院をはじめ諸寺院では、本州同様に、檀家寺請制が施行された点である。北海道の近世寺院も先祖供養を第一義とする檀那寺として存在していたのである。

ちなみに、産土神の祭祀に始まる近世堂社の場合も、地内の生業と安全を祈念する宗教施設として、本州の諸藩の神社と同様に営まれていた。

このように、近世の寺社の基本的性格においては、北海道の場合も本州と共通していたが、近代においてはどうであろうか。

「天皇教」に端的に象徴される近代天皇制の中にあって、寺院は神社とともに「体制宗教」の主翼を担い、ある時は「戦勝祈願」を、またある時は「天皇の不例祈禱」や「戦死者追悼」を奉仕した。この点こそ、近代における本州と共通する北海道仏教史の位相であった。この「体制宗教」の一翼に、天理教・金光教をはじめとする教派神道一三派の新宗教なども組み込まれたことは言うまでもない。

それでは、日本仏教史上における北海道仏教の特性とは何だろうか。

㈠ 一つ目は、宗教的祭祀権という名の国家権力が、北海道仏教の世界に、その歴史の節々において発動された点である。古代北奥羽地域への宗教的祭祀権の行使は、かの坂上田村麻呂の「蝦夷《エミシ》征討」に始まる。それに対して、北海道の場合、幕府の執権時頼の廻国行脚による「武家的体制宗教」の伝説的布教をもって、その嚆矢とする。

北海道が本州と相違するのは、ただ国家の宗教的祭祀権の行使が中世期に比較して遅れただけではない。それよりも、近世における幕府による「蝦夷三官寺」(有珠の善光寺、様似の等澍院、厚岸の国泰寺)の造営や近代の「天皇教」によるアイヌ民族の臣民化に示されるように、それが長期間にわたって、国家権力によって宗教的祭祀権として発動され続けた点である。

㈡ 二つ目は、㈠と表裏するものであるが、北海道の場合、中世〜近代という長い間、中央の仏教教団の伝道対象とされ続け、地域の「開拓」と「開教」が一体となって、まさに「宗教殖民」が展開した点である。すなわち、中世蠣崎政権下における一五世紀の中央教団による鎌倉新仏教の伝播を先駆けとして、近世松前藩制期の城下寺院による和人地ならびに東西蝦夷地への末寺造立や、江戸幕府を背景にしたさきの「蝦夷三官寺」の建立、さらには、近代における函館の都市寺院を中心とする「沿岸型布教」と札幌を中心にする「内陸型布教」などは、その好例である。

㈢ 三つ目は、江戸幕府の宗教政策にあって金科玉条とされたのは「新寺建立の禁」であったが、それが北海道の場合、一三二カ寺もの近世寺院の造立の事実をもって物の見事に破られた点である。幕府自らも「蝦夷三官寺」の造立を通して自家撞着を犯してしまった。その意味で、日本仏教史上、北海道は江戸幕府が宗教政策的な自己矛盾を露呈した地域であったとみなしてよい。

一方、北海道の近世は、江戸幕府の直轄が二度も実施されたため、その支配の分断が城下寺院をはじめ庶民に対して、少なからず人心の動揺を与えた。その結果、城下寺院を中心に、本来の「封建寺院」から「庶民寺院」への傾斜が進み、併せて、函館の都市寺院と城下寺院の間に生じた「本末制」をめぐる逆転現象などの発生も、北海道的な事象といえるだろう。

㈣ 北海道は和人を対象にした仏教の伝播に先立って、アイヌ民族が先住する地であるためからであろうか、和人のアイデンティティとしての「仏教」が伝わると、木古内の大泉寺地蔵庵や乙部の専得寺の改宗騒動を除けば、おおむね、宗派間の対立ないし改宗が極端に少ない点も北海道仏教史の特性とみてよいだろう。この血縁と地縁の混合した宗教事情は、幕末~明治初年の稲荷社の存続にも大きな影を落とすとともに、近代における新宗教などの地方布教の際、大きな障碍《しようがい》となったのである。

㈤ 五つ目は、幕末~維新期の函館にみられるように、キリスト教の伝道が仏教と神社神道に対して、「自宗教」としての認識を強化させ、いわば神仏習合の思想的接着剤として機能した点である。あの明治初年の神仏分離が意に反して、不徹底に終わったのはそのためである。

㈥ 最後の六つ目は、北海道が日本において唯一、近世の「蝦夷三官寺」の造立や、近代の「天皇教」による思想教導に示されるように、アイヌ民族と宗教問題が常に交差する場であった点である。それに対して、先住のアイヌ民族は、教育による「臣民化」という大きな代償の上に、自らの伝統的な民族としての心である独自の宗教観を、断固貫き通した。この一点にこそ、日本仏教史における北海道仏教史の「北海道的」所以が存すると評して大過ないだろう。

初出一覧

第一部

第一章

第一・二節　「平安末期の北奥」（『上磯町史』上巻、第三編第一章第一節、一九九七年）

第三節　「鎌倉幕府の東国経営」（弘前大学『国史研究』九七号、一九九四年）

第二章

第一節　「顕密仏教と王権」（『岩波講座 天皇と王権を考える』第四巻、二〇〇二年）から抄録

第二節　「鎌倉幕府と蝦夷」（大隅和雄編『鎌倉時代文化伝播の研究』吉川弘文館、一九九三年）

第三節　「幕府・異域・宗教」（地方史研究協議会編『北方史の新視座』雄山閣出版、一九九四年）

第三章

第一節　「室町・戦国期の蝦夷島と上磯」（『上磯町史』上巻、第三編第二章第一節、一九九七年）および「中世後期の宗教世界」（『新編弘前市史』通史編一（古代・中世）、第五章第五節、二〇〇三年）

第二〜六節　「室町・戦国期の蝦夷島と上磯」（『上磯町史』上巻、第三編第二章第一〜三節、一九九七年）

第四章

第一・二節　「封建権力と仏教」（『上磯町史』上巻、第三編第三章第一節、一九九七年）

第三・四節　「中世の宗教と文化」（『松前町史』通説編第一巻上、第二編第二章第三節、一九八四年）

第五節　「志苔館とその周辺からみる中世世界」（『函館市史』銭亀沢編、第一章第三節、一九八九年）

第六節　「中世宗教と乙部」（『乙部町史』下巻、第一三編第一章、二〇〇〇年）

第二部

第一章

第一・二節　「松前藩の成立とその展開」（『上磯町史』上巻、第四編第一章、一九九七年）

第二章

第一〜三節　「松前藩と仏教」（『松前町史』通説編第一巻上、第三編第三章第一節、一九八四年）

第三章

第一〜三節　「日本人はアイヌを改宗したか」（『日本仏教学会年報』六六号、二〇〇一年）をもとに加筆

第四章

第一・二節　「近世後期の宗教」（『松前町史』通説編第一巻下、第四編第三章第一節、一九八八年）

第五章

第一・二節　「近世仏教と高龍寺」（『高龍寺史』二〇〇三年）

第六章

第一節　「銭亀沢の神と仏」（『地域史研究はこだて』二七号、一九八九年）

第二節　「上磯の近世宗教」（『上磯町史』上巻、第四編第六章第三節、一九九七年）

第三節　「乙部の近世宗教」（『乙部町史』下巻、第一三編第二章第三節、二〇〇〇年）

第三部

第一章

第一〜五節　「函館における宗教世界の諸相」（『函館市史』通説編第二巻、第四編第一一章、一九九〇年）

第二章

第一節　「明治期の高龍寺」（『高龍寺史』第三部第四章第二節、二〇〇三年）

第二節　「高龍寺と吉祥講」（『高龍寺史』第三部第四章第三節、二〇〇三年）

第三章

第一〜三節　「明治末から大正期の宗教界」（『函館市史』通説編第三巻、第五編第二章第七節第一項、一九九七年）

第四節　「戦時下の宗教」（『函館市史』通説編第三巻、第五編第三章第五節第一項、一九九七年）

第四章

第一節　「大正・昭和戦前期の高龍寺」（『高龍寺史』第三部第五章第二節、二〇〇三年）

第二節　「銭亀沢の信仰と祭祀にみる宗教世界」（『函館市史』銭亀沢編、一九八九年）

第三節　「上磯の近現代宗教」（『上磯町史』下巻、第七編第五章第一～三節、一九九七年）

第四節　「乙部の近現代宗教」（『乙部町史』下巻、第一三編第三章第一～三節、二〇〇〇年）

第五節　「「天皇教」の聖なる軌跡」（『あうろら』九号、一九九七年）

第五章

第一～三節　「戦後函館の宗教界」（『函館市史』通説編第四巻、第一章第六節第一項、二〇〇〇年）および「昭和戦後期・平成期の高龍寺」（『高龍寺史』第三部第六章第二節、二〇〇三年）

第四節　「現代函館の宗教界」（『函館市史』通説編第四巻、第二章第八節第一項、二〇〇二年）

あとがき

現在の勤務校に札幌から着任して間もないある日、私は日本史専攻を対象にした第一回目の「卒論相談会」を開いた。その該当者は五人であった。そのうちのひとりのT君が、意気軒昂に「場所請負制の研究」を申し出た。私はこの申し出に対して、関係史料の蒐集上のアドバイスはもちろん、特定の研究文献の紹介もできないまま、ただ「そうですか、頑張ってください」と言うのが精一杯であった。その瞬間、自らの専門研究の狭さと学生指導の幅の広さのギャップを初めて実感した。昭和五二年(一九七七)五月中旬のことである。相談会の終了後、茫然自失のまま、直ちに図書館に駆け込んだ。そして「北海道史」関連の基本文献を片っ端から漁った。次の年もN君が「箱館戦争の研究」で卒論を書いた。この頃の私は、自分の研究テーマは「日蓮と鎌倉仏教」にあると、かたくなに自認する一方で、卒論指導の対策として、地域史の研鑽も不可欠であることを強烈に自覚し始めていた。まさに、「研究と教育」のジレンマに陥っていたのである。

日々、苦悩する私に、ある運命的な出逢いが訪れた。昭和五四年(一九七九)の晩秋、函館西部地区の一角にある瀟洒な喫茶店で、私は当時の松前町史編集室長の榎森進先生(現、東北学院大学文学部教授)から、「松前町史編集員」として「宗教史担当」を打診・依頼されたのである。先生の「鎌倉仏教の研究も大切だが、地方の国立大学に籍を置く者として、地域のことを考えるのも大事」という言葉に、私は自分の苦悩を見透かされたように感じた。新たな分野に飛び込むことの不安と未知なる世界への期待を胸に、私は二つ返事で町史編集員を約した。別れ際、先生は来年の夏、監修者の高倉新一郎先生をお招きして、研究発表会が開催されることを予告された。その上で、「『福山秘府』と『新羅之記録』を読んで、少し松前仏教の話題提供を」と、気軽に話された。「秘府」にしても「記録」にしても、全く初めて手にする史書であり、この宿題は私にとって実に重い課題であった。発表会当日、「北海道史」の大家の高倉先生を前にして、私の緊張が尋常でなかったことを今も鮮明に憶えている。幸い、さしたる酷評もないまま終えた報告を活字化したのが、私の「北海道仏教史」に関する処女論文「松前仏教の中世的展開」(『松前藩と松前』一二号、一九八〇年、所収)である。

それ以後、私は新米の一編集員として編集会議に参加させていただいた。その会議のスタッフは榎森先生をはじめ、永田富智(前、松前町文化財課長)、久保泰(現、松前町文化財課長)、田端宏(現、北海道教育大学名誉教授)、鈴江英一(現、同教授)、小林真人(現、北星大学教授)、桑原真人(現、札幌大学教授)という「北海道史」の中軸を担うそうそうたるメンバーであった。この会議は、私にとって「北海道史」の基本から研究の最前線に至るまでの一部始終を学べる絶好の場であった。

「松前町史編集会議」が私の地域史研鑽の第一の場とすれば、第二は昭和六一年(一九八六)に函館で催された「北海道・東北史研究会」であった。この研究会は、「北方史」を研究している人や「北方史」に関心を寄せている人たちのリベラルな集いであり、私のような初心者にとっても、比較的気安く参加できる会であった。そこで、私は遠藤巌先生(現、宮城教育大学教授)や入間田宣夫先生(東北大学大学院教授)をはじめ、数多くの方々に導かれ、いまに至っている。

『松前町史』の通説編(前近代まで)の刊行をもって、榎森先生との約束履行の安堵も束の間、昭和五九年(一九八四)、先生を編集長とする『函館市史』通説編(近代~現代)への参画を求められた。『函館市史』の編集体制は、『松前町史』の横すべり編集員と北海道大学水産学部の鈴木旭教授(当時)、同増田洋助教授(故人)および函館大学の和泉雄三教授(故人)や永野弥三雄教授(当時)を中心とする、これまた充実したものであった。そこで、専門の研究者でもある紺野哲也編さん室長、菅原繁昭(現、函館市文化財課長)、辻喜久子(現、市職員厚生課長)、清水恵(現、市史編さん室主査）、根本直樹（現、北海道教育大学助教授）、渡辺道子（市嘱託職員）ら、専任スタッフとともに、函館の近現代史を学べたことは、私にとって大きな収穫であった。なぜなら、私の本来の専攻が中世宗教史であり、『松前町史』での執筆対象が前近代どまりであったからである。初めて踏み入る近現代史の世界は、実に新鮮で刺激的であった。

この『函館市史』編集もほぼ見通しがついたある日、またしても、榎森先生から「卒業生の地域理解のためにも」と『上磯町史』の編集まとめを依頼された。これは私と卒業生にとって、得がたい自己啓発のチャンスと考え、私たちは榎森監修者のもと、一丸となって一町丸ごとの歴史編纂事業に取り組んだ。そして、何とか七年がかりで上・下巻を公刊できた（平成二～九年）。私たちは、さらに、この同じ編集方式で『乙部町史』編纂にも関わる幸運に恵まれた（平成五～一三年に上・下二巻を公刊）。『上磯町史』では「上磯地方史研究会」の落合治彦会長、松野儀市副会長の助言をいただきながら、『乙部町史』では鈴木博編集室長（当時）と森廣樹郷土資料館長をはじめ、町史担当の専任スタッフの支援を仰ぎながら任務を全うできたのは、言うまでもない。何よりも、その地元研究者と膝を交えて地域の息吹を生で共感できたのは、至上の喜びであった。

私は卒業生との共同作業をしながら、着任早々のT君とN君の卒業指導のことを想い起こし、あの時、十分な指導を行えなかったことを心の中でたびたび詫びた。と同時に、石母田正の次の一文に感慨を新たにした。「歴史教育こそは世界、民族、階級、郷土などさまざまな生きた社会との具体的な関係をもって、それもたんなる過去の歴史についての知識だけにとどまらず、それぞれの社会的集団において生きてゆくべき方向の自覚をともないながら、歴史的思考力をやしなってゆくことができるめぐまれた部門である」（「歴史教育の課題について」『歴史と民族の発見』東京大学出版会、一九五二年）。

平成一三年（二〇〇一）、『函館市史』の戦後編の脱稿をもって、市史編纂事業も一応の区切りを迎えた。それは私にとって、昭和五四年（一九七九）に『松前町史』以来関わってきた「自治体史編集」のひとつの節目を意味していた。私はいつしか執筆内容からして、その節目の公刊の場は北海道大学図書刊行会が最適だと考えるようになっていた。そんな想いを不躾にも大学院時代以後、ご指導を賜っている田中彰先生(北海道大学名誉教授)に差し出す暮れの「年賀状」の片隅に一言認めさせていただいた。年が明けてほどなく、私の願いを敏感にも察知された先生から、同会へのご高配と激励の芳書を賜った。これを機に、同会の前田次郎氏には企画・構成はもとより、科学研究費補助金の交付申請から原稿の調整に至るまで、数限りなくご助言をいただいた。また、製作過程では円子幸男氏に、実にていねいな原稿・ゲラ点検をしていただいた。併せて心よりお礼を申し上げたい。幸いにも、本書の刊行に際しては、日本学術振興会平成一五年度科学研究費補助金(研究成果公開促進費)の交付を受けた。ここに、当局に深甚の謝意を表したい。

想えば、今回の刊行に際しても、その準備も含め、多くの卒業生の手を煩わせてしまった。貴重な史料を快く提供してくれた麓慎一君(新潟大学助教授)、阿部保志君(道立弟子屈高校教諭)、鳥塚健一郎君(札幌光星学園講師)、労を厭わず原稿整理に当たってくれた長谷川元則君(帯広市立第一中学校教諭)、村田貴一君(上磯町役場環境保健課主事)、布施和洋君(北海道教育大学四年次学生)、ゲラ校正を入念に担っていただいた柳田真宏君(道立森高校教諭)などである。皆さんはいずれも多忙の中、寸暇を惜しんでの支援であった。そのことを思うにつけ、私にはただ感謝あるのみである。

二五年前、「研究と教育」のジレンマの中に始まった「自治体史編集」が、こうしてどうにか上梓できたのも、その原点は、私の「日蓮と鎌倉仏教」研究の「いろは」を教え導いていただいた大学院時代の指導教官である大隅和雄先生(現、東京女子大学名誉教授)のご学恩にある。本書が十全でないことは、私自身が一番よく承知している。その上で、先生にこれまでのご指導に感謝申し上げつつ、研究の中間報告に代えたいと思う。本書は、北海道民がその長い歴史の中で、日々、神に何を願い、仏に何を祈ってきたかを跡づけた、言うなれば「道民の信仰の軌跡」でもある。本書の公刊を最も身近な所でいつも励ましてくださったのは、漢文学の泰斗、加賀栄治先生(故人、北海道教育大学名誉教授）であった。秋田生まれの私の渡道後の行末をいつも案じていた、いまは亡き両親・長姉・長兄・次兄もそうであった。公刊される本書を、その恩師と肉親の霊前に捧げる私事のわがままをお許しいただきたい。

最後に、私の健康をいつも気遣い応援してくれた妻と子にも感謝しつつ、斯界が本書を機縁にますます発展することを切望して擱筆したいと思う。

平成一五年一二月一八日　初孫の四歳の誕生日に

佐々木　馨　識す

明治大正期の北海道―写真と目録　北海道大学附属図書館編　AB判・六〇四頁　定価一二〇〇〇円

戦前期北海道の史的研究　桑原真人著　A5・四三二頁　定価六四〇〇円

北海道議会開設運動の研究　船津功著　A5・四〇〇頁　定価六二〇〇円

北海道民権史料集　永井秀夫編　菊判・九一二頁　定価八八〇〇円

日本資本主義と北海道　田中修著　A5・三六六頁　定価三五〇〇円

北海道町村制度史の研究　鈴江英一著　A5・五一八頁　定価四八〇〇円

北海道金鉱山史研究　浅田政広著　A5・四八六頁　定価八二〇〇円

近代アイヌ教育制度史研究　小川正人著　A5・四九六頁　定価七〇〇〇円

〈定価は消費税含まず〉

北海道大学図書刊行会刊

佐々木　馨（ささき かおる）

1946年　秋田県に生まれる
1975年　北海道大学大学院文学研究科博士課程
　　　　日本史学専攻修了
1975年　北海道大学文学部助手に採用
1977年　北海道教育大学講師に転任
1979年　同助教授に昇任
1989年　同教授に昇任（現在に至る）
1999年　博士〈文学〉（北海道大学）
主　著　『日蓮と「立正安国論」』（評論社，1979年）
　　　　『中世国家の宗教構造』（吉川弘文館，1988年）
　　　　『中世仏教と鎌倉幕府』（吉川弘文館，1997年）
　　　　『執権時頼と廻国伝説』（吉川弘文館，1997年）
　　　　『日蓮の思想構造』（吉川弘文館，1999年）
　　　　『アイヌと「日本」』（山川出版社，2001年）
　　　　『生と死の日本思想』（トランスビュー，2002年）
主編著　『上磯町史』上，下巻（上磯町，1997年）
　　　　『乙部町史』上，下巻（乙部町，2000年）
　　　　『高龍寺史』（高龍寺，2003年）
　　　　『法華の行者 日蓮』（吉川弘文館，2003年）

北海道仏教史の研究

2004年2月29日　第1刷発行

著　者　佐々木　馨
発行者　佐　伯　浩

発行所　北海道大学図書刊行会
札幌市北区北9条西8丁目北海道大学構内（〒060-0809）
tel.011(747)2308・fax.011(736)8605・http://www.hup.gr.jp/

㈱アイワード／石田製本
© 2004　佐々木馨

ISBN4-8329-6461-5

事項索引

〈　〉は所在地を示す。

あ 行

か　行

さ 行

た 行

な　行

は　行

ま　行

や　行

ら　行

わ　行

宗教団体・施設名索引

〈　〉は所在地を示す。

あ　行

か　行

さ 行

た 行

な 行

は 行

ま 行

や 行

ら　行

わ　行

人名索引

あ行

か 行

さ 行

た 行

な 行

は 行

ま 行

や　行

ら　行

わ　行